覓詞記 〔上〕

韦力·传统文化遗迹寻踪系列之四

韦力 著

上海文艺出版社
Shanghai Literature & Art Publishing House

【目次】

001　序　言

011　李　白：西风残照，汉家陵阙
028　温庭筠：小山重叠金明灭，鬓云欲度香腮雪
042　韦　庄：人人尽说江南好，游人只合江南老
059　李　璟、李　煜：流水落花春去也，天上人间
075　柳　永：杨柳岸、晓风残月
093　张　先：云破月来花弄影
105　晏　殊、晏几道：无可奈何花落去，
　　　　　　　　　　　似曾相识燕归来
123　灵寿韩氏：遍绿野，嬉游醉眼，莫负青春
141　苏东坡：人有悲欢离合，月有阴晴圆缺
158　黄　裳：愿听了，一阕歌声，醉倒拼今日
174　黄庭坚：我欲穿花寻路，直入白云深处
193　秦　观：山抹微云，天连衰草
213　李　纲：五陵萧瑟，中原杳杳，但有满襟清泪
228　李清照：凄凄惨惨戚戚
244　赵　鼎：身骑箕尾归天上，气作山河壮本朝
259　张元幹：天意从来高难问，况人情、老易悲如许
275　岳　飞：壮志饥餐胡虏肉，笑谈渴饮匈奴血
292　陆　游：此身谁料，心在天山，身在沧洲
308　张孝祥：应念岭海经年，孤光自照，肝胆皆冰雪

324	辛弃疾：	千古江山，英雄无觅，孙仲谋处
345	赵汝愚：	空外笙箫，人间笑语，身在蓬莱
357	姜　夔：	二十四桥仍在，波心荡，冷月无声
374	刘　过：	斗酒彘肩，风雨渡江，岂不快哉！
390	刘克庄：	男儿西北有神州，莫滴水西桥畔泪
409	元好问：	问世间，情为何物？
435	段克己、段成己：	堂上客，须空白。

都无语，怀畴昔

451	严　蕊：	不是爱风尘，似被前缘误
468	陈子龙：	只是你年年芳草，依旧江山如许
483	纳兰性德：	好知他、年来苦乐，与谁相倚
500	郑板桥：	难道天公，还钳恨口，

不许长吁一两声？

517	刘熙载：	此趣浑难说，歌向碧云天
531	蒋春霖：	茫茫此恨，碧海青天，唯有秋知
550	王鹏运：	兴亡事，醒醉里，恨悠悠
568	文廷式：	高唱大江东，惊起鱼龙
583	郑文焯：	竹响露寒，花凝云淡，凄凉今夜如此
601	朱祖谋：	画栏更凭。莽乱烟，残照无情。
621	况周颐：	愁入阵云天末，费商音、无端凄戾
640	梁启超：	镇日飘零何处也，依旧天涯
655	王国维：	厚薄但观妾命，浅深莫问君恩
671	夏承焘：	化鹤归迟，拜鹃泪尽，关塞旧梦难寻

【序言】

　　本书是我寻访古代词人遗迹的记录，对于这个专题，首先要确认两大问题：一是何为词？二是词的起源？这两个问题看似简单，然而实际情况却远非如此。

　　按照蒋勋先生的说法，宋词是由唐诗变化而来的，他在《蒋勋说宋词》一书中称："为什么唐诗会变成宋词？唐诗经过初唐，发展到李白、杜甫、李商隐、杜牧，它的成就高到这样的程度以后，已经有些高不可攀，民间慢慢读不懂了。凡是艺术形式意境越来越高的时候，其实也说明它远离了民间。可是民间不可能没有娱乐生活，老百姓会自己写一些歌来唱，这时会被士大夫看不起，说你看那些歌多难听。结果，二者就越来越远，越来越远。然而一旦二者被拉近，就会产生新的艺术形式，即我们现在讲的词。"

　　蒋勋先生的这个说法倒是很有意思，他认为唐诗已经发展到了顶峰，因为有太多著名文人的参与，到了这个地步，老百姓已经听不懂了，但娱乐是人的本能，于是百姓们又自己写出了一些歌词弹唱，但这些文人们觉得他们的歌词太难听，而后经过改造，就成为了词。

　　蒋先生的这段话讲述的是诗变成词的原因，但却未曾涉及什么是词？以及何时有了词？对于这两个问题，吴梅在《词学通论》中有如下表述："词之为学，意内言外。发始于唐，滋衍于五代，而造极于两宋。调有定格，字有定音，实为乐府之遗，故曰诗余。惟齐梁以来，乐府之音节已亡，而一时君臣，尤喜别翻新调。如梁武帝之《江南弄》、陈后主之《玉树后庭花》、沈约之《六忆诗》，已为此事之滥觞。唐人以诗为乐，七言律绝，皆付乐章。至玄肃之间，词体始定。李白《忆秦娥》、张志和《渔歌子》，其最著也。"

吴梅的这段话有如下的意思：他认为词起源于唐代，到了五代时才渐渐流行，而到了两宋才达到了顶峰。但他接下来又称，在南北朝时期，梁武帝、陈后主、沈约等人的一些作品，已经有了词的雏形；然后到了唐代的玄宗、肃宗之间，词作为一种文体才最终确定了下来，而这个时期的代表作品就是李白和张志和所作。由此可知，吴梅认为词的起源可以追溯到南北朝时期，但真正成熟的流传至今的作品，则以李白的词作为标志。

然而陆侃如和冯沅君不这么看，他们在《中国诗史》中专有"词的起源"一章。在该章中，首先列出了四种前人的说法，一是出于《诗经》，二是出于乐府，三是出于六朝杂言诗，四是出于唐代近体诗。对于这四种说法，《中国诗史》中称："这四种说法都不免有些牵强附会。方说虽比较地可信些，但对于律绝为什么必杂以'散声'然后可歌的理由，他却未告诉我们。这实在是美中不足，令我们不无遗憾。"

既然这四种说法在陆、冯二先生眼中都不十分可信，那么他们认为是怎样的呢？他们的结论是："最早的词人，照我们看来，当然应推八世纪前期的民间作者。"

既然是民间无名之士所作，当然在历史上也就不能留下相应的记录，那有记录者当是谁呢？《中国诗史》中列出了八世纪到九世纪间最早的文人词人，计十四位，这其中包括了颜真卿、张志和、陆羽、徐士衡，但该书中明确地称"托名于李白的假古董最多"。

然而《中国诗史》中却提到了"散声"的问题。关于"散声"，方成培在《香研居词麈》中说："唐人所歌，多五七言绝句。必杂以散声，然后可比之管弦。……后来遂谱其散声，以字句实之，而长短句兴焉。故词者所以济近体之穷，而上承乐府之变也。"看来，方成培认为正是唐代诗歌中的"散声"，逐渐衍变成了词，这就是他所认为的词的来源。

除了"散声"之外,关于词的来源,还有"和声"、"虚声"、"泛声"等不同的说法,比如宋沈括在《梦溪笔谈》卷五中说:"诗之外又有和声,则所谓曲也。古乐府皆有声有词,连属书之曰'贺贺贺,何何何'之类,皆和声也。今管弦之中缠声,亦其遗法也。唐人乃以词填入曲中,不复用和声。"沈括所说的"和声",按其所举的例子,应当就是当代诗歌中的"呼儿嗨哟"。虽然如此,他却没有说清有了这种"和声"之后,怎么就变成了词。

相比较而言,明胡震亨说得较为清晰:"古乐府诗,四言、五言,有一定之句,难以入歌,中间必添和声,然后可歌。如'妃呼豨'、'伊何那'之类是也。唐初歌曲多用五、七言绝句,律诗亦间有采者,想亦有剩字剩句于其间,方成腔调。其后即亦所剩者作为实字,填入曲中歌之,不复别用和声。……此填词所由兴也。"(《唐音癸签》卷十五)

胡认为,古乐府中的有些词难以唱得出来,于是就在这些词中加了一些"和声",到了唐初之时,有人把无意义的"和声"写成了字,而后将其改变成了曲词,于是就兴起了词这种文体。他的这句话既说明了词的由来,同时又点出了词的起源上限是唐初。

而后到了清末,况周颐赞同胡震亨的这个说法:"唐人朝成一诗,夕付管弦,往往声希节促,则加入和声。凡和声皆以实字填之,遂成为词。"(《蕙风词话》卷一)

况周颐也认为,词是由唐诗改编而来的,因为把唐诗直接变成歌词,有时不好唱,于是添加一些"和声"进去,渐渐就变成了词。

"和声"之外,也有人认为词的来源是"泛声",宋朱熹说:"古乐府只是诗,中间却添许多泛声,后来人怕失了那泛声,逐一声添个实字,遂成长短句。今曲子便是。"(《朱子语类·诗文下》)

在这里,朱熹没有提到"词"这个字,但他谈到了长短句和曲子,而后世同样将此作为词的代称。

关于词的起源，第三种说法则是本自"虚声"，明徐渭在《南词叙录》中说："夫古之乐府，皆叶宫调。唐之律诗、绝句，悉可弦咏，如'渭城朝雨'演为三叠是也。至唐末，患其间有虚声难寻，遂实之以字，号长短句，如李太白《忆秦娥》、《清平乐》、白乐天《长相思》，已开其端矣。"

徐渭认为，因为没有太多的虚声字用在歌词中，于是人们就找替代之字掺入歌词中，于是渐渐就形成了长短句。他将词的起源定在了唐末，可其又称盛唐李白的作品已经是词的开端，那开端算不算词的起源呢？徐渭没有给出答案。

前面朱熹把词称为曲子，他的这个说法由敦煌藏经洞的发现予以了印证，比如后世认为流传至今最早的民间词集，就是敦煌洞所出的《云谣集杂曲子》，该集中共收了30首杂曲子，其中就有《浣溪沙》，为此王重民在《敦煌曲子词集·叙录》中称："是今所谓词，古原称曲子。按曲子原出乐府，郭茂倩称曲子所由脱变之乐府为'杂曲歌辞'，或'近代曲辞'。……是五七言乐府原称词（即辞字），或称曲，而长短句则称曲子也。特曲子既成为文士摘藻之一体，久而久之，遂称自所造作为词，目俗制为曲子，于是词高而曲子卑矣。"

王重民明确地说，今天所说的词就是古代的曲子。而后他讲述了曲子的历史，并且说长短句就是曲子，后来文人将其改造成了一个固定的文学题材，那就是词，但有了词之后，曲子仍然在流行，文人所作的则称之为词，而民间的俗词小调仍然称为曲子。

王重民在这里将曲子和词进行了两分法，他以雅和俗予以界定，但早在五代时期，曲子和词就合二为一地被称之为"曲子词"，比如欧阳炯在《花间集序》中首次用到了这样一个专有词："因集近来词客曲子词五百首，分为十卷。"而《花间集》所收均为词作，看来欧阳炯直接把词称为"曲子词"。而与欧阳炯同时代的孙光宪也这么说："晋相和凝，少年时好为曲子词。"（《北梦琐言》卷六）看来，在五代时期确实是把词这种文学题材称为"曲子词"。

为什么会有这样的称呼呢？现代学者顾随先生做出了这样的解读："词之一名，至宋代而始确立。其在有唐，只曰'曲子'。……'子'者，小义，如今言'儿'。故曰：曲子者，所以别于大曲也。奚以别乎？曰：大小之分而已。又，'曲'者，'谱'义，指声，'词'、'辞'通，指文字。是故，曲子词者，谓依某一乐章之谱所制之辞。"（《释曲子词寄玉言》）

既然词是由诗转化而来的，那么两者之间有着怎样的区别呢？宇文所安在其主编的《剑桥中国文学史》上卷中称："音乐性是这一诗歌类型的标志性特征，将它与诗区别开来。诗，也可配乐和演唱，但通常并不这么做。早期的词，总是配乐并演唱。而且，词不是随便什么歌曲；它主要是用于城市娱乐场所的歌曲，由职业歌女、舞女表演。"

这里认为，词区别于诗的最大标志就是词具有音乐性，但该专著中也称，其实诗也具有音乐性。这么说来，两者之间的界线变得有些模糊，而该专著只是说这两者之间的区别是常用和不常用。如此说来，如果单纯用音乐性来区别诗和词，其实不是个好办法。随着时间的递延，其实后来的词大部分也不能唱。

那诗和词之间到底应该怎样做出界定呢？其实"长短句"一词正说明了问题：一般而言，诗的格式整齐划一，而大多数词从外观看上去却长短不一。当然，这不是一种绝对的分法，因为有些词的句式也很整齐，而同样有些古诗看上去也像长短句。比如《诗经》中的作品，后世都视之为诗，可是里面也有长短不一的句式，于是，有人就把词的起源追溯到了《诗经》。

关于词产生于何时？如前所言，有人认为《诗经》里面就已经有了词，这个追溯足够遥远，清汪森在《词宗序》中说："自有诗而长短句即寓焉，《南风》之操、《五子》之歌是已。周之《颂》三十一篇，长短句居十八；汉《郊祀歌》十九篇，长短句居其五；至《短箫铙歌》十八篇，篇篇长短句，谓非词之源乎？"

汪森认为，诗产生的年代也就近似于词产生的年代。而后他举出了一些句式长短不一的上古作品，接着他说：既然这些作品都是长短不一的句式，怎么能不是词呢？

而同时代的朱彝尊，也跟汪森秉持的观点一样，他在《水村琴趣序》中说："《南风》之诗，《五子之歌》，此长短句之所由昉也。汉《铙歌》、《郊祀》之章，其体尚质。迨晋、宋、齐、梁《江南》、《采菱》诸调，去填词一间耳。诗不即变为词，殆时未至焉。既而萌于唐，流演于十国，盛于宋。"

朱彝尊认为，《诗经》中的《南风》就已经有了词的雏形。而后他又举出了汉代的两篇作品，接下来又讲到了南北朝。虽然如此，朱彝尊还算比汪森客观，他在举出这些例子之后又说词的萌芽产生于唐代。

对于汪、朱二人的说法，陶尔夫和诸葛忆兵在《北宋词史》中表示了不赞同："朱、汪二人纯粹从句式的长短出发，推溯词的源头，忽略了词的音乐特征。"同时，该专著中又引用了清江顺诒《词学集成》卷一中，所引王述庵在《词宗序》中的说法："汪氏晋贤，序竹垞太史《词综》，谓长短句本于三百篇，并汉之乐府。其见卓矣，而犹未尽也。盖词实继古诗而作，而本乎乐。乐本乎音，有清浊、高下、轻重、抑扬之别，乃为五音十二律以著之。非句有长短，无以宣其气而达其音。"

王述庵在这里先夸赞了汪森，王说汪把词的起源追溯到了《诗经》，这真是一种创见。接下来，王又说词的诞生要比诗晚，而词的最大特点就是具有音乐性，所以说，把长短不一的诗视之为词是不正确的。

既然如此，那词这种文体究竟产生于何代呢？后世的文人对此各有各的说法，比如南宋王炎在《双溪诗余自叙》中说："古诗自风雅以降，汉魏间乃有乐府，而曲居其一。今之长短句，盖乐府曲之苗裔也。"王炎认为，诗起源于汉魏乐府。而与他有同样看法者，

则是清代的谭献："词为诗余,非徒诗之余,而乐府之余也。"(《复堂词话·复堂词录序》)

另外的说法还有认为词起源于六朝杂言诗,而主流的说法则是认为词起源于唐代,比如清张惠言在《词选序》中说："词者,盖出于唐之诗人,采乐府之音,以制新律,因系之以词,故曰'词'。"

在古代,最具权威的说法,当然是《四库全书总目》,《总目》中《御定历代诗余提要》称："诗降而为词,始于唐。若《菩萨蛮》《忆秦娥》《忆江南》《长相思》之属,本是唐人之诗,而句有长短,遂为词家权舆,故谓之诗余。"

四库馆臣认为到了唐代才产生了词,而后举出了四首词牌名,其中前两首即为李白的作品。也正因如此,我的这本书起首一篇,写的就是李白。

其实除此之外,还有人认为词起源于五代,清先著在《词洁·发凡》中称："词源于五代,体备于宋人,极盛于宋之末。"这样的说法因为时代较晚,故少有赞同者。而《剑桥中国文学史》则把词的起源时代定在了中唐："中唐时期,另一种诗歌类型——词,已略具雏形。起初,这一诗歌类型,与可由文字组合而成的众多其它歌曲形式的分别,只能微弱、模糊地加以感知。但是,随着时间的推移,可以肯定的是,到了五代时期,词开始被视为一种独立的诗歌类型,有自己的诸多词调。"即此看来,该书基本赞同先著的这个判断。

确定了词的内涵和外延,同时也搞清楚了词的起源,那接下来就涉及本书所收词人的下限,而我把这个时代定到了民国。虽然说有些词人在上世纪晚期才离世,然而他们的创作年代却主要集中在民国时期,故仍然未曾超出我所定出的下限范畴。

如前所言,词是由诗转化而来的,而古代的文人中,极少有只写一种文体者,喜欢填词者也同样喜欢作诗,只是两者之间的偏好略有差异而已,故而将某位古代的文人完全界定于词人或诗人,其实并不容易,所以,我的区分只是为了表明一种文体的递传而做出的。

当然，最好的方式是能够多寻找到几处同一位文人的不同历史遗迹，比如苏轼，他既是宋词中的重要人物，又是"唐宋八大家"中重要的一员，那么，我在《觅词记》中当然要写到东坡，而《觅文记》中也不能缺少他，于是乎，我就找到了两处遗迹来分别写他艺术成就的不同侧面。

当然，东坡的才能绝不仅是文与词，比如他的书法也很有成就。宋代书法家中，有"苏黄米蔡"四大家之称，而东坡则排在了第一位，如果要谈论艺术史，当然无法绕开东坡，即使从学术史角度而言，《苏氏易学》也同样是重要的一家。但我却认为，总不能通过两处跟东坡有关的遗迹就将东坡的各个方面一一写到，而这也正是寻访的不易之处。

正是因为本书的着眼点乃是古代文人的遗迹寻访，而在历史的流传过程中，一些重要人物遗迹也并没有因其重要性而被保留下来，在词史上，像宋代的周邦彦、吴文英，有着极其重要的地位，可惜我却查不到跟他们有关的任何痕迹。比如吴文英，我只知道他曾有一度隐居在太湖边，于是我动用了无锡和苏州的朋友，请他们帮我落实吴的故居地址所在。而后朋友们动用各种关系，在两年多的时间里，做出了各种努力，最终还是无果，这当然是个大遗憾。

也正因如此，本书无法构成完整的词史，故而只能以找到的结果结集成书。而这些词人的排序方式，则是按照每位的生年为序，以便读者能够大略地看出随着时代的推移而产生的词风变化。

我在寻访过程中，得到了太多朋友们的照顾和帮助，于此，我一并表示对这些朋友们的真诚感谢！

写此序时，正赶上2016年的最后一天，转天将会是新的一年，于此祝愿朋友们有一个新的开端！

韦力序于芷兰斋

覓詞記

李白：西风残照，汉家陵阙

关于词的起源，历史上有不同的说法，其中广泛被后世引用者，则是南宋黄昇在《唐宋诸贤绝妙词选》中的说法，该书排在最前面的两首词，就是李白的《菩萨蛮》和《忆秦娥》。而后黄昇在《菩萨蛮》小注中说"二词为百代词曲之祖"，也正如此，后世把李白视之为唐代第一位词人；又由于唐之前的词，大多没有受到后世的认定，故李白的这两首词又成为了标准词作中，流传至今最早的两首。

关于李白这两首词的真伪问题，后世的争论十分广泛，直到当代也没有达成统一的看法。但相比较而言，从历代的评论来看，肯定者还是占了主流，明王骥德所撰《曲律》一书，专有《论曲源》一章，王在此文中称："入唐而以绝句为曲，如《清平》《郁轮》《凉州》《水调》之类；然不尽其变，而于是始创为《忆秦娥》《菩萨蛮》等曲，盖太白、飞卿，实其作俑。入宋而词始大振，署曰'诗余'，于今曲益近，周待制、柳屯田其最也；然单词只韵，歌止一阕，又不尽其变。"

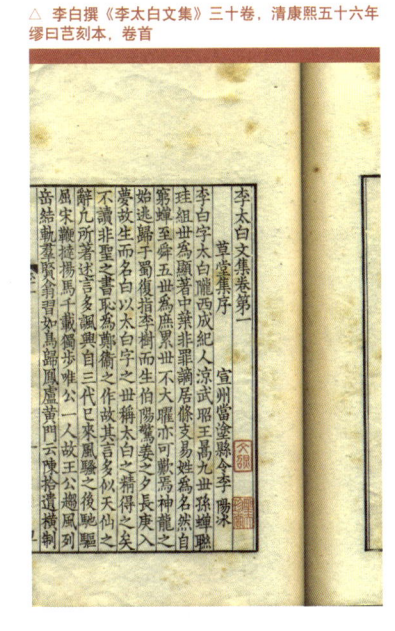

△ 李白撰《李太白文集》三十卷，清康熙五十六年缪曰芑刻本，卷首

王认为，最早的词其实都是诗中绝句的变体，而严格意义上的词，就是《忆秦娥》和《菩萨蛮》。在这里，王骥德把李白和温庭筠并称为最早的词人。而明代的何良俊也有着同样的认定，他在《草堂诗余序》中说："宋初，因李太白《忆秦娥》《菩萨蛮》二辞，以渐创制。至周待制领大晟府乐，比切声调，十二律各有篇目。柳屯田加增至二百余调，一时文士，复相拟作，而诗余为极盛。"

何把词的形成时间定在了北宋，但同时他认为，这些词都是本于李太白的《忆秦娥》和《菩萨蛮》。而到了明末，汤显祖则说得更为明确，他在评价《花间集》时称："芟《花间集》者，额以温飞卿《菩萨蛮》十四首，而李翰林一首为词家鼻祖，以生不同时，不得列入。"汤显祖借他人之口，点明了李白的《菩萨蛮》是"词家鼻祖"。

在诗方面，李、杜并称，那为什么只有李白有词作，而杜甫则一首也没有呢？这种情况也是质疑派常常提到的问题，清初的尤侗在《梅村词序》中也提到了这一点："词者，诗之余也，乃诗人与词人有不相兼者，如李、杜皆诗人也，然太白《菩萨蛮》《忆秦娥》为词开山，而子美无之也；温、李皆诗人也，然飞卿《玉楼春》《更漏子》为词擅场，而义山无之也。"

尤侗认为，诗人不一定就是词人，他对举了李白和杜甫以及温庭筠和李商隐，而他在叙述中却认定李白的那两首词"为词开山"。

清代藏书家孙原湘，也写过一首《菩萨蛮》，他在此词的小序中称："词中三李，太白，词之祖也；南唐后主，继别者也；漱玉，继祢者也。词家多奉姜、张而不知溯其先。予与诸子学词而设醴以祀三李，作《拜李图》，各就三家调倚声歌之，以当侑乐。"

孙原湘在这里总结出了历史上三位姓李的著名词人——李白、李煜、李清照，然其点到李白时，孙则称："太白，词之祖也。"对于孙原湘提到的"三李",康有为大为赞赏,他在《江山万里楼词钞序》中说:"若美成之跌宕悠扬,苏辛之傥宕遒上,梦窗之七宝楼台,姜张之清新俊逸,亦各穷极极妍矣。然韵味之隽,含蓄之深,神情之远,词句之逸,未有若三李者。"

康有为首先夸赞了周邦彦、苏轼、辛弃疾等一系列大词人,而后他又称真正有韵味之词,还是当属"三李"。

清代的陈廷焯对词学有较深入的研究,他把李白的这两首词看得很高,他在《云韶集》中说:"唐人之词如六朝之诗,惟太白《菩萨蛮》《忆秦娥》两调,实为千古词坛纲领。"这是从词作上予以的肯定。而对于历史上的第一位词人,陈又在此书中明确地点出:"词虽创于六朝,实成于太白,千古论词,断以太白为宗。"

到了晚清民国间,重要的词家大多数仍然认定李白的这两首词为百代之祖,比如况周颐在《历代词人考略》卷一中说了这样一段话:"世谓李白《菩萨蛮》《忆秦娥》二词为百代词曲初祖,唯是长短句之作,唐以前见之屡矣。如梁武帝《江南弄》云:'众花杂色满上林。舒芳耀绿垂轻阴。连手躞蹀舞春心。舞春心,临岁腴,中人望,独踟蹰。'……"

况周颐首先称,历代传说李白的这两首词为词曲初祖,但接下来,他又引用了梁武帝等多人的词作,而后况又得出这样一个结论:"并皆六朝君臣风华靡丽之语,后来词家之滥觞。特至太白《菩萨蛮》《忆秦娥》而词格始成耳。"况在这里并没有直说他认定李白的这两首是最早的词,但他认为,六朝时期梁武帝等人的所作,只能是词的酝酿期,而只有到了李白写出这两首词,方才形成了真正的词格。如此说来,况周颐也同样认为李太白的这两首词,是严格意义上词史的最早作品。

词曲大家吴梅也跟况周颐的看法基本相同,他在《词学通论》

中说:"自齐梁以来,陶弘景之《寒夜怨》、陆琼《饮酒乐》、徐孝穆《长相思》等,虽具词体,而堂庑未大。至太白而繁情促节,长吟远慕,遂使前此诸家,悉归笼化,故论词不得不首太白也。"吴梅也认为,在李白之前,别人也写过近似于词作的作品,但严格意义上的词,仍然以李白的两首为最早。

以上所引用者,均为历史上的肯定派,但同样,也有人对这两首词是不是李白所作,表示了怀疑,清杨希闵《词轨》卷一引用了陈广夫的一句话:"太白未有词,传者皆晚唐人作,误名耳。凡抄十余首,曾有一字是太白口吻?"陈广夫直接说,李白没有写过词,而署名他的词作其实都是晚唐人的作品。陈认为这些词的词风不像李白的口吻。那像什么呢?陈接着说:"此首身世之悲,似昭宗在凤翔时语,并恐是五代人作也。"他认为这两首词之作者的身世很悲凉,没有盛唐时的口吻。

到了当代,这种争论变得更加激烈,我先把李白的这两首词抄录在这里:

《菩萨蛮》
平林漠漠烟如织,寒山一带伤心碧。暝色入高楼,有人楼上愁。玉阶空伫立,宿鸟归飞急。何处是归程?长亭连短亭。

《忆秦娥》
箫声咽,秦娥梦断秦楼月。秦楼月,年年柳色,灞陵伤别。乐游原上清秋节,咸阳古道音尘绝。音尘绝,西风残照,汉家陵阙。

对于这两首词,许宗元在《中国词史》一书中做出了这样的判断:

"从文学发展的规律看,这两首艺术手法极为纯熟、复杂、多变,艺术境界极高的词,似不可能出现在词尚稚气的盛唐。何况,唐人编的李白集中并无此二词,直至北宋后期才被提及。"

许宗元认为,李白的这两首词写得太成熟了,是艺术水准很高的作品,他觉得按照事物发展的规律来说,初期的创作应当不会这么成熟,同时在唐代人编的李白集中,并没有收录这两首词,真正提到该词是李白的作品,已经是到了北宋时。同时,许宗元又讲到在北宋之前已经有了两位叫李白的人,所以他觉得这两首词不太可能是盛唐大诗人李白所作。

坚决否定这两首词为李白作品的,当属当代词学专家胡云翼,他在其所作的《中国词史大纲》中明确地说:"即如黄昇所谓李白的《菩萨蛮》《忆秦娥》'二词为百代词曲之祖'的话也全属谬误。我们从多方面的证明,知道《菩萨蛮》《忆秦娥》二词不仅不是李白的作品,也不是盛唐时代的产物。"

胡先生在这里否定了黄昇的断语,他认为这种说法"全属谬误"。胡先生不但否定了这两首词为李白所作,同时也认为这不是盛唐时期的作品。为了佐证自己的判断,胡云翼在该书中列出了四点证据,我将其抄录如下:

(一)苏鹗《杜阳杂编》说:"太中初,女蛮国贡双龙犀,明霞锦。其国人危髻金冠,璎珞被体,故谓之'菩萨蛮'。当时倡优遂制《菩萨蛮》曲,文士亦往往效其词。"《南部新书》亦载此事。则李白之世,唐尚未有斯题,何得预填其篇耶?

(二)后蜀赵崇祚编《花间集》,录晚唐诸家词,而不及李白。

(三)郭茂倩编《乐府诗集》,遍录李白的乐府歌辞,并收中唐的《调笑》、《忆江南》诸词,而独不收《菩萨蛮》《忆秦娥》二词。

（四）欧阳炯序《花间集》数到唐词，只说"在明皇朝则有李太白之应制《清平乐调》四首。"若李白别有他词，何以欧阳炯绝不提及？

胡云翼举出的第一个证据，则是"菩萨蛮"一名的出现要晚于李白所生活的盛唐时期，所以李白不可能预先以此牌名来作词；而其第二点，则是《花间集》一书中没有收录李白的作品；第三，郭茂倩所编的《乐府诗集》中收录了多篇李白所作乐府，但里面唯独没有《菩萨蛮》和《忆秦娥》；第四，欧阳炯在给《花间集》所作的序言中，仅提到了李白作有《清平乐调》四首，而没有提到李白还作过其他的词。

胡先生认为，如果李白还有其他的词，那为什么欧阳炯在《序言》中没提到呢？为了说明这种怀疑古已有之，胡云翼在这里引用了明代胡应麟在《少室山房笔丛》中的一段话："予谓太白在当时直以风雅自任，即近体盛行七言律，鄙不肯为，宁屑事此？且二词虽工丽，而气衰飒，于太白超然之致，不啻穹壤。借令真出青莲，必不作如是语。详其意调，绝类温方城辈。盖晚唐人词嫁名太白耳。"

胡应麟认为，李太白当年风流倜傥，不太可能作这种小

△ 胡应麟撰《少室山房笔丛》四十八卷，清光绪二十二年广雅书局刻广雅书局丛书本，书牌

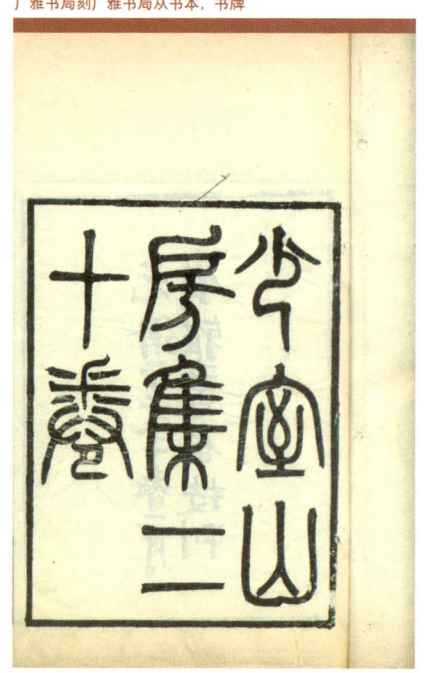

词，虽然说这两首词读上去也很工整、秀丽，但格调却不高，这也跟李太白的诗风差异较大，所以他认定这不是李白的作品，他觉得此词的真正作者，有可能是温庭筠，到了晚唐，人们把这两首词安在了李白的头上。

胡云翼首先肯定了胡应麟怀疑的有道理，但他又认为："依我们看来，这两首词也不一定是温方城（即温庭筠）的作品。"那胡云翼认为是何人所作呢？他在文中说："这大约是晚唐、五代无名作家的词，好事者为抬高词的价值，故意将此二词嫁名李白，以广流传。黄昇不察，编入他的《唐宋诸贤绝妙词选》里面，署为白作，后人遂据为定论，谓李白为作词的老祖宗。"

既然如此，为什么黄昇要把此词收进集中，并且说是李白的作品呢？胡云翼的判断是："是黄昇立意和赵崇祚的《花间集》争胜，明知其伪，也滥收着以矜其搜集之宏富，亦未可知。"

而后，胡云翼又从时代上否定这两首词是李白的作品，他假设如果这两首词确实出自李白之手，那为什么到了后来的中唐，却没有人接着以《菩萨蛮》和《忆秦娥》来作词呢？对于胡云翼的这种结论，当代学者也有许多的争论，比如木斋先生在《曲词发生史续》一书中，用一个章节来证实这两首词确实是出自李白之手。

关于胡云翼提到的《花间集》为什么没有收李白的词作问题，木斋说："《花间集》由于具有时间、地域方面的限制，在时间方面，最早选到温庭筠，在地域方面，则以西蜀宫廷为中心，李白词因此不能入选，但欧阳炯的《序》中，明确记载了太白《清平乐》应制词的开创词统的地位。"

同时，木斋一书中引用了北宋文莹在《湘山野录》一书中的记载："'平林漠漠烟如织，寒山一带伤心碧。暝色入高楼，有人楼上愁。玉阶空伫立，宿鸟归飞急。何处是归程？长亭连短亭。'此词不

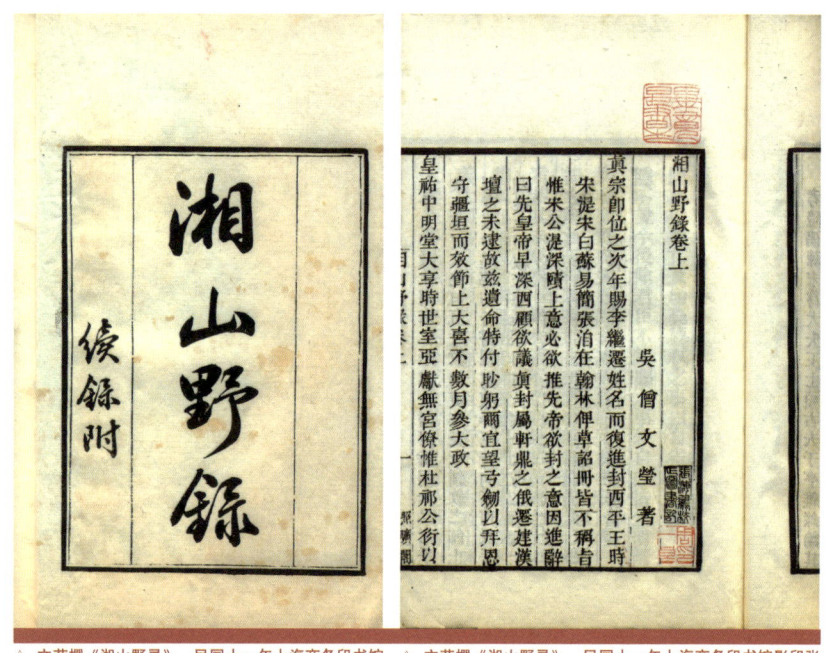

△ 文莹撰《湘山野录》，民国十一年上海商务印书馆影印张氏照旷阁本，书牌

△ 文莹撰《湘山野录》，民国十一年上海商务印书馆影印张氏照旷阁本，卷首

知何人写在鼎州沧水驿楼，复不知何人所撰。魏道辅泰见而爱之。后至长沙，得古集于子宣内翰家中，乃知李白所作。"

看来此词原本写在某个驿站的墙上，然而却无作者落款。当时有个叫魏泰的人看到后颇为喜爱，于是就记下了这首词，后来他到长沙时又在曾布家的书中看到了这首词，而书中明确记载此词的作者就是李白。遗憾的是，魏泰没有写出他在曾布家看到的书的书名。

曾布是唐宋八大家之一曾巩的弟弟，如此说来，这样的文学大家不太可能藏的是一本伪书，同时曾巩又是魏泰的姐夫，如此亲密的关系，魏泰到曾布家看到此书也应该是实情。仅凭此点即可说明，早在北宋时，人们已经认定这首词就是李白的作品。

既然如此，那为什么还有这么多的争论呢？专家的所言，当然各有各的道理，我无法判断孰是孰非。既然历代有那么多的文人肯定这是李白所作,那我就把他列为该书之首吧。

然而许宗元先生在否定《菩萨蛮》和《忆秦娥》两词是李白作品的同时,他又认为《清平调》确实是李白所作者:

> 云想衣裳花想容,春风拂槛露华浓。
> 若非群玉山头见,会向瑶台月下逢。

虽然说以上所引《清平调》是出自李白之手,这一点没有异议,然而有人却认为这《清平调》根本不是词,而是诗。最早提出这种说法者,乃是北宋的沈括,他在《梦溪笔谈》中说:"小曲有'咸阳沽酒宝钗空'之句,云是李白所制,然李白集中有《清平乐》词四首,独只是诗,而《花间集》所载'咸阳沽酒宝钗空',乃云是张泌所为,莫知孰是也。"而后世专家也有不少人认为沈括说得对。既然这样,那还是把《菩萨蛮》和《忆秦娥》视为最早的词作吧。

对于李白的这两首词,后世夸赞者大有人在,比如王国维在《人间词话》中有这样的赞誉:"太白纯以气象胜。'西风残照,汉家陵阙',寥寥八字,遂关千古登临之口。后世唯范文正之《渔家傲》,夏英公之《喜迁莺》,差足继武,然气象已不逮矣。"而清代的沈祥龙则从词派上来彰显李白在词史上的重要地位,他在《论词随笔》中称:"唐人词,风气初开,已分二派:太白一派,传为东坡诸家,以气格胜,于诗近西江;飞卿一派,传为屯田诸家,以才华胜,于诗近西昆。后虽迭变,总不越此二者。"

沈祥龙认为,宋代大词人苏东坡的词风就是本于李白。且不说这种论断是否正确,仅此就可看出李白在词史上有着何等重要的地位。

关于李白的遗迹,最为重要者,当然是他的墓。对于李白墓的寻访过程,我已经写入了《觅诗记》一书中,而今谈到他的词,我

△ 李白纪念馆入口

只能到他地去寻找有关的遗迹。李白在出名之前，曾经住在四川的江油，为此我特地来到这里。经过一天的寻访，总算看到了部分跟他有关的遗迹。

李白纪念馆位于四川省江油市文风路1号。在我的寻访计划中，江油是此行的最后一个寻访点。我在成都时查看前往江油的出行方式，成都到江油居然有动车，这给我的出行带来了太多的方便。在动车上看到成都到江油这一带晴空绿野，远处又是青山起伏，视觉上真是极大的享受，想象一千多年前的唐代，未经污染的江油应该更具灵气，那么这里能够孕育出李白这样的大诗人，实在是理所当然。

出站后打车前往文风路1号李白纪念馆，司机对此很熟悉，看来他拉过不少乘客前往此地。在车上聊天时，他果真告诉我，平均每天他从车站拉客人前往李白纪念馆的趟数在10次以上。由此可见，一千多年过去了，李白的粉丝一点儿都没有减少。

△ 李白故里

可能因为今天不是假期，大门处游客并不多，难得拍下了一张没有游客的景点照。从景区大门进去，第一眼看见的是写着"李白故里"的影壁，游客从影壁两侧的小门进入内园。整个纪念馆颇大，占地4万多平方米，园内又根据李白流传的故事及诗作，分设有太白书屋、太白堂、古风堂、归来阁、杜甫堂、诗苑等景点。

沿着景区设定的路径，首先看到的就是太白堂，两层楼阁式的仿古建筑，按我的理解，这里可能是整个景区最重要的景点，因为它不仅仅是进入景区最先看到的，而且门前的石狮子有两人多高，足够威武，然而里面并没有想象中的隆重，没有国内大多数纪念馆所常见的巨大的展厅以及明亮灯光，里面只是在高大而空旷的空间里立了一尊以现代手法雕塑的"李白问月"立像，这尊立像站在一个白色的展示台上，整个太白堂内除此之外，再无别物。不过想一想，这也是古今的一种巧妙结合，雕像是非常现代的手法，而展厅里除

觅词记

△ 杜甫在这里沉思

△ 让我流连忘返的碑廊

△ 李白问月　　　　　　　　　　　△ 匡山书院刻石

△ 所见最为肥胖的李太白

　　了李白之外空无一物,恰是中国传统审美里的留白,给人以无限想象。

　　从太白堂出来,沿着景区的小径前行,来到了杜甫堂。前几天在杜甫草堂里,看见了众多唐代诗人的雕像,其中当然有李白。按照中国的礼尚往来,李白纪念馆里当然也应该有杜甫的位置,因此在这里看见杜甫,竟然觉得太正常不过。与杜甫草堂里的热闹相比,李白纪念馆显然对于空间的利用更为大气,不仅是李白独占一间屋子,杜甫也是独居一室,当然杜甫的塑像没有李白那么飞扬与傲气,他一个人坐在光线并不明亮的杜甫堂里沉思,这让我又想起那句话:李白从来没有老过,杜甫也从来没有年轻过。

　　看完杜甫堂,还是沿着景区的小径信步走去,每一景点的命名无一例外的与李白相关,楼阁多是重建之物,在建筑上并没有什么

△ 开元通宝

特别之处，然而这里的碑廊却引起了我的注意，这里陈列的明显是古代原碑，其中有宋代"米芾诗碑"、"谪仙祠堂记"、"匡山太白像"和明代"重修中和大明寺碑记"等，又有刻着"匡山书院"的大字石刻。刻于北宋的匡山太白像碑能够保留至今，确实出乎想象，线条粗犷，衣襟清晰可辨，实在是难得，这些古碑让我流连了好一阵子，不舍得离去。

当然，作为一个纪念馆，不可能没有展厅，我在一个命名为"古风堂"的展厅里，看到了江油出土的一些文物，其中有宋代李白醉酒石雕笔洗，是一个微胖界的袒胸男子倚在酒缸旁边，那只酒缸自然就是笔洗了，难得的是居然还有盖子。不过，这也是我见过的最

李白碑林

胖的李白，因为在太多的画像里，都把李白画得仙风道骨。

而印象深刻的，还有一间命名为"绿阴"的小院，院门紧闭，不知里面做何用，有趣的是门口立着两位石雕唐代仕女，一位吹笙，一位对镜，神态美好愉悦，看见她们站在小院门前，我感觉气场比太白堂前那两人高的石狮子要强多了。又意外看到小径的下水道井盖上，竟然雕刻着"开元通宝"的字样，可见这座纪念馆的确是花了不少的心思。

从李白纪念馆出来，挡下一辆出租车，请他载我去青莲镇李白碑林和李白故里，然后再把我送回高铁站，因为还要赶到成都机场。司机说这两个地方离得很近，于是谈好价钱上路。在路上，司机对我的此行颇不以为意，问我既然去了李白纪念馆，为什么还要去看碑林和故居，"你到了就会后悔的，这两个地方真没有什么可看的，全是新盖的，假的！"然而我既然来到了江油，还是想去看一看。

进入青莲镇后，我远远看到一座老牌坊，立在公路的岔口上，赶紧叫司机停一下，在青莲镇看到的老牌坊，跟李白有关的可能性极大，司机大概以前也没注意过这究竟是什么牌坊，把车停在了附近，等我去一探究竟，然而，这座老牌坊虽然古色古香，却和李白一点儿关系也没有，旁边的文保牌写着"牛雪樵德政坊"，大概是为纪念古代一位清官所立，两条公路刚好在牌坊前分开，明显当初修路时刻意将它保留了下来。难得的是，牌坊上面的雕刻人物居然完好如初，因为我已经见过太多的石刻人物被人敲去头部。

来到太白碑林前，司机将车停在路边，指着旁边一片巨大的仿古建筑群说，这就是太白碑林，全部都是新建的，"以前这里什么都没有，造这些假东西有什么看头？还要花40块门票。"他像看好戏一样看着我，问我是否要进去，告诉我里面很大，要走很远，不停的上坡。我不知道司机是怎样的心理，他总是劝我不要再进去，以我的猜测，这里要转一圈，时间会很长，这会影响他揽到更多的生意。

也许是他的这几句话提醒了我，我下意识地看了一下表，果真时间已不充裕，若进景区内转上一大圈，恐怕会误了航班，看来是我太喜欢李白纪念馆里的那些古碑了，以至于后面的时间变得很紧张。既然如此，那我就就坡下驴吧。于是让司机把我送到高铁站，看来对李白遗迹的寻访只能到下一次再弥补这个缺憾了。

既然来到了门口，我还是站在那里张望了一番，而后独自走到景区门口所立的李白雕像前，给他拍了一张照。这里的李白塑得明显没有太白堂里的那一尊现代，看上去像是八十年代的连环画，英姿勃发少年郎。

拍完这个李白，转过身来，才发现景区靠近马路边上还立着一尊把酒问青天的李白，跑到近前一看，居然整尊塑像全是用稻草塑成，衣服上的花纹都清晰可见，这太有创意了，这个稻草李白大大弥补了我的遗憾，我觉得花 40 块钱进入景区去看那些新石头，远远不如看一个稻草人来得更有诗意。

温庭筠：小山重叠金明灭，鬓云欲度香腮雪

在诗史上，温庭筠跟李商隐齐名，这个说法最早见于裴庭裕的《东观奏记》下卷："庭筠字飞卿，彦博之裔孙也，词赋诗篇冠绝一时，与李商隐齐名。"故后世将二人并称为"温李"。

这句话中谈到了温庭筠作"词赋诗篇"，其实他跟李商隐的并称仅单指诗作，因为李并没有词作传世，而温庭筠在词方面的贡献却广受后世夸赞，比如唐圭璋在《温韦词之比较》中称："离诗而有意为词，冠冕后代者，要首数飞卿也。"

唐圭璋为什么要说"离诗而有意为词"？也就是说，不以作诗的方法来写词。从这个角度来说，温庭筠是致力于此的第一位。相比较而言，石萍在其硕士论文《温庭筠诗词比较研究》中，则把这一点说得更为明确："中唐以后的文人张志和、刘禹锡、白居易、韦应物等竞相试作，但均属偶尔为之。所作数量也十分有限，而且与传统的古体诗歌还都处于混合难为的状态，只是在语言节奏和平仄组合方面稍有不同而已。温词的出现，标志着词体从传统的五七言诗歌中独立出来，宣告了词体的定性成熟。"

看来，中唐以后有不少大诗人也开始作词，但他们主要是偶尔为之，不单是数量有限，更多的是这些词跟诗没有严格的区别。直到温庭筠，他不但致力于诗作，更为重要的是，他的词作标志着词这种文体渐为成熟。

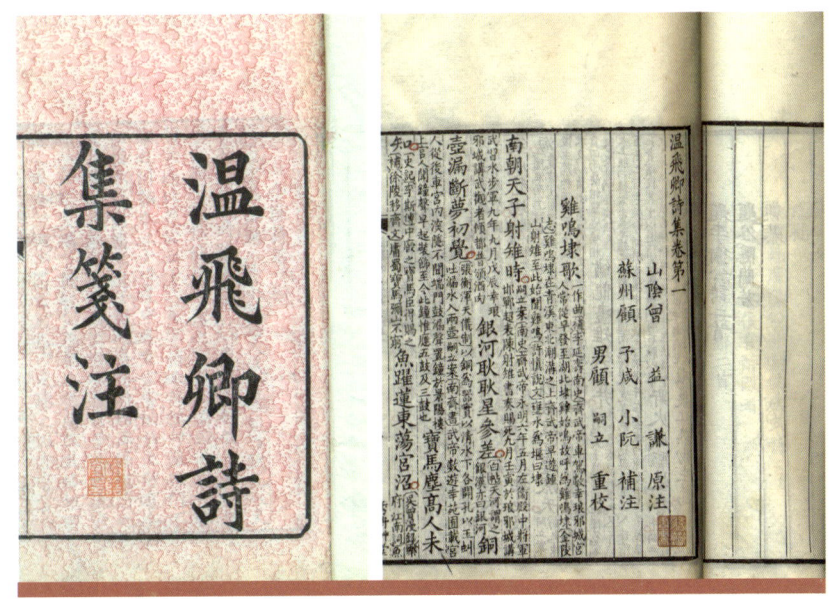

温庭筠：小山重叠金明灭，鬓云欲度香腮雪　　029

△ 温庭筠撰《温飞卿诗集》七卷，清康熙三十六年长洲顾氏秀野草堂刻本，书牌

△ 温庭筠撰《温飞卿诗集》七卷，清康熙三十六年长洲顾氏秀野草堂刻本，卷首

　　对于温庭筠在文学史上的地位，范文澜在《中国通史简编》第三编中有这样的论述："唐朝文学是盛世，到了晚唐已经不可避免地要发生大分化。按照文学史的通例，总得出现两个代表人物，一个结束旧传统，一个发扬新趋势。在晚唐，李商隐是旧传统的结束者，温庭筠是新趋势的发扬者。"

　　看来，温、李虽然并称，但二人的作用却不同。李商隐是旧传统的结束者，而温庭筠却发展了新趋势。范文澜所说的新趋势，应该指的是温在词学上的贡献，故而石萍在其论文中给温庭筠做出了这样的定位性评价："在词史上，温庭筠是第一位大力作词的文人。"

　　温庭筠也算名人之后，可惜到他的那个时代，已经没有了祖上的显赫，但温庭筠少而聪颖，无论作文、作诗、作词都十分敏捷，可惜他性格懒散，再加上不会说好听话，故而他始终未能取得功名。唐大中六年，温庭筠给当时的宰相裴休写了封启，他在此文中讲到自己年轻时的遭遇:"俄属羁孤牵轸,藜藿难虞。处默无衾,徒然夜叹;修龄绝米,安事晨炊!既而羁齿侯门,旅游淮上。投书自达,怀刺求知。岂期杜挚相倾,臧仓见嫉。守土者以忘情积恶,当权者以承意中伤。直视孤危,横相陵阻。绝飞驰之路,塞饮啄之涂。射血有冤,叫天无路。此乃通人见愍,多士具闻。徒共兴嗟,靡能昭雪。"

温说自己曾给不少地方官写自荐信,但却均遭到拒绝,他认为是因为小人忌恨他,在背后说他坏话,使得他无法考取功名,同时也没有了生活来源,他对自己的这种境遇十分愤闷。

从温庭筠的相关记载来看,他在年轻时也确实很调皮,比如《玉泉子》上有这样一段记载:"温庭筠有词赋盛名。初从乡里举,客游江淮间,扬子留后姚勖厚遗之。庭筠少年,其所得钱帛,多为狭邪所费,勖大怒,笞而逐之,以故庭筠不中第。其姊赵颛之妻也,每以庭筠下第,辄切齿于勖。一日,厅有客,温氏偶问:'谁氏?'左右以勖对之。温氏遽出厅事,执勖袖大哭。勖殊惊异,且持袖牢固不可脱,不知所为。移时,温氏方曰:'我弟年少宴游,人之常情,奈何笞之?迄今遂无有成,安得不由汝致之?'遂大哭。久之,方得解脱。勖归愤讶,竟因此得疾而卒。"

温庭筠在年轻时就已文章名世,他在南方游玩之时,受到了姚勖的热情接待,姚认为温的年龄虽然小,但今后肯定能成大气,于是就给了温很多钱。温得到后,拿着这些钱跟一帮纨绔子弟吃喝玩乐找小姐。姚知道后十分愤怒,于是就把温打了一顿,而后赶了出去。这件事流传开来,在重视人品的科举考试中有这样的恶名,哪怕温庭筠再有才,也考不中进士。

然而,温庭筠的姐姐却为此大报不平,她认为弟弟考不中进士就是跟姚勖有很大关系。某天,姚勖找温庭筠的姐夫办事,温姐听到姚来到了家中,于是她冲到客厅,抓住姚的袖子大哭,同时温氏指责姚氏说:我弟弟年轻不懂事,出外搞艳遇,这也是人之常情,你为啥要打他？你这一打让他一事无成。经过这一番闹腾，把姚勖吓出了病，回家后不久，竟然为此病逝了。

显然，这段记载既有趣又夸张：温庭筠总不能因为找小姐挨了顿揍，就一生没有了功名。从历史记载来看，他屡次考不中进士，是由很多原因综合而成的。一是他的才能遭人忌恨，《新唐书·温庭筠传》中称："数举进士不中第，思神速，多为人作文。大中末，试有司，廉视尤谨，廷筠不乐，上书千余言，然私占授已八人。"

看来，温庭筠是位写文章的高手，他给很多人当枪手，别人都取得了好结果，他却始终考不上。按说这也不应当成为他考试不中的原因，然而在《唐摭言》卷十一中又有这样一段记载："开成中，温庭筠才名籍甚，然罕拘细行，以文为货，识者鄙之。无何，执政间复有恶，奏庭筠搅扰场屋，黜随州县尉。"

这段话说，温庭筠靠自己的才气经常通过写文章来卖钱，史料上没有记载他替那么多人当枪手答考卷，是否收了别人的钱，以上这段记载也有可能包括这种情况，否则为什么别人举报他扰乱考场？为此他被贬为了仅是九品官的县尉。

温庭筠考不中进士的另一个原因应该是个意外，《南部新书》中有这样一段记载："大中好文，尝赋诗，上句有'金步摇'，未能对，遭进士温岐续之，岐以'玉跳脱'应之。宣宗赏焉，令以甲科处之，为令狐绹所沮，遂除方城尉。"

皇帝想出了一句词，却怎么都对不上下句，皇帝听说了温庭筠的名声，于是请温来续，没想到他随口就答了上来，这让宣宗皇帝很赏识他，于是想给他个功名，可惜这个建议被令狐绹所阻挠，所以他只能做个低级官员。

从这段记载看，宣宗皇帝对温颇有好感，如果是皇帝想让温取得功名，那作为宰相的令狐绹再大胆也不会从中阻挠，他恐怕只能在旁敲敲边鼓，所以温庭筠未能取得进士，还跟另外一件事有关，《北梦琐言》卷四中有这样一段话：

> 宣皇好微行，遇于逆旅，温不识龙颜，傲然而诘之曰："公非司马、长史之流？"帝曰："非也。"又谓曰："得非大参、簿、尉之类？"帝曰："非也。"谪为方城县尉，其制词曰："孔门以德行为先，文章为末，尔既德行无取，文章何以补焉？徒负不羁之才，罕有适时之用。"云云。竟流落而死也。

某次，宣宗皇帝微服私访，在旅途中遇到了温庭筠，温因为没有见过皇帝，于是他对宣宗说话很不恭敬。他问宣宗：你在朝廷中是否做到了司马、长史这样的高官？宣宗说：没有。于是温又降低档次问他：当没当过地方小官员？宣宗说自己也不是。估计以温庭筠那种恃才傲物的处世姿态，他看到这位宣宗连小官都没做过，于是更不把皇帝放在眼里。他的这种做派当然令宣宗不开心，所以任他考卷答得多么好，也再不可能取得功名。

温庭筠在年轻时，因为冶游挨了顿揍，然而他长大之后并没有改变这个习气，《旧唐书·文苑传》中这样记载了他的一些作为："大中初，应进士。苦心研席，尤长于诗赋。初至京师，人士翕然推重。然士行尘杂，不修边幅，能逐弦吹之音，为侧艳之词。公卿家无赖子弟裴诚、令狐滈之徒，相与蒲饮，酣醉终日，由是累年不第。"看来，温庭筠是没有接受少年时的教训，他继续着自己的快乐生活，跟几个高官子弟整天寻欢作乐。

这里所说的裴诚乃是宰相裴度的侄子，而这位令狐滈则是宰相令狐绹的儿子，温跟这些官二代混在一起，按说这应该是他做官的捷径，然而他的性格放荡不羁，他不但没有利用好这些重要的关系，反而得罪了不少人，比如《北梦琐言》中载有这样一件事："宣宗爱唱《菩萨蛮》词，令狐相国假其新撰密进之，戒令勿他泄，而遽言于人，由是疏之。温亦有言云：'中书堂里坐将军'，讥相国无学也。"

唐宣宗喜欢唱《菩萨蛮》，令狐绹想借机讨皇帝的欢心，然而他知道皇帝对词有很高的修养，自己的水平显然不能够受到皇帝的夸赞。令狐绹当然知道温庭筠在这方面极其擅长，于是就请温写了一首《菩萨蛮》，而后署上自己的名，呈给了皇帝。令狐绹事先告诉温，千万不要把这件事泄露出去，但温却不明白这件事的严重性，他随口就把此事告诉了他人。此事传开后，当然让令狐绹十分生气。

而此前温还讽刺过令狐绹没有学问，《北梦琐言》中还有这样一段记载："宣宗时，相国令狐绹最受恩遇而怙权，尤忌胜己……时以执己之短，取诮于人。或云曾以故事访于温岐，对以其事出《南华》，且曰：'非僻书也。或冀相公燮理之暇，时宜览古。'绹益怒之。乃奏岐有才无行，不宜与第。"

令狐绹特别受宣宗皇帝的恩宠，所以他特别忌恨比自己强的人。某次，他问温庭筠一句话的出处，温说这个掌故出自《南华经》，同时温又说：这是常见书，希望你有空时多读一读。温的这个态度让令狐十分愤怒，于是他就不断地在皇帝身边吹风，说温的人品不好，不应当让他取得功名。这也就是前面所提到的，令狐绹阻止宣宗皇帝打算赏给温庭筠功名的原因。

从历史记载来看，温庭筠确实不拘小节，他写过一首名为《光风亭夜宴妓有醉殴者》的诗：

吴国初成阵，王家欲解围。
拂巾双雉叫，翻瓦两鸳飞。

这首诗的内容是温庭筠在妓院内看到妓女们分成两帮群殴的场面，以温的诗才，他把这个场面描写得十分传神。他说这群妓女大呼小叫，厮打着对方的头饰，同时还脱下鞋，以此来投向另一方，这样的鸡飞狗跳场景经过温的描绘，倒变成了另一番景致，也正因如此，他的这类诗作让别人抓住把柄，以此来攻击他不注意细行。

　　性格决定命运，温庭筠的恃才傲物使得他未能考取功名，然而也正因他有这样的生活体验，才使得他能写出那么多让后世称道的词作，刘学锴在《温庭筠传论》一书中总结到："温庭筠在词史上占有极其重要的地位。他是奠定词的类型风格的词人，《花间》词派的鼻祖，也是整个词史上婉约词风的开拓者与奠基人。文人词艺术上真正成熟，成为传统诗歌具有明显区别的新的抒情诗体，应该说是到温庭筠手里才完成的。"这样的结果完美地诠释了"失之东隅，

△ 温庭筠撰《温飞卿诗集》七卷，清光绪八年万轴山房刻本，书牌　　△ 温庭筠撰《温飞卿诗集》七卷，清光绪八年万轴山房刻本，卷首

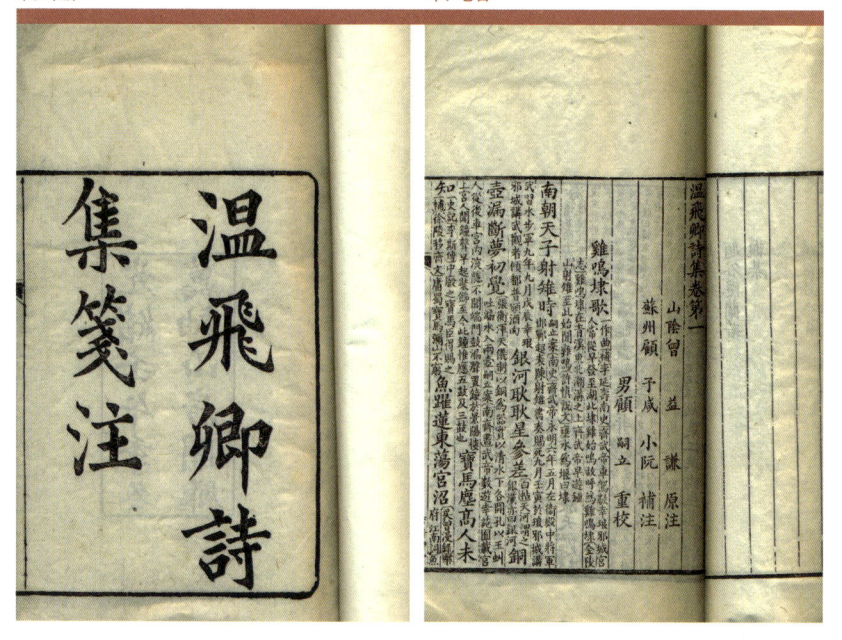

得之桑榆"这句古语。

流传至今的温庭筠词作，总计有68首，其中名气最大的一首，当为《菩萨蛮》第一首：

> 小山重叠金明灭，鬓云欲度香腮雪。懒起画蛾眉，弄妆梳洗迟。照花前后镜，花面交相映。新贴绣罗襦，双双金鹧鸪。

这首词广受世后所夸赞，张惠言在《词选》中将这首词的思想性拔高到了屈原写《离骚》的高度："此感士不遇也。篇法仿佛《长门赋》，而用节节逆叙……'照花'四句《离骚》'初服'之意。"而陈廷焯在《白雨斋词话》中也有这种思想性的解读："所谓沉郁者，意在笔先，神余言外，写怨夫思妇之怀，寓孽子孤臣之感。凡交情之冷淡，身世之飘零，皆可于一草一木发之，而发之又必若隐若现、欲露不露，反复缠绵，终不许一语道破。匪独体格之高，亦见性情之厚。飞卿词如'懒起画蛾眉，弄妆梳洗迟'，无限伤心，溢于言表。"

显然，这样的解读方式是追求政治正确，然该词的内容其实写得很简单，不过就是一位女子早晨起来后梳妆打扮的全过程。这是怎样的一位女子呢？浦江清在《词的讲解》中给出了这样的答案："鹧鸪是舞曲……伎人衣上画鹧鸪。韦庄《鹧鸪诗》：'秦人只解歌为曲，越女空能画作衣。'……故知飞卿所写正是伎楼女子。"看来，浦江清是对该词的最后一句予以了解读。

因为这位女子梳妆完毕后，穿上了画有鹧鸪的衣服，而这正是唐代妓女的标志性打扮。以此说来，温庭筠某晚住在了这位妓女家，第二天一早此女起来后梳妆打扮，而温庭筠估计是躺在那里仔细地欣赏此女打扮的全过程，而后写出了这首词。

夏承焘认为："这首词代表了温词的艺术风格：深而又密。深

是几个字概括了许多层意思,密是一句话又起到了几句话的作用。"(《唐宋词欣赏》)

从表面看,这首词写得十分客观,温庭筠只是描写眼前所看到的一切,对于他的这种写法,既有夸赞者,也有批评者,比如明陆时雍在《诗镜总论》中说:"温飞卿有词无情,如飞絮飘扬,莫知指适。"

但也有人认为这种写法正是温庭筠的高妙之处,比如叶嘉莹在《温飞卿词概说》中称:"飞卿词的特色……一则飞卿词多为客观之作……词中所表现者,多为冷静之客观精妙之技巧而无热烈之感情明显之个性。"显然,这种写法正是温有意为之。为什么要这样呢?叶接着说:"温词之特色,原在但以名物、色泽、声音,唤起人纯美之美感……而不必有深意者。"

也正因如此,王国维以"'画屏金鹧鸪',飞卿语也,其词品似之。"(《人间词话》)概括了温庭筠词作的整体风格。

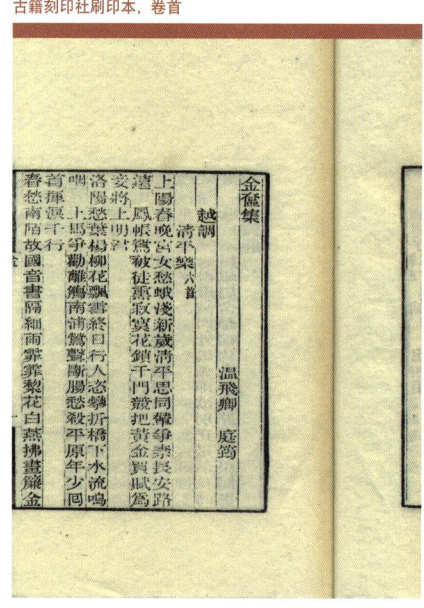

△ 温庭筠撰《金奁集》民国归安朱氏刻一九九六年江苏广陵古籍刻印社刷印本,卷首

温庭筠写的第三首《菩萨蛮》为:

蕊黄无限当山额,宿妆隐笑纱窗隔。相见牡丹时,暂来还别离。

翠钗金作股,钗上蝶双舞。心事竟谁知?月明花满枝。

而这首词的写法也同样是静眼旁观式的客观描摹,但却通过一些物象写出了离别之情,石萍在论文中分析到:"这首词写女子的离情,表现那种'乍别'后的情思,但词中并没有明言女主人公的这种心理,作者只是选择了具有丰富象征意义和暗示作用的'装'与'饰',将离别情思蕴蓄其中,曲折绘出,若隐若现,神余言外,表现了温词不言情而情自见的艺术风格。"

温庭筠所作的《菩萨蛮》之六,也受到了后世的广泛夸赞:

> 满宫明月梨花白,故人万里关山隔。金雁一双飞,泪痕沾绣衣。
> 小园芳草绿,家住越溪曲。杨柳色依依,燕归君不归。

这首词表达了怎样的内容?不同的学者有着各式各样的解读,刘学锴认为"唯俞平伯说为优",俞在《唐宋词选释》中称:"'越溪'即若耶溪……相传西施浣纱处。本词疑亦借用西施事……上片写宫廷光景,下片写若耶溪,女子的故乡。结句即从故人的怀念中写,犹前注所引杜荀鹤诗意。'君'盖指宫女,从对面写来,用字甚新。柳色如旧,而人远天涯,活用经典语。"

对于《菩萨蛮》,温庭筠有着偏好,他流传至今的68首词中,其中有14首都是此调,为什么有这样的偏好?研究者多有分析,而以张惠言的说法最为后世所关注,他认为这14首《菩萨蛮》其实是层层递进的一个整体,他将此称为"联章体",而后他从这些词中摘出一些字句,总结出了11条,以此来印证他所说的联章体。

对张惠言的这种判断,有赞成者,也有反对者,张以仁先生认为张惠言的说法有道理,张教授做出了《温庭筠〈菩萨蛮〉词的联章性》等两文,他也是认为这14首《菩萨蛮》"可依序串联其意":

首阕"晓妆喻爱",次阕"晨起示别",其三"新别初念",其四"惜春怀远",其五"感梦自怜",其六"玉楼长忆",

其七"期待无望",其八"深夜苦思",其九"自伤自惜",其十"音断望绝",十一"心灰意冷",十二"悔往伤今",十三"闲梦消魂",十四"绵绵春恨",十四词表面写一女子与其所恋者自相聚而别离,而企盼,而等待,而失望乃至绝望之过程。其间偶有一时之兴奋,片刻之憧憬,终则梦想破灭而成悲恨,前后呼应,整体环连。

且不管这种论证方式是否正确,但至少说明后人对温庭筠的词有着深入的研究。温的词作中大量描写女子的生活方式,他的这种方式影响到了后世的婉约派词风,刘学锴在其专著中评价到:"温庭筠词的大量成功创作,为词奠定了一种成熟的类型风格。即内容以表现女子(歌舞妓人、闺人、宫人)的生活、感情(多为离情别绪)为主,风格偏于香艳柔媚,表情细腻婉曲的类型。这种风格类型自温庭筠创立以后,就成为一种影响极其深远的范型,不但影响到整个花间词,而且影响到在词史上一直居于主流地位的婉约词风。"

温庭筠的墓在哪里?我找不到任何的相关信息,只好从他的故里下手。《旧唐书》上称他是太原人,而《新唐书》上则写明他的祖上温大雅是"并州祁人",温庭筠在《书怀百韵自注》中说:"予先祖国朝公相,晋阳佐命,食采于并、汾也。"看来,他的

△《合刻西崑集》明天启刻本,书牌中列出有温庭筠诗集

祖上是山西祁县人没有问题。而我从网上搜得温庭筠故里的具体位置是山西省晋中市祁县会善村。

此程的寻访，我首先找的是王维。在古县县城内我找不到任何老房子的痕迹，于是来到镇政府，看到台阶上坐着几位年轻人，于是向他们打问镇中是否还有王维的遗迹，几个人均摇头说不知，其中一位告诉我，在祁县县城中心广场上有王维的雕像。并且告诉我广场上有电视屏幕，在屏幕下方的那个雕塑就是王维。此人又热心的告诉我，温庭筠的雕像也在那里。

从古县镇到会善村约八公里左右，没想到温庭筠与王维的家乡如此之近，会善村在祁县县城的东北角，其实已经并入了县城的范围之内，在村的入口处，一处白墙上写着会善村三个大红字，在村内打问温庭筠的遗迹，问过多人都说没有听说过本村有这么个人，可见其在当今本地民众中已没有什么影响。

在村内看到了一处旧宅，门内的砖雕及高大的院墙显示着当年这是一个大户人家，其台阶竟有五级之高，我很想进内看个究竟，连续敲门却没有回应。于是在村内打听县城中心广场，可能所问者不是开车之人，他把我指挥进了村内，而村内的路又窄又曲折，有些地方拐弯儿都很不容易，更为重要的，是这里的人对汽车这个怪物熟视无睹，在村内又不便按喇叭，但村民们完全没有避让的意思，这让我的心情又多了几分焦急。

△ 来到了会善村

绕来绕去，终于绕出了村，很容易就找到了广场。在村外有这么

大一片商业区，还是让我有些意外。这片广场不能进车，于是我让司机把车停在路边，步行进入广场内寻找。

△ 祁县中心广场

在中心广场的对面，看到了一个花园，在花园里散落着几个雕像，其中体量最大的一个就是王维，因为别的雕像或站或坐，只有王维的雕像是倚靠在一块岩石上，他目视着远方，不知道在思索着什么，雕像的左前方有一块不规则的顽石，前方的一面磨平后，刻着王维的生平。在雕像的另一侧还有一个古人的头像，雕刻手法与余外的几个完全不同，旁边同样摆着一块介绍牌，写明此人叫祁奚，上面称"以外举不避仇内举不避亲传千古佳话"。

△ 王维坐在这里

温庭筠：小山重叠金明灭，鬓云欲度香腮雪　　041

△ 终于找到了温庭筠

　　在花园的最右侧看到了温庭筠雕像，其穿着的一身制服，很有点像朝鲜族妇女的长裙，他手持折扇，目视远方，最为奇特的是涂着红嘴唇，旁边立着一块不规则的石块，上面刻着温庭筠的生平介绍，称他与李商隐齐名等等。

韦庄：人人尽说江南好，游人只合江南老

五代后蜀赵崇祚编辑了一部名为《花间集》的词集，收录了十八位词人作品，为此产生了中国第一个词学团体——花间派。

花间派的词人主要生活在成都一地，这十八位作者中，其中的十四位都先后生活在四川。该派奉温庭筠为鼻祖，然而温却不是四川人，也没有到过四川，由此可知，赵崇祚选辑该集并非只是选跟四川有关的作者，其着眼点乃是在词作的风格上，该集的整体风格基本上偏重于温庭筠的词风。

为什么在晚唐的成都产生了这样的一个词派？这当然跟当时的环境有着较大的关系。晚唐时期中原战乱，这场社会大动荡并没有影响到西蜀，其中的原因跟地理环境有着较大关联，正是因为蜀道难，才使得战争没有波及那里，这也就使得四川成为了动荡社会的一块绿洲。有人甚至认为成都的富庶与美丽，可以跟扬州一比，宋洪迈在《容斋随笔》卷九中就说过这样一段话："唐世盐铁转运使在扬州，尽斡利权，判官多至数十人，商贾如织。故谚称'扬一益二'，谓天下之盛，扬为一而蜀次之也。"看来在宋代，人们认为成都仅次于扬州。

即使这么高的评价，还是有人觉得不满意。唐卢求在《〈成都记〉序》中说："大凡今之推名镇为天下第一者，曰扬、益。以扬为首，盖声势也。人物繁盛，悉皆土著；江山之秀，罗锦之丽；管

弦歌舞之多,伎巧百工之富;其人勇且让,其地腴以善熟;较其要妙,扬不足以侔其半。"卢求认为,扬州第一,成都第二,这种排法不公平,在某些方面扬州比不过成都,他认为扬州只是名气大,就景色繁华而言,比成都差得远。也正是因为这个原因,所以成都在唐末五代的时候,才产生了这么一大批词人,而这些人因为生活在安定的环境里,每日里歌舞升平,所以才喜欢温庭筠的那种香艳词风。因此,刘扬忠在《唐宋词流派史》中给出了这样的评价:"西蜀词,源头是晚唐词,鼻祖是始创侧艳词的温庭筠,直接播种者是以韦庄为代表的由中原入蜀的一批唐末士人。"

由这段话可知,西蜀的花间派,虽然奉温庭筠为鼻祖,但其只是从词风的推崇而言,而花间派在四川的主要推动者,就是这里所提到的韦庄。后世也将韦庄与温庭筠并称为"温韦"。对于花间派,许宗元在《中国词史》中予以了这样的叙述:"书中的西蜀作者大多健在。编者将已作古七十五年的温庭筠列入,且列为卷首,那是因为绝大多数西蜀词人是奉温氏为宗的,他们浓丽、婉约之风是承飞卿词而来的。"

其实韦庄也不是四川人,他是长安人,大诗人韦应物的四世孙。长安杜陵韦氏是当地的显族,武则天时,韦待价曾任宰相,而韦庄正是韦待价之后,因为战乱的原因,韦家衰落了下来。到唐昭宗乾宁元年,韦庄进士及第,当时他已经59岁,三年之后,他跟随官员入蜀宣谕,在那里结识了蜀王王建,后来他再次前往四川,成为了王建府中掌书记,在四川生活了十年,直到去世。

唐朝灭亡后,王建在蜀称帝,那时韦庄已73岁,被任命为宰相,任职两年后去世。王建称帝也跟韦庄有一定的关系,据说正是他的建议,王建才有了此举。按照正史上的说法,王建对韦庄特别的倚重,但按照正史之外的记载,似乎王建对韦庄也并不是那么好,《古今词话》上说:"韦庄以才名寓蜀,王建割据,遂羁留之。庄有宠人,资质艳丽,兼善词翰。建闻之,托以教内人为词,强庄夺去。庄追念悒怏,作《小重山》及《空相忆》云:'空相忆,无计得传消息。天上嫦娥人不识,寄书何处觅?新睡觉来无力,不忍把伊书迹。满院落花春寂寂,断肠芳草碧。'情意悽怨,人相传播,盛行于时。姬后传闻之,遂不食而卒。"

韦庄在四川的时候,有一位特别宠爱的美女,此女天生丽质,还会填词作赋。家里的女人名声在外,有时候的确不是好事。王建听说韦庄有这么好的一个女人,于是借口让此女来自己府上教女眷作词,霸占了她。韦庄在王建手下任职,他哪里敢不从命,献上女人后,又让他很不快乐,于是就把心事填成了词,没想到这首词写得十分凄美,在社会上传播开来,也传到了此女耳中,此女感念跟韦庄的情感,竟然绝食而亡。

这个悲剧读来让人唏嘘,我觉得韦庄身为高官,却喜欢填词,并且词风如此柔美凄婉,应该跟这段经历有一定的关联。也正是他这种特殊的经历,再加上他独有的性格,而后形成了带有个人风格的词作。因此,宋张炎在《词源》卷下中说:"词之难于令曲,如诗之难于绝句,不过十数句,一句一字闲不得。末句最当留意,有有余不尽之意始佳。当以唐《花间集》中韦庄、温飞卿为则。又如冯延巳、贺方回、吴梦窗亦有妙处。"

张炎认为,词比小令和曲的创作难度要大,这就正如诗中的绝句最难写,因为字数少,所以每个字都要用得十分准确,他认为这方面做得最好者,就是《花间集》中的韦庄和温庭筠。后世将温、韦并称,那这两人的词风是否相同呢?马积高、黄钧主编的《中国古代文学史》中将温、韦二人的词作做了如下的比较:"语言修辞上,温词浓艳,韦词淡雅;篇章结构上,温词绵密,韦词疏朗;造境抒情上，温词以深隐含蓄取胜，韦词则以明朗显露见长。"这种比较似乎刘扬忠说得更为明确："其词虽注重个人主观感情的抒发，风格清新流丽而疏淡，比之温庭筠主要用于应歌的浓艳华美之作有所不同；但在抒写内容上亦不外男欢女爱、离愁别恨和流连光景之类，基调也是'软性'的、宛曲柔美的，与温词无本质差别，同属'本色'曲子词。"（《唐宋词流派史》）

既然温庭筠和韦庄在词风上有着这样的差异，那是否说明《花间集》十八位作者的作品也分为两种风格呢？后世学者对此也有着不同的看法，比如李冰若在《栩庄漫记》中说："《花间》词十八家，约可分为三派：镂金错彩，缛丽擅长，而意在闺帏，语无寄托者，飞卿（温庭筠）一派也；清绮明秀，婉约为高，而言情之外，兼书感兴者，端己（韦庄）一派也；抱朴守质，自然近俗，而词亦疏朗，杂记风土者，德润（李珣）一派也。"

李冰若将《花间集》的十八位作者分为三派，除了温、韦两派之外，他还分出来李珣一派。吴世昌先生基本上也持这种观点，他在《宋词中的"豪放派"与"婉约派"》一文中说："……也许为了讨论方便，提出了'花间派'这个名称，即用西蜀赵崇祚编的《花间集》的名称来定派别，这当然是不正确的，因为此集所选的温庭筠与韦庄的作品就大不相同，他们二人中的任何一个与波斯血统的李珣的一些作品又很不相同。"

詹安泰也把《花间词》分为三派，但他这三派与以上观点又不同，詹在《孙光宪词的艺术特色》一文中说："把温、韦看成两派，当然是就艺术表现说的。就艺术表现说，照我看，孙光宪词有他自己的特色——不同于温、韦的特色，似也可成一派。一般说来，温的特色在体格，密丽工整；韦的特色在风韵，清疏秀逸；孙的特色在气骨，精健爽朗；各有所长，不能相掩。"且不管以上的这些说法是否合适，总之，《花间集》十八家其实在风格上也大多有着各自的面目。而赵崇祚能把这些词搜集起来，编为一书，这正是其功劳所在。至于他为什么要收集这些人的词作，是否有意单独立派，对于这种猜测，刘扬忠在《唐宋词流派史》中说："《花间集》的编者把这些人的词选编为一集，虽未必是出于标榜宗派的动机，却实际上起到了总结和追认一个词派的作用。"

看来，赵崇祚只是为了收集这些词作，而不使之遗失，并没有标宗立派的意思，只是后人将这一类词称之为花间派，而并不顾这里面所收的作者有非蜀人，故而刘扬忠接着说："《花间集》的编者把不是西蜀词人的温庭筠、和凝等人的词也入选，这并非'乱攀亲'，而是很严肃地认祖宗和认朋友，是为这个词派标示源头和指示同道者。因此，《花间集》中这十八个词人，可视为一个松散的流派。"

对于花间派的整体评价，历史上也有不同的看法。比如陆游在给《花间集》所作的跋语中称："《花间集》皆唐末五代时人作。方斯时，天下岌岌，生民救死不暇，士大夫乃流宕如此，可叹也哉！"显然，陆游的这几句话有指责的意味，他说唐末五代的时候，天下大乱，百姓们到处求生，而这些高官们却坐在那里写着风花雪月的词，他觉得这些人太无聊了。陆游是从内容上对《花间词》提出了批评，而从词风来说，明王世贞也不认为《花间词》为正体，他在《艺苑卮言》中说："言其业，李氏、晏氏父子、耆卿、子野、美成、少游、易安至矣，词之正宗也。温、韦而促，黄九精而险，长公丽而壮，幼安辨而奇，又其次也，词之变体也。"

王世贞认为，李煜、二晏、柳永、张先等人的词才是词中的正宗，而温、韦的作品只是词的变体。他的这个说法遭到了清王士禛的反对，其在《花草蒙拾》中说："弇州谓苏、黄、稼轩为词之变体，是也。谓温、韦为词之变体，非也。夫温、韦视晏、李、秦、周，譬赋有《高唐》、《神女》，而后有《长门》、《洛神》。诗有古诗、录别，而后有建安、黄初、三唐也。谓之正始则可，谓之变体则不可。"

王士禛在这里直接称王世贞说得不对，他认为温、韦的词绝不可以视之为变体。而对于花间派中的重要人物韦庄，清周济就给予了更高的评价，其在《词辨》序中称："词有高下之别，有轻重之别，飞卿下语镇纸，端已揭响入云，可谓极两者之能事。"在这里，周济将温韦的词风进行了比较，而后他又对韦庄的词予以了这样的夸赞："端已词，清艳绝伦，初日芙蓉春月柳，使人想见风度。"

我现举一首韦庄所作的《浣溪沙》：

惆怅梦余山月斜，孤灯照壁背窗纱，小楼高阁谢娘家。
暗想玉容何所似，一枝春雪冻梅花，满身香雾簇朝霞。

这首词是《花间集》所收韦庄词作的第一首，即此可以看出，韦词的风格所在。对于该词，李冰若在《栩庄漫记》中评价道："'香花一枝春带雨'、'一枝春雪冻梅花'，皆善于拟人，妙于形容，视滴粉搓脂以为美者，何啻仙凡。"韦庄所作的另一首《浣溪沙》也颇有名气：

夜夜相思更漏残，伤心明月凭栏干，想君思我锦衾寒。
咫尺画堂深似海，忆来惟把旧书看，几时携手入长安。

陈廷焯在《云韶集》中评价该词说："对面着笔，妙甚，好声情。"对于该词的内容，丁寿田等编的《唐五代四大名家词》中予以了这样的解读："《全唐诗话》崔郊有婢鬻于连帅，郊有诗曰：'侯门一入深如海，从此萧郎是路人。'故此句言伊人所居，虽近而不得见面也。此词疑亦思念旧姬之作。"不知此处所言的"亦思念旧姬之作"是否就是指那位被王建强夺去的女人。

韦庄所作的一首《菩萨蛮》也颇受后世好评：

> 红楼别夜堪惆怅，香灯半卷流苏帐。残月出门时，美人和泪辞。琵琶金翠羽，弦上黄莺语。劝我早归家，绿窗人似花。

对于这首词牌名，周珽云在《删补唐诗选脉笺释会通评林》中称："《菩萨蛮》一词，倡自青莲。嗣后温飞卿辈辄多佳句，然高艳涵养有情，觉端己此首大饶奇想。"周认为最早写《菩萨蛮》的是李白，而后温庭筠等人所作《菩萨蛮》也有佳句，然以该调填词而出上品者，当数韦庄的这一首。故而陈廷焯在《云韶集》中说："情词凄绝，柳耆卿之祖。"柳永被视为婉约派最重要的人物，陈廷焯却认为柳永的词风脱胎于韦庄的这首《菩萨蛮》。对于该首词，陈廷焯又在《词则·大雅集》中说："深情苦调，意婉词直，屈子《九章》之遗。词至端己，语渐疏，情意却深厚，虽不及飞卿之沉郁，亦古今绝构也。"

陈的这几句赞语给得很高，他说韦庄的这首《菩萨蛮》有着屈原《九章》的影子，陈廷焯又从诗史上着眼，认为词到了韦庄的时代，才渐渐由快语变成了慢词。他认为韦庄词就整体风格来说，虽然比不上温庭筠的沉郁，但同样也是好词。故而俞平伯在《读词偶得》中说："此词殊妥帖，闲闲说出，正合开篇光景，其平淡处皆妙境也。"

韦庄所作的《菩萨蛮》中，最有名的当数如下这一首：

> 人人尽说江南好，游人只合江南老。春水碧于天，画船听雨眠。

垆边人似月，皓腕凝双雪。未老莫还乡，还乡须断肠。

　　对于这首词所描绘的内容，有着各式各样不同的解读。比如邓积高、黄钧主编的《中国古代文学史》则称此词为："这里纯用白描手法，以朴素自然的语言抒写江南游子春日所见所思。前面两用'江南'，后面两用'还乡'，也是接受了民歌的影响。"而许宗元所著的《中国词史》则称此词解读为："词写游子思乡，并非厚实的内容，但颇可玩味。词人何以家乡不得归？何以还乡必断肠？韦氏五首《菩萨蛮》大致作于晚年留蜀时，京洛已在军阀混战的连天烽火之中，故乡如何归得！因此，这些写个人生活、抒一己情怀的小我作品，多少还有点社会意义。"

　　显然，这样的解读已经有了家国的高度，而这种解读的所本，应当是出于张惠言的《词选》："此章述蜀人劝留之辞，即下章云'满楼红袖招'也。江南即指蜀，中原沸乱，故曰'还乡须断肠'。"但相比较而言，我觉得陈廷焯在《词则·大雅集》中的解读最为用心良苦："讳蜀为江南，是其良心不泯处。端己人品未为高，然其情亦可哀矣。"

　　陈廷焯是从韦庄的特殊身份予以了分析，韦庄因为战乱而留在了西蜀，他在此位极人臣，但并没有乐不思中土，这正是他的良心所在。陈廷焯也说，他并不认为韦庄的人品有多么的高尚，但是这首词中所表达出来的心情，却能引起读者的共鸣。因此这样的一首词，"此作清丽婉畅，真天生好言语，为人人所共见。"（俞平伯《读词偶得》）一句"天生好言语"，盖过了一万句的赞美。

　　韦庄词中，以淡淡的忧愁来笼罩全词者，还有一首《荷叶杯》：

　　记得那年花下，深夜，初识谢娘时。水堂西面画帘垂，携手暗相期。

　　惆怅晓为残月，相别，从此隔音尘。如今俱是异乡人，相见更无因。

许宗元在《中国词史》中称"韦词大多数艳科"，但此词却与韦庄其他词的风格有着较大的差异，故而汤显祖在评《花间集》时，称该词："情景逼真，自与寻常艳语不同。"看来汤显祖也读出了该词所表达的深情，因此李冰若在《栩庄漫记》中说："'惆怅晓莺残月，相别'，足抵柳屯田'杨柳岸，晓风残月'一阕。"

有如说话般的词作，韦庄还有两首《女冠子》，分别为：

四月十七，正是去年今日。别君时。忍泪佯低面，含羞半敛眉。不知魂已断，空有梦相随。除却天边月，没人知。

昨夜夜半，枕上分明梦见。语多时，依旧桃花面，频低柳叶眉。半羞还半喜，欲去又依依。觉来知是梦，不胜悲。

对于这两首词，马积高、黄钧主编的《中国古代文学史》评价称："韦词结构疏朗，往往一首词甚或几首词只叙说一件事或一层意思。"关于前一首，汤显祖有着这样的评价："直书情绪，怨而不怒，《骚》《雅》之遗也。但嫌与题义稍远，类今日之博士家言。"汤认为此词写得怨而不怒，但他却认为词中所表达的内容与题意稍远。但徐士俊却认为这首词写得很真率："冲口而出，不假妆砌。"（卓人月《古今词统》）对于该词，刘永济则认为这又是韦庄怀念那位被人夺去的宠姬，其在《唐五代两宋词简析》中说："此乃追念其宠姬之词。明言'四月十七'者，姬人被夺之日，不能忘也。'忍泪''含羞'，皆迫于强权、抑制情感之状。魂断、梦随，则情感萦系无已之语。"看来，韦庄的夺姬之恨受到了后世太多人的同情，以至于将他的怀念词作都与那件事进行着关联。

韦庄在蜀期间究竟过得如不如意，其实后人难知其详，只能靠他的词作来做各种解读。然而他在去世前所吟诗句却能道出其心情之惆怅。《唐诗纪事》中载有如下一段事："《闲卧》诗云：'谁知闲卧意，非病亦非眠。'又'手从彫扇落，头任漉巾偏'。识者知其不祥。后诵子美诗：'白沙翠竹江村暮，相送柴门月色新。'吟讽不辍。是岁卒于花林坊，葬于白沙。"看来他在去世前所吟之诗都被人听之为不祥，而他在去世前又吟诵了杜甫的诗句，这应该跟他修复杜甫草堂的事情有着一脉相承的关联。

韦庄去世后，就葬在了白沙，我却不知这个白沙是今日的何处，而今要想寻找他的墓，完全找不到线索，好在他在四川任职期间，修复了杜甫草堂，因此，对杜甫草堂的寻访也算是我对韦庄，以及对花间派词人寄托哀思之地吧。

△ 屈原乌木雕

杜甫草堂位于四川省成都市西门外的浣花溪畔草堂路28号。此程的成都寻访，杜甫草堂为其中的重点，打的前往此处，很顺利的来到了门前。杜甫草堂环境颇为清幽，今天并非节假日，游客仍然很多，看来名气的确很是重要，这里是国家级重点文物保护单位，门票六十元。进入园中，首先见到的是大雅堂，门口立着杜甫的青铜坐像，进入大门后，

△ 大雅堂前的杜甫

△ 杜甫草堂文保牌

△ 洒脱的李白

正面是苏东坡的汉白玉卧像，原来大雅堂中并非只纪念杜甫一人，历史上几位重量级大诗人几乎都在里面，然而所用材质略有不同，苏东坡的旁边立着乌木雕刻的屈原，站在门口的是青铜李商隐，一副苦苦思索的模样，用青铜雕刻而成的还有王维、陈子昂、陆游、辛弃疾、李清照、黄庭坚、白居易，另外还有汉白玉的李白，乌木的陶渊明。这些人物雕得各有特色，基本上不用看名牌，就可以猜得出是哪位诗人，但唯一奇怪者，我却没能找到韦庄，按说，我们今天能够看到杜甫草堂，跟韦庄有很大的关系。

关于韦庄跟杜甫草堂的关系，其弟韦蔼在《浣花集序》中说过这样一段话："辛酉春，应聘为西蜀奏记，明年浣花溪寻得杜工部旧址，虽芜没已久，而柱砥犹存。因命芟夷茅为一室，盖欲思其人而成其处，非敢广其基构耳。"由此可知，韦庄的确重新修建了杜甫草堂，而对于他的这个贡献，后世却未曾忘记。聂作平在《成都

054　觅词记

△ 王维的手被摸亮了，看来人们都想沾他的仙气

滋味，花重锦官城》一书中说："第一个在草堂原址重建茅屋以资纪念的人叫韦庄，晚唐五代著名词人，曾出任前蜀宰相级别的要职。韦庄找寻草堂是在902年，这时距老杜辞世已经132年了。"

由这段话可证，韦庄被后世视之为第一位重建杜甫草堂的人。可见韦庄跟杜甫草堂有着重要的关系，而他的这个贡献，至今仍被成都人所称道。2015年10月11日的《成都日报》曾经刊登过一篇文章，题目就是《草堂成文学圣地，韦庄贡献大》，这篇文章是对杜甫草堂博物馆副馆长王飞先生的采访，而此文的第一个副题就是"诗人韦庄，修葺保护草堂第一人"，我将该采访的第一个段落抄录如下：

"第一个修葺保护草堂的人是韦庄，你答对了吗？"见到记者，王飞就饶有兴致地讲述起韦庄与草堂的故事。王飞解释说，

△ 终于等来了清静

公元765年，杜甫离开草堂后，草堂渐渐荒芜。公元901年，对杜甫充满崇敬的大诗人韦庄，应西川节度使王建邀请，来成都做西蜀奏记。第二年，韦庄沿着浣花溪寻得草堂旧址，而他看到的却是"台荒绝四邻"景象。韦庄一时悲从中来，决定在"砥柱犹存"的旧址"诛茅重做草堂"，以纪念杜甫这位前辈先贤。王飞道，据元代辛文房所撰的《唐才子传》记载，韦庄不仅"诛茅重做草堂"，而且还在草堂居住。韦庄重修的这间草堂保存了近170年，但韦庄"思其人而成其处"的作为，给后世树立了榜样，后人争相仿

△ 茅屋为秋风所破歌

效,使人们"万古只应留旧宅"的愿望得以实现。正是因为韦庄,成都杜甫草堂成为中国文学史上的一方圣地。

由这段话可知,韦庄不但重新修复了杜甫草堂,并且还居住在这里,如此说来,杜甫草堂不但是杜甫的故居,也同样是韦庄的故居,但既然如此,那我为什么在杜甫草堂内看不到任何与之有关的介绍呢?看来,是我未曾留意更多的细节,我决定继续在里面寻找下去。

杜甫草堂中的景点基本上以杜甫诗句来命名,并在景点处以各种形式将诗句写出来。来到花径时,门后的影壁上有"草堂"二字,许多人在这里拍照,我等了一会,镜头里一直都是人头,于是放弃拍照,沿着小径向里走去。有一对中年闺密一直走在我的前面,大概因为都在拍照的缘故,前行的速度差不多,于是她们频繁的出现

△ 这里只提到了杜甫,未及韦庄

△ 草堂门前的浣花溪

在我的镜头里，以各种不同的姿势摆拍。这里我要向杜甫保证，我绝对不是有意的偷拍她们，而是她们实在太喜欢拍照了，每到一个景点，两人轮换着摆出各种姿势，我不得不将她们一并收入镜头。

因杜甫曾经写过《茅屋为秋风所破歌》，故景区内还专门搭建了一间茅屋，并在茅屋前将诗句刻在石头上，又立有石刻杜甫像。整个景区中，不少地方都立有杜甫像，这些雕像或是传统，或是现代，姿态各异，但似乎都是一副忧国忧民的模样，让人想起网络上一度流行的漫画，"杜甫很忙"。

杜甫草堂面积较大，虽然我是第二次来此寻访，却依然有不少新发现，唯一的遗憾是我始终未能看到跟韦庄有关的遗迹，也未曾看到相关的介绍文字，既然该馆的副馆长都特别强调此馆与韦庄的关系，我觉得这里面一定有相应的介绍，只是我运气不佳，未曾找到罢了。既然如此，这也算是给我留下了第三次寻访的由头。看来下次要改变我的恶习，一定要动用当地的朋友们了。

沿着寻访路线原路走出，又走到了"草堂"二字前，终于赶上了没有游客的清静，看来只要有耐心，总能实现预想的目标，走出草堂，门口有着一条不大的小河，河上一道小桥，原来这就是浣花溪，当年的浣花溪应该比今日所见要清澈许多，也宽阔许多吧。当年韦庄也一定很喜欢此溪，否则的话，后世就不会把他的词集称之为《浣花集》，仅凭这个名字，就足以证明，韦庄跟这里有着密切的关系。

李璟、李煜：流水落花春去也，天上人间

五代之时，南唐有三任皇帝，他们分别是李昪、李璟和李煜。南唐前后存在了三十九年，李昪为开国之君，后世称之为烈祖，李璟被称为中祖，李煜则为后主。相比较而言，李昪更适合称之为军事家，李璟和李煜虽然身为帝王，但他们却更爱好文学，尤其李煜，他几乎把自己的大多数精力都用在了填词方面，作为皇帝，他没什么业绩，但作为词人，他却是天下一流。故沈谦在《填词杂说》中称："男中李后主，女中李易安，极是当行本色。"

沈谦认为，古代词人中，如果以男女分别排列的话，男队中排第一的就是李煜，女冠则为李清照。这样的排法不知算不算一种偏私，谭献的评价更容易理解，他在《复堂词话》中说："后主之词，足当太白诗篇，高奇无匹。"谭献把李煜与李太白相提并论，这种比较方式似乎更符合古代的原貌，毕竟女词人太少了。诗仙李白的作品光芒万丈长，如果李煜在词界相当于诗界的李白，那其在词史上的地位也就不言而喻。

但是拿皇帝跟其他职业相比，这种比法是否合适，显然谭献没有考虑到二者之间的工作差异，因此他的说法似乎不如王国维的严密。观堂在《人间词话》中说："词至李后主而眼界始大，感慨遂深，遂变伶工之词而为士大夫之词。"作为帝王，当然比一般文人的眼界要开阔得多，这倒不单纯是因为皇帝需要掌管太多的军国大事，

在宏观上，他也比一般的文人能够得知更多的事实与真相。所以观堂认为本属坊间流传的曲词，到了李煜的时候，才真正将其狭窄的视角变得开阔，再加上李煜特殊的人生际遇，故其能将个人境遇的切肤之痛融入词中，而更为重要者，李煜将词格从民间提升到了士大夫的行列，这应当才是他最大的贡献。

南唐的创建者李昇出身贫寒，六岁丧父，八岁丧母，后来住在了濠州开元寺内。唐乾宁二年，杨行密占领濠州，到开元寺去拜佛时，无意中发现了一位颇为聪明的小和尚，于是将其收为养子。杨行密将这位小和尚带回家后，没想到家人不容，杨只好将这个小孩安排在部将徐温那里，又由徐温将其作为养子，改名为徐知诰。徐知诰在唐末战乱时代几经拼杀，最后取而代之，有了自己的地盘，建立了南唐，而这位徐知诰就是后来的李昇。

对于南唐来说，李昇是开国之君，在那种危机四伏的年代里，他的主要精力当然都是用在了军事谋略方面，他有多大的文采，历史上相应的记载很少，然而《全唐诗》中却收有他所作的《咏灯》："一点分明值万金，开时惟怕冷风侵。主人若也勤挑拨，敢向尊前不尽心。"这首诗作谈不上高明，但至少可以说明他在百战之余也有着风雅之心。《江南余载》上还录有他的这样一件逸事："烈祖尝以中秋夜玩月延宾亭，宋齐丘等皆会。时御史大夫李主明面东而坐，烈祖戏之曰：'偏照陇西。'主明应声对曰：'出自东海。'皆以帝之姓为讽也。"

中秋赏月之时，李昇能够根据大臣的名字及其坐向而随口出对，从这个侧面也可看出，他在吟诗作赋方面也有着不错的潜质，可惜他这方面的潜质在各类文本中少有记载。到了他的儿子李璟那里，这方面的潜质开始发扬光大起来。

李璟能够成为南唐的第二任皇帝，按照各种记载，也有其必然性。

《南唐近事》中载有这样的说法："烈祖尝昼寝，梦一黄龙缭绕殿槛，鳞甲炳焕，照耀庭宇，殆非常状。逼而视之，蜿蜒如故。上既密使视前殿，即齐王凭栏而立，侦上之安否。问其至止时刻及视向背，皆符所梦。上曰：'天意谆谆，信非偶尔。成吾家事，其惟此子乎！'旬月之间，遂止储位。齐王即元宗居藩日所封之爵也。"

这些说法当然很神异，但无论怎样，李璟当上了皇帝。李璟没有身历百战，他应当算是一位守成者，然而他待人和霭，颇具帝王风度。《续世说》卷四称："江南李璟，为人谦谨，初即位，不名大臣，数延公卿论政体。李建勋谓人曰：'主人宽仁大度，优于先帝。但性习未定，苟旁无正人，恐不能守先帝之业耳。'"这样的皇帝也算是位仁君，虽然在治国方面没有太大的建树，但他却能谨慎从事，使得偏居江南的南唐国变得十分富庶。

关于李璟的文学才能，史料上有不少记载，比如马令在《南唐书》中称："嗣主讳璟，字伯玉，初名景通，烈祖元子也。美容止，器宇高迈，性宽仁，有文学。甫十岁，吟《新竹》诗云：'栖凤枝梢犹软弱，化龙形状已依稀。'人皆奇之。起家为尚书郎，吴让皇见之曰：'吾诸子皆不及也。'"李璟在十岁的时候就能作诗，可见其骨子里就是一位文人，这样的皇帝打仗肯定不行，故到了后来，李璟向后周奉表称臣。这样的屈辱，只有当皇帝的人才能够体验得到。

李璟喜欢填词，不知道是否是受宰相冯延巳的影响。《苕溪渔隐丛话》后集卷三十九录有这样一段事："江南成文幼为大理卿，词典妙绝。尝作《谒金门》云：'风乍起，吹皱一池春水。'中主闻之，因案狱稽滞，召诘之。且谓曰：'卿职在典刑，一池春水，又何干于卿？'文幼顿首。"

宰相冯延巳是著名的词人，他的这阕词极有名气，在当时的南唐广泛传唱，这首词也传到了李璟的耳中，他把冯叫来，对其进行了批评,因为冯延巳忙着作词,耽误了很多工作,李璟责怪他:起了风,吹皱了池水,跟你有啥关系。他的责怪吓得冯延巳唯唯喏喏。

显然这段记载不如宋马令在《南唐书》中的所言有趣,李璟乐府词有"小楼吹彻玉笙寒"句,冯延巳有"风乍起,吹皱一池春水"之句。"元宗尝戏延巳曰:'吹皱一池春水,干卿何事?'延巳曰:'未如陛下"小楼吹彻玉笙寒"也。'元宗悦。"这段记载上说,李璟的词作中也有受人广泛传唱者,所以当他批评冯延巳时,冯就举出了这个名句予以回应。冯的这个回应很巧妙,首先他替自己进行了辩解,他等于在说,作为皇帝的您如果把填词视为不务正业,那皇上您不也如此吗?第二,他的这句回应其实也是一种暗褒,等于在夸赞李璟的这句词比自己写得更好。这当然令皇帝感到得意。

当时,南唐的处境已经危如累卵,而皇帝跟重臣之间仍然忙着对句,这种作法给文坛增添了佳话,却给国家带来了危险。故宋陆游在《南唐书》卷十一中也引用了这个典故,但是态度却偏负面:

延巳工诗,虽贵且老不废。……尤喜为乐府词。元宗尝因曲宴内殿,从容谓曰:"'吹皱一池春水',何干卿事?"延巳对曰:"安得如陛下'小楼玉笙寒'之句!"时丧败不支,国几亡,稽首称臣于敌,奉其正朔以苟岁月,而君臣相语乃如此。"

显然,后面几句评语是放翁所加者,他批评李璟国之将亡,如此危机时刻,皇帝与大臣还忙着较量谁的词更好,这种治国方式当然会受到陆游的批评。

李璟做了多少首词,历史上没有记载,流传至今的仅有四首,但仅这四首词,就足以奠定他在词史上的地位,反过来也可以说,他既然有这样的成就,当然不是一蹴而就,他一定也写过大量的词,只可惜今日已难得见，而上面所提到的名句则出自他的《浣溪沙》：

菡萏香销翠叶残，西风愁起绿波间。还与容光共憔悴，不堪看。细雨梦回鸡塞远，小楼吹彻玉笙寒。多少泪珠何限恨，倚阑干。

这首词广为后世夸赞，除了那句最有名的"小楼吹彻玉笙寒"，前面两句也同样为后世传唱，比如清陈廷焯在《白雨斋词话》卷一中说："南唐中宗《山花子》云：'还与韶光共憔悴，不堪看。'沉之至，郁之至，凄然欲绝，后主虽善言情，卒不能出其右也。"陈认为，李煜在词坛的名声远大于其父李璟，然而李璟的这两句词却超过了李煜相应的作品。而吴梅则在《词史通论》中对该词进行了全面的评价："此词之佳，在于沉郁。夫'菡萏香销'、'西风愁起'与'韶光'无涉也，而在伤心人见之，则夏景繁盛亦易摧残，与春光同此憔悴耳。故一则曰'不堪看'，一则曰'何限恨'，其顿挫空灵处，全在情景融洽，不事雕琢，凄然欲绝。至'细雨'、'小楼'二语，为'西风愁起'之点染语，炼词虽工，非一篇之至胜处。而世人竞赏此二语，亦可谓不善读者矣。"

李璟的词作中还有一首《浣溪沙》同样极具名气：

手卷真珠上玉钩，依前春恨锁重楼。风里落花谁是主？思悠悠。青鸟不传云外信，丁香空结雨中愁。回首绿波三楚暮，接天流。

对于这首词，后世有一些误传。有些词集将这首作品放在了李煜名下，然而该词的实际作者却是李璟。因为特殊的处境，李璟和李煜之词都写得很悲苦，然而这首词的节奏却很轻快，故而宋刘斧在《翰府名谈》中评价道："李煜作诗，大率都悲感愁戚，如'青鸟不传云外信'，然思清句雅可爱。"而在这里，"煜"当作是"璟"。

李璟去世后，李煜当上了皇帝。在性格上，李煜很像其父，《湘山野录》记载："江南李后主煜，性宽恕，威令不素著。神骨秀异，骈齿，一目有重瞳。"在文学修养方面，李煜也像其父亲，甚至比其父有过之而无不及。《江南野史》上称："后主自少俊迈，喜肆儒学，工诗，能属文，晓悟音律，姿仪风雅，举止儒措，宛若士人。酷信浮图之法，垂死不悟。"

李煜长得风流倜傥，不止是学问好，诗词造诣也很高，同时懂得音乐，而他的书法也极有名气，他甚至认为自己写得比颜真卿还好，这样的风雅皇帝自古至今也没有几位。可是他在治理国家方面，却比父亲还要差，南唐就是亡在了他的手上。虽然如此，他却对中国的文学史却做出了很大的贡献。荷兰汉学家高罗佩对这一点有很明确的认识，他在《中国古代房内考》中写道："李煜是中国最伟大的爱情诗人之一，"同时他又说："李煜作为一个政治家，他是失败了，但作为一个诗人，他却赢得了长久的胜利。"而这样的总结，季羡林先生说得更为明确，他在《谈读书治学》一文中称："中国历史上多一个励精图治的皇帝，没有多大的分量。但是，如果缺一个后主，则中国文学史将成什么样子？"

先天的才气再加上后天的际遇，使得李煜的词作有着极其感人的直率。比如他的《乌夜啼》：

> 林花谢了春红，太匆匆。常恨朝来寒雨晚来风。
> 胭脂泪，留人醉，几时重。自是人生长恨水长东。

这首词广泛的受到后世夸赞，据说现代作家张恨水这一笔名就是出自该词的最后一句。该首词是李煜降宋之后所作，陈书良、刘娟笺注的《南唐二主词笺注》中称："这是一首伤春的小令，语言清新，沉哀入骨，意味深长，是李煜降宋后所作。此词春怨，因不敢明抒怀念故国之情，而托之以闺人离思。然而因描绘了春残花谢的自然景象，抒写了一种美好事物或理想转瞬即逝、无法追回的人类同憾共恨，极富通感，令人千载之下读之，亦产生强烈的共鸣。"

李煜的词作受后世喜爱者还有一首《浪淘沙》：

帘外雨潺潺，春意将阑。罗衾不耐五更寒。梦里不知身是客，一晌贪欢。

独自莫凭栏，无限关山，别时容易见时难。流水落花春去也，天上人间。

对于这首词，宋蔡絛在《西清诗话》中说："南唐李后主归朝后，每怀江国，且念嫔妾散落，郁郁不自聊。尝作长短句云：'帘外雨潺潺'，含思凄婉，未几下世。"这首词也是写于降宋之后，其悲伤之情溢于言表。李煜在梦中又回到了他的天下，那样的人生富贵，到这等境地时，方才觉得是如此的美好，而他感慨于原本的一切是那样的稍纵即逝，再想回到那种神仙般的境地，已经完全没有了可能，这就如同江河的东流和花朵的凋谢，永远一去不返，故而明沈际飞在《草堂诗余正集》卷一中感叹道："'梦觉'语妙，那知半生富贵，醒亦是梦耶？末句，可言不可言，伤哉。"

类似这种基调之词，是李煜降宋后的主调。他有一首《破阵子》也同样感慨于江山的失去而不再来：

四十年来家国，三千里地山河。凤阁龙楼连霄汉，玉树琼枝作烟萝，几曾识干戈。

一旦归为臣虏，沈腰潘鬓销磨。最是仓皇辞庙日，教坊犹奏别离歌，垂泪对宫娥。

　　这首词被视之为李煜的追忆之作，他感慨于当年的繁华和成为俘虏后的悲惨。因此不少的后世学者批评他不好好守社稷，出了这样的结果再后悔，完全没有意义。其实，后世对于每一段历史的总结，都是跨越时空的谈论，少有人能站在整个大局上来考量当时的真实处境。因与果之间的关系，其实仅是一种事后诸葛式的总结，以我的私见，这样的总结没有太大的意义。梁绍壬也在《两般秋雨庵随笔》卷二中有类似的态度："讥之者曰仓皇辞庙，不挥泪于宗社而挥泪于宫娥，其失业也宜矣，不知以为君之道责后主，则当责之于垂泪之日，不当责于亡国之时。若以填词之手法绳后主，则此泪对宫娥挥为有情，对宗社挥为乏味也。此与宋蓉塘讥白香山诗谓忆妓多于忆民，同一腐论。"

　　李煜的另一首《浪淘沙》也道出了他的悔恨：

　　往事只堪哀，对景难排。秋风庭院藓侵阶。一行珠帘闲不卷，终日谁来。

　　金锁已沉埋，壮气蒿莱。晚凉天静月华开。想得玉楼瑶殿影，空照秦淮。

　　对于这首词，明沈际飞在《草堂诗余续集》中感叹道："此在汴京念秣陵事作，读不忍竟。又云：'终日谁来'四字惨。"

　　李煜当年做皇帝时，即使少理朝政，也可想见身边围满了各色人等，而今成为了俘虏，哪怕天天敞着门，也不会有人来看望他，这样的反差在其心中产生苦楚，而后行诸笔端。当年李煜降宋后，赵光义派人守门，并且下旨"不得与人接"，这其实就是一种软禁。在这种环境里，李煜的心态可想而知，没有人说话，故他的苦楚只能通过填词来表达。对于这首词，清陈廷焯在《云韶集》卷一中评价道："起五字凄婉，却来得突兀，故妙，凄恻之词而笔力精健，古今词人谁不低首。"

李煜在被软禁期间，写得最有名的一首词当数《虞美人》：

> 春花秋月何时了，往事知多少。小楼昨夜又东风，故国不堪回首月明中。
>
> 雕栏玉砌依然在，只是朱颜改。问君能有几多愁，恰似一江春水向东流。

这首词被传唱了千年，并且很有可能是李煜的绝笔。宋王铚在《默记》卷上中有这样一段记载："徐铉归朝，为左散骑常侍，迁给事中。太宗一日问：曾见李煜否？铉对以'臣安敢私见之'。上曰：'卿第往，但言朕令卿往相见可矣。'"徐铉本是南唐的大臣，跟着李煜一同归顺了宋朝。宋太宗赵光义某天问徐铉是否见到了李煜，徐称不敢私见，但太宗命他去见。徐铉见到先主后，两人当然是一番伤感："铉告辞宾主之礼，主曰：'今日岂有此理。'徐引椅少偏，乃敢坐。后主相持大哭。乃坐，默不言。忽长吁叹曰：'当时悔杀了潘佑、李平。'铉既去，乃有旨再对。询后主何言，铉不敢隐。遂有秦王赐牵机药之事。牵机药者，服之前却数十回，头足相就如牵机状也。又后主在赐第，因七夕命故伎作乐，声闻于外。太宗闻之大怒。又传'小楼昨夜又东风'及'一江春水向东流'之句，并坐之，遂被祸。"痛哭一番后，李煜说，他后悔当初杀了南唐的潘佑和李平。其实这两人乃是自杀者，他们曾规劝李煜，而李不听，到此时李煜才后悔当年没有听这两人的劝告。徐铉出来后，赵光义又召见他，让他详说跟李煜之间的对话，徐不敢隐瞒，将李煜的所言全部相告，这让赵光义觉得李煜仍然有复国之心，于是就赐下毒药，将其害死。而《默记》中又称，太宗毒死李煜，并非只因他跟徐铉的对话。七月七日那天，李煜命他带来的乐工奏乐，因为声音太大，被太宗听到了，当时就引得太宗十分生气。还有一个原因，那就是出于李煜所写的这首《虞美人》。

对于这样的说法，当今学者也有认为不确切者。且不管李煜的死是否真是因为以上三事，但相关的历史记载大多是这样演绎的，比如明陈霆在《唐余记传》中说："煜以七夕日生。是日燕饮声伎，彻于禁中。太宗衔其有'故国不堪回首'之词，至是又愠其酣畅。乃命楚王元佐等携觞就其第而助之饮。酒阑，煜中牵机药毒而死。"这里又多了一个细节，点明了给李煜送去毒酒者为何人。

王士禛所编的《五代词话》中引用了《稗史汇编》中宋邵伯温所言的一段话："南唐李煜以太平兴国三年七月七日卒。吴越王钱俶以雍熙四年八月二十四日卒。二君归宋，奉朝请于京师。其卒之日俱其始生之辰。太宗于是日遣中使赐以器币，与之燕饭，皆饮毕卒。盖太宗杀之也。"邵伯温在这里使用了类比法，因为吴越王钱俶也投降了宋朝，后来钱俶也是被毒酒害死者，而这两位皇帝死的日期都是他们生日的那一天。

总之，如此高才的一位帝王，就这样死在了自己42岁生日的那天。每当读到这段历史，都令我感喟不已。也正是这种特殊的人生境遇，使得他写出了那么多伟大的词作。因此于怀在《玉琴斋词序》中评价说："李重光风流才子，误作人主，至有入宋牵机之恨。其所作之词，一字一珠，非他家所能及也。"看来，当皇帝是李煜选错了行当，而他的词作却光照千古，故启功先生在《论词绝句》中咏叹道："一江春水向东流。命世才人踽上游。末路降王非不幸，两篇绝调即千秋。"

李煜死在了开封，然而他的墓葬却至今难以查得具体位置。在南唐的国都南京，如今仅有南唐前两代帝王的墓葬，因此我对南唐三主的寻访也只能先去访这两处。

乘高铁前往南京，11点多到达，朋友顾正坤先生前来接站，吃饭后先到江宁区牛首山去寻访。对于牛首山，顾先生说他很熟悉，因为他曾在这一带开办过印刷企业，而今这里变成了面积巨大的风景区。来到这一带时，顾先生边开车边向我做介绍，原来这里的几座山都包含在了景区的范围之内。

在景区的入口处我看到了详细的景点示意图，上面标注出了郑和墓和南唐二陵的位置，两者相距很近，这对我的寻访而言当然是好消息。顾先生建议先去看郑和墓，因为这种走法较为顺路。沿着上山的公路蜿蜒而行，感觉上到半山腰又拐了下去，在山坳的一片建筑群前停了下来，入口是栅栏，车不能前行，只能停到旁边的停车场，停车场的正前面有一个大殿模样的建筑，挂着的木匾写着郑和墓史料陈列馆，看来这就是要找的地方了。

大殿的门口三三两两地坐着一群初中生，今日的气温高达30℃，学生们都在陈列馆的台阶上乘凉，大声抱怨着来此是多么没意思。陈列馆的西墙是售票处，门票是30元，购票入内，前行20米的左手就看到了郑和墓的石牌坊，牌坊的下面即是上山的石台阶，沿此而上行走不足百米就看到了郑和墓所在。墓前未竖碑，只是墓后的山墙上嵌着一块汉白玉石牌，刻着"郑和之墓"，墓在此块平地的正中央。墓的形制很奇特，像一个供台上摆着经卷，整个墓部是用青石砌就，呈下大上小的覆钟式，墓的正前方还刻着阿拉伯文，表明着郑和的伊斯兰身份，墓的整个形式也许是伊斯兰教的规矩，我对此却是无知。据资料介绍，前往此墓的石阶的数量都是有说法的，

△ 郑和墓

跟郑和的生平有关。在从山门到墓前的中段，立着一个汉式的碑亭，上面是青色的琉璃瓦，而里面的碑却非古物，乃是新刻的重修郑和墓碑记。

出郑和墓景区，沿着山上的标记前往寻找南唐二陵，然而走出不远，路却全部封死，后面跟着的几辆车也都在探头张望，看来也是来寻找南唐二陵的。四处打问一番，得到的消息是这条路已经封了很长时间，必须绕出景区从另一侧进入。顾先生感慨说，两年没来，没想到道路的走法有了这样大的变化。按照入山前的标牌说明，南唐二陵距郑和墓仅有2公里多的路程，既然不能

△ 南唐二陵文保牌

李璟、李煜：流水落花春去也，天上人间

△ 李昇墓入口

前行，只好原道退出，重新回到绕城高速上。

既然改变了路径，顾先生也不熟悉如何能开到那里，只好边前行边打问，在高速路上问车不是件容易的事情，我只好让他跟上同行方向的车与之并行，而后摇下窗户向对方了解具体位置。这么做当然有些危险，但也只能采取这种最原始的方式。

一路打问，大约开出二十余公里，沿途的标牌很不清晰，几次走错路，总算找到目的地所在，此处已非牛首山，而是祖堂山背荫之处。门票20元，停车费3元，景区不大，进门50余米即是碑廊，浏览一番未见有古碑，都是近些年所谓的书法

△ 李昇钦陵介绍牌

△ 墓券门

△ 墓室

△ 李璟墓入口

名人题咏，再行 20 米，首先看到的是钦陵，墓穴依山而建，洞门及两侧的围墙均是近几十年新建者。

钦陵是南唐烈祖李昇之墓，门口无人看管，列着禁止拍照的铭牌，但我还是忍不住一路拍进去。为了给自己的寻访增加观感，也只能这样做些违规之事，但我在拍摄的过程中，心中说了无数个对不起。钦陵的墓穴比我想像的小很多，按说当年的南唐国十分富庶，为什么所见之墓却如此之小，这其中的原因只能等专家们慢慢的去研究吧。墓道两侧的冥物室空无一物，只有一台抽湿机在其中一侧嗡嗡作响地工作。洞穴内的确很潮，用手摸摸墙湿

△ 墓券

△ 李璟顺陵介绍牌

漉漉的感觉，墓室内也看不到什么物体，想来应该是运到博物馆去了吧，这里只剩下墙壁上的彩绘，还残留着一些痕迹。

出此墓再前行 20 米相邻的就是南唐中主李璟的顺陵，从感觉上这两个陵墓从规模到建造方式几乎完全相同。顺陵的入口处随意的堆着一些大块青石，我觉得可能是当年的封门之物。然而，它们早已丧失了当年的功用，门开在这里，任人游览。

柳永：杨柳岸、晓风残月

柳永在中国词史上的地位十分重要，因为他的特殊经历，所以被称为中国历史上第一位专业词人。袁行霈主编的《中国文学史》上评价他说："正如宋诗直到欧阳修等人登上诗坛才显示出独特的面目一样，宋词到柳永手中才发生重大的变化。"

词到了柳永时代，有了怎样重大的变化呢？《中国文学史》上接着说："整个唐五代时期，词的体式以小令为主，慢词总共不过十多首。到了宋初，词人擅长和习用的仍是小令。与柳永同时而略晚的张先、晏殊和欧阳修，仅分别尝试写了17首、3首和13首慢词，慢词占其词作总数的比例很小，而柳永一人就创作了慢词87调125首。柳永大力创作慢词，从根本上改变了唐五代以来词坛上小令一统天下的格局，使慢词与小令两种体式平分秋色，齐头并进。"

柳永之所以能够在词史上有如此重要的地位，除了他的聪明

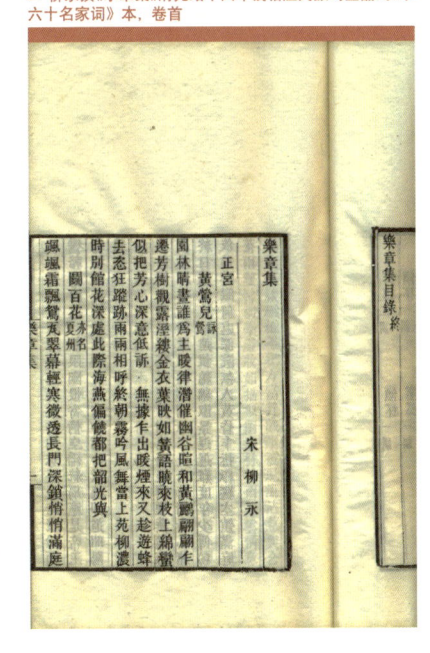

△ 柳永撰《乐章集》清光绪十四年钱塘汪氏振绮堂翻刻《宋六十名家词》本，卷首

才智，还有一个重要的原因，那就是跟他的人生经历有较大的关系。

柳永出生在读书人家，他的祖父柳崇没什么功名，喜好儒道，《福建通志》上有《柳崇传》。而柳永的父亲柳宜，曾是一位官员，王禹偁在《小畜集》中说："任监察御史时，多所弹射，不避权贵，故秉政者尤之，继出为县宰，所在有理声。"而柳永的叔父中也有几位是儒生，生活在这样的文化家庭中，这当然让柳永受到了很好的熏陶，所以他从小就立志要考取功名，而后出仕成为一位有作为的官员。

柳永的聪明使得他颇为自负，他作过一首名为《长寿乐》的词，词中表达了自己定能取得功名的信心："便是仙禁春深，御炉香袅，临轩亲试。对天颜咫尺，定然魁甲登高第。待恁时、等着回来贺喜。好生地，剩与我儿利市。"

柳永想象着他参加了殿试，皇帝亲临现场，而他自己也定然能够高中榜首，甚至他想象着回来后众人向他道喜的场景。可是现实并没他想象的那样美丽，经过一番折腾，他铩羽而归。这个结果大出他事先所料，因为期望值过高，他对落榜这件事颇为不满，于是写出了那首很有名气的《鹤冲天》：

黄金榜上，偶失龙头望。明代暂遗贤，如何向？未遂风云便，争不恣狂荡。何须论得丧？才子词人，自是白衣卿相。

烟花巷陌，依约丹青屏障。幸有意中人，堪寻访。且恁偎红倚翠，风流事，平生畅。青春都一饷。忍把浮名，换了浅斟低唱。

柳永的这首词作得十分洒脱，他说自己因为一时大意，偶然失去了头魁的宝座，但他觉得无所谓，即使没有功名，他也觉得自己绝对能够达到一流的水平。既然那些人看不上自己，那不如就沉湎于女人堆中快快乐乐地享受，把那虚名换作人生的愉悦。

从柳永的人生志向来看，他还是有着正统的儒生观念，那就是通过苦读考取功名，而后通过做官实现自己的理想和抱负，但越是聪明的人越自负，因此一旦受到意外的挫折，那他暴发出来的不满之气则比普通人要大得多。

其实他的这首《鹤冲天》也不过就是考砸了后的一时发泄，但别人不这么看，有人抓住他的这首词，认为他的所写就是他真实心态的描绘。如果一般人这么想也就罢了，如果皇帝也这么想，那就成了天大的事儿，而不幸的是，正是因为柳永的词写得好，所以他的作品连皇帝都会留意，而这首《鹤冲天》就给他带来了大麻烦。

宋吴曾在《能改斋漫录》卷十六中载有这样一段话："仁宗留意儒雅，务本向道，深斥浮艳虚华之文。初，进士柳三变好为淫冶讴歌之曲，传播四方，尝有《鹤冲天》词云：'忍把浮名，换了浅斟低唱。'及临轩放榜，特落之，曰：'且去浅斟低唱，何要浮名！'景祐元年方及第，后改名永，方得磨勘转官。"

这段话的前三句是说，宋仁宗喜好高雅的儒学，他反感于社会的浮夸风气，而柳永喜好写艳词，这类的词显然不合宋仁宗的胃口，恰好他的这首《鹤冲天》也被仁宗留意。某年，柳永又去参加科考，皇帝在御览时看到了他的名字，于是说：还是让他到女人堆中去享乐吧，何必要这样的浮名？！于是皇帝的一句话就断送了柳永的前程。

这样的结果显然柳永没有想到。其实他原本叫柳三变，因为皇帝记住了这个恶名，他为了让自己能够有转运的机会，于是就改名为柳永，此后他就以柳永之名参加科考。可能真是换了个马甲，皇帝就不知道他是谁了，故到其晚年总算考中了进士，而后做了几任小官，他的最高职务是屯田员外郎，这个官的级别仅是从六品。可见，其一生都不得志。也正因为这个官职，后世又把他称为柳屯田。

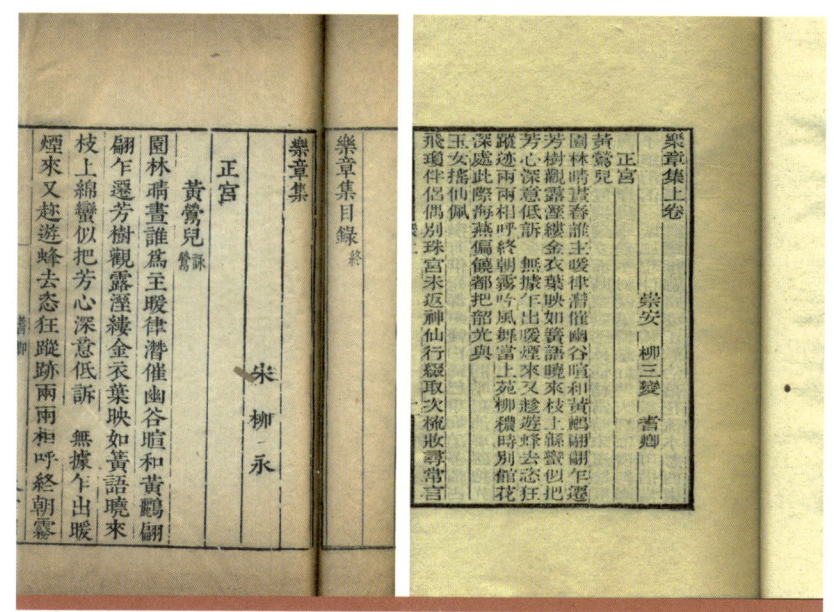

△ 柳永撰《乐章集》不分卷，明崇祯间毛氏汲古阁刻本，卷首　　△ 柳永撰《乐章集》三卷，民国归安朱氏刻本，卷首

但有时坏事也会变为好事，柳永因为写词而遭到了皇帝的反感，使他沉寂于下层，这个结果使得他把人生的主要精力都用在了作词上，这才诞生了中国历史上的一位大词人，而这个结果也确实跟皇帝对他的斥责有着直接的关联。

宋胡仔在《苕溪渔隐丛话》后集卷三十九中引用了《艺苑雌黄》中的一段话："柳三变'喜作小词，然薄于操行'。当时有荐其才者，上曰：'得非填词柳三变乎？'曰：'然。'上曰：'且去填词。'由是不得志，日与猎子纵游娼馆酒楼间，无复检约，自称云：'奉旨填词柳三变'。"

柳永没有考上功名，于是就通过其他关系疏通门路，当时的官员任命权在皇帝手里。皇帝听到别人的推荐后，问是不是那个喜欢写词的柳三变，别人说正是他，于是皇帝称：让他去填词吧。这句话的潜台词就是：不要来做朕的官儿。这个结果让柳永很无奈，他为了生活只能住在妓院里，通过给那些歌妓写词来得到一些报酬，显然，他得到的润笔费不低，因为他打出了一个金字招牌：他号称是遵奉皇帝的命令，来专业写词。

看来，柳永化被动为主动，果真起了效果。清沈雄在《古今词话》上卷中说："柳永曲调传播四方，尝候榜作《鹤冲天》词云：'忍把浮名，换了浅斟低唱。'仁宗闻之曰：'此人风前月下，好填词去。'柳永下第，自此词名益振。"沈雄说，柳永虽然没有考取功名，但因为他巧妙地利用了皇帝的斥责，反而使得他声名远播。显然，这只是一种臆断。从创作手法来说，柳永的词确实写得高明，即使没有皇帝对他的斥责，他的词也同样对那个时代的有着很大的影响。

但问题是，皇帝为什么仅因这样一首词就会对他这样的反感呢？杜若鸿在《柳永及其词之论衡》一书中认为："深层原因则系于仁宗之朝政治文化的时代转向"，任何问题一旦涉及到了政治，就无法以一般性的思维进行分析。既然赶上了这种社会氛围转向，那只能说这是柳永的运气差，故而杜若鸿在该书中评价到："大胆率直的艳冶不典之词，与仁宗朝以后的主流审美标准格格不入。"

如前所说，在那样的社会环境下，只有考取功名才是正统的出身，柳永写艳词遭到了皇帝的反感，虽然他可以靠填词来讨生活，但这毕竟不如当公务员既荣耀又有稳定的收入，于是他就继续参加科考。不知他考了多少次，终于在宋景祐元年考中了进士，而后他当上了几任小官，其中做过余杭县令。《余杭县志》中记载有他做县令时的业绩，其中有"百姓爱之"这样的赞誉，看来他还是希望自己能够在正常的工作中有所作为。

可惜的是，像柳永这样聪明绝顶的人，往往会因为自己的聪明而因言获罪，具体到柳永，就是因为写词而耽误了自己的仕途几十年，甚至在他做官之后仍然因为写词而引起了皇帝的恼怒。王辟之的《渑水燕谈录》卷八中有如下一段话:"柳三变……皇祐中,久困选调,入内都知史某爱其才而怜其潦倒,会教坊进新曲《醉蓬莱》,时司天台奏老人星见,史乘仁宗之悦,以耆卿应制。耆卿方冀进用,欣然走笔,甚自得意,词名《醉蓬莱》。比进呈,上见首有'渐'字,色若不悦。读至'宸游凤辇何处',乃与御制真宗挽词暗合,上惨然。又读至'太液波翻',曰:'何不言波澄!'乃掷之于地。永自此不复进用。"

看来,柳永只会认真做官吏,不会巴结领导。柳永的这种傻实在让某位上级发了善心,想借机在皇帝面前让他表现一把,于是他就让柳永写了首词,趁仁宗高兴时让柳永呈上。写词当然是柳永的拿手好戏,于是他一挥而就,可是呈给皇帝后,皇帝的脸色很快就阴沉了下来,原来柳永不小心在词中用到了引起了皇帝的伤心的字句,以至于皇帝很生气地把柳永所写之词扔在了地上,从此再不提拔他。

这样的不走运,真让人替他惋惜。人生的境遇确实没办法讲,通观柳永的一生,不知可不可以用"聪明反被聪明误"来形容。但天无绝人之路,也正因他这种不幸的遭遇,使得他只能把自己的聪明用在作词上。

柳永的填词不仅仅是按照前人的词牌进行创作,他有很多的发明,而其最重要的贡献就是前面所提到的慢词,同时有很多词调也是他所首创,袁行霈主编的《中国文学史》中称:"在两宋词坛上,柳永是创用词调最多的词人。他现存213首词,用了133种词调。在宋代所用880多个词调中,有100多调是柳永首创或首次使用。词至柳永,体制始备。"

对于柳永在词史上的贡献,后世有两种截然不同的评价,赞誉者认为他是词史的开创者,比如张端义在《贵耳集》卷上中引用了

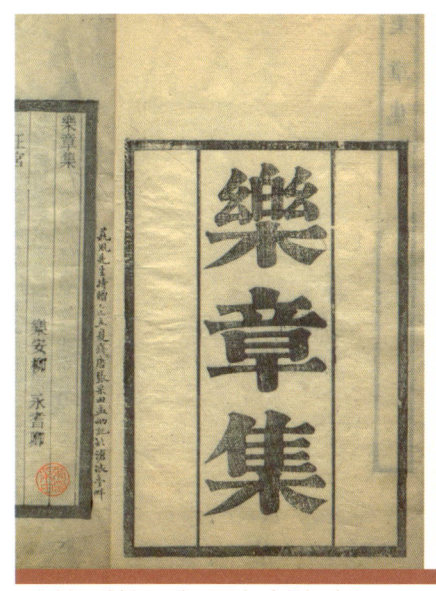

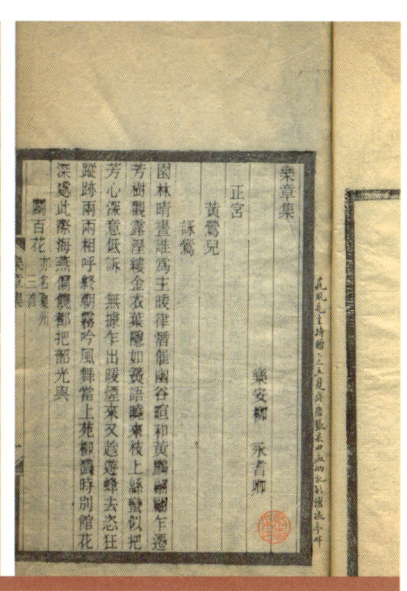

△ 柳永撰《乐章句》三卷，民国十一年刻本，书牌　　△ 柳永撰《乐章句》三卷，民国十一年刻本，卷首

项平斋的话："学诗当学杜诗，学词当学柳词。叩其所云，杜诗柳词皆无表德，只是实说。"

在这里，张端义把柳永在词史上的价值跟诗史上的杜甫并提，而杜甫是诗圣，那柳永算不算词圣他没说，但至少表明是这个意思。而宋代的黄裳也有类似的看法，他在《书乐章集后》评价到："予观柳氏乐章……如观杜甫诗，典雅文华，无所不有。"但清代的尤侗认为这种评价太高，他在《词苑丛谈》序言中说："唐诗以李、杜为宗，而宋词苏、陆、辛、刘有太白之风，秦、黄、周、柳得少陵之体。"

尤侗说，唐诗以李白、杜甫为正统，而宋代词人中的苏东坡、陆游等人的作词风格就有如李太白，而柳永等人则是受到了杜甫的真传。显然，尤侗认为柳词很好，但却不能跟杜甫并提，他最多是杜甫的继承人，即便如此，也足可说明柳词是何等的受后世所关注。

但在历史上，对柳永之词提出批评者也是大有人在，比如李清照在《词论》中就说过这样的话："柳屯田永者，变旧声，作新声，出《乐章集》，大得声称于世，虽协音律，而词语尘下。"

李清照首先夸赞柳永所作的词集——《乐章集》在天下大受欢迎，并且夸赞他能够在词方面有所创新，但李同时认为，柳永的词虽然在音调上写得很美，但词句却有些低下。这里所说的"低下"，显然指的是柳永所作的艳词。

按照正统的观念，文学创作源于生活体验。柳永因为皇帝的讨厌，使得他只能长期混迹于青楼之中，所以他所创作的词有很多都是对这种生活体验的描写，而这类词又在他所创作的词中有着较大的比例，这也是后世所诟病的地方。《避暑录话》卷三中载有这样的说法："柳永……为举子时，多游狎邪，善为歌词，教坊乐工每得新腔，必求永为词，始行于世，于是声传一时。……余仕丹徒，尝见一西夏归朝官云：'凡有井水饮处，即能歌柳词。'言其传之广也。"

因为柳永词作得好，所以那些歌妓们都纷纷请柳永来写歌词，一旦把他的歌词配上乐曲，这首歌必然能够流行于天下，以至于他所写的歌词都流传到了西夏，当地人说：只要有人聚集的地方，就会有人唱柳永的词。

关于柳永词作的流传之广，还有一个夸张的说法，那就是柳永所作的《望海潮》：

> 东南形胜，三吴都会，钱塘自古繁华。烟柳画桥，风帘翠幕，参差十万人家。云树绕堤沙。怒涛卷霜雪，天堑无涯。市列珠玑，户盈罗绮竞豪奢。
>
> 重湖叠巘清嘉。有三秋桂子，十里荷花。羌管弄晴，菱歌泛夜，嬉嬉钓叟莲娃。千骑拥高牙。乘醉听箫鼓，吟赏烟霞。异日图将好景，归去凤池夸。

△ 毛泽东所书柳永《望海潮》

　　这首词把杭州描写得实在是美，于是传遍了天下，没想到的是，该词传到了金国，金主完颜亮听到后，特别喜爱其中的"三秋桂子，十里荷花"，于是他就有了"投鞭渡江之志"。言外之意，完颜亮想把杭州打下来，以便享受那里的美景。

　　且不管这种说法是真是假，但至少说明，柳永的词确实是传遍了天下。但以上这首词却写得十分正能量，这样的词显然不是后世诟病于他的艳词，那我录一首他所作的《柳腰轻》如下：

　　　　英英妙舞腰肢软。章台柳，昭阳燕。锦衣冠盖，绮堂筵会，是处千金争选。顾香砌，丝管初调，倚轻风、佩环微颤。
　　　　乍入霓裳促遍。逞盈盈、渐催檀板。慢垂霞袖，急趋莲步，进退奇容千变。算何止，倾国倾城，暂回眸，万人肠断。

　　这首词是描写一位妓女，他用了很多美艳的词句来描写这位妓女各个方面的美态。其实细品这首词，也看不出有多么地不雅。相比较而言，他所作的一首《西江月》就比上面的这首要露骨得多：

> 师师生得艳冶，香香于我情多。安安那更久比和，四个打成一个。
> 幸自苍皇未款，新词写处多磨。几回扯了又重授，姦字心中着我。

这首词中所描绘的三位美女——师师、香香、安安，都是北宋时期京城的名妓，柳永说他恨不得把自己跟这三位名妓贴合为一。而这首《西江月》的最后一句中的"姦"字本是"奸"字的繁体，他在这里形象地把"姦"字比喻成这三位美女，并且说自己就在这个"姦"字的中心。

以上的两首词比较起来，风格似乎完全不同，故而后世认为柳永的词有着俗和雅两种风格。当然，他所写的那些艳词也就属于"俗"的范畴。其实以我的看法，可以把这类的词归为"艳"的范畴，因为他还写过一些既不雅也不艳的词，比如他所作的一首《传花枝》：

> 平生自负，风流才调。口儿里、道知张陈赵。唱新词，改难令，总知颠倒。解刷扮，能咲嗽，表里都峭。每遇着，饮席歌宴，人人尽道，可惜许老了。　　阎罗大伯曾教来，道人生，但不须烦恼。遇良辰，当美景，追欢买笑。剩活取百十年，只恁厮好。若限满，鬼使来追，待倩个，掩通着到。

这样的词读起来特别像元代的曲子，难怪李渔称赞他"柳七词多，堪称曲祖"。而龙榆生则明确地点出："耆卿词……开金元曲子之先声。"我觉得这首《传花枝》才能称得上"俗"，当然，这个"俗"指的是通俗。

总之，他所作的词被后世分为雅、俗两类，夏敬观在《映庵词评》中说："耆卿词，当分雅、俚二类，雅词用六朝小品文赋作法，层层铺叙，情景兼融，一笔到底，始终不懈。"

在这里，夏敬观没有用"俗"，而是用了个"俚"。这样的说法应当是本自宋翔凤在《乐府余论》中的说法："柳词曲折委婉，而中具浑沦之气，虽多俚语，而高处足冠群流。"

虽然柳词中有俚语，但其中的绝妙之处，宋翔凤则认为绝对能够冠压群雄。俗语说"树高于林，风必摧之"，柳永的词名享誉天下，这当然会引起太多人的嫉妒，嫉妒的表现方式不同，最恶劣者就是不断地谩骂，徐度的《却扫篇》中载有这样一段话："刘季高（岑）侍郎，宣和间相国寺之知海院，因谈歌词，力诋柳氏，旁若无人者。有老宦者闻之，默然而起，徐取纸笔跪于季高之前，请曰：'子以柳词为不佳者，盖自为一篇示我乎？'刘默然无以应，而后知稠人广众中，慎不可有所臧否也。"

有位叫刘岑的侍郎谈到词时总是拼命地骂柳永，某天有一位下属官员实在听不下去了，他站起身来，拿来了纸笔，而后跪在这位刘岑面前，此人跟刘岑说：你认为柳永的词写得那么烂，你能不能写出一篇好的让我开开眼？这位老下属的做法让那位趾高气扬的刘岑闭上了嘴。

嫉妒的最佳方式应当是跟对方比才能，通过才能的超越而达到嫉妒的舒缓，这才是一种向上的力量，比如那才气冲天的苏东坡，他也嫉妒柳永在词作上的声誉，于是在这方面下力，以期有所超越。经过一番努力，终于自我感到满意，在写给朋友的信中表露出了这个得意："近却颇作小词，虽无柳七郎风味，亦自是一家。呵呵！数日前猎于郊外，所获颇多，作得一阕，令东州壮士抵掌顿足而歌之，吹笛击鼓以为节，颇壮观也。"（《与鲜于子骏书》）

虽然小有得意，东坡还是有所谦虚，他说近来自己对作词很下功夫，写出来的词虽然跟柳永的风味不同，但也具有了自家面目，而他所说的应该指的就是他的那首著名的《江城子·密州出猎》，而该词被视为豪放派的开篇之作。自此之后，词有了婉约和豪放两派之分，四库馆臣在《总目提要》中说："词自晚唐五代以来，以清切婉丽为宗，至柳永而一变，如诗家之有白居易。至轼而又一变，如诗家之有韩愈，逐开南宋辛弃疾等一派。"

这里将柳永跟东坡并提，把柳永比作白居易，把苏轼比作韩愈，并且称正是柳永和苏轼开创了词学的两大派别。但这种说法相关学者也有不同意见，有人认为柳永比苏轼大四、五十岁，所以东坡的词有很多其实是从柳永那里学来的。如此说来，柳永既是婉约派的开创人，也同样是宋代豪放派的开创者，故周云龙有一篇文章的题目为《柳永——宋代豪放词的奠基人》，从题目即可看出其观点所在。

且不管柳永是不是豪放派的奠基人，但有一点可证，那就是东坡一直拿自己跟柳永相比，俞文豹的《吹剑续录》中录有这样一段著名的公案：

> 东坡在玉堂，有幕士善歌。因问："我词比柳词何如？"对曰："柳郎中词，只好十七八女孩儿，执红牙拍板，唱'杨柳岸、晓风残月'。学士词，须关西大汉，执铁绰板，唱'大江东去'。"公为之绝倒。

东坡明确地问一位善于写歌词的官员，他让此人直率地回答自己的词比柳永的如何。那个人回答得极其巧妙，他没有说孰优孰劣，只是说柳永的词适合于妙龄女子来咏唱《雨霖铃》，而东坡的词则应当由一位关西大汉高歌《浪淘沙·大江东去》。这种比喻的潜台词是说：十七、八岁的妙龄女子与壮硕无比的关西大汉进行选美，这让人如何评定？这首《雨霖铃》的全文如下：

> 寒蝉凄切。对长亭晚，骤雨初歇。都门帐饮无绪，留恋处、兰舟催发。执手相看泪眼，竟无语凝噎。念去去、千里烟波，暮霭沉沉楚天阔。
>
> 多情自古伤离别。更那堪、冷落清秋节。今宵酒醒何处，杨柳岸、晓风残月。此去经年，应是良辰、好景虚设。便纵有、千种风情，更与何人说。

该词太有名气，后世有着太多的赞誉，在此无法一一详录，比如唐圭璋在《唐宋词简释》中评价到："此首写别情，尽情展衍，备足无余。"

由以上这些可知，柳永以自己的奇特经历，再加上他那超人的才气，为中国的词史做出了很大的开创性贡献。不管后世对他有着怎样的评价，都不能抹杀他在词史上的重要影响，而关于这些影响，杜若鸿在其专著中总结出了三点："其一，词史上的'第一座'里程碑；其二，革新词风的先驱者；其三，贯通雅俗文学壁垒的桥梁。"

由这三点可知，柳永是中国词史中不可替代的人物。

柳永虽然在词史上的名气极大，然而他仅是位低级官员，故在《宋史》上无传，因此各种的野史记载都有相互矛盾之处，后世专家有很多的考证，这里就不再详述。

关于柳永所葬之地，《避暑录话》有如下记载："永终屯田员外郎，旅殡润州，王和甫为守时，求其后不得，乃为葬之。"

这里所说的润州，指的是今日的江苏省丹徒县。而今查证各种资料，却找不到柳永墓的具体地点，我只能退而求其次，去他的故里寻访遗迹。按照资料记载，柳永的出生地是福建崇安县五夫里，这里就是今天的武夷山市五夫镇。我在网上搜得那里建造了一座柳永纪念馆，于是这座纪念馆就成为了我的寻访目标。

柳永纪念馆位于福建省武夷山市武夷风景区武夷宫古街中段。为了寻访，这是我第二次来到了武夷山市，本次住在了武夷宫附近，离开宾馆时向工作人员打听，都说去武夷宫十几分钟，结果走了将近半小时，好在遇到一名小伙子出来散步，说正好也要去那边，然后带我前往。

在路上聊天时，此人告诉我当地也有一座柳永墓，这个说法让我大感意外。我问他具体方位，他说自己也记得不详细，但肯定地告诉我，到了那里，他大概就能回想起来。

武夷宫是一片仿古建筑，但应该也建起有些年了。进入武夷宫宋街中段，此人带我穿过一个偏门，说好像就是这里，我从侧面看到树影下有一男一女两个雕像牵着手站在那里，正是"执手相看泪眼，竟无语凝噎"的造型，显然，雕像中的男人就是柳永。没想到带路者居然说："这是朱熹和他的家人。"这个说法让我瞬间体会到了柳永所说的"无语凝噎"是怎样一种滋味。我看了一眼此人，他肯定地向我点了点头，表示他的所说真实不虚，这让我怀疑自己刚才看走了眼，毕竟这里也是朱熹的故乡。但无论怎样，朱子可是一位正经到不能再正经的大儒，好像不太可能站在公众场合拉着某位女子的手。且不管怎样吧，我暂且信之，以便让他带我继续参观下去。

从四围的环境看，我应当是进入了一个新造的景区，因为是从侧面进入，我搞不清自己所入的景区是什么名称，于是走到大门口外面去看牌坊牌匾，才注意到此纪念馆为临溪而建，坡下为九曲溪的第一曲，绿水潺潺，树影幽幽，青石阶展转而上，牌坊上写着"渐入佳境"，牌坊后的门殿上写着"柳永纪念馆"。看到这里，我才

柳永纪念馆前面的牌坊

柳永纪念馆正门

△ 柳永像旁的石头上刻着抔土还乡碑记

把心放回了原处：找的地方没错，刚才所见的那位，也必定是柳永。

草地颇大，两边各有一亭及雕塑一组，右边一组正是我刚才进来时看到的"执手相看泪眼"，柳永与一女子执手而立，似在话别。背后一面墙上尽是浮雕，左边亦是一组，柳永坐在椅上看着墙上浮雕的一名女子，似陷入回忆。草地正对面是两屋中式建筑的纪念馆，一楼牌匾为"白衣卿相"，二楼大牌匾为"一代词宗"。

院中有三位老年妇女坐在檐下边摘菜边聊天，见我进去，其中一位赶紧跟进来，站在摆满纪念品的小摊后面，我本想买上一件毫无特色的纪念品，以免去她的失望，可看了一番，实在挑不出一件能跟柳永有关之物，于是放弃了做好人好事的欲望。但我还惦记着那座柳永墓，于是向这位老太太打问柳永墓的具体位置。她看我不太可能在此消费，但依然客气地跟告诉我："在后面。"

走到纪念馆后面一看，仍是一片草地，有柳永铜像立于一块大

△ 柳永纪念馆的后墙刻满柳永词句

石边，大石上写着：

"柳永墓冢抔土还乡碑记：公元二〇〇四年九月，值武夷山柳永纪念馆新馆落成之际，柳永仙冢抔土自镇江北固山分移至此。千载游子今朝还乡，一代词宗魂归故里。"

看完这段文字才知道柳永墓尚存，就在镇江，然而此前一直没有查到相关资料，没想到意外在这里查到，亦算收获。

△ 徐霞客

在大石的旁边有一座柳永的铜像，铜像制作得颇为洒脱，柳永长须飘飘，想柳永一生奉旨填词，倚红偎翠，应该更喜欢后人将其塑成玉树临风的样子。纪念馆后的草地上仅此一像及大石，别无墓冢，从后面看，纪念馆的后墙上满墙皆是柳永词，正中间就是那首脍炙人口的《雨霖铃》。

但是没能看到柳永的墓冢我还是觉得有些遗憾，既然这里从柳永墓址运来了土，那我觉得也应当制作出一座墓丘，于是我沿着纪念馆的小径继续向内走，前行不远就看到了一个收费口。我问工作人员里面可有柳永墓，他说没有，但我还是决定进内一探。进入园内，却看到了徐霞客的雕像，看来这里也是徐霞客足迹所到之处。

在我拍照的过程中，那位带路者不知去了哪里，但到此时他又跟过来，而后首先跟我说对不起，他承认自己弄错了，这里的主角是柳永，而非朱熹，同时他解释到："我们这里朱熹的名气太大了，所以好多人都以为这个是朱熹。我以前来这里时，就听见他们都这样说。"

看来不是他的错，而后他告诉我，他来这里是帮人做茶叶，近年又打算回家去种竹子，他说："我想去做竹酒，就是用注射器把酒注到竹笋里，等竹子长大了再收，能卖两百多块钱一斤呢。这种酒有竹子的香味，现在很多人都在这么做。我也想做。"这样的酒我还真没见过，也许是一种创意吧，现在不是到处都在提倡创意吗？我夸赞了他这是个好主意。

张先：云破月来花弄影

张先是北宋词人，虽然他跟柳永并称，但在后世的评价中，他受到的关注却没有像柳永那样广泛。他在词史上是一位承前启后的关键人物，对于这一点，清陈廷焯在《白雨斋词话》中作出过总结："张子野词，古今一大转移也，前此则为晏、欧，为温、韦，体段虽具，声色未开；后此则为秦、柳，为苏、辛，为美成、白石，发扬蹈厉，气局一新，而古意渐失。子野适得其中，有含蓄处，亦有发越处。

△ 张先撰《张子野词》民国十一年归安朱氏刻《彊村丛书》本，书签

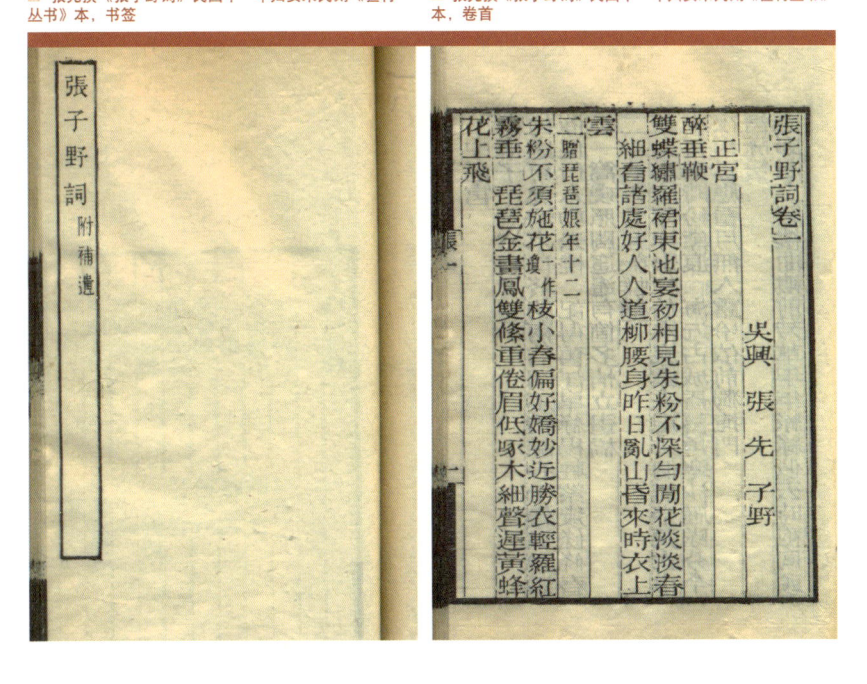

△ 张先撰《张子野词》民国十一年归安朱氏刻《彊村丛书》本，卷首

但含蓄不似温、韦,发越亦不似豪苏、腻柳。规模虽隘,气格却近古。自子野后,一千年来,温、韦之风不作矣,益令我思子野不置。"

在张先之前,词坛上的重要人物有大小晏、欧阳修等等,陈廷焯认为,这些人的词作并不能达到内容与形式的完美统一,而在张先之后,出现了秦观、柳宗元等人,这些大词人虽然开一代风气,但他们的词作却失去了古意,而在这两者的中间,恰好有一位张先,张先的词既不像比他早的那些词人,也不同于他此后的那些大家,他处在这两者之间,这既是他在词史上的地位,也是他的风格所在。

张先比晏殊大一岁,但晏殊却是他的座师。跟张先同时考中进士的,还有欧阳修,张先比欧阳修大17岁,所以两人在参加科考之前,欧阳修就已经听闻了张先的大名。范公偁在《过庭录》中说:"欧阳永叔尤爱之,恨未识其人。子野家南地,以故至都,谒永叔,闻者以通,永叔倒屣迎之曰:此乃'桃杏嫁东风郎中。'"由此可知,欧阳修早就知道了张先的大名,可惜无由与之结识,某天张先主动去见欧阳修,这让欧阳修高兴得连鞋都没穿正,就跑出来迎接。

从历史记载来看,欧阳修虽然敬重张先,两人的性格却有较大的差异。王暐在《道山清话》中说:"欧阳永叔雅敬重之,尝言与其同欢,酒酣,众客或歌或呼起舞,子野独退然其间,不动声色,当时皆称为长者。"看来那时的欧阳修还很年轻,弄了一帮朋友聚会,在那里痛饮,喝多了大呼小叫,还跳起了舞,面对这种场面,张先既不责怪也不制止,只是稳稳地在那里观看,显然他有着长者之风,毕竟从年龄上讲,他比欧阳修长一辈,可能他不便于这样放肆吧。

但在作词方面,张先就没有了这种老成持重,他的词作有着别样的美感。关于他词作的特点,孙维城在《张先与北宋中前期词坛关系讨论》一书中总结出了四点,孙维城的总结主要是把张先所作之词,尤其是小令,与清初一些词家的同类作品进行比较,比如他总结出的第二个特点是:"张先小令不同于晏、欧的第二点是,晏、欧缘情体物,在写景中抒情,情在景中,而不说破;张先不是这样,他往往叙事写情,在叙事后,直接抒发情感,这也同于韦庄。"由此可知,张先在作词的风格上有着直抒胸臆的特点,而这个结论的下方,举出的实例就是张先代表性的作品《天仙子》:

《水调》数声持酒听,午醉醒来愁未醒。送春春去几时回?临晚镜、伤流景,往事后期空记省。

沙上并禽池上暝,云破月来花弄影。重重帘幕密遮灯,风不定、人初静,明日落红应满径。

为什么以此来作为例证呢?孙维城在他的另一篇文章《论张先"以小令作法写慢词"》中作出了这样的分析:"天上云破月出,地上花影明暗,不费笔墨写花的色艳形美,甚至不写本身,只写其朦胧的身影,略貌取神,传神入微,正如清人刘熙载所说:'山之精神写不出,以烟霞写之;春之精神写不出,以草树写之'。以影写花,尽得花之风流体态。"

这首词中的"云破月来花弄影"受到后世广泛赞叹,宋陈师道在《后山诗话》中称:"尚书郎张先,善著词,有'云破月来花弄影'、'帘压卷花影'、'堕轻絮无影',世称颂云:'张三影'。"看来张先喜欢在词中用一个"影"字,故被人称之为"张三影"。其实,这个雅号最早却是得自他自己。沈雄在《古今词话》上卷引用了《乐府纪闻》中的一段话:"客谓子野曰:人咸目公为'张三中',心中事、眼中泪、意中人也。子野曰:何不谓'张三影'?客不喻。子野曰:'云破月来花弄影'、'娇柔懒起、帘压卷花影'、'柳径无人,堕飞絮无影',此平生得意者。"

看来,张先最早的雅号叫"张三中",因为人们感觉他所写的词不外乎是：心中事、眼中泪、意中人。对于这个雅号，张先似乎不太接受，他对人说，何不叫我"张三影"？客人问他这是什么意思，于是张先就举出了自己词作中三个带"影"字的句子。由这段话可知，张先的词句中，出现的那些"影"字是他有意为之，因为他对这个字有着偏执性的爱好。周曾锦在《卧庐词话》中还总结了张先其他词句中的"影"字："张子野词'云破月来花弄影'，'娇柔懒起，帘压卷花影'，'柳径无人，堕飞絮无影'，人因目之为'张三影'。余按子野词，又有句云'隔墙送过秋千影'，又云'中庭月色正清明，无数杨花过无影'，又诗句'浮荡破处见山影'，语并精妙，然则不止三影也。此公专好绘影，亦是一癖。又按'柳径无人'二句，子野词集作'柔柳摇摇，堕轻絮无影'。"

周曾锦在三影的基础上又总结出了三个"影"字，如此说来，他至少有六影。但是，陶尔夫、诸葛忆兵所著的《北宋词史》中，却在张先的词中数出来十五个"影"字，要知道，他的词留存至今的仅有二百五十多首，以此比例算起来，张先确实是一位佞于影者。我在此录一首他所作的带"影"的词《归朝欢》：

> 声转辘轳闻露井，晓引银瓶牵素绠。西园人语夜来风，丛英飘坠红成径。宝猊烟未冷，莲台香蜡残痕凝。等身金，谁能得意，买此好光景。
>
> 粉落轻妆红玉莹。月枕横钗云坠领。有情无物不双栖，文禽只合常交颈。昼长欢岂定。争如翻作春宵永。日瞳眬，娇柔懒起，帘押残花影。

对于这首词，万树给予了很高的夸赞，其在《词律》卷十八中说："用字繁密，自在苏、辛之上。"看来万树对张先的这首词有着特殊的偏好，他觉得此词已经好过了东坡和稼轩的同题材作品。

关于带"影"字的词，张先还有一首很有名的《青门引》：

乍暖还轻冷。风雨晚来方定。庭轩寂寞近清明，残花中酒，又是去年病。

楼头画角风吹醒。入夜重门静。那堪更被明月，隔墙送过秋千影。

这首词也是脍炙人口，广为流传。对于此词，许宝善在《自怡轩词选》中说："古今诗话，有人谓子野曰：人皆谓公'张三中'，心中事、眼中泪、意中人也。公曰：何不曰为'张三影'，'云破月来花弄影'、'娇柔懒起，帘压卷花影'，'柳径无人，堕飞絮无影'，此余平生所得意也。似此则加上'隔墙送过秋千影'，应目为'张四影'矣。"看来，该词的最后一句可以视之为张先所作带"影"之词的第四名。而这类词也就是业界所说的小令。

对于张先词作的特点，孙维城总结出的第三点则是，张先的词作，尤其是小令，"不同于晏、欧的第三点是词中的情感大多为具体的男女之情，而不是晏、欧的士大夫之情。"为什么会出现这种情况呢？因为晏殊和欧阳修都是高官，他们能够更多的了解社会的内在危机，而张先属于中下层官员，故孙维城认为他缺少这种忧世之情，因此张先所作的小令，多有描写男女之情的具体细节。就这点而言，张先跟柳永颇为相像，而张先在词中对男女之情的具体描写，也吸取了一些民歌的特点，他甚至用口语直接入词，比如他所作的一首《菩萨蛮》：

牡丹含露真珠颗，美人折向帘前过。含笑问檀郎："花强妾貌强?"檀郎故相恼,刚道"花枝好"。"花若胜如奴,花还解语无?"

这首词写出了男女之间的轻松调笑,而夏敬观则在《映庵词评》中认为这样的词作是"古乐府作法"。

能够把俊男少女间的调笑写得如此形象,这当然需要很强的生活体验。从这首词就可看出,张先是一位多情之人,比如《绿窗新话》卷上引《古今词话》的一段逸闻:"张子野往玉仙观,中路逢谢媚卿,初未相识,但两相闻名。子野才韵既高,谢亦秀色出世,一见慕悦,目色相授。张领其意,缓辔久之而去,因作《谢池春慢》,以叙一时之遇。"某天张先去玉仙观,在路上遇到了美女谢媚卿,两人互闻其名,却是首次见面,这一见,就彼此动了心思,两情相悦,这真不容易,于是彼此放缓了马,以便能够多看上几眼,回来之后张先意犹未尽,于是写了首《谢池春慢·玉仙观中逢谢媚卿》:

缭墙重院,时闻有、啼莺到。绣被掩余寒,画阁明新晓。朱槛连空阔,飞絮知多少?径莎平,池水渺。日长风静,花影闲相照。

尘香拂马,逢谢女、城南道。秀艳过施粉,多媚生轻笑。斗色鲜衣薄,碾玉双蝉小。欢难偶,春过了。琵琶流怨,都入相思调。

张先的多情竟然能够至老不衰,这一点让人十分佩服。葛立方所撰的《韵语阳秋》中录有这样一段话:"张子野年八十五犹聘妾,东坡作诗所谓'诗人老去莺莺在,公子归来燕燕忙'是也。荆公亦有诗云:'篝火尚能书细字,邮筒还肯寄新诗。'其精力如此,宜其未能息心于粉白黛绿之间也。坡复有赠张刁二老诗,有'共成一百七十岁'之句,则子野年益高矣。故其末章云:'惟有诗人被折磨,金钗零落不成行'。"看来,张先的老而不衰让东坡和王安石都很羡慕,而葛立方则认为，张先八十五纳妾，并不等于他只是为了男女之情，这同时也说明他至老仍有童心在。

对于东坡的这两句诗，清陆心源在《张先传》的小注中引用了《直斋书录解题》上的一段话："东坡诗云：'诗人老去莺莺在，公子归来燕燕忙。'诗人谓张籍，公子谓张祜，见《侯鲭录》。"原来，东坡是拿两位姓张的古代诗人来调笑张先。

早在宋代，李之仪就将柳永与张先并提，他在《跋吴思道小词》中说："张子野独矫拂而振起之，虽刻意追逐，要是才不足而情有余，良可佳者。"李之仪的这段话，并没有评价柳永与张先孰优孰劣，晁补之则在《苕溪渔隐丛话》后集卷三十三引中做了比较："张子野与柳耆卿齐名，而时以子野不及耆卿，然子野韵高，是耆卿所乏处。"晁补之认为，虽然张、柳齐名，而按照一般人的看法，张先比不过柳永，然晁补之却认为，从气韵的角度来看，张先超过了柳永。对于张、柳的比较，钱斐仲在《雨华庵词话》中说得更为直接："柳七词中，美景良辰、风流怜惜等字，十调九见。即如《雨霖铃》一阕，只'今宵酒醒'二句脍炙人口，实亦无甚好处。张、柳齐名，秦、黄并誉，冤哉！"看来，钱斐仲对张先有着特别的偏好，所以他认为，柳永的词真正的好句很少，而张先跟柳永齐名，这太冤了。

近代词曲大家吴梅对此也有类似的看法，他在《词学通论》中说："汴京繁庶，竞赌新声。柳永失意无聊，专事绮语。张先流连歌酒，不乏艳辞。惟托体之高，柳不如张。"从词的内容来说，吴梅觉得，柳永跟张先有类似的地方，但相比较而言，柳比不过张。为什么给出这样的判断呢？吴梅在文中接着说："盖子野为古今一大转移也，前此为晏、欧，为温、韦，体段虽具，声色未开；后此为苏、辛，为姜、张，发扬蹈厉，壁垒一变。而界乎其间者，独有子野，非如耆卿专工负责任铺叙，以一二语见长也。"吴梅也说，张先是词史上重大转折期的一位人物,他基本引用了陈廷焯的说法,所以张先的重要性在于承前启后,并不像柳永那样,仅是写出了一些名句。

张先故迹位于浙江省湖州市塔下街155号,飞英公园内六客堂。来此寻访的这天,湖州下着大雪,站在路边,完全打不上出租车,只能慢慢的步行向市内走,脚上的雨鞋虽然能够防雨,却不能防冻,脚趾在里面已经麻木得没有知觉。在路边看到了一辆人力三轮车,车夫坐在后座上阴沉着脸,我本不愿自找不高兴,但实在自己难以走下去,于是问他愿不愿去飞英公园,他头也不抬地说:"十块!"语气中透露着不情愿,我也顾不上跟他计较太多,立即坐在了车上。

湖州的三轮跟北京相像,那就是骑车人在前面,而乘客坐在后面。坐在车后,我双手抱着相机,以免它冻得不能使用,无聊地望着雨雪天气里的街景。但这位三轮车主的后脑勺总是能把我的目光吸引过去,因为他的后脑上长着两个像红枣大小的瘊子,这么大的瘊子真是少见,更为吸引目光的是,这两个瘊子会随着他蹬三轮的节奏上下地颤动,我觉得给他理发的人真要担不少的风险。一路上他不说话,只是吃力的踩着脚蹬,看他敬业的样子也觉得不像个恶人。三十余年前,文艺界口诛笔伐胡适的白话文诗《人力车夫》,认为他不能完全彻底的替劳动人民着想,这种做法,是将道德的最高境界作为最低标准来要求,而今我坐在车后,不知道是应该忏悔自己的剥削,还是应该把他想为这也是一种敬业的劳作。

三轮车停下的位置离我所住的宾馆其实很近,飞英公园门口空无一人,我径直向大门走去,一个穿着旧式公安制服的六十多岁男人拦住我,要我交15元门票,我反问他门票从哪里购买,他马上悻悻地说:进去吧。进得院门迎面就是飞英塔,据说这是国内最大的塔中塔,展眼望去这个塔是公园的最高建筑,然而这座塔的建造位置却靠近公园的大门口,这样的建筑规制似乎不合中国的固有传统,

张先：云破月来花弄影　　101

△ 公园正门

△ 造型奇特的龙凤石柱　　　　△ 飞英塔

　　一般而言中国建筑的主体都会处在居中的位置，至少在前面还需要有几层院落的烘托，如此的直截了当，倒是让人有些意外。然而此塔的门口却立着这样一块牌子：今日不能登塔。理由完全没有解释，不知是因为人少还是下雪，不能登塔，只能进入园内寻找我的另外两个意向点。

　　园区面积很大，我感觉在三百亩以上，在塔的后身，直通牌坊的路两侧各立着两根金属制的龙柱，柱顶上像扣着一个荷叶，远远望去有点像男根，我不明白这是什么喻意。立在旁边的铭牌说这四根柱子叫龙凤石柱，是明代立在湖州府孔庙牌坊前的原物，把这种东西立在孔庙前面，这更让我不能懂了。在园内打着伞慢慢寻找，偌大的园区我仅遇到一位冒着雨雪锻炼的老人，他指给了我所要寻找之处的路径。雪越下越大，光滑的石板路难以下脚，只好高抬腿缓步走，走姿有点像俄罗斯红场上给英烈敬献花圈的仪仗队。

　　飞英塔的右侧有"墨妙亭"，形制是一复檐式的仿古亭，两侧

△ 墨妙亭

则为碑廊，此亭原物本是北宋时湖州知府孙觉搜集邑内古代石刻，在此建亭来存储，并请苏轼撰写了《墨妙亭记》。元明时期，原亭毁于战火，现在的亭子则是三十年前重建的。墨妙亭的牌匾没有模写当年苏东坡的手笔，而是由沈尹默重新题写。浏览碑廊墙上的石碑，基本都是明清之后的碑刻，没有一块早于北宋，这跟当年孙觉所搜集的石刻完全不是一回事的。

△ 原来此亭跟东坡有关

穿过韵海楼，来到湖南岸的主楼，就是那位锻炼的老人告诉我的六客堂所在，然而门匾上却写着"飞英堂"。从外观看飞英堂在建筑手法上有些特别：楼门四周转圈是回廊，回廊

张先：云破月来花弄影 　　103

△ 飞英堂

的宽度不过三四米，却立着至少二三十根粗大的立柱，上面仅是二层建筑，不明白为何要用这么多的承重。进入飞英堂内，有两位老年妇女坐在那里聊天，我问她这里是不是六客堂，其中一位妇女告诉我，六客堂不在公园的园区内，而是出园门右转，在公园外的另一个墙角处。我在灵隐寺寻访契嵩墓塔时就被支到了园区外，这种遭遇很是浪费时间，尤其是会损失情感，我再三向那位好心指路的妇女确认，两遍之后真的把她问烦了，她站起身来直接走到门前的栏杆处，用手指给我看具体的位置。

△ 刻石都包上了玻璃

出公园右转来到公园外的西南角，果真看到了一处院墙外的独立

建筑，从位置上看，我觉得此处的仿古建筑原本应当是在院墙之内，现在为了将此处建筑突显出来，就在方形的公园墙上砍掉了一个角，这有点像脑筋急转弯：四个角砍掉一个角变成了几个角，这也许是公园经济搞活的方式吧。此处建筑的门楣上挂着六客堂茶艺馆的牌匾，看来此处已变成了茶舍，茶馆的门口停着四五辆车，从车的质量上显示着进入茶馆内客人的身份。我正准备站在门口拍照，猛然发现茶馆门口的玻璃门内站着一位大汉，眼球不错的正盯着我，他手里夹着烟，神色看上去不很友好，看来想进内拍照是不可能了，想照个外景，我也没敢举相机，无奈又重新回到公园内，找到平面示意图，我第一次进来时，就看到过这个牌子，上面的图标明六客堂在公园最深处，但现在怎么变成了在最外边了呢？再把这张图细看一遍，原来此图的标法是上南下北，把脖子拧过来看，果真就是那个茶艺馆的位置，这下死心了。再回到六客堂茶艺馆前，很幸运的是那位大汉不见了，变成了一个开门的小姐，我当然不怕这个，于是表现出一副浑不吝的无赖相，举着相机大胆拍照，那位小姐果真没说话，但我也没敢进里面去拍照。

来之前我查过的资料，都说六客堂在飞英公园内，而实际情况却与之不符。据说此堂是由宋李公择所建，所谓六客是指的六位词家曾聚于此填词作赋，这六位词家是：苏轼、张先、陈舜俞、杨绘、李常、刘述。北宋熙宁七年，苏轼由杭州通制提升为知州，东坡和原知州杨绘约杭州的张先、嘉兴的陈舜俞和苏州的刘述一起来到湖州聚会，这样的聚会不止搞了一次，后世为了纪念这段雅集，就将此房命名为六客堂。在我寻找的宋代知名词人中，跟张先有关的遗迹极其难以查找。张先可谓高寿，到89岁才去世，后来葬在了湖州弁山多宝寺，然而他的墓我却无论如何也查不到具体地点，而与他有关的遗迹，我所知的是他仅来过此处，参加雅集，于是只好将六客堂圈定在他的名下。

晏殊、晏几道：无可奈何花落去，似曾相识燕归来

晏殊、晏几道父子是北宋词坛十分重要的作家，刘扬忠在《晏殊词新释辑评》一书的前言中说："晏殊是北宋前期词坛领袖，是宋词发展的开路人之一。"而冯煦在《宋六十一家词选例言》中给予了更高的评价："晏同叔去五代未远，馨烈所扇，得之最先。故左宫右徵，和宛而明丽，为北宋倚声家初祖。"

晏殊的儿子晏几道也是重要的词家，夏敬观在《小山词跋尾》

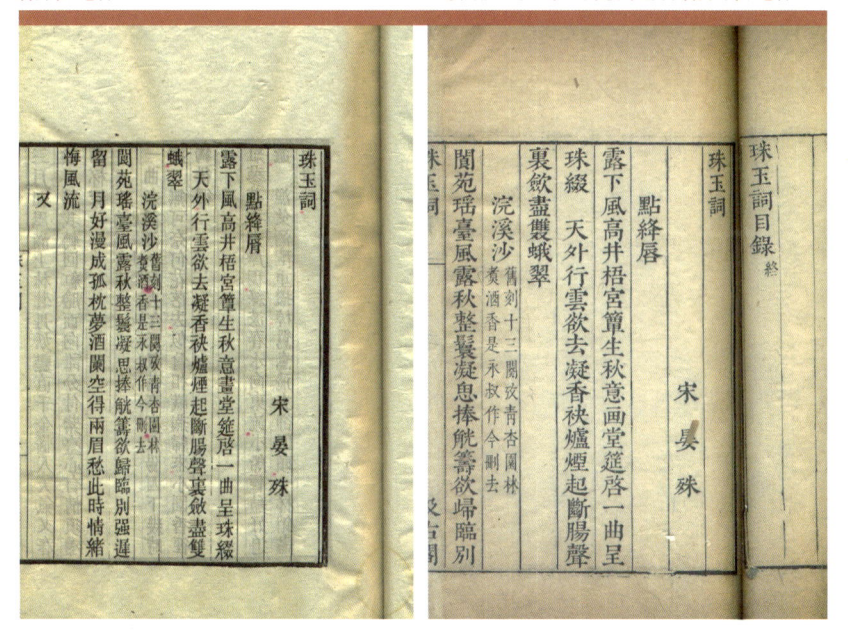

△ 晏殊撰《珠玉词》清光绪十四年钱塘汪氏振绮堂翻刻汲古阁本，卷首

△ 晏殊撰《珠玉词》明崇祯间毛氏汲古阁刻本，卷首

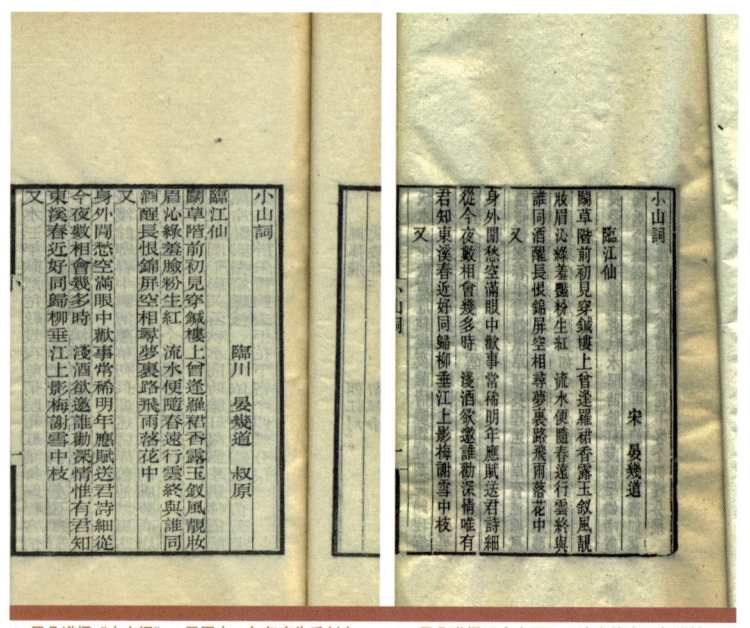

△ 晏几道撰《小山词》，民国十一年归安朱氏刻本　　△ 晏几道撰《小山词》，清光绪十四年钱塘汪氏振绮堂翻刻汲古阁本

中说："晏氏父子，嗣响南唐二主，才力相敌。盖不特词胜，尤有过人之情。叔原以贵人暮子，落拓一生，华屋山丘，身亲经历，哀丝豪竹，寓其微痛纤悲，宜其造诣又过于父。山谷谓为'狭邪之大雅，豪士之鼓吹'，未足以尽之也。"在这里，夏敬观把晏氏父子跟南唐二主并提，由此可见，大小晏在词史中有着何等重要的地位。

晏殊出生于普通文人家庭，他的父亲晏固只是在抚州做下级官员，但晏殊从小就聪明过人，他7岁时就能写文章，于是名声流传在外。《宋名臣言行录》前集卷六载有如下一段话："公幼能文，李虚己知滁州，一见奇之，许妻以女，因荐于杨大年，大年以闻，时年十三。真宗面试诗赋，疑其宿成，明日再试，文采愈美。上大奇之，即除秘书省正字，令于龙图阁读书，师陈彭年。"

当时的滁州知府名叫李虚己，他看到了少年的晏殊，认定这个孩子必有大才，于是他就答应今后把女儿嫁给晏殊。而后李虚己又把晏殊推荐给了杨亿，而那时晏殊仅13岁。大概是杨亿又把晏殊举荐给真宗皇帝，真宗命晏殊当面作诗赋。因为晏殊写得太过漂亮，反而让皇帝怀疑他是不是事先写好背下来的，于是第二天另出一题，没想到晏殊写出的文章更漂亮，皇帝很喜欢这位少年，于是就把他留在了宫中，让他跟陈彭年继续深造。

关于这件事，历史上多有记载，但说法却并不相同，比如《梦溪笔谈》卷九中以及《渑水燕谈录》卷六、《自警编》卷二等等的说法则是如下："晏元献公为童子时，张文节荐之于朝廷，召至阙下，适值御试进士，便令公就试。公一见试题，曰：'臣十日前已作此赋，有赋草尚在，乞别命题。'上极爱其不隐。"

这段话说，把晏殊举荐到朝廷的人是张文节，皇帝召见晏殊时，正赶上进士考试，于是皇帝就让他一同参试。晏殊看到试题后跟皇帝说：我在十天前恰好做过这个题目，并且草稿现在还在，希望您另外赐一个题目。晏殊的言外之意是：我无意间押对了题，这样的考试结果很好，但显然对其他人不公平。这件事让我想到自己在上中学时，老师不断地进行着模拟考试，而其方式就是不断地猜题、押题，一旦有几个题猜中，同学们就会夸赞这位老师的本事如何之好。而这位晏殊无意中押中题，他还要求更换，这种诚实当然令皇帝十分喜爱。

看来，晏殊的诚实在皇帝那里留下了好印象，而后来的一件事更让皇帝觉得没有看错人。《梦溪笔谈》等书还有这样一段记载："及为馆职，时天下无事，许臣僚择胜燕饮，当时侍从文馆士大夫各为燕集，以至市楼酒肆，往往皆供帐为游息之地。公是时贫甚，不能出，独家居与昆弟讲习。一日选东宫官，忽自中批除晏殊。执政莫谕所因，次日进覆，上谕之曰：'近闻馆阁臣僚，无不嬉游燕赏，弥日继夕，唯殊杜门与兄弟读书，如此谨厚，正可为东宫官。'公既受命，得对，上面谕除授之意，公语言质野，则曰：'臣非不乐燕游者，直以贫无可为之。臣若有钱，亦须往，但无钱不能出耳。'上益嘉其诚实，知事君体，眷注日深。仁宗朝，卒至大用。"

晏殊在朝中任职期间，正赶上天下太平，于是皇帝就默许大臣们聚会欢乐，当时的朝臣们整天跑到闹市区的酒楼，在那里寻欢作乐，但晏殊因为家里穷，没有钱进这些高档会所去消费，于是他在家里跟弟弟闭门读书。某天，宫里给太子选秘书随从之类的东宫官，而皇帝的批条却点明写着晏殊，这让众位大臣弄不明白是怎么回事。第二天，皇帝跟众大臣说：我听说馆臣们整天去高档会所消费，只有晏殊兄弟在闭门读书，这么老实的人在太子身边工作最合适。

第二天皇帝召见了晏殊，并且告诉他，选他任东宫官的缘由。晏殊听后，一丝都没有顺杆爬的意思，他跟皇帝说：我也喜欢寻欢作乐，但家里没钱，我消费不起，如果哪天有了钱，我肯定也去那里欢快。皇帝听后一点都不生气，反而觉得晏殊真是个实诚的人，于是就对他更加关爱。此后，晏殊一步一步地高升，30岁就做了翰林学士，35岁就当上了枢密副使，42岁就成为了参知政事，这个职位相当于副总理，在其52岁时就成为了宰相。刻苦而诚实的人能得到这样的正果，这肯定让后世大为艳羡。

如前所言，晏殊在朝中任职的阶段正赶上四海升平，于是他成为了著名的太平宰相，这也使他有精力把很多时间用在作词方面，然而后世对他称道的，则是他扶植起一大批重要的文人，他的弟子门生中最有名的人物有欧阳修、范仲淹、韩琦、富弼等等，宋叶梦得在《避暑录话》卷上中说："晏元献公虽早富贵，而奉养极约。惟喜宾客，未尝一日不燕饮，而盘馔皆不预办，客至旋营之。顷见苏丞相子容（颂）尝在公幕府，见每有佳客必留，但人设一空案一杯。既命酒，果实蔬茹渐至，亦必以歌乐相佐，谈笑杂出。数行之后，案上已粲然矣。稍阑，即罢遣歌乐，曰：'汝曹呈艺已遍，吾当呈艺。'乃具笔札，相与赋诗，率以为常。前辈风流，未之有比。"

晏殊虽然出身低微，但他却早早地就取得了富贵，虽然如此，他依然生活节俭，可是对于招待宾客朋友方面，他却十分大方，只要有朋友来，他就立即张罗宴会，等吃饱喝足之后，他让人腾出桌子，摆上笔墨，与众人赋诗填词。他的

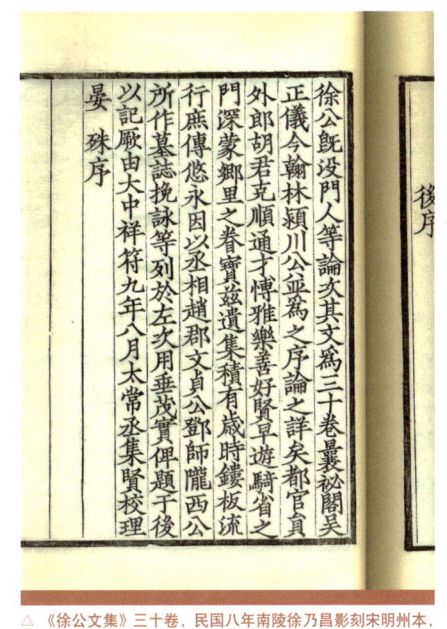

△《徐公文集》三十卷，民国八年南陵徐乃昌影刻宋明州本，晏殊序

这个做法在社会上很有影响。由此可见，晏殊在文学史上的贡献，除了自己写出了大量的杰出作品，更重要的是培养了一大批爱好诗词的官员，而这种风气渐渐地在全国流传开来。

相比较而言，晏殊虽然位极人臣，也努力地奖掖后进，但在政治方面却没有大的作为，这应该跟他自小进入宫中有很大的关系，因为他看到了太多未曾想到过的宫斗。在仁宗皇帝任职的前期，太后把持朝政，但太后常常不按规矩办事，于是范仲淹就阻止太后的这种行为，司马光所撰的《涑水纪闻》卷十中有这样一段话："仲淹奏以为不可，晏殊大惧，召仲淹，怒责之，以为狂。仲淹正色抗言曰：'仲淹受明公误知，常惧不称，为知己羞，不意更以正论得罪于门下。'殊惭无以应。"

范仲淹顶撞太后让晏殊很是害怕，于是他把范找来责骂一顿，然而范却据理力争，明确地跟晏说：我被您当作了知己，总担心自

己名不副实,给大人丢脸,没想到还会因为公正的言论得罪您。

而那个时代著名的词人柳永也未曾受到晏殊的赏识,张舜民在《画墁录》卷一中说:"柳三变既以词忤仁庙,吏部不放改官,三变不能堪,诣政府。晏公曰:'贤俊作曲子么?'三变曰:'只如相公亦作曲子。'公曰:'殊虽作曲子,不曾道「彩线慵拈伴伊坐」。'柳遂退。"

当时柳永因为写词而让皇帝不高兴,于是就想走晏殊的路子,晏殊见到他,问他是否能写词,柳永回答说:就如同您一样,我也能写词。这个类比引起了晏殊的不快,晏说自己确实也作词,只是写得没有那么庸俗。柳永闻言,明白了事不可为,于是告辞出来。

晏殊为什么要以这种姿态对待柳永呢?陶尔夫、诸葛忆兵所著《北宋词史》中,予以了这样的解答:"晏殊之所以讥柳,是他思想保守一面的具体反映,这与他所处的政治地位、文坛领袖位置密切相关,同时也出自他对'闲雅'的美学追求。他讨厌柳永的赤裸裸表白,而刻意追求一种'温润酝藉'的风格。"

虽然有此一说,但从实际情况看,晏殊有可能是不喜欢柳永的为人,而并非只是因为他的词风,因为晏殊自己偶尔也作颇具艳情的词,《四库全书总目提要》在写到晏殊的《珠玉词》时称:"殊赋性刚峻,而词语特婉丽,故刘攽《中山诗话》谓:元献喜冯延巳歌词,其所自作,亦不减延巳。赵与时《宾退录》记殊幼子几道尝称殊词不作妇人语,今观其集,绮艳之词不少,盖几道欲重其父名,故作是言,非确论也。"

虽然晏几道说父亲从不作艳情诗,但四库馆臣却在晏殊的词集内找出了不少这样的词句,所以馆臣认为晏几道的这个说法只是对父亲名誉的回护。

虽然晏殊成为了高官,但他同样也是正常的人,当然他也有着所欲与所求,《道山清话》等书中记有这样一段事:"晏元献公为京兆,辟张先为通判。新纳侍儿,公甚属意。先字子野,能为诗词,公雅重之。每张来,即令侍儿出侑觞,往往歌子野所为之词。其后王夫人寖不容,公即出之。一日,子野至,公与之饮,子野作《碧牡丹》词,令营妓歌之,有云'望极蓝桥,但暮云千里。几重山,几重水'之句。公闻之怃然,曰:'人生行乐耳,何自苦如此?'亟命于宅库支钱若干,复取前所出侍儿,既来,夫人亦不复谁何也。"

晏殊在做京官儿时,特别喜爱新得到的一位侍女,那时词人张先在晏殊手下任职,因为张先词写得好,晏特别看重张,故每次张来家中时,晏都把那位受宠的侍女请出来,让她来唱张所写的词。这样的亲密,让晏殊的夫人有了醋意,晏殊无奈,只好把这位侍女打发了出去。某天,张先又来到了家中,晏殊与之对饮,张先拿出新作之词,晏让官妓来唱。

等唱到某句时,触动了晏心中的隐痛,他说人生本来就应该快乐,何苦这样让自己难受。于是晏立即命令财务官支取一笔钱,把那位打发走的侍女买了回来。他的这种不管不顾,搞得夫人也不敢再说话。由此可知,做人处事都十分谨小慎微的晏殊,也同样有着真情流露的一面。

晏殊所作之词,流传至今者基本都收录在了《珠玉词》一书中,他所作之词中,流传最广的一首,就是如下的《浣溪沙》:

一曲新词酒一杯,去年天气旧亭台。夕阳西下几时回?
无可奈何花落去,似曾相识燕归来。小园香径独徘徊。

这首词被后世视之为晏殊的代表作,而其中的"无可"两句受到后世广泛地夸赞,比如明卓人月汇选、徐士俊参评的《古今词统》

中评价说:"('无可'二句)实处易工,虚处难工,对法之妙无两。"该书认为,晏殊的这两句词貌似容易,其实却写得十分的巧妙。

也正是因为这两句词太有名了,晏殊也为此自得,故而他又将此词用在了一首诗内,明张宗橚在《词林纪事》卷三中说:"元献尚有《示张寺丞王校勘》七律一首:'元巳清明假未开,小园幽径独徘徊。春寒不定斑斑雨,宿醉难禁滟滟杯。无可奈何花落去,似曾相识燕归来。游梁赋客多风味,莫惜青钱万选才。'中三句与此词同,只易一字。细玩'无可奈何'一联,情致缠绵,音调谐婉,的是倚声家语。若作七律,未免软弱矣。并录于此,以谂知言之君子。"

晏殊所作的这首七律竟然用到了以上那首《浣溪沙》中的三句,只是用到的第一句把"小园香径"改为了"小园幽径"。而张宗橚认为,晏殊的那首词要比这首诗写得好,他认为这样一改,语气就软弱了下来。

对于《词林纪事》上的这个说法,《四库提要》做出了这样的解释:"集中《浣溪沙·春恨》词'无可奈何花落去,似曾相识燕归来'二句,乃殊示张寺丞王校勘七言律中腹联,《复斋漫录》尝述之。今复填入词内,岂自爱其造语之工,故不嫌复用耶?考唐许浑集中'一尊酒尽青山暮,千里书回碧树秋'二句,亦前后两见,知古人原有此例矣。"看来,纪晓岚认为这样折移花接木,在唐代就已有之,故晏殊的做法不足为怪。

可是,按照吴曾的说法,这样有名的两句词,其知识产权当属另外一个人。《能改斋漫录》卷十一中说:"晏元献公赴杭州,道过维扬,憩大明寺,瞑目徐行,使侍史诵壁间诗板,戒其勿言爵里姓名,终篇者无几。又俾别诵一诗云:'水调隋宫曲,当年亦九成。哀音已亡国,废沼尚留名。仪凤终陈迹,鸣蛙只沸羹。凄凉不可问,落日下芜城。'徐问之,江都尉王琪诗也。召至同饭,又同步游池上。时春晚，已有落花，晏云："每得句书墙壁间，或弥年未尝强对。且如'无可奈何花落去'，至今未能也。"王应声曰："似曾相识燕归来。"自此辟置，又荐馆职，遂跻侍从矣。"

某年，晏殊前往杭州时路过扬州，他住在了大明寺内，寺内的墙上有很多他人的题诗，晏殊对其中一首表示赞叹，通过打听，原来是一位叫王琪的人所作，于是他把此人招来吃饭聊天。晏殊跟王说，他有一句"无可奈何花落去"，始终对不上下一句。王闻言，立即就说出了"似曾相识燕归来"，晏殊闻之大喜，于是把这位王琪举荐给朝廷，从此王成了他的随从。

不知这段八卦的真假，但至少说明这两句诗是何等受到后世的看重。对于这整首词，后世也同样是好评如潮，比如唐圭璋在《唐宋词简释》中评价说："此首谐不邻俗，婉不嫌弱。明为怀人，而通体不着一怀人之语，但以景衬情。"

晏殊还有一首《鹊踏枝》，此词的后半阕也是人人耳熟能详者：

槛菊愁烟兰泣露，罗幕轻寒，燕子双飞去。明月不谙离恨苦，斜光到晓穿朱户。

昨夜西风凋碧树，独上高楼，望尽天涯路。欲寄彩笺兼尺素，山长水阔知何处。

这首词中的三句，因为王国维把其写入了《人间词话》，不断被人咏唱："古今之成大事业、大学问者，必经过三种之境界。'昨夜西风凋碧树，独上高楼，望尽天涯路'，此第一境也。'衣带渐宽终不悔，为伊消得人憔悴'，此第二境也。'众里寻他千百度，回头蓦见，那人正在，灯火阑珊处'，此第三境也。此等语皆非大词人不能道。然遽以此意解释诸词，恐为晏欧诸公所不许也。"

王国维所说的"三境"被后世总结为"治学三境界",而晏殊的这一句成为了其中的第一境界。王国维在后面夸赞说,这样的词句,如果不是真正的大诗人,是绝不可能写出来的。而后王在《人间词话》中还有两处引用了晏殊的这三句诗,比如:"《诗·蒹葭》一篇,最得风人深致。晏同叔之'昨夜西风凋碧树,独上高楼,望尽天涯路',意颇近之,但一洒落,一悲壮耳。"王国维把晏殊的这三句跟《诗经》中的名篇相提并论,足见其将此看得是何等之高。

晏几道是晏殊的第七个儿子,虽然他出生在富贵之家,可能是因为性格的原因,他在仕途上并没有太大的发展,黄庭坚在给他所写的《小山词序言》中说:"余尝论叔原,固人英也,其痴亦自绝人。爱叔原者,皆愠而问其目,曰:仕宦连蹇,而不能一傍贵人之门,是一痴也;论文自有体,而不肯一作新进士语,此又一痴也;费资千百万,家人寒饥,而面有孺子之色,此又一痴也;人百负之而不恨,已信人,终不疑其欺已,此又一痴也。"

在这里,黄庭坚把晏几道总结为"四痴",说他出身仕宦却不懂得拉帮结派,而他写文章也不喜欢用别人所喜好的词句,虽然家中财产万贯,然而他却不懂得享受,更为难得者,是别人坑他害他,他却一点不仇恨对方,且从不怀疑对方有恶意。这样的性格的确很奇特。

有一件事可证明黄庭坚所描绘的晏几道确实如此,《研北杂志》卷上中称:"元祐中,叔原以长短句行,苏子瞻因黄鲁直欲见之,则谢曰:'今日政事堂中,半吾家旧客,亦未暇见也。'"

那个时候,苏东坡的名声可谓天下皆闻,但东坡想去认识晏几道,于是他通过黄庭坚做介绍人,没想到晏几道却拒绝东坡的求见,晏说现在朝廷的当权者有一半都跟自己的父亲有关系,即使这样,自己也没工夫接见这些人。

晏几道的性格是如此的各色，然而他写出的词却很美，这真是个奇特的现象，比如最受后世夸赞的一首《鹧鸪天》：

彩袖殷勤捧玉钟，当年拼却醉颜红。舞低杨柳楼心月，歌尽桃花扇底风。

从别后，忆相逢，几回魂梦与君同。今宵剩把银釭照，犹恐相逢是梦中。

这首词写得极具深情，原来晏几道多年前喜欢着一位歌妓，二人分离多年后，偶然在某个场合又相遇，当天晚上，这位歌妓与他住在了一起，二人在回忆着别离后的思念，甚至这场相见都感觉是在梦中。而对于这首词的写法，陶尔夫等所撰的《北宋词史》中予以了这样的评价："这首词的构思比较别致，词人采取逆入顺写的手法。明明是重逢时的惊疑，却从当年相逢时的欢乐写起，层次分明而又多次转折，煞尾才落实到重逢时的情态。"

对于这首词，后世有很多的夸赞，比如赵令畤在《侯鲭录》中引晁补之所说："晏叔原不蹈袭人语，风度闲雅，自是一家。如'舞低杨柳楼心月，歌尽桃花扇底风'，知此人必不生于三家村中者。"晁补之认为，不是出生在富贵之家的人，绝不可能写出这么美的诗句。

晏几道所作的一首《临江仙》也很有名气：

梦后楼台高锁，酒醒帘幕低垂。去年春恨却来时。落花人独立，微雨燕双飞。

记得小蘋初见，两重心字罗衣。琵琶弦上说相思。当时明月在，曾照彩云归。

这首词也被视为晏几道的代表作之一。对于这首词的前两句，康有为给了较高的评价，梁启超的女儿梁令娴在其所编的《艺蘅馆词选》中批有如下一句话："'家大人云：康南海谓，起二句纯是《华严》境界。'"

其实，这首词最受后世所喜爱者当属"落花人独立，微雨燕双飞"，谭献在《谭评词辨》中说："'落花'两句，名句千古，不能有二。末二句，正以见其柔厚。"可惜的是，这样的千古名句却仍然有著作权方面的纠纷，王初桐在《小嫏嬛词话》卷一中称："叔原词如金陵王谢子弟，秀气胜韵，得之天然，殆不可学。'落花人独立，微雨燕双飞'，晏叔原《临江仙》中隽语也。按：二句乃五代翁宏《宫词》，见《雅言系述》，宏，字大举，桂岭人，不仕，能诗。"

虽然王初桐很夸赞这两句诗，但他却说该两句本是五代时诗人翁宏所作的一首《宫词》。查相关资料，其实翁宏的原诗名为《春残》：

又是春残也，如何出翠帏？
落花人独立，微雨燕双飞。
寓目魂将断，经年梦亦非。
那堪向愁夕，萧飒暮蝉辉。

整体读上去，此诗写得并不十分优秀，但这两句却写得很美。可能是这个原因，晏殊把它用在了自己的词中，他是大名人，这个做法当然不是普通人所理解的抄袭。那怎样解释这个行为呢？王双启在《晏几道词新释辑评》中予以了这样的解释："把前人诗句原封不动或改头换面地写进自己的词里，这也是古人填词的一种常用的笔法，从修辞的角度讲，我们习惯地把这种笔法称作'隐括'，这是借用了一个古典词语而取其字面上的'隐'蔽和笼'括'的意思。"

为了能够说明这种做法并非个案，王双启又在该书中引用了北宋滕子京所作的一首《临江仙》：

　　湖水连天天连水，秋来分外澄清。君山自是小蓬瀛。气蒸云梦泽，波撼岳阳城。
　　帝子有灵能鼓瑟，凄然依旧伤情。微闻兰芷动芳馨。曲终人不见，江上数峰青。

果真，这里面隐括的字句要比晏几道还多。

晏几道作的一首《鹧鸪天》，其中有一句竟然受到了理学创始人之一的程颐的夸赞，这首词的全文为：

　　小令尊前见玉箫，银灯一曲太妖娆。歌中醉倒谁能恨，唱罢归来酒未消。
　　春悄悄，夜迢迢，碧云天共楚宫遥。梦魂惯得无拘检，又踏杨花过谢桥。

《邵氏闻见后录》中有这样一句话："程叔微云，伊川闻诵晏叔原'梦魂惯得无拘检，又踏杨花过谢桥'长短句，笑曰：'鬼语也。'意亦赏之。"程颐夸赞这其中的两句是"鬼话"，在这里需要说明的是，这是赞誉而非贬词，因为程颐认为人难写出这样美的句子来，故而清代的厉鹗在《论词绝句》中夸赞说："鬼语分明爱赏多，小山小令擅清歌。世间不少分襟处，月细风尖唤奈何！"

由此可见，晏几道在词学方面大有成就。既然如此，那他跟其父比起来，孰优孰劣呢？王初桐在《小嫏嬛词话》中做出了这样的比较："或问二晏优劣，余曰：大晏神骨厚，小晏气韵高，俱不愧为名家。但专尚神骨，其弊也黯；专尚气韵，其弊也佻。必也神骨为先，而气韵超乎其表，气韵为主，而神骨寓乎其中，乃为毫发无遗憾。"王初桐认为，父子二人风格不同，各有各的特点，周济在《介存斋论词杂著》中说："晏氏父子仍步温、韦，小晏精力尤胜。"凭此话的意思，周济认为小晏超过了大晏。

那么，晏几道跟其他人比又如何呢？冯煦在《蒿庵论词》中说："淮海、小山，古之伤心人也。其淡语皆有味，浅语皆有致，求之两宋词人，实罕其匹。子晋欲以晏氏父子追配李氏父子，诚为知言。"

在这里，冯煦将秦观跟晏几道并提。看来，在冯煦眼中，晏几道的水平能够与秦观相匹敌，他同时引用毛晋的评语，把晏氏父子比作南唐二李。

然而王国维却不同意冯煦的这种评价，他在《人间词话》中说："冯梦华《宋六十一家词选·序例》谓：'淮海、小山，古之伤心人也。其淡语皆有味，浅语皆有致。'余谓此唯淮海足以当之，小山矜贵有余，但可方驾子野、方回，未足抗衡淮海也。"

王国维认为，晏几道的词写得确实不错，能够比得上张先和方回，但却比秦观还是差一些。

晏殊和晏几道故里位于江西省南昌市进贤县文港乡沙河村。昨夜住在了南昌市的一家酒店内，不到八点，约好的出租司机已在酒店楼下，昨夜不停地在下雨，今早开窗向外望仍然没有停的意思，出门上路市内到处堵车，看来南方的人也并不能适应这种他们自认为无所谓的连绵雨。

出市向南行，约四十多公里，进入文港乡，此地是江西毛笔的故乡。我对它的了解源于当地的笔商邹农耕先生，他自办有民刊《文笔》，我与他素昧平生，然而近几年来，我时常收到他所自办的这个刊物与《通讯》，阅读这册材料后可知，他立志要办毛笔博物馆，到处征集名人用过的旧毛笔，可惜我疏于此道，到今天为止毛笔字还是写得七扭八歪，感觉无以为报，所以一直也没有与他进行过实质性的联系。今日来到文港乡，第一个想到的就是这位

△ 雨中的晏殊大道

邹先生，本想前往拜访，以表达他长期赠刊的美意，然转念思之，我觉得此时去找人家有愧于对方的多年馈赠，无事不登门，这也太过功利，于是放弃了前往向他请教寻访地点的打算。

进文港乡的大路是新修的水泥路，很是平坦，路牌写着此路的名称就叫晏殊大道，看来当地也是以此为标榜。晏殊大道的尽头左转就是笔都路，路不长，约三百多米，两面都是新盖的门脸房，基本上都是经营毛笔生意，笔都路中段有一条略窄的路名为新兴路，由新兴路转入花园北路，前行两公里多，就到了沙河村。

沙河村可能是旧地名，路边的标牌则写着晏殊村。可能是下雨的缘故，整个村内静悄悄的，看不到一个人影，沿着大街转上一圈看不到其它的痕迹，只好从村内驶出，再回晏殊大道，无意中看到了旁边工地围挡上的广告画，上面写明此处要建"晏殊纪念馆"，并且从招贴画的介绍中知道在晏殊村还有"晏氏祠堂"，于是立即上车让司机掉头回驶，重新开回晏殊村，果然在另一个十字街上，找到了晏氏祠堂。

祠堂前有一个小广场，广场的正中用青石做成了围栏，里面有一口井，井栏上刻着"晏氏古井"的字样，井口用不锈钢条封了起来，向里望了望，看不到有水的痕迹，井的后面就是一幢江南典型的祠堂状房屋，门两侧的墙上各有两个圆光大字"晏殊故里"，而门楣

△ 晏氏家庙

上却写着"晏氏家庙"。

进入家庙里头,有七八个上年纪的人正在下象棋,房梁上也悬挂着"晏氏家庙"和"文元"的招牌。我向下棋者询问可否参观,其中一位头也不回的向我挥挥手,示意我随便看。整个家庙是回廊式建筑,下棋者所在的地方应该算是中厅,中厅的右侧有一间屋上着锁,我透过窗棂向里看,里面有三架子平装书,这时才注意到墙上挂着"农家书屋"的招牌,我很好奇农家书屋摆的都是什么书,可惜字太小看不清书籍上的名称。

正堂的中间位置悬匾写着"衮绣堂",衮绣堂匾的下面还挂着极具当代特色的红标语,上面写着"晏殊故里2012年春节茶话会",再过两个月就又到春节了,看来这个横幅挂了将近一年还没摘下来。红条幅的下面墙上贴着三张纸,中间的是晏殊的画像,上面的说明文字称他是五世祖,画像的右侧录着一首晏殊的《浣溪沙》,当然是晏殊的代表作,有我最喜欢的那句"无可奈何花落去,似曾相识燕归来",画的左侧则录的是晏几道的《鹧鸪天》。

△ 晏氏家庙

△ 晏殊像及那有名的两首词

△ 衮绣堂

左侧的侧墙上有一个镜框，里面列明了晏姓的来源以及晏姓历代的名人，时间已经延续到了解放后，而右墙上则贴着人的照片和简历，最新也是最大的一张，是晏涛的照片，照片下面写着的说明：

文港镇沙河村人，1995年2月7日出生，2012年进贤县理科高考状元，高考分数688，名列全省第9名。

看来今天的晏氏仍然注重对功名的进取，能将这么小的孩子列入祠堂，唯一的原因就是因为他学习好，这种风气虽有其弊端，但毕竟利远远大于弊。在右墙上还贴着晏几道的生平介绍，却没有画像。

几个老人玩棋，没有人注意我，我于是大胆地走到了祠堂后面的配房，里面成了堆满物料的仓库，其中一间像是厨房灶间，看来这里仍然有人居住，还有一间小屋，屋里竟然有水池，只是不知道住在这里的是否还是晏殊的后人。

灵寿韩氏：遍绿野，嬉游醉眼，莫负青春

在北宋时期，河北的灵寿县有韩氏一族，该族父子两代均为朝中的高官，父亲韩亿做到了副宰相，两个儿子均身居宰相，另一子也做到了高官，这样的家族在中国少有。灵寿韩氏的发达是从韩亿开始，《桐荫旧话》记载："忠宪公将生，令公梦人手中书一大'兴'字示之，知门户之将起也。"

古人特别相信征兆，韩亿还没出生时，他的父亲梦见友人写了个大大的"兴"字拿给他看，于是他知道韩氏一门将要兴旺起来，这也就预示着韩门的兴旺都寄托在这个未出生孩子的身上。果真，韩亿出生之后极其地勤奋刻苦，《仕学规范》卷二引《韩庄敏公遗事》中有一段话："忠宪公少年家贫，学书无纸，庄门前有大石，就上学书，至晚洗去。烈日及小雨，即张敝繖以自蔽。"

看来，韩家也是穷苦人，以至于穷到买不起纸让孩子学习。但这阻挡不了韩亿的向学之心，于是他就用大石头当纸，在那上面练习写字，到了晚上他洗掉石头，第二天再去写，即使太阳曝晒和阴天下雨，也不能阻挡他的勤奋。经过苦练，再加上上天给他的福气，他果真成为了朝中重要的人物，而这个本事同时也传给了他的儿子们。《邵氏闻见录》卷八中说："韩参政亿、李参政若谷、王丞相随未第时，同于嵩山法王寺读书。有一男子自言善相，曰：'王君，宰相才也。韩、李二君，皆当为执政。王君官虽高，子孙不及韩、

李二君之盛。'后韩参政之子绛、缜皆为宰相,维为参知政事;李参政之子淑领三院学士,有文名。两家子孙宦学,至今不衰;王丞相之后微矣。"

此时,韩亿已经当上了参知政事,这个官职在宋代相当于副宰相,当宰相不在时,参知政事可以行使宰相的权力,可见韩亿在事业上颇为成功。当他还没有在仕途上有所发展时,他曾跟另外两个朋友到嵩山法王寺去读书,有个会相面的人对他们三人说:其中的王随能够做到宰相,另外两人能够做到副宰相。但此人又说:王随虽然位高,但他子孙的繁盛不如另两位。果真,到后来,韩亿的两个儿子韩绛和韩缜都做到了宰相之职,而另一个儿子韩维也做到了副宰相。

韩亿的这三个儿子如此有出息,在其当世就受到了人们的嫉妒。其实韩亿自己在工作上也很努力,相关的历史记载都说他要求自己十分得严格,《厚德录》卷四中称:"韩忠宪公亿性方重有守,治家严肃,虽燕居,未尝见其惰容。益州故事,岁首官出米六万石,或五六倍之以济贫民。亿知州,当岁俭,乃数倍赈之。"

可见,这位韩亿严于律己,却能宽于待人。在发生灾荒时,他能拿出米来去救灾,这是他为人宽厚的一面,并且他在外交方面也有着随机应变能力,《东都事略》卷五十八载:"韩忠宪使虏,其介刘太后之姻,庸而自专,私与虏使云:'太后言两朝欢好,传示子孙。'韩了不知。忽置一筵,遣臣来伴,因问:'太后有此语,何故不传?'忠宪答云:'皇太后每遣使,使人帘前受此语,戒使人令慎重尔。'于是以手顶礼云:'两朝生灵之福也。'"

韩亿曾代表宋朝出使辽国,但他的副手跟朝中的刘太后是姻亲关系,为此此人很傲慢,并且不懂得保守机密,他的失言让辽国有了想法,于是辽主派人来问韩亿:太后说了这样的话,而韩亿作为大使,为什么不通报?韩亿马上知道是那位副使说走了嘴,于是他就随机应变，化被动为主动，这足见其有着很不错的外交才能。

韩亿也爱好文学，史书记载，他曾有《文集》十卷，可惜该书失传了，而今已经不能知道他曾作过哪些作品。

上面提到了韩亿的三个儿子都在朝中为高官，以至于后世有些书上称韩亿有三子，但根据其他史料，其实他有八个儿子，这种说法出自《玉芝堂谈荟》卷四："韩忠宪八子：纲、綜、绎、纬、缜、维、絇、绛，时人以此号'韩氏八龙'。"

看来，这八个儿子都挺有出息，所以被人称为"韩氏八龙"。但以上的这八子顺序，似乎不是按照从老大排到老八，比如这个顺序中的第八位是韩绛，而《梁溪漫志》卷九却称："韩康公行第三，发解、过省、殿试皆第三，以元祐三年三月薨，皆三数。故苏子容作挽诗云：'三登庆历三人第，四入熙宁四辅尊。'"

这里所说的韩康公就是韩绛，此语明确地称韩绛是老三。而更为恰好的是，他的一路考试每次都是第三名，而他去世的日子也是元祐三年的三月。如果这段记载不是为了凑数的话，那就可以说明《玉芝堂谈荟》中排列出的八子，不是按照年龄依次递减，而是随意列出。

韩绛也是宋朝政局中的重要人物，王安石能够当权，跟韩绛有很大的关系，正是在韩的支持之下，神宗皇帝才开始重用王安石。宋熙宁三年，韩绛时任参知政事，当时西夏人侵犯边境，韩绛提出要加强边防，当时王安石也要求前往，韩绛却说朝廷正指望着王安石，不应让他离朝。于是，皇帝就任命韩为陕西宣抚使，后来又兼管河东。

皇帝对韩绛十分地信任，告诉他在当地处理事务不用禀报，并且给他空白的任命书，任由韩绛来任命官吏。虽然韩绛有着空前的权力，但他毕竟是位文官，对军事不在行，经过一系列事件，在当地竟然发生了叛乱，而后韩绛也被降为邓州知州。

熙宁七年，韩绛接替王安石任宰相，而后他跟吕惠卿发生了争辩，在僵持不下的情况下，他又向神宗皇帝提出自己让位给王安石，于是王安石又一次出任宰相。虽然如此，但韩的一些观点却跟王不同，而后他就离开京师，去任许州知州。

韩绛在朝中任职时，苏东坡曾是他的手下，而韩绛雅好文学，曾请东坡等人到他家中作诗。《侯鲭录》卷四载有如下的故事："韩康公绛子华谢事后，自颍入京，看上元。至十六日，私第会从官九人，皆门生故吏，尽一时名德，如傅钦之、胡完夫、钱穆父、东坡、刘贡父、顾子敦，皆在坐。钱穆父知府至晚，子华不悦。坡云：'今日为本殿烧香，人多留住。'坐客大笑。方坐，出家妓十余人，中燕后，子华新宠鲁生舞罢，为游蜂所螫，子华意不甚怪。久之呼出，持白团扇从东坡乞诗。坡书云：'窗摇细浪鱼吹日，舞罢花枝蜂绕衣。不觉南风吹酒醒，空教明月照人归。'上句记姓，下句书蜂事。康公大喜。坡云：'惟恐他姬厮赖，故云耳。'客皆大笑。"

此时，韩绛已经辞去宰相之职。上元节的第二天，他招来了九位下属，其中就有东坡，韩绛命家中的歌妓在席间伴舞。这些歌妓中，韩绛最宠爱的一位叫鲁生。这位鲁生刚跳完舞，就被一只蜂螫了一下，这个小意外让韩绛不高兴。鲁生在后面休息了一会儿，之后她就拿出了一面素团扇让苏东坡题诗。以东坡的高才，这等小事不在话下，于是他当场就在这个扇面上题了四句诗，而此诗的上句巧妙地用了这位宠妓的姓氏，因为"鱼吹日"就是一个"鲁"字，而下一句就提到了蜜蜂围着花枝绕。东坡的这个机敏让韩绛又高兴了起来。

即此可知，这位韩绛也喜欢诗词。但可惜的是，他的作品流传至今者，大多是一些诗作，而他的词作，我仅搜到了一首，并且还是一首残词——《踏莎行》：

嵩峤云高，洛川波暖。举头乔木森无断。□□□雨绝风尘，小桥频过春渠满。

□□离宫，□棱斗焕。万家罗绮多游伴。□□□□自风□，□□是处喧弦管。

韩亿的另一子韩维，也是北宋名臣。韩维的性格很耿直，《宋名臣言行录》后集卷十中称："神宗尝与公论天下事，语及功名，公曰：'圣人功名，因事始见，不可有功名心。'神宗拱手称善。"看来，他连神宗皇帝都敢劝，以至于让皇帝给他拱手称赞。但他的耿直也给自己种下了隐患，《却扫编》卷上中称："富韩公之薨也，讣闻，神宗对辅臣甚悼惜之，且曰：'富某平生强项，今死矣。志其墓者，亦必一强项之人也。卿等试揣之。'已而自曰：'方今强项者，莫如韩维，必维为之矣。'时持国方知汝州，而其弟玉汝丞相以同知枢密院预奏事，具闻此语，汗流浃背。于是亟遣介走报持国于汝州，曰：'虽其家以是相嘱，慎勿许之。不然，且获罪。'先是，书未到，富氏果以墓志事嘱持国，既诺之矣，乃复书曰：'吾平生受富公厚恩，常恨未有以报。今其家见托，义无以辞，且业已许之，不可食言。虽因此获罪，所甘心也。'卒为之。初，持国年几四十，犹未出仕，会富公镇并州，以帅幕辟之，遂起，其相知如此。"

宰相富弼去世后，神宗皇帝跟大臣们说：这位富弼平生就性格耿直，今天他去世了，而能给他写墓志铭的人，恐怕也是一位跟富弼性格一样的人，你们猜猜会是谁？大臣们不敢回答，神宗皇帝又说：而今性格最耿直的大臣，恐怕就是韩维了，看来，富弼的墓志铭很有可能就是韩维为他所写。

此时，韩维正在任汝州知州，而他的弟弟韩缜时任副宰相。韩缜听到了皇帝的这句话，觉得神宗所言对哥哥韩维并不是好事，于是他就立即派人到汝州见韩维，劝韩维说：如果富弼家人来找他写墓志铭，千万不要答应，否则肯定给自己招来大麻烦。

那个时代，交通不便，等韩缜派来的人见到韩维时，韩维已经答应富弼家人写墓志铭的请求，于是韩维给韩缜回信说：当年富弼在时对我特别照顾，我一直找不到报答的机会，今天他的家人有这样的请求，况且我已经答应了，所以我绝不能食言，即使为此事获罪，我也心甘情愿。于是韩维就坚定地给富弼写了墓志铭。

韩维在朝中为官时，跟理学家程颢的关系很不错，后来理学人物在朝中受到了排挤，而韩维也被连累。宋绍圣二年，韩维被定为元祐党人，遭到了贬斥，这应该跟他的性格有较大关系，比如《道山清话》中说："韩持国为人凝严方重，每兄弟聚话，玉汝、子华议论风生，持国未尝有一言。"

虽然是亲兄弟，但是韩维跟韩绛与韩缜的性格很不同，那两位兄弟在聚会时谈笑风生，而韩维坐在那里却一言不发。虽然如此，但这并不证明韩维的内心也是这样的死板，比如《明道杂志》上说："韩少师持国，每酒后好讴柳三变一曲。其一句云：'多情到了多病。'有老婢每听之辄云：'大官体中每与人别，我天将风雨，辄体中不佳。而贵人多晴致病耶？'"

看来，韩维在喝酒之后才能表现出真性情。每当他喝美时，就开始吟诵柳永的词，而他的这种性格让家中的老婢女都觉得有很有意思。

而韩维也很喜欢作词，流传至今的，其中有两首都是他写给哥哥韩绛的：

《西江月》

早岁相期林下，高年同在尊前。风花绣舞乍晴天。绿蚁新浮酒面。身外虚名电转，人间急景梭传。当筵莫惜听朱弦。一品归来强健。

《踏莎行》

归雁低空，游蜂趁暖。凭高目向西云断。具茨山外夕阳多，展江亭下春波满。

双桂情深，千花明焕。良辰谁是同游伴。辛夷花谢早梅开，应须次第调弦管。

这两首词倒写得中规中矩。虽然他不跟兄弟们在一起说笑，但并不证明他没有兄弟之情，只是他把自己的感情用填词来表达。

在朝中任职的三兄弟，以韩缜最具影响力。这位韩缜的性格也很严厉，不像《道山清话》记载的那样——他喜欢调笑，《东都事略》卷五十八载有如下事："（韩缜）知秦州。指使傅勔夜被酒，误随入州宅，缜令军校以铁裹杖箠死。勔妻持血衣，挝登闻鼓院以诉，落职，分司南京。秦人语曰：'宁逢乳虎，莫逢玉汝。'其酷如此。"

韩缜在做秦州知州时，有个官员可能是喝多了，误入韩缜的私宅后院，不知什么原因，这件事令韩缜大为恼怒，他竟然命手下将此人用铁杖打死。这个意外当然让死者之妻不干，她到有关部门去投诉，终于使得韩缜被降职。而他的严酷在当地也出了名，以至于有人编出了口头语说：宁可遇到老虎，也不要碰到韩缜。

不知以上的这段记载是否确有其事，但从其他的记载看，韩缜似乎也能照顾他人，比如《夷坚支志》上说："（韩庄敏）平生严毅，令行禁止。罢相之后，出镇长安。时藩镇庭参之仪久废，唯初到日聊一讲，韩令五日一为之，僚吏厌苦。一旦得小诗于屏上，其词曰：'五日一庭趋，全如大起居。相公南面坐，只是欠山呼。'韩读竟，略不动色,徐言:'却是我错了。'于是改令每遇坐厅日则为之,谤者亦息。人服其临事不惧,坚彊有决云。"

韩缜对下属要求很严格,他被罢了宰相到地方任职时,当地的政府部门已经松散惯了,韩缜的严厉让他们很不适应,于是有人就在屏风上写了首小诗,以此来说官员们被他要求得如何之苦。韩缜看到后并不生气,他说自己错了,于是立即就改变了严格的制度。看来,他也是个会变通的人。

虽然如此,他也并不就此懈怠,但没想到的是,他的勤政却意外地破坏了文物。《能改斋漫录》卷十二中说:"元祐中,韩丞相玉汝帅长安,修石桥,督责甚峻。村民急于应期,率皆磨石刻以代之,前人之碑尽矣。说者谓石刻之一厄会也。"

韩缜在长安任职期间,进行市政工程建设,他要建一座大石桥,但是施工管理部门却找不到巨大的石材,因为众人惧怕韩缜的责怪,于是他们就去找古碑,而后把碑上的文字磨掉用来做石材。经过这么一搞,长安附近的大碑很多都被毁掉了,否则的话,今日的西安能留存下来更多的古碑,也会有更多的拓片传世,这个结果,韩缜应该没有料到。

韩缜还有一个癖好,那就是喜欢美食,尤其喜欢驴肠,他的这个偏好就如同他喜欢建大石桥一样,给驴界带来了一场灾难。《夷坚支志》中称:"韩庄敏丞相嗜食驴肠,每宴客必用之,或至于再三,欲其脆美,而肠入鼎过熟则靡烂,稍失节则坚韧。庖人畏刑责,但生缚驴于柱,才报酌酒,辄旋刺其腹,抽肠出洗治,略置汤中便取之,调剂五味以进。而持纸钱伺于门隙,俟食毕放箸无语,乃向空焚献焉。在秦州日,一客中席起更衣,自公厨傍过。正见数驴咆顿柱下,皆已刳肠而未即死,为之悚然。客生于关中,常食此肉,自此遂不复挂口。"

韩缜喜欢吃驴肠，并且他每在举办家宴时，也请客人共同来品尝，但驴肠的烹饪要求很苛刻：如果入锅时间长，就会煮烂了，如果稍放一段时间，就又会变得很坚硬。因为韩缜的严厉，使得他的厨人特担心因为做不好而受惩罚，于是这些人就想了个办法，那就是在开宴之前，先把活驴绑在后院，等准备上此道菜时，再立即宰杀。活驴抽肠当然很残酷，这让那些厨子们也心生不忍，于是他们每次宰完驴，都会烧些纸钱，以便让上天宽恕自己的罪过。而当时某一位客人本也喜欢吃驴肉，可是某天他无意间起身上厕所时，看到了后院那些已经被抽掉肠子而未死的驴，他看到这些驴痛苦的样子，从此再不吃驴肠。

虽然说吃驴肠让驴受这种折磨也不一定是韩缜所愿，也许他根本不知道驴肠是这样做出者，但他的严酷必然会受到其他官员的指斥，比如《宋史·韩缜传》中就有这样一段记载："元祐元年，御史中丞刘挚、谏官孙觉、苏辙、王觌，论缜才鄙望轻，在先朝为奉使，割地六百里以遗契丹，边人怨之切骨，不可使居相位。章数十上，罢为观文殿大学士、知颍昌府。移永兴、河南，拜安武军节度使、知太原府，易节奉宁军。请老，为西太一宫使，以太子太保致仕。绍圣四年卒，年七十九。赠司空，谥曰庄敏。"

韩缜在任宰相期间，有很多官员举报他，这些官员中包括了东坡的弟弟苏辙，这些人连续十次以上指责韩缜把土地割让给了辽国，而苏辙所写的举报状都收入了他的文集中，比如《乞责降韩缜第七状》，此为苏辙第七次举报韩缜，这篇文章颇有名气，我引用其中一段如下：

陛下用司马光为相，虽应务之才有所不周，而清德雅望，贤愚同敬。至于韩缜如屠沽之行，害于而家；以穿窬之才，凶于而国,皆有实状可以覆按,行路之人指目非笑,纷纭之论不可具载。此何等人也,而陛下使于光同列!以臣度之,不过一年,缜之邪计必行,邪党必胜。光不获罪而去,则必引疾而避矣。如人服药,用茯苓、乌喙合而并食之,陛下以为茯苓长年之功,能胜乌喙杀人之毒乎?臣前后六上章论缜过恶,乞正典刑,至今留中不下。陛下必谓缜先朝旧臣,不可不用,则宜早罢光政事,使缜自引其类,布列于朝,臣等亦当相率而避之,毋使邪正杂处,而君子终被其祸。

苏辙在这里把韩缜与司马光相比,因为这二人同为宰相。苏辙觉得韩缜这样的人怎么可能跟司马光并列呢,他认定过不了一年,韩缜必将排挤掉司马光,所以苏辙说他已经在此前上了六道奏章来指明韩缜之恶,但至今皇帝也没有处分他,这肯定是皇帝念韩缜为先朝的旧臣,所以不忍处分他,然而,这样的结果定然会伤害到正直的君子。此后,苏辙再上奏章,直到把韩缜罢免为止。

从历史资料记载看,神宗皇帝确实对韩缜厚爱有加,《石林诗话》卷上等书中,都录有这样一段掌故:

元丰初,虏人来议地界,韩丞相(名缜)自枢密院都承旨出分画。玉汝有爱妾刘氏,将行,剧饮通夕,且作乐府词留别。翼日,神宗已密知,忽中批步军司遣兵为搬家追送之。玉汝初莫测所因,久之,方知其自乐府发也。盖上以恩泽待下,虽闺门之私,亦恤之如此,故中外士大夫无不乐尽其力。刘贡父,玉汝姻党,即作小诗寄之以戏云:"嫖姚不复顾家为,谁谓东山久不归。卷耳幸容携婉娈,皇华何啻有光辉。"玉汝之词,由此亦遂盛传于天下。

元丰初年，西夏人来跟宋朝商量划分边界的问题，于是皇帝派韩缜前往边界办理此事，而临行之前，韩缜最放不下的就是一位姓刘的爱妾，当天晚上他跟刘氏通宵地喝酒，并且在临走时作了一首词给刘氏。韩缜的所为，当天晚上就有人密告给了神宗皇帝，于是皇帝同意让刘氏陪同前往，而此时韩缜已经出行，于是皇帝派人用车拉上刘氏追赶上了韩缜。这种做法让韩缜摸不着头脑，到后来他才明白，原来正是他作的那首词让皇帝看到了，于是神宗体谅他的远行，特地把刘氏送来与之相伴。

正因为有了这么一段掌故，韩缜作词的事情让世人皆知，而他作的那首词也因此广受世后传唱，《全宋词》中仅收录了韩缜的一首词作，正是这首《凤箫吟》：

锁离愁，连绵无际，来时陌上初熏。绣帏人念远，暗垂珠泪，泣送征轮。长行长在眼，更重重、远水孤云。但望极楼高，尽日目断王孙。

消魂。池塘别后，曾行处、绿妒轻裙。恁时携素手，乱花飞絮里，缓步香茵。朱颜空自改，向年年、芳意长新。遍绿野，嬉游醉眼，莫负青春。

韩缜的这首词确实写得不错，开头的三句是化用了江淹《别赋》中的"闺中风暖，陌上草熏"，以此来说明自己整日里奔忙，刚刚见到爱妾，而今又要分离，这让二人都有些伤感。而该词的下阕，则是化用了唐牛希济《生查子》中的"记得绿罗裙，处处怜芳草"，韩缜以此来表现其爱妾的美丽。

韩氏祠堂及家族墓位于河北省石家庄市灵寿县中倾井村。灵寿县在石家庄的西北角，虽然路程仅几十公里，然而却要换两条高速路。

△ 在村边看到了这样一块碑

△ 在小学的门前又看到一块

2012年国家要求高速公路在几个重要节日期间免费，这个对开车人来说的重大利好，也是一场灾难。2013年的10月1日我就开车出门，堵了一整天，直到傍晚才开到了沧州市。

而今的春节乃是我第二次享受这样的待遇，有了上次的教训，所以今天的出行有着充分的心理准备，然而没想到高速上行驶的车还不到平时的几分之一，此种景况太过意外，真后悔前两天吓得没敢出门。

下高速后向西行驶，穿过一个村庄时，偶然看到路边立着一块碑，跑到近前细看，上面刻着"清甫吴老夫子德教"，在中倾井村村东小学校门口又看到了一块古碑，上面刻着"清庠生直书韩老夫子德教"。

进村内打听韩氏祠堂，有位老者告诉我，祠堂锁门了，需要找韩万成去开门，并且告诉我如何如何走，然而这个走法却颇为复杂，指路人说了两遍，我也没能记住如何前行，于是他告诉我了一种简单的标志物："你看到门口有大喇叭的那家就是"。

按其所说，果真找到了那个大喇叭，大喇叭竖在一个有20米高的电线杆上，在杆顶上有四个喇叭，这个喇叭是本村的最高建筑，

△ 韩氏祠堂的大门

不明白为什么要竖这么高，我注意到电线杆上印着红字"韩春菊捐音扩一套"，看来不是韩万成捐的，喇叭下面的房子关着门，我敲门无人应答，此门的旁边即是韩氏祠堂。

从外观看，祠堂是新建的仿古建筑，门楣上写着"韩氏先祠"，祠堂果真锁着门，祠堂的西侧墙有一段泥土的残垣，我爬了上去，站在上面向祠堂内拍照。感觉祠堂占地约两、三亩大小，前面一多半是空场地，后部的平台上改成了两进房，第一进无门无窗，是敞厅状，每根柱子上都挂着木制对联，可惜看不清字迹。

正拍照间，我听到了祠堂门口的铲雪声，立即从土墙上下来，走到大门口，是一位五、六十岁的老者，用铁锹在清理祠堂门口的残雪，我向他请教如何找到韩万成，他干脆地说：不知道。再向他询问如何能打开祠堂的门，他还是说不知道。他的这种坚决还是没能抵过我的软磨硬泡，我耐心地向他解释自己从大老远赶来就是为了给这里拍照，请他一定想办法帮我找到拿钥匙的人，他看我站在

△ 韩氏祠堂外观

这里没有离开的意思，就放下铁锹说："那我帮你找找。"

他掏出一个像手机一样的东西，从外形看又有点像寻呼机，但从键盘的形式看，又的确像个手机，我问他这是什么新式武器，老人告诉我，这叫村村通。他拨通了电话，然后告诉我，没人接，我还是不放心，让他再试试。他在第三次拨通时，把声音放在扩音器上，让我听到了对方无人接听的声音，以证明他所言不虚，这种做法的确让我死了心，只好围着祠堂四周照外观。

正在拍照期间，走来一位女士，问老人旁边是不是韩万成家，老人反问这位妇女有何事，她说找韩万成开祠堂门，老人没有回答，瞥了我一眼，默默地放下手里的铁锹，从兜里掏出钥匙，打开了祠堂门。此种情形我不知说什么好，但我觉得计较这些都没有用，抓住机会进院内拍照才是硬道理，于是跟着他们两位往祠堂里走。

那位妇女反而问我有何事，我说自己想进内拍照，而这位妇女却告诉我说："明天是初五，对外开放，你明天来吧。"我告诉她说，

灵寿韩氏：遍绿野，嬉游醉眼，莫负青春　　137

△ 韩氏先祠的对联写着"八人三学士"

　　自己特意从北京赶来拍这个祠堂，不太可能今日返回、明日再来，然转念思之：她为什么今天就能进这里来呢？我决定反击这种特权行为，于是直接跟她说："既然祠堂明天才开，那您今天怎么就走了进来？"此女闻我所言，竟然笑了起来，她说自己是韩氏后人，今天回本村是回娘家，顺便来祭祖，明天再来就赶不上了。等她说完这番话停顿了一下，而后用眼神给我做了个示意，我把它理解为：我也可以进内拍照。

　　她是同意了，那么这位看祠堂的韩万成是否也同意了呢？我想了一想，不愿再节外生枝：万一一问遭到他的拒绝怎么办呢？我决定保持沉默，于是跟着他二人继续向内走。他一开始就不愿意告诉我自己的真实姓名，足以说明他不喜欢我进内拍照，但我的跟进老人始终没有说什么，我把他的这种姿态理解为默许，于是就放胆在祠堂内到处拍照。

　　祠堂内的面积不大，约有二十多平方米，地上满铺着青砖，正

△ 赵氏先祖牌位

墙上挂着两幅彩绘的立轴，图案是两个人的官服像，立轴下面的长条案上摆着灵位，左右各四个，其中右边的第二个是韩缜，木制黑漆的灵牌上写着"宋庄敏公韩缜之灵位"。祠堂的西侧山墙上贴着一张释迦牟尼的画像，余外祠堂内空无一物，反而倒是祠堂外过厅的左右山墙上画着的壁画倒是很亮丽，两幅图案表现的都是韩氏先祖刻苦学习的情形。

韩氏祠堂建造的时间很早，《调谑编》等书有如下记载："韩子华、玉汝兄弟相继命相。未几，持国又拜门下侍郎，甚有爰立之望。其家构堂，欲榜曰三相。俄持国罢政，遂请老。东坡闻之曰：'既不成三相堂，可即名二相公庙耳。'"

△ 韩绛、韩缜的灵位

看来，在韩家三子任高职时就已经建立了祠堂，但当时所建祠堂的原址是否就是我来到的这个地方，我却不能确认。但这段记载倒是很有意思：原本韩绛也想做宰相，可惜他没有进步到如此的高度，如果能够如愿的话，他们家的祠堂就可以叫"三相堂"。东坡听说他家"三相堂"建不成了，于是就说可以改名叫"二相公庙"。而我在这个祠堂内参观了一番，却未能看到这个庙名，看来韩家后人不喜欢东坡起的这个名称。

从祠堂出来，我向那位妇女打听韩家的墓地在哪里，她又反问我为什么要找墓地，我简明扼要但不无天花乱坠地讲解着自己对韩家父子的总体评价，这段说辞看来得分不低，因为她主动跟我说：墓地的前行线路说不清楚，但她可以带我前往。这当然是我求之不得的。

她带着我走出村，来到了村东的田地里，指着东南方向告诉我，那片柏树林就是韩氏的家族墓。在来的路上，她告诉我本村的人大多都姓韩，基本上都是韩氏的后人，她自己叫韩利霞。她看上去年纪不到30岁，但对韩家的历史颇为了解，至少说明她以有这样的祖上为傲。她自称是韩氏的第十九代或者是第二十三代，自己记不太清了，回家需要查一下家谱才能确定。

在进村之前，我就远远地望见了这片柏树，以我的经验，这片柏树林肯定是古人的墓地所在。来到这片柏树林中，看到路边用水泥预制板立作墓碑，用墨笔写着"韩氏祖茔"，落款则为"灵寿县人民政府"，既然是政府所立的碑，为什么竟然如此的因陋就简？这片墓地占地有十几亩地大小，有一块古碑，用砖起券围起，可惜碑上的字迹已完全看不清楚。

在坟地中有十几个坟包，但都没有碑刻，无法确定哪座是韩家的哪位著名人物，但既然他们都长眠于此，我能找到这里，也算是

△ 韩氏家族墓地

——祭拜了韩家的这几位名人。碑旁住家的后墙上拴着一头驴，这头驴一直注视着我在墓地内的一举一动，时不时地鸣叫几声，有点儿像看家狗的姿态。显然，它不知道韩缜有吃驴肠的偏好。

但这头驴的鸣叫却把它的主人呼唤了出来，一位妇女问我在找什么，我向她解释在这里拍照是为了纪念韩家几位名人，并且直说自己不是盗墓贼。她听了这句话笑了，没再说什么，又转身回了院内，那头驴仍然紧盯着我，它那带有敌意的眼神让我恨不得跟它说：冤有头，债有主，我可没吃过什么驴肠。

△ 带有砖券的古碑

苏东坡：人有悲欢离合，月有阴晴圆缺

中国历史上的文人中，苏轼可谓全才，因此，他在词史方面也有着极其重要的地位，比如胡云翼在《中国词史大纲》中说："就词之史的发展说，词风至苏轼而大变，词体至苏轼而大解放。"为什么胡云翼会给出这样的评价呢？他在该书中作出了这样的形象说明："苏轼以前二百多年的词都是病态的，温柔的，女性的词；直到苏轼起来，始创为健康的，壮美的，男性的词。"

按照胡云翼的说法，词性也分阴阳，而东坡的词当然属于阳性。对于这样的判断，胡先生举出的依据是《苕溪渔隐丛话》中关于"红牙板"和"铁绰板"的形象比喻。然胡先生并没有在这个依据之后举例，以我的愚见，东坡的阳性之词较为典型者，当然是《念奴娇·赤壁怀古》：

大江东去，浪淘尽、千古风流人物。故垒西边，人道是，三国周郎赤壁。乱石穿空，惊涛拍岸，卷起千堆雪。江山如画，一时多少豪杰。

遥想公瑾当年，小乔初嫁了，雄姿英发。羽扇纶巾，谈笑间，樯橹灰飞烟灭。故国神游，多情应笑我，早生华发。人生如梦，一尊还酹江月。

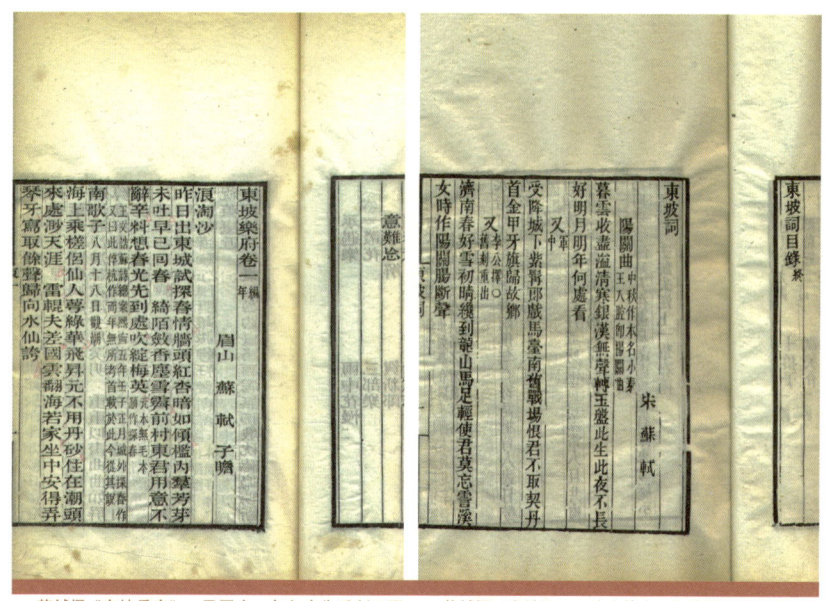

△ 苏轼撰《东坡乐府》，民国十一年归安朱氏刻《彊村丛书》本，卷首

△ 苏轼撰《东坡词》，清光绪十四年钱塘汪氏刻《宋名家词》本，卷首

这首词名气太大，后世的夸赞多不胜数，我选择几则典型者。同样是胡仔的《苕溪渔隐丛话》，该书前集卷五十九中称："苕溪渔隐曰：东坡'大江东去'赤壁词，词意高妙，真古今绝唱。"这"古今绝唱"四字，可谓至高无上的评价，而同样给出这样评价的，还有金元好问的《题闲闲书赤壁赋后》："夏口之战，古今喜称道之。东坡赤壁词殆戏以周郎自况也。词才百许字，而江山人物无复余蕴，宜其为乐府绝唱。"

关于红牙板与铁绰板的比喻，东坡也认为十分的精准。但也有将其解读为柳永与东坡在词作上的不分伯仲，这样的评价后世有人为此鸣不平。比如徐釚在《词苑丛谈》卷三中说："东坡'大江东去'有铜将军铁绰板之讥，柳七'晓风残月'谓可令十七八女郎按红牙檀板歌之，此袁绹语也，后人遂奉为美谈。然仆谓东坡词自在横槊气概，固是英雄本色，柳纤艳处亦丽以淫耳。"徐釚认为，当年说出妙喻的人是袁绹，至少在袁绹的心中，柳永与东坡可以平起平坐，因为各有各的美，徐釚不认同这种观点，他替东坡打抱不平，认为东坡词中所显现出来的英雄气概，远比柳永的那种纤丽好得多。

正是因为这首词响彻千古，故后世多有模仿者。陈廷焯认为这些模仿有如东施效颦，他在《词则·大雅集》卷二中说："滔滔莽莽，其来无端。大笔摩天是东坡气概过人处，后人刻意摹仿，鲜不失之叫嚣矣。"在陈廷焯看来，这样的词句在东坡那里就是英雄的豪迈气概，他人摹仿，一不小心就会变成叫嚣。

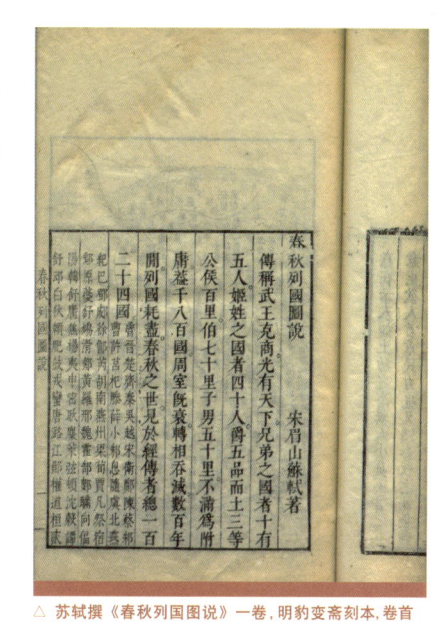

△ 苏轼撰《春秋列国图说》一卷，明豹变斋刻本，卷首

就豪放而言，在词史上最为重要的词作，当数东坡所作的《江城子·密州出猎》：

老夫聊发少年狂，左牵黄，右擎苍，锦帽貂裘，千骑卷平冈。为报倾城随太守，亲射虎，看孙郎。

酒酣胸胆尚开张，鬓微霜，又何妨？持节云中，何日遣冯唐？会挽雕弓如满月，西北望，射天狼。

朱靖华等编著的《苏轼词新释集评》一书中评价道："这首《江城子·密州出猎》是苏轼最早的一首豪放词，也是其豪放词风的典范之作。"有一种说法，"豪放派"一词的来由就是以该词为标志，夏承焘先生虽然没有给出这样的断语，但他同样认为："这首词可以说是苏轼最早的一首豪放词。从宋词的发展看来,在范仲淹那首《渔家傲》之后,苏轼的这首词是豪放词派中很值得重视的作品。"(《宋词鉴赏辞典》)

对于这首词的写法,东坡显然是有意为之,他在《与鲜于子骏》一信中称:

"所惠诗文,皆萧然有远古风味,然此风之亡也久矣,欲以求世俗之耳目则疏矣。所索拙诗,岂敢措手,然不可不作,特未暇耳。近却颇作小词,虽无柳七郎风味,亦自是一家。呵呵,数日前猎于郊外,所获颇多,作得一阕,令东州壮士抵掌顿足而歌之,吹笛击鼓以为节,颇壮观也。写呈取笑。"

那个时代,柳永的词几乎一统天下,东坡说他有意要做出与柳词不同的味道,而后提到了这首《密州出猎》,并且说此词作出之后,他找来了一群壮士拍手顿足来唱此词,感觉场面十分壮观。显然,这种词风与柳永有着很大的差异,虽然柳永的词作也有俗雅之分,但东坡的这首《密州出猎》却哪一类也归不进去。清代的刘熙载在《艺概》中这样评价东坡的这句话:"东坡《与鲜于子骏书》云:'近却颇作小词,虽无柳七郎风味,亦自是一家。'一似欲为耆卿之词而不能者。然坡尝讥少游《满庭芳》词学柳七句法,则意可知矣。"

刘熙载提到的《满庭芳》也是词史上极有名气的一段掌故。宋黄昇《唐宋诸贤绝妙词选》卷二中在东坡《永遇乐》小注中写道:"夜登燕子楼,梦盼盼,因作此词。后秦少游自会稽入京见东坡,坡云:'久别当作文甚胜。都下盛传公'山抹微云'之词。秦逊谢。坡遽云:'不意别后,公却学柳七作词。'秦答曰:'某虽不识,亦不至是,先生之言,无乃过乎?'坡云:'销魂当此际,非柳词句法乎?'

秦惭服。然已流传，不复可改矣。"

东坡见到秦观时，上来就跟他说，现在到处都在传唱你写的"山抹微云"，没想到有一段时间没见，你就学起了柳永的腔调。秦观坚决否认这种说法，于是东坡就举出了"销魂当此际"这个例子，秦观觉得东坡所言确实如此。细品东坡的态度，看来他还是不太喜欢柳永词的腔调，这也正是后世认为他喜欢作豪放词的反证之一。

后世评骘前人，大多喜欢将其贴上某一类的标签，比如东坡几乎成了"豪放"一词的代表人物，于是有人推论说，他所写的词长于豪放而短于情感。曾枣庄先生对这种观点予以了反驳："有人曾说'眉山公之词短于情'。所谓'短于情'，如果是指短于柳永式的艳情，也许不无道理；如果是指苏轼词缺乏真挚感情，那就完全不符合实际了。苏轼词对妻子（如《江城子·记梦》）、兄弟（如《水调歌头·中秋怀子由》）、朋友（如《南乡子》），都充满真挚而又深厚的感情。"（《唐宋词鉴赏辞典》）

曾枣庄的这番话是针对苏轼所作《南乡子·送述古》一篇：

> 回首乱山横，不见居人只见城。谁似临平山上塔，亭亭，迎客西来送客行。
>
> 归路晚风清，一枕初寒梦不成。今夜残灯斜照处，荧荧，秋雨晴时泪不晴。

这首词是苏轼写给陈襄的几首词作之一，写得情真意切，曾枣庄认为这首词说明了东坡对朋友之情。而兄弟之情，曾先生点出的是名气极大的《水调歌头·中秋怀子由》：

> 明月几时有，把酒问青天。不知天上宫阙，今夕是何年。我

欲乘风归去，又恐琼楼玉宇，高处不胜寒。起舞弄清影，何似在人间。

转朱阁，低绮户，照无眠。不应有恨，何事长向别时圆。人有悲欢离合，月有阴晴圆缺，此事古难全。但愿人长久，千里共婵娟。

东坡在这首词前作了一段小注："丙辰中秋，欢饮达旦，大醉。作此篇，兼怀子由。"由此可知，这是在中秋时所作，该词成为了描绘中秋月的巅峰之作，故胡仔在《苕溪渔隐丛话》后集卷三十九中说："中秋词，自东坡《水调歌头》一出，余词尽废。"

从历史记载看，东坡对自己的这篇作品也很喜欢，宋蔡絛在《铁围山丛谈》卷四中说：

歌者袁绹乃天宝之李龟年也。宣和间，供奉九重，尝为吾言："东坡公昔与客游金山，适中秋夕，天宇四垂，一碧无际，加江流澒涌。俄月色如昼，遂共登金山山顶之妙高台，命绹歌其《水调歌头》曰：'明月几时有，把酒问青天。'歌罢，坡为起舞，而顾问曰：'此便是神仙矣。'"吾谓文章人物，诚千载一时，后世安所得乎？

某次在登山之际，东坡让袁绹高歌《水调歌头》，袁绹唱完之后，东坡起身跳舞，但为什么唱完歌之后再跳舞，我不懂宋人的规矩，但至少说明，东坡对跳舞一事也很在行。

东坡的这首《水调歌头》写得实在漂亮，流传到了京城，神宗皇帝读到后也深有感慨，认为其中两句表明了东坡虽然被贬在外，但他依然怀念着皇帝。至少神宗是这么以为的，于是他立即把东坡调任到离京城较近的城市去任职。这个意外所得估计东坡在作词时也绝未想到，该事记载于宋鲷阳居士所作《复雅歌词》中："是词乃东坡居士以丙辰中秋，欢饮达旦，大醉，作《水调歌头》，兼怀子由。时丙辰熙宁九年也。元丰七年，都下传唱此词。神宗问内侍外面新行小词，内侍录此进呈。读至'又恐琼楼玉宇，高处不胜寒'，上曰：'苏轼终是爱君。'乃命量移汝州。"

曾枣庄在反驳他人指责东坡"短于情"时，还举出了《江城子·寄梦》，来说明苏轼对妻子的真情：

　　十年生死两茫茫，不思量，自难忘。千里孤坟，无处话凄凉。纵使相逢应不识，尘满面，鬓如霜。
　　夜来幽梦忽还乡，小轩窗，正梳妆。相顾无言，惟有泪千行。料得年年肠断处，明月夜，短松冈。

宋熙宁八年，东坡40岁时，写了这首词怀念前妻王弗，因情真意切,后世广泛传唱。从这首词可以看出东坡是一个非常重感情的人，所以说他的词作"短于情"，显然不公允。比如《悦生随抄》中记有这样一段话："苏子瞻泛爱天下士，无贤不肖，欢如也。尝自言：'上可以陪玉皇大帝，下可以陪卑田院乞儿。'子由晦默少许可，尝戒子瞻择交。子瞻曰：'吾眼前见天下无一个不好人，此乃一病。'子由监筠州酒税，子瞻尝就见之，子由戒以口舌之祸。及饯之郊外，不交一谈，唯以口以示之。"

东坡心地善良，把天下所有人都视为好人，也正因为如此，他不断的受到伤害，这是好人的宿命。读到这一条，真的令人很感慨。但优秀的人也会得到别人的赏识，以东坡超凡的才气，喜欢他的人当然也很多。但愿天下有情人都能成眷属，这一点很不现实，否则的话,这句名言的前面,就不用再加上一个"愿"字。比如《甕牖闲评》卷五中有这样一段话:"苏东坡谪黄州,邻家一女子甚贤,每夕只在窗下听东坡读书,后其家欲议亲,女子云:'须得读书如东坡者乃可。'竟无所谐而死。故东坡作《卜算子》以记之。"

这位女子真够痴情,非读书如东坡者不嫁,这个结果让东坡听闻后也很伤感。这个故事描绘的是喜爱东坡的人,而历史上类似的记载不仅这一例。东坡有一首《江城子·江景》也是记述了一个爱他的女子:

凤凰山下雨初晴。水风清。晚霞明。一朵芙蕖,开过尚盈盈。何处飞来双白鹭,如有意,慕娉婷。

忽闻江上弄哀筝。苦含情,遣谁听。烟敛云收,依约是湘灵。欲待曲终寻问取,人不见,数峰青。

关于这首词的来由,同样出自《甕牖闲评》:"东坡倅钱塘日,忽刘贡父相访,因拉与同游西湖。时二刘方在制服中,至湖心,有小舟翩然至前。一妇人甚佳,见东坡自叙:'少年景慕高名,以在室无由得见,今已嫁为民妻,闻公游湖,不避罪而来。善弹筝,愿献一曲,辄求一小词,以为终身之荣,可乎?'东坡不能却,援笔而成,与之。"这是个艳遇故事,东坡带着朋友去西湖游玩,突然划过来一条小船,上面坐着一位颇有姿色的少妇。她跟东坡讲,自己从少年时就是东坡的粉丝,可惜那时看不到偶像,而今已经嫁人,今天听说东坡来游西湖,于是就特地赶来相见,想给东坡弹筝,同时要求东坡为她写一首词。对于这样热情的粉丝,东坡不好推辞,于是就写出了这首《江城子》。

细品此词,由最后三句可知,这场艳遇无果而终。看来那位少妇是精神之恋,所以她未等曲子弹完,就让人驾舟而去,搞得东坡在那里独自惆怅。这个故事看来确有其事,宋人张邦基在《墨庄漫录》卷一中也讲述了这个故事:"东坡在杭州。一日,游西湖,坐孤山竹阁前,临湖亭上。时二客皆有服,预焉。久之,湖心有彩舟渐近亭前。靓妆数人,中有一人尤丽。方鼓筝,年且三十余,风韵娴雅,绰有态度。二客竞目送之。曲未终,翩然而逝。公戏作长短句云。"看来,张邦基也替东坡遗憾。

站在男人的角度来说,情和性有时并不是一回事,在东坡的那个时代,这种情形更是如此。比如东坡在杭州任职时,就做过这样一件有意思的事:"子瞻通判钱塘,尝权领州事,新太守将至,营妓陈状,以年老乞出籍从良,公即判曰:'五日京兆,判状不难;九尾野狐,从良任便。'有周生者,色艺为一州之最,闻之,亦陈状乞嫁。惜其去,判云:'慕周南之化,此意虽可嘉;空冀北之群,所请宜不允。'其敏捷善谑如此。"(《渑水燕谈录》卷十)当时有一位老官妓要求退休,东坡马上答应了她的要求,而此时杭州最漂亮的一位官妓听说后,也要求退职嫁人,东坡觉得这么漂亮的一位官妓如果离去了太可惜,于是坚决不答应。

其实不仅如此,身为杭州市长的东坡,还曾经带队前去嫖娼,这样的事在今天来说肯定属于重罪,但那个时代,这也算一种风雅。《挥麈后录》卷六、《西湖游览志余》卷十等多个文本都录有这样一段话:"姚舜明庭辉知杭州,有老姥自言故娼也,及事东坡先生,云公春时每遇休暇,必约客湖上,早食于山水佳处,饭毕,每客一舟,令队长一人,各领数妓,任其所适。晡后,鸣锣以集之,复会望湖楼或竹阁之类,极欢而罢。至一二鼓,夜市犹未散,列烛以归。城中士女云集,夹道以观千骑之还,寔一时之胜事也。"

每到假日,东坡都会约一帮朋友在西湖上聚会,吃完早饭后,每人分一条小船,命队长带来一批妓女,让朋友们挑选,寻欢作乐之后，到晚上才散席，而后举着火把列队回城。城中的市民夹道围观，这样的雄壮场面，哪里像出外嫖娼。虽然这是一种风俗，但从历史记载来看，东坡以妓女招待朋友，也并非全部是盛情，《北窗炙课录》卷下中说："东坡待过客，非其人，则盛列妓女，奏丝竹之声聒两耳，自终宴有不接一谈者，其人往返，更谓待己之厚也。至有佳客至，则屏云妓乐，杯酒之间，惟终日谈笑耳。"

由这段话可知，如果东坡招待的朋友不是他所喜欢者，就会找来一帮妓女相陪，同时很热闹地奏乐，而这个过程他可能不跟客人进行任何交谈，但这种人却认为东坡的招待很盛情，回来后大夸东坡是如何的尊重自己。但东坡真正喜欢的朋友来了，他却既不找妓女，也不会奏乐，只跟朋友喝酒谈笑，由此可知，这才是他的真性情所在。

东坡与那么多妓女打交道，当然也有跟妓女动真情的时候。比如《燕石斋补》记载了这样一段话："朝云者，姓王氏，钱塘名妓也。苏子瞻宦钱塘，绝爱幸之，纳为常侍。朝云初不识字，既事子瞻，遂学书，精有楷法。后从泗上比邱尼义冲学佛，亦通大义。有子曰干儿，未期而夭。子瞻贬惠州，家妓多散去，独朝云依依岭外，子瞻甚怜之，赠之诗云：'不似杨枝别乐天，恰如通德伴伶元。阿奴络秀不同老，天女维摩总解禅。经卷药炉新活计，舞衫歌扇旧因缘。丹成逐我三山去，不作阳台云雨仙。'未几，朝云病且死，诵金刚经四句偈而绝。葬之惠州栖禅寺松林中，东南直大圣塔。子瞻悼之诗云：'苗而不秀岂其天，不使童乌与吾元。驻景恨无千岁药，赠行惟有小乘禅。伤心一念偿前债，弹指三生断后缘。归卧竹根无远近，夜深勤礼塔中仙。'又作《咏梅·西江月》以寓意云：'玉骨那愁瘴雾，冰肌自有仙风。海仙时遣探芳丛，倒挂绿毛么凤。素面翻嫌粉涴，洗妆不褪唇红。高情已逐晓云空，不与梨花同梦。'"

东坡对王朝云动了真情，尽管她是个不识字的妓女，来到了东坡身边后才开始学习。东坡被贬到惠州时，遣散家妓，只有朝云陪着东坡前往惠州，这让东坡很感动，专门赠诗与她，可惜朝云短寿，在惠州病逝了。东坡将她葬在了惠州栖禅寺的树林里，同时写诗悼念她，可见东坡确实对王朝云有着真感情。

东坡为什么这么喜欢王朝云呢，有个故事可以说明朝云对东坡的心思了解得很深刻。《梁溪漫志》卷四称："东坡一日退朝，食罢，扪腹徐行，顾谓侍儿曰：'汝辈且道，是中有何物？'婢遽曰：'都是文章。'坡不以为然。又一人曰：'满腹都是识见。'坡亦未以为当。至朝云，乃曰：'学士一肚皮不入时宜。'坡捧腹大笑。"东坡吃饱了饭，捧着大肚子散步，问身边的人自己的肚子里到底有什么，那些奴婢们当然要讨他喜欢，有人说是一肚子文章，也有人说里面都是见识，对这些赞语，东坡都不以为然，而王朝云却说，东坡肚子里满是不合时宜。这句话大得东坡之心，令他捧腹大笑，因此他喜欢朝云也是一种必然。

东坡在惠州时，因为有了朝云的陪伴，所以人生也多了一些快乐。两人在一起时，也会有些趣事，比如《瑯嬛集》卷中录有这样一段话："子瞻在惠州与朝云闲坐，时青女初至，落木萧萧，凄然有悲愁之意，命朝云把大白唱'花褪残红'。朝云歌喉将啭，泪满衣襟，子瞻诘其故，答曰：奴所不能歌，是'枝上柳绵吹又少，天涯何处无芳草'也。子瞻翻然大笑，曰：'是吾正悲愁，而汝又伤春矣。'遂罢。朝云不久抱疾而亡，子瞻终身不复听此词。"

某天，东坡与朝云闲坐，此时正赶上秋天，无边落木萧萧下，这让东坡悲从中来，于是让朝云唱那首"花褪残红青杏小"。朝云刚要唱，眼泪却先落了下来，东坡马上问怎么回事，朝云说，因为她唱不下去此词中的"枝上柳绵吹又少，天涯何处无芳草"，东坡立即明白了朝云的眼泪是因醋而起，惹得他哈哈大笑，说自己他正在悲愁，没想到朝云却在伤春，于是不再让她唱下去。不久朝云病逝，东坡从此再也不听人唱这首词。

正因为东坡性情上的不合时宜，他受到了太多的磨难，而后一路被贬，越贬越远，最后把他发配到了那个时代属于蛮荒之地的海南。其实，东坡在惠州时，已经对人生有了解脱性的顿悟，他在《记游松风亭》中写道："余尝寓居惠州嘉祐寺，纵步松风亭下。足力疲乏，思欲就林止息。仰望亭宇尚在木末，意谓如何得到？良久忽曰：'此间有甚么歇不得处？'由是心如挂钩之鱼，忽得解脱。若人悟此，虽两阵相接，鼓声如雷霆，进则死敌，退则死法，当甚么时也不妨熟歇。"

这样的彻悟应该也算是心灵上的解脱。在此之前，因为乌台诗案，东坡差点丧命，虽然此案最终得以平息，但过程中的折磨让贬到了黄州的东坡依然心有余悸，他在这个阶段写出了著名的《卜算子·黄州定惠院寓居作》：

缺月挂疏桐。漏断人初静。时见幽人独往来，缥缈孤鸿影。惊起却回头，有恨无人省。拣尽寒枝不肯栖，枫落吴江冷。
（末句宋傅幹《注坡词》作"寂寞沙洲冷"。）

这首词写出了他心灵上的孤寂，表现出了他的真情实感，因此受到后世广泛夸赞。比如黄庭坚就在《跋东坡乐府》中说："东坡道人在黄州时作。语意高妙，似非吃烟火食人语，非胸中有万卷书，笔下无一点尘俗气，孰能至此？"

对于这首词，宋代的俞文豹在《吹剑录》中将之与杜甫的颠沛流离进行了对比，而后一句一句的来解此词："杜工部游离兵革中，更尝患苦，诗益凄怆，《忆舍弟》《孤雁》诗，其思深，其情苦，读之使人忧思感伤。东坡《卜算子》词亦然。文豹尝妄为之释：'缺月挂疏桐',明小不见察也;'漏断人初静',群谤稍息也;'时见幽人独往来',进退无处也;'缥缈孤鸿影',悄然孤立也;'惊起却回头',犹恐谗慝也;'有恨无人省',谁其知我也;'拣尽寒枝不肯栖',不苟依附也;'寂寞沙洲冷',宁甘冷淡也。"

但人生也并非全是恶运,毕竟还有否极泰来这个说法,后来他终于从海南被放回,可是,以东坡的善良,他又一次将自己陷入了困境。《深雪偶谈》中有这样一个段落:"……妪曰:'吾有一居,相传百年,保守不动,以至于此。吾子不肖,举以售人。吾今日迁徙来此。百年旧居,一旦决别,此吾所以泣也。'坡亦为之怆然。问其故居所在,则坡以五百缗所得者也。因再三慰抚,谓曰:'妪之故居,乃吾所售也,不必深悲,当以是居还妪。'即命取屋券,对妪焚之。呼其子,命翌日迎母还旧居,不索其直。坡自是遂回毗陵,不复买宅,借顾塘桥孙氏居暂住焉。是岁七月,坡竟殁于借居。"

东坡好不容易凑钱买了处房,想以此来安度晚年,然而某天晚上,他出外散步时,听到了一位老妇哭得十分悲伤,于是打问怎么回事。此妪告诉他,家中有一处房产已经相传了百年,现在被她不孝的儿子卖给了别人,这个结果让她十分得悲伤。东坡一问细节,原来他刚买的那处房子,就是此妇儿子出售的。东坡闻听此言,立即派人取来了房产证,当着老妇的面烧掉了,同时叫回老妇的儿子,让他第二天就把母亲接回来,并且告诉她,自己不会索回房钱。

如此善良之人,让我读来感慨万千。东坡没了房,于是回到了常州,在那里他也没钱再买房,于是就借住在孙家的房子中,没想到在当年的七月份,他就死在了孙家的房子里面。不世出的一位超级天才,就这样在世界上消失了。

王朝云墓和东坡纪念馆都位于广东省惠州市西湖景区内。来到惠州,这两处当然是我的重点寻访点。东坡在杭州时,很喜欢那里

△ 王朝云墓文保牌

的西湖和西山，到了惠州任职后，就想把他喜爱的西湖搬到这里，刚好惠州有一个丰湖，风光也是十分秀美，于是东坡努力的将丰湖修建了一番，后来惠州丰湖也被人称作了西湖。

东坡在惠州太有名了，现在的惠州西湖景区建成了一座公园，公园之内到处修建着跟东坡有关的塑像和建筑，而真正的古物，我反而觉得应当是王朝云墓。但朝云墓也做过重新的修建，她的墓前建有一座小亭，名六如亭，亭的后边即为其墓丘。墓的旁边有王朝云雕像，看上去颇秀美。但朝云究竟长得是什么模样，估计今人也不了解，不知道这尊朝云像是否有所本。

△ 王朝云墓

苏东坡：人有悲欢离合，月有阴晴圆缺　155

朝云墓碑上的碑文为"苏文忠公侍妾王氏朝云之墓"，落款为"清嘉庆六年伊秉绶重修"。看来大书法家伊秉绶也爱读朝云与东坡之间的故事，故特意来此重修朝云墓，并且再刻了墓碑。从该碑的字体看，倒确实是惯常所见伊秉绶那种特殊味道的隶书，然此碑感觉古味不深，或许是后来翻刻者。

朝云墓后的山坡上是东坡纪念馆，纪念馆内正在搞书法展，我感兴趣的是碑帖拓片，浏览一番，却没看到稍有年份者，于是走出纪念馆，继续在西湖景区内游览。又看到多尊跟东坡有关的雕像，

△ 墓碑出自伊秉绶之手

△ 墓前的六如亭

156　觅词记

△ 东坡纪念馆外观

其中一尊是东坡坐在那里吟诗，而朝云站在旁边陪伴，可惜没有将朝云刻划成梨花带雨的样子。

　　苏东坡终老地遗址位于江苏省常州市前后北岸。来到常州寻访遗迹，总体的感观是常州市对一些文化遗迹有着成片保护的规划，虽然这样的保护进行的并不彻底，但能够保留旧址，并且立牌公示，这也算一种对传统文化重视的表征。东坡终老地很好找，就在一片仿古旧居之内，这片旧居之前有一个小广场，在广场边上并列着两块文保牌，其中之一就是"藤花旧馆——苏东坡终老地遗址"，为什么他的遗址会叫藤花旧馆，文保牌上有如下一

△ 常州前后北岸都成了保护区

苏东坡：人有悲欢离合，月有阴晴圆缺　　157

△ 苏东坡终老地介绍牌

段文字说明：

　　前北岸明代楠木厅为北宋文学家苏东坡终老地遗址。北宋徽宗建中靖国元年（公元1101年），苏东坡自海南儋州遇赦北上，选择常州为终老地，寓居顾塘桥（今已不存）孙氏馆，同时病故于此。相传苏东坡曾手植香海棠和紫藤各一棵于院东北隅，故孙氏馆又称"藤花旧馆"，惜馆毁于宋末元初兵燹。明代中期，邑人为纪念一代大文豪苏东坡，在旧址上重建孙氏馆，至今犹存明代楠木厅。

　　然而文保牌旁的藤花旧馆实在小得可怜，我感觉它不到十平方米大小，也许这只是过厅，后面另有院落，可惜我来的时候这里锁着门，不清楚里面有着怎样的陈设。但无论怎样，能在这里找到东坡的去世之地，还是让我莫名地激动。

黄裳：愿听了，一阕歌声，醉倒拼今日

黄裳是宋元丰五年的状元，转年做了太学博士，之后在朝中工作了近二十年。在这段时间内，朝中发生了一系列的变化，最初是司马光当政，接下来是旧党内部的纷争，在这些巨变的过程里，因为黄裳既不是新党，也不是旧党中的人物，故未曾卷入党争之中。那他在朝中是怎样的角色呢？马里扬在其硕士论文《演山词研究》中说："至哲宗亲政，新党后劲又不遗余力打击旧党。'党争'确是一个难以逃避的漩涡，但也不排除有'第三种人'存在。"看来，黄裳就属于这"第三类人"。

但是到了宋崇宁元年，他还是主动要求外放，于是在这年冬天，他前往青州作知府，五年后他被任命为提举杭州洞霄宫，到了靖康之难，他就返回了家乡。在这期间，黄裳担任过杭州知府，在杭州期间，他所做的最重要的一件事，就是刊刻了大部头的《道藏》。

从个人经历来说，黄裳的一生也算风平浪静，但他当年考上状元也曾经历了十年的曲折。宋治平元年，黄裳首次参加南剑州解试，这次考试未能成功，这个结果未能打击他的信心，而后他屡败屡战，连续参加了三届科考，可惜都未成功。他在《和范宏甫》一诗中说："不于场屋便横行，安用诗书寄此生？万里一飞虽有志，十年三战未成名。风霜已是知秋柏，雷雨何妨惜海鲸。自愧壮图犹未效，几时樽酒与君评？"从该诗可以看出，黄裳的性格是越挫越勇，他认

为作为一个书生,如果不能在考场上取得好成绩,那作书生便没有了意义。

虽然未能蟾宫折桂,但他的姐姐却认定弟弟必能考出好成绩。《夫人黄氏墓志铭》中载:"(长姊)爱信益笃,谓:'汝旦暮当显于朝,知名于天下,慎毋以少抑而懈大事。'"姐姐劝他不要松懈,继续努力,因为相信他早晚会有一天,一举成名天下知。在姐姐的鼓励下,黄裳来到首都开封,进入太学继续苦读。在为人方面,他也尽力帮助亲友,程瑀所撰的《黄公神道碑》中称:"在太学,有同舍生遭丧,无以为归计,罄箧笥所有资之。"当时黄裳的一位同学家中遇到丧事,此同学将回家奔丧,但是没有路费,黄裳就拿出自己所有的存款帮助他回家。他考取功名有了收入之后,还会拿出钱来帮助宗族中的穷亲戚们。"仕宦俸入,未尝省录,宗族新故贫者多仰给焉。"

求学期间,黄裳有一度前往河北真定的阅古堂去读书,这个阶段大概有一年多。他为什么要到这里去读书,相应的史料未曾提到,而后他又赶上母亲吴氏去世,黄裳立即返回了家乡,守丧期满后,他在宋元丰四年再次参加了南剑州的解试,本次终于名列榜首。能够有这样的好结果,以古人的理解,当然必有神助。吴曾的《能改斋漫录》卷十一就载有这样一个故事:"黄冕仲未第时,尝有魁天下之意。元丰四年,南剑州谯门一柱,忽为迅雷所击,冕仲闻之口占绝句云:'风雷昨夜破枯株,借问天公有意无。莫是卧龙踪迹困,放开头角入亨衢。'"

看来黄裳虽然屡败屡战,但雄心未曾磨灭,他认定自己早晚能够成为天下第一。在他考试的元丰四年,南剑州谯门的一根柱子遭到了雷击,黄裳看到后,随口吟出一首七绝,认为这是上天有意为之,因为在这个考场内有一条卧龙,击倒此柱,等于放开头角让此龙奔向康庄大道。宋刘克庄所撰的《芹涧桥记》也记载了这样一段话:"芹岭在衢之开化，端明演山黄公裳少过之，有'高更千万丈，还我上头行'之句，后魁天下，遂为诗谶。"

宋元丰五年，神宗皇帝在集英殿对取得进士资格的人进行殿试，考试的结果黄裳刚开始并没有被列为第一，《续资治通鉴长编》卷三二四引鲜于绰《传信录》中的一段话："时考官本考裳置第五，神宗尝见其文，因记其数句。至唱名，令寻裳卷，须臾寻获进呈，神宗曰：'此乃状元也'。乃唱名。"

原来黄裳的殿试成绩本是第五名，但是神宗皇帝在此前读到过黄裳的文章，并且能记住文中的名句，等到殿试过后准备唱名时，皇帝突然命人把黄裳的殿试卷拿来，考官呈上之后，皇帝看了一下说，这个才是状元。接下来的唱名，黄裳就成了第一名。

神宗皇帝在此前看过的黄裳文章是哪篇呢？清陆心源在《宋史翼》卷二十六中说："裳未第时，尝作《游仙记》，传于京师，神宗览而爱之。"看来黄裳写的那篇《游仙记》被神宗皇帝看到了，但陆心源是清末的人，他怎么知道得这么详细呢？陆心源在《宋史翼》的附录中又录有宋人所撰的《紫玄翁塑像记》，该记中有这样一句话："方未第时，曾作《游山记》，上达圣聪，神庙酷爱其文。"对此，马里扬认为："此或为陆氏所本。"接下来，马在《演山词研究》中又引用了《译舆胜览》卷十二中的一条小注："黄冕中撰《游仙记》云云。"故而马里扬认为宋人著录已夺"院"字，而陆氏又误"山"为"仙"。神宗看到的这篇文章收录在黄裳的文集《演山集》中，但文集中该文的题目为《游山院记》，然而陆心源误记为《游仙记》，而《紫玄翁塑像记》中的所记又丢了一个字，成为了《游山记》，所以才有了马里扬的这个推论。

由这个记载可知，当黄裳还未登科的时候，神宗皇帝就已经听到了他的名字，这对于一个初入仕途的年轻人是何等的重要。皇帝的赏识意味着他的仕途将会是一片光明，可惜的是，黄裳在朝中任职的第三年，也就是元丰八年三月，神宗皇帝驾崩了，哲宗继位，同时由太皇太后高氏来垂帘听政，两个月后，司马光执政，他废除了王安石所制定的新法，好在黄裳既非旧党也非新党，故没有受到怎样的冲击。

哲宗亲政时，朝中的人事又是一番大变动。转年，曾布同知枢密院事。这位曾布是唐宋八大家之一曾巩的弟弟，而黄裳又跟曾布是儿女亲家的关系，因为曾布的儿子娶了黄裳的女儿，而今曾布成为了朝中权臣，这当然对黄裳是个好消息。因此到了宋徽宗继位的第二年，黄裳就从兵部侍郎升为了礼部尚书，这是他一生中做过的最高职务。可是他在这个位置上做了不到一年，就被外放至青州，这个变迁显然是受到了曾布的影响，因为在同年的九月，曾布被改为提举亳州太清宫，而后一路被贬，这个结果当然会牵连到黄裳。

而后黄裳担任了几地的知州，又两度提举杭州洞霄宫，在他七十岁时，又被提拔为龙图阁直学士、中大夫，同时知福州，这是宋政和四年的事情。宋徽宗为什么在黄裳晚年又对他有了这样的任命呢？马里扬认为，这是因为福州东禅寺等寺院开始私刻《大藏经》，这部大藏在崇宁二年完工时，由皇帝赐名《崇宁万寿大藏》，其后仍有陆续的补刻。到政和二年结束后，转年开元寺又刊刻了一部大藏，但这两部大藏都属于佛教经典，而宋徽宗信奉的是道教。在政和三年，宋徽宗下诏，在天下访求仙经，转年，黄裳便上请朝廷在福州建"飞天法藏"，以收藏这些道书，徽宗给其赐名为《政和万寿道藏》。徽宗命黄裳主抓这样的大型文化工程，显然他知道黄裳在此方面有特长。

关于黄裳的这个特长，金庸在《射雕英雄传》中有一段演绎，那就是著名的《九阴真经》。《射雕英雄传》中借周伯通之口给郭靖讲到了《九阴真经》和黄裳，里面也说到了徽宗皇帝在天下搜集道书，而后派黄裳进行刊刻。皇帝对道藏的看重，当然令黄裳小心翼翼，于是他就仔细核对各种道书，几年读下来，终于让他精通了道教，同时也让他修炼成了内功深厚的武林高手。

在小说中，这个阶段波斯明教传入中土，徽宗皇帝命黄裳派兵去剿灭明教。然而明教中有不少的武林高手，这让官兵吃了败仗，面对此况，黄裳只能亲自出马，干掉了几个明教中的法王和使者，这个结果引起了明教的复仇，黄裳身受重伤，躲到了不毛之地，但是，他在战斗过程中记住了对手的招术，而后终于思索出了破解的方法，于是又出山去报仇血恨，不料此时仇家都已死去。后来，黄裳不想让自己研究出的武功就此失传，于是写出了这著名的《九阴真经》。

这种说法，显然是金庸先生的创作，至少我未曾查到黄裳是武林高手的相关史料，但金庸先生的这个创作很重要，因为这让很多人都知道了《九阴真经》和黄裳之名。可惜的是，金庸没有说，黄裳的词写得也很好，他还有自己专门的词集《演山词》。

通观黄裳的《演山词》，其整体的词风也如他的生平一样，四平八稳，但同时也会跟他的经历有所联系。比如他对佛道两家的熟识，这些观念当然也会融入词中，例如他所作的《瑶池月·云山行》：

> 微尘濯尽，栖真处、群山排在云汉。青盘翠跃，掩映平林寒涧。流水急、数片桃花逝，自有留春仙馆。秦渔问，前朝换。卢郎待，今生满。谁伴。元翁笑语，相从未晚。
>
> 更安得、世味堪玩。道未立、身尤是幻。浮生一梭过，梦回人散。卧松庵、当会灵源，现万象、无中须看。乾坤鼎，阴阳炭。琼枝秀，金圆烂。何患。朝元事往，孤云难管。

本首词还有一段小序："紫元翁一日公余，危坐寂寥，幽怀逸思，偶往云山烟波之间，想见其为乐也，因作云山、烟波二行，歌之以瑶池月。精严禅老请刻之石，乃书以遗之。"这个小序中的"精严禅老"就是福州三秀里精严寺的僧人，由此可知，该词作于黄裳在福州任职阶段。虽然这首词是写给僧人看的，然而词句中却用到了不少道家之语，比如词中的"栖真"、"灵源"、"朝元"等句，而小序中所提到的另一首《烟波》，则是黄裳所作的同词牌曲《瑶池月·烟波行》：

扁舟寓兴，江湖上、无人知道名姓。忘机对景，咫尺群鸥相认。烟雨急、一片蓬声碎。醉眼看山还醒。晴云断，狂风信。寒蟾倒，远山影。谁听。横琴数曲，瑶池夜冷。

这些子、名利休问。况是物、都归幻境。须臾百年梦，去来无定。向婵娟、留住青春，笑世上、风流多病。蒹葭渚，芙蓉径。放侯印，趁渔艇。争甚。须知九鼎，金砂如圣。

这首的词句也同样使用了大量的道家语，比如"寒蝉"、"瑶池"、"幻境"，而尤其"金砂"更与道家的内丹养生有着直接的关联。对于这两首词，陈植锷在《北宋文化史述论》中做出了这样的分析："本词上半阕的中心意象'忘机'，下半阕的中心意象'幻境'，充满了庄、禅之学的情趣，而前者的'群鸥'、'横琴'、'瑶池'，后者的'渔艇'、'九鼎'、'金砂'等等，都是宣扬性义命理的典型意象。全篇在写法上，也体现了思想与艺术的结合、理论与形象兼具的特点，当亦是北宋宋词进入繁荣期之后臻于成熟之时作家们所创作的理趣词的成功代表。"

前面提到，黄裳曾经主动提出离开京师，前往青州任职。他在青州总计住了三年，在这个期间所作之词留存至今者，有23首之多，这个数量占到了《演山词》的一半。黄裳前往青州虽然是主动提出，但至少说明他已经意识到了朝中局势的险恶，可是他在青州所作之词，却完全看不出他有着怎样的心理变化，比如他所作的一首《永遇乐·玩雪》：

> 朝霭藏晖，客袍惊暖，天巧无意。杳杳谁知，包含造化，忽作人间瑞。儿童欢笑，忙来花下，便饮九春和气。急拏舟，高人乘兴，江天助我幽思。
>
> 缤纷似翦，峥嵘如画，莫道冬容憔悴。恍象含空，尘无一点，疑在天宫里。酒楼酣宴，茶轩清玩，且待桂华来至。有余光，明年待看，明红暗翠。

这首词可谓作得四平八稳，描绘出了当地下雪时的祥和气氛，孩子们忙着玩雪，而大人们去观赏自然的美景。这样的描绘，完全让人看不到黄裳内心究竟是怎样的心态。

在词调方面，黄裳喜欢填慢词，比如他所作的一首《雨霖铃·送客还浙东》：

> 天南游客。甚而今、却送君南国。薰风万里无限，吟蝉暗续，离情如织。秣马脂车，去即去、多少人惜。为惠爱，烟惨云山，送两城愁作行色。　飞帆过、浙西封域。到秋深、且舣荷花泽。就船买得鲈鳜，新谷破、雪堆香粒。此兴谁同，须记东秦，有客相忆。愿听了、一阕歌声，醉倒拚今日。

这首词被人视为模仿柳永的同词牌之作，而该词也是清朱彝尊在《词综》中所录黄裳的唯一一首词作。

黄裳还有一类词作颇受后人关注,那就是他所创作的《节序词》。关于节序词,其实就是用来咏唱年节的词作,其实这类词并不好写,因为都是同样的话题,同样的格式,很难写出新意,故张炎在《词源》卷下中说:"昔人咏节序,不惟不多,附之歌喉者,类是率俗,不过为应时纳祜之声耳。所谓清明'拆桐花烂漫'、端午'梅霖初歇'、七夕'炎光谢',若律以词家调度,则皆未然。"看来古人也不愿意写节序词,因为很容易流于俗,而后张炎举出了三个例子,其中的前后两首乃是出自大词人柳永之手,而中间"梅霖初歇"则为黄裳所作的《喜迁莺·端午泛湖》:

> 梅霖初歇,乍绛蕊海榴,争开时节,角黍包金,香蒲切玉,是处玳筵罗列。斗巧尽输年少,玉腕彩丝双结。舣彩舫,看龙舟两两,波心齐发。
>
> 奇绝。难画处,激起浪花,飞作湖间雪。画鼓喧雷,红旗闪电,夺罢锦标方彻。望中水天日暮,犹见朱帘高揭。归棹晚,载荷花十里,一钩新月。

这样的评价且不管是否公允,但张炎将柳永跟黄裳并题,也由此显见两人有相通之处。其实黄裳所作此词的倒数第二句——"十里荷花",本就出自柳永的《望海潮》。在两宋时期,不少的评论家都贬低柳永的词作,而黄裳却学其风格,原因之一是两人乃为同乡。马里扬则从创作角度找到了依据,他认为:"节序词的创作,柳永应是宋词中着手这类题材最早,且最为成功。"所以他觉得黄裳模仿柳永的节序词更多的原因则是后者,比如黄裳所作的一篇《宴琼林·上元》:

霜月和银灯，乍送目楼台，星汉高下。爱东风、已暖绮罗香、竞走去来车马。红莲万斛，开尽处、长安一夜。少年郎、两两桃花面，有余光相借。

　　因甚灵山在此，是何人、能运神化。对景便作神仙会，恐云䡦且驾。思曾侍、龙楼俯览，笑声远、洞天飞辔。向东来、尤幸时如故，群芳未开谢。

这首词描写的是京都的上元之夜，风格也的确是四平八稳。而马里扬在文中则拿柳永的《迎新春》来进行对比：

　　嶰管变青律，帝里阳和新布。晴景回轻煦。庆嘉节、当三五、列华灯、千门万户。遍九陌、罗绮香风微度。十里燃绛树。鳌山耸、喧天箫鼓。

　　渐天如水，素月当午。香径里、绝缨掷果无数。更阑烛影花阴下，少年人往往奇遇。太平时、朝野多欢民康阜。随分良聚。堪对此争，争忍独醒归去。

而后马里扬得出了这样的对比结果："在这两首上元词中，无论从描写的次第还是描写的内容上，都有着极多的相似性。对于这种相似性，自然有黄裳对先贤模仿学习之处，但这同时也是词人对现实生活忠实记录的结果。这里最明显的便是上元'奇遇'情景重复出现。黄裳词中'少年郎、两两桃花面，有余光相借'，是写上元夜少年郎与妓女们相传的情景，而柳永词中的'更阑烛影花阴下，少年人往往奇遇'也正是言此。"

黄裳做到这样的高官，同时还有专门的词集，为什么在词坛上的名声却并不响亮呢？显然跟他的模仿也有一定关系。如前所言，他的不少词作都是模仿柳永的风格，而从《演山词》中其他的作品来看，也有一部分是在模仿东坡的词风，比如他的《蝶恋花·月词》，其中有一句"世上多情，却被无情恼"，显然，这句话是化用东坡的"多情却被无情恼"。但这类词似乎并不多，毕竟他的作品仍然有其独立的风格在，比如黄裳强调词的教化功能，他在《演山居士新词序》中说过这样一大段的说教之理：

> 演山居士闲居无事，多逸思，自适于诗酒间。或为长短篇及五七言，或协以声而歌之，吟咏以舒其情，舞蹈以致其乐。因言：风雅颂，诗之体；赋比兴，诗之用。古之诗人，志趣之所向，情理之所感，含思则有赋，触类则有比，对景则有兴。以言乎德则有风，以言乎政则有雅，以言乎功则有颂。采诗之官收之于乐府，荐之于郊庙。其诚可以动天地，感鬼神；其理可以经夫妇，移风俗。有天下者得之以正乎下，而下或以为嘉；有一国者得之以化乎下，而下或以为美。以其主文而谲谏，故言之者无罪，闻之者足以诫。然则古之歌词固有本哉？六序以风为首，终于雅颂，而赋比兴存乎其中，亦有义乎？以其志趣之所向，情理之所感，有诸中以为德，见于外以为风。然后赋比兴本乎此以成其体，以给其用。六者圣人特统以义而为之名，苟非义之所在，圣人之所删焉。故予之词清淡而正，悦人之听者鲜。乃序以为说。

为此，马里扬称他为第一位以"诗教说词"的人。

黄裳墓位于江西省抚州市崇仁县许坊乡黄坊村。乘火车从萍乡到达南昌，在车上查过地图，长途汽车站就在火车站附近，下车后问路才知道车站已迁走，但出口处仍然停着几辆前往抚州的中巴，门口有数位大汉在拉客，我上前问价格，其中一位向我喊道："31块、30块、25块，你买哪个？"同一辆车为什么这么多的差价，我没能弄明白，那位大汉也懒得跟我解释，忙活着他的拉客生意。我想了想可能31块待遇会好一些，于是我跟他喊了一声："31块！"他闻声用手指了指旁边的售票处一指，示意我到那里去买票，可我明明看见他的手里捏着一叠现金，为什么没接我的钱，这让我不明就里，但我还是在售票处付了31块钱，然后拿到了两张票，一张30元的车票，和一张1元的保险费，原来区别在这里。

上车之后就看到车上已坐满了人，过一会儿售票者又上来跟几个人用当地话讲了一番，我听不懂所言，只看到有近十个人跟他下了车，我不明白这是什么意思，但我坐在那里没动。从南昌到抚州的中巴半小时一辆，刚到限定的时间，后面排队的另一辆车就鸣笛，于是这个车慢慢地开了出去，在市内的立交桥上兜了一圈又绕了回来，回到离原地5米远的地方，又开始拉客，一番折腾，总算坐满了人，接着一个穿制服的工作人员上来检查一番，检查之前车上的售票员让每个人系上安全带，我跟他说安全带是坏的扣不上去，他看了我一眼说：不用真系，你搭到腿上两分钟就行。检查人员上车清点了人数，看了一遍系安全带的情况，就下了车。

终于开始向市外驶去，但前行了不到二百米，又停到了路边，呼的一下上来了十几位，我看着上来的人面熟，突然想到就是刚才在车站坐在车上又下去的那些人，这个举措让我奇怪，我向一位妇女请教这是怎么回事，她告诉我："从车站买票是30块钱，但从这里上车就是25块，车站不让超载，出了站就不管了。"到这时我才明白了，为什么同一趟车、同一个地点会出现三个价格。而这些花25块乘车的人，因为没有坐位，司机给每人发一个塑料小板凳，这些人坐在过道里，将车挤得满满的。

即使这样，司机还是不满足，沿途只要见人就会停下来招呼上车，于是在坐满过道的人群中，又穿插着站了很多人。车的座椅本来就很窄，我的腿长，膝盖只能伸到过道上，其中一位站着的乘客竟毫不客气地往我腿上坐了上来，这可是真正的"是可忍，孰不可忍"，我拍拍他的肩膀："兄弟，这不是座位。"这位仁兄回头瞥了我一眼，站了起来，我看他的脸色毫无歉意。

如此转悠了一个多小时，才刚刚驶出市区，在市区边上仍然是走走停停，如此过分的磨蹭，终于有了忍无可忍之人，一位学生模样的人坚决要求停车，跟司机说"我不去了"，看来，竟然还有比我耐性差的人。

这辆中巴车况的确太差，可能因为车缝隙的密封太差，以至于尾气都串进了车厢里面，许多人开始呕吐。看来售票员早有防备，立即递给呕吐者一个印着超市字样的塑料袋，呕吐的气味再加上有吸烟者让人很是难受，我用意念之法默诵古人词句，以此来抵御这种气味的熏陶。

沿途不断有人上车下车，这反而成了我的期待：开车门总可以换口气，但这种坚持也不是办法，于是掏出准备好的小纸片，开始记录今日的寻访经历。我在写字过程中，旁边有个人双手扶着前方座椅，俯下身几乎跟我脸贴脸地看着我写的纸片，还不时地看看我脸上的表情，呼吸的热气不断喷在我脸上。此时天已大黑，车箱内关着灯，我其实是在盲写，他是否能看清我的字，我不知道，但我确定自己肯定是看不清楚的。既然如此，那就任由他看下去吧，说不定他也是以此来打发这难熬的时间。

车在慢慢地前行中，不断有人上车，但上车前会站在车门口跟司机为是7块钱还是6块钱而讨价还价，车上的乘客则大声叫嚷着，意思是催促开车。

近四个小时后总算到了抚州市区,司机说在抚州停两个站点,我不知道自己从哪里下车,旁边的一个妇女问我到抚州哪里,我告诉她是临川大酒店,她告诉我到终点站下车即可。

刚一下车就有一群电三轮簇拥上来揽客,刚才跟我说话的那位妇女又告诉我:"你不用坐三轮,走两个红绿灯就到了,走这点路也并不怕。"但此时我的憋尿功已练到了极限,我还是上了三轮,让他快点拉我到酒店,司机说5元钱。车刚想开动,那位妇女就带着他的丈夫还抱着孩子一句话也不说地挤进了这辆小小的三轮中,她大声地跟三轮车主交涉着,我听不懂她的方言,总之,三轮车喘着粗气开动了,我明显听到了三轮车的电动机超负荷工作:声音都变了。这位妇女告诉我,她家离我住的酒店远不了多少,她是跟三轮车主谈妥在我5元钱的基础上再付2元钱就可到家了。

到酒店办入住手续,服务员告诉我这个酒店打国内长途全免费,这种优惠倒是很少见到,但到了房间却想不出能打电话跟谁去聊天。第二天一早,拦下一辆出租,跟他谈包车的事,第一站是前往黄裳墓。车从临川一中门口路过,司机很骄傲地告诉我,这个学校很是厉害,今年的高考能上清华北大的有六十多名。从安石公园旁右转过桥,上208省道,四车道的水泥路很是平坦,我拿着地图指给司机看最佳的路线,这位司机很执着,无论我怎样解释,他都不接受我的建议,争论一番之后,我还是顺从了他。今日跟他谈妥的几个地点,跑完之后价格是600元,其实他怎样跑对我来说成本都是一样的,我担心的是天气暗下来,到后来就不能完成计划,并且跟他说这种耽误时间的跑法,也浪费他的油钱。这句话可能起了作用,他不好意思的说自己不会看地图,也没有去过我说的地点,只知道个大概方向,但总算同意了我的路线。

前行 30 多公里，准备驶入乡路时，被两个武警拦下，说有军属物资要通过，在路边等候 20 分钟，过来了七八辆闪着警灯的封闭大货车。等这些车驶出后，我的车进了这条很窄的小路，想了想，幸亏这些大车驶出后才开进去，否则迎面错车完全不可能。沿着这种小窄路，前行了十余公里到达黄坊村，在村内向人打听，似乎没人听说过黄裳，而我自己提到"黄裳"这两个字时，脑海中也必然显现的是上海藏书家黄裳老先生的音容。黄裳是容鼎昌老先生的笔名，流行的说法是容先生笔名的来由是指黄宗英的衣裳，这个说法我曾经问过容老先生，他对此笑笑不置可否。他对古书收藏很是喜爱，我突然觉得他这个笔名的来由是否跟我近日所寻找的黄裳有关系呢？遗憾的是来到黄坊村之前的三个月前，容鼎昌先生去世了，我再也不能向他证实此事了。

村中走过一个 50 多岁的男士，我向他请问黄裳墓，很幸运的他说自己知道，告诉我原路退回一里，看到一个亭子，而墓就在亭子

△ 黄裳墓全景

172　觅词记

△ 黄裳墓碑

后的山上。这种说法还是太笼统,我请他上车带路,而后请司机原路回驶,走不远他指给我看:那就是亭子。

远远望去,我在大片的田地里看到一处破烂的小房子,这跟带路人所言的亭子一点都不搭界。我暗自庆幸请他带路,否则我来此找那亭子肯定没有结果。车只能停到大路边,他指着上山的一条小径告诉我,这就是通往黄裳墓的路,有一里地,我看出他不愿再走,于是谢过这位男士,让司机把他送回村子,之后再来下车处等我,而我独自上山,前行了不到 150 米,就在这山坳中看到了黄裳墓。

沿着带路人指出的路径,我向那块高地走去,途中长满了低矮

△ 黄裳墓丘形态

△ 墓前的空地

的小树，其间完全没有路径，我特别担心自己走入了岔路而无处打问，好在运气不错，在一片树林之中，果真看到了黄裳墓。

　　黄裳墓的墓碑是并列三联式，墓碑上的字迹已模糊不清，中间的一块隐约能看到"礼部尚书黄公讳裳字冕仲派行三十先生墓"字样，辨识出这几个字，让我放下心来，看来是找对了地方，于是站在那里边拍照，边观看着四围的情形。墓丘占地约十平方米大小，在周围未找到文保牌，墓碑的后侧放着一个空酒瓶，但墓前平出的空场地占地约有几百平米，然而未作进一步的整修和铺装，上面长满了荒草。

黄庭坚：我欲穿花寻路，直入白云深处

黄庭坚跟秦观、张耒、晁补之并称为"苏门四学士"，他在文学上的名气是苏门四学士中最为响亮的一位。他的诗跟苏轼齐名，被当时的人称为"苏黄"，而他的词则跟秦观齐名，二人并称为"秦七黄九"，陈师道在《后山诗话》中说："退之以文为诗，子瞻以诗为词，如教坊雷大使之舞，虽极天下之工，要非本色。今代词手

△ 黄庭坚撰《山谷词》，清光绪十四年钱塘汪氏刻本，卷首

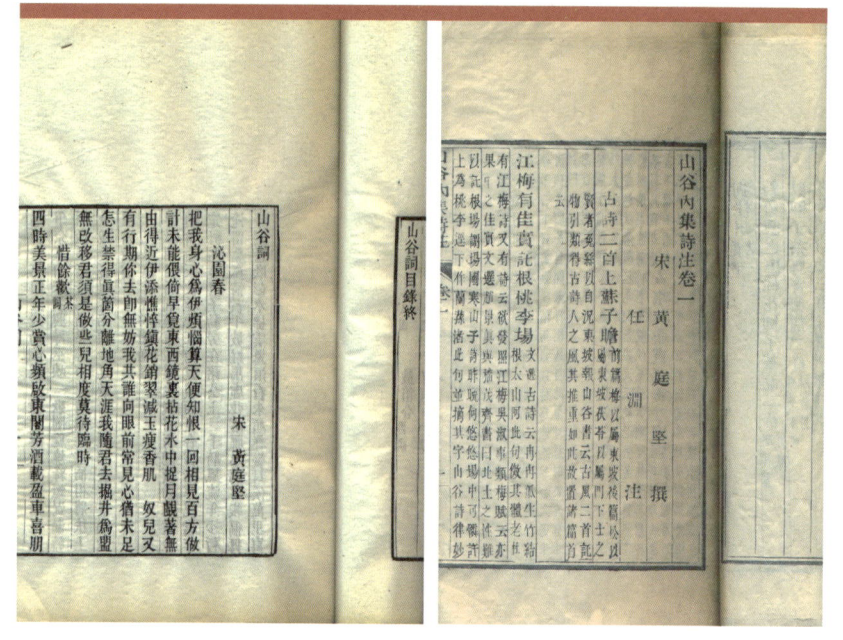

△ 黄庭坚撰《山谷集》，清乾隆四十七年武英殿聚珍版木活字印本，卷首

唯秦七、黄九尔,唐诸人不迨也。"

但是,陈师道的这种认定没有得到他人的普遍认可,比如晁补之就说了这样一句话:"黄鲁直间作小词,固高妙,然不是当行家语,是著腔子唱好诗。"晁补之认为,黄庭坚的词有的确实写得不错,但这种词并不正统。

有如此看法者还有李清照,《苕溪渔隐丛话》后集卷三十三引用了李清照在《词论》中著名的一段话:"王介甫、曾子固文章似西汉,若作一小歌词,则人必绝倒,不可读也。乃知词别是一家,知之者少。后晏叔原、贺方回、秦少游、黄鲁直出,始能知之。又晏苦无铺叙,贺苦少典重,秦即专主情致,而少故实,譬如贫家美女,虽极妍丽丰逸,而终乏富贵态。黄即尚故实而多疵病,譬如良玉有瑕,价自减半矣。"

李清照的这句"词别是一家"为后世广泛所看重,因为她明确地讲出了诗与词和文之间的不同与并列,她说王安石、曾巩的文章写得都很好,但他们作的词就不是那么回事了,所以文章好不等于填词也好。而后她就举出了四位著名的北宋词人,其中包括了黄庭坚,看来李清照认为黄庭坚的词作得还不错,可是接下来她又将这四人在词作上的缺点一一点出,其中谈到黄庭坚的词有很多的毛病。

对于以上的这些判断,胡仔不是很认可,他在《苕溪渔隐丛话》后集卷三十三中说:"无己称:'今代词手,惟秦七、黄九耳,唐诸人不迨也。'无咎称:'鲁直词不是当家语,自是着腔子唱好诗。'二公在当时品题不同如此。自今观之,鲁直词亦有佳者,第无多首耳。少游词虽婉美,然格力失之弱。二公之言,殊过誉也。"

在这里,胡仔认为陈师道和晁补之的说法都有些偏激,以他的看法,黄庭坚的词也有的写得很好,只是这样的好词,数量不多罢了,虽然说秦观的词写得很美,但可惜其词格失于柔弱,看来,胡仔还是偏重于秦观和黄庭坚各有各的特点,没有谁比谁更好。

但是,在王若虚那里,他把以上的评价综合了一番,而后他的结论则认为黄庭坚的词作得确实水平一般:"陈后山云:子瞻以诗为词,虽工非本色,今代词手惟秦七、黄九耳。予谓后山以子瞻词如诗,似矣,而以山谷为得体,复不可晓。晁无咎云:东坡词多不谐律吕,盖横放杰出,曲子中缚不住者。其评山谷则曰:词固高妙,然不是当行家语,乃著腔子唱好诗耳。此言得之。"

到了近代,这种争论仍然没有停息,吴梅在《词学通论》中首先引用了一首黄庭坚所作的《虞美人·宜州见梅作》:

> 天涯也有江南信,梅破知春近。夜阑风细得香迟,不道晓来开遍向南枝。
> 玉台弄粉花应妒,飘到眉心住。平生个里愿怀深,去国十年老尽少年心。

吴梅在引用了这首词作之后,又说了这样一番话:"晁无咎谓山谷词,不是当行家,乃着腔唱好诗。此言洵是。陈后山乃云:'今代词手,惟秦七与黄九。'此实阿私之论。山谷之词,安得与太虚并称?较耆卿且不逮也。即如《念奴娇》下片,如'黄倒金荷家万里,难得尊前相属。老子平生,江南江北,爱听临风曲',世谓可并东坡,不知此仅豪放耳,安有东坡之雄俊哉!"

吴梅首先说,晁补之认为黄庭坚的词作得不正统,这种说法很正确,而陈师道将黄庭坚与秦观并提,吴梅不赞同这种判断,他认为这是陈师道对黄庭坚的偏心,吴梅甚至说:黄词怎么可能跟秦词并称呢?以黄词的水准,他连柳永都比不上。而后吴梅举出了黄庭坚所作《念奴娇》中的几句词,有人评价说这几句词有点儿像东坡的风格,吴梅则认为这几句词确实有豪放气,但却没有东坡词中的雄俊。

看来,吴梅从整体上讲,对黄庭坚的词评价不高。但近代词人夏敬观却不这么看,他用了一大段话来理清前人对黄庭坚的评价,这段话出自夏敬观的《宋人词集跋尾》一文:"后山称今代词手,唯秦七、黄九。少游清丽、山谷重拙,自是一时敌手,至用谚语作俳体,时移世易,语言变迁,后之阅者,渐不能明,此亦自然之势,试检杨子云《绝代语》,有能一一释其义者乎?《史》、《汉》亦偶载俗语,非必有伤风雅也。以市井语入词,始于柳耆卿,少游、山谷,各有数篇,山谷特甚之又甚,至不可句读,若此类者,学者可不必步趋耳。"

在这里,夏敬观替黄庭坚做了不少的辩解,比如黄喜欢用一些俗语或不常用的字来入词,有人为此诟病于黄,但夏却认为这不是

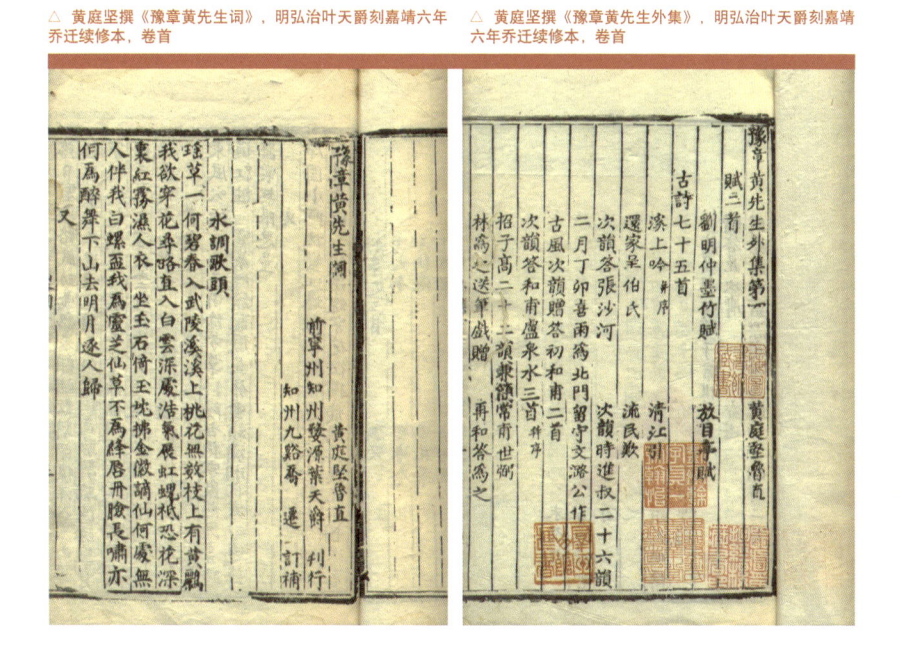

△ 黄庭坚撰《豫章黄先生词》,明弘治叶天爵刻嘉靖六年乔迁续修本,卷首　　△ 黄庭坚撰《豫章黄先生外集》,明弘治叶天爵刻嘉靖六年乔迁续修本,卷首

个事儿，随着时代的推移，语言也在变化，所以后世不了解一些词意和字意，这也很正常。而后他举出了扬雄的《方言》，夏说，到今天，《方言》上的很多意思不是也不能都弄明白吗？更何况，哪怕是正史的《史记》和《汉书》也会有俗语在，这并不算是伤风雅。

夏敬观也说，以市井的语词融入词中，最早是从柳永开始的，而后秦观和黄庭坚也有了这种用法，只是黄词中用得较多而已，对于这类的词，后人也不必学习。总之，夏敬观认为，黄庭坚的词也有其特色在，并且他认为黄庭坚和秦观各有特色。

但是夏敬观的这种认定也没有得到普遍的承认，比如万云骏在《山谷诗词蠡测》中称："恐未为知言。"这可真是环肥燕瘦，同一个人的词作，后世有着如此不同的意见，但反过来说，这也正说明了黄庭坚的词作对后世研究者有着特殊的重要性，否则，也就不会有这么多的争论。

相比较而言，黄庭坚在诗史上更有名气，因为他是江西诗派最重要的人物，所以对他的诗没有太多的争论。而他的词作则不同，正如以上所言，他所作的词有人评价很高，有人则认为他的词作得较差。其实这两种看法源自黄庭坚词作的两个风格，他前期所作之词与后期所作有着较大的差异，虽然说吴梅认为黄庭坚的词比不上柳永，但黄庭坚早期的词作确实有着柳永的风格。这里所说的风格，不单纯是指语言特色，而在内容上，黄庭坚也喜欢像柳永那样作艳词，从某种程度而言，黄庭坚的艳词，其香艳程度超过了柳永，比如他作的一首《江城子》：

新来曾被眼奚搐。不甘伏。怎拘束。似梦还真，烦乱损心曲。见面暂时还不见，看不足，惜不足。

不成欢笑不成哭。戏人目，远山蹙。有分看伊，无分共伊宿。

一贯一文跷十贯，千不足，万不足。

这首词不止是香艳了，更多的则是跟女人的调笑。而黄庭坚的这类词常被后世提及的还有一首《千秋岁》：

世间好事，恰恁厮当对。乍夜永，凉天气。雨稀帘外滴，香篆盘中字。长入梦，如今见也分明是。
欢极娇无力，玉软花欹坠。钗罥袖，云堆臂。灯斜明媚眼，汗浃瞢腾醉。奴奴睡，奴奴睡也奴奴睡。

这首词的最后两句常被后人调笑，比如清李调元在《雨村词话》卷一中说："乐府女人自称只言奴，惟山谷词始有'奴奴睡，奴奴睡也奴奴睡'句。后始用双字，亦犹称人为人人之意。"

根据李调元的考证，古代的官妓自称"奴"，但自从有了黄庭坚的这首词，这些妓女们才自称"奴奴"，这两个字叠用，听上去果真亲昵了很多，反过来也可说，黄庭坚的这首词有着何等广泛的影响。

对于黄庭坚的这类词，后世多有批评，比如《四库全书总目提要》在评价黄庭坚的《山谷词》时称："今观其词，如《沁园春》《望远行》……皆亵诨不可名状。"

四库馆臣认为，黄庭坚所作的《沁园春》和《望远行》太低级趣味了，那我就把后一首词引用在这里：

《望远行》
自见来，虚过却、好时好日。这迤尿黏腻得处煞是律。据眼前言定，也有十分七八。冤我无心除告佛。

管人闲底,且放我快活咱。便索些别茶只待,又怎不遇偎花映月。且与一班半点,只怕你没丁香核。

关于《望远行》,李调元在《雨村词话》中给予了恶评:"乐府用谚语,诗余亦多俳体,然未有如此可笑者。訑屎、唚、瞠等字,即云是当时坊曲优伶之言,而至此俗亵,如何可入风雅乎?且经传讹已久,字画亦差,字数亦未确,愈为无理。涪翁诗固故为聱牙,当时宗尚江西,目为鼻祖,实非大雅正传,此词尤为恶道。"

李调元认为,词作中用一些俗语倒也可以理解,但只是黄庭坚用得太过分了,这样的脏词怎么能写入风雅的词中呢?!以至于李调元都认为,把黄庭坚视为江西诗派的鼻祖也变成了不应该的事情,更何况他认为黄的诗比词更差劲儿。

对于黄庭坚的这些词作,荣斌在《从北宋词坛的两次革新看黄庭坚词的失与得》一文中说:"黄庭坚前期词也曾仿效柳词语言风格,大量使用了通俗浅近的语言;然而俗则俗矣,粗鄙之气却处处可见。"

荣斌在这段断语之后举出了两首实例,其中之一就是黄庭坚所作的《归田乐引》:

对景还销瘦。被个人、把人调戏,我也心儿有。忆我又唤我,见我,嗔我,天甚教人怎生受。

看承幸厮勾,又是尊前眉峰皱。是人惊怪,冤我忒搊就。拼了又舍了,定是这回休了,及至相逢又依旧。

对于黄庭坚这类的词作,后世的评价大多不高,虽然说有人认为黄的这些艳词是受了柳永的影响,但也有人认为他的这些词所表达出的鄙俗比柳永还过分,持这种观点者有樊增祥,其在《东溪草堂词选自叙》中说:"柳七、黄九并负盛名,然《乐章》九卷,瑜不掩瑕,'关河残照'之吟,'杨柳晓风'之什,数阕之外,半为郑声,导元人之末流,入《桑中》之鄙语。准诸宣圣,放之为宜。山谷鄙俗,又甚者卿。"

黄庭坚作这类艳词,在他当世就受到过指责,比如《五灯会元》卷十七和《乐善录》卷下都载有这样一段掌故:

> 黄鲁直好作艳语,诗词一出,人争传之。时法云秀老诃之曰:"公文词之富,翰墨之妙,甘施于此乎?"公曰:"某但空语,初非实践,终不以此堕恶道也。岂亦欲置于马腹中乎?"秀曰:"李伯时但以念想,在马腹堕落,不过止其一身。今公艳语实荡天下心,使其信以为然,荡而不反,则踰越礼法,冒犯廉耻,无不至矣,罪报何止入马腹,定当入泥犁也。"公为之动容。

黄庭坚当年的艳词就如同今天的黄段子一样,虽然低级,却能瞬间风靡天下,因此遭到了法云和尚的指责。虽然黄庭坚替自己辩解,但法云还是告诉他:你的这些所为定然会遭到报应。法云的这句话让黄庭坚有所触动,不知是不是受此影响,总之,黄庭坚后期的词作在内容上变得不那么香艳。胡云翼在《中国词史大纲》中说:"庭坚的词有两种境界:一种是豪放高旷,类似苏轼,如《念奴娇》、《水调歌头》诸词;一种是风流旖旎,类似柳永。"

因为黄庭坚崇拜苏轼,所以他的词作中有一些很类似东坡的风格,胡云翼在书中举出了黄所作的一首《沁园春》:

> 把我身心,为伊烦恼,算天便知。恨一回相见,百方做计,未能偎倚,早觅东西。镜里拈花,水中捉月,觑着无由得近伊。

添憔悴，镇花销翠灭，玉瘦香肌。

奴儿又有行期，你去即、无妨我共谁。向眼前常见，心犹未足，怎生禁得，真个分离。地角天涯，我随君去，掘井为盟无改移。君须是，做些儿相度，莫待临时。

这首《沁园春》，无论是词风还是内容，都跟他前期的艳词有着很大的区别，以至于胡云翼评价说："我们读了作者的这两种风调绝不相同的词，几疑出自二人手笔。"

其实，黄庭坚的词作中更为偏重东坡风格者，则是他的一首《水调歌头》：

瑶草一何碧，春入武陵溪。溪上桃花无数，花上有黄鹂。我欲穿花寻路，直入白云深处，浩气展虹霓。只恐花深里，红露湿人衣。

坐玉石，欹玉枕。拂金徽。谪仙何处？无人伴我白螺杯。我为灵芝仙草，不为朱唇丹脸，长啸亦何为？醉舞下山去，明月逐人归。

刘扬忠在《唐宋词流派史》中认为，黄的这首《水调歌头》："显然是有意仿苏之作。"而后刘扬忠又对该词做了如下的评价："上片的'我欲穿花寻路'数句，与苏轼同调词同位的'我欲乘风归去'数句，非但意境相近，连用语和句式也酷肖。全词写出了山谷清旷超逸、不同流俗的士大夫襟怀，与苏词颇有神似之处。"

黄庭坚的词作不仅这一首有豪迈气，另一首《鹧鸪天》也同样有着这类的风格：

黄菊枝头生晓寒，人生莫放酒杯干。风前横笛斜吹雨，醉里簪花倒著冠。

身健在，且加餐，舞裙歌板尽清欢。黄花白发相牵挽，付与时人冷眼看。

对于该词，《蓼园词选》中评价说："菊称其耐寒则有之，曰'破寒'，更写得菊精神出。'斜吹雨'、'倒著冠'，则有傲兀不平气在。末二句尤见牢骚。然自清迥独出，骨力不凡。"余外还有不少人都对该词颇为夸赞，认为他颇具苏轼的词风，但刘扬忠认为，黄的这首词"在放旷达观这一点上，与东坡的'竹杖芒鞋轻胜马，谁怕，一蓑烟雨任平生'相仿佛，但细味全阕，其中流露的那一股为山谷所特有的倔强兀傲之气，却与东坡式的'回首向来萧瑟处，也无风雨也无晴'的忧乐两忘、心平气和的'无差别境界'大异其趣。"

由以上可知，黄庭坚在很多方面都受到了东坡的影响，但后来因为黄庭坚在诗史上的名声越来越大，以至于被后人分析出他们俩之间有着明争暗斗，且在相关的记载中也有类似的说法，比如《拊掌录》中称："黄鲁直在荆州，闻东坡下世，士人往吊之，鲁直两手抱一膝起云：'独步，独步！'"

这段话把黄庭坚说得很不堪，说黄听到东坡去世后，用两只手抱着一只膝盖连说"独步"二字，潜台词则是说：终于等到了东坡的去世，他可以独步天下了。《清波杂志》也有类似的记载："山谷在南康落星寺，一日凭栏，忽传坡亡，痛惜久之。已而顾寺僧，拈几上香合在手，曰：'此香匾子，自此却属老夫矣。'"

对于这类的贬斥之语，曾枣庄认为这不是史实，他专门写了一篇名为《评苏黄争名说》的长文，以此来替黄庭坚辨污。

曾先生先在文中引用了史料中对黄庭坚的指责之词，比如有王若虚在《溏南诗话》中的所言："鲁直欲为东坡之迈往而不能，于是高谈句律，务以自立而相抗。"有吴坰在《五总志》中的说法："（山谷）受知于东坡先生，而名达夷夏，遂有苏黄之争。坡虽喜出我门下，然胸中似不能平也。"还有胡仔在《苕溪渔隐丛话》前集卷四十九中的所言："苏黄各因玄真子（即张志和）《渔父词》增为长短句互相讥评。"而后曾枣庄一一予以分析，一步一步地揭出这些说法的不实，比如胡仔那段评语所涉及的掌故，徐俯在《渔父词自跋》中也有记载，该记载的前半段为：

> 张志和《渔父词》云："西塞山前白鹭飞，桃花流水鳜鱼肥。青箬笠，绿蓑衣，斜风细雨不须归。"顾况《渔父词》云："新妇矶边月朗，女儿浦口潮平，沙头鹭宿鱼惊。"东坡云："元真语极丽，恨其曲度不传。"加数语以《浣溪沙》歌之云："西塞山前白鹭飞，散花州外片帆微，桃花流水鳜鱼肥。自庇一身青箬笠，相随到处绿蓑衣，斜风细雨不须归。"山谷见之，击节称赏，且云："惜乎'散花'与'桃花'字重叠，又渔舟少有使帆者"，乃取张、顾二词，合为《浣溪沙》云："新妇矶边眉黛愁，女儿浦口眼波秋，惊鱼错认月沉钩。青箬笠前无限事，绿蓑衣底一时休，斜风细雨转船头。"东坡跋云："鲁直此词，清新婉丽，其最得意处，以山光水色替却玉肌花貌，真得渔父家风也。然才出新妇矶，便入女儿浦，此渔父无乃太澜浪乎！"

此事是由张志和著名的《渔父词》所引起，东坡根据两人的词改编出了一首新词。对于这种改编，黄庭坚大为赞赏，而后他又说东坡的改编中有重复的字，并且指出东坡词中，"渔船挂帆"与真实不符，于是黄也根据以上两首词改编出了一首，东坡见到后大为夸赞。但同时，东坡又说黄的这种改编在内容上写得太浪漫了。

对于东坡的批评，黄庭坚是否接受呢？《渔父词自跋》中接着写到："山谷晚年亦悔前作之未工。因表弟李如箎言《渔父词》以《鹧鸪天》歌之，甚协律，恨语少声多耳。因以宪宗遗像求元真子文章及元真之兄松龄劝归之意，足前后数句云：'西塞山前白鹭飞，桃花流水鳜鱼肥，朝廷尚觅元真子，何处如今更有诗。青箬笠，绿蓑衣，斜风细雨不须归。人间欲避风波险，一日风波十二时。'东坡笑曰：'鲁直乃欲平地起风波也。'"

看来，黄庭坚接受了东坡的意见。他对自己的这首改编又进行了修订，东坡看后颇为赞赏，夸赞他的这首词简直是平地起风波。但后人却把东坡的所言视为他对黄庭坚的斥责，曾枣庄认为这样的说法完全不对："这本来是苏、黄间切磋诗词的美谈，黄对苏词既'击节称赏'，又指出其有'花'字重复，'片帆'不当的缺点；苏对黄词既赞其'清新婉丽'、'真得渔父家风'，又戏其'新妇矶'、'女儿浦'等语，把渔父写得'太澜浪'（用今天的话来说就是太浪漫）。"

而对于东坡所说的"平地起风波"，曾枣庄认为这完全不是批评，只是一句调笑："这更证明是在开玩笑，生动表现了苏黄间亲密无间的关系。但吴坰《五总志》却说：'太澜浪等语虽曰戏言，是亦嫉而轻之也。'王若虚《滹南诗话》说得更严重：'苏黄各因其玄真子《渔父词》增为长短句，而互相讥评。'"

对于苏、黄的明争暗斗，胡仔在《苕溪渔隐丛话》前集卷四十九中还有着这样一段记载："东坡常云：'黄鲁直诗文，如蝤蛑江瑶柱，格调高绝，盘飧尽废；然不可多食，多食则发风动气。'山谷亦（谓东坡）云：'盖有文章妙一世，而诗句不逮古人者。'"

由苏、黄各说的一段话来作依据，胡仔认为他二人在互相讽刺，而王若虚也是这么认为的，但有人却对以上的说法有着不同的解读，比如宋王楙说:"苏黄二公同时实相引重,黄推苏尤谨,而苏亦奖成之甚力。黄云东坡文章妙一世,乃谓效庭坚体,正如退之效孟郊、卢仝诗;苏云读鲁直诗如见鲁仲连、李太白,不敢复论鄙事。其互相推许如此,岂争名者哉!"(引自曾枣庄《评苏黄争名说》)

同时,王楙又说了这样一段话:"诗文比之'蟶蚌江瑶柱',岂不谓佳?至言'发风动气'、'不可多食'者,谓其言有味,或不免讥评时病,使人动不平之气,乃所以深美之,非讥之也。'文章妙一世,而诗句不逮古人',此语盖指曾子固,亦当时公论如此,岂坡公耶?"(同上)

看来,后世也是希望这两位大家能够争论起来,以便围观看热闹。其实黄庭坚的一生都对东坡特别尊重,《邵氏闻见后录》卷二十一有这样一段话:"赵肯堂亲见鲁直晚年悬东坡像于室中,每蚤作,衣冠荐香,肃揖甚敬。或以同时声名相上下为问,则离席惊避曰:'庭坚望东坡门弟子耳,安敢失其序哉?'今江西君子曰'苏黄'者,非鲁直本意。"

黄庭坚晚年在家中悬挂着东坡像,还对着此像行礼,有人跟黄说:你的名声不在东坡之下,用不着这样的恭敬。黄立即反驳说:我把自己看作是东坡的弟子,怎么可能不尊重老师呢?由此可知,江西诗派的人把苏、黄并称,这根本不是黄庭坚的意思。

黄庭坚的一生的确受到了

△ 黄庭坚撰《山谷诗集》二十卷,清光绪二十一年刻本,书牌

东坡很大的影响,他因为受到东坡的赏识而名扬天下,但也随着东坡的倒霉,一路被贬。到了宋元符元年,徽宗即位后,黄总算有了转机,他被任命为监鄂州税等职,后来又被任命为太平州知州,可是他仅在此职上当了九天,就又被罢免。

以前黄庭坚在河北任职时跟赵挺之关系不好,后来等到赵执政时,就对黄打击报复。崇宁二年,黄庭坚再次被除名,送到宜州管制。转年,他在前

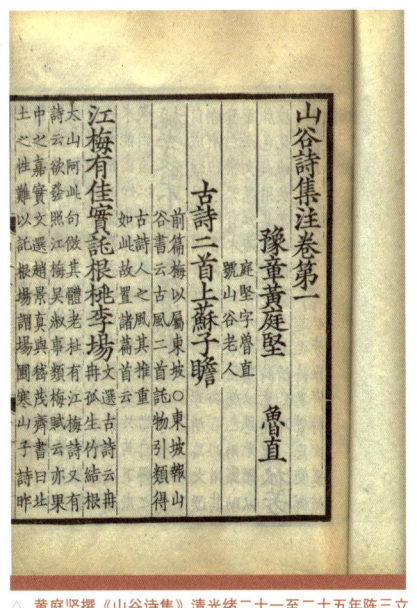

△ 黄庭坚撰《山谷诗集》清光绪二十一至二十五年陈三立刻本

往宜州的路上路过桂林,可能他感慨于桂林山水之美,于是就写了首名为《到桂林》的诗:

桂岭环城如雁荡,平地苍玉忽嵯峨。
李成不生郭熙死,奈此百嶂千峰何!

黄庭坚在当世就已经是位大名人,到南宋时,理学大家张栻在桂林任靖江府知府,就在黄庭坚登岸的地方建造了一座榕溪阁,以此来纪念黄庭坚,而后这里就成为了桂林的一处文化景点,后来此阁荒芜了。到了1955年,此处又重新恢复,在此建起了榕荫亭,并立了一块碑,上面刻着"黄庭坚系舟处",使得这里成为了纪念黄庭坚的一个著名地点。

此前我已在江西省找到了黄庭坚的墓,但是那个寻访过程已经

写入《觅诗记》中，因为他是江西诗派的鼻祖。然而他在词史上也有贡献，因为不能重复地使用同一个纪念地，于是桂林的这处"系舟处"就成为了我的寻访目标。这次正赶上到桂林图书馆鉴定古籍，于是在空暇时间，我就去探访黄庭坚的这处遗迹。

黄庭坚泊舟处位于广西桂林市秀峰区榕湖北路榕湖边的榕荫亭前，其旁边乃是桂林的老南门遗址。此次拍照之后，过了两年我才开始写此小文，到此时才发现两年前所拍的照片已经完全找不到，在两天的时间里，我不断地纠结此事，同时也变换着不同的关键词在电脑里搜索，但终究未果，这种情形自寻访以来还未曾遇到过。原本打算在年底之前把《觅词记》书稿交给出版社，而今的这个意外显然不能使我按期完成，于是决定再跑一次桂林，把所缺之图补上。

一念及此，立即去电给广西师大出版社的副总编汤文辉先生。汤先生闻我所言，以为我请他补拍所缺之图，我却告诉他这种事必须要亲历亲为，然而他却跟我说近两天正在忙本社的三十周年庆典，希望我晚些再前往桂林。可是接下来我却有多个活动，而那些活动无法推辞，于是我谢过了他美意，准备另打主意。

上次的桂林寻访给桂林市图书馆的两位馆长添了不少麻烦，虽然说朋友是用来利用的，但利用也要有个限度，更何况此程的所访至少有三处都是故地重游，这样的做法让我不好意思再麻烦桂林图书馆，于是我想到了广西师大出版社的美编徐俊霞老师。

徐老师也是位爱书之人，这些年来，她常赠给我设计出的新作，以我的感觉，她应当对桂林的历史遗迹颇为了解，于是去电问之。徐老师果真爽快，她让我把欲访名单发过去，仅仅两天时间，她就告诉我已经基本落实了下来。如此的认真，又是如此的高效，这让我暗喜：终于找对了人。

在机场见到了爽快利落的徐俊霞，她把我送到酒店后，放下行李，我们即刻打车前往寻访，而首要之处就是黄庭坚的泊舟处。徐老师说虽然她在桂林已经住了 15 年，但至今还是没有方位感。对于女士不认路这件事，我当然没有丝毫的奇怪，她能够帮我找到关键人物，这已然是很好的结果，于是我们打车前往。然而出租车司机却称未听说过此地，司机看上去五十多岁年纪，他说自己是老桂林，但却从未听说过当地有这样的一个名胜之地。

好在我是故地重游，我跟司机描述着那里的情形，并且告诉他此处有一个飞檐小亭，但司机却坚决否认，他说从小就在榕湖边玩耍，从未见过榕湖边有小亭。他在语气上的斩钉截铁，让我开始怀疑自己的记忆是否有误，然榕湖这一带不允许车辆通过，我们只好在附近下车。

刚走出不远，我就看到了熟悉的景观。从老城门旁边绕过，眼前赫然看到了那个榕荫亭，而此时出租车已经驶离，我真恨不得把那个司机喊回来，让他看看这个实实在在的小亭。虽然说有理不在声高，但在某些时段，斩钉截铁的语言确实能打击对方的信心，而今为了这个小亭我又再次来到这里，心中还是忍不住升起了一大堆感慨。

榕荫亭之前有一棵巨大的榕树，树前的介绍牌称，这棵榕树的年龄已在千年以上，而介绍牌上写到："公元 1104 年，宋代文学家、书法家黄庭坚被谪宣州羁管路经桂林时曾在树下系舟。"看来，这棵榕树正是黄庭坚系舟之处。千年过后，这棵大树依然枝繁叶茂，虽然说黄庭坚当年看到的天空与我今日无甚区别，但我抚摸这棵大树时，依然有着别样的感觉，可惜我不知道他当年触摸过这棵树的哪个部分，否则的话，我的手叠加上去，说不定也能间接地得到一些灵气。

榕荫亭距这棵大榕树约有 50 米远，由此前行，在小亭的前方建

△ 远处是黄庭坚系舟的大榕树

立了一条不长的水系，这个人工水系上方覆盖了十余块玻璃板，隔着玻璃望过去，内侧雕刻的是黄庭坚的笔迹。而水系的左侧就是榕荫亭，而今这个小亭的匾额上写着"系舟亭"，以此显现着跟黄庭坚的关系。小亭的侧旁还建造了一个假山石洞，上面写着"榕门福至"，可惜这几个字是左读。

而此门的右侧另有一块介绍牌，此为黄庭坚系舟处简介，上面除了黄庭坚的介绍之外，同时还写到："七十二年后，南宋理学大师张栻官任静江知府，为缅怀黄庭坚，在此建榕溪

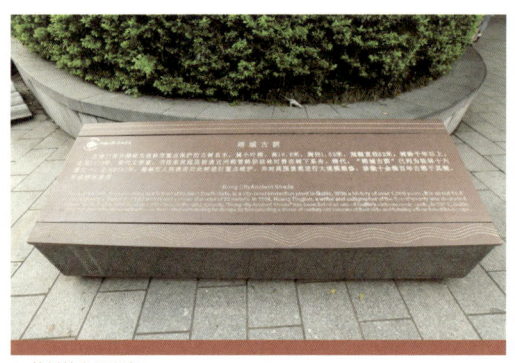

△ 榕树的介绍文字

△ 湖边的榕荫亭

阁。历代文人于此多有题诗赋文。公元 2001 年，桂林市人民政府对黄庭坚系舟处景观进行全面整修，建系舟亭、刻黄庭坚诗及书法名作'五君咏'，以资纪念。"

顺着旁边的石台阶下到湖边，在这里又看到了那个假船，据说，这个船的外形是仿照当年黄庭坚所乘之舟。因为逆光的原因，我一直搞不清这只小舟是水泥船还是石雕船，徐俊霞认为应当是水泥船。我仔细盯着看了一番，感觉似乎是用石块雕造而成的。为了印证谁对谁非，徐老师建议乘游船划到近前一看，可惜远处所停放的一排游船没能找到管理者，这件事也只能存疑于此。

细想之下，无论是水泥船还是石船，都不可能是黄庭坚当年所乘用的，这样的较真有什么意义呢？但我的性格有时就喜欢进行这种无聊的较真，可是若放弃掉这种性格，恐怕也就没有了今日的再至桂林。

觅词记

△ 榕门福至

△ 黄庭坚书法水系　　△ 系舟亭

秦观：山抹微云，天连衰草

苏东坡有四大弟子，分别是黄庭坚、晁补之、张耒和秦观，后世并称为"苏门四学士"。苏轼在《答李昭玘书》中称："如黄庭坚鲁直、晁补之无咎、秦观太虚、张耒文潜之流，皆世未之知，而轼独先知。"这应该是苏门四学士最早的表述。从词风上说，秦观与东坡差异较大，胡云翼在《中国词史大纲》中说："秦观为苏门四学士之一，在四学士中苏轼尤善视观，而称赏其词。但就词论，则他俩的词风完全不同。观词最接近柳永一派，与苏轼的词风全异其趣。"

胡云翼认为，苏门四学士中，东坡最看重秦观，但两人的词风却并不相似，因为秦观的词风更接近于柳永。吴梅也是这种观点，他在《词学通论》中称："诸家论断，大抵与子瞻并论。余谓二家不能相合也。子瞻胸襟大，故随笔所之，如怒澜飞空，不可狎视。少游格律细，故运思所及，如幽花媚春，自成馨逸。其《满庭芳》诸阕，大半被放后作，恋恋故国，不胜热中，其用心不逮东坡之忠厚，而寄情之远，措语之工，则各有千古。"按照风格的大致分法，宋词有婉约与豪放之分，东坡词虽然婉约风格写得也很好，但相对而言，后世更多视之为豪放派的代表人物；与之相对者，柳永自然是婉约派的代表人物之一了。但是，吴梅觉得，秦、柳还是不能并称："北宋词家以缜密之思，得遒炼之致者，惟方回与少游耳。今人以秦、柳并称，柳词何足相比哉。"（《词学通论》）在吴梅眼中，柳永的词要比秦观差得远。

对于这种看法，历史上也有类似的表述，比如张綖在《诗余图谱·凡例》中说："词体大略有二：一体婉约，一体豪放。婉约者欲其词情蕴藉，豪放者欲其气象恢弘。盖亦存乎其人，如秦少游之作，多是婉约；苏子瞻之作，多是豪放。大抵词体以婉约为正，故东坡称少游为（今）之词手，后山评东坡词虽极天下之工，要非本色。"张綖在此简述了婉约与豪放词风的区别，而后说秦观的词作大多是婉约，而东坡的词作则大多是豪放，同时，张綖又称，词体以婉约为正，如此说来，在张綖眼中，秦观的词作要胜于东坡。而持这种观点的并不在少数，比如清人先著在《词洁》卷三中称赞秦观为"词家正宗"，而胡薇元在《岁寒居词话》中认为秦观的词是"词家正音也"。故而刘扬忠在《唐宋词流派史》中评价道："八百年以来，论词者对两宋名家的长短得失及地位作用等颇多争议，唯独对于秦

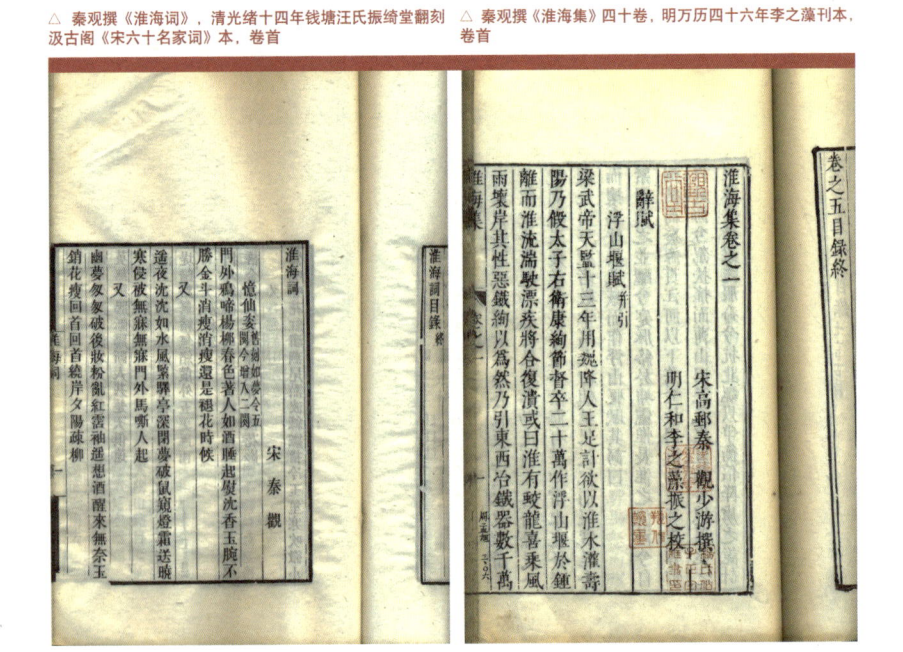

△ 秦观撰《淮海词》，清光绪十四年钱塘汪氏振绮堂翻刻汲古阁《宋六十名家词》本，卷首　　△ 秦观撰《淮海集》四十卷，明万历四十六年李之藻刊本，卷首

观却几乎众口一词地承认其为'当行本色'的婉约正宗。"

秦观跟东坡的区别不仅仅是词风，两人的性格也差异较大，东坡豁达且开通，秦观内敛而细腻。据记载，秦观跟东坡的相识是缘于一首诗词，《冷斋夜话》卷一称："东坡初未识秦少游，少游知其将复过维扬，作坡笔语题壁于一山中寺。东坡果不能辨，大惊。及见孙莘老，出少游诗词数百篇，读之，乃叹曰：'向书壁者岂此郎邪？'"那个时候，东坡已经名扬天下，秦观欲与之相识，他打听到东坡会路过一个寺院，于是提前到此寺，仿照东坡口气在寺壁上题了一首诗词，东坡看后，果真觉得像自己所写，又想不起何时作过，这个结果让他颇为吃惊，后来东坡见到孙莘老，此人拿出秦观的百余篇诗词给东坡看，东坡立即就猜到了这是那位题壁者所作，于是也就记住了有秦观这么个人。

而后两人开始有了交往。宋元丰元年，秦观赴京应秋试，落第之后颇为沮丧，东坡特地写信安慰他，即此可知两人的私交不错。后来秦观终于考中了进士，在朝中任职期间，他也成为了东坡一派的著名人物。这个阶段朝中的旧党、新党之争已近尾声，旧党又分裂为三派，洛党以程颐为首，蜀党以苏轼为首，另外还有刘挚、梁焘等人形成的朔党。在这些党争之中，秦观坚决地站在苏轼一边，他写过一篇《朋党论》，文中称："臣闻朋党者，君子小人所不能免也。人主御群臣之术，不务嫉朋党，务辨邪正而已。"看来，在秦观眼中结党是必须的事情，所以站在苏轼的立场上攻击他党，对秦观而言，这没有什么不对。

但政治的风云变幻并非一个文人所能把控。宋元祐八年，高太后病逝，而这位高太后正是旧党的支持者，接下来哲宗亲政，旧党人物又受到了清算。秦观因为跟苏轼的特殊关系，被列入元祐党人籍中，很快他被赶出朝，去任杭州通判。而后又贬为监处州酒税，三年后又被新党罗织出其他的罪名，把他流放到郴州、横州，之后又贬到雷州。从此他一生都没有了翻身的机会，直到徽宗继位他才得以复职北还，可惜在返回的途中，病逝于藤州，此地即今广西藤县。

秦观在年轻时，就表现出了作词方面的超异才能。当年他在朝中任职时，随着政局的变动，他预感到这场风暴会影响到自己，而此时的政局以及他对这些变动的心态，秦观也写入了词中，这个阶段他作了三首《望海潮》，其中最受后世夸赞的，则为第三首：

> 梅英疏淡，冰澌溶泄，东风暗换年华。金谷俊游，铜驼巷陌，新晴细履平沙。长记误随车，正絮翻蝶舞，芳思交加。柳下桃蹊，乱分春色到人家。
>
> 西园夜饮鸣笳。有华灯碍月，飞盖妨花。兰苑未空，行人渐老，重来是事堪嗟。烟暝酒旗斜。但倚楼极目，时见栖鸦。无奈归心，暗随流水到天涯。

该词作于宋绍圣元年，当时秦观在京城任国史院编修，新党上台后，指斥秦观"影附苏轼"，并且说他篡改《神宗实录》，故将其贬职外放。他在出京之前到朋友王诜家话别，在王家的西园作出了此词，以此来表达对风云变幻的感慨。对于该词，清陈廷焯在《白雨斋词话》卷一中评价道："少游词最深厚，最沉着，如'柳下桃蹊，乱分春色到人家'，思路幽绝，其妙令人不能思议，较'郴江幸自绕郴山，为谁流向潇湘去'之语，尤为入妙。世人动訾秦七，真所谓井蛙谤海也。"陈廷焯所举出的秦观词中的前两句，也成了后世咏叹的千古名句。陈廷焯还感慨于他人贬低秦观词作的价值，说那些人就如同井底之蛙看不上大海一样。

对于秦观此词中的名句，吴梅看得更高，他在《词学通论》第

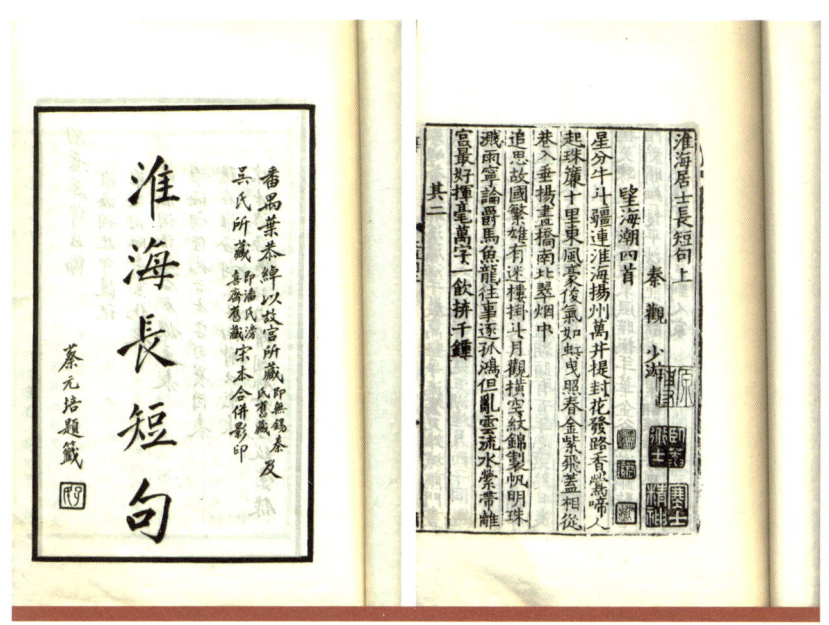

△ 秦观撰《淮海居士长短句》二卷，民国十九年叶恭绰　△ 秦观撰《淮海居士长短句》二卷，民国十九年叶恭绰石
石印本，书牌　　　　　　　　　　　　　　　　　　　印本，卷首

七章评价道："他作如《望海潮》云：'柳下桃蹊，乱分春色到人家。西园夜饮鸣笳。有华灯碍月，飞盖妨花。'……此等句皆思路沉着，极刻画之工，非如苏词之纵笔直书也。"至少吴梅觉得，秦观的这几句词已经超过了东坡的同类作品。

　　秦观既然跟东坡有如此紧密的关系，而两人词作的风格又有如此大的差异，东坡对此是怎样的心态呢？在本书所写苏轼一文中，我已经引用了宋黄昇《唐宋诸贤绝妙词选》中的一段说法，其意是说东坡见到秦观后，指责他的词风开始模仿柳永，而秦观予以辩解，东坡举出了实例后，秦观觉得惭愧。其实这段引文后面还有一段话，这段话后世也多有引用，我录《高斋诗话》上的一段如下："少游自会稽入都，见东坡。……坡又问别作何词，少游举'小楼连苑横空，下窥绣毂雕鞍骤。'东坡曰：'十三个字只说得一个人骑马楼前过。'

少游问公近作,乃举'燕子楼空,佳人何在,空锁楼中燕。'晁无咎曰:'只三句便说尽张建封事。'"

当时东坡又问秦观,近来有什么新作,秦观说出了他所作词中的两句,没想到东坡对这两句词也不首肯,他嘲笑秦观用了十三个字只说明了一个人骑着马在楼前过,两人所谈论的,乃是秦观所作的一首《水龙吟》:

> 小楼连苑横空,下窥绣毂雕鞍骤。朱帘半卷,单衣初试,清明时候。破暖轻风,弄晴微雨,欲无还有。卖花声过尽,斜阳院落;红成阵,飞鸳甃。
>
> 玉佩丁东别后,怅佳期、参差难又。名韁利锁,天还知道,和天也瘦。花下重门,柳边深巷,不堪回首。念多情、但有当时皓,向人依旧。

对于秦观的这首词,后世大为夸赞,而对于东坡的批评,也有人替秦观抱不平,比如宋俞文豹在《吹剑三录》中说:"东坡问少游别后有何作,少游举'小楼连苑横空,下窥绣毂雕鞍骤'。坡曰:'十三个字只说得一个人骑马楼前过。'文豹亦谓公《次沈立之韵》:'试问别来愁几许?春江万斛若为情。'十四字只是少游'愁如海'三字耳。作文亦如此。"俞文豹打抱不平的方式倒是很有趣,他挑出东坡诗中的两句,而后说,这十四个字也仅等于秦观的"愁如海"三个字。这个办法倒是以其人之道,还治其人之身。

对于秦观这首《水龙吟》的内容,后人有着各种解读,比如曾慥在《高斋诗话》中说:"秦少游在蔡州,与营妓娄琬字东玉者甚密,赠之词云:'小楼连苑横空。'又云:'玉佩丁东别后'者是也。"曾说这首词是秦观写给一位名为"娄琬"的营妓,何以证明这种判断呢？宋曾季鲤在《艇斋诗话》中予以了解读："少游词'小楼连苑横空'，为都下一妓姓娄名琬字东玉，词中欲藏'娄琬'二字。然少游亦自用出处，张籍诗云：'妾家高楼连苑起。'"原来这是采用了一种拆字法，将秦观这首《水龙吟》的首句用谐音法拼出"娄琬"二字，而事实究竟是不是这么回事呢？因为无法找秦观证实，后世也只能任意解读。

这种解读方式到清代依然盛行，清沈雄在《古今词话·词品》卷上中说："秦少游《水龙吟》'小楼连苑横空'，隐'娄东玉'字；《南柯子》'一钩残月带三星'，隐'陶心儿'字。何文缜《虞美人》'分香帕子柔蓝腻，欲去殷勤惠'，隐'惠柔'字。兴会所至，自不能已。大雅之作，政不必然。若黄山谷《两同心》云：'你共人女边著子，争知我门里担心'，隐'好闷'两字。总因'黄绢幼妇，外孙齑臼'八字作俑，而下流于'秋在人心上，心在门儿里'，便开俚浅蹊径。"

秦观果真是天生会作词者，宋惠洪在《冷斋夜话》中说："少游元丰初，梦中作长短句云：'指点虚无征路……'，既觉，使侍儿歌之，盖《雨中花》也。"秦观在梦中都能作词，这是何等的了得，而惠洪所说的原词《雨中花》全文为：

指点虚无征路，醉乘斑虬，远访西极。正天风吹落，满空寒白。玉女明星迎笑，何苦自淹尘域？正火轮飞上，雾卷烟开，洞观金碧。

重重观阁，横枕鳌峰，水面倒衔苍石。随处有寄香幽火，杳然难测。好是蟠桃熟后，阿环偷报消息。在青天碧海，一枝难遇，占取春色。

秦观的很多词作都成为了千古绝唱，比如他所作的《满庭芳》：

山抹微云,天连衰草,画角声断谯门。暂停征棹,聊共引离尊。多少蓬莱旧事,空回首、烟霭纷纷。斜阳外,寒鸦万点,流水绕孤村。

　　消魂当此际,香囊暗解,罗带轻分。谩赢得、青楼薄幸名存。此去何时见也?襟袖上、空惹啼痕。伤情处,高城望断,灯火已黄昏。

　　对于这首词,徐培均、罗立刚在合著《秦观词新释辑评》中予以了这样的评价:"在少游词长调中,允推此首成就为高。因此,此词一出,不但广传淮、楚,而且远播京师。当时及后世论秦词者,罔不以此首为例。"关于该词的写作背景,《艺苑雌黄》等书中有如下的记载:"程公辟守会稽,少游客焉,馆之蓬莱阁。一日,席上有所悦,自尔眷眷不能忘情,因赋长短句,所谓'多少蓬莱旧事,空回首、烟霭纷纷'也。其词极为东坡所称道,取其首句,呼之为'山抹微云君'。"按以上所言,秦观是参观了会稽的蓬莱阁后,有感而发写出来的,这首词大受东坡夸赞,把秦观称之为"山抹微云君"。但如前所引,东坡曾指斥秦观学柳永,举出的例子正是该首词中的首句,由此看来,东坡并不是认为这首词作得不好,只是他不愿意秦观刻意模仿柳永的词风。然而按照后世专家的看法,其实柳永的词风对东坡同样有着深刻的影响,也许这样的回避正是想让自己、也是让秦观,能够出于蓝而胜于蓝。

　　其实该词最受后世所咏叹的,则是后面的"斜阳外,寒鸦数点,流水绕孤村"。宋魏庆之在《诗人玉屑》卷二十一中引用晁无咎的评语称:"近世以来作者,皆不及秦少游,如'斜阳外,寒鸦数点,流水绕孤村。'虽不识字,亦知是天生好言语。"

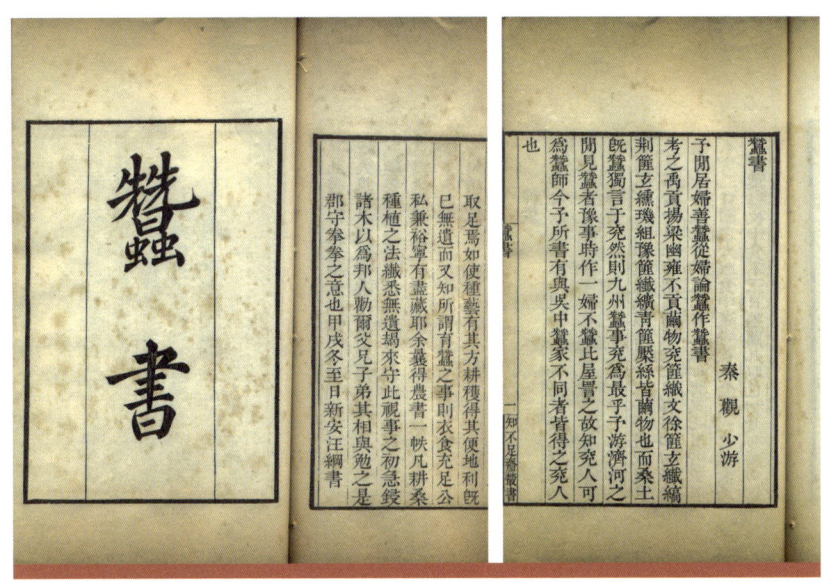

△ 秦观撰《蚕书》清乾隆道光长塘鲍氏刻《知不足斋丛书》本，书牌　　△ 秦观撰《蚕书》清乾隆道光长塘鲍氏刻《知不足斋丛书》本，卷首

这句话既然成了千古名句，马上就有人指出秦观不过是化用他人的词句，宋严有翼在《艺苑雌黄》中说："其词极为东坡所称道，取其首句，呼之为'山抹微云君'。中间有'寒鸦数点，流水绕孤村'之句，人皆以为少游自造此语，殊不知亦有所本。予在临安，见《平江梅知录》云：'隋炀帝诗云：寒鸦千万点，流水绕孤村'。少游用此语也。"看来秦观的这句名言是化用了隋炀帝的诗句。

这个结果显然让后世粉丝们不能满意，明王世贞在《艺苑卮言》中说："'寒鸦千万点，流水绕孤村'，隋炀帝诗也。'寒鸦数点，流水绕孤村'，少游词也，语虽蹈袭，然入词尤是当家。"王世贞认为，就算是秦观化用，那也比原句要好。同样持此观点者还有清代的贺贻孙，他在《诗筏》中称："余谓此语在隋炀帝诗中，只属平常，入少游词特为妙绝。盖少游之妙，在'斜阳外'三字，见闻空幻。又'寒鸦'、'流水'，炀帝以五言划为两景，少游用长短句错落，与'斜阳外'，三景合为一景，遂如一幅佳图。此乃点化之神，必如此，乃可用古语耳。"贺贻孙说隋炀帝的那两句诗写得很是平平，经过秦观的化用，立即就变得景色不同，他把秦观的这个化用称为"点化之神"。

但是东坡的评价太重要了，他强调那句"山抹微云"，于是人人都知道了秦观有这样一个名句。宋蔡絛的《铁围山丛谈》卷四中载有这样一段趣闻："范内翰祖禹作《唐鉴》，名重天下，坐党锢事久之。其幼子温，字元实，与吾善。……温尝预贵人家会。贵人有侍儿，善歌秦少游长短句，坐间略不顾温。温亦谨，不敢吐一语。及酒酣欢洽，侍儿者始问：'此郎何人耶？'温遽起，叉手而对曰：'某乃山抹微云女婿也。'闻者多绝倒。"原来秦观的女婿范温某日到一权贵家作客，那位权贵家的侍儿很是傲慢，兼擅长唱秦观的词，因为她不知道范温的身份，故在坐期间不搭理范，这让范很拘谨，一句话也不敢说，后来酒喝到一定程度时，侍儿问坐在旁边不说话的那位是谁？范温觉得机会来了，他马上站起身来，客气地跟这位侍儿说，我就是"山抹微云"的女婿。

就成就而言，虽然是"山抹微云"最高，但今天传唱最广的，却是那首《鹊桥仙》：

纤云弄巧，飞星传恨，银汉迢迢暗度。金风玉露一相逢，便胜却人间无数。

柔情似水，佳期如梦，忍顾鹊桥归路。两情若是久长时，又岂在朝朝暮暮。

这首词成为了少男少女们的最爱，尤其两地分居者，大多会以此句来互相安慰和解忧。清黄苏在《蓼园诗选》中夸赞道："按七夕歌以双星会少别多为恨，少游此词谓两情若是久长，不在朝朝暮暮，所谓化臭腐为神奇。凡咏古题，须独出心裁，此固一定之论。"这样的俗情经过秦观这么一写，瞬间化腐朽为神奇，但可惜的是，黄苏为了能够从更高的角度来解读这首诗，他又接着说了这番话："少游以坐党被谪，思君臣际会之难，因托双星以写意；而慕君之义，婉恻缠绵，令人意远矣。"

上面提到俞文豹替秦观打抱不平，他说东坡的两句十四个字也只是表达了秦观所说的"愁如海"三字，而这三个字则是出自秦观的《千秋岁》：

水边沙外。城郭春寒退。花影乱，莺声碎。飘零疏酒盏，离别宽衣带。人不见，碧云暮合空相对。

忆昔西池会。鹓鹭同飞盖。携手处，今谁在？日边清梦断，镜里朱颜改。春去也，飞红万点愁如海。

看来这首词中的"愁如海"颇受后世关注，但马上又有人跳出来说，这三个字也是化用了古人的词句。宋陈师道《后山词话》中称："王玠，平甫之子，尝云：今语例袭陈言，但能转移耳。世称秦词'愁如海'为新奇，不知李后主已云：'问君能有几多愁，恰似一江春水向东流。'但以'江'为'海'耳。"且不管秦观是否真的化用于此，至少有人觉得这种化用同样超过了原作。宋陈郁在《藏一话腴》甲集卷上中说："太白云'请君试问东流水，别意与之谁短长？'江南李后主曰：'问君还有几多愁，恰似一江春水向东流'，略加融点，已觉精彩。至寇莱公则谓：'愁情不断如春水'，少游云：'落红万点愁如海'，青出于蓝而胜于蓝矣。"

世上的事，名气越大，争议也越多。正因为受人关注得多，也有人认为秦观的这三个字写得有问题。宋曾季鲤在《艇斋诗话》中称:"秦少游词云:'春去也,落红万点愁如海。'今人多能歌此词。方少游作此词时,传至余家丞相,丞相曰:'秦七必不久于世,岂有"愁如海"而可存乎?'已而少游果下世。少游第七,故云秦七。"曾布听到了这首词后,说秦观的命不长了,果真,此后不久秦观就去世了,这也就是古人所说的"诗谶"。

秦观还有一首被后世广泛传唱的词作,乃是《踏莎行》:

> 雾失楼台,月迷津渡。桃源望断无寻处。可堪孤馆闭春寒,杜鹃声里斜阳暮。
>
> 驿寄梅花,鱼传尺素。砌成此恨无重数。郴江幸自绕郴山,为谁流下潇湘去。

对于该词的最后两句,东坡最为欣赏,《苕溪渔隐丛话》前集卷五十引《冷斋夜话》所载如下:"少游到郴州,作长短句云:'雾失楼台……'东坡绝爱其尾二句,自书于扇,曰:'少游已矣,虽万人何赎!'"东坡把该词的最后两句写在了自用扇中。但是王国维对东坡的这种欣赏却不以为意,他在《人间词话》中说:"少游词境最为凄婉,至'可堪孤馆闭春寒,杜鹃声里斜阳暮',则变而为凄厉矣。东坡赏其后二句,犹为皮相。"

看来,王国维认为,秦观的这两句写得太悲惨了,即便如此,他又在《人间词话》中说了这样一番话:"有有我之境,有无我之境。'泪眼问花花不语,乱红飞过秋千去','可堪孤馆闭春寒,杜鹃声里斜阳暮',有我之境也。'采菊东篱下,悠然见南山','寒波淡淡起,白鸟悠悠下',无我之境也。有我之境,物皆著我之色彩。无我之境,不知何者为我,何者为物。"王国维认为秦观的这两句词堪称"有我之境"。对于王国维的前一个评价,徐培均、罗立刚在其《秦观词新释辑评》中表示不认可,直称王国维的所言"此言差矣"。那么,徐培均等怎样解读东坡酷爱这两句的内在缘由呢?该专著中予以了这样的解读:"东坡于四学士中最善少游,倒不是出于偏爱,而是因为他们师生二人'同升而并黜',有相同的遭遇,故对少游此二句的内涵了解极深。"

既然这首词如此有名气,当然后人要挑毛病,比如宋张侃在《拙轩词话》中说:"前辈论王羲之作《修禊叙》,不合用丝竹管弦。黄太史谓秦少游《踏莎行》末句'杜鹃声里斜阳暮',不合用'斜阳',又用'暮'。此固典检曲尽。孟氏亦有'鸡豚狗彘'之语,既云'豚',又云'彘',未免一物两用。"其认为词中的"斜阳"和"暮"是一个意思,这就是一种重复。但既然有人会这么看,自然也会有人那样看,宋王楙在《野客丛书》卷二十中说:"《诗眼》载前辈有病少游'杜鹃声里斜阳暮'之句,谓'斜阳暮'似觉意重。仆谓不然,此句读之,于理无碍。谢庄诗曰:'夕天际晚气,轻霞淡暮阴'。一联之中,三见晚意,尤为重叠。梁元帝诗:'斜景落高舂'。既言'斜景',复言'高舂',岂不为赘?古人为诗,正不如是之泥。观当时米元章所书此词,乃是'杜鹃声里斜阳曙',非'暮'字也。得非避庙讳而改为'暮'乎?"

对于该词所写的内容,后世也有着不同的解读,清赵翼在《陔余丛考》中说:"又秦少游南迁,有妓生平酷爱秦学士词,至是知其为少游,请于母,愿托以终身。少游赠词,所谓'郴江幸自绕郴山,为谁流下潇湘去'者也。念时事严切,不敢偕往贬所。及少游卒于藤,丧还,将上长沙,妓前一夕得诸梦,即逆于途,祭毕,归而自缢。按二公之南,皆逐客,且暮年矣,而诸女甘为之死,可见二公才名震烁一时;且当时风尚,女子皆知爱才也。"

这真是一个凄婉的故事。秦少游在贬谪途中认识了一位妓女,此妓酷爱秦观词，跟其母亲讲，想嫁给秦观，于是秦就写了这首词赠给此妓。但那时的秦观是被监管之人，他不敢带着妓女前往贬谪之地，后来秦少游返回之时，病逝于藤州，有人把他的灵柩运回无锡，在运回的途中，那位妓女梦到了此事，于是前往祭拜，拜完之后就上吊自杀了。赵翼在此感慨，像苏轼和秦观这样的大才子名震天下，而那时的妓女们又是如此的懂得爱才。

秦观的才气确实很高，而更为难得的是，他还长得很英俊，并且是一位美髯公。《履斋示儿编》卷九录有这样一个故事："少游与子瞻同席，自矜髭须之美，曰：'君子多乎哉！'子瞻戏曰：'小人樊须也。'"由此可知，秦观自认为比东坡漂亮，而东坡也趁机调侃他。《绿窗新话》卷上还记有这样一个故事："秦少游寓京师，有贵官延饮，出宠姬碧桃侑觞，劝酒惓惓，少游领其意，复举觞劝碧桃。贵官云：'碧桃素不善饮。'意不欲少游强之。碧桃曰：'今日为学士拼了一醉。'引巨觞长饮。少游即席赠《虞美人》词曰：'碧桃天上栽和露，不是凡花数。乱山深处水萦回，借问一枝如玉为谁开。轻寒细雨情何限，不道春难管。为君沉醉又何妨，只怕酒醒时候断人肠。'阖座悉恨。贵官云：'今后永不令此姬出来。'满座大笑。"

看来，秦观的才气加美貌，让别人的宠姬都忍不住要与之亲近。那个宠姬的失态令其主人醋意大发，说再也不让这个女人出来见客，而后成为了他人的笑谈。

当然，这都是一种趣事和玩笑，而秦观的词确实写得很好，胡云翼在《中国词史大纲》中夸赞道："此二词凄凉哀怨，实是圣品。"胡云翼所说的二首，一是《踏莎行》，另一首则是《江城子》：

　　西城杨柳弄春柔，动离忧，泪难收。犹记多情、曾为系归舟。碧野朱桥当日事，人不见，水空流。

韶华不为少年留，恨悠悠，几时休？飞絮落花时候、一登楼。便作春江都是泪，流不动，许多愁。

对于秦观在词作方面的贡献，后世有着极高的赞誉，但也有人有着其他的看法，比如李清照在《词论》中称："专主情致，不故实，譬如贫家美女，非不妍丽，终乏富贵态。"且不管这样的评价是否公允，但秦观在词坛上的地位是不容质疑的。

秦观墓位于江苏省无锡市惠山二茅峰南坡。此程的寻访，我在无锡市住了三天，其中一天是专门到锡惠公园这一带寻找几处历史遗迹，在此访完之后，离开锡惠公园景区，前去寻访高攀龙墓和秦观墓。高墓在青山寺附近，于是打车到青山寺下车。寺很清静，一个人影都没看见，凭着感觉从寺右边的斜径上去，遇一岗亭，里面有位老者，向他请教如何找到这两座墓。他告诉我，高墓就在前面不远处，而秦观墓则要走很久，有两条路可供选择，一条稍近，但

△ 青山寺的山门

是上山没有任何标记，路也不是明显的山路，而是野路，万一我迷路了，连个问的人都没有。第二条是就是从高攀龙墓继续向前，找到一条台阶，上大约一千台阶之后，经过两个小亭，再往左走，到二茅坪，上盘山公路，再问问人就到了。

△ 高攀龙墓文保牌

于是先往高攀龙墓。果然前行不久就看到文保牌，在文保牌不远处，果真看到网上说的，有个猪八戒塑像站在高墓旁边，网上还有人猜测为什么这里会有个猪八戒，说猪八戒是高老庄的女婿，跟高攀龙是亲戚，所以在此为他守墓。总之，正寻找着，突然一个猪八戒出现在眼前，还是令人忍不住喷饭。

拍完高攀龙墓，下一个目标就是秦观墓了。按照那位老者给我所指之路，离开高攀龙墓后，沿着山坡一路上行，在前行的路上，我看到了几位登山者坐在台阶上休息，我向他们请教，这段台阶总计有多少级？他们说："你想爬多少级就有多少级。"这样的回答不得要领，但我觉得倒是有些禅意。也许不知道反而是一种动力，于是继续上行。一路走下来，发现他们告诉我的那句话并非只是展现什么玄机，事实上这座山上所修的台阶确是如此：因为整个惠山被打造成了户外运动的天堂。

可能是有关部门的善举，眼前的这座山修出了笔直的一条台阶，但其实另一边也有汽车道，却不允许车辆进入，要想登山，唯一的办法就是沿台阶上行。刚才在山下时，我跟出租车司机商议，请他把我送到山顶，他却问我有没有相关部门的批条，言外之意，如果

秦观：山抹微云，天连衰草　209

没有特殊的关系，车辆根本不可能开进去。既然如此，那也只能亦步亦趋地沿着这条陡峭的台阶向上攀登。我边走边想起了几十年前的那首老歌："蜗牛背着那重重的壳呀，一步一步的往上爬。"

　　这个过程颇为艰难，可能是为了让攀爬的群众计里程，每隔一段，台阶的下方都写着数字，因为不知道爬到哪个数才能到顶，这既给我勇气，也会让我产生无奈。但总会觉得已经上到了这么高，无功而返，心有不甘，于是，每到一个时段，歇上两分钟，然后咬着牙站起来继续上行。

　　大概登到了一千多级时，总算看到了山下那位老者告诉我的二茅坪指示牌。看到这个标志等于说我的此行取得了阶段性胜利，在此稍做休息后，由此左转，穿入了一条小径，这条小径上遇不到游客，好在中间没有岔道，省去了问路的烦恼，否则的话，爬到这么高的位置，又这么偏僻，万一迷路的话，这将是情何以堪。

△ 看到了秦观墓的石牌坊

　　在这条小径上前行了十几分钟，穿过了一片小树林，小径的尽头是盘山公路，这条路修得特别平坦，如此好路却不让车开上来，真是一种资源浪费，但换一个角度，倒也觉得能够理解：如果费了这么大力气登上来，一路上都是汽车的尾气，岂不有

△ 石头上刻着"山抹微云"

△ 秦观墓碑

悖锻炼身体的初衷？

　　站在大路边，向登山的人打听秦墓，有人告诉我向左边走，前行不远就能够看到。谢过行人继续前行，果然不久就看见了牌坊，上面写着"秦观墓"，牌坊旁边的草地上摆放着一块观赏石，上面刻着秦观的名句"山抹微云"，从此处沿着小径下去，果然看见了秦观墓。终于找到了目标，让我那提着一口气的心瞬间放了下来，双腿也没了气力，我坐在旁边休息了好一会儿，同时在想：秦观墓为什么要修在这山顶之上？古人也没有汽车，是否有我刚才爬过的台阶，我也不知道，但无论如何，即使他的后人前来祭拜，恐怕也是十分耗体力的一件事，毕竟我从山底登到这里至少用了一个半小时，而我还是轻装上阵，只背着相机和两瓶水，料想秦观的后人也不会都是年轻力壮者，难道那些妇孺老人从不来此祭拜吗？

　　大概是我实在太累了，感觉这座秦观墓并没有什么特别，与他的词作相比起来，他的墓实在没什么个性。墓园的前面立有碑亭，

秦观：山抹微云，天连衰草　211

△ 秦观墓

碑上所刻为"建炎四年诰"，显系也是后来补刻者。碑亭与墓园中间立有新刻的几块石碑，上面有的是秦观的词句，有的是修缮记。墓台上未见墓冢，仅一块石碑上面写着"秦龙图墓"，填着大红的油漆，视觉效果倒也不错。

　　拍完秦观墓，又重新回到刚才的那个牌坊处，在这里开始发愁如何下山。刚才攀爬的时候就已经感到那个笔直的台阶太过陡峭，如果稍不留意，一路滚下去将不堪设想，我觉得不能原道返回，感觉还是走行车道较为稳妥，但想一想这行车道的路途恐怕比台阶要远很多，不知道用多久才能走到山下。为了安全

△ 墓前的文保牌

△ 秦观墓修缮记

△ 诗碑

起见，还是沿着车道慢慢下行，刚刚走出不远，从上面下来了一辆景区的巡道车，看到这辆车，我简直有看到了救星的感觉，于是立即站在路的当中，不管不顾的将其拦了下来，司机对我的举措并没有恼怒，看来我不是第一个这么做者。他问我有什么问题，我告诉他自己实在走不到山底，希望搭顺风车，这位司机还真是好心，他一挥手，示意我坐在旁边。果真还是现代交道工具最为便利，这让我感到路途没有我想像得那么远，我的最后一句话，立即引起了司机的不满："我拉了你好几公里，你竟然说没多远，要不你再走回去？"

李纲：五陵萧瑟，中原杳杳，但有满襟清泪

李纲跟李光、赵鼎、胡铨并称"南宋四名臣"，他在国家危急存亡关头，曾经起到力挽狂澜的作用。宋宣和七年，李纲被委任太常少卿，当年的冬天，金人兵分两路攻打宋国，完颜宗望所率领的东路军直接打到了首都开封，朝中一片混乱。李纲向宋徽宗建议，让他传位给太子赵桓，以此来唤起民众抗金的信心。

赵桓就是宋钦宗。钦宗继位之后，提拔李纲为尚书右丞，命他负责开封的防御。最初宋钦宗特别倚重李纲，《续名臣言行录》中称："渊圣初即位，召纲对延和殿，迎谓曰：'卿论水章疏，朕在东宫见之，至今犹能诵忆。尝为赋诗，有秋来一凤向南飞之句。'公叙谢。"钦宗说，他在做太子的时候，就读过李纲的奏文，因其写得好，让钦宗都能背诵下来，可见其对李纲是何等的亲切。而李纲也不负钦宗厚望，临危受命，昼夜部署，并亲自登城督战，使得金人破城的愿望未能实现。完颜宗望看硬攻不行，于是使用诱降之计。李纲坚决反对向金人割地求和，结果他的直言令宋钦宗很生气，于是罢免了他的职务。

城中百姓听到了李纲被罢的消息后，引起了喧哗，这么为国尽力之人都被撤职，百姓当然十分不满。《三朝北盟会编》中称："太学生陈东，率诸生上书伏阙，乞复李纲、种师道职。既至，军民会者数十万人，诣登闻鼓院，推鼓滚之于前，数万人挟东等挝鼓击破之。

上吁遣宣李纲、种师道旧职。百姓见纲呼曰：'右丞且与百姓为主！'纲曰：'纲已在此，即登城矣，百姓不足忧。'促归照管老小，移时方定。"当时的太学生有位叫陈东的人，他率领同学们到皇宫台阶下去请愿，要求恢复李纲等人的职务，而后社会上的人越积越多，竟然达到了几十万之众，事情越搞越大，钦宗可能担心引起暴乱，于是立即恢复了李纲和种师道的职务。

李纲的再次上台，使得完颜宗望的计策破产，于是他要求宋廷答应割让河北三镇给金国，在靖康元年二月撤兵。在李纲的努力下，总算保住了首都开封，然而朝中的那些讲和派却借机打击李纲，金人撤兵后，刚三个月，皇帝就将李纲外放，赶出了朝廷。虽然任命他为河北宣抚使，却没有给他指挥军队的权力，到了靖康元年九月，李纲看势不可为，于是提出了辞职，但那些人并不放过他，给他加上"专主战议，丧师费财"的罪名后，将其一直贬到了夔州。

金人得知李纲被罢免后，再次兵分两路围攻开封。到这危急关头，钦宗又想起了李纲，立即任命李纲为资政殿大学士、领开封府事。然而为时已晚，因为李纲在长沙得到这个任命的时候，宋钦宗已经成了金人的俘虏，北宋就此灭亡。

北宋灭亡后，康王赵构在南京应天府重新组建了朝廷，此地就是今日的河南商丘。宋建炎元年五月，宋高宗赵构任命李纲为右丞相，由李纲来全面组织朝廷的运作。李纲上任后，开始整顿军队，他坚持不讲和，一定要跟金人作战。他的这个态度令宋高宗不满意，其中最重要的原因，是李纲没能真正搞清楚，宋高宗对金人的实际态度。而后在他人的撺掇下，仅任丞相一职75天的李纲又被罢免，之后又被贬到海南岛。在流放途中，李纲遇到了大赦，而后隐居在福建，并在那里去世。

对于李纲的这个遭遇，后世多有愤慨。《宋史》中有这样一段评议：

"以李纲之贤,使得毕力殚虑于靖康、建炎间,莫或挠之,二帝何至于北行,而宋岂至为南渡之偏安哉?夫用君子则安,用小人则危,不易之理也。人情莫不喜安而恶危。然纲居相位仅七十日,其谋数不见用,独于黄潜善、汪伯彦、秦桧之言,信而任之,恒若不及,何高宗之见,与人殊哉?纲虽屡斥,忠诚不少贬,不以用舍为语默,若赤子之慕其母,怒呵犹嗷嗷焉挽其裳裾而从之。呜呼,中兴功业之不振,君子固归之天,若纲之心,其可谓非诸葛孔明之用心欤。"

看来,如果不撤换李纲,那徽、钦二帝也就不会成为俘虏,宋朝也就不会分为南北。可惜的是,李纲仅在位七十多天就被撤了职。这个结果让《宋史》的撰写者在猜测,宋高宗的见解为什么跟他人如此的不相同?其实,这样的感慨还是没有站到高宗的处境来想问题,如果李纲等主战派真的打败了金人,把二帝抢了回来,那高宗如何再当他的皇帝呢?

李纲虽为高官重臣,但也喜欢填词作赋,他的词作被后人编为《梁溪词》,关于此集的来由,刘克逊在《李忠定公大全集》跋语中说过一段这样的话:"樵川官书,兵后仅存《李忠定公大全集》,然犹散阙五百余板。今左司赵卿以夫为守日,汲汲然刊补,讫成全书。四方人士,皆欲得之。余旧于三山识公之曾孙发见,游从相好。近因行役,经从间见,因及其家集,尚有长短句数十首。余欣跃愿见之,恨闻之晚。乃复驰讯与其令子新分宁尉洽,取以见授。逾月,并得尉君书,且云今江淮制书陈公使吾闽日,盖尝欲刊而未遂也。"由此可知,刘克逊在编纂《李纲全集》时,偶然从朋友处听说李纲的曾孙那里还有几十首李纲生前所作的词,于是通过关系拿到了原稿,而后编成了《梁溪词》。对于李纲的词作,刘克逊在跋语中予以了这样的夸赞:"谛观熟味,其豪宕沉雄,风流蕴藉,所谓进则秉钧仗钺,旋转乾坤,不足为之泰;退则短褐幅巾,徜徉邱壑,不足为

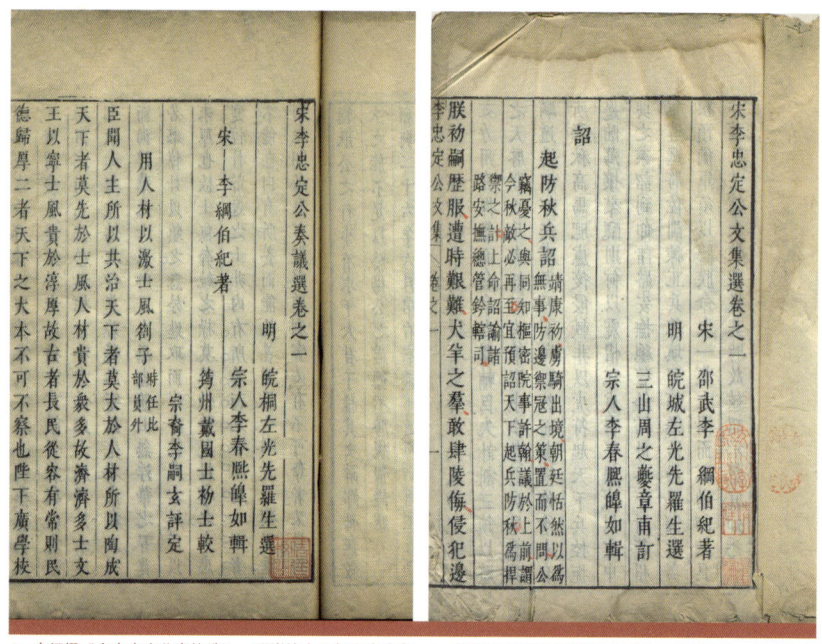

△ 李纲撰《宋李忠定公奏议选》，明崇祯十二年左先生息轩刻本，卷首

△ 李纲撰《宋李忠定公文集选》，明崇祯十二年左先生息轩刻本，卷首

之高者，是又世人所未之见。"

因为李纲的这些特殊经历，使得他的词作很多都是感慨时局变幻，比如他所作的《苏武令》：

塞上风高，渔阳秋早。惆怅翠华音杳。驿使空驰，征鸿归尽，不寄双龙消耗。念白衣、金殿除恩，归黄阁、未成图报。

谁信我、致主丹衷，伤时多故，未作救民方召。调鼎为霖，登坛作将，燕然即须平扫。拥精兵十万，横行沙漠，奉迎天表。

这首词的内容是感慨于徽、钦二帝被金人俘虏，从此之后再未让他得到任何的消息，同时他感慨于那些讲和派们阻挠他的抗金大计。在此前，李纲还写过一首《喜迁莺·真宗幸澶渊》：

边城寒早。恣骄虏，远牧甘泉丰草。铁马嘶风，毡裘凌雪，坐使一方云扰。庙堂折冲无策，欲幸坤维江表。吒群议，赖寇公力挽，亲行天讨。

缥缈，銮辂动，霓旌龙旆，遥指澶渊道。日照金戈，云随黄伞，径渡大河清晓。六军万姓呼舞，箭发狄酋难保。虏情慑，誓书来，从此年年修好。

此词讲述的是宋朝征辽之事，他感觉到这样的场面大扬国威。虽然当年所定的"澶渊之盟"，并不是像李纲想像的那样美好，因为这个盟约是由北宋向辽每年进贡白银十万两，绢二十万匹，但至少能够感觉到在李纲心中，只有努力的抗击外寇，才是保家安国的唯一办法。但是他的愿望却受到了现实中的各种阻挠，这样壮志未酬的心境，他也融入了自己的词作中。例如他所写的《永遇乐·秋夜有感》：

秋色方浓，好天凉夜，风雨初霁。缺月如钩，微云半掩，的烁星河碎。爽来轩户，凉生枕簟，夜永悄然无寐。起徘徊，凭栏凝伫，片时万情千意。

江湖倦客，年来衰病，坐叹岁华空逝。往事成尘，新愁似锁，谁是知心底。五陵萧瑟，中原杳杳，但有满襟清泪。烛兰缸，呼童取酒，且图径醉。

看来李纲也在感慨，随着年月增长，他的身体在衰老，而他抗击外寇的抱负，也得不到伸展，对国家的担忧无人能晓，这让他每想到半壁江山被他人所占领，都会泪流满面，唯有通过喝酒来麻痹自己愤慨的心境。

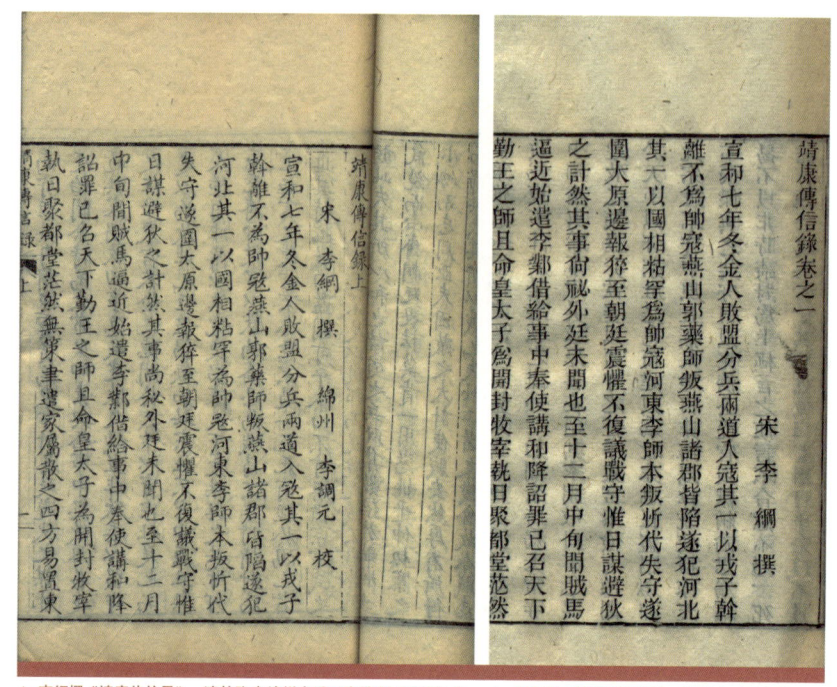

△ 李纲撰《靖康传信录》，清乾隆中绵州李氏万卷楼刻《函海》本，卷首

△ 李纲撰《靖康传信录》，清道光咸丰间海山仙馆刻《海山仙馆丛书》本，卷首

李纲在作词时也喜欢借古喻今，例如《念奴娇·宪宗平淮西》：

晚唐姑息，有多少方镇，飞扬跋扈。淮蔡雄藩联四郡，千里公然旅拒。同恶相资，潜伤宰辅，谁敢分明语？婥婀群议，共云旄节应付。

於穆天子英明，疑不贰处，登庸裴度。往督全师威令使，擒贼功名归愬。半夜衔枚，满城深雪，忽已亡悬瓠。明堂坐治，中兴高映千古。

这首词写的是唐宪宗李纯平定淮西方镇之乱的历史。安史之乱后，唐王朝姑息养奸，使得各地方镇独立为王，完全不听朝廷的指挥，

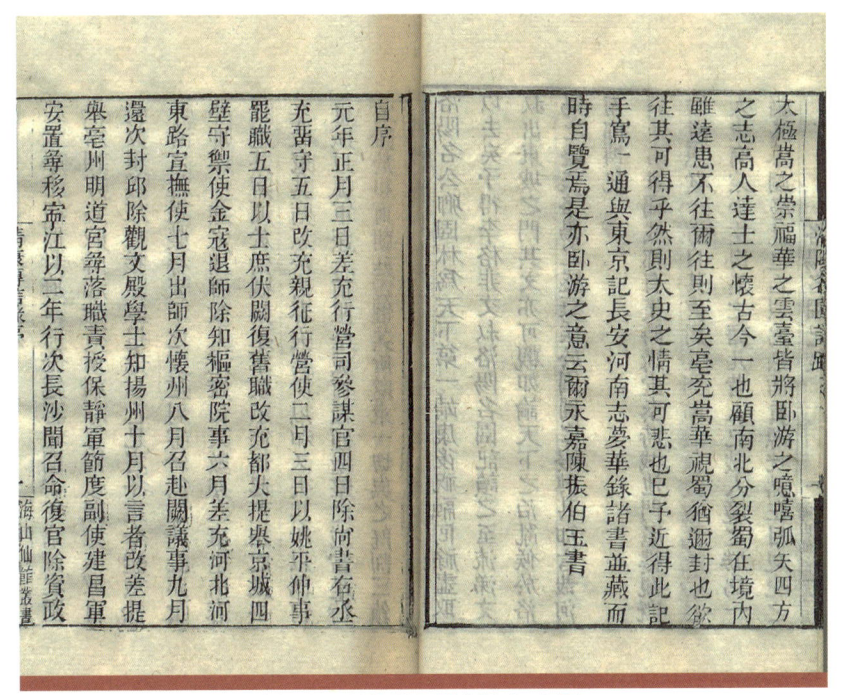

△ 李纲撰《靖康传信录》，清道光咸丰间海山仙馆刻《海山仙馆丛书》本，李纲序一

而唐宪宗能够信任裴度，命其带兵平定了淮西之乱。从这首词可窥李纲的心态，他特别希望皇帝能够信任他，让他一展身手消灭金人。这类的咏古喻今之作，他还写过一首《喜迁莺·晋师胜淝上》：

> 长江千里，限南北、雪浪云涛无际。天险难踰，人谋克敌，索虏岂能吞噬。阿坚百万南牧，倏忽长驱吾地。破强敌，在谢公处画，从容颐指。
>
> 奇伟，淝水上，八千戈甲，结阵当蛇豕。鞭弭周旋，旌旗麾动，坐却北军风靡。夜闻数声鸣鹤，尽道王师将至。延晋祚，庇烝民，周雅何曾专美。

△ 李纲撰《靖康传信录》，清道光咸丰间海山仙馆刻《海山仙馆丛书》本，李纲序二

这一首可谓李纲的代表词作，多处选本都有选用。这首词写的是历史上著名的淝水之战，当年秦王苻坚率兵百万大举南侵，东晋谢安组织了八千精兵，竟然打败了苻坚的百万大军。李纲把这个历史故事写成了词，更多的心态应当是劝解皇帝不要怕金人数量庞大的军队，如果能够培养出自己的精兵，哪怕在数量上比金兵少很多，也照样可以战胜他们。

对于李纲的词作，陶尔夫、刘敬圻所著的《南宋词史》给予了这样的评价："李纲词能抒真情，写实感，有一定艺术感染力。但其咏史之作议论过多，理胜于辞。抒情之作，则能情景兼到，风格也较多样。李纲词的优长与不足，均是南宋词坛转型过程不可避免的必然现象。南宋开国伊始，政事复杂多变，与时事政治密切结合

的豪放词,不可能像后期某些专业词人那样字字推敲,句句讲求,或经旬月改动才能定稿。为时事政治而呼号的作品必求一个'快'字,故荒率之病,很难避免。更何况爱国豪放词在当时均是首创,不可能像婉约词那样有丰富创作经验与成功的样板可资借鉴仿效。"

其实李纲在政事之余,也喜欢写一些非政治性的词作,最有名的一首就是他所作的《水龙吟·次韵和质夫、子瞻杨花词》:

晚春天气融和,乍惊密雪烟空坠。因风飘荡,千门万户,牵情惹思。青眼初开,翠眉才展,小园长闭。又谁知化作,琼花玉屑,共榆荚、漫天起。

深院美人慵困,乱云鬟、尽从妆缀。小廊回处,氍毹重叠,轻拈却碎。飞入楼台,舞穿帘幕,总归流水。怅青春又过,年年此恨,满东风泪。

李纲的这首词表现的完全是他的休闲心境,如该词的副题,他本是次韵张榘和苏东坡的同词牌,张榘的原词如下:

燕忙莺懒芳残,正堤上柳花飘坠。轻飞乱舞,点画青林,全无才思。闲趁游丝,静临深院,日长门闭。傍珠帘散漫,垂垂欲下,依前被、风扶起。

兰帐玉人睡觉,怪春衣、雪沾琼缀,绣床渐满,香球无数,才圆却碎。时见蜂儿,仰粘轻粉,鱼吞池水。望章台路杳,金鞍游荡,有盈盈泪。

关于张榘的这首词,有人说其实也写得不错,但因为有了苏东坡的次韵,而东坡的次韵写得太好了,反而掩盖了张榘此词的光芒。

我把东坡的这首次韵也引用如下:

> 似花还似非花,也无人惜从教坠。抛家傍路,思量却是,无情有思。萦损柔肠,困酣娇眼,欲开还闭。梦随风万里,寻郎去处,又还被莺呼起。
>
> 不恨此花飞尽,恨西园、落红难缀。晓来雨过,遗踪何在?一池萍碎。春色三分,二分尘土,一分流水。细看来,不是杨花,点点是离人泪。

以上的这两首词,都十分的有名气,而李纲却能与之同台打擂,这也足见他对自己的作词水平有着何等的信心,而他的这首词也确实受到了专家的夸赞,比如况周颐在《历代词人考略》卷二十一中称:"李忠定身丁南北之间,忤触权奸,屡起屡蹶,居相位仅七十日,不克展其素志。今观其所为词,大都委心安遇,陶情适性之作,略无抑塞磊落、牢骚不平之气,足征学养醇至,襟袍坦夷。乃至《江城子》云:'回首中原何处是,天似幕,碧周遭。'《六幺令》云:'纵使岁寒途远,此志应难夺。'《喜迁莺》云:'暮云敛,放一轮明月,窥人怀抱。'则贞悃孤光,有流露于不自觉者矣。其《水龙吟·次韵和质夫、子瞻杨花词》,亦复与二公力悉敌。"

李纲墓位于福建省福州市闽侯县荆溪镇光明村湖里自然村村外东北角大嘉山南麓。大嘉山位于福州市西北方向,我在福州市包了一辆出租车,在车上我给司机看了寻访名单,他说这些地点都很熟悉,于是我们的第一个寻访点就是前去寻找李纲墓。

车开出三十余公里后,司机又说他不能确认寻访点究竟在哪个具体位置。我本想跟其计较,司机马上劝我不要着急,而后给女儿拨通了电话,由其女儿在网上搜索出路径,然后用电话来指挥我们

△ 李纲墓前的石牌坊

如何开行。司机很得意于他女儿的这个办法，可没想到的是，前行不远，就走入了一条正在翻修的马路，而今这条路已经挖出了成片的大坑，前行了没多远，所乘之车就蹭到了底盘，这让原本信誓旦旦的司机也泄了气，无奈只好原路退回到大道上。

到此时，司机也承认靠信息导航只能表明路途，并不能知道具体的路况，这种情形让他不再依靠女儿的电话指挥，他来到大路边，向过路的行人打问我所要去的地点。刚开始不顺利，问到第三个人时，他才重新上车，而后又信心满满地跟我讲，这次肯定没问题了。果真，沿途连转了几个弯路，他都没再打问，而我一

△ 文保牌及石碑

直注意着沿途的指示牌,在整个路途中我完全没有看到跟李纲墓有关的标识,更为奇怪的是,在路途上也没有看到村镇的路名牌,这种寻找方式最为困难,好在司机真的记住了路,顺利开到了李纲墓园的入口处。

墓园入口的石牌坊仅一开间,但能看出是几百年前的故物,门楣上写着"古社稷臣",园区占地面积约十几亩地大小,沿山坡建为三层台地,第二进台地上石阶两侧各立着几块古碑。我注意到这些古碑的旁边,有一位穿迷彩服的年轻人正在细看着碑文,这是我在李纲墓遇到的唯一一位游客。他看我走进园区,马上跑过来:"我向你请教个问题,李忠定与李纲是一个人吗?怎么里面立了两种名称的碑。"我圆满地回答了他的提问,年轻人很是高兴,他说这里的碑自己都细看过,始终没弄明白这个问题。

在第三级台地上前面有三亩地大的广场,广场的后侧方沿着山脊建有李纲墓丘,墓丘用青砖砌为圆柱尖顶形,有点像粮囤,墓的

△ 墓的形式有点儿像粮囤

正前方是墓碑，正中的大字刻着"宋丞相李忠定公之墓"，估计那位年轻人迷惑之处就是因为看到了此碑，此墓碑的上款是"嘉庆十五年"，落款则为"福建巡抚张师诚重修"。墓的左右两侧各有一棵大树，树下面有一块石碑写着"李公祠界"，看来在以前此处还有李纲的祠堂，今日已完全看不到了痕迹。按资料记载墓道两旁还分立翁仲、石兽及华表等，然墓前也同样没有任何的痕迹。

我每想到李纲的这个名字，总会本能地想起"我爸是李刚"这句名言，不知道李丞相的儿子当年是否也这么嚣张。虽然李纲是抗金名臣，但他同样也是个正常的人，比如丁传靖所辑的《宋人轶事汇编》卷十四中引《樵书》上的一段话："李纲私藏，过于国帑，侍妾歌童，衣服饮食，极于美丽。每宴客设馔必至百品，遇出则厨传数十担。其居福州也，张浚被召，赆行一百二十盒，盒以朱漆银镂，装饰样致如一，皆其宅库所有也。"这段话读来让人感到怪异，那样爱国的一位李纲，为什么在生活上如此的奢靡？我不知道《樵书》

△ 李纲墓

△ 邵武市李纲祠的大门　　　　　　　　△ 碑座上写着"民族英雄李纲"

上所说的这位李纲是否跟那位民族英雄李纲乃同一人,因为从感情上,这样的记载难以让人接受。

　　从李纲墓出来,前往寻找林则徐墓,然林墓所在的位置仍然不能确定,只知道在山上。山顶之上竟然有汽车驾校,进入校内有一位老师,他说林则徐墓现在已围在了省军区大院之内,沿山路下山转到军区院门口,得到的结果跟预想的完全相同:禁止入内。

　　在李纲的墓园没能看到他的祠堂,这也算寻访的一个小遗憾,也许我的遗憾感动了上苍,而后我在他地寻访时,无意间遇到了李纲祠的遗址。这个遗址位于福建省邵武市熙春公园附近。本程的寻访是去找严羽的沧浪亭,我是从南平乘大巴前往邵武,约三个小时后到达了邵武市汽车总站,下车后向附近的当地人打听熙春公园所在,在打问的过程中,无意地看到路边有一个祠堂状的大门,门楣上写着"李忠定公祠",这就是李纲的祠堂。于是我马上走近细看,原来这里仅余了该祠堂的入口部分,后面已经成了其他的院落。虽然祠堂已经被拆毁,但把入口部分保留下来,这也算是一种对古建筑的尊重,至少让我这样有好古之癖的人有迹可寻。

进入熙春公园内继续寻找着严羽的沧浪亭,然进入公园后不久,在大片草坪上看到有一座雕像,远远望去看形态应该是位古人,走到近前方看清楚底座上刻着"民族英雄李纲"的字样,原来这位老先生静静地站在了这里。

李清照：凄凄惨惨戚戚

李清照是中国词史上最有名的女词人，她对词史的贡献，除了那些美妙的词作，更为重要的，是她提出了词这种文体"别为一家"的理论。在此之前，词在人们的概念中，不过是诗人茶余饭后的小道，虽然在她的那个时代，已经产生了专业词人，但并没有人把词跟诗作严格意义上的区分，而李清照却明确提出，词跟诗一样，是一种并驾齐驱的文体，她的这个理论大大提高了词在文学史上的地位。为此，袁行霈主编的《中国文学史》有着如下的评价："如果说苏轼是从诗词同源的渊源论角度提高词体的地位，那么，李清照则是从词的本体论出发进一步确立了词体的独立的文学地位。"

就性别而言，李清照作为一名女性，自然受到了后世的特别留意，而她的出现，也有一种标志式的意义，因为她的出现改变了男性一统文坛的局面。即此可知，李清照的出现，对中国词史有着何等重要的价值。她为什么有如此高的成就，除了天生聪颖之外，当然也跟她的家庭出身有着很大的关联度。

岳飞的墓前跪着两个铁像，世人皆知，那是秦桧及其夫人王氏，王氏的姑姑是李清照的母亲，因此说，李清照跟那位千年来受人唾弃的秦桧也有着表姐弟的关系。当然在后世来说，这层关系并不光彩，可在当年情况却很不同，因为秦桧当过两任宰相，是显赫一时的人物，更何况王氏的父亲王珪也是元丰时期的宰相，因此秦、王两族的联

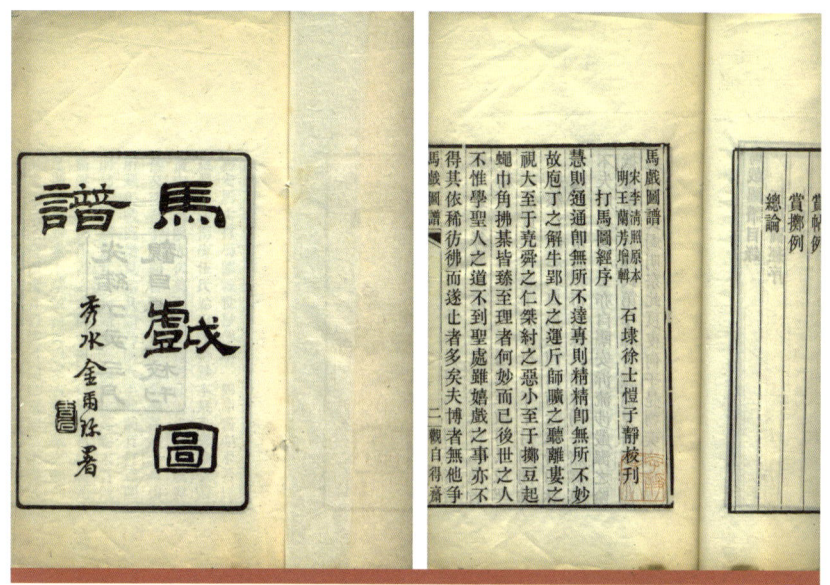

△ 李清照撰《马戏图谱》一卷，清光绪徐氏刻观自得斋丛书本，书牌

△ 李清照撰《马戏图谱》一卷，清光绪徐氏刻观自得斋丛书本，卷首

姻在那个时代当然是珠联璧合，而李清照能够跟这样的豪门大户有着亲戚关系，当然她自身的门户也不低，她的父亲李格非在《宋史》中有本传，该传中称："李格非，字文叔，济南人。其幼时，俊警异甚。有司方以诗赋取士，格非独用意经学，著《礼记说》至数十万言。遂登进士第。调冀州司户参军，试学官，为郓州教授。郡守以其贫，欲使兼他官，谢不可。入补太学录，再转博士，以文章受知于苏轼。"

看来李格非年轻时就研究经学，而后成为了进士，在多处为官，并且李格非喜欢写文章，为此还受到了苏轼的夸赞。显然李格非在这方面的才能遗传给了女儿李清照。本传中还写道："格非苦心工于词章，陵轹直前，无难易可否，笔力不少滞。尝言：'文不可以苟作，诚不著焉，则不能工。且晋人能文者多矣，至刘伯论《酒德颂》、陶渊明《归去来辞》，字字如肺肝出，遂高步晋人之上，其诚著也。'妻王氏，拱辰孙女，亦善文。女清照，诗文尤有称于时，嫁赵挺之之子明诚，自号易安居士。"

李清照的父母都喜欢作文章，这种优良基因遗传给了女儿。李清照从小就喜欢填词，按照陈祖美在《李清照评传》中的说法，那首著名的《如梦令》是李清照16岁时所写：

  昨夜雨疏风骤，浓睡不消残酒。试问卷帘人，却道海棠依旧。知否？知否？应是绿肥红瘦。

这首词迅速在文士间传播开来，很多人都赞叹该词写得十分漂亮。宋陈郁在《藏一话腴》内篇卷下中说"李易安工造语，《如梦令》'绿肥红瘦'之句天下称之。"到了明代，蒋一葵在《尧山堂外记》中说："李易安又有《如梦令》，云……当时文士莫不击节称赏，未有能道之者。"但也有人认为，这首《如梦令》是李清照嫁给赵明诚之后所作。持这种观点者有吴小如先生，他在《诗词札丛》中说："不过这首词我从前没有读懂，总觉得前两句有矛盾。既然酒醉酣眠，怎么会听得那么仔细，知道两点稀疏而风势狂骤？如果风雨之声历历在耳，则显然入睡未沉，神智清醒，又岂能说'浓睡不消残酒'？直到两年前，承老友卞僧慧先生见示，说他的一位同事（他们都是天津社会科学院的研究员）认为此词的'卷帘人'非为侍婢而实是作者自己的丈夫（现在几乎所有的注本都把'卷帘人'释为侍婢）。这给我以极大启发。我这才恍然大悟。"

吴小如说，他是从别人那里听来的，有人认为此词中的"卷帘人"不是平常所说的侍婢，其实是她的丈夫赵明诚。对于这种说法，吴小如作了仔细的比对，而后他认为这种说法没有问题。既然有了这样的认定，那么该词是李清照作于16岁的说法，显然就不能成立，因为她在18岁时才嫁给赵明诚。但是按照传统的说法，该词是作于李清照结婚前，因为就是这首词的广泛传播，才使得赵明诚知道有李清照这么个奇女子。

那时的赵明诚是一位太学生，他的父亲当时任吏部侍郎，李清照的父亲李格非时任礼部员外郎，这种联姻也算是门当户对。但按照历史传说，远比按部就班的门当户对要有意思得多。《琅嬛记》卷中引《外传》上载这样一段话：

> 赵明诚幼时，其父将为择妇，明诚昼寝，梦诵一书，觉来惟忆三句云："言与司合，安上已脱，芝芙草拔。"以告其父。其父为解曰："汝待得能文词妇也。'言与司合'，是'词'字，'安上已脱'，是'女'字，'芝芙草拔'，是'之夫'二字，非谓汝为'词女之夫'乎？"后李翁以女女之，即易安也，果有文章。

某天赵明诚做了个白日梦，他梦见自己在读一本书，醒来后仅能回忆起其中的三句，他把这件事告诉了父亲，父亲告诉他，这个梦预示着，他将能娶到一位会写词的女子，因为"言"加"司"合在一起就是个"词"字，而"安"字去掉宝盖就是"女"字，"芝芙"二字去掉草字头，就剩"之"和"夫"，故而这几个字合在一起就是：词女之夫。可能是因为这种暗示吧，于是赵明诚的父亲就把李清照变成了儿媳妇。

按说这样的联姻是何等的完美，可惜的是，李清照出嫁的第二年，也就是崇宁元年七月，李格非被列入了元祐党籍的第五名，而后被降职出京，于是李家处在了动荡之中。这样的处境当然会影响到李清照的心态，据说她所作的一首《行香子·七夕》就写于这个阶段：

> 草际鸣蛩。惊落梧桐。正人间、天上愁浓。云阶月地，关锁

千重。纵浮槎来，浮槎去，不相逢。

星桥鹊驾，经年才见，想离情、别恨难穷。牵牛织女，莫是离中。甚霎儿晴，霎儿雨，霎儿风。

这首词的后三句最受人们喜爱。况周颐在《漱玉词笺》中说："《问蘧庐随笔》云，辛稼轩《三山作》'放霎时阴，霎时雨，霎时晴。'脱胎易安语也。"看来连大词人辛弃疾都会模仿这三句，即此可知，该词写得何等之好。

陈祖美编著的《李清照词新释辑评》一书认为她所作的《如梦令·尝记溪亭日暮》"此词亦当是她的处女之作。"该词的原文为：

常记溪亭日暮，沉醉不知归路。兴尽晚回舟，误入藕花深处。争渡，争渡，惊起一滩鸥鹭。

对于这首词是不是李清照的处女作，未见有相关的定论，然而该词是否是李清照的作品，却有着争议。王学初在《李清照集校注》卷一中说："此首别见杨金本《草堂诗余》前集卷上，误作苏轼词；《词林万选》卷四，误作无名氏词，注'或作李易安。'"除此之外，《唐词记》和《历代诗余》等书则认为该词的作者是吕洞宾。这些的说法反差太大，让人不知所从。而真正被视为李清照早期词作而无异议的，当数《点绛唇》：

蹴罢秋千，起来慵整纤纤手。露浓花瘦，薄汗轻衣透。
见客入来，袜划金钗溜。和羞走，倚门回首，却把青梅嗅。

这种断定是从词中所表现出的口吻来作出的，一位少女在院子中玩着荡秋千，其兴奋的程度竟然湿透了衣衫，而此时家里来了客人，

△ 李清照撰《漱玉词》清光绪十四年临桂王氏家塾刻本，书牌

她立即藏了起来，竟然还跑掉了鞋，然后她又躲在门的后面偷着看，这显然是深闺之女的生活情景描写。

因为党争问题，李清照回到了家乡，而她的丈夫赵明诚还要留在京城接着读书，这样的被迫分离使回到家乡的李清照有着太多的思念，而她作的《一剪梅》正是表现了那个时段的心境：

> 红藕香残玉簟秋，轻解罗裳，独上兰舟。云中谁寄锦书来，雁字回时，月满西楼。
>
> 花自飘零水自流，一种相思，两处闲愁。此情无计可消除，才下眉头，却上心头。

但是，按照元伊世珍《琅嬛记》卷中引《外传》中的说法："易安结缡未久，明诚即负笈远游。易安殊不忍别，觅锦帕书《一剪梅》

词以送之。"这段话是说,两人结婚后不久,赵明诚要到他处去读书,李清照不忍分别,于是就在一块手绢上写了这首词,送给赵明诚。对于这个说法,陈祖美表示不认同,他认为赵明诚所读书的太学就在汴京,而他们结婚所住之处,也是在这里,如此说来,怎么会是远游。如果这确实是远游的话,那只能说,他们两人当时并不在京城,这倒是一种合理的推论。

对于这首词,后世还有着争论,这个争论倒并不关涉当时的李清照在不在汴京的问题。清沈雄在《古今词话·词辨》卷上中说:"周永年曰:《一剪梅》唯易安作为善。刘后村换头亦用平字,于调末叶。若'云中谁寄锦书来',与'此情无计可消除','来'字、'除'字,不必用韵,以俱出韵。但'雁字回时月满楼','楼'字上失一'西'字。刘青田'雁短人遥可奈何','楼'上似不必增'西'字。今南曲只以前段作引子,词家复就单调,另名'剪半'。将法曲之被管弦者,渐不可究诘矣。"

沈雄在这里首先引用了周永年的赞语,周说《一剪梅》这个词牌,

△ 李清照撰《漱玉词》,清光绪十四年临桂王氏家塾刻本,卷首

写得最好者就是李清照的这首,而后沈雄以刘克庄所讲到的"换头"法,来探讨"雁字回时,月满西楼",究竟有没有那个"西"字。但清张宗楠认为应当没有这个"西"字,张在《词林纪事》卷十九中说:"此《一剪梅》,变体也。前段第五句原本无'西'字,后人所增。旧谱谓脱云一字者,非。"他认为李清照的这首《一剪梅》应当是一种变体,所以不应当有"西"字。带有"西"字的版本应当是后人随手添加的。但不管

怎么说，该词所写出的意境还是受到了广泛夸赞。比如梁绍壬在《两般秋雨庵随笔》卷三中就给出了很高的评价："易安《一剪梅》词起句'红藕香残玉簟秋'七字，便有吞梅嚼雪，不识人间烟火气象，其实寻常不经意语也。"

李清照所作的名篇中还有一首《醉花阴》：

> 薄雾浓云愁永昼，瑞脑销金兽。佳节又重阳，玉枕纱橱，半夜凉初透。
>
> 东篱把酒黄昏后，有暗香盈袖。莫道不销魂，帘卷西风，人似黄花瘦。

关于这首词，同样有着一则有趣的掌故，而该掌故也同样出自《琅嬛记》卷中引《外传》："易安以《重阳·醉花阴》词函致明诚。明诚叹赏，自愧弗逮，务欲胜之。一切谢客，忘食忘寝者三日夜，得五十阕，杂易安作，以示友人陆德夫。德夫玩之再三，曰：'只三句绝佳。'明诚诘之。曰：'莫道不销魂，帘卷西风，人比黄花瘦。'正易安作也。"

《琅嬛记》上说李清照写出此词后，以书信的形式寄给了赵明诚，赵读后大为赞赏，感觉老婆比自己写得好，这让他大感不服气，决定要在词作上战胜其妻，于是他就闭门谢客，废寝忘食地写了三天三夜，竟然写出了五十首词。接下来他又把李清照所写的这首《醉花阴》抄了一遍，混杂在自己的词作中，然后拿着这些作品给好友陆德夫看，陆将这些语作细细翻看，然后告诉赵明诚说，这些词中仅有三句写得特好，明诚马上问是哪三句，没想到陆德夫念出的那三句，正是出自李清照所作的《醉花阴》。

该词的后三句受到了后世广泛的夸赞，比如宋胡仔在《苕溪渔隐丛话》前集卷六十中说："'帘卷西风，人似黄花瘦。'此语亦妇人所难到也。"看来胡仔认为这样的名句出自一位女人之手,真的令人难以服气。从这个口吻可知,恐怕胡仔也是替赵明诚抱不平。但是胡仔仅引用了这三句中的后两句,而明茅映认为这三句中的第一句才最为关键,他在《词的》卷二中说:"但知传诵结语,不知妙处全在'莫道不销魂'。"

看来,如何解读一首词,真是各有各的看法,甚至还有人认为这样的名句也没什么值得大惊小怪的,清周之琦在《晚香室语录》卷七中说:"愚按,《醉花阴》'帘卷西风',为易安传作,其实寻常语耳。"周认为李清照的这三个名句读来也很平常,言外之意,这样的词没什么值得夸赞的。与之看法相反者当然大有人在,比如清陈廷焯在《云韶集》卷十中称:"无一字不秀雅,深情苦调,元人词典往往宗之。"陈廷焯的夸赞方式则是另一个极端,他认为李清照的这首《醉花阴》不仅仅是这三句好,而是全首词每一个字都好。

明茅映在《词的》卷四中对李清照的另一首词做出了跟陈廷焯极其类似的评价:"出自然,无一字不佳。"这样的满分之评则是指的李清照《凤凰台上忆吹箫》:

香冷金猊,被翻红浪,起来慵自梳头。任宝奁尘满,日上帘钩。生怕离怀别苦,多少事、欲说还休。新来瘦,非干病酒,不是悲愁。

休休,这回去也,千万遍《阳关》,也则难留。念武陵人远,烟锁秦楼。惟有楼前流水,应念我、终日凝眸。凝眸处,从今又添,一段新愁。

按照陈祖美的说法,该词的撰写背景是李清照跟着丈夫"屏居乡里十年"结束,赵明诚又重新返回仕途,而此次李清照并没有随同前往,故以此词来描写与丈夫分别后的心境。对于这样的心境,明李攀龙在《草堂诗余隽》卷二中评价道:"写出一腔临别心神,而新瘦新愁，真如秦女楼头，声声有和鸣之奏。"该词所写的内容基本上被后世认定是描写离别后的苦闷。

赵明诚去世后，李清照独自生活了一段时间，而后再嫁他人。对于这件事，后世喜爱李清照者坚决否认，这种态度就如同今日粉丝对于偶像的崇拜。至于这件事的真伪，在这样的小文里无法展开争论，按照相关记载，李清照二次结婚后，因为与后夫过得并不如意，很快又离婚了，而在这种境况下，她更加怀念前夫赵明诚，那首著名的《声声慢》，有人就认为是写于赵明诚去世之后：

寻寻觅觅，冷冷清清，凄凄惨惨戚戚。乍暖还寒时候，最难将息。三杯两盏淡酒，怎敌他、晚来风急？雁过也，正伤心，却是旧时相识。

满地黄花堆积。憔悴损，如今有谁堪摘？守着窗儿，独自怎生得黑？梧桐更兼细雨，到黄昏、点点滴滴。这次第，怎一个愁字了得！

这首词受到了后世广泛的关注，尤其起首三句的十四个叠字。对于这种用法，有人大为夸赞，同样也有人贬斥，还有的人则从历史的词句中找出相关的本源。我们先说一下夸赞者，宋张端义在《贵耳集》卷上中说："……炼句精巧则易，平淡入调者难。且《秋词·声声慢》：'寻寻觅觅，冷冷清清，凄凄惨惨戚戚，'此乃公孙大娘舞剑手。本朝非无能词之士，未曾有一下十四叠字者，用《文选》诸赋格。后叠又云：'梧桐更兼细雨，到黄昏、点点滴滴，'又使叠字，俱无斧凿痕。更有一奇字云：'守着窗儿，独自怎生得黑。''黑'字不许第二人押。妇人中有此文笔，殆间气也。"张端义称在本朝会作词者太多，但没有任何一个人能用连续的十四个叠字，而后他又点出词尾的部分还有四个叠字，而如此大量的使用叠字，却完全没有累赘之感，而更为难得的，是李清照以"黑"字来入韵，这也绝非他人敢用者。

明杨慎在《词品》卷二中也大夸李清照："宋人中填词，李易安亦称冠绝。使在衣冠，当与秦七、黄九争雄，不独雄于闺阁也。其词名《漱玉词》，寻之未得。《声声慢》一词，最为婉妙。其词云（略）……山谷谓以故为新，以俗为雅者，易安先得之矣。"杨称，如果李清照是个男人，那绝对会跟秦观、黄庭坚一争高下，而她的这首《声声慢》写得更为难得。

明茅映则认为这样的叠字用法，只可有一，不可有二，他在《词的》卷四中说："连用十四叠字，后又四叠字，情景婉绝，真是绝唱。后人效颦，便觉不妥。"茅映认为，如果后人也用这样的叠字，就是标准的东施效颦。茅映的这个说法在后世果真有响应者，清沈谦在《填词杂说》中称："予少时和唐、宋词三百阕，独不敢次'寻寻觅觅'一篇，恐为妇人所笑。"沈谦说自己在年轻时喜欢拿唐宋词来进行唱和，各个名篇他都敢和，惟一不敢者就是李清照的这首《声声慢》，沈谦解释自己不敢和此词的原因是怕被女人嘲笑，其实更多的原因则应该是他无法写出更为神奇的一连串叠字。

但还是有人比沈谦勇敢，因为早在沈谦之前，就有人以叠字作词，清陆以湉在《冷斋杂识》卷六中说："李易安词'寻寻觅觅，冷冷清清，凄凄惨惨戚戚，'乔梦符效之，作《天净沙》词云'莺莺燕燕，春春花花，柳柳真真事事。风风韵韵，娇娇嫩嫩，停停当当人人。'叠字又增其半，然不若李之自然妥帖。大抵前人杰出之作，后人学之，鲜有能并美者。"对于乔梦符的效仿，陆以湉认为，并不是很高明，以他的看法，如果前人写出了名篇，后来的效仿者不但无法超越，即使与之并美，都不太可能。

从相关的历史记载来看，其实古人早在李清照之前就已经使用叠字，只是没有李清照叠得那么多那么好而已。清梁绍壬在《两般秋雨庵随笔》中作出了如下的统计："诗有一句三叠字者，吴融《秋树》诗'一声南雁已先红，槭槭凄凄叶叶同'是也。有一句连三字者，刘驾诗'树树树梢啼晓莺'、'夜夜夜深闻子规'是也。有两句连三字者，白乐天诗'新诗三十轴，轴轴金石声'是也。有一句四叠字者，古诗'行行重行行'、《木兰诗》'唧唧复唧唧'是也。有两句互叠字者，'年年岁岁花常发，岁岁年年人不同'是也。有三联叠字者，古诗'青青河畔草'六句是也。有七联叠字者，昌黎《南上》诗'延延离又属'十四句是也。"看来，古诗中有这样的叠字者，也并不在少数，但梁又在后面说到："至李易安词'寻寻觅觅，冷冷清清，凄凄惨惨戚戚'，连下十四叠句，则出奇制胜，匪夷所思矣。"在梁的眼中，他还是认为李清照的这种写法才是出奇制胜。

但天下的事有人喜欢，就会有人不喜欢。比如清周之琦在《晚香室词录》卷七中就有这样的记录："其'寻寻觅觅'一首，《鹤林玉露》及《贵耳集》皆盛称之，惟海盐许蒿庐谓其颇带伧气，可谓知言。"看来多好吃的东西都有人烦，那也只能用众口难调来作解释了。

李清照所作之词，还有太多的名篇在，真的让人引不胜引，既然如此，那就只能请爱好《漱玉词》的读者们细细研读吧。套一句通俗的话来说：（李清照的词作）——你值得拥有。

李清照当年居住在今日的济南大明湖边，关于她的故居，到清代时就已荒废，清朱照在《锦秋老屋笔记》中说："黄华泉间，宋、明时为李清照、谷继宗宅第，国朝钟学使性朴亦曾居住，由钟氏归于梦村伯祖及冰壑从叔，世居于此。梦村翁添建廊屋，有萧寒郡斋、红鸥馆，西院金线泉侧，有水明楼。竹木映窗，鸣泉绕砌，南对云山，乃历下第一佳境也。冰壑叔去世后，六十年来，楼房颓废，草木荒凉，近今卖花人以废基改为种花圃。每从经过，不胜今昔之感。"看来，李清照的旧居在清代已经变成了花圃,但毕竟她的文名太响了,而后故居又修建了出来,现在的称呼方式是李清照纪念馆。

来济南寻访已经记不清有多少回,本程的寻访主要是围着大明湖景区,以我的观念,越是有名的景区,保留下来的机率越高,所以每到一地寻访,我必先前往穷乡僻壤,而后效仿农村包围城市的方式,逐渐向城区靠拢,直到最后才寻访市中心的景点。也正是这个心理,使得大明湖畔的景点直到多次的山东寻访之后,我才将其列入了计划之中。

为了寻访方便,本次就住在了大明湖畔,今日的寻访首先是去找南丰祠,在前往的路上,偶然看到了一间藕神祠,这个祠堂仅是小小的一个院落,也正因为其小,所以显得颇为幽静。时值金秋,铺满整个屋檐一直垂到檐前的不知名蔓草,全部变成深深浅浅的红色,以这种地方祭祀女性神祇,别有一番情韵,祠中塑着三位女神,皆民间娘娘造型,然而背后的墙上又彩绘着飞天,里外皆无说明,颇不解究竟祭祀的是谁。

△ 从对联得知,这里跟李清照有关

于是又退回到门口，这时我注意到门外的对联是："是也非耶，水中仙子荷花影；归去来兮，宋代词宗女士魂"，一读之下，感觉这副对联应该说的是李清照，但李清照跟藕神是什么关系，我却未能弄明白。等回来后查资料，才意外地得知，李清照代替了原本的藕神，这件事发生在清同治年间，当时济南一地的文人不知出于什么原因，决定拥戴李清照替代原来的藕神，同时修建了藕神祠。

△ 藕神祠入口

△ 李清照故里牌坊

也正因为这个偶遇，使我产生了误会：我以为这藕神祠就是李清照纪念馆。等回来后，查看相关资料，才明白我的猜想是张冠李戴，因为在大明湖畔还有另一座李清照纪念馆。看来这大明湖畔的寻访，我无意中又给自己安排好了下一程，好在我第二天的寻访是前往章丘，而那里还有一座李清照纪念馆。

山东省章丘市的李清照纪念馆位于明水镇百脉泉景区内。今天的司机颇有领导气质，一路上指点江山，安排路线，完全不和我商量。进入明水镇后，司机开到一条街旁停下来，指了牌坊似的路牌说："李清照故里，这个你要下去拍一下。"我按其命令下车前往拍照，上车之后继续前行。然而他把车开得很慢，同时一边开一边地东张西望，我以为他在这里找什么熟人，没想到是，他开到一个地方，然后把车停了下来，顺手向窗外一指，说："看见没？那里有个洞！"

他的这个说法让我一头雾水，顺其手指的方向看过去，原来这里是公园的外墙，而外墙是用一些栏杆所隔离，在其中一段栏杆的中间，不知被什么人扒开了一个洞。司机指着那个洞说："你就从那里钻过去！这可便宜大了，你省了50块钱门票。"到此时，我才明白他的意思：原来他是在发善心，特意把我拉到这个破洞前，好让我省下门票。面对此况，我的第一反应是：看来我今天的装束像个盲流。

司机看着我没下车，瞥了我一眼说，你是担心自己个大钻不过去？别担心，我来帮你。于是他把车熄火，而后下车转身就给我拉开了车门，迅速走到破洞前，用手扒开了种在栏杆外的一排灌木，命令我："赶快钻！"面对此况，我也只能依计进行，心想这怎么也比胯下之辱要高尚一些，于是一咬牙，用脑袋当顶木，用力一钻，就进到了公园内。看来我的身手还算敏捷，因为我听到了司机满意地啧嘴声，而后他跟我讲："你逛完了，从北门出去，就是汽车站，可以接着往下走了。"

看来，司机认真研究了我的行程单，他知道我下一步要去访何人。我沿着公园的路向内走去，刚走出不远，就突然想到：按照司机的所说，从另一个出口接着下一步的行程，那么他今天的车资从哪里来呢？一念及此，我立即向破洞跑去，果真他已经坐到车上正准备开出，我大声地向他喊了一句，看来这一嗓子喊得足够宏亮，他坐在已经开动的出租车内，竟然听到了我的声音，于是他摇下玻璃问我有何事，我说：车费！他顿了一下，才明白怎么回事，马上跑到破洞前来，脸上显现出感谢之色，然而嘴上却道："今天我运气好，赶上你这么个好人。"

百脉泉公园面积很大，除了一个天然的湖泊，其余的仅是片片绿地，和东一个西一个不知名的人造景点，我在里面寻找着李清照纪念馆，在游客的指点下，终于来到了纪念馆门口，可是站在这个门口又让我踌躇不前，因为我看到了纪念馆的门

△ 同柳永祠一样，这里也写着"一代词宗"

口放着一张桌子，而桌子后面坐着两个工作人员。到此刻，才让我体会到什么是真正的做贼心虚，因为省下了这50块钱的门票，让我在公园内行走都变得忐忑，而今看到了工作人员，更让我一瞬间变得裹足不前：万一她们要向我查票怎么办？于是我只好站在远远的地方，给这个纪念馆拍了个外照而离去。

回来细想，这真是个愚蠢的决定，跑了这么远的路，过其门而不入，就是为了这50块钱的门票，这种做法，真可谓典型的买椟还珠。其实，这几年来一趟趟的寻访，所花掉的费用，岂止是这50块钱的几千倍。而我来到门前却没能拍到里面的情形，为了弥补这个缺憾，说不定哪天，我又会故地重游。

关于李清照的墓，我却完全查不到相关的信息，唯有以这些纪念馆作为我的寻访目标，而两地的纪念馆我都与之擦肩而过，看来她不欢迎我这个俗人去祭拜她。我觉得李清照不欢迎我，肯定还有一个原因，那就是我在章丘的李清照纪念馆门前看到了"一代词宗"的匾额，而那一刻我想起了柳永，因为我在柳永祠前也看到了同样的"一代词宗"匾额，当时我猛然想到，如果这两大词宗成为了一家子，应当也算良配吧？李清照肯定是因为这个在生我的气，不想理我。

赵鼎：身骑箕尾归天上，气作山河壮本朝

赵鼎是南宋初年四大名臣之一，在他4岁时，父亲就去世了，他的母亲樊氏知书达理，自小教赵鼎刻苦读书。宋徽宗崇宁五年，赵鼎进士及第，他当时所写的对策直斥章惇误国，他的才干使得他一路提升，一直做到了宰相，但他对章惇的指责也给自己留下了后患。

赵鼎为人耿直，他甚至对皇帝派人搞绿化也予以坚决地阻止，《挥麈余话》中记有这样一段事："赵鼎为左相，一日入朝，见自外移竹栽入内，奏事毕，亟往视之，方兴工于隙地。元镇询谁主其事。曰：

△ 赵鼎撰《辩诬笔录》一卷，清乾隆绵州李氏万卷楼刻《函海》本，卷首

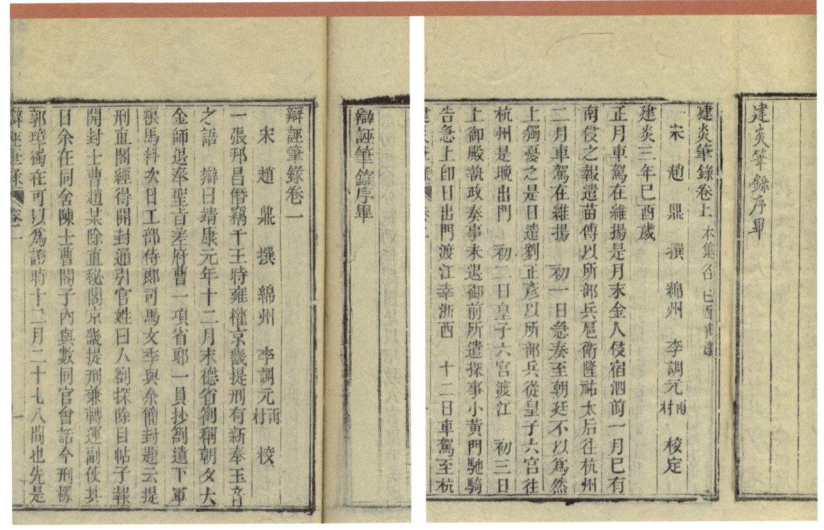

△ 赵鼎撰《建炎笔录》三卷，清乾隆绵州李氏万卷楼刻《函海》本，卷首

'内侍黄彦节也。'元镇即呼黄责之曰:'顷岁艮岳花石之扰,皆出汝曹。今将复蹈前辙耶!'令勒军令状,日下罢役。彦节以闻于上。翌日元镇奏事上前,上曰:'偶见禁内有空地,因令植竹数十竿,非欲为苑囿。卿能防微杜渐如此,可谓尽忠。尔倘有此等事,勿惮以警朕之不逮也。'"

某天,赵鼎入朝时,他看到有人从外面移栽竹子于宫内,等他办完了正事,就立即前去查看,他问施工人员是谁负责此事,他得到的答案,主事者乃是皇帝身边受宠的宦官黄彦节。赵鼎立即将此人找来,而后斥责黄说:前几年,你们搞花石冈就极其扰民,并且惹出了大乱子,今天的这种搞法是不是又想重蹈覆辙。他让黄彦节立下军令状,必须在一天内停止施工。

黄彦节对赵鼎的斥责当然不服气,于是他就将此事秘告给了皇帝。第二天上朝时,皇帝跟赵鼎说:我是看见院内有块空地,于是找人种上几十竿竹子,并不是要大兴土木建园林,你能阻止此事,也是为了防微杜渐,这当然是忠心的表现,今后再遇到这种事,可以直接来跟我说。皇帝的这番话听来当然没问题,所言在情在理,但是皇帝命人在后花园内栽几十根竹子都会受到赵鼎的阻挠,其心中之不快可想而知。

赵鼎虽然如此的耿直忠心,但人都有两面性,《秀水闲居录》记有这样一段事:"赵鼎起于白屋,有朴野之状。一日拜相,骤为骄侈,以临安相府为不足居,别起大堂,奇花嘉木,环植周围。堂之四隅,各设大炉,为异香数种。每坐堂上,则四炉焚香,烟气氤氲,合于座上,谓之香云。"

这里说赵鼎因为是贫民出身,以往的形象十分俭朴,可是成了宰相之后,他突然变得奢靡起来,感觉到相府都住不下,于是大兴土木营建楼台馆所。他在院中栽种了许多的名贵植物,同时还在正堂的四周各安放一个大香炉，里面焚烧着许多名贵的香料。这些香炉冒出的烟气弥漫了整个大堂，客人都将此称之为香云。

这段记载是不是史实呢？此事当然无法查证，即便确有其事，如果赵鼎是花自己的俸禄来提高生活品质，这种做法倒也无可厚非，用不着以此来解读一个人的品性。而关于赵鼎的品性恰有另一处记载可以与以上记载为反证，《清波杂志》上说："赵忠简公秉政日，使臣关永坚丐官淮上，贫不办行，欲货息女。公怜之，随给所须。永坚乞纳女，公却之，力请不已，姑留之。永坚解秩还，公一见语之曰：'尔女无恙。'且助资属求良配。女虽累年侍丞相巾栉，及嫁，尚处子也。"

赵鼎做宰相主持朝政时，当时有位叫关永坚的官员出外任职，其家中十分贫困，以至于他都出不起前往任所的路费，于是就想把自己的亲生女儿拿来卖钱。赵鼎听到这种情况后，立即资助了关永坚一笔费用，于是关就把自己的女儿送到了赵鼎家中，赵坚决推辞，而关永坚决让赵将女儿留下。无奈，赵鼎只好让此女留在自己家中。

几年过后，关永坚在外地任职期满返回，赵鼎见到他后，跟其说：你女儿一切都好。并且赵鼎还拿出一笔钱，准备作为此女的陪嫁。而关的女儿在赵府中的几年时间里都陪在赵鼎身边，照顾着赵的洗洗涮涮，而等此女出嫁时，竟依然是处女。

仅此一条就可以说明，赵鼎这个人做事是如何地讲分寸，又是如何的仗义，如此说来，他盖大房子享受生活倒也没什么可指责的。他阻止皇帝在宫中搞绿化也有其道理，毕竟那著名的水泊梁山就是跟皇帝在开封建园林有着直接的关系。

耿直之人做事必然不圆滑，他既然敢阻止皇宫内的绿化，那么他也必然敢得罪其他官员。有一度他跟秦桧分任左右相，二人的关系就处得很紧张，赵鼎当然不是为了私情，他们的分歧点是跟金人的战还是和。宋绍兴八年，金人与宋朝谈和议，赵鼎坚决阻止此事，而秦桧却能揣摩出高宗的心理，他坚持主和，二人争论的结果，当然皇帝会站在秦桧一边，于是赵鼎被罢相，一路被贬，一直把他贬到了远在天涯海角的吉阳军，而这吉阳军就是今日海南省的三亚。

赵鼎被罢宰相之职，其实刚开始只是让他外放知绍兴。出城之日，秦桧向皇帝提议，要给赵鼎去送行，皇帝答应了这个要求，《三朝北盟会编》记载了当时的情形："赵鼎不主和议，罢相出知绍兴，首途之日，桧奏请备礼饯鼎之行。乃就津亭排列别筵，秦执政俟于津亭。鼎相揖罢，即登舟。桧曰：'已得旨饯送，相公何不少留？'鼎曰：'议论已不协，何留之有？'遂登舟，叱篙师离岸。桧亦叱从人收筵而归，且顾鼎曰：'桧是好意。'舟既开矣。"

这里明确地说，赵鼎被贬的原因就是不同意跟金人和议。他被贬出城之日，秦桧带着一帮官员全去给赵鼎送行，命人在渡口的小亭子内摆宴，而后在此等候。赵鼎过来时，仅向秦桧行了个礼，然后就上了船，秦桧劝他说：这是皇帝同意让我前来给你饯行的，难道你不多留一会儿？赵鼎直言：我们的政治观点都谈不拢，何必还要在此停留？于是他转身登上了船，立即让船工划船离岸。这种场面当然令秦桧很没面子，于是他立即令众人收起宴席，在其转身离去时，他又冲赵鼎喊了一句：我是好意。但赵鼎听都不听地很快把船划远了。

由以上这段小记载可以看出，赵鼎、秦桧同为宰相，但二人性格却差异很大。赵为了工作坚持自己的原则，绝不徇私情；而秦虽然跟赵在立场观点上彻底相反，但他依然圆滑地主动跟皇帝提出要给政敌去送行，看来他认为虽然二人在观点上针锋相对，但在私下里总要做一些回圜和融通，他没想到赵鼎完全不吃这一套。而赵的这种不留情面，也同样加深了秦桧对他的痛恨。

此后不久，在秦桧的活动下，赵鼎又被贬到了岭南的潮州。关于这一段事情，《宋稗类抄》中有如下记载："赵鼎在潮五年，杜门谢客，时事不挂口。及移吉阳军，有谢上表曰：'白首何归，怅余生之无几；丹心未泯，誓九死以不移。'秦桧见之曰：'此老倔强犹昔。'"

赵鼎被贬到潮州达五年之久，在这个阶段，他为了不给朋友带来麻烦，于是就闭门谢客，尽量地少见人，即便有所应酬，赵鼎也完全不谈朝中之事。但即使是这样，五年之后他还是被贬到了三亚。赵鼎给皇帝所上的《谢表》中，依然表达出了自己至死不后悔的态度。秦桧看到了赵鼎的这个《谢表》后，说了句：没想到这个老头儿还跟以前一样倔强。

赵鼎的这个倔强让秦桧感觉到，如果某天皇帝又转变了态度，赵鼎再次返回朝中，定然会给自己带来大麻烦，于是他就一直琢磨着如何斩草除根。《宋稗类抄》中有如下记载："赵忠简既以忤相桧谪吉阳军，门人故吏皆不通问，广帅张宗元时遣使渡海以醪米遗之。忠简谓子汾曰：'桧必欲杀我。我不死，一家当诛。我死，尔曹无恙。'乃不食死。"

赵鼎被贬到三亚后，他的门人以及他以前的手下，都不敢再跟他来往，然而在广东的张宗元却时不时地派人渡海而来，给赵鼎送一些醪米。不知醪米是一种食物还是一种酒，但张宗元的所为引起了秦桧的警惕，于是秦开始派人监视赵鼎的一举一动。赵鼎得知这些后，他明白了秦桧的心思，于是他跟儿子赵汾说：秦桧一定要杀掉我，如果我不死，恐怕我们一家人都会被他杀掉，只有我死了，你们这些人才能够逃过此劫。他交待完之后就开始绝食，没过多久就去世了。

关于赵鼎去世后的情形，《宋稗类抄》中还有这样一段话："汾护丧归，葬于衢州。守臣章杰知士大夫平时与公有简牍往来，至是又携酒会葬，意可为奇货，乃遣官兵下县，同县尉翁蒙之以搜私酿为名，驰往掩取。蒙之书片纸，走仆自后垣出密告汾，趋令尽焚箧内书，比至无所得。"

赵汾陪护着父亲的灵柩，返回到衢州，当时衢州的管理者是章杰，而这章杰乃是章惇之孙，当年赵鼎在朝中时就曾将章惇治罪，章家后人当然对此怀恨于心。章杰认为，虽然赵鼎已死，但他被贬的这些年中肯定跟一些大臣们有着书信往来，他觉得如果能拿到这些信件，就能以此来将这些人拿下，于是他就派人去搜查。

而本县有位叫翁蒙之的下级官员，他听到章杰的这个命令后，马上明白了章的真实目的所在，于是这位翁蒙之立即写了纸条，让自己的仆人从后门出去后将此纸条递给赵汾，他命赵汾将家中所有的书信全部烧掉。等到章杰派来的人以搜查私酿为名搜查赵汾家时，却得不到一丁点儿章想要的证据。

看来，赵鼎在当政之时，为了工作得罪了不少人，而这些人却始终不会放过他。真可谓：小人不可得罪。但若人人都做如此想，那么这个社会就不会有好人的容身之地。但是，好人也有得到好报的时候，比如这位翁蒙之，他在这危急的关头竟然敢冒这样大的险，保护了一大批人，同时也把自己放在了一个危险的境地，一旦他所写的那个纸条被政敌得到，那这位翁蒙之将定死无疑。

赵鼎的性格虽然如此的正直刚烈，然而他却喜欢填词，更有意思的是，他所作之词虽然也有着忧国忧民的内容，而更多却是颇为典型的婉约风格，宋黄昇在《中兴以来绝妙词选》卷二中评价赵鼎的词作称："中兴名相，词婉媚不减《花间集》。"而陈廷焯在《云韶集》卷四中也有着同样的评价："赵公词风流婉约，不亚冯延巳。"看来，赵鼎的词作风格跟香艳的《花间集》有一比。也许这就是人性格上的多面性吧。

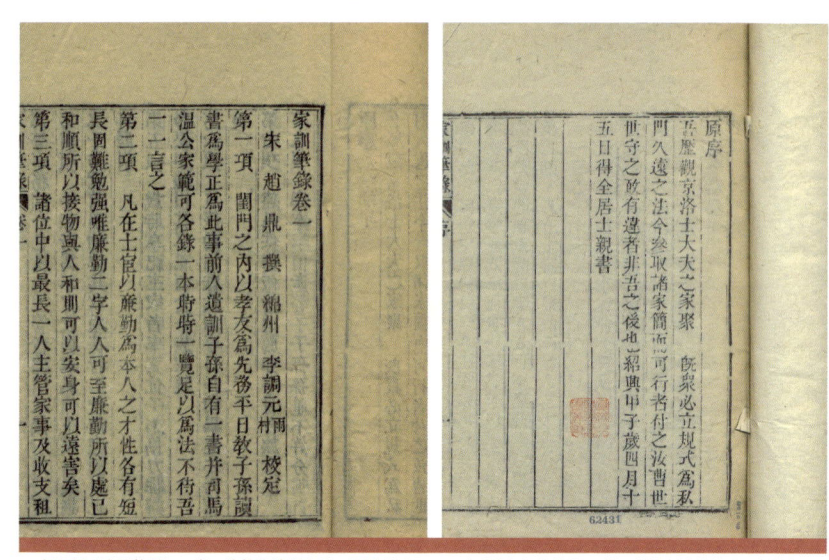

△ 赵鼎撰《家训笔录》一卷，清乾隆绵州李氏万卷楼刻《函海》本，卷首

△ 赵鼎撰《家训笔录》一卷，清乾隆绵州李氏万卷楼刻《函海》本，赵鼎序言

赵鼎这类风格的词作，我先引一首《点绛唇》：

香冷金猊，梦回鸳帐余香嫩。更无人问。一枕江南恨。
消瘦休文，顿觉春衫褪。清明近。杏花吹尽。薄暮东风紧。

这首词读来确实是颇为香艳，但并没有下流的味道，故陈廷焯在《词坛丛话》中评价说："词虽不避艳冶，亦不可流于秽亵。尝见赵忠简词，有'梦回鸳帐余香嫩'之句……数公勋德才望，昭昭千古，而所作小词，非不尽态极妍，然不涉秽语，故不为法秀道人师呵。"

相同的题材，相同的色调，赵鼎还写过另一首《点绛唇》：

惜别伤离，此生此念无重数。故人何处。还送春归去。
美酒一杯，谁解歌《金缕》。无情绪。淡烟疏雨。花落空庭暮。

赵鼎的这首词得到了一位名为配生的人的喜爱,他在《酹月楼词话》中说:"得全居士词,黄叔旸称其媚婉不减《花间》。予最爱其《点绛唇》一阕云:'惜别伤离,……'末二句,尽将'无情绪'三字写足。又《蝶恋花》调中'年少凄凉天赋与'一语亦奇。"

配生先生觉得这首词中的最后两句写的最美,而同时他又喜爱赵鼎的一首《蝶恋花》:

尽日东风吹绿树。向晚轻寒,数点催花雨。年少凄凉天赋与,更堪春思萦离绪。

临水高楼携酒处。曾倚哀弦,歌断黄金缕。楼下水流何处去,凭阑目送苍烟暮。

同样喜欢赵鼎《蝶恋花》中的这两句者,还有况周颐,他在《蕙风词话》卷二中说:"赵忠简词,王氏四印斋刻入《南宋四名臣词》,清刚沉至,卓然名家。故君故国之思,流溢行间句里。如《鹧鸪天·建康上元作》云:'客路那知岁序移……'《洞仙歌》后段云:'可怜窗外竹……'其它断句,尤多促节哀音,不堪卒读。而卷端《蝶恋花》乃有句云:'年少凄凉天赋与,更堪春思萦离绪。'闲情绮语,安在为盛德之累耶?"

况周颐认为,赵鼎的词写得十分沉稳,有着大家气象。而后他举出了赵鼎词作的三个例子,其中就有这首《蝶恋花》。况认为这样的词句虽然写的都是闲情,但这并不影响赵鼎作为抗金英雄的伟大形象。

但相比较而言,不论是况周颐,还是后世的词评家,更为夸赞者,则是赵鼎所作的忧时词作,比如他的一首《满江红》:

惨结秋阴，西风送、霏霏雨湿。凄望眼、征鸿几字，暮投沙碛。试问乡关何处是，水云浩荡迷南北。但一抹、寒青有无中，遥山色。

天涯路，江上客。肠欲断，头应白。空搔首兴叹，暮年离拆。须信道、消忧除是酒，奈酒行有尽、情无极。便挽取、长江入尊罍，浇胸臆。

这首词作得慷慨激昂，黄苏在《蓼园词评》中评价该词称："忠简公此词，当与'身骑箕尾归天上，气作山河壮本朝'二语同其不朽。"

魏丕植在其所著的《解读诗词大家·宋代卷》中评价该词称："这首《满江红》就是词人在南渡时期所写，以抒心中慷慨之情。上片通过深秋季节茫茫江空凄清景色的描绘，或直露或含蓄地抒写自己有家难回、前途未卜的悲伤。开篇的'惨'字与'霏霏雨湿'的'湿'字下笔十分巧妙，它不仅把词人此时的心情感受轻轻地带了进来，而且也使得这浓重的秋云、凛冽的秋风、潇潇的秋雨，都仿佛一股脑儿地压向、扑向、洒向词人心头，给人以沉重的压抑感。"

而赵鼎的这首《满江红》，清陈廷焯在《白雨斋词话》卷六中也有着类似的解读："二帝蒙尘，偷安南渡，苟有人心者，未有不拔剑斫地也。南渡后词，如赵忠简《满江红》云：'欲待忘忧除是酒……'此类皆慷慨激烈，发欲上指。词境虽不高，然足以使懦夫有立志。"

陈廷焯夸赞该词作得气概昂扬，虽然他认为这首词的词境并不高，但这也正是作为中兴名臣赵鼎所表现出的气概，所以陈廷焯在《词则·放歌集》中又有着这样的评语："通首无一字涉南渡事迹，只摹眼前景物，而一片忠爱之诚、幽愤之气溢于言表，人品既高，词亦超脱。"

看来，高尚的人品能使得词风有着一种向上的力量。也正因如此，这首词被后世广泛传唱，明杨慎在《词品》卷四中说："'惨结秋阴'一首，世皆传诵之矣。"

赵鼎被贬到岭南之后，虽然不再谈论时事，但这不等于他心中已经放弃了家国，他所作的《洞仙歌》，最能表现出他处江湖之远时的心态：

空山雨过，月色浮新酿。把盏无人共心赏。漫悲吟、独自拈断霜须，还就寝、秋入孤衾渐爽。

可怜窗外竹，不怕西风，一夜潇潇弄疏响。奈此九回肠，万斛清愁，人何处、邈如天样。纵陇水、秦云阻归音，便不许时闲，梦中寻访。

赵鼎的故乡是山西解州闻喜县，在宋代，解州隶属于河中府，这首词是他在岭南被贬时所写。虽然从表面看这首词的内容只是怀念一位女子，但该词的最末两句却表明了他志在远方的雄心，而该词的这两句，也是况周颐所盛赞者。

对于赵鼎的词作，况周颐还喜欢一首《鹧鸪天·建康上元作》：

客路那知岁序移，忽惊春到小桃枝。天涯海角悲凉地，记得当年全盛时。

花弄影，月流辉，水精宫殿五云飞。分明一觉华胥梦，回首东风泪满衣。

对于这首词，况周颐在《历代词人考略》卷二十中评价到："赵忠简词有四印斋刻本，为《宋四名臣词集》之一。其词清刚沉至，卓然名家。故国故君之思，流溢楮墨之表，激楚者多悲，掩抑者弥苦，令人不堪卒读。如《鹧鸪天·建康上元作》及《洞仙歌》'空山雨过'云云，读之可以想见。"

赵鼎因为反对议和而一路被贬，在此困境下，他依然通过填词来表达自己的心境，他在三亚期间写过一首《行香子》：

> 草色芊绵，雨点阑斑。糁飞花，还是春残。天涯万里，海上三年。试倚危楼，将远恨，卷帘看。
> 举头见日，不见长安。谩凝眸，老泪凄然。山禽飞去，榕叶生寒。到黄昏也，独自个，尚凭阑。

这首词中有"天涯万里，海上三年"的词句，由此可知，他作此词时已经被贬到了三亚达三年之久，而按照资料记载，此后不久他就绝食自尽，故而这首词有可能是他最后的作品。

对于赵鼎的词作，后世大多是将其归入四名臣进行整体的评论，比如李慈铭在《南宋四名臣词集序》中称："词之为道，儒者所不屑言。然宋时名公钜人，如韩、范、欧阳无不为之。降至南宋，其学益盛。四公者（赵鼎、李光、李纲、胡铨）居南北宋之间，未尝以词名，所为文章，忠义奋发，振厉一世，而其立论，皆和平中正，字字近情，与朋友言，尤往复三叹，不胜其气下而词敛。间为长短句，皆曲折如志，务尽其所欲言。"

李慈铭认为，虽然大儒不屑于作词，然而宋代的一些重臣们却人人都写，所以说，词虽然是小道，但它却能表现出一个人在某个时段的胸襟。而有着同样看法者，还有晚清四大词人之一的王鹏运，他在《南宋四名臣词集跋》中说了这样一大段话："嗟呼！兹四公（赵鼎、李光、李纲、胡铨）者，夫岂非所谓魁垒闳廓，儒者其人耶？其身系乎长消安危，其人又系乎用与不用、用之而不终用之也，于是则悲天运、悯人穷，当变风之时，自托乎小雅之才，而词作焉。其思若怨悱，而情弥哀，吁号幽明，剖通精诚。又不欲以为名也，于是则摧刚藏棱，蔽遏掩抑所为，整顿缔造之意，而送之以馨香芬芳之言，与激昂怨慕不能自殊之音声。盖至今使人读焉而悲，绎焉而慨。伉真洞然大人也，故其词深微浑雄，而情独多。鹏运窃尝持此旨以盱衡今古之词人，如四公者，亦出而唱叹于其间，则必非闺幨屑越小可者所得佹托。"

赵鼎故居位于山西省运城市闻喜县城东25公里礼元镇南隅的阜底村。进入阜底村时天色很快暗了下来，本是晴朗的天空，不一会儿就变得阴云密布，这让我对行程有些焦虑，每天追赶太阳的心情又多了三分严重度。在阜底村中央十字路口上，向一位开店的妇女请教赵鼎的故居所在，她说自己不知道，但可以帮我找到一位知道的人，因为那个人就是赵鼎的后代。

店主的这句话让我大感惊喜：竟然能找到赵鼎的后代！我马上提出请她带我去见此人，但她说自己店里没有人看，离开后担心丢东西。而后她认真地看了我一眼又说："你帮我看着店，我给你去找人。"看来，至少在她的眼中，我这个陌生人还值得依赖。

于是我感谢了她的信任，并且跟她说请她放心去找，这里不会有任何问题。虽然如此，我还是觉得站在店内有些唐突，于是我就站在了店门口，以便留意着是否有人进店，同时看着她前去找人的路线。而这位妇女仅是走过不宽的一条小街，然后走到对面的一排三层临街小楼的某门前推门入院。

几分钟后，她跑了回来，告诉我那个人马上就到。果真，两分钟后，从那个院内走出一位看上去五、六十岁年纪的男子。从气质上看，此人颇有修养，眉宇眼神间有着一种阅尽世事的成熟感。看来，他在外面闯荡过，见过不少世面。他向我简单地说明了自己的身世："我是赵鼎的二十五世孙,名叫赵继禹。"我问他赵鼎在本村还有哪些遗迹,他冲我一挥手,向十字路口走了几步,指着十字路口的一块石碑,示意我去看上面的文字。

这块碑从外形上看,近三米高,两边用青砖垒着碑券,碑的正中用大字刻着"宋赵丰公故里",这块碑离我停车的地方距离不过五米,我竟然没有发现。上午停在程婴墓旁时,无意间发现了墓就在停车的位置旁边,这个奇迹在赵鼎故里碑前没有再次发生,看来人不能把所有的运气都占尽。

我围着这块碑拍了几张照片,之后不死心地向这位赵鼎后人请教在本村内是否还有赵鼎的遗迹,因为从我查得的资料知道,在阜底村赵鼎的故居仍在。赵继禹告诉我说,确实有这个故居,但已经很残破了,我坚持请他带我去看看,他说自己没有那个房子的钥匙。我说即使站在外面拍几张照片也可以,他看到我不死心的样子,于是带着我向村的另一头走去。

从建筑风格看,阜底村分为新旧两个区,其实只是一条马路之隔,一面大部分是新盖的小楼,建筑风格有点像城市里的联体别墅,而街的另一面则是残破的旧房,赵继禹带我前往的方向就是那片旧区。

在路上,我向他请教关于赵鼎后人的情况,他说本村现有六百多位赵鼎的后人。这个数字吓我一跳,我本以为遇到他只是个小概率事件,经他这么一说,看来在街上随便问一个人,恐怕有不少都能得到想要的结果。但我还是感谢那位女店主,因

△ 街口的故里碑

为她帮我找来的赵继禹先生，确实能颇为完整地向我讲述赵鼎的一些传闻，同时他还告诉我，他去过两次海南的三亚，到三亚的水南村去祭拜赵鼎之墓，并且说赵鼎在三亚没有留下后人，但当地建有名人园，园内有赵鼎和裴度的雕像。看来，这位赵继禹也把赵鼎视为荣耀。遇到这样的名人之后，我本能地产生了一种敬重。

十分钟后走到了一片破败不堪的房屋前，从外面看，这片破房原是两层建筑，建筑方式有点像陕西的窑洞，前面的三孔窑洞状建筑基本已经坍塌，窑洞顶上长满了粗细不一的杂树，其中最粗壮的一棵树，树干已在二十公分以上，至少有几十年的树龄。在这些坍塌的房屋前面，变成了公共垃圾堆，村民倾倒的垃圾至少有几卡车之多。我站在垃圾堆顶上向窑洞内张望，看到里面还有一些古老的木制家具，这种情形不像是因为房屋破败而迁出者，倒是很像发生大的自然灾难后所遗留下来的残景。

在窑洞的后方，是另一个独立的院落，这个院子有新做的大铁门，门上挂着锁，从门缝向内张望，看到正前方的影壁砖雕较为精美。赵继禹告诉我，影壁的背面还有一块砖雕更加精美，可惜找不到拿钥匙的人让我进入观

△ 赵鼎故居

△ 残破如斯

看。我问他这是为何,他似乎不愿意向我多做解释,我也不便多问,可惜门缝太小,无法将相机的镜头伸进去拍里面的情形。我注意到院落里散养着几百只鸡,然而在本村一路走来,却没有在街上发现一只自由散步的鸡,也有可能近一段禽流感严重,特意将家禽圈在了这里。我问赵继禹为什么不将赵鼎的故居修复和保护起来,他说村中的后人虽多,但没有人牵头做这件事,如果本村仅有他一位后人,那情况就不同了。

张元幹：天意从来高难问，况人情、老易悲如许

关于张元幹在词史上的地位，刘扬忠在《唐宋词流派史》中说其"被视为南宋'豪放派'之先驱。"何以有此之评？刘扬忠在其专著中又称："南渡著名词人张元幹和比他晚一辈的另一个喜作英雄之词的词人张孝祥，在南渡时期的词坛上有着承前启后的特殊作用。"

张元幹在词史上有着如此的地位，缘于他身跨北宋、南宋两个时期。他在年轻之时喜欢作诗，而他的舅父向子諲本就是一位年轻的诗人。张元幹还跟江西诗派中的洪刍、洪炎以及吕本忠等人，结诗社共同唱和，而其何以又热衷填词，我却未找到相应的记载。

在政和初年，张元幹当上了太学上舍生。到了宣和末年，他得以任陈留县县丞。再后来，有一位主战派中的重要人物对张元幹影响巨大，这个人就是李纲。对于张何以结识李纲，张广在《芦川归来集原序》中说："张公仲宗讳元幹，以文章学问驰誉宣、政间，官将作大匠，志尚林壑。方少壮时，挂冠谢事。靖康之元，上却敌书，见了翁谈世事于庐山之上。了翁曰：'犹有李伯纪在，子择而交之。'公敬受教，从之游，激昂奋发，作为歌词，有'人间鼻息鸣鼍鼓'、'遗恨琵琶旧语'之句。此志耿耿，殊非苟窃禄养阿附时好者之比。"看来，年轻的张元幹风流倜傥，他虽然在朝中为官，但却志在山水，在其壮年时就对仕途没有兴趣，竟然辞职而去。

靖康元年，金人掳走了徽、钦二帝，张元幹大以为耻，于是就上书朝廷，出谋划策。显然，这是一封平戎策。然而张是低级官员，他的主战建议书显然没起到什么作用。后来他在庐山遇到了了翁，这位了翁告诉他：朝中主战的重要高官就是李纲，你想实现自己的抱负，就要与李纲结识。而后，张元幹果真得以在李纲手下任职，同时他的词风也为之一变。

靖康元年，金兵包围汴京，李纲指挥若定，组织人马抗击金人的围攻，而当时张元幹也在李纲的行营中。虽然他身材短小，然而他却能尽自己之力，协助李纲抗击金人。对于张元幹身材的描写，《苕溪渔隐丛话后集》卷三十六引《说诗隽永》中，有这样几句话："李伯纪为行营使，时王仲时、张仲宗俱为属。王颀长，张短小，白事相随。一馆职同在幕下，戏曰：'启行营，大鸡昂然来，小鸡辣而待。'"

因为张元幹身材短小，所以才被人嘲笑为"小鸡"。虽然身材瘦小，但这一点儿也不影响他胸中的高昂之气。也正因张元幹有着这样的经历，故而他被主和派视为李纲一派中的人物，所以李纲被贬，张元幹自然也被撤职。汴京沦陷之后，张元幹避难到了南方。

再后来，李纲当上了丞相，他当然没有忘记当年的那位部下，于是又将张元幹召回，任命张为将作监。可是此后不久，主和派又成为了朝中的主流，眼见事不可为，张元幹辞职前往福州，从此漂泊于江湖间，把不少的精力都用在了填词之上。

宋绍兴八年，宋、金达成和议，李纲上书反对，而后被罢相，居住于福建长乐。张元幹也没有忘记他的这位老领导，于是他填了首《贺新郎》：

> 曳杖危楼去。斗垂天、沧波万顷，月流烟渚。扫尽浮云风不定，未放扁舟夜渡。宿雁落、寒芦深处。怅望关河空吊影，正人间、

鼻息鸣鼍鼓。谁伴我，醉中舞？

　　十年一梦扬州路。倚高寒、愁生故国，气吞骄虏。要斩楼兰三尺剑，遗恨琵琶旧语。谩暗涩、铜华尘土。唤取谪仙平章看，过苕溪、尚许垂纶否？风浩荡，欲飞举。

张元幹的这首词很有名气。前面提到张广给《芦川词》所作序中点出了张元幹词中的两个名句，而这两句话正是出自这首《贺新郎》。

主战派被贬之后，秦桧当国，力主和议。于是胡铨上书皇帝，提出将秦桧斩首以谢天下。胡的这个建议当然令秦桧十分地痛恨，几年之后，秦桧终于找到机会将胡铨除名，送新州边管。那时胡铨的亲朋好友都担心吃瓜落儿，纷纷避开以示划清界线，唯独张元幹听到之后，竟然又写了一首《贺新郎》，该词的小题为"送胡邦衡待制赴新州"，并且还亲自为胡铨送行。

这第二首《贺新郎》更有名气，被词家视之为张元幹的代表作：

　　梦绕神州路。怅秋风、连营画角，故宫离黍。底事昆仑倾砥柱，九地黄流乱注？聚万落、千村狐兔。天意从来高难问，况人情、老易悲难诉。更南浦，送君去。

　　凉生岸柳催残暑。耿斜河、疏星淡月，断云微度。万里江山知何处？回首对床夜语。雁不到、书成谁与？目尽青天怀今古，肯儿曹、恩怨相尔汝！举大白，听《金缕》。

张元幹所填该词，饱含深情，他将自己的一腔抱负以及不被重用的现实，融进了该词之中，宋蔡戡在《芦川居士词序》中说："绍兴议和，今端明公铨上书请剑，欲斩建议者。得罪权臣，窜谪岭海，

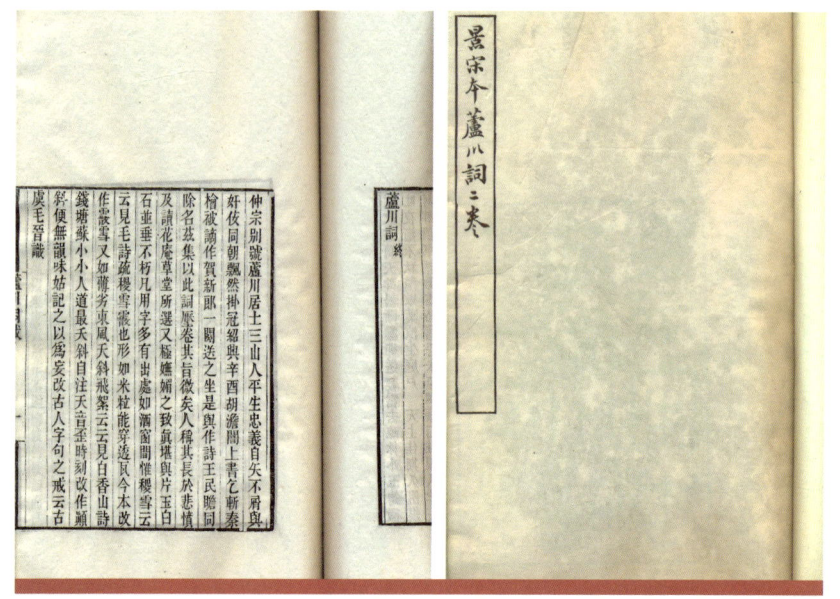

△ 张元幹撰《芦川词》，清光绪十四年钱塘汪氏振绮堂翻刻汲古阁本，明毛晋跋语

△ 张元幹撰《芦川词》，清宣统三年至民国六年仁和吴氏双照楼刻民国六年至十二年武进陶氏涉园续刻本，书签

平生亲党，避嫌畏祸，唯恐去之不速。公（元幹）作长短句送之，微而显，哀而不伤，深得《三百篇》讽刺之义。"蔡戡认为张元幹的这首词写得哀而不伤，有着《诗经》中的讽刺笔法。这句评语显然是从内容的角度而言，而蔡认为该词的艺术水准同样不低："非若后世靡丽之词，狎邪之语，适足劝淫，不可以训。公博览群书，尤好韩集、杜诗，手之不释，故文词雄健，气格豪迈，有唐人风……公此词不为无补于世，又岂与柳、晏辈争衡哉？"

显然，蔡戡不喜欢唯美的婉约词，他夸赞张元幹的词作气格豪迈，所以用不着拿柳永、晏殊等人的词跟张词相比较。到了明代，杨慎在《词品》卷三中说了这样两句话："张仲宗送胡澹庵赴贬所《贺新郎》一阕云：'梦绕神州路……'此词虽不工亦当传，况工致悲愤如此，宜表出之。"杨慎认为，张元幹的这首词就艺术角度而言，并没有多高，该词之所以受到后世的看重，乃是作者把一腔爱国之情融入了词作之中。

清陈廷焯也有着类似的看法，他在《白雨斋词话》中称："二帝蒙尘，偷安南渡，苟有人心者，未有不拔剑斫地也。南渡后，张仲宗《贺新郎》云（词略）……此类皆慷慨激烈，发欲上指，词境虽不高，然足以使懦夫有立志。"陈廷焯也认为张元幹的这首《送胡邦衡谪新州》"词境不高"，但他同样肯定该词写得慷慨激昂，能够让人励志。

正因该词写得如此深情，所以也就渐渐流传开来，几年之后传到了秦桧耳朵里，这令秦大为恼怒，认为张元幹是有意跟自己作对，于是就找了个理由，将张元幹除名削籍，关入了监狱。张元幹因为填词而受牢狱之灾，这在各种史料中多有记载，比如毛晋在《宋六十名家词·芦川词跋》中说："仲宗别号芦川居士，三山人。平生忠义自矢，不屑与奸佞同朝，飘然挂冠。绍兴辛酉，胡澹庵上书乞斩秦桧被谪，作《贺新郎》一阕送之，坐是与作诗王民赡同除名。兹集以此词压卷，其旨微矣。人称其长于悲愤，及读《花庵》、《草堂》所选，又极妩秀之致，真堪与片玉、白石并垂不朽。"

看来，同时被贬者还有一位王民赡。但王民赡写的是诗，而张元幹则写的是词。两人均因写诗词被贬，这也应当算是宋代的文字狱。张元幹出狱之后，就流浪于江浙各地。宋绍兴三十一年，他去世于苏州，终年71岁。

虽然受到了这样的打击，但张元幹丝毫不改自己的真性情，他在晚年整理自己的词集时，就把以上这两首词列在了其个人词集的最前面。那么，他为什么这样做呢？显然，张元幹并没有因为自己为词入狱而丝毫减少爱国之情，他依然把这两首《贺新郎》列在词集的最前端，正是想以此来说明，他不认为自己填词送友有丝毫的不对。《四库全书简明目录》中在评价《芦川词》时称："元幹以作词送胡铨除名，此集中即冠以是篇，而次以寄李纲一篇，并慷慨悲歌，声动简外。然其他作，则清新婉丽，与秦观、周邦彦可以肩随。"

而刘扬忠则认为，张元幹的这两首《贺新郎》是"黄钟大吕"之作，并认为张是："是北宋末贺铸《六州歌头》之后、南宋辛弃疾崛起之前写得最好的几首豪放词中的两首。"为什么给予这样的评价呢？刘扬忠在《唐宋词流派史》中评价到："张元幹晚年自订词集时，将这两首南渡后的杰作置于卷首，定为压卷之作，而把其早年所写的'与秦观、周邦彦可以肩随'的婉丽之作置于后面，这种被四库馆臣称为'有深意'的安排，与他的舅父向子諲编《酒边集》时进江南新词于前、退江北旧词于后的作法应该说是出于同一种动机，即更看重、更想突出自己突破北宋风格、反映新时代精神的作品。"

张元幹所填之词跟胡铨有关者，其实不止《贺新郎》一首，他还填过一首《瑞鹧鸪》，该词的副题为"彭德器出示胡邦衡新句次韵"。可见，张元幹是从彭德器那里看到了胡铨所填的一首《瑞鹧鸪》，于是他也步此韵填了一首：

白衣苍狗变浮云，千古功名一聚尘。好是悲歌《将进酒》，不妨同赋《惜余春》。

风光全似中原日，臭味要须我辈人。雨后飞花知底数，醉来赢取自由身。

这首词读来略有颓废之感，但也同样蕴含着不能平复的郁闷心态。而张元幹豪放风格的作品，还有一首《石州慢》也同样颇有名气：

雨急云飞，惊散暮鸦，微弄凉月。谁家疏柳低迷，几点流萤明灭。夜帆风驶，满湖烟水苍茫，菰蒲零乱秋声咽。梦断酒醒时，倚危樯清绝。

　　心折。长庚光怒，群盗纵横，逆胡猖獗。欲挽天河，一洗中原膏血。两宫何处？塞垣只隔长江，唾壶空击悲歌缺。万里想龙沙，泣孤臣吴越。

这首词上片写景，下片抒情，有着一吐胸臆的痛快，陈廷焯在《词则·放歌集》中评价说："忠爱根于血性，勃不可遏。"

相比较而言，我则偏爱张元幹所写的一首《水调歌头》：

　　举手钓鳌客，削迹种瓜侯。重来吴会三伏，行见五湖秋。耳畔风波摇荡，身外功名飘忽，何路射旄头。孤负男儿志，怅望故园愁。

　　梦中原，挥老泪，遍南州。元龙湖海豪气，百尺卧高楼。短发霜黏两鬓，清夜盆倾一雨，喜听瓦鸣沟。犹有壮心在，付与百川流。

这首词写得很直白，把男人的热血气概彻底地展现了出来。

虽然张元幹的词作以豪放风格为主，然正如毛晋所言，张的词中也同样有"极妩秀之致"风格的作品，他的这类作品以《兰陵王·春恨》最具名气：

　　卷珠箔，朝雨轻阴乍阁。阑干外，烟柳弄晴，芳草侵阶映红药。东风妒花恶，吹落梢头嫩萼。屏山掩，沉水倦熏，中酒心情怕杯勺。

　　寻思旧京洛。正年少疏狂，歌笑迷著。障泥油壁催梳掠。曾驰道同载，上林携手，灯夜初过早共约。又争信飘泊？

　　寂寞，念行乐。甚粉淡衣襟，音断弦索。琼枝璧月春如昨。

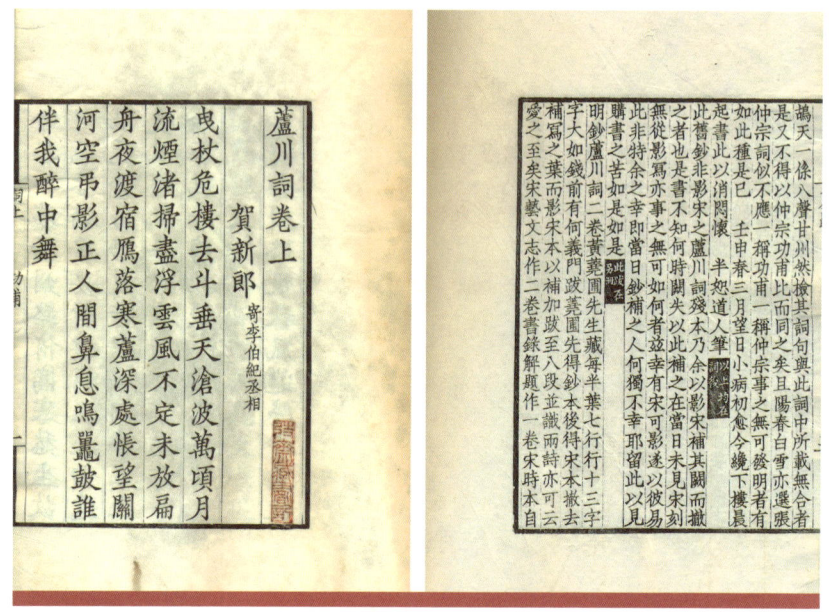

△ 张元幹撰《芦川词》清宣统三年至民国六年仁和吴氏双照楼刻民国六年至十二年武进陶氏涉园续刻本，卷首

△ 张元幹撰《芦川词》清宣统三年至民国六年仁和吴氏双照楼刻民国六年至十二年武进陶氏涉园续刻本，跋语

怅别后华表，那回双鹤。相思除是，向醉里、暂忘却。

对于该词，明李攀龙在《草堂诗余隽》中做了这样的总结："上是酒后见春光，中是约后误佳期，下是相思乃梦中。"此词三段分为了三个主题，那会不会有着脱节之感呢？李攀龙认为不会："此词虽分三段，其实一贯。道及春光易度，果是人生梦中，安得多错去。"而有着同样认定者，还有明代的沈际飞："词分三段，意通一贯，末句势振。曰'暂忘'，究何能忘之。"（《草堂诗余正集》）

在张元幹的词作中，这类婉约风格者也不在少数，难怪毛晋有着如此的评价。毛晋的这个评价得到了四库馆臣的首肯，《四库全书总目提要》中称："其词慷慨悲凉，数百年后，尚想其抑塞磊落之气。然其他作，则多清丽婉转，与秦观、周邦彦可以肩随。毛晋跋曰：'人称其长于悲愤，及读《花庵》、《草堂》所选，又极妩秀之致。'可谓知言。"四库馆臣夸赞毛晋是真正懂得张元幹词作的人。

张元幹被后世评价为重要的爱国词人，他一生的沉浮都跟李纲和秦桧有着较大的关系，按理说，他应该对秦桧恨之入骨，可是他却填过一首《瑞鹤仙》，该词就是歌咏秦桧所得御书牌：

> 倚格天峻阁。舞庭槐阴转，盆榴红烁。香风泛帘幕。拥霞裾琼佩，真珠璎珞。华阳庆渥。诞兰房、流芳秀萼。有赤绳系足，从来相门，自然媒妁。
>
> 游戏人间荣贵，道要元微，水源清浊。长生大药。彩鸾韵，凤箫鹤。对木公金母，子孙三世，妇姑为寿满酌。看千龄，举家飞升，玉京更乐。

宋吴曾在《能改斋漫录》中说："光尧赐御书秦益公（桧）'一德格天之阁'牌，一时缙绅献诗以贺。"张元幹的这首词虽然没有提到秦桧之名，然该词的起首一句按照吴曾的说法，显然就是给秦桧所写的。

怎样解释他跟秦桧之间的关系呢？晚清冯煦在《蒿庵论词》中说："芦川居士以《贺新郎》一词送胡澹庵谪新州，致忤贼桧，坐是除名。与杨补之之屡征不起，黄师宪之一官远徙，同一高节。然其集中寿词实繁，而所寿之人，则或书或不书。其《瑞鹤仙》一阕，首云'倚格天峻阁'，疑即寿桧者。盖桧有'一德格天阁'也。意居士始亦与桧周旋，至秽德彰闻，乃存词而削其名邪？"

冯煦说张元幹的词中有不少都是寿词，但是这些寿词是写给何人的，张元幹并没有注明。比如该首《瑞鹤仙》，张仅写了一个"寿"字，但后世根据起首的这一句，就怀疑这首词就是写给秦桧的。冯煦揣度说，当时张元幹并没有看出秦桧是个奸臣，所以他填了这首词，到了后来，张看清了秦的嘴脸，于是就把该词副题中的秦桧之名去掉，仅剩了个"寿"字。

  但我感觉，冯煦替张元幹的回护之词说得有些勉强，因为前面提到张元幹的《芦川词》乃是其晚年亲手修订的。张元幹因填词而入狱，让他入狱之人正是秦桧；而张元幹的政治主见与秦桧又如此截然相反，所以于公于私，他都应该特别恨秦桧，即使他早年曾给秦桧填过一首词，那么在修订词集时也可以将此词删落，这也算是悔其少作吧，可是张元幹却没这么做，而是依然将该词收录了词集之中。如何解读张的心理呢？至少我没能找到能够自圆其说的解释。

  张元幹去世后，葬在了苏州。宋宁宗嘉定十二年，他的孙子张钦臣称其祖元幹已经归葬于"闽之螺山"。我从网上搜索相关信息，由是得知，张元幹墓位于福建省福州市长乐市猴屿乡屏山风景区内。

  从福州市开车前往猴屿乡，约有六七十公里的路程。车行到长

△ 屏山

△ 终于找到了张元幹墓

　　乐市后无高速公路，但道路较为平整，虽然是市级公路，路上的车并不多，且此路一直沿着闽江江边前行。而路的另一侧则是高山，行驶在山海之间，的确给人以心旷神怡之感。

　　沿途仅打问了一次，就找到了屏山风景区。站在路边望过去，这个景区的面积很大，后面一眼望不到边的群山均是其范围。寻访目标最怕的，就是在一片没有具体方位的群山之中，好在张元幹墓按资料记载，就在入口处郑丙公雕像之后，于是这座雕像就成为了我的寻访目标。

　　出租车司机望着景区内的层层群山，打消了同我一并进内寻找的想法，他说自己在门口休息等候，于是我独自沿着台阶向山上走去。在入口处果真看到郑丙公的巨大雕像，然雕像之后所能看到的就是一段像长城形象的围墙，入口处写着"屏山寺"三个字，但唯独没有看到张元幹墓。

　　沿此口入内，在里面继续寻找，却看不到古墓的痕迹，于是沿着石阶一直向山上走。在整个景区内看不到人影，自然无人打问，只好四处胡乱寻找。有条小径一直通向山内，我边走边探看，走到半山腰位置时，看到了"状元洞"三个字，然这三个字却是左读，肯定不是古代的痕迹。

在这三个字旁边的上山之路分成了三个方向，我先沿着中路向前走，走到了"一线天"景区。这样的名称在全国许多的旅游景点内都能见到，作为景区，当然能令游客赞叹大自然的鬼斧神工，可是从这么窄的路径抬运古人的棺椁，显然可能性极低，由此断定，张元幹墓不可能在这个方向，于是我退回到岔路处，沿着左路前行。不远处果真看到了三座古墓，其中有一座墓碑尚可辨识，细看之下，墓主姓郑，跟张元幹没关系。

三条路走了两条，唯一的希望寄托在了最后一条路上，于是沿着另一条路边走边寻找。而这条路却通向一处深沟，穿过此沟，竟然又回到了入口处。既然如此，我就在入口处先做一番寻找。果真，在此处的另一个山坡上找到了四座古墓。细细辨认每一块墓碑，可惜墓主都不姓张，这让我感到很泄气，于是走到台阶上想办法，猛然想起：我曾在网上看到过张元幹墓的照片。但可惜我没有带来照片，于是给朋友打电话，请他搜到这张照片用微信发到我手机上。

现代科技果真是方便，这让我在瞬间记住了这个墓的外形，细想我刚才所看过的十几座古墓，都跟图片上所显现不同，有这张图片在，至少说明确实有这座古墓在景区内，而并非只是讹传。这张照片又让已经泄气的我重新满血，我决定换一个方向继续寻找，这次没有从入口处进入，而是从雕像的侧边另一条上山路往前走。

另一条路的路边有几块巨大的岩石，在岩石之上新盖了一座占地50平米大小的亭子，上面写着"思亲亭"，在亭子背后的山坡上建有十几平米大小的一块斜坡式平台，平台的正中卧着一只龙首的

张元幹：天意从来高难问，况人情、老易悲如许 271

△ 周围的环境

△ 周围没有碑刻

乌龟，此龟较大，龟盖直径约一米，为整块青石雕造，雕工较为精细，但我不懂这只龟摆在这里的喻意。沿着这只龟旁的小路向前走二十余米，就看到了一座被拆毁过半的古墓，一眼望去，跟我刚刚看到

△ 不知这些倒伏的刻石上面有什么字迹

△ 这里趴着一只龟

的张元幹墓的照片完全相同。刚才我费了那么大气力进入景区内寻找，但未成想张元幹墓其实根本没在景区的里面，而是在入口旁边的另一个方向。

△ 张元幹墓处在此亭之后

　　张元幹墓整个为石条砌制，墓前的碑亭虽已毁，但墓庐保存还算完整，墓的正前方为拱门形，正中的位置嵌着墓碑，而后面的墓体则为"T"字形的石阶，这种建墓的方式较为少见，在墓前没有任何的介绍文字和文保牌，看来这座山已经是郑姓的天下，而名气最大的张元幹，在这里却成为了多余的外姓人。

　　虽然费了较大的周折，但张元幹墓的寻找还是有了结果，这令我的劳苦全部消散，真希望能延续今日的好运气，于是在返回途中我前去寻找谢肇淛墓，盼望着也能有找到目的地的好结果。然而来到谢肇淛墓不远处的村庄内，连问了几户人家，都未曾打听到结果。村中看不到行人，只能凭动静敲门入户去打问，可是所问之人大多都很不耐烦，因为正忙着打麻将。

　　在路边遇到了三位往山上扛石料的女工，她们说谢肇淛的墓就在山上。我请她们带路，三人商量了一下说，你给我们每人三百块的带路费，这个价钱让我吃了一惊，司机听到后也很生气，上前用闽南话跟她们理论。三人又商量了一下,将带路费降到了每人一百元,我说带路只需要一个人就可,三人坚持说必须同去,因为仅一人挣得钱,那两个人会感觉不好。

  这种带路要求让人匪夷所思,她们每个人手里都拎着粗大的竹杠,是用来抬石料的,我觉得若有意外我跟司机对付不了这三个人,于是断然拒绝,开车回城。如此的被敲竹杠,这在寻访以来还是头回遇到,司机说他们当地人都知道长乐人鬼头,没想到今天又遇到一回,我觉得这些人在思路上头很是奇怪:要么狠挣一笔,要么分文不得,难道挣钱赶不上李嘉诚就什么都不干了?

岳飞：壮志饥餐胡虏肉，笑谈渴饮匈奴血

岳飞在中国是家喻户晓的民族英雄，虽然他的词留下来很少，却广泛地受到后世的夸赞，而他的死也成为了近千年来人们争论的焦点。

岳飞之死跟秦桧脱不了干系，人们都说秦桧就是用"莫须有"的罪名将岳飞杀害的。关于何为"莫须有"，历史上也有着不同的解释，但按照专家的看法，岳飞之死主要还是高宗皇帝的意思。虽然岳飞坚持抗金，出生入死地保卫着宋朝仅余一半的疆土，但他在有些问题上跟高宗之间有着不可调和的分歧。

最初，高宗赵构对岳飞特别器重，因为他立下了赫赫的战功。岳飞在军事上的胜利，不仅仅是在抗金的战场上，他曾平定了李成、张用及曹成的兵变，又平定了湖湘地区杨幺的叛乱。经过岳飞跟几位大将的努力，才终于支撑起南宋偏安的局面，因此，赵构一直在给岳飞加官进爵，比如赐给他"精忠"的御笔。对于这一切，岳飞也十分地感激，他曾在《乞出师札子》中说："陛下录臣微劳，擢自布衣，曾未十年，官至太尉，品秩比三公，恩数视二府。又增重使名，宣抚诸路。"

随着岳飞军事上的胜利，他的权力也越来越大，这让赵构对他的戒备心也变得越来越强。其实，从宋朝建国开始，历任皇帝大多是重文轻武，到了徽、钦二帝被金人俘虏之后，赵构为了抗击金人

的进一步入侵，他开始激励各地的将士，以"勤王"为名发展军队，以与金国抗衡。但是这些军队一旦壮大起来，又让赵构起了新的担忧，因为他的祖上赵匡胤就是在领军打仗时，顺便反叛，灭掉了前朝的君王，赵构当然不愿意这一幕在他的身上重演，这也就是他对岳飞又倚重又戒备的深层原因。

宋绍兴七年三月，刘光世被除去兵权，其手下精兵有五万两千人，这支军队归了谁都能壮大实力，于是岳飞向高宗提出，希望这支军队能划归自己。高宗答应了他的请求，同时传令刘光世的部将王德、郦琼等人，让他们听命于岳飞。可是过了不久，赵构又反悔了最初的这个决定，岳飞当然不干，于是跟赵构据理力争，赵构就是不答应。

这个结果让岳飞很生气，他觉得这就是皇帝对自己的不信任，于是他就以守母丧为名，向赵构提出解职回家。还未等皇帝批复，他就自动离职上了庐山。其实岳飞这么做，倒不是意气用事，他应当是想用这种方式来给高宗施加压力，以便让他收回成命。果真，岳飞的这个举措让赵构有些着急，他下了几道御札催岳飞返回军中。

面对皇帝的催促，岳飞却不紧不忙地给皇帝回信说了这样一段话："比者寝阁之命，咸谓圣断已坚，何至今尚未决？臣愿提兵进讨，顺天道，因人心，以曲直为老壮，以逆顺为强弱，万全之效方可。"（《宋史·岳飞传》）

在此信中，岳飞直率地指责皇帝出尔反尔，他的这种说法当然令赵构大感不高兴。岳飞的这种态度更加让高宗感觉到不能给岳飞增兵，于是他就采纳了丞相张浚的建议，把刘光世的部队划归给吕祉管理。这种做法显然不是出于军事上的考量，果真，此后不久就发生了大问题：刘世光的部将郦琼发动了兵变，带着四万多人投降了伪齐。

岳飞返回军队后，出于抗金部署，他又向高宗皇帝要求增兵，这次赵构不再含糊，直截了当地告诉岳飞，这种要求绝不可能答应，《建炎以来系年要录》中载有赵构说的这样一段话："上流地分诚阔远，宁与减地分，不可添兵。今日诸将之兵已患难于分合，末大必折，尾大不掉，古人所戒。今之事势虽未至此，然与其添与大将，不若别置数项军马，庶几缓急之际易为分合也。"

高宗明确地说，军队壮大后就会形成尾大不掉的结果。在这种危急关头竟然有这样的思想，这样的仗怎么可能打得胜？其实，高宗对岳飞的防备也有其自身的原因，而这一点也十分重要，这就是皇权。正因为金人抢走了徽、钦二帝，赵构才临时当皇帝来稳定国家，等两位皇帝返回后，再让他交出皇权。最初他有可能真是这样的想法，但既然当上了皇帝，再让他退位为臣民，这是何等难以接受的事情。

既然赵构当上了皇帝，时间一长就面临着选择接班人的问题。赵构有一个儿子，可惜早年已经去世，而后他再无生育，所以就从太祖的后裔中选了两位幼儿，而后他将这两个孩子养在宫内，以此作为太子的备选。如果赵构仍然承认钦宗是皇帝，那么，这样的做法显然说不通，再加上金国想给处在中原的宋国遗民立个傀儡皇帝，这事情就变得更为复杂。

面对此况，岳飞特意前往建康去见高宗，他反对高宗立皇储的做法。其实岳飞的目的很简单，他是想以此来粉碎金人的阴谋，同时来安抚民心。但赵构不这么想，他认为岳飞是军人，而今却来干涉他家的内政，于是他生气地说："卿言虽忠，然握重兵于外，此事非卿所当预也。"（《建炎以来系年要录》）

岳飞的着眼点是国家的大局，但赵构考虑更多的问题是稳固自己的皇权，这也正是二人矛盾的根本所在。

宋绍兴十一年，南宋再次跟金议和，第二年七月，金人把赵构的母亲韦氏放了回来。韦氏临行之时，钦宗跟韦氏痛哭流涕，他请韦氏回去后转告赵构,希望赵构能向金国提出来,把自己也索要回去,但钦宗也保证,他回去后肯定不再当皇帝。

由此可知,钦宗也知道赵构担心他回去之后争皇位,韦氏答应了钦宗的这个要求。可是回到杭州后,她了解到自己的儿子赵构根本不想让钦宗返回,于是她也就没有提起这件事。可见,岳飞在立储问题上跟赵构观点相左,其重要原因是涉及到是否继续承认钦宗是宋朝皇帝的问题。

也正因如此,所以赵构并不愿意岳飞一味地跟金人作战,如果岳飞真的打败了金人,把钦宗抢了回来,这会让赵构无处安身;同样,如果金人一味地进攻,把南宋的天下彻底打下,那么赵构也就没有皇帝可当。这样的矛盾心理,唯一的解决办法就是保卫好南宋仅存的疆土,而具体办法就是跟金国议和。

对于赵构的这种心态,岳飞一直不接受,他下定决心要灭掉金国,所以他以议和为耻。当年议和成功后,赵构论功行赏,然而岳飞却不接受这样的赏赐,他的这个做法当然让赵构心中充满了猜疑。

同样把岳飞视为眼中钉者,当然还有金人,如果不是岳飞的顽强抵抗,金人早已拿下了南宋的天下。比如绍兴十年五月,金人撕毁合约,分兵四路攻打南宋。这个过程中,他们遭到了宋军的抵抗和反击,没能实现灭掉南宋的愿望,因此到了转年八月,金人就放回了扣押着的宋国使臣,而后再次议和。绍兴十一年十一月,金兀术在给赵构的第三封信中说:"其间有不尽言者,一一口授,惟详之。"(《建炎以来系年要录》)

金兀术说,有些话在信中不便直谈,他会专门派人捎口信给赵构。他捎去了怎样的口信?这就成为了后世猜测的重点,而大多数研究者认为,金兀术有可能跟赵构说:和谈的条件之一,就是要先杀掉岳飞。所以,杀岳飞成为了和谈的首要条件。而这样的说法可由岳飞之孙岳珂在《金佗稡编》卷八中的说法为旁证："查吁尝谓人曰：'虏自叛河南之盟，岳飞深入不已，桧私于金人，劝上班师。金人谓桧曰：尔朝夕以和请，而岳飞为河北图，且杀吾婿，不可以不报。必杀岳飞，而后和可成也，桧于是杀先臣以为信。'"

岳珂在这里引用了查吁的传言，查说金人撕毁合约，而岳飞却坚持与他们战斗，秦桧因为偏向于金人，所以他劝皇帝命岳飞撤兵。而金人跟秦桧说：你们总来讲和，但岳飞却跟我们作战，所以，只有把岳飞杀掉了，才有可能和谈。

以上这段记载出自于《金佗稡编》卷八中的《鄂王行实编年》，然在该书的卷二中又说"兀术遗桧书"就是把上一段的金人之说实指为金兀术，说金兀术给秦桧写了封信，告诉他和谈的前提条件就是要处死岳飞。

然而清代史学家赵翼认为这种说法有问题，赵认为秦桧早年主要是跟金人挞懒有密切来往，而与金兀术之间没什么关系，所以赵觉得"兀术致书秦桧之不可信"（《陔馀丛考》卷二十）。

有些学者认为，赵翼的考证有道理，所以他们觉得《金佗稡编》中的那段记载是岳珂编造出来的。对于这样的说法，穆朝庆、任崇岳认为岳珂说的没有问题，他们在《关于岳飞死因与死责的几点看法》一文中说："兀术与挞懒之间虽有矛盾，但属于金朝统治集团内部的政治斗争，在对宋的策略上有些差别，可让南宋臣服的最终目的则是一致的。秦桧既然可以与挞懒相通；那么，在挞懒死后，为了议和，他自然会与金方的全权代表兀术相勾结。"

由以上的这些情况可知，岳飞之死的重要原因，是他跟高宗之间在一些重要问题上的分歧。虽然他的死刑是由秦桧来执行，但后世把所有的罪责扣在秦桧头上，如此想来，倒也不是很公平。明代的文徵明也写了一首《满江红》，他的这首词正表明了岳飞之死的真正原因：

> 拂拭残碑，敕飞字依稀堪读。慨当初倚飞何重，后来何酷！果是功成身合死，可怜事去言难赎。最无辜，堪恨更堪怜，风波狱。
>
> 岂不念，中原蹙？岂不惜，徽、钦辱？但徽、钦既返，此身何属？千古休夸南渡错，当时自怕中原复。笑区区一桧亦何能，逢其欲！

文徵明这首《满江红》的下阕点明了高宗赵构的心态，作为高宗，他当然也想着一统天下，把被金人占领的中原再夺回来，他也想以此来报仇雪恨，但问题是，如果真的把徽、钦二帝抢回来，自己将何以安身呢？所以说，高宗最怕的就是恢复中原，而岳飞却拼尽全力要反攻中原，这让高宗是何等的恼怒。所以，文徵明在该词的最后一句说：这个小小秦桧有什么本事，他不过就是应和了高宗的心态而已。

岳飞成了特殊时代的牺牲品，他的死广为后世仁人志士扼腕痛惜，故而他的作品也成了后世广泛歌咏的名篇，最为人们熟悉者，当然是那首读来慷慨激昂的《满江红》：

> 怒发冲冠，凭栏处，潇潇雨歇。抬望眼，仰天长啸，壮怀激烈。三十功名尘与土，八千里路云和月。莫等闲，白了少年头，空悲切！
>
> 靖康耻，犹未雪；臣子恨，何时灭。驾长车，踏破贺兰山缺。壮志饥餐胡虏肉，笑谈渴饮匈奴血。待从头，收拾旧山河，朝天阙！

岳飞：壮志饥餐胡虏肉，笑谈渴饮匈奴血　　281

对于这首词，后世有着广泛的夸赞，比如魏礼在《邹幼圃诗余序》中说："诗余萌芽于隋唐，至有宋特盛，陆游云：诗至晚唐五季，气格卑陋，而长短句独精巧高丽，后世莫及者。盖伤之也。乃其盛时，惟欧、秦数家推为擅场，即子瞻未能无讥。而予于范希文、辛稼轩、岳忠武诸作，又颇嗜之，盖其音节激昂顿挫，足以助其雄轶之气，比之于诗，似有美在咸酸之外者，虽非诗余本体，要以圆浑流畅，不蹈子瞻之所以取讥也。"

魏礼在这里回溯了词的来由，他将词的萌芽追溯到了隋唐，而后谈到了辛弃疾和岳飞的词作，魏说自己十分喜爱，原因是岳飞的词作读来让人慷慨激昂。

而孙兆溎在《片玉山房词话》中称："词以蕴蓄缠绵、波折俏丽为工，故以南宋为词宗。然如东坡之'大江东去'，忠武之'怒

△《诸葛武侯行兵遁甲金函玉镜海底眼》六卷，清木活字本，岳飞序一　　△《诸葛武侯行兵遁甲金函玉镜海底眼》六卷，清木活字本，岳飞序二

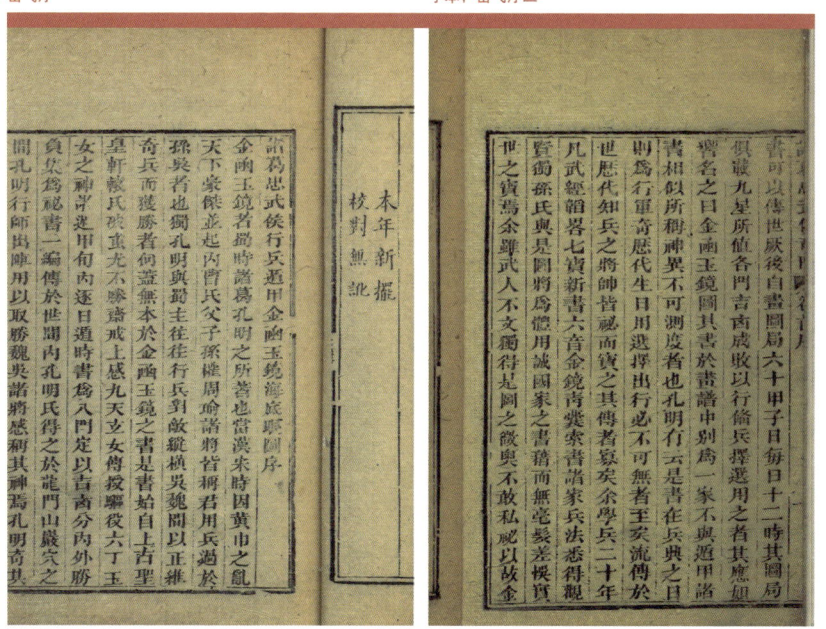

发冲冠',令人增长意气,似乎两宋不可偏废。"

关于岳飞词作的风格,况周颐在《历代词人考略》卷二十四中说过这样一段话:"岳忠武王孙珂所著《桯史》,录王之遗著,词仅二阕,即《小重山》、《满江红》是也。尝谓两宋词人,唯文忠苏公足当'清雄'二字,清可及也,雄不可及也。鄂王《满江红》词,其为雄,并非文忠所及。二公之词皆自性真流出,文忠只是诚于中形于外,忠武真是先行,其言而后从之,盖千古一人而已。"

况周颐拿岳飞跟苏东坡进行比较,他认为东坡在有些方面当然超过了岳飞,但那种雄壮之气,他却赶不上岳飞。

岳飞的英勇事迹使得他的这首《满江红》响彻天下,故当代对岳飞这首词作的评价,也更多是将此词视为英雄的作品,比如唐圭璋在《唐宋词简释》中说:"此首直抒胸臆,忠义奋发,读之足以起顽振懦。起言登高有恨,并略点眼前景色。次言望远伤神,故不禁仰天长啸。'三十'两句,自痛功名未立、神州未复,感慨亦深。'莫等闲'两句,大声疾呼,唤醒普天下之血性男儿,为国雪耻。下片承上,明言国耻未雪,余憾无穷。'驾长车'三句,表明灭敌之决心,气欲凌云,声可裂石。着末,预期结果,亦见孤忠耿耿,大义凛然。"

然而,这首著名的《满江红》在后世却有着广泛的争论,这种争论的起因是由余嘉锡所发起的。上世纪 30 年代,余嘉锡经过一番考证后,认为岳飞的这首《满江红》是由明代人所伪造的,他所作的《四库提要辨证》卷二十三录有《岳武穆遗文一卷》,他在此卷中称:

考李桢(按:为明左佥都御史)刻本《武穆集》卷五,有赵宽刻《满江红》词牌记云:"镇守麦公,重修岳武穆王庙成。……既又读王所制满江红词,叹曰:'思深哉!盍表而出之以示人。

因议刻石置之西庑，三司诸公咸乐观厥成，俾宽书之。'碑中所言镇守麦公者，盖指弘治时浙江镇守太监麦秀也。……赵宽，字粟夫，吴江人，成化辛丑进士，历官浙江提学副使、广东按察使、……至《满江红》词，则麦秀实始付刻，其字为宽所书，非飞之亲笔。然宽不言所据为何本，见之于何书。来历不明，深为可疑，……《满江红》词不题年月，亦不言作于何地，故无破绽可指，然不见宋之人之书。疑亦明人所伪托。"

余嘉锡在这段话中，认为岳飞的这首《满江红》最早是出自明成化间赵宽所书之碑，此碑所刻不是岳飞的笔体，同时赵宽也没有说明他从哪里抄录来的岳飞这首词，更何况这首词在宋代其他人的文集中也未曾提到，所以，他认为这首词有可能是明代人所伪造的。

既然如此，那为什么岳飞的这首词传遍了大江南北？余嘉锡又在《辨证》一书中做了如下的描述："自徐阶收此等诗词入岳集，李桢从之，嘉靖间钱如京刻《桯史》，又取而附之卷末，后之重编武穆文者，若单恂、黄邦宁、梁玉绳等，复录《桯史》转录入集。而李桢、单恂更增以伪作。于是传播遍天下。而《满江红》词尤脍炙人口，虽妇人孺子，无不解歌之者，不知其为本也，四库馆诸臣，何其一无鉴别也哉。……至其为岳珂所未见，鄂王家集所无有，突出于明之中叶，则学者不可不知也。"

余嘉锡在这里提出，既然是岳飞的作品，那他的孙子岳珂在各种书中为何没有收录？所以，他指责四库馆臣没有仔细辨析就把岳飞的这阕词收录进《四库全书》中。

余嘉锡所给出的这个判断，也受到了一些学者的反驳，比如邓广铭就写过《论岳飞的〈满江红〉词不是伪作》，该文中称："南宋人赵与时编写的《宾退录》中记载了岳飞一首诗，这首诗岳霖、岳珂都未收录。"

邓广铭认为，岳珂没有收录该词并不能证明这首词不是岳飞的作品，因为其他人的作品中也收录了岳飞的一首诗，而该诗是南宋人所收录者，可是这首诗也同样没有被岳珂收录进去，因此邓认为，没有被岳珂收录并不能认定这就不是岳飞的作品。

持同样观点者，还有唐圭璋先生，他在《岳飞"怒发冲冠"词不能断定是伪作》一文中说："近人谓岳飞'怒发冲冠'为伪作，其理由有二：一、宋元人载籍不录此词。二、岳飞孙岳珂所编《金佗稡编》及宋陈郁《话腴》不录此词。余以为此二说，皆不足以证明此词是伪作。宋词不见于宋元载籍而见于明清载籍者甚多，……可见岳飞词翰犹有遗翰，亦不能谓之为伪作。至'怒发冲冠'词中所谓'胡虏、匈奴、贺兰山'皆借古喻今，并非实指，尤不足证其为伪作。"

对于余嘉锡的这个判断，夏承焘表示赞同，他写了篇《岳飞〈满江红〉词考辨》一文，发表在1962年9月16日的《浙江日报》。夏承焘在此文中提出了一个重要的疑问，那就是《满江红》一词中的"踏破贺兰山缺"："此地理常识说，岳飞伐金要直捣黄龙府（在今吉林省），而贺兰山在今甘肃河套之西。这词若是岳飞之作，不应方向乖背如此。"

夏承焘认为，岳飞的目的是讨伐金国，他要直捣黄龙府，而黄龙府在今日的吉林省，贺兰山却在方向相反的甘肃，显然，甘肃的贺兰山不是岳飞要进攻的方向。也有人提出贺兰山不是实指，仅是个泛称，为此夏承焘回答说："我所见唐诗宋词，记不起有用'贺兰山'泛称边塞的，《列朝诗集》载明代中叶人作西北边防诗，用'贺兰山'的颇多，也都是实指而非泛称。"

为了印证自己的判断，夏承焘在该文中接着说："南宋时人实指宋金边界的，多用兴元（今汉中）以北的大散关；如陆游诗'铁马秋风大散关'、'大散关头又一秋'等是，从来没有用贺兰山称。因为贺兰山那时实属西夏的兴庆府，非金国的地域，它和南宋国境中还隔着金国泾、渭流域的庆原路、凤翔路一大片土地，假使金人攻西夏，可以说'踏破贺兰山缺'，南宋人是决不会如此说的。"他用这些实例来表明南宋人绝不会用贺兰山来代称金人所占领的领土。

那到了什么时候才有了这样的称呼呢？经过一番考证，夏承焘认为："我疑心'踏破贺兰山缺'是明代中叶以后的一句抗敌口号，在南宋是决不会有这话的。我推测这词的作年，大概是在英宗天顺间（那时鞑靼族始入居河套）至孝宗弘治十五年（那年赵宽写岳坟词牌）这四、五十年之中。……"

对于夏承焘的这个认定，也有的学者认为，《满江红》中所提到的贺兰山不是宁夏的那一座，同时也不是泛指。比如台湾的李安就认为岳飞在词中所说的贺兰山，处于今天河北省的磁县。而后在1985年第三期的《文学遗产》上刊发有王克、孙本祥、李文辉合写的《从贺兰山看〈满江红〉词的真伪》，该文中有这样一段分析："据我们所知，以'贺兰'命名的山脉有两座。其一，坐落于宁夏回族自治区境内；另一，坐落于河北磁县境内。我们认为《满江红·怒发冲冠》中提及的贺兰山，始见于《满江红·怒发冲冠》一词，它虽默默无闻，可与宋金战争有着千丝万缕的关系，亦与岳飞及其军事生涯有着千丝万缕的关系。那里当南北官道要冲，为历代兵家必争之地，是宋金交兵的战场。在南宋抗金的将领中，只有岳飞深刻认识到了那里的战略意义。为了抗击金兵南下，岳飞早期曾在这里战斗了六个年头，……"

而后此文又做出了这样的结论："《满江红·怒发冲冠》中出现

的'驾长车踏破贺兰山缺'之句,不仅不能成为怀疑此词出自岳飞之手的依据,正是它,恰恰有力地证明了,此词只能出自岳飞之手。"

既然有人怀疑这首《满江红》不是岳飞的作品,那他们认为应当是何人所作呢?怀疑派也没能达成统一的意见,有人认为此词是南宋刘克庄所撰,也有人说这是元代的一位南

△ 岳珂撰《鄂国金陀粹编》二十八卷,清光绪九年浙江书局刻本,卷首

儒所撰。余嘉锡怀疑是明代人的作品;夏承焘则觉得该词有可能是明代人王越,或者是他的幕僚所作;而张政烺则认为是明代桑悦所作。究竟是如何?那只能等专家们做出结论吧。

对于这样的争论,龚延明先生做出了调和的态度,他在《岳飞研究》一书中说:"笔者以为,'贺兰山'是泛指,而非实写,和爱国诗人陆游的'壮图万里战皋兰'、汪元量的'厉鬼终须灭贺兰'一样,是抒发作者的抗敌决心。有学者认为'贺兰山'为河北磁县的贺兰山,意即冲出贺兰山,直驱金兵心腹之地,消灭他们。这种说法亦对,与原词的旨趣不悖。"

而岳飞的另一首词则是《小重山》:

昨夜寒蛩不住鸣。惊回千里梦,已三更。起来独自绕阶行。人悄悄,帘外月胧明。

白首为功名。旧山松竹老,阻归程。欲将心事付瑶琴。知音少,弦断有谁听?

这首词从语调上讲,跟《满江红》差异很大,比如陈廷焯在《词则·放歌集》中说:"苍凉悲壮中,亦复风流儒雅。"

为什么有这样的反差?清沈雄在《古今词话》中说:"《话腴》曰:武穆收复河南罢兵表云:'莫守金石之约,难充溪壑之求。暂图安而解倒悬,犹之可也。欲远虑而尊中国,岂其然乎。'故作《小重山》云:'欲将心事付瑶琴。知音少,弦断有谁听?'指主和议者。又作《满江红》,忠愤可见,其不欲等闲白了少年头。可以明其心事。"

看来,此词是岳飞作于被罢了兵权之后,因为他觉得自己的心境没人能够理解。故而郑方坤在《论词绝句》中写了这样一首诗:

故山松竹梦难寻,半壁东南已陆沉。
最是鄂王写哀愤,欲将心事付瑶琴。

在郑方坤看来,这首《小重山》正表明了岳飞的哀愤心境。

因此,明代张廷在《草堂诗余别录》中将《满江红》和《小重山》进行了比较:"怒发冲冠之词,固足以见忠愤激烈之气,律以依永之道,微似非体,不若《小重山》托物寓怀,悠然有余味,得风人讽咏之义焉。"

面对这样的处境,岳飞不知自己究竟怎样做才好,这首词写出了他在那一刻心态的彷徨。人生不知何时会处在怎样的处境里,他那一刻的心境应该是少有人能够真切体会到。

岳飞墓位于浙江省杭州市西湖区北山路80号,栖霞岭南麓。岳飞墓在岳王庙内,门票25元,说来惭愧,二十多年来,到杭州无数,我还是第一次到这里来朝拜这位英雄。雪中的景区很是漂亮,进门

△ 文保牌

即是正殿，上面写着"心昭天日"，进入大殿，正座上的岳飞雕像正在搭着脚手架维修，四周的墙上彩绘着一些关于岳飞的脍炙人口的故事场景，岳飞雕像的顶上挂着个巨大的匾额，上面写着岳飞的那个名句——还我河山，字体为草书，无落款，不知是否是模仿岳飞的笔迹。

从岳王庙出来，从右手侧进入另一个院落，院门很小，是典型的石库门制式，门楣上写着"一门忠孝"，沿此门进入即是岳飞墓园，墓园门口的介绍牌上写着：

岳飞墓园

岳飞墓园分墓园和陵园两部分。岳飞墓为南宋绍兴三十二年（1162）朝廷以礼改葬岳飞遗骸之处，历代屡有修缮。墓前"宋岳鄂王墓"碑和石像生为明代遗物。"鄂王"，为南宋嘉泰四年（1204）宋宁宗追封给岳飞的王爵，寓有岳飞的功烈"与鄂相终始"之意（鄂为鄂州，即今湖北武昌，岳飞曾被封为"武昌郡开国侯"）。墓旁为岳云墓，岳云（1119—1142），岳飞长子，12岁时随父从军抗金，后与岳飞一同含冤遇难。墓阙两侧面墓而跪的是诬害岳飞的秦桧、王氏、万俟卨、张俊四人铁像。出墓阙为陵园，甬道尽头为"尽忠报国"照壁，南、北两侧各有碑廊一列，陈列128块历代碑刻。

在门的两侧各跪着两个铁像，那就是那四个与岳飞死有关的人。其实关于岳飞的死，我在前面已经提到，秦桧不是做出决定的人，

岳飞：壮志饥餐胡虏肉，笑谈渴饮匈奴血

△ 墓券门旁的对联

△ 心昭天日

△ 尽忠报国

有可能他出了主意，但要赐死岳飞，没有皇帝的命令，秦桧也做不到。但这个屎盆子既然扣在了秦桧头上，他也只能千余年来永远背着这个骂名。

传说乾隆十年状元秦大士曾跟袁枚同游西湖，来到岳飞墓前，大家议论着跪在墓前的秦桧铁像，有人故意让秦大士对秦桧的跪像写对联，秦大士不愿意，因为他跟秦桧同姓，故不好说什么，袁枚随口吟出了上联"人于宋后羞名桧"，秦大士只好接着这上联说"我到坟前愧姓秦"。据清代钱泳《履园丛话》记载，乾隆年间，曾任翰林院修撰、常侍从乾隆左右的秦涧泉是秦桧的后代，乾隆偶问："你果真是秦桧之后？"秦涧泉答曰："一朝天子一朝臣。"

如今这两对铁像分别用铁栅栏围了起来，他们的身上落满了雪，后墙上还挂着一个警示牌：文明游览，请勿吐痰。据说自从立了这个铁像之后，来到此处的游客都冲着这四个铁像吐痰，简直成了公共痰盂。铁像进门处的两个石柱上刻着"青山有幸埋忠骨，白铁无辜铸佞臣"，我觉得将"白"字改为"黑"字似乎更符合事实。

△ 岳飞座像正在维护之中

铁像的正前方即是岳飞墓的墓道，左右两侧立着六对石像生，显现着岳飞墓规格之高，墓在两级平台之上，正中的墓碑上写着"宋岳鄂王墓"，旁边有个略小的墓为其子岳云的。而岳云的墓碑不是正向，而是与岳飞墓呈四十五度，这大概是在表示一种谦恭吧。

△ 岳飞父子墓

陆游：此身谁料，心在天山，身在沧洲

陆游在中国文学史上的形象，首先是一位大诗人，因为他一生总计创作了近万首诗，而词作仅有143首，两相比较，词跟诗完全不成比例。宋淳熙十六年，陆游整理完自己的词集，而后写了篇《长短句序》，其在序中称："少时汨于世俗，颇有所为，晚而悔之；然渔歌菱唱，犹不能止。今绝笔已数年，今旧作终不可掩，因书其首，以识吾过。"

由这段自序知，他的词作大多创作于年轻时，晚年整理自己的词集时，后悔当年写这么多的词。这至少可以证明他在年轻时颇喜作词，然而到了晚年，不知出于什么原因，悔其少作，但仍然会偶尔为之，并且，他没有舍弃这些词作，还是将其结集出版。欧明俊在《陆游研究》一书中对陆游的诗词比例做了统计："《剑南诗稿》凡八十五卷计九千多首，而晚期作品竟占六十五卷，近六千五百首之多。词与诗的情形恰好相反，晚年仅有三首。"

陆游晚年写了六千五百多首诗，而词仅作了三首，如此说来，这三首词与他那大量的诗作比起来，连偶尔为之都算不上。但毕竟陆游是文学大家，他的这些偶尔为之，依然受到了后世的广泛夸赞。《四库全书总目》在给《放翁词》所写的提要中，就有如下的评价："游生平精力尽于为诗，填词乃其余力，故今所传者，仅及诗集百分之一。刘克庄《后村诗话》谓其时掉书袋，要是一病。杨慎《词

品》则谓其纤丽处似淮海，雄快处似东坡。平心而论，游之本意，盖欲驿骑于二家之间，故奄有其胜，而皆不能造其极。要之诗人之言，终为近雅，与词人之冶荡有殊。其短其长，故具在是也。"

四库馆臣说，陆游的主要精力用在了写诗方面，填词乃是偶尔为之，所以他的词仅是诗的百分之一，而提要中又引用了刘克庄对陆游的评价，刘认为陆游的词有用典过多、掉书袋的毛病；同时，杨慎评价陆游词写得婉约的部分像秦观，而豪放的部分则有东坡风格。四库馆臣则觉得，以陆游的本意，他是想将这两者合二为一，可惜的是，无论婉约还是豪放，陆游都没有能超过这两个人，为什么会出现这样的结果呢？四库馆臣认为，这是陆游偏重诗作造成的，因为诗讲求雅正，词讲求冶荡，所以作为大诗人的陆游，也就很难在词作方面同样出表现的极端。

刘克庄的原话出自《跋刘叔安感秋八词》："长短句昉于唐，盛于本朝。余尝评之：耆卿有教坊丁大使意态；美成颇偷古句；温、李诸人，苦于捋搔；近岁放翁、稼轩，一扫纤艳，不事斧凿，高则高矣，但时时掉书袋，要是一癖。"后村说，词产生于唐，而盛于宋，接着评价了几位大词人的不同风格，他讲到了柳永、周邦彦、温庭

△ 陆游撰《放翁词》清光绪十四年钱塘汪氏刻《宋名家词》本，卷首

筠及李煜等人，又说近年陆游和辛弃疾的出现一下子扫荡了词坛上的纤艳风格，具有高昂的气概，惟一的瑕疵是两人的词都有着掉书袋的毛病。

从这段话的语气来看，刘克庄依然在夸赞陆、辛，并没有把掉书袋这件事看得有多严重，例如他在《翁应星乐府序》中又有着这样的赞语："至于酒酣耳热，忧时愤世之作，又如阮籍、唐衢之哭也。近世唯辛、陆二公有此气魄。"在这里，刘克庄依然夸奖着陆、辛的气魄，看来在他眼中，雄浑才是陆游词作的本色。在《后村诗话续集》卷四中，刘克庄又对陆游的词做了风格上的分类："放翁长短句，其激昂感慨者，稼轩不能过；飘逸高妙者，与陈简斋、朱希真相颉颃；流丽绵密者，欲出晏叔原、贺方回之上。"

对于刘克庄的这段话，高利华在《亘古男儿——陆游传》中作出了这样的评价："这番话自有过誉之处，却概括了放翁词的三类题材风格，即抒写匡复河山、忧时忠愤、'激昂感慨'的爱国词；寄情山水风月、'飘逸高妙'的隐逸词；抒发男女闺情春怨、'流丽绵密'的恋情词。陆游现存的140多首词，主要集中在抒怀、隐逸、恋情三类题材。"由此可知，陆游词流传至今者虽然仅百余首，其风格却有着多样性。而四库馆臣所述及的明代杨慎评语，其实是有针对性的，杨慎在《词品》卷五中说："放翁词纤丽处似淮海，雄慨处似东坡。其《感旧》〔鹊桥仙〕一首：'华灯纵博……'英气可掬，流落亦可惜矣！其'坠鞭京洛，解珮潇湘。欲归时，司空笑问，渐近处，丞相嗔狂'，真不减少游。"

杨慎所指的这首《鹊桥仙》，全词如下：

华灯纵博，雕鞍驰射，谁记当年豪举。酒徒一一取封侯，独去作、江边渔父。

轻舟八尺，低篷三扇，占断蘋洲烟雨。镜湖元自属闲人，又何必，君恩赐与！

就流传广度而言，该词并非陆游词中的名篇，然细品该词，能够看到陆游晚年虽然退居绍兴，但心中的不平气依然时时涌动，尤其最后三句，他暗用了贺知章的典故，以此来表达睥睨一切的心态。

若以名气论，陆游的词作当然是那首《钗头凤·沈园题壁》最为后人所乐道：

红酥手，黄藤酒，满城春色宫墙柳。东风恶，欢情薄，一怀愁绪，几年离索。错错错。

春如旧，人空瘦，泪痕红浥鲛绡透。桃花落，闲池阁，山盟虽在，锦书难托。莫莫莫。

这首词的创作背景也为后世所津津乐道。其本事书上都有记载，例如《齐东野语》等等，我引用其中一段如下："陆务观初娶唐氏，闳之女也，于其母夫人为姑侄。伉俪相得，而弗获于其姑。既出，而未忍绝之，则为别馆，时时往焉。姑知而掩之，虽先知挈去，然事不得隐，竟绝之，亦人伦之变也。唐后改适同郡宗子士程。尝以春日出游，相遇于禹迹寺南之沈氏园。唐以语赵，遣致酒肴，翁怅然久之，为赋《钗头凤》一词。"当年陆游娶了表妹唐婉，按说两家人本来就是亲戚，但不知什么原因，虽然夫妇二人处得很好，但是婆婆却容不下这个儿媳，没办法，陆游只好在外面给唐婉搞了套房子，两人继续偷着来往，但后来还是让他母亲发现了，她坚决的将儿媳赶回了娘家。后来唐婉又嫁给了本地另一人，某天春游时，陆游在沈园遇到了唐婉夫妇，看来这位唐婉倒是很落落大方，她把自己的故事告诉了现任丈夫，同时请其丈夫置办酒席，来招待陆游。这样的酒席让陆游吃得很难受，而后他就在沈园的墙壁上题下了这首词。

按照书上的记载，此后的陆游还写过多篇诗作怀念唐婉。而他所作的这首《钗头凤》，因为感情真挚，于是广为流传，也被唐婉看到了，于是唐婉也和了一首《钗头凤》：

> 世情薄，人情恶，雨送黄昏花易落。晓风干，泪痕残，欲笺心事，独倚斜阑。难难难！
>
> 人成各，今非昨，病魂常似秋千索。角声寒，夜阑珊，怕人寻问，咽泪妆欢。瞒瞒瞒！

据说，唐婉写此词后不久，就因抑郁而死。以我的想象，这种说法在一定程度上是后世的附会，因为在宋朝，离异再婚并不是一件很大的事情，何况从唐婉跟后夫的关系来看，他们的相处也还不错。虽然她怀念前夫，但也不太可能为此而死。当然，事实如何，我也不知道，只能做这种随意的推测了。就陆游的经历来说，虽然他也想念前妻，但也不会像后人所认为的那样，是如何的痛苦与难受。比如《随隐漫录》卷五中记有这样一段八卦："陆放翁宿驿中，见题壁云：'玉阶蟋蟀闹清夜，金井梧桐辞故枝。一枕凄凉眠不得，呼灯起作感秋诗。'放翁询之，驿卒女也，遂纳为妾。方余半载，夫人逐之。妾赋《卜算子》云：'只知眉上愁，不识愁来路。窗外有芭蕉，阵阵黄昏雨。晓起理残妆，整顿教愁去。不合画春山，依旧留愁住。'"

某天陆游住在驿站，看到墙壁上的一首诗写得不错，一打听，原来是驿站工作人员的女儿所写，于是陆游就把她纳为了妾，可是仅过了半年,这位妾就被陆游的夫人赶走了,由此可知,他后娶的老婆是位悍妇,由此推论起来,他想念唐婉,倒也有些缘由。

陆游的这次纳妾虽然半途而废,但并没有阻止他在这方面的追求。《齐东野语》卷十一中又录有这样一段话:"蜀娼类能文,盖薛涛之遗风也。放翁客自蜀挟一妓归,蓄之别室,率数日一往。偶以病少疏,妓颇疑之。客作词自解,妓即韵答之云:'说盟说誓,说情说意,动便春愁满纸。多应念得脱空经,是那个先生教底?不茶不饭,不言不语,一味供他憔悴。相思已是不曾闲,又那得工夫咒你。'或谤翁尝挟蜀尼以归,即此妓也。"

陆游46岁时到四川任职,工作了8年之后,直到54岁才得以奉旨东归,而返回的同时,他带回了一位四川妓女。显然他的夫人不能容之,于是只好给此女另外弄了一套房子,有空时就前去见此女。可是有一段时间陆游生病,去看此女的次数少了,于是引起了此女的疑心,两人以作词的方式进行解释。这件事后来被人听说后,就有人造谣说陆游曾经从四川带回来一位尼姑,就是现在的这个妓女。这样的传说显然对放翁不利,但也由此说明,陆游不仅在性格有着豪放的一面,同时也是位儿女情长之人。

他曾经给韩侂胄写了篇《南园记》,为此受到了后世的诟病。其实从相关记载来看,陆游本不愿意写此记。《隐居通议》卷二十一中称:"韩侂胄颛政,方修南园,欲得务观为之记,峻擢史职,趣召趣阙。务观耻于附韩,初不欲出。一日,有妾抱其子来前,曰:'独不为此小官人地耶?'务观为之动,意为侂胄作记。是由失节,清议非之。"以陆游那种正直的性格,他当然不愿意去巴结韩侂胄,但是有天,他的一个小妾抱着小孩子来跟陆游哭诉,言外之意是说,你不替大人着想,总要替孩子想一想。陆游一见孩子,马上心软了,于是就给韩侂胄写了那篇《南园记》,看来这也是典型的英雄气短。

陆游所作之词，以雄浑来说，当以这篇《诉衷情》最为有名：

当年万里觅封侯，匹马戍梁州。关河梦断何处？尘暗旧貂裘。
胡未灭，鬓先秋，泪空流。此生谁料，心在天山，身老沧洲。

这首词应是陆游晚年所作。65岁时，陆游被免除礼部郎中的官职，回到家乡绍兴，居住在了湖边。这个时段长达20年。虽然期间曾有一度赴临安编修实录，但那段时间很短暂，更多的时间是在家乡整理他的藏书，并且写了大量的诗作。而这首词正表明了他虽然身在野，心中仍然关心着朝廷，他想像着被胡人占领的大片国土还可以收回，然而现实中的他已经垂垂老矣，这样的心境真的让人情何以堪。

这样的词作突显出一种别样的壮气，王士禛在《倚声集序》中对他有着这样的总结："温、和生而《花间》作，李、晏出而《草堂》兴。此诗之余而乐府之变也。诗余者，古诗之苗裔也。语其正，则南唐二主为之祖，至漱玉、淮海而极盛，高、史其嗣响也；语其变，则眉山导其源，至稼轩、放翁而尽变，陈、刘其余波也。有诗人之词，唐、蜀、五代诸人是也；有文人之词，晏、欧、秦、李诸君子是也；有词人之词，柳永、周美成、康与之属是也；有英雄之词，苏、陆、辛、刘是也。"

王渔洋从温庭筠、和凝讲起，而后提到了诗与词之间的关系，到南宋之时，渔洋称词风至辛弃疾和陆游而大变，他把五代之前的词称之为"诗人之词"，而把晏殊、秦观等人的词称之为"词人之词"，同时他又说，陆游、辛弃疾的词可以称之为"英雄之词"，他的这句赞语应该指的就是陆放翁以上的词风吧。

陆游在豪放的同时，有着自己的达观，例如他所写的一首《鹧鸪天》：

家住苍烟落照间，丝毫尘事不相关。斟残玉瀣行穿竹，卷罢黄庭卧看山。

贪啸傲，任衰残，不妨随处一开颜。元知造物心肠别，老却英雄似等闲。

这首词写得十分豁达，陆游说自己居住在美丽的自然中，不再关心那些繁杂的尘事，他可以找任何机会让自己快乐起来，这正是他达观人生的一种展现。

然而就整体来看，他的达观只是一时的言论，陆游词中更多的是忧国忧民的爱国之情，比如这首《水龙吟·春日游摩诃池》：

摩诃池上追游路，红绿参差春晚。韶光妍媚，海棠如醉，桃花欲暖。挑菜初闲，禁烟将近，一城丝管。看金鞍争道，香车飞盖，争先占、新亭馆。

惆怅年华暗换，黯销魂，雨收云散。镜奁掩月，钗梁拆凤，秦筝斜雁。身在天涯，乱山孤垒，危楼飞观。叹春来只有，杨花和恨，向东风横。

对于该词，黄苏在《蓼园词评》中予以了这样的评价："放翁一生忧国之心，触处流出，无非一腔忠爱。

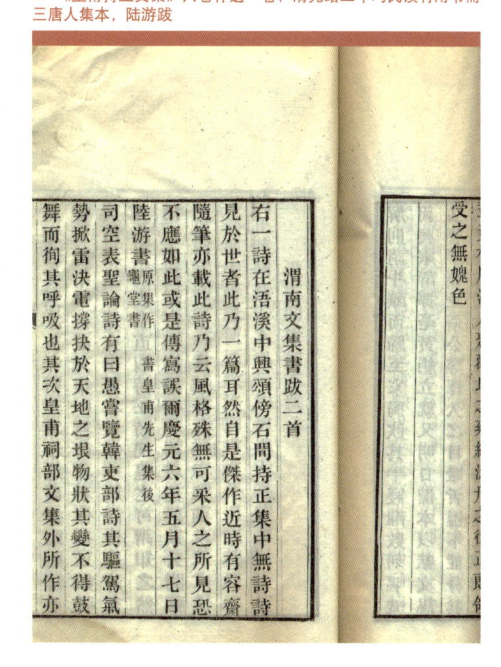

△《皇甫持正文集》六卷补遗一卷，清光绪二年冯氏读有用书斋三唐人集本，陆游跋

此词辞虽含蓄,而意极沉痛。盖南渡国步日蹙,而上下安于逸乐,所谓'一城丝管',争占亭馆也。次阕,自叹年华已晚,身安废弃,流落天涯,不能为力也。结句'恨向东风满',饶有沉雄郁勃之致,跃跃纸上。"黄苏说,陆游一生都有着忧国之心,这首词虽然写得含蓄,但仍然是表达他对国事的担忧。南宋建立之后,国家始终处在危急之中,然而无论是皇帝还是大臣却都沉缅于安逸,少有人会真心的替国家着想。陆游感慨于自己年事已高,却不能为国出力,只能将自己的愁绪像杨花那样飘满于天地。

这样心态的词作,陆游还写过一首《南乡子》:

> 早岁入皇州,樽酒相逢尽胜流。三十年来真一梦,堪愁,客路萧萧两鬓秋。
> 蓬峤偶重游,不待人嘲我自羞。看镜倚楼俱已矣,扁舟,月笛烟蓑万事休。

陆游回忆着他的少年侠气,觉得这样的英姿飒爽已然过去,感慨于自己白了少年头。他以自嘲的口吻感叹着自己在国事上的无所作为,而今只能任时光流去,这样的蓬勃心态只能淹没在衰草枯柳之中。

如前所言,后世学者提到陆游的词,总把他跟辛弃疾并提,而陈廷焯认为二人在词风上还是有所区别,陈在《云韶集》中说:"放翁、稼轩扫尽绮靡,别树词坛一帜,然二公正自不同,稼轩词悲而壮,如惊雷怒涛,雄视千古;放翁词悲而郁,如秋风夜雨,万籁呼号,其才力真可压于稼轩。"在这里,陈廷焯认为陆游的才力超过了辛弃疾。对于陆游的爱国之心,陈廷焯也作了这样的评价:"人谓放翁颓放,诗词一如其人,不知处放翁之境,外患既深,内乱已作,不得不缄口结舌，托于颓放，其忠君爱国之心实与子美、子瞻无异也。读先生词，不当观其奔放横逸之处，当观其一片游离颠沛之思，哀而不伤，深得风人大旨。后之处乱世者有以法矣。"

《宋史·陆游传》中有这样一段话："范成大帅蜀，游为参议官，以文字交，不拘礼法，人讥其颓放，因自号放翁。"看来，放翁之号，是得自于他人对陆游的讽刺，是颓放之意。但是，陈廷焯却认为，陆游以此为号，更多的是一种自嘲和隐忍，因为陆游所处的南宋时代，内忧外患，形势十分紧张，所以陆游只能以此来隐藏自己的忧国之心，而他的这种爱国心态，跟杜甫、苏轼没有什么区别。所以陈认为，细品陆游的词，不要只看他写得多么豪放，更要从中体味他那种哀而不伤的爱国之情。

关于陆游的遗迹，在绍兴总计有两处，最有名的当然是沈园，因为那是他跟唐婉故事的发生地，可惜我前往沈园的时候正赶上大雨，沈园的大门紧闭，我无从探知里面情形，而这段吃闭门羹的故事我已经写入了《觅诗记》中。陆游还曾有一度住在了云门寺，关于云门寺的寻访，我也详细写入了《觅诗记》内，那段奇特的经历给我印象十分深刻。而陆游还有一处纪念地则是在杭州，

△ 陆游纪念馆铭牌

△ 陆游纪念馆外观

故而在杭州寻访之时,我再次到那里去寻找跟他有关的遗迹。

陆游纪念馆地址位于杭州市下城区孩儿巷98号,这是一片处在现代街区中的孤零零的古建,四围无窗,仅邻街的一面开着窄而小的石库门,看上去像个堡垒,进门即是沈鹏所题牌匾,正厅的影壁上挂着陆游的那首诗,其中有那个名句:"小楼一夜听春雨,深巷明朝卖杏花。"

陆游的这首诗实在是有名,虽然本文谈的是他的词作,但这首诗跟这个纪念馆有着重要的关联,故我还是把它抄录在这里:

《临安春雨初霁》
世味年来薄似纱,谁令骑马客京华?
小楼一夜听春雨,深巷明朝卖杏花。
矮纸斜行闲作草,晴窗细乳戏分茶。
素衣莫起风尘叹,犹及清明可到家。

从相关的资料得知,陆游当年正是居住在这里时写出这首诗,将这样的地方作为纪念馆当然很有意义。而今这首诗是刻在木匾上,而书写此诗的是当代书法大家沈鹏先生。这块诗匾的前面,有陆游的木雕像,只见他左手持书,右手捻须,作苦吟状。只是这座雕像下面的木基座我没能看懂:有点儿像足球。旧居的后一进院落为下城区文史馆,里面挂着一些展板,都是下城区的历史精英事迹。

△ 匾额

陆游：此身谁料，心在天山，身在沧洲　303

△ 陆游在读书

　　陆游祠位于四川省崇州市的罨画池景区内。关于这座陆游祠的寻访，完全是个意外所得，来此之前我并不知道这里有一座陆游祠。虽然我知道陆游在蜀时间长达八年之久，因为此前我已经在他的故乡绍兴以及杭州市都访过跟他有关的遗迹，故这次的四川之行并未打算再寻访他。这次前来四川的主要目的是为了寻访曾经收藏《永乐南藏》的光严禅院和存古书院。

　　在打问存古书院的过程中，经人指点，告诉我可以穿过罨画池，前往现在的宫保府宾馆，那里才是真正的历史上存古书院所在地。

　　罨画池始建于唐朝，初名东亭，是一座衙署园林，到了宋代，知县赵抃重新将园林建设了一番，使其成为了蜀中名胜。当年大文豪苏东坡、陆游等都曾在此园中吟诗填词，故自宋以后，历代官方对于罨画池的重修都以纪念陆游、赵抃为主题。此前我已找到了赵抃的墓，并且把它写进了《觅诗记》中，故我到四川，也没有再寻访跟他有关遗迹的打算。然而，当我在穿过罨画池的过程中，突然

△ 罨画池入口

△ 罨画池内的陆游祠

陆游：此身谁料，心在天山，身在沧洲　　305

△ 陆游祠介绍牌

　　看见眼前出现了一座陆游祠，当真是喜出望外。这位大文人，我对他有着天然的偏好，既然见到了跟他有关的遗迹，我总不能过其门而不入。故而决定，添加此程，进内探访一番。

　　从外观看，这座陆游祠修得很是清幽，并且有一些年头，园门口一侧是碑记，另一侧居然是三块写着"陆游祠"的文保牌。进入园门，原来里面又分有前后小院，中间以一座门楼隔开，门楼上挂着牌匾"梅馨千代"，两侧的对联是"山重水复疑无路，柳暗花明又一村"，这当然是陆游的名句，不过我觉得，在这样小的院落里再隔出前后院，可能就是为了映衬诗句中的"山重水复"之意。穿过门楼，所见是一座颇有年月之感的仿古建筑，上面悬着"香如故堂"牌匾。此匾当然是出自陆游的那首名词《卜算子·咏梅》：

　　　　驿外断桥边，寂寞开无主。已是黄昏独自愁，更著风和雨。无意苦争春，一任群芳妒。零落成泥碾作尘，只有香如故。

对于这首词，我在幼年时代就已经读到，这应当是我读到的第一首陆游的词，然而在那个时代，其实看不到真正的古籍，能够读到这首词，则是缘于毛主席写了首《卜算子·咏梅》，这首词广泛的传唱于天下，而毛主席在该词的小注中说："读陆游咏梅词，反其意而用之。"看来，毛主席也关注到了陆游的这首词，所以他反用其意，写出了那首世人皆知的《咏梅》。而今，我在这里，又读到了陆游的原版，亲切之感油然而生。

但我的好感并没有给我带来好运气，当我走到陆游祠的正堂时，才注意到这里挡起了拦板及拉绳，原来这里正在搞维修，拦板上明确写着"游客绕行"。好在这个院落不大，站在绳外也可以看到里面的情形，我就在绳前来回的逡巡，拍着院内的情形。

院中立着几块诗碑，虽然不是古刻，但在这样的天气与环境里，也颇显得古意盎然。小院的一角还卧着一只赑屃，这让我很是高兴了一下，我以为放在这里的赑屃，应该是在陆游墓前所发现的，然而细看赑屃旁边的说明，却让我啼笑皆非，说明牌上称这个赑屃是在崇州老县城里发现的，然后解释

△ 全国级的文保牌

△ 跟陆游祠没关系的赑屃

△ 石头上刻着陆游的诗句

了一下赑屃到底是什么，最后说"据说触摸它能给人带来福气"，赑屃还有这种功能，之前未曾听闻过。

又拍摄了几张细节照之后，我从侧门走出了陆游祠，而整个陆游祠包含在罨画池园林之内，罨画池除了陆游祠之外，还有纪念赵抃的琴鹤堂以及文庙等，因此虽然出了陆游祠，我仍然在一个大的园林之内，而这时，我才注意到路边用来装饰的各种石头上，还刻着陆游的诗句，其中一个鹅卵形的石头上就刻着"君看赤壁终陈迹，生子何须似仲谋"。

张孝祥：应念岭海经年，孤光自照，肝胆皆冰雪

张孝祥在南宋词史上有着特殊的地位，袁行霈主编的《中国文学史》称其"是南渡词人群与中兴词人群之间的过渡人物"。他是怎样的过渡呢？该书中做出了如下的说明："宋高宗绍兴三十年（1160）前后，李清照、朱敦儒和张元幹等著名词人已先后辞世，而辛弃疾到孝宗乾道四年（1168）后才逐步在词坛崭露头角。绍兴末到乾道中（1160—1168）词坛上的著名词人，首推张孝祥。"

张孝祥后半期的词风颇有苏东坡的味道，而这个味道的产生跟他的刻意追摹有很大的关系，《四朝闻见录》乙集中称："（张于湖）尝舟过洞庭，月照龙堆，金沙荡射，公得意命酒，唱歌所自制词，呼群吏而酌之，曰：'亦人子也。'其坦率皆类此。尝慕东坡，每作为诗文，必问门人曰：'比东坡何如？'门人以'过东坡'称之。"看来，张孝祥特别钦佩东坡，同时他有着青出于蓝而胜于蓝的志向。每当他写完作品之后，都会让手下品评一下自己的作品能不能赶上东坡的水准。既然是他的手下人，当然会说：您作得比东坡好多了。想见，张孝祥听到这句夸赞语后，是何等的得意。

在其当世就有人注意到张孝祥的词颇像东坡词，汤衡在《张紫微雅词序》中说："夫镂玉雕琼，裁花剪叶，唐末诗人非不美也，然粉泽之工，反累正气。东坡虑其不幸而溺乎彼，故援而止之，惟恐不及。其后元祐诸公，嬉弄乐府，寓以诗人句法，无一毫浮靡之气，

实自东坡发之也。于湖紫微张公之词,同一关键。"

汤衡在这里先讲到了东坡词的特殊味道,称东坡的豪放词风其实是有意矫正那个时代的浮靡之气,而张孝祥的词正是东坡豪放词风的继承者。对于这一点,汤衡在该序中又接着说:"衡尝获从公游,见公平昔为词,未尝著稿,笔酣兴健,顷刻即成,初若不经意,反复究观,未有一字无来处,如《歌头》、《凯歌》、《登无尽藏》、《岳阳楼》诸曲,所谓骏发踔厉,寓以诗人句法者也。自仇池仙去,能继其轨者,非公其谁与哉?览者击节,当以予为知言。"

汤衡称他在张孝祥身边时,亲眼看到张作词时的情形,其称张孝祥填词不打草稿,高兴之时站在那里一挥而就,然而细看其词,却字字有来历,于是汤衡感慨说:自从苏轼去世后,能够继承其词风的人,除了张孝祥还能有谁呢?

相比较而言,宋陈应行在《于湖先生雅词序》中的所言,其夸赞程度远超汤衡:"紫微张公孝祥,姓字风雷于一世,辞彩日星于群因。其出入皇王,纵横礼乐,固已见于万言之陛对;其判花视草,演丝为纶,固已形于尺一之诏书。至于托物寄情,弄翰戏墨,融取乐府之遗意,铸为毫端之妙词,前无古人,后无来者,散落人间,今不知其几也。比游荆湖间,得公《于湖集》,所作长短句凡数百篇,读之泠然洒然,真非烟火食人辞语。予虽不及识荆,然其潇散出尘之姿,自在如神之笔,迈往凌云之气,犹可以想见也。"

显然,陈应行的夸赞有些过火,其把张孝祥词誉为"前无古人,后无来者"。同时他又说,细读张词,有着不食人间烟火的味道。

以上两人对张孝祥的评价,到底符不符合事实呢?至少四库馆臣认为,这种说法也相差无几,《四库提要》在《于湖词提要》中说:"陈应行、汤衡两序,皆称其词寓诗人句法,继轨东坡,观其所作,气概亦几近之。"四库馆臣的说法倒是颇为客观,其认为张孝祥的词风确实能接续上东坡，而其接续点正是张孝祥词中所表现出的那种豪迈气概，但这种气概只是接近于东坡的豪放词风。虽然这句评价没有说张词达到或者超过苏词，但能够接近，也应该说是一句不低的评价，恰如吴梅先生认为："以于湖并东坡，论亦不误，惟才气较薄弱耳。"（《词学通论》）

吴梅也承认张孝祥的词风接近东坡，但就才气而言，张比苏要薄弱。即便如此，这也足可以说明张孝祥所作之词，在宋词中有着颇为重要的地位，可惜的是，张孝祥仅活了38岁，如果他能长寿一些的话，说不定中国词史上又出现一个东坡级的重量人物。宋代谢尧仁就是这么认为的，其在《张于湖先生集序》中说："先生诗文与东坡相先后者已十之六七，而乐府之作，虽但得于一时燕笑咳唾之顷，而先生之胸次笔力皆在焉。今人皆以为胜东坡，但先生当时意尚未能自肯，因又问尧仁曰：使某更读书十年何如？尧仁对曰：他人虽更读百世书，尚未必梦见东坡，但以先生来势如此之可畏，度亦不消十年，吞此老有余矣。"

谢尧仁也说，当时很多人都夸赞张词超过了苏词，当然，这种夸赞肯定是在张孝祥面前所说的。张孝祥还挺谦虚，他说自己还没有超过东坡，但谦虚完了之后，他还是觉得不过瘾，于是张孝祥又问谢尧仁：如果我再读十年书，将会达到怎样的水准？这样的问话显然是求表扬，于是谢尧仁心领神会地回答说：如果别人再读一百年书，恐怕做梦都不敢说超过了东坡，但以您的气势来说，恐怕用不了十年，就能超过名扬天下的东坡了。

谢尧仁的这几句话当然是为了让张孝祥高兴，其实他的夸赞也不是完全没有事实依据，因为张孝祥从年轻时就表现出了不凡之气，他23岁就中了状元。这个年纪就成了状元郎，可谓少年得志，记不得哪位哲人说过：一个人过早地或者过晚地发现真理，同样是不幸的。

而张孝祥考取状元,既光宗耀祖,也给家人带来了大麻烦,《宋史》载:

> 张孝祥字安国,历阳乌江人。读书一过目不忘,下笔顷刻数千言。年十六,领乡书,再举冠里选。绍兴二十四年,廷试第一。时策问师友渊源,秦埙与曹冠皆力攻程氏专门之学,孝祥独不攻。考官已定埙冠多士,孝祥次之,曹冠又次之。高宗读埙策皆秦桧语,于是擢孝祥第一,而埙第三,授承事郎、签书镇东军节度判官。谕宰相曰:"张孝祥词翰俱美。"先是,上之抑埙而擢孝祥也,秦桧已怒,既知孝祥乃祁之子,祁与胡寅厚,桧素憾寅,且唱第后,曹泳揖孝祥于殿庭,以请婚为言,孝祥不答,泳憾之。于是风言者诬祁有反谋,系诏狱。会桧死,上郊祀之二日,魏良臣密奏散狱释罪,遂以孝祥为秘书省正字。

△ 张孝祥撰《于湖先生长短句》清宣统三年至民国六年仁和吴氏双照楼刻本,书牌

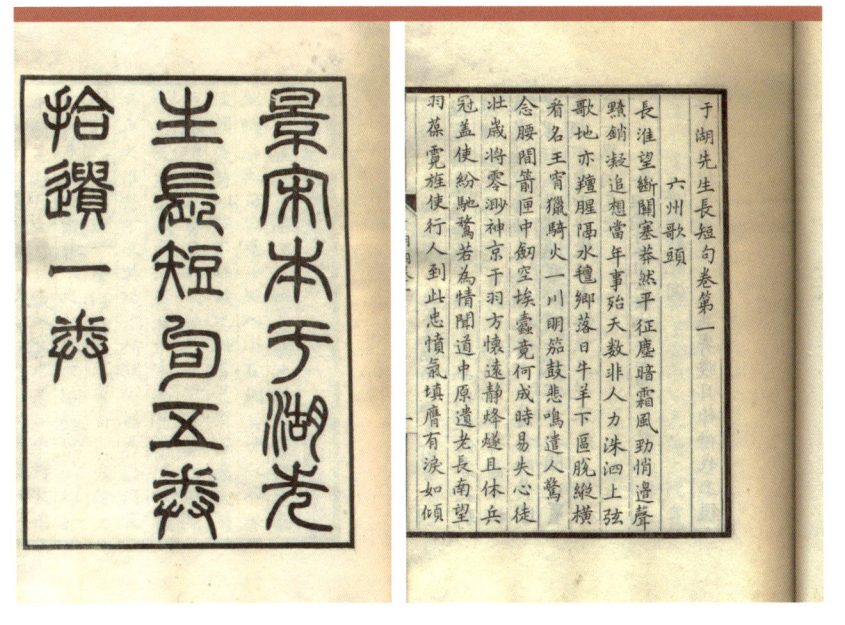

△ 张孝祥撰《于湖先生长短句》清宣统三年至民国六年仁和吴氏双照楼刻本,卷首

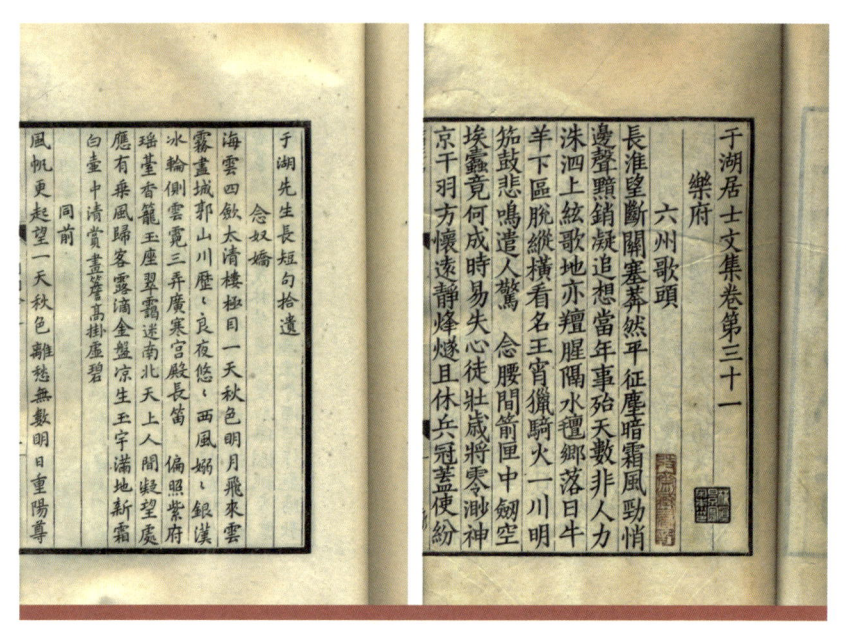

△ 张孝祥撰《于湖先生长短句拾遗》清宣统三年至民国六年仁和吴氏双照楼刻本　　△ 张孝祥撰《于湖居士文集》清宣统三年至民国六年仁和吴氏双照楼刻本，内页

　　宋绍兴二十四年，张孝祥考取了第七名进士，当时的状元是秦埙，而这秦埙正是当朝宰相秦桧的孙子。在考试之前，秦桧经过一番运作，已经给相关的官员分别打了招呼，他一定要让秦埙考中状元。那时的秦桧把持着朝政，所有不听话的官员都被撤换，所以他的孙子成为状元，已然是唾手可得的事情。然而高宗皇帝在审看试卷时，特别欣赏张孝祥，于是把秦埙拿下，让张孝祥成为了状元，而《宋史》中明确地说，高宗的这种做法就是想打压秦桧。

　　秦桧是何等聪明之人，他立即明白高宗的用意，可是他又不能奈皇帝之何，只好私下里说闲话，其称胡寅已经被他赶出了朝廷，但没想到胡寅还能让他朋友的儿子成为状元。后来皇帝在接见新科进士时，又夸赞张孝祥诗写的好。张去见秦桧时，秦问他书法主要是什么字体，张称是颜体，秦又问张平时看什么诗，张告诉他是杜诗，于是秦讥笑张说：好事儿都被你占了。对于这一段掌故，周密所著《齐东野语》上的说法如下：

> 绍兴二十四年，总得之子安国由乡荐得对集英，考官置第七，秦埙为冠。埙试浙漕、南宫，皆第一。先胪传一夕进御，安国卷，纸既厚，笔墨复精妙。上览之甚喜，擢为首选，实以抑秦。秦不能堪，啧曰："胡寅虽远斥，力犹能使故人子为状元邪！"已而廷唱，上又称其诗，安国诣谢。秦问："学何书？"曰："颜书。"又曰："上爱状元诗，常观谁诗？"曰："杜诗。"秦色庄，笑曰："好底尽为君占却。"

这段记载说清了张孝祥考中进士的原因，不止是因为字好，而更为重要的是，他考卷中的思想符合高宗的口味。绍兴二十四年，张孝祥去参加科考，当时的秦埙和曹冠都在文章中批判二程的理学，唯有张孝祥不这么做。因为秦桧的提前安排，考官已经内定秦埙为状元，第二名是张孝祥，第三名是曹冠，可是高宗在读秦埙的考卷时，看其答卷中的观点基本源自秦桧，这令高宗不喜，于是就把张孝祥列为第一，而把秦埙放到了第三。

考试完毕后，张孝祥得以任职，同时高宗跟秦桧说张孝祥的文笔和书法都很好。本来秦桧就不高兴，因为他的孙子没能成为状元，而今皇帝又夸张孝祥的文章和书法都很好，这种夸奖令秦桧十分愤怒，之后他打听到张孝祥乃是张祁的儿子，而张祁又跟胡寅是好朋友。原本秦桧就特别讨厌胡寅，所以他才说出了周密所记下的那句话。

张孝祥考中状元后，秦桧的死党曹泳马上跟张说，希望张能成为自己的女婿，张没有答应曹的这个请求，显然，这件事也让秦桧做了联想，秦认为张有意跟自己疏远，于是就开始造谣，说张孝祥之父张祁有谋反之心，而后将张祁关进了监狱，直到秦桧死后，张祁才被放了出来。

高宗原本最信任秦桧，这源于他们在跟金人和谈的问题上有着共同意见，然而此后的秦桧两度为相，长期把持朝政，使得高宗有了被驾空的担忧，于是他就借状元之事来打击一下秦桧的气焰，只是没想到张孝祥的父亲却成了君臣斗法的牺牲品。

不过，张孝祥的书法也确实写得好，《四朝闻见录》乙集中称：

> 高宗酷嗜翰墨。于湖张氏孝祥廷对之顷，宿醒犹未解，濡毫答圣问，立就万言，未尝加点。上讶一卷纸高轴大，试取阅之。读其卷首，大加称奖，而又字画遒劲，卓然颜鲁。上疑其为谪仙，亲擢首选。胪唱赋诗尤隽永。张正谢毕，遂谒秦桧。桧语之曰："上不惟喜状元策，又且喜状元诗与字，可谓三绝。"又叩以诗何所本，字何所法。张正色以对："本杜诗，法颜字。"桧笑曰："天下好事，君家都占断。"盖嫉之也。

高宗看到张孝祥的书法后，大为夸赞，他竟然用李白的谪仙人之号来形容张孝祥。这种夸赞当然让秦桧大感嫉妒。

虽然后世大多夸赞张孝祥的词风类似于苏东坡词作中的豪放派，但是张孝祥早期所填之词也颇为婉约，他写过不少男欢女爱之词，比如早年写的一首《浣溪沙》：

> 日暖帘帏春昼长，纤纤玉指动枰床，低头佯不顾檀郎。
> 豆蔻枝头双蛱蝶，芙蓉花下两鸳鸯，壁间闻得唾茸香。

这首词描写的内容乃是一个男人仔细观察他身边的一位女伴，此人的观察颇为细腻，他注意到了此女之手轻动的细节，这样的词读上去，能够让读者在脑海中勾勒出郎情妾意的场景。

而他早期作的另一首《虞美人》，也跟其后来的词风有着很大的反差：

> 柳梢梅萼春全未，谁会伤春意？一年好处是新春，柳底梅边只欠那人人。
>
> 凭春约住梅和柳，略待些时候。锦帆风送彩舟来，却遣香苞娇叶一齐开。

这首词写的是一位女子在初春时节怀念情人时的心情，尤其"只欠那人人"，这样的口语颇具柳七之风。

张孝祥的婉约之词在勾勒有情人的复杂心态方面颇具特色，比如他填的一首《木兰花慢·离思》：

> 送归云去雁，澹寒采，满溪楼。正佩解湘腰，钗孤楚鬓，鸾鉴分收。凝情望，行处路，但疏烟远树织离忧。只有楼前溪水，伴人清泪长流。
>
> 霜华夜永逼衾裯，唤谁护衣篝？念粉馆重来，芳尘未扫，争见嬉游。情知闷来殢酒，奈回肠不醉只添愁。脉脉无言竟日，断魂双鹜南州。

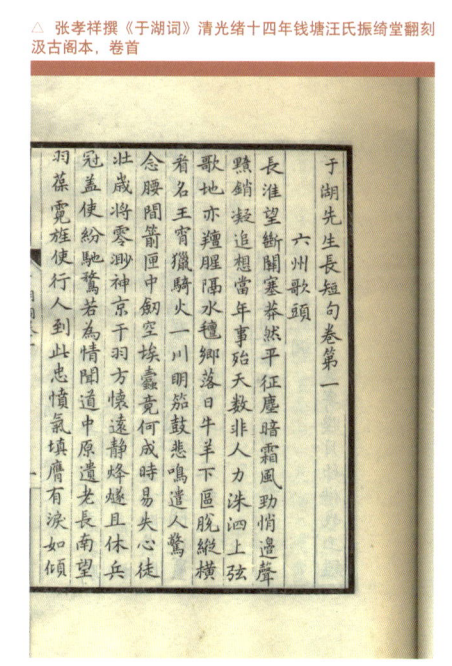

△ 张孝祥撰《于湖词》清光绪十四年钱塘汪氏振绮堂翻刻汲古阁本，卷首

这首词上阕描写的是一对情人在分别时的哀伤，两人互赠信物，清泪长流。而词的下阕，则是描绘两人分离之后，男人怀念此女时的惆怅心境，其刻画之细腻，颇受后世所夸赞。

对于张孝祥的词作，更受后世夸赞者，乃是他的豪放词风，比如他所作的一首《满江红·于湖怀古》：

千古凄凉，兴亡事，但悲陈迹。凝望眼，吴波不动，楚山丛碧。巴滇绿骏追风远，武昌云旆连江赤。笑老奸遗臭到如今，留空壁。

边书静，烽烟息。通轺传，销锋镝。仰太平天子，坐收长策。礮踏扬州开帝里，渡江天马龙为匹。看东南佳气郁葱葱，传千亿。

张孝祥的这首词讲述的是一个历史掌故。东晋太宁二年，明帝想铲除大将军王敦。王敦发觉后，起兵造反。其发兵到于湖之时，明帝骑马观察王敦的军营。此事被王敦发觉，于是他派人追赶明帝，而明帝急中生智，把自己的七宝金鞭交给了路旁一位卖食品的老妇，明帝对老妇说：等追兵赶到这里，你就把这条金鞭给他们看。果真，追兵来了后，老妇就把玩这个精美的金鞭，以至于让明帝逃脱了。此后不久，王敦病逝于军中，这场内乱得以平息。

张孝祥的《于湖怀古》讲述的就是这段历史，他在上阕指责王敦拥兵自重，不替朝廷打天下，所以落了个遭人唾骂的下场；而其下阕表面上说他赞同议和，然韩酉山在《张孝祥评传》中认为，张孝祥赞同议和的这种说法"其实全是反语"。

关于张孝祥是主战派还是主和派的问题，元脱脱主编的《宋史》在《张孝祥传》中说："张孝祥早负才畯，莅政扬声，迨其两持和战，君子每叹息焉。"脱脱首先夸张孝祥在工作上颇有作为，但对于战还是和的问题上,张没有明确的立场,而他的这个做法让一些有识之士感到特别惋惜。

对于这种说法,韩酉山在《张孝祥评传》中替张做了辨污,该书的第十章第二节,其题目就是"张孝祥并非'两持和战之说'",而该节中又引用了谢尧仁在《张于湖先生集序》中的一段话:"自渡江以来将近百年,唯先生文章翰墨为当代独步,而此犹先生之余事也。盖先生之雄略远志,其欲扫开河、洛之氛祲,荡洙、泗之膻腥者,未尝一日而忘胸中。使其得在经纶之地,驱驰之役,则周公瑾、谢幼度之风流,其尚可挹于千百载之上也,而门下之鲰生何足容议论之喙哉!"

谢尧仁说,张孝祥的书法和文章都很棒,然而这些成就对于张孝祥来说,只是业余,因为其有着更为远大的志向,他的志向就是要打败金人,收复中原。

而后,韩酉山又从另外几个方面来论证张孝祥是主战派,以恢复中原为己任,绝不可能赞赏和议、苟且偷安。其实张孝祥恢复中原之意,可由他的著名词作《六州歌头》来说明:

> 长淮望断,关塞莽然平。征尘暗,霜风劲,悄边声。黯销凝。追想当年事,殆天数,非人力,洙泗上,弦歌地,亦膻腥。隔水毡乡,落日牛羊下,区脱纵横。看名王宵猎,骑火一川明。笳鼓悲鸣。遣人惊。
>
> 念腰间箭,匣中剑,空埃蠹,竟何成。时易失,心徒壮,岁将零。渺神京。干羽方怀远,静烽燧,且休兵。冠盖使,纷驰骛,若为情。闻道中原遗老,常南望、翠葆霓旌。使行人到此,忠愤气填膺,有泪如倾。

这首词可谓是张孝祥的代表作，陈廷焯在《白雨斋词话》中夸赞道："张孝祥《六州歌头》一阕，淋漓痛快，笔饱墨酣，读之令人起舞。惟'忠愤气填膺'一句，提明忠愤，转浅转显，转无余味。或亦耸当途之听，出于不得已耶。"

对于这首词，《历代诗余》卷一百十七引《朝野遗记》中的说法如下："张孝祥紫微雅词，汤衡称其平昔未尝著稿，笔酣兴健，顷刻即成，却无一字无来处。一日，在建康留守席上作《六州歌头》，张魏公（张浚）读之，罢席而入。"看来，这首《六州歌头》让主战派的重要人物张浚都为之感慨。而刘熙载在《艺概·词曲概》中称："张孝祥安国于建康留守席上赋《六州歌头》，致感重臣罢席。然则词之兴、观、群、怨，岂下于诗哉！"

对于这首词，袁行霈主编的《中国文学史》给予了很高的夸赞："这堪称是南渡以来词坛上包容量最大的一首壮词，从边塞风景到敌占区的动态，从朝廷的荒谬举措到中原父老的殷切期待，从敌人的横行猖獗到自己报国无门的悲愤和时不我待的焦虑，都融为一体。抒情、描写、议论兼行并施，直抒中有回环曲折，声情激越顿挫，风格慷慨沉雄。"

类似这样的作品，张孝祥还有一首《水调歌头·闻采石战胜》：

雪洗虏尘静，风约楚云留。何人为写悲壮，吹角古城楼。湖海平生豪气，关塞如今风景，剪烛看吴钩。剩喜然犀处，骇浪与天浮。

忆当年，周与谢，富春秋。小乔初嫁，香囊未解，勋业故优游。赤壁矶头落照，肥水桥边衰草，渺渺唤人愁。我欲乘风去，击楫誓中流。

宋绍兴三十一年，中书舍人虞允文督师建康之军，他收容王权从和州撤下来的部队，经过一番整顿之后，在采石矶成功阻止完颜亮渡江，这是宋室南渡之后首次大捷。这件事传遍了全国，而那时的张孝祥闲居在芜湖，他听到这个好消息后，十分地高兴，于是就填了这首词。对于这首词，韩酉山在其专著中评价道："这首词在言事用典、怀古论今、立意造境上都笼罩着忠愤激烈、沉雄悲壮的气氛。笔力顿宕凌厉，层层迭进，蓄势饱满，结穴喷礴而出，给读者感觉出是发自全身心的声音。"

由此可知，他对于战胜金人这样的好消息，表现得十分兴奋。虽然出于各种原因，他不能亲临战场，但收复中原的决心却丝毫没有减退。直到他逝世的前一年，他还写过一首《浣溪沙·荆州约马举先登城楼观塞》：

> 霜日明霄水蘸空，鸣鞘声里绣旗红，澹烟衰草有无中。
> 万里中原烽火北，一尊浊酒戍楼东，酒阑挥泪向悲风。

直到此时，他依然雄心不减。面对被金人占领的中原，他同样是有泪如倾。从这个角度而言，显然不能视张孝祥为主和派。

张孝祥受后世广泛夸赞的另一首词则是《念奴娇·过洞庭》：

> 洞庭青草，近中秋、更无一点风色。玉鉴琼田三万顷，著我扁舟一叶。素月分辉，明河共影，表里俱澄澈。悠然心会，妙处难与君说。
> 应念岭海经年，孤光自照，肝胆皆冰雪。短发萧骚襟袖冷，稳泛沧溟空阔。尽吸西江，细斟北斗，万象为宾客。扣舷独啸，不知今夕何夕。

他的这首词早在宋代就受到很多的赞誉，比如魏了翁在《鹤山题跋》卷二中说："张于湖有英姿奇气，著之湖湘间，未为不遇。洞庭所赋在集中最为杰特。方其吸江酌斗、宾客万象时，讵知世间有紫微青琐哉？"魏了翁认为，张孝祥的词作中最好的一篇，就是这首《念奴娇》。

而对这首词给予这样的赞誉者，代不乏人，比如清查礼在《铜鼓书堂词话》中说："张安国孝祥号于湖，乌江人……著有《于湖词》一卷。声律宏迈，音节振拔，气雄而调雅，意缓而语峭。集内《念奴娇·过洞庭》一解，最为世所称颂。"而王闿运则认为，张孝祥的这首词超过了苏东坡最有名气的《水调歌头》："飘飘有凌云之气，觉东坡《水调》有尘心。"（《湘绮楼评词》）

吴梅也夸赞这首词，然而他却提出了不同的看法："此作绝妙好词冠诸简端，其气象固是豪雄，惟用韵不甚合耳。于湖他作，如《西江月》之'东风吹我过湖船，杨柳丝丝拂面'，《满江红》之'点点不离杨柳外，声声只在芭蕉里'，皆俊妙可喜。"（《词学通论》）

吴梅说，虽然《绝妙好词》一书把张孝祥的这首《念奴娇》排在了最前面，而该词写得也确实很有气魄，然其唯一的毛病就是在用韵方面并不严格。吴梅认为张孝祥作的另外两首词读来更觉得可喜，可能是吴觉得那两首词更和词韵吧。

吴梅所提到的这两首词，其中之一乃是《西江月·题溧阳三塔寺》：

问讯湖边春色，重来又是三年。东风吹我过湖船。杨柳丝丝拂面。
世路如今已惯，此心到处悠然。寒光亭下水如天。飞起沙鸥一片。

张孝祥的这首词也在后世广为传唱，至少我在年少之时就能背诵,尽管当时并不能读懂词中所描述的内涵,但那琅琅上口的词句却让人背诵起来别有情趣。

如前所言,张孝祥乃是在宋代词史上有着桥梁作用的人物,陶尔夫、刘敬圻在《南宋词史》中说:"张孝祥继承苏轼开创的词风,既有超旷飘逸之作,又有雄豪悲壮之声。在超旷与豪雄两方面为辛弃疾'稼轩体'的出现做好了准备。《于湖词》是东坡词和'稼轩体'之间的过渡和桥梁。"

张孝祥墓位于江苏省南京市浦口区老山黄叶岭南,老山森林公园内。此程的南京寻访,主要是麻烦顾正坤先生,今日一早就请他开车带我前去寻找。顾兄并不知道张孝祥墓所在的位置,因此他提前找熟识的朋友做了了解,他告诉我说,张孝祥墓实际在老山森林公园内。

而今南京的堵车情况也很严重,而浦口区位于长江以北,但这里有隧道可以穿行,这对行车而言,方便了许多。进入浦口区后,没费太大周折即找到森林公园门口。从地图上看,老山森林公园面积很大,一片群山的数个山头均在公园范围内,向门卫打听具体走法,问其可否开车进入,门卫坚决不同意,说区内禁止进车。然说话间就有一辆车驶入,还未等我质疑,门卫泰然自若地说:"那是领导的车,当然可以随便进了。"

看来要想方便必须要当领导,但自己到处寻访,也不可能到处当领导。既然是这样,只能用那句戏言来安慰自己:如果你不能改变现实,那至少应当

△ 文保牌

△ 文保牌旁的牌坊

改变对待这个现实的态度。

  花 30 元买门票进入，沿大路盘旋上山，步行约二、三公里，在山坳台地上看到了张孝祥墓的文物保护牌，牌旁立着土黄色的水泥牌楼，上书"状元及第"，表明着张孝祥的最高学历。牌坊前有一片空地，空地的中央竖立着张孝祥的全身雕像，雕像涂成了黄铜色，张孝祥目视前方，左手持着像令箭又像笏板的一个物件，右手自然垂下，头戴官帽，身穿朝服，神态有点像杜甫的忧国忧民状。

  沿石阶上行，越爬越高，双腿酸痛，大汗淋漓，走过几百个台阶又看到一个牌坊，制式同下面的相同，文字却改为"卓冠贤科"。然而路在此处却分为了三叉，没有任何路标，爬过这几百个台阶，口中发咸，实在无力沿三条路分别探究，站在原地想等有人路过打问路径，十余分钟，除了阳光，别说遇到行人，连鸟鸣都未听见。

  坐在原地喘着粗气，正巧今日是博古斋古籍的拍卖日，委托人打来电话，顺利地以底价拍到了第一件，又问我下一个号是哪一件，我这才想起拍卖图录留在了车上，于是请委托人员帮我查一下自己接下来还有哪几号拍品。这位委托人员说，他只能看到顺序号，但并不知道相对应的是哪几部古籍。

闻听此言，让我的心态焦急了起来，为了不错失机会，只好起身向山下狂奔。但从山上跑到公园门口，确实有不短的一段路，一路上委托人来过几个电话，问我是否已拿到图录，越问我心下越着急，跑步冲到园外，我本以为爬台阶使自己走路都没力气了，没想到此时还有这么大的潜能，看来人有时会低估自己的能力。

△ 张孝祥塑像

等我跑到车前拿出图录时，已经有四部欲得之书错过了，其中有一部书乃是我特别想要的。面对此况，徒唤奈何。顾兄看我一脸的焦急，只好对我劝慰一番。其实我也知道，一切的归属皆有前定，可能那几件拍品本不该属于我。

等到拍卖完毕，顾兄问我是否再回森林公园内寻找张孝祥墓，我告诉他，经过这一番折腾，自己已经没有一点儿气力，要想再爬上那么高的山，已然没有了可能，那就把这个遗憾暂存于此，等待有机会再演绎一遍"重头再来"吧！

辛弃疾：千古江山，英雄无觅，孙仲谋处

辛弃疾乃是南宋词坛最著名的词人之一，胡适认为"他是词中第一大家。"（《词选》）而袁行霈主编的《中国文学史》，同样给予了辛弃疾很高的评价："在两宋词史上，辛弃疾的作品数量最多，成就、地位也最高。就内容境界、表现方法和语言的丰富性、深刻性、创造性和开拓性而言，辛词都可以说是空前绝后的。"

辛弃疾在两宋词史上的地位，究竟是不是第一？这不好评价，因为对此可谓见仁见智，但是他在词史上跟东坡并称，对于这一点，历史上却无异议，因其跟东坡并称为"苏辛"。相比较而言，还是陈廷焯的评语较为形象："辛稼轩，词中之龙也。"（《白雨斋词话》卷一）

从历史记载来看，辛稼轩起初致力于作诗，而后他在金国的地盘内遇到了一位高人，经其点拨，辛弃疾才放弃作诗，致力于填词。此事记载于《怀古录》卷中："蔡光工于词，靖康间陷于虏中，辛幼安常以诗词参请之。蔡曰：'子之诗则未也，他日当以词名家。'故稼轩归本朝，晚年词笔尤高。"

有位叫蔡光的词人，在"靖康之难"中陷入了金国，当时辛弃疾常常拿自己所作诗词向蔡光请教，蔡告诉他说：你写的诗，水平一般，但我觉得如果你在词方面多下工夫，肯定能名享天下。因此，辛弃疾回到南宋之后，就把主要精力用在填词方面，而到其晚年，

果真在这方面做出了大成就。

辛弃疾怎么到了金国呢？这跟他的出生地有很大关系。辛弃疾本是山东历城人，历城就是今天的济南市，在他出生前的十三年，金人已经攻占了宋朝的首都汴京，因此他出生时，北宋就已经灭亡了，而当时他的祖父辛赞因为家族的拖累，而未能来得及南迁，被迫任金占区谯县县令，而后他还任过其他的官职。辛弃疾的父亲叫辛文郁，他在辛弃疾出生后不久就去世了，故而辛弃疾是在祖父的养育下长大成人者。

辛赞虽然被迫出任金国的县令，但是他始终不忘故国，因此他一直教育辛弃疾要等待时机，进行抗金活动。金完颜亮正隆元年恢复科考，辛赞两次命辛弃疾到燕京参加考试，其实他的真实目的是让辛弃疾到那里了解敌情。

宋绍兴三十一年，完颜亮撕毁"绍兴和议"，率六十万金兵南侵。当时金占区内有位叫耿京的人趁机起事，他迅速聚集了二十万人在山东、河南一带开始抗金。这时辛弃疾仅22岁，他也借机在济南山区组织了两千人的抗金队伍，而后他带着这支队伍投奔了耿京，被耿任命为"掌书记"，这个职务就是负责起草全军的各种文告，以及掌管大印。看来，耿京认为辛弃疾的文化水平很不错，故而用其所长。

在这个过程中，有一位法名义端的和尚也组织了一千多人的队伍进行抗金。辛弃疾找到义端，说服他带领自己的部队归入耿京的部下。可是此后不久，这位义端却偷了军中的大印，而后叛逃。耿京认为这是辛弃疾的失职，一怒之下要杀辛，辛跟耿说：请给我三天的时限，让我将义端捉拿回来。耿同意了辛的请求。而后辛经过判断，他认为义端盗窃大印就是为了投靠金人，于是他向金营方向追赶，果真追到了义端。辛弃疾将义端杀死后，夺回了大印。辛的这种英武，让耿京刮目相看。

宋绍兴三十一年十一月，金主完颜亮在采石被南宋将领虞允文打败，而后完颜亮被其部将杀死。辛弃疾得知了金兵的内讧，于是向耿京提出建议，前去联络南宋朝廷，以便里应外合收复金人占领的领土。于是，耿京派手下贾瑞和辛弃疾等十一人前往南宋去谈判。高宗赵构在建康接待了这十一位使者，而后一一给他们封赏，同时封耿京为天平节度使。

而后贾瑞、辛弃疾带着诰封返回金土，等他们回到之时，方得知耿京已经被叛金的张安国杀死，这位叛徒已经被金人任命为济州知州。辛弃疾听到这个消息后大怒，决定不惜任何代价也要报仇雪恨，于是他率领仅仅五十人的骑兵队伍前往济州，闯入了五万人的金军大营，并且在里面找到了张安国，将他捆绑之后，一路杀出金军大营，之后过关斩将，昼夜兼程，终于将张安国押回了建康，将此人斩首示众。

这段历史读起来十分的解气。由此可知，辛弃疾有着常山赵子龙的勇猛、关羽过五关斩六将的豪迈，这样的有胆有谋、视五万金兵如无物的豪气，在两宋词人中极其罕见。

辛弃疾回到宋朝的天下，被朝廷任命为地方官。他初到宋土因为没有功名，所以被他人小看，然而功名之事对于辛弃疾来说，有如他的勇猛擒敌一般，也同样像探囊取物。《玉堂嘉话》卷二中说："（辛幼安）少与泰安党怀英友善。肃慎氏既有中忧，誓不为金臣子。一日，与怀英登一大丘，置酒曰：'吾友安此，余将从此逝矣。'遂酹别而去。既归宋，宋士夫非科举莫进。公笑曰：'此何有？只消青铜三百，易一部时文足矣。'已而果擢第。孝宗曰：'是以三百青铜博吾爵者。'才其为，授观文殿修撰。"

辛弃疾在少年之时，跟泰安的党怀英是同学。某天，他跟党登上了一座山丘，喝酒后与之话别，然后来到了南宋的天下。而宋朝一向以文士治国，辛弃疾对此不以为然，他觉得考取功名不过就是用三百个铜钱买一部考试教辅材料，而后他果真考中了进士。这个结果令宋孝宗都为之感叹，说辛弃疾就是用三百个铜钱来换他的官，并任命辛为观文殿修撰一职。

一身英雄气概的辛弃疾，当然对这种官职不会有大的兴趣，因为他特殊的人生经历，使得他坚持主战，《怀古录》中接着写到："及议边事，主和者众，公曰：'昔齐襄公雪九世之耻，《春秋》韪之。况我与金人不同戴天仇邪？今日之计，有战伐而已。'时丞相侂胄当轴，与公议合。自是败盟开边，用兵于江淮间数年，公力为居多。"

那时，朝中的主和派占大多数，辛弃疾坚决与这些人争辩，他认为宋朝应当跟金人不共戴天。而那时的丞相韩侂胄也坚持抗金，但因为韩在后世有不好的名声，因此也让辛弃疾受了连累。其实，辛弃疾只是一腔的报国之情，他并没有跟韩侂胄拉帮结派地搞阴谋。且不管韩抗金的真实目的是为什么，辛弃疾更多者是想借机来实现恢复中原的壮志。

由以上可知，辛弃疾是位真正的能文能武的全才，他不仅有勇有谋，在填词方面也同样有着独特的面目，他的词风被称之为"稼轩体"，而这种称呼在其当世就已有之。辛弃疾在南宋期间，几升几贬，有一度他闲居于江西的上饶，此时，他的弟子范开编出了《稼轩词甲集》，范在此集的《序》中写到："虽然，公一世之豪，以气节自负，以功业自许，方将敛藏其用以事清旷，果何意于歌词哉，直陶写之具耳。故其词之为体，如张乐洞庭之野，无首无尾，不主故常；又如春云浮空，卷舒起灭，随所变态，无非可观。无他，意不在于作词，而其气之所充，蓄之所发，词自不能不尔也。其间固有清而丽、婉而妩媚，此又坡词之所无，而公词之所独也。"

范开说自己的老师辛弃疾时时想着建功立业，填词之举只是陶冶性情，虽然意不在词，但所填之词却有着独立的面目。并且范开认为，《稼轩词》虽然跟《东坡词》有着相似的一面，但《稼轩词》也有其独特之处。有东坡没有的妙处。

对于这一点，后世多有议论，比如清吴锡麒在《董琴南楚香山馆词钞序》中说："词之派有二：一则幽微要眇之音，宛转缠绵之致，戛虚响于弦外，标隽旨于味先，姜、史其渊源也……一则慷慨激昂之气，纵横跌宕之才，抗秋风以奏怀，代古人而贡愤，苏、辛其圭臬也。"吴锡麒认为，从大里来说，词分两派，而苏、辛则是豪放派的代表人物。

但是却有人认为"苏辛派"不是词之正统，比如詹傅在《笑笑词序》中说："近世词人，如康伯可，非不足取，然其失也诙谐；如辛稼轩，非不可喜，然其失也粗豪。"詹认为，辛弃疾的词有些粗豪。而在此前，刘克庄认为，稼轩词虽然意境很高，但却有着掉书袋的毛病，其在《跋刘书安感秋八词》中说："长短句昉于唐，盛于本朝，余尝评之：耆卿有教坊丁大使意态；美成颇偷古句，温、李诸人，困于捋扯；近岁放翁、稼轩，一扫纤艳，不事斧凿，高则高矣，但时时掉书袋，要是一癖。"

对于这样的评价，有人完全不赞同，比如刘辰翁在《辛稼轩词序》中说："词至东坡，倾荡磊落，如诗如文，如天地奇观，岂与群儿雌声学语较工拙？然犹未至用经用史，牵《雅》、《颂》入《郑》、《卫》也。自辛稼轩前，用一语如此者，必且掩口。及稼轩横竖烂熳，乃如禅宗棒喝，头头皆是；又如悲笳万鼓，平生不平事并尽卮酒，但觉宾主酣畅，谈不暇顾。词至此亦足矣。"刘辰翁依然将苏、辛并提，虽然如此，东坡词中却未曾将雅入俗，而辛弃疾比东坡走得更远。

那么，苏轼跟辛弃疾在词风上有着怎样的区别呢？古人的一句话说得特别到位,那就是:东坡的词像诗,而辛弃疾的词像议论文。

到了晚明,毛晋在刊刻《宋六十名家词》时,写了篇《稼轩词跋》,他在此跋中也提到了以上的评语:"稼轩晚年来卜筑奇狮,专工长短句,累五百首有奇。但词家争斗秾纤,而稼轩率多抚时感事之作,磊落英多,绝不作妮子态。宋人以东坡为词诗,稼轩为词论,善评也。"

在此前,人们说"坡词似诗,辛词似论"乃是一句贬语,但毛晋不这么看,他认为这正是辛弃疾的英迈之气所在。徐士俊也有着相同的看法,其在《古今词统》参评语中说:"苏以诗为词,辛以论为词,正见词中世界不小,昔人奈何讥之?正宗易安第一,旁宗幼安第一。二安之外无首席矣。"

徐士俊认为,这样的评语正说明了词内容的阔大,有什么值得讥笑的呢?而后,徐士俊将词风分为两宗,其认为正统者乃是李清照,而旁统者乃是辛弃疾,除此之外,没人能争这个第一。这种评价似乎有偏私之嫌。

如果豪放派以辛词为第一,那么把东坡应该放在什么位置上呢?冯班在《叙词源》中说过这样一段话:"词体琐碎,入宋而文格始昌,名人大手,集中皆有宫商之语。辛稼轩当宋之南,抱英雄之志,有席卷中原之略,厄于时运,势不得展,长短句涛涌雷发,坡公以后,一人而已。"冯班的观点应当算是主流评价,其认为苏、辛虽然并称,但辛在苏后。

其实早在金元时期的元好问也有这样的认定,他在《遗山自题乐府引》中说:"乐府以来,东坡第一,以后便是辛稼轩。"而王鹏运也这么看:"词家苏、辛并称,其实辛犹人境也,苏其殆仙乎?"(《半塘遗稿》)王鹏运说,虽然苏、辛并称,但是辛词的境界达到了凡人的最高,而苏词则是仙人才能做到者。然而纳兰性德却不这么看,他在《渌水亭杂识》中明确地说:"词虽苏、辛并称,而辛实胜苏，苏诗伤学，词伤才。"

前面提到刘克庄认为辛词有掉书袋的毛病，但他同时也肯定辛词中所表现出的豪迈气概，刘在《辛稼轩集序》中说："世之知公者，诵其诗词，而以前辈谓有井水处，皆唱柳词。余谓耆卿直留连光景，歌咏太平尔；公所作大声鞺鞳，小声铿鍧，横绝六合，扫空万古，自有苍生以来所无。其秾纤绵密者亦不在小晏、秦郎之下。"刘克庄的这段评语被后世广泛引用，以此来说明辛弃疾词作的特色所在。

稼轩词作在后世影响最大的一首，当属《永遇乐·京口北固亭怀古》：

千古江山，英雄无觅，孙仲谋处。舞榭歌台，风流总被，雨打风吹去。斜阳草树，寻常巷陌，人道寄奴曾住。想当年：金戈铁马，气吞万里如虎。

△ 辛弃疾撰《稼轩词》清光绪十四年钱塘汪氏刻《宋名家词六十一种》本，卷首

△ 辛弃疾撰《窃愤录》一卷，旧抄本，卷首

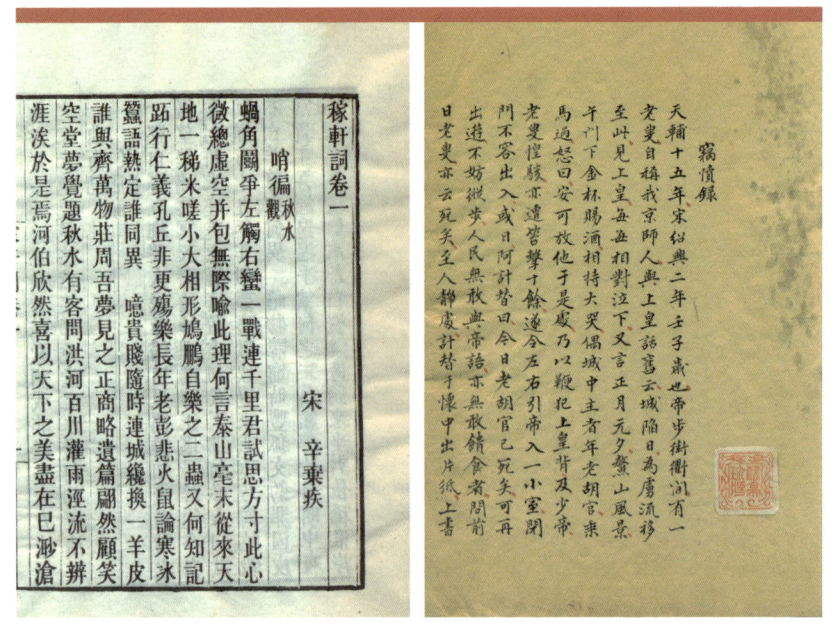

元嘉草草，封狼居胥，赢得仓皇北顾。四十三年，望中犹记，烽火扬州路。可堪回首，佛狸祠下，一片神鸦社鼓。凭谁问：廉颇老矣，尚能饭否。

对于这首词，后世可谓好评如潮，比如宋荦在《跋曹实庵咏物词》中说："今人论词动称辛、柳，予观稼轩词以'佛狸祠下，一片神鸦社鼓'为最，耆卿词以'关河冷落，残照当楼'与'杨柳岸，晓风残月'为佳，它亦未尽称是。"

宋荦明确地称，辛弃疾的词作中以该首为最佳。他认为这首词可以跟柳永的名作相媲美，而清田同之也有着同样的认定，其在《西圃词说》中称："今人论词，动称辛、柳，不知稼轩词以'佛狸祠下，一片神鸦社鼓'为最，过此则颓然放矣。"

明代的杨慎也认为该首词为稼轩词中的代表作品："稼轩词中第一。发端便欲涕落，后段一气奔注，笔不得遏。廉颇自拟，慷慨壮怀，如闻其声。谓此词用人名多者，当是不解词味。"（转引自先著《词洁辑评》卷五）

杨慎说，辛弃疾的这首词作得慷慨激昂。辛在词中把自己比喻成廉颇，有人评价说这首词中用到了太多的人名，而杨慎认为这种评价是没能理解辛弃疾在该词中想表达的观念。杨慎在这里所说的"有人"指责这首词用典太多，这个"有人"其实就是岳飞的后人岳珂，因为岳珂在其所撰的《桯史》中有这样一段自述：

特置酒召数客，使妓迭歌，益自击节，遍问客，必使摘其疵，逊谢不可。客或措一二辞，不契其意，又弗答，然挥羽四视不止。余时年少，勇于言，偶坐于席侧，稼轩因诵启语，顾问再四。余率然对曰："待制词句，脱去今古轸辙，每见集中有'解道此句，真宰上诉，天应嗔耳'之序，尝以为其言不诬。童子何知，而敢有议？然必欲如范文正以千金求《严陵祠记》一字之易，则晚进尚窃有疑也。"稼轩喜，促膝亟使毕其说。余曰："前篇豪视一世，独首尾两腔，警语差相似。新作微觉用事多耳。"于是大喜，酌酒而谓坐中曰："夫君实中予痼。"乃味改其语，日数十易，累月犹未竟，其刻意如此。

某天，辛弃疾写出了这首《永遇乐》，他十分地自得，于是请了很多朋友来品评，并一再要求来宾指出此词的瑕疵。这些宾客们大多只是在那里夸赞，也有人点评几句，但这些点评都令辛弃疾不满意。而岳珂说，那时自己年少气盛，对该词提出了意见，称此词有用典太多等毛病。辛弃疾听后大喜，认为岳珂果真点出了该词的毛病。于是，辛弃疾反复修改该词，有时一天会改几十过。

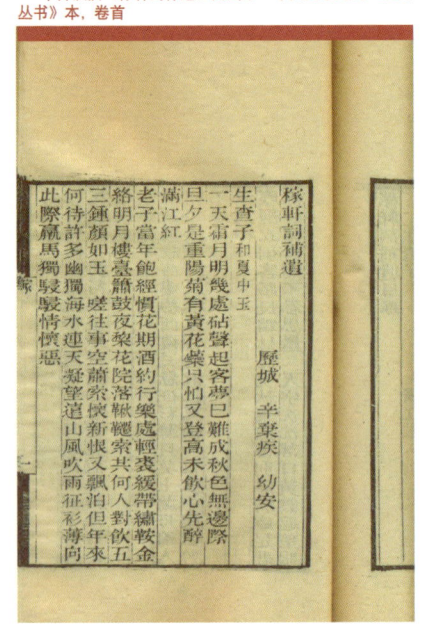

△ 辛弃疾撰《稼轩词补遗》民国十一年归安朱氏刻《疆村丛书》本，卷首

且不管岳珂所言是否有所夸张，但辛弃疾作词的谨严态度却让后世大为赞叹，比如《四库全书总目提要》中就说到了这件事："其词慷慨纵横，有不可一世之概，于倚声家为变调，而异军特起，能于剪红刻翠之外，屹然别立一宗，迄今不废。观其才气俊迈，虽似乎奋笔而成，然岳珂《桯史》记弃疾自诵《贺新凉》、《永遇乐》二词，使座客指摘其失。珂谓《贺新凉》词首尾二腔，语句

相似；《永遇乐》词用事大多，弃疾乃自改其语，日数十易，累月犹未竟，其刻意如此云云。则未始不由苦思得矣。"虽然说四库馆臣把辛弃疾的词视之为"非正宗"，但同时也承认辛词在一片婉约之声中，能显示出自己的独特面目，这也正是其价值所在。

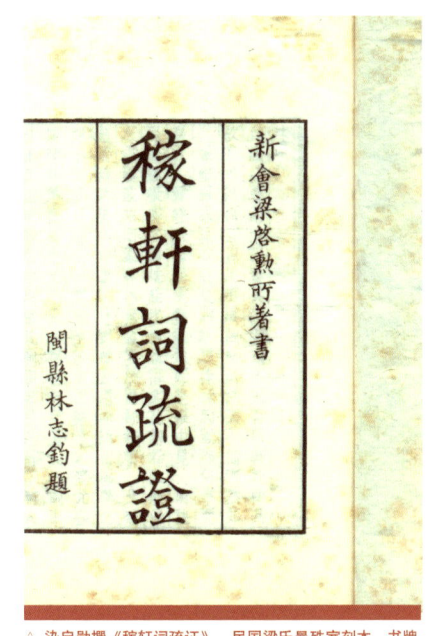

△ 梁启勋撰《稼轩词疏证》，民国梁氏曼殊室刻本，书牌

然而能够写出这样的好词，也并非如人们所想象的一蹴而就，辛弃疾写出这样的名作也同样是下了很大的工夫，更何况，用典太多也未必一定就是不好，比如近代词家夏承焘就认为这正是辛词的特点所在。夏在《唐宋词欣赏》中说到："辛弃疾词的创作方法，有一点和他以前的词人有明显的不同，就是多用典故。如这首词就用了这许多历史故事。有人因此说他的词缺点是好'掉书袋'。岳飞的孙子岳珂著《桯史》，就说'用事多'是这首词的毛病，这是不确当的批评。我们应该作具体的分析：辛弃疾原有许多词是不免过度贪用典故的；但这首词却并不如此；它所用的故事，除末了廉颇一事之外，都是有关镇江的史实，眼前风光，是'京口怀古'这个题目应有的内容。"

辛词中有着英武之气的作品最受后世所夸赞，他在这方面的名篇之一则为《破阵子·为陈同甫赋壮词以寄》：

醉里挑灯看剑，梦回吹角连营。八百里分麾下炙，五十弦翻塞外声。沙场秋点兵。

　　马作的卢飞快,弓如霹雳弦惊。了却君王天下事,赢得生前身后名。可怜白发生!

　　陈同甫就是陈亮。对于这首词的来由,《古今词话》中有这样的说法:"陈亮过稼轩,纵谈天下事,亮夜思幼安素严重,恐为所忌,窃乘其厩马以去。幼安赋《破阵子》词寄之。"

　　这段说法读来有些语焉不详,此处只是称陈亮见到了辛弃疾,而后二人畅谈一番,陈亮觉得听到了太多的秘密,于是偷了辛弃疾的马就跑了,后来辛写了这首《破阵子》寄给了陈。

　　是什么事情让这位陈亮吓得连夜逃跑呢?《养疴漫笔》中的记载则清晰明了了许多:"陈同甫名亮,号龙川。始闻稼轩名,访之。将至门,过小桥,三跃而马三却,同甫怒,拔剑挥马首,推马仆地,徒步而进。稼轩适倚楼,望见之,大惊异。遣人询之,则已及门,遂定交。稼轩帅淮时,同甫与时落落,家甚贫。访稼轩于治所,相与谈天下事。酒酣,稼轩言南北之利害,南之可以并北者如此,北之可以并南者如此。且言钱塘非帝王居,断牛头之山,天下无援兵,决西湖之水,满城皆鱼鼈。饮罢,宿同甫于斋中。同甫夜思稼轩沈重寡言,醒必思其误,将杀我以灭口,遂盗其骏马而逃。月余,同甫致书稼轩,假十万缗以济贫,稼轩如数与之。"

　　陈亮听到了辛弃疾的名声,于是专程前去拜访,他骑马来到辛家门前的一座小桥,而他所骑之马说什么也不过桥,此况令陈亮大为恼怒,竟然拔出佩剑将马杀死,而后步行过桥。恰好辛弃疾站在窗前看到了这一幕,他认为这位陈亮必非等闲之辈,于是二人成为了朋友。后来辛弃疾在外做官时,陈亮还未发达,因家中十分贫困而去向辛弃疾求援,二人在一起喝酒谈天。

可能是辛弃疾喝多了,他酒后吐真言,讲到了自己对天下形势的看法,他认为杭州不适合作首都,因为一旦有人将西湖决口,必然把杭州城彻底淹没,余外还说了不少此类的话。这些话让陈亮听来有些心惊,他觉得辛弃疾第二天酒醒之后,肯定会后悔自己说了这么多的真话,说不定会杀人灭口,于是他就偷了辛弃疾的马连夜逃跑了。一个月后,陈亮的心情平静了下来,因为没钱的问题还没解决,于是他就给辛弃疾写信借钱,辛完全没有计较他偷马之事,并如数给了陈亮所需之款。

这个故事颇为形象地表现了两人的性格,事实的真相究竟如何只能由专家们继续探讨,但该词的影响力却不容质疑。

如前所言,辛弃疾有着冲锋陷阵、万夫莫当的豪迈气概,然而他来到南宋之后,却没人重视他的军事才能,这样的处境让他十分苦闷,而这样的苦闷当然会表现在他的词作中,比如他所写的一首《水调歌头》:

长恨复长恨,裁作短歌行。何人为我楚舞,听我楚狂声?余既滋兰九畹,又树蕙之百亩,秋菊更餐英。门外沧浪水,可以濯吾缨。

一杯酒,问何似,身后名?人间万事,毫发常重泰山轻。悲莫悲生离别,乐莫乐新相识,儿女古今情。富贵非吾事,归与白鸥盟。

宋绍熙三年冬,辛弃疾在福州提点刑狱任上,他奉诏来到了京师临安,在此给一位友人送行,其间他填出了这首词,以此来表现自己的郁闷心情。对于该词,陈廷焯在《云韶集》卷五中评价到:"一片幽郁、不可遏抑。运用成句,长袖善舞。郁勃肮脏,笔力恣肆,声情激越。"

辛弃疾善于写饯行之词,并通过这样的词来表达自己的心态。宋淳熙六年三月,辛弃疾再次为同僚送行时,写下了这首著名的《摸鱼儿》:

> 更能消、几番风雨,匆匆春又归去。惜春长怕花开早,何况落红无数。春且住,见说道、天涯芳草无归路。怨春不语。算只有殷勤,画檐蛛网,尽日惹飞絮。
>
> 长门事,准拟佳期又误。蛾眉曾有人妒。千金纵买相如赋,脉脉此情谁诉?君莫舞,君不见、玉环飞燕皆尘土!闲愁最苦。休去倚危栏,斜阳正在,烟柳断肠处。

对于这首词,宋沈义父在《乐府指迷》中评价说:"近世作词者,不晓音律,乃故为豪放不羁之语,遂借东坡、稼轩诸贤自诿。诸贤之词,固豪放矣,不豪放处,未尝不叶律也。如东坡之《哨遍》、杨花《水龙吟》,稼轩之《摸鱼儿》之类,则知诸贤非不能也。"

沈义父借此评价到当时的词风,他认为不少填词的人其实都不懂音律,这些人填出的词不堪入目,但他们却说这是效仿东坡和稼轩的豪迈,而沈义父却认为,苏、辛之词虽然豪迈,却依然符合韵律,而后他举出了稼轩的这首《摸鱼儿》。对于该词的评价,以梁启超为最高,他在《饮冰室词评》中说:"回肠荡气,至于此极。前无古人,后无来者。"

关于辛词,我个人的偏好则为《水龙吟·登建康赏心亭》:

> 楚天千里清秋,水随天去秋无际。遥岑远目,献愁供恨,玉簪螺髻。落日楼头,断鸿声里,江南游子。把吴钩看了,栏杆拍遍,

无人会，登临意。

休说鲈鱼堪脍，尽西风，季鹰归未？求田问舍，怕应羞见，刘郎才气。可惜流年，忧愁风雨，树犹如此！倩何人、唤取红巾翠袖，揾英雄泪？

对于该词如何之好，唐圭璋先生在《唐宋词简释》中做了详细的评述，我摘录其一段如下："'江南游子'，亦倒捲出笔。'把吴钩'三句，写情事尤不堪，沉恨塞胸，一吐之于纸上，仲宣之赋无比慷慨也。换头，三用典，委曲之至。'休说'两句，用张翰事，言不得便归。'求田'两句，用刘备事，言不屑求田。'可惜'两句，用桓温事，言己之伤感。'倩何人'两句，十三字，应'无人会'句作结，豪气浓情，一时并集，如闻垓下之歌。"

辛弃疾还有一首《青玉案·元夕》：

东风夜放花千树。更吹落，星如雨。宝马雕车香满路。凤箫声动，玉壶光转，一夜鱼龙舞。

蛾儿雪柳黄金缕，笑语盈盈暗香去。众里寻他千百度，蓦然回首，那人却在，灯火阑珊处。

这首词世人皆知，则缘于王国维将其该词中的最后几句比喻成了著名"治学三境界"中的最高境界："古今之成大事业、大学问者，必经过三种之境界。'昨夜西风凋碧树，独上高楼，望尽天涯路'，此第一境也。'衣带渐宽终不悔，为伊消得人憔悴'，此第二境也。'众里寻他千百度，回头蓦见，那人正在，灯火阑珊处'，此第三境也。此等语皆非大词人不能道。然遽以此意解释诸词，恐为晏欧诸公所不许也。"

其实就该首词本身来说，也是一首成功的作品，俞平伯在《唐宋词选释》中做出了如下的品评："上片用夸张的笔法，极力描绘灯月交辉、上元盛况。过片说到观灯的女郎们。'众里寻他'句，写在热闹场中，罗绮如云，找来找去，总找不着，偶一回头，忽然在清冷处看见了，亦似平常的事情。结尾只用'那人却在灯火阑珊处'一语，即把多少不易说出的悲感和盘托出了。前人对之，多加美评。"

总之，辛弃疾的词作有着自己独特的面目，他在各个题材方面都有着很高的成就，在此无法一一征引。

辛弃疾墓位于江西省铅山县永平镇陈家寨阳原山腰。约四、五年前，我曾到铅山寻找辛弃疾墓，那趟行程很不顺利，未能找到结果，只在铅山县县城中心看到了辛弃疾的雕像。前一段在写作过程中因为查看了太多的史料，更加觉得辛弃疾是中国词史中不可或缺的人物，因此我决定一定要补上这个缺憾，于是再次前往铅山。

乘高铁来到上饶，出高铁站时，遇到了几位出租车司机的拉扯，其动作之粗鲁，让我心生反感，于是决定谁的车也不乘。转身向工作人员请问，哪里有前往长途车站的公交车？这位工作人员问我要去哪里，我告诉她要去铅山，她指了一个方向说，那里就有车直接去铅山。这让我大喜过望，不用再折腾一番。原来高铁站旁边就是一个汽车站，这样的接驳方式真是方便了广大人民群众。然而车站虽有，车次却并不多，我等了将近一个小时，前往铅山的大巴才缓缓开出车站。

好在路途并不算遥远，大约一个小时来到铅山。第二次来到这座不大的县城，感到这里的景色没有太大的变化，在路边的广告牌上看到了"鹅湖大道"的字样，这让我想起了上次的鹅湖之行。走出车站，站在路边等出租车，十几分钟过去后，竟然看不到出租车的影子。

辛弃疾：千古江山，英雄无觅，孙仲谋处　　339

△ 在铅山县城看到了辛弃疾雕像

△ 辛弃疾墓的指示牌

上次在铅山未能寻找到辛弃疾墓，其主要原因就是打不到出租车，当时等了很长时间，终于找到了一辆，但那时天色已晚，只好让这辆出租车把我送到了营盘。在路上，我跟司机提到了在当地打车之难，这位司机很得意地告诉我：铅山县城内总共就有他这一辆出租车。而今不知铅山县城是否已经多了几辆，但眼前的景况，似乎没有太大的改观。

好在运气还算不错，我在长途车站附近终于找到了一辆出租车，而后我跟他商议前往辛弃疾墓的往返价格。此人张口就报出了"四百元"，这个价格让我大感意外，因为此前我已查得从铅山县城前往辛弃疾墓所在永平镇，也就20余公里的路程，我问他为何价格如此之贵，司机坦然地跟我说："你要嫌贵，可以去坐中巴。"他的这句话提醒了我，我也不想再跟他做进一步的理论，转身就又进了长途车站。

其实从铅山前往永平镇的车很多，几乎每过20分钟左右就有一辆，故而很顺利地来到了永平。在路上，我就想：铅山县城打车如此之难，而到了永平镇，恐怕更是难上加难。好在我的寻访之旅已经进行了多年,办法总比困难多,打黑车也算是一种权宜之计,然而在永平镇内,连找辆黑车都成了奢望。我对自己的赌气有了悔意,可是既然已来到此地,总还是要想个办法。

站在路边,看到不少的小三轮载客前行,看来这种三轮也算是当地的公共交通工具了,于是我抬手拦下了一辆,向车主询问前往辛弃疾墓多少钱。车主打量我一番,而后说:"看你像个读书人的样子,来回50块钱吧。"这个价钱难说高低,可是按照惯例,总要还一下价才能让自己觉得舒服,于是我问他40元可否,他爽快地答应了下来。

小三轮很快就开到了郊外。在路上,司机说他对陈家寨十分地熟悉,因为自己就住在陈家寨的边上,在这里生活了一辈子。他告诉我说,这里的人都自称是陈友谅的后人,但究竟是不是,他也不清楚。他又问我知不知道陈友谅是什么人,听其口吻,我觉得他是在考我,看我是否真是读书人。这样的常识对我而言当然不在话下,几句简要的回答,他听来似乎颇为满意。

前行的路途比我想象的要远许多,我有些后悔跟车主还下了10元钱,但到此时也不便再说什么。为了打发沿途的沉闷,他主动告诉

△ 这就是我乘坐的宝马

△ 徒步向内走去

辛弃疾：千古江山，英雄无觅，孙仲谋处　　341

我曾经带过哪些奇怪的客人。他曾经带一个德国人来这里做考察，在山上到处跑，后来写了很多很多的文字，"也不知道发表到哪里去了"。

说话间，我看见路边的民房边上立着指向辛弃疾墓的路牌，请他停下来拍了张照，他说，上次那个德国人也是这样，看见什么都拍，跑得满身是泥。又经过了这样一个路标后，小三轮在小山与小山之间穿来穿去，终于来到了路的尽头，原来这条路是专门修来通向此墓的。三轮车主告诉我，这条路是政府在两、三年前特意修建的，据说是反映的人实在太多，当官的不好意思才修了这条专门前往辛弃疾墓的小路。

下车步行两、三百米后，沿着台阶来到半山处，远远就看见隐在绿荫中的辛弃疾墓，墓的下方有一座新修的小亭。穿过小亭，继续前行，就来到了辛弃疾墓前。

△ 看到了目标

整座辛弃疾墓冢均为新修，然中间镶嵌的墓碑似是老物件，碑的上款刻着"皇清乾隆癸卯年季春月重修"，中间为"显故考辛公稼轩府君之墓"，下款字迹模糊。碑前摆着几瓶酒和一些水果。看来，在我之前已经有人前来祭奠。三轮车主告诉我说，这座墓隐在山谷里，不

△ 墓前有一座休息的小亭

△ 墓顶上铺着草皮

△ 辛弃疾墓文保牌

△ 仔细辨认墓碑上的字迹　　△ 墓碑是清代的旧物

△ 由此上行　　△ 辛弃疾墓

转几个弯进来，根本看不到，当年选这里下葬肯定是看过风水，前不久他还带过一个年轻人来这里，那个年轻人还带了好多辛弃疾的书来，恭恭敬敬地摆在坟前拍照。

听他这么说，我忽然惭愧起来，自己什么也没有带，既没有他的著述，也没有祭品，这样空着手前来真是不恭。想到这里，我把相机放到一边，站在坟前认认真真地鞠了三个躬。

覓詞記

韋力·傳統文化遺迹尋踪系列之四

〔下〕

韋力 著

上海文藝出版社
Shanghai Literature & Art Publishing House

赵汝愚：空外笙箫，人间笑语，身在蓬莱

赵汝愚本考中状元，但因为他是皇家的宗室，故被列为了第二，《云谷杂纪》卷三中称："（赵）汝愚唱名时，洪文惠公适为右相，侍立上侧，奏言：'近岁宗子甚好学，前举伯摅擢甲科，儒林以为创见。今汝愚遂魁天下，可谓瞻前无邻。本朝故事，科举先寒畯，有官人退居第二。乞只依胪传次序，勿令后来居上，以见麟趾之盛。'天颜有喜，良久曰：'姑循故事。'"

殿试结束后，朝官在廷上唱出名次，当时的右丞相洪适跟皇帝说：近几年，皇亲子弟都特别爱好读书，前一段有宗室子弟考中了进士，这当然可喜可贺，而今赵汝愚又成为了状元，这可是从没有过的大喜事，按照本朝以前的惯例，科举考试要把贫寒子弟排在前面，但是我觉得这个顺序不必要改变过来了。皇帝听后很高兴，但过了一会儿，他可能觉得这么做不太合适，让人们觉得是否皇家子弟有作弊之嫌，于是皇帝又称还是按照传统惯例来排名次。于是，赵汝愚由第一名改为了第二名，但世人不管这一套，各种文献中依然称赵汝愚是状元。

赵汝愚既是皇亲国戚，同时还是状元，但他一点儿都不骄奢淫逸，这除了他性格的原因，还因他身边有正直的人相劝。《齐东野语》卷八中称："赵忠定汝愚初登第，谒赵彦端德庄。德庄故余干令，因家焉。故与忠定父兄游，语之曰：'谨毋以一魁置胸中。'又曰：'士大夫

多为富贵诱坏。'又曰：'今日于上前得一二语奖谕，明日于宰相处得一二语褒拂，往往丧其所守者多矣。'忠定拱手曰：'谨受教。'"

有位叫赵德庄的县令是赵汝愚父亲的好朋友，某天他告诫赵汝愚说：你虽然考中了状元，但不要整天惦记着这件事，同时不要因为有了富贵就坏了自己的品性，尤其当别人夸奖你时，你不要为此所动。这些规劝都对赵汝愚的为人特别有好处，也正因如此，他对朝廷忠心耿耿，在关键时刻能够起到重大的作用，为此他一路升迁，一直做到了礼部侍郎。但也因为他性格的耿直，后来他被外放为福州知州。

宋绍熙二年，赵汝愚被召回朝中任吏部尚书，而在此之前，皇室内部有着人事上的纠纷，因为封贵妃的问题，使得李皇后颇为恼怒。再后来，贵妃突然暴病身亡，这使得皇帝跟太子之间的关系变得十分紧张。赵汝愚返回朝廷后，努力地调节皇室内部的关系，在他的努力下，皇帝跟太子之间的关系总算有所缓和。后来光宗即位，孝宗成了太上皇，但到了绍熙五年，已经当了太上皇的孝宗突然驾崩，而其子光宗因为跟父亲关系不好，故拒绝组织葬礼。

朝中的乱象使得左丞相留正以有病为名离开朝廷，朝官们人心浮动。在这种关键时刻，赵汝愚挺身而出，在宫内疏通各种关系，而后派知阁门事韩侂胄到宫内请出宪圣太后垂帘听政，由其来主持孝宗的葬仪，同时施压逼迫光宗退位，拥戴皇子赵扩登基即位。面对朝廷中的这些乱象，赵扩不敢登基，赵汝愚努力劝慰，他跟赵扩说："天子当以安社稷、定国家为孝，今中外忧乱，万一生变，将置太上皇于何地？"

赵扩听从了赵汝愚的所劝，于是登上了皇位，赵扩就是宋宁宗，登基之后同时改元为庆元。赵扩登基后，任命赵汝愚为参知政事、特进右丞相枢密使，但赵汝愚推辞不就，他要求把留正召回朝中继续做宰相，同时又推荐朱熹进朝中任职。留正回朝后，赵汝愚要求免去自己所兼职务，但宁宗认为他对朝中贡献极大，坚决不同意，于是赵汝愚就跟留正共同主持朝政。

但这件事留下了很大隐患，那就是关于韩侂胄的问题。虽然韩地位低下，但是因为他在皇帝登基一事上有功劳，又能自由出入皇宫，于是韩渐渐受到了皇帝的宠幸，朝中的政事他都参与决策。但韩的一些做法遭到了部分大臣们的弹劾，比如待制朱熹、吏部侍郎彭龟年等都认为韩在朝中弄权，长期下去必然产生后患。

由于皇帝的呵护，几人的弹劾没有起到作用，于是朱熹又提出了新的方式，他建议皇帝给韩侂胄很高的封赏，以此来感谢他对皇帝登基的贡献。朱熹想通过封赏来阻止韩干预朝政，并把自己的想法告诉了赵汝愚。但赵的为人没有那么多的心机，所以他认为韩不可能干出多大的坏事，于是他没有听从朱熹的建议，但也没有给韩升官，他的这个做法种下了隐患。

其实韩侂胄也是名人之后，他本是北宋名臣韩琦的曾孙，并且他也是皇室的外戚，韩的母亲为宋高宗吴皇后妹妹，侄孙女是宋宁宗恭淑皇后。因为这层关系，他入朝任知阁门事，在宁宗登上皇位这个问题上，他也确实出了力，然而最终的结果是赵汝愚成为了宰相，而韩没有受到提拔，这种结果当然令韩和他的同伙不满，《鹤林玉露》丙编卷六中称："宁宗既受禅，韩平原所望不过节钺。知阁刘弼尝从容告赵忠定曰：'此事侂胄不能无功，亦须分些官职与他。'忠定不答。由是渐有邪谋，迄逐众君子。"

韩侂胄的同伙刘弼跟赵汝愚说：皇帝的登基，韩也有功劳，你应当给他提拔个好职位。但不知为何，赵却没有答应此事。这件事让韩怀恨在心，于是他借助皇帝对他的宠幸，开始驱逐赵汝愚一派，《齐东野语》卷十一中称："韩侂胄用事，遂逐赵忠定。凡不附己者，指为道学尽逐之。已而自知'道学'二字,本非不美,于是更目之为伪学。臣僚之荐举,进士之结保,皆有'如是伪学者,甘伏朝典'之辞。一时嗜利无耻之徒,虽尝附于道学之名者,往往旋易衣冠,强习歌鼓,欲以自别。"

韩侂胄首先是把赵汝愚赶出了朝廷,而后开始清理朝中赵派人物。他的驱逐方式是首先把异己人物一律称之为道学中人,并且跟皇帝说正是道学坏了朝纲。再后来,他又听说"道学"不是个坏词,于是就改了称呼,把道学称之为"伪学"。而后他把所有跟道学学派沾边的人物一律赶出了朝廷,这就是历史上著名的"庆元党禁"。

韩侂胄本就是个小人,他在没有得势之前,连一起结义的兄弟都会坑害。《四朝闻见录》乙集中称:

> (韩)侂胄知上之信用王德谦也,阳与之为义兄弟,相得欢甚。一日谓德谦曰:"哥哥有大勋劳,宜建节钺。"王曰:"我阉官也,有此例乎?弟弟毋误我。"侂胄曰:"已奏之上,行且宣麻矣。"王唯唯,以为疑。何澹时为中丞,侂胄密谕之曰:"德谦苦要节钺,上重违之,已草制。中丞宜卷班以出。"翌日廷播,何悉如所教,继即合台疏德谦罪,乞行窜殛。德谦犹持侂胄袖以泣,曰:"弟弟误我。"侂胄徐谓曰:"哥哥放心,略出北关数里,便有诏追,只俟罢了何中丞耳。"德谦犹信其说,拜而嘱之,竟死贬所。何遂迁政府,侂胄盖尝许之也。德谦既逐,自此内批皆侂胄自为之矣。

看来这位韩真可谓:当面是人,背后是鬼。他的拜把子兄弟如此的信任他,但韩为了自己能够出人头地,照样能痛下杀手。

这样的人却能认得清形势,在关键时刻没有站错队,他把赵汝愚贬出了朝廷后，自己成为了宰相，而他在朝中的飞扬跋扈使得大多数朝官都拼命地巴结他，比如《庆元党禁》中记载他过生日时的情形：

> 丁巳岁，侂胄生辰，宰执侍从至四方牧守皆上礼为寿。直宝文阁、四川茶马献红锦壁衣、承尘地衣之属，修广高下皆与中堂等，盖密量其度而为之也。吏部尚书献红牙果桌十位，众已骇之。权工部尚书献真珠搭裆十副，光彩夺目，盖大长公主奁中故物。司农卿兼知临安府最后至，出小合，曰："寒生无以为献，有少果核，姑侑一觞。"启之，乃粟金蒲萄小架，上有大北珠百枚，众皆惭沮。

所有官员都在韩侂胄生日时拼命地上贺礼，互相之间比着谁上的更好更高明，这样的局面怎会是一种好气象？按说韩这样的人当属人人痛恨者，可是人性的复杂又难以将一个人一语而蔽之，比如他在任宰相期间，竟然给被冤死的岳飞平反，追任岳飞为鄂王，同时追削秦桧的官爵，并力主北伐与金开战，因此后世支持主战派的人士，反而把韩视为正面人物，可惜的是，他并没有什么军事才能，使得伐金之事功亏一篑，而他自己也为此而死，死后他的头

△ 赵汝愚辑《会通馆校正宋诸臣奏议》明弘治三年华燧会通馆铜活字印本，内页

被割下来献给了金人。因此,如何评价一个人,这真不是件容易事。

赵汝愚虽然是朝官,但也雅好文学,《四朝闻见录》甲集中称:

> (赵)忠定季子崇实,闲因与予商榷骈俪,以为:"此最不可忽。先公居政地,闲以此观人,至尺牍小简亦然,盖不特骈俪。或谓先公曰:'或出于他人之手,则难于知人矣。'先公曰:'不然,彼能倩人做好文字,其人亦不碌碌矣。'此先公抡才报国之一端也。"

赵汝愚的儿子称父亲对骈体文很看重。赵汝愚认为,文章写得好,人也一定不错,但有人跟赵汝愚说:您也别只是从文章来品人,说不定这文章是找人代笔的。而赵汝愚说:即使这样也很不错,如果他能找人来写出漂亮文章,就说明这个人也有识人之才。而赵汝愚自己也有一些诗传世,比如他写过一首《金溪寺梅花》:

> 金溪有梅花矗矗,平生爱之看不足。
> 故人爱我如爱梅,来共寒窗伴幽独。
> 纷纷俗子何足云,眼看桃李醉红裙。
> 酒狂耳热仰天笑,不特恶我仍憎君。
> 但令梅花绕僧屋,梅里扶疏万竿竹。
> 相逢岁晚两依依,故人冰清我如玉。

这首诗作得很直白,但能直接表现出他个人的爱憎,所以他的诗作可谓与他的人品非常统一。

相比较而言,他所作的一首《刘阮庙》倒是能表现他的真性情:

当年刘阮意何穷，莫谓仙凡事不同。
解到琼台双阙下，遥知道骨与仙风。

这里的刘、阮就是指的刘晨和阮肇，两人是刘义庆《幽明录》中的人物，相传进山采药而误入仙境。而对于这样的故事，赵汝愚特别地夸赞，可见他虽身居高官，同样也有着出世之心。而他的词作在《词综》中仅收录了一首《柳梢青·题丰乐楼》：

水月光中，烟霞影里，涌出楼台。空外笙箫，人间笑语，身在蓬莱。天香暗逐风回，正十里荷花尽开。买个轻舟，山南游遍，山北归来。

但是这首词却完全不能表现出赵汝愚那耿直的个性，因为词中表现的都是闲适恬然的心境。

当年赵汝愚在朝中任职时，确实做了不少好事，他任用了不少理学人物，但理学也正因为依附于他而受到了打击。后来他被赶出了朝廷，他在被贬的路上告诉儿子：韩侂胄一定会想办法杀死自己。当他走到衡阳时，遭到了知州钱鍪的冷遇，突然间就暴病而亡，他的死因究竟如何，历史上有不同猜测，而后他就葬在了今日的长沙。

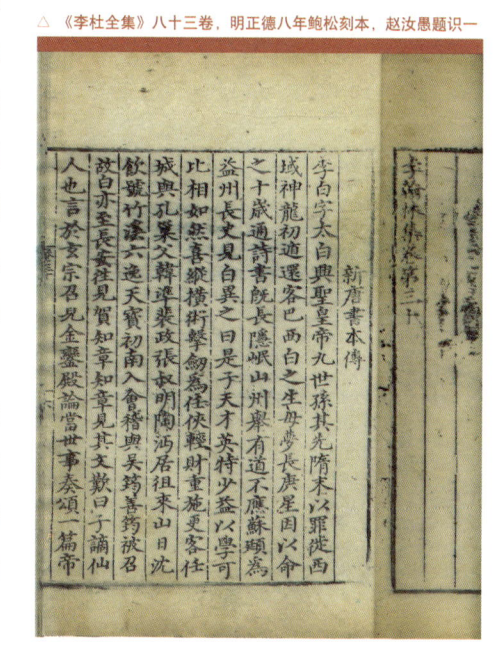

△《李杜全集》八十三卷，明正德八年鲍松刻本，赵汝愚题识一

赵汝愚墓位于湖南省长沙市天心区妙高峰北麓青山祠。今日打车的运气很好，刚从石马铺后山下来，就看到一个乘客下车，立即冲上前去，让司机带我去妙高峰。我觉得既然称妙高峰，应当是在市郊的某座山上，结果司机却向市中心方向开去，他告诉我这个地点就在市中心的移动公司的对面。我问他赵汝愚的墓还在不在，他说没有听说过这个人，但恐怕不在了，因为他开出租车多年，能看到一些当地的历史名人纪念牌竖在路边。他能记得的是萧朝贵，在路上路过一个环岛时，他指给我看路边的一块介绍牌，上面写着"萧朝贵阵亡处"，而移动公司就在环岛的另一面。

下车后，正准备打问妙高峰，却猛然听到路边"呯"的一声响，原来是有人在路边摆摊炸爆米花，这种传统的靠烧煤和转炉来做爆米花，有多年没有见到。在我六、七岁时第一次见到这么神奇的食品，记着那时排队六、七个小时才爆了一锅大米花，当时做爆米花需要自己堵着前面的袋子口，而我没有经验，一锅爆出的大米花喷得满地都是。

虽然初次经历颇为失败，但这个美好的记忆却凝固于心中，可惜这个美好的事物随着新方法的产生已经渐渐没有了踪迹，而今能在这里巧遇，当然不能错过。我站在路边观摩和温习着这种传统的爆米花操作方式，等他爆出一锅装满了大大的一塑料袋子，我问他多少钱，他说十元，我觉得这一

△ 《李杜全集》八十三卷，明正德八年鲍松刻本，赵汝愚题识二

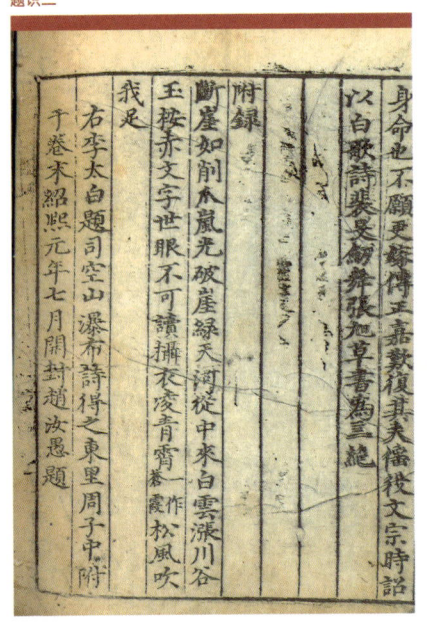

袋子恐怕我一个星期也吃不完,于是问他可否买一小袋,他点头称是,递给我了一个很小的塑料袋。我从大袋子里抓出十分之一还不到,就满了这一小袋,再问他付多少钱,他仍然说十元,我于是跟他理论这之间的十倍之差,他正色地回答我:"一大袋是十元,你拿一颗也是十元,这就是我卖东西的规矩。"好吧,好吧,做人总要按规矩办事,哪怕这个规矩不合理。

在萧朝贵阵亡处石铭牌的右侧有一个很窄的小胡同,胡同口挂着的地名牌,写着"旭鸣里12号"。沿此胡同进入,看到长沙市中西医眼科技术合作中心,由此右转前行二十余米,是长沙市残疾人联合会,由此路再左转前行不远是路的尽头,看到一家院墙上写着:福王墓庐,此间房的侧墙外即是向上的石台阶,石台阶的边墙上镂空的花篮仅是一个福字,沿台阶上几十步即看到了赵汝愚的墓庐所在。

福王墓庐的宝顶也是用石条封闭,只是没有上面的圆珠,墓碑为五联式,中间的正联写着"忠定赵福王墓"。来到此处才知道妙高峰跟名字反差太大,名为高峰,其实高度超不过二十米,在城中心竟然有如此小的山峰,这也是奇怪的一景。它已经完全被包围在现代化的楼房内,只能从小胡同转来转去才能走到近前,墓庐的平台上有湖南省文保单位铭牌,除了一只花猫,见不到任何的活物,当然除我之外。

这只猫跟我很是亲切,不断地在我身上蹭来蹭去,我想它可能是闻到了包里的爆米花。我立即拿出与它分享,这只猫大块朵颐一番,吃完了还是不断地跟着我,这让我后悔没有

△ 福王墓庐的匾额挂在了这家的门上

把那一大袋子爆米花都拎到这里，而我手中的这一小袋爆米花，本来是想用此来回忆童年的美好，而今一大半却给了这只花猫，结果它依然不满足，这让我终于体味出了孔乙己的心态：当年一帮孩子围着他要茴香豆，当剩下没几个时，他会护着盘子说："多乎哉？不多也。"于是我把这句话说给了花猫听，可它全然不理会，继续盯着我手中所剩无几的爆米花，无奈，只好将剩下的部分全归了它。

文保牌的背面介绍着赵汝愚墓的来由，说他是江西饶州一带人，曾官至右丞相，后因事贬往永州，途经衡阳时遇害，被追封为福王，在南宋庆元二年埋葬于此，却没提到赵汝愚的真正死因。

关于赵汝愚墓的情形，张湘涛所著《名人与长沙风景》一书中，有着如下的详细描写：

> 天心区妙高峰北麓青山祠东起劳动广场，西至妙高峰下。此地原有青山祠，祭祀福王赵汝愚。今祠不存，留下"青山祠"街名。赵汝愚墓即坐落在此街西端，占地约500平方米，墓葬坐南朝北，南依妙高峰，北砌高约4米的石基，使墓地成为依山之台地。台地中部有椭圆形墓冢，以花岗石砌墓围，南面依山处砌高约两米的围墙，东南角有门与外相通；北面临石基有石护栏，原东西各立华表一根，今存东面一根。

然而这段描写中还曾提到："……中间原有叶德辉所撰碑记。叶碑今被围在墓前一民房内，记有'长沙之民十万户，知伍子胥树檟之坟'之语。"可惜他没有说出叶德辉所撰的碑记究竟被围在了哪间民房内，我在附近探看了一番，却发现不了任何的痕迹。叶德辉是晚清民国时期著名的大藏书家，他的旧居已经完全没有了痕迹，如果能找到这个碑记，这当然也是跟藏书家有关的遗迹，可惜今日

赵汝愚：空外笙箫，人间笑语，身在蓬莱　355

△ 赵汝愚墓

的寻找没能如愿。

赵汝愚去世后不久，党禁逐渐松弛，朝廷又给他恢复了名誉，等到韩侂胄被杀之后，赵汝愚的官职全部被恢复，同时赐谥号忠定，赠太师，追封沂国公。而宋理宗又把他追封为福王，这就是他墓碑上"福王"二字的来由。其实他后来又被晋封为周王，不知墓碑为何没有用这个称呼。

福王墓庐的后方仍然有向上的楼梯，我沿此而上，看到上面有一个新建的小亭子，亭子的侧墙上有福王陵园的详细介绍，在亭子的另一侧看到了一个小券门，从小券门出去，

△ 赵汝愚墓文保牌

△ 赵汝愚生平介绍

才发觉这里方是进入陵园的正路。陵园侧边的房屋年久失修，已经塌顶，看上去破败不堪，跟四面的楼房形成了很大的反差，我从这小券门的正路下山，那只花猫还依依不舍地跟着我，我只好摊开两手向它示意，再没可能提供给它爆米花了，于是向它郑重地说了声"再见"而离去。

对于赵汝愚一生的评价，元脱脱主编的《宋史》有着这样的说法："赵汝愚，宋之宗臣也，其贤固不及周公，其位与戚又非若周公之尊且昵也。方孝宗崩，光宗疾，大丧无主，中外汹汹，一时大臣有畏难而去者矣。汝愚独能奋不虑身，定大计于顷刻，收召明德之士，以辅宁宗之新政，天下翕然望治，其功可谓盛矣。然不几时，卒为韩侂胄所构，一斥而遂不复返，天下闻而冤之。于此见天之所以眷宋者不如周，而宋之陵夷驯至于不可为，信非人力之所能也。汝愚父以纯孝闻，而子崇宪能守家法，所至有惠政，亦可谓世济其美者已。"

脱脱认为，虽然赵汝愚为宋朝宗室，他的贤能比不上周公，他的地位也不能跟周公媲美，然而当孝宗驾崩、光宗生病的紧要关头，他却能挺身而出，使天下得以安定，他的功劳确实很大，可惜的是，此后不久他就遭到了韩侂胄的陷害，以至于死在了外面，天下人都替他喊冤，即此可见，上天没有像眷顾周朝那样来眷顾宋朝。其实天下之变也有其定数，赵汝愚的死不就是因为他的掉以轻心吗？如果他听从了朱熹的劝告，或许天下形势的变化并非今日所知者。

姜夔：二十四桥仍在，波心荡，冷月无声

　　姜夔是南宋词坛上独称一派的人物，袁向彤在《姜夔与宋韵研究》一书中说："南宋词坛，主要有两大派别。一是以辛弃疾为代表的辛派词人，一是以姜夔为代表的雅词派词人。"对于雅词派，在历史上的称呼是"雅化"，这一派的人物除了姜夔，另有吴文英、史达祖等，张炎在《词源序》中评价这几位人物说："格调不侔，句法挺异，俱能特立清新之意，删削靡曼之词，自成一家，各名于世。"

　　姜夔的词风偏重于周邦彦，但两人又有一定的区别。黄昇在《中兴以来绝妙好词》中姜夔的词前写道："中兴诗家名流，词极精妙，不减清真乐府，其间高处，有美成所不能及。"黄昇的这句话虽然不是单指姜夔，但其意是说雅词派这些人作品中的妙词，有时不比周邦彦差，有的还超过了周。那么周词与姜词之间，在风格上有着怎样的区别呢？缪钺在《姜白石之文学批评及其作品》一文中作出了如下的比较："周词华艳，姜词清澹，周词丰腴，姜词瘦劲，周词如春圃繁英，姜词如秋林疏叶。姜词清峻劲折，格澹神寒，为周词所无。"

　　到了清代，姜夔词的价值更受学人的夸赞，比如浙派词人朱彝尊在《词综》中选录了姜夔词22首，而他在《词综·发凡》中说："惜乎《白石乐府》五卷，今仅存二十余首。"故而袁向彤推论："也就是说，《词综》几乎将白石词全部选入。"可见朱彝尊对姜夔词

是何等的喜爱。他在《词综》中也明确地说："宋季而始极其变，姜尧章氏最为杰出。"

相比较而言，袁行霈所主编的《中国文学史》对姜夔的评价则变得客观了许多，书中叙述了辛弃疾去世后，南宋词坛出现的变化，用了"先后出现了两代词人"这样的说法，而后说"这两代词人又形成了两大创作阵营"，一是孙惟信、刘克庄等新派后进，这一派的人依然以稼轩为宗，他们讲求在词中抒发自己的志向，不计较字工句稳，但这样的词"不免粗豪叫嚣之失"；另一派则是指"吴文英和陈允平、周密、王沂孙、张炎等则是姜夔的追随者，他们以姜夔的'雅词'为典范，注重炼字琢句，审音守律，追求高雅脱俗的艺术情趣；词的题材以咏物为主，讲究寄托，但有些词的意蕴隐晦难解。"这段评述也很能说明姜夔在词史上的地位，所以《中国文学史》上把姜夔称之为"是与辛弃疾并秀的词坛领袖"。

△ 姜夔像，姜夔撰《姜尧章先生集》清道光二十三年宗祠刻本，插图　　△ 姜夔撰《姜尧章先生集》四卷，清道光二十三年宗祠刻本，书牌

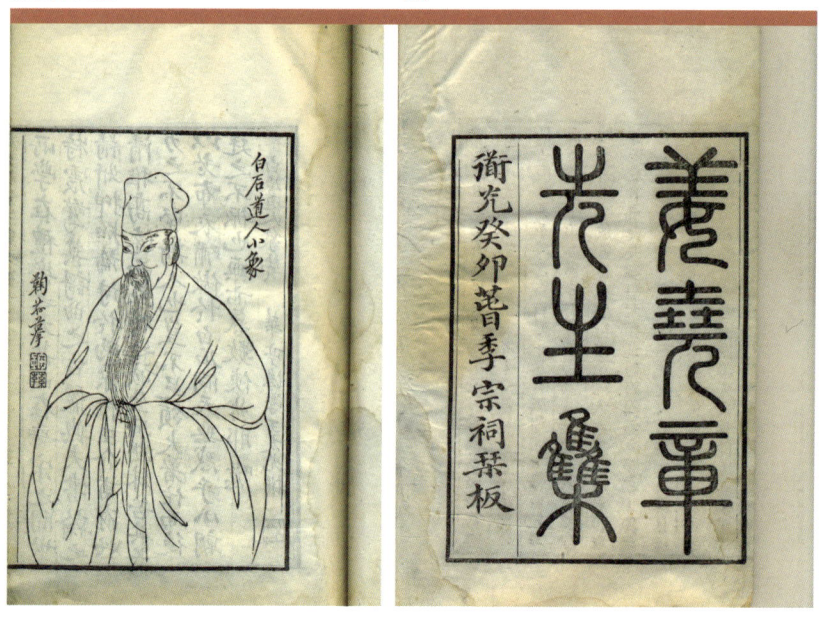

虽然袁行霈主编的《中国文学史》给了姜夔如此高的评价，然在叙述的过程中，依然指出了姜夔词所存在的弊端："姜夔词在题材上并没有什么拓展，仍是沿着周邦彦的路子写恋情和咏物。他的贡献主要在于对传统婉约词的表现艺术进行改造，建立起新的审美规范。"

从个人经历看，姜夔可谓专业词人，因为他一生都致力于此，未曾出仕。他的父亲姜噩为宋绍兴三十年的进士，长期担任湖北汉阳县知县，故有二十余年的时间，姜夔随父住在汉阳。其本为饶州鄱阳人，故而他应当有不少的时间是往返于鄱阳与汉阳之间，后来姜噩去世，姜夔只好依附嫁到了汉川的姐姐。

为了生计，姜夔出游于外，他的足迹遍迹扬州、合肥等地。在长沙时他遇到了好机会，淳熙十三年，姜白石32岁时，在长沙结识了萧德藻。这位萧德藻是当时小有名气的诗人，颇为欣赏姜夔的才气，经过萧的介绍，姜夔认识了杨万里，而杨对他的诗作特别夸赞，说他的诗风像陆龟蒙，而后杨万里又把姜的诗作呈送给了诗坛大家范成大，这些做法都扩大了姜在文坛上的影响力。

更为重要者，萧德藻还把自己的侄女许配给了姜夔，并带着姜居住在了浙江湖州。在湖州期间，姜夔特地到苏州拜见了范成大，他的才气受到了范成大的赏识，经过范的介绍，他在诗坛上的地位更受人们所关注，后来萧德藻因病离开了湖州，而姜夔也就迁居到了杭州。他在杭州期间，得到了张镃和张鉴的经济资助。二张是南宋名将张俊之后，家中资产雄厚，他们欣赏姜夔的才气，故而在多方面予以帮助。对于这些帮助，姜夔感念于怀，《齐东野语》中收有《姜尧章自叙》，姜夔在这篇自叙中历数给他提供过帮助的朋友，所提到的名字除了上面讲到的杨万里、范成大，同时还有朱熹、辛弃疾、叶适等重要人物，而后姜用了很长的一个段落来感慨给他帮助最大者就是张鉴:"旧所依倚,惟张兄平甫(张鉴),其人甚贤。十年相处,情甚骨肉。而某亦竭诚尽力,忧乐同念。"

看来,张鉴确实是位富有的雅人,他竟然资助姜夔十年之久,更为难得的是,两人处得感情极好,用姜夔的话来说,那就是"情甚骨肉"。因为姜一直考不上功名,张鉴决定拿一笔钱帮助他买个官,但姜没有同意这么做,后来,张鉴又准备将他家在无锡的田地赠给姜,以便让他有个固定收入。但可惜,这件事还未实施的时候,张鉴就去世了,这个结果令姜夔"惘惘然若有所失"。当然,这句话也可以理解为姜夔难受的是失去了亲密的朋友,而不仅是因为本来应该得到的田产化成了泡影。

姜夔拒绝了朋友出资帮他买官的提议,但这并不等于他拒绝出来任职。宋庆元三年,姜夔已经43岁,在这一年,他向朝廷进献了自己所编著的《大乐议》《琴瑟考古图》,建议朝廷整理国乐。显然,他是希望朝廷能够在这方面给他一次机会,但不知什么原因,这次进献没有获得他想达到的效果,于是两年之后,姜夔又给朝廷呈上了《圣宋铙歌鼓吹十二章》,这次的呈献终于有了回音,他被破格允许参加进士考试,可惜他不是这方面的材料,这次考试未能考中,这个结果让姜夔绝意于仕途。

也正因为如此,姜夔把自己的大部分精力都用在了作词方面。从以上两次呈献来看,

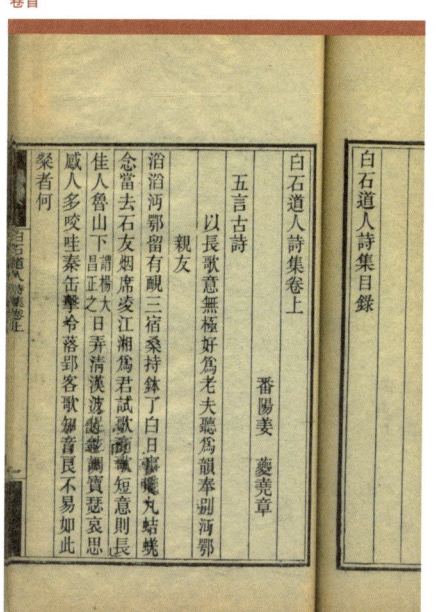

△ 姜夔撰《姜白石诗词合集》十五卷,清乾隆八年陆钟辉刻本,卷首

姜夔在音乐方面有着特别的造诣，据说他擅长箫笛，尤精古琴，而他所作的《白石道人歌曲》里面载有 17 首工尺谱，陈书良在《姜白石词笺注》中评价《白石道人歌曲》说："是至今传世的惟一词调曲谱。"故而，《宋史》把他的传记列在了《乐志》中。就词的本体而言，原本就是歌词，而姜夔对音乐如此的精通，将这个才能用在写词方面，这也正是他的词作优美典雅的重要原因。

△ 姜夔撰《姜白石诗词合集》十五卷，清乾隆八年陆钟辉刻本，书牌

龙榆生在《中国韵文史》中说他："以词家兼精音律，特多创调；其音节之谐婉，与词笔之清空，视北宋秦、周诸家，又自别辟境界。"正是因为这个特长，他写出了不少有名的自度曲，比如受后世广泛夸赞的《暗香》和《疏影》，就是他独创的词牌。

关于姜夔的词风，后世大多将其总结为清空。张炎所作的《词源》中，专门列出"清空"一节，他在此节中称："词要清空，不要质实；清空则古雅峭拔，质实则凝涩晦昧。姜白石词如野云孤飞，去留无迹。"对于姜夔的词中，哪些属于清空，张炎继续说到："白石词如《疏影》《暗香》《扬州慢》《一萼红》《琵琶仙》《探春》《八归》《淡黄柳》等曲，不惟清空，又且骚雅，读之使人神观飞越。"

对于张炎如此夸赞姜夔，后世有人认为这是偏私，前面提到当年张氏兄弟对姜夔给予了重要的经济资助，而张炎正是张镃的曾孙。但即便如此，这样的猜测其实也没啥道理，毕竟姜夔词作的水平是有目共睹者，更何况张炎也是位重要的词人，他的鉴赏力当然不低。清冯煦在《蒿庵论词》中说："白石为南渡一人，千秋论定，无俟扬榷。"这句夸赞远比张炎要极端，因为冯煦把姜夔视之为南宋第一词人。

虽然姜夔有这么大的名气，但他的词作流传至今者却并不多，经过后人的搜集，姜夔词现存84首。从现存的词集来看，姜夔所作的《扬州慢》是流存至今的词中创作时间最早的一首，该词作于其22岁那年：

> 淮左名都，竹西佳处，解鞍少驻初程。过春风十里，尽荠麦青青。自胡马、窥江去后，废池乔木，犹厌言兵。渐黄昏、清角吹寒，都在空城。
>
> 杜郎俊赏，算而今、重到须惊。纵豆蔻词工，青楼梦好，难赋深情。二十四桥仍在，波心荡、冷月无声。今桥边红药，年年知为谁生。

对于这首词的评价，仍然要引用张炎在《词源》中的说法："词中句法，要平妥精粹。一曲之中，安能句句高妙？只要拍搭衬副得去，于好发挥笔力处，极要用工，不可轻易放过，读之使人击节可也。如……姜白石《扬州慢》云：'二十四桥仍在，波心荡、冷月无声。'此皆平易中有句法。"张炎所夸赞的这三句在后世也极有名气。前几年北大的肖东发老师组织了一场中韩雕版研究学术研讨会，其举办地就在扬州的二十四桥宾馆，我记得在那个会上有不少人都吟诵姜夔的这三句词，并且认定此宾馆的名称也必出于此词，即此可看，直到今日人们提起二十四桥，仍会想到白石的这首词。

但陈廷焯的欣赏角度又不同，虽然他也认为这是首美词，然陈却认为该词中值得回味的词句并不是这个："白石《扬州慢》云：'自胡马、窥江……都在空城。'数语写兵燹后情景逼真。'犹厌言兵'四字，包括无限伤乱语。他人累千百言,亦无此韵味。"（《白雨斋词话》卷二）而夏承焘、吴无闻的《姜白石词校注》则称："白石纵然提到'豆蔻'、'青楼'等句，不至于影响或削弱这首词'黍离之悲'的严肃意义。'波心荡、冷月无声'是名句。无声者，无复有昔日的管弦吹奏声，无复有昔日的笑语喧哗声，无复有昔日的鸡鸣犬吠声。如今唯一的声音，只有'清角吹寒'而已。此以无声衬有声，切词序的'戍角悲吟'。末了以'红药'作结，最含深意。扬州芍药最负盛名，往昔花开时裙屐络绎于途。如今乱后城空，花开究为谁来？以问语结，更含无限凄怆。"这种说法更为调和，其实将整首词读来，才能体味到白石当时是怎样的心境。他在 22 岁时就能写出如此受后世夸赞的词作，由此可知，姜夔不仅是精通音乐，他在用词的把握上也显示出超人的一面。

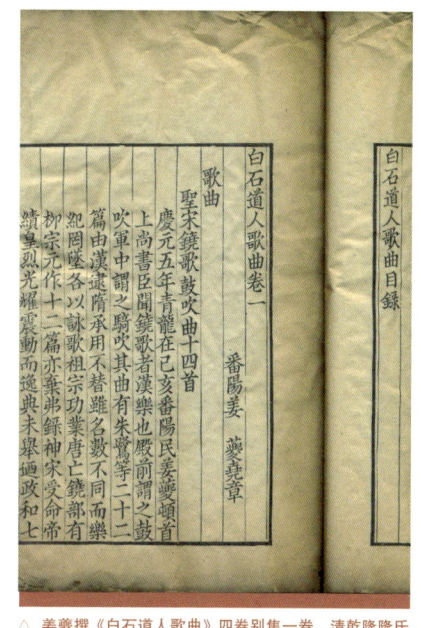

△ 姜夔撰《白石道人歌曲》四卷别集一卷，清乾隆陆氏影刻本，卷首

因为个人经历的特殊，使得白石所作之词有不少都笼罩着一种淡淡的忧愁，比如他所作的《八归·湘中送胡德华》：

芳莲坠粉，疏桐吹绿，庭院暗雨乍歇。无端抱影销魂处，还见筱墙萤暗，藓阶蛩切。送客重寻西去路，问水面、琵琶谁拨。最可惜、一片江山，总付于啼鴂。

长恨相从未款,而今何事,又对西风离别。渚寒烟淡,棹移人远,缥缈行舟如叶。想文君望久,倚竹愁生步罗袜。归来后、翠尊双饮,下了珠帘,玲珑闲看月。

关于胡德华的生平,未见相关的资料记载,后世猜测他应当是姜夔的朋友。与朋友分别时的怅惘,姜夔以不着痕迹的语句融入了该词中。许昂霄在《词综偶评》中说:"历叙离别之情,而终以室家之乐,即《豳风·东山》诗意也。谁谓长短句不源于三百篇乎?'翠樽'三句可括尽康伯中《满庭芳》,翻用太白《玉阶怨》,妙。"

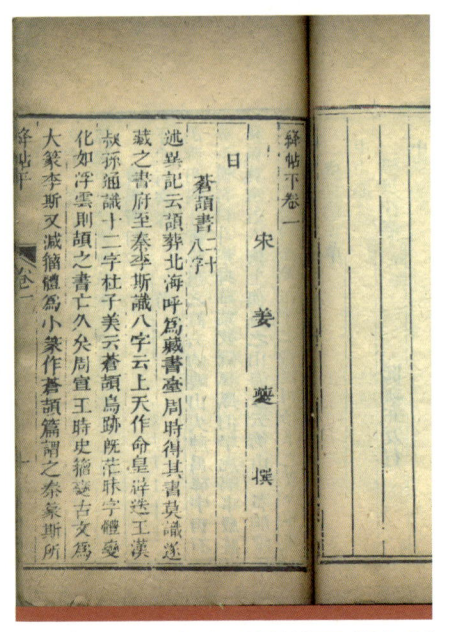

△ 姜夔撰《绛帖平》二十八卷,清翻刻武英殿聚珍版本,卷首

姜夔的这首送别词是以景物来衬托情感,对于这种写法,吴衡照在《莲子居词话》卷二中给予了较高的夸赞:"言情之词,必借景色映托,乃具深宛流美之致;白石'问后约、空指蔷薇,算如此溪山,甚时重至';又'想文君望久,倚竹愁生步罗袜。归来后、翠樽双饮,下了珠帘,玲珑闲看月。'似造此境,觉秦七、黄九尚有未到,何论余子!"

对于姜夔的词,王国维在《人间词话》中有几处提及,然其称:"白石之词,余所最爱者,亦仅二语,曰'淮南皓月冷千山,冥冥归去无人管'。"王国维所说的这两句出自于姜夔的《踏莎行》:

燕燕轻盈,莺莺娇软。分明又向华胥见。夜长争得薄情知,春初早被相思染。

别后书辞,别时针线。离魂暗逐郎行远。淮南皓月冷千山,冥冥归去无人管。

该词的小题是"自沔东来,丁未元日至金陵,江上感梦而作",看来,白石所写乃是回忆自己的一场梦境。这首词被视之为姜夔的恋情词,对于该词的写作手法,袁行霈主编的《中国文学史》予以了这样的分析:"姜夔的恋情词,则往往过滤省略掉缠绵温馨的爱恋细节,只表现离别后的苦恋相思,并用一种独特的冷色调来处理炽热的柔情,从而将恋情雅化,赋予柔思艳情以高雅的情趣和超尘脱俗的韵味。"既然如此,那这样的写法又有着怎样的高妙之处呢?该书继续评价道:"其中'淮南皓月冷千山'一句,更创造出词史上少见的冷境。"

关于姜夔的慢词,陈廷焯最为欣赏的则不同于他人,其在《白雨斋词话》卷八中说道:"白石《长亭怨慢》云:'阅人多矣,谁得似长亭树。树若有情时,不会得、青青如此。'白石诸词,惟此数语最沉痛迫烈。"而该词的原篇为:

渐吹尽,枝头香絮,是处人家,绿深门户。远浦萦回,暮帆零乱向何许。阅人多矣,谁得似长亭树。树若有情时,不会得、青青如此。

日暮,望高城不见,只见乱山无数。韦郎去也,怎忘得、玉环分付。第一是,早早归来,怕红萼、无人为主。算空有并刀,难剪离愁千缕。

对于陈廷焯的这种夸赞，夏承焘、吴无闻所著的《姜白石词校注》也有着同样的欣赏角度："以硬笔高调写柔情，是白石词的一个鲜明特色。如《琵琶仙》云：'春渐远，汀洲自绿，更添了、几声啼鴂。'《解连环》云：'问后约、空指蔷薇，算如此溪山，甚时重至。'又如此首词中的'阅人多矣，谁得似长亭树。树若有情时，不会得、青青如此'则转折拗怒，尤为奇作。"

前面提到姜白石自度曲中最受后世夸赞者，乃是《暗香》和《疏影》，这两个词牌名显系本自宋林逋《山园小梅》中的诗句："疏影横斜水清浅，暗香浮动月黄昏。"而《暗香》全词为：

> 旧时月色，算几番照我，梅边吹笛。唤起玉人，不管清寒与攀摘。何逊而今渐老，都忘却、春风词笔。但怪得、竹外疏花，香冷入瑶席。
>
> 江国，正寂寂。叹寄与路遥，夜雪初积。翠尊易泣，红萼无言耿相忆，长记曾携手处，千树压、西湖寒碧。又片片吹尽也，几时见得。

张炎在《词源序》中列举出了不同的词作格调，其中在"意趣"一节中首称"词以意为主，不要蹈袭前人语意。"接下来他举了几个例子，其中包括姜白石的《暗香》和《疏影》，而后他评价这样的词说"此数词皆清空中有意趣，无笔力者未易到。"对于该词在结构上的特色，先著、程洪在《词洁辑评》中说："落笔得'旧时月色'四字，便欲使千古作者皆出其下。咏梅嫌纯是素色，故用'红萼'二字，此谓之破色笔。又恐突然，故先出'翠尊'字配之，说来甚浅，然大家亦不外此。用意之妙，叫使人不觉。则烹锻之工也。"

因为这首词太过有名，故前人仅从结构上分析还不够，许昂霄在《词综偶评》中又从句法上的别样来进行剖析："'旧时月色'二句，倒装起法。'何逊而今渐老'二句，陡转。'但怪得竹外疏花'二句，陡落。'叹寄与路遥'三句，一层。'红萼无言耿相忆'，又一层。'长记曾携手处'二句，转。'又片片吹尽也'二句，收。"

与之相对的另一首则《疏影》：

> 苔枝缀玉，有翠禽小小，枝上同宿。客里相逢，篱角黄昏，无言自倚修竹。昭君不惯胡沙远，但暗忆、江南江北。想佩环、月夜归来，化作此花幽独。
>
> 犹记深宫旧事，那人正睡里，飞近蛾绿。莫似春风，不管盈盈，早与安排金屋。还教一片随波去，又却怨、玉龙哀曲。等恁时、重觅幽香，已入小穿横幅。

对于这首词，后世也同样有着广泛的夸赞，甚至有人将其解读到了家国的高度，比如刘永济在《唐五代两宋词简析》中说："此词更明显为徽、钦二帝作。起数句，暗用赵师雄梦见花神事以形容梅花之丽。'客里'三句，以梅花比倚竹美人，'无言'者，见其情岑寂也。'昭君'二句，明用徽宗《眼儿媚》词语。徽宗此词有故国之思，故曰'暗忆江南江北'。'佩环'二句，言魂归故国，此时徽、钦二帝均死于北地也。"这样的解读在清代就已有之，宋翔凤在《乐府余论》中说："《暗香》《疏影》，恨偏安也。盖意愈切，则辞愈微，屈宋之心，谁能见之。乃长短句中复有白石道人也。"

这样的评价当然很是高大上，陈廷焯在《白雨斋词话》中也是这样认为："南渡以后，国势日非，白石目击心伤，多于词中寄慨。不独《暗香》《疏影》二章，发二帝之幽愤，伤在位之无人也。特感慨全在虚处，无迹可寻，人自不察耳。"但是吴世昌却认为，这两首词哪有那么大的深意,其在《词林新话》中说:"白石《暗香》《疏影》二首,游戏之作耳。虽艺术性强,实无甚深意。乍看似新颖可喜,细按则勉强做作,不耐咬嚼。此本拟人格之通病。"

既然有如此相反的评价,那么白石的这《暗香》和《疏影》究竟写的是什么呢?其实在《暗香》一词前,白石写了段小序:

> 辛亥之冬,予载雪诣石湖。止既月,授简索句,且征新声。作此两曲,石湖把玩不已,使工妓肄习之,音节谐婉,乃名之曰《暗香》《疏影》。

原来在某年冬天,姜夔冒着雪去拜访范成大,在范的府上住了一个月,在这个过程中,范让他填词,于是姜就作出了这两首词,范成大对此很是喜爱,就让家中的乐工弹奏。从这个角度来说,姜夔的词中所写,乃是范成大庭院中的景色,而后,他以此景来感慨自己的境遇。

显然,这样的解读令后人读起来不过瘾,故而《砚北杂志》卷下在评价《疏影》时,说了这样一段话:"小红,顺阳公青衣也,有色艺。顺阳公之请老,姜尧章诣之。一日,授简征新声,尧章制《暗香》《疏影》两曲,公使二妓肄习之,音节清婉。尧章归吴兴,公寻以小红赠之。其夕大雪,过垂虹,赋诗曰:'自琢新词韵最娇,小红低唱我吹箫。曲终过尽松陵路,回首烟波十四桥。'"这里说范成大家中有位叫小红的歌伎色艺俱佳,范成大退休的时候,姜夔前去拜见,某天范命姜填新词,于是姜就写出了《暗香》和《疏影》,范命歌伎习唱,因为这两首词写得太美,令范很是满意,故姜夔回到吴兴时,范成大就把小红送给了他,这个意外惊喜令姜夔高兴得又写出了一首名诗。

如此说来，如果把《暗香》和《疏影》理解为有多大的国仇家恨，于我的私见，似乎太过拔高。但他所作之词又确实有着与他人不同的特殊风格，清代的李调元就在《雨村词话》中单列出"南宋白石派"一节，其在该文中称"白石自制词在南宋另为一派，盛行一时。"这也说明白石的风格有着自己的面目。

姜夔一生未能考取功名，年轻时因为有张鉴等人的资助，他的生活过得还算不错。张鉴故去之后，姜夔没能再找到这样帮助他的朋友，到其晚年，他在临安的房子又因失火而被焚毁，日子过得更加艰难，后来他竟然因病去世于临安水磨方氏旅店内，幸亏有朋友的帮助，才把他就近葬于马塍。然而，他的墓到如今却完全查不到痕迹，为了能够寻找到与姜夔有关的遗迹，我只能到他的家乡鄱阳去查找，所幸当地以姜夔之名建起了一个公园，这也算是他的故里纪念地，于是我就从南昌包一辆出租车，前往此地一访。

姜夔公园位于江西省上饶市鄱阳县鄱阳镇。沿新开的高速从南昌再到鄱阳镇，在路上司机小吴说他的故乡在婺源，从言谈中能够感觉到他对自己的家乡有着特别的眷恋。他向我讲解着当地都有哪些特产，而我印象最深的，是从未听到的一种名为"荷花"的红金鱼。小吴说荷花红金鱼乃是当地的三宝之一，这种野生鱼很是名贵，个头都长不大，但却是很有名的大补品，他自己吃过小小的一条，吃了后就流鼻血。能有这么强的功效，让我对这种东西有了兴趣，我长期在外面奔跑，身体不出问题才是第一要义，不过小吴告诉我，这种鱼在当地市场上见到的，基本都是假的，是养殖出来的，营养成份差远了，等我再到婺源时，他会帮我搞到真品，因为他家亲戚跟当地的领导很熟。

沿 S36 高速，向东行驶近一百公里后，从珠湖口下道，高速费35 元，下高速后走 208 省道约 40 公里到达鄱阳镇，在高速路边看到了几片坟场，坟丘的形制很是独特：墓丘成圆盘形，逐层递减圆盘直径，约十余级，到顶端时已变成了尖锥状，这种墓远远看上去有点像竹笋，还有一些坟像泰国缅甸等东南亚国家的小乘佛教的佛塔，另外一些坟还会在尖顶上带上一个中国式的檐顶，很有穿西装戴草帽的意味，这种起坟方式在其他地方从没有见过。

△ 姜夔公园内的牌坊

在城内打听姜夔公园，没人能告诉我具体地点，这跟我的预估反差很大，我本以为在这样的一个县城内，有这样一座公园，应当是人人皆知的事情。既然无人知之，那我又能如何呢？跑了这么远，当然要求得结果。在县城的路边，我看到一个报亭，于是前往一看，

△ 姜夔像

问店主有没有当地的地图，店主告诉我有，但必须买后才能给看，既然如此那也只能掏钱买之。但这个地图之小却是我未曾料到的，仅相当于两张A4的打印纸，这么小的地图很难会把一些细节标在上面，尽管如此，其售价却是10块钱。店主听到了我的报怨，解释说这个地图是限量版的，才印了两万张。限量版这种事，看来已深入到了民间，今后真不要再做了。

好在我的眼还没有花，用不着借助眼镜等工具，就能在这张小地图上看清楚上面所印最小的字，站在路边一番查找，果真看到了姜夔公园的位置：在县城的东北角。见此大喜，感觉这10块钱没白花，于是持此图上车，与司机商量如何能开到这个位置。

穿过一条小街道，来到了这片新区，这一带全部都是新开发出来的，难怪向路人打听，没人听说过。通往此处的路名白石路，从地名上就印证了前行路线的正确，因为姜夔号白石道人，而被后人简称为姜白石，由此可知，此路很有可能就是通向姜夔公园的专用道。

在白石路的终端，看到了一个面积足有几百亩地大的广场，广场的中央立着五开间的石牌坊，上书"姜夔公园"，广场全部用石板铺路，空空荡荡，除了这个牌坊外，仅在右侧建了一个公厕，我奔这个厕所而去，想解决自己的内急，然而来到厕所门口，却没有看到男女标志，我只好按男左女右的规则进了左侧，里面很是肮脏，便池内的排泄物已经冒尖，地上到处都是用过的手纸，我注意到这些脏手纸中混杂着女士专用品，意识到进错了门，立即跑到相反的一面，结果看到的场景完全一样。花木兰说：双兔傍地走，安能辨我是雌雄？我觉得用到这里比较恰当，既然如此，我也只能随俗了。白石先生应当是有洁癖的人，我想这个肮脏的厕所建在以他命名的公园里，肯定令他很是反感。

公园的后方还立着一座姜夔的石雕像，雕刻的还算精美，衣纹

372　　觅词记

△ 姜夔纪念馆

△ 石头上刻着"姜夔"二字

很是飘逸，但我觉得如果换成一位女士的头像似乎更为合体，旁边弧形的墙上嵌着一些黑色的石碑，碑文的内容是姜夔的诗句。

　　白石路的对面，也是一片工地，按地图上的标志，此处名姜家坝，我由此联想到这应当就是姜白石的故里，因为白石路和姜家坝这两个名称都跟姜夔联系太紧密了。现在姜家坝正在拆建，准备建成一个名叫"丽景湾"的一个房地产项目，项目的正前方，就是姜夔纪念馆所在，纪念馆是一正两侧的传统建筑方式，然几间房间都上着锁。我转到馆的背面，看到了有一对中年夫妻在后面烧火做饭晾衣服，俨然就在此过日子，从情形看不像是这里的管理者，他们瞥了我一眼，没有说话，我也不忍打扰人家的清闲，于是偷偷拍了一张照片而离去，在湖边的碑亭内坐着几位小朋友在玩耍，看到了我，马上绽出笑容，手中做出"耶！"的姿势。

刘过：斗酒彘肩，风雨渡江，岂不快哉！

以词风来论，刘过被后世目之为新派词人，而他的一生，则与辛弃疾有着较为密切的联系。

刘过在少年时就有着远大的志向，然而他考运不佳，一生也没能搏得功名，元殷奎在《复刘改之先生墓事状》中说："少有志节，以功业自许，博通经史、百氏之书，通知古今治乱之略，至于论兵，尤善陈利害。"

刘过饱读诗书，有着建功立业的强烈心愿，可惜一生都未有实施自己抱负的机会。既然走不通考试之路，刘过就想通过一些达官来实现自己的理想，比如他的同乡周必大在做宰相时，刘过多次写信陈述自己的抱负和建议，殷奎在《事状》中记载到："（刘过）常以书干宰相，言恢复之策，不听。"而杨维桢在《宋龙洲先生刘公墓表》亦称："屡与时宰陈恢复方略，勇请用兵，谓中原可一战而取。不用，去。"

这些结果让刘过大感失望，他将自己的失望之情写入了一首名为《辞周益公》的诗中："一曲归欤浩浩歌，世间无地不风波。人从贫贱识者少，事向艰难省处多。紫塞将军秋佩印，玉堂学士夜鸣珂。太平宰相不收拾，老死山林无奈何。"后来刘过又到南京去找杨万里，因为杨也是他的同乡，并且时任建康江东转运副使。刘过在杨万里那里还是未能谋得官职，而后他又返回明州参加秋试。在这个阶段，他结识了陈亮,当时二人均为落魄文人,再加上性格相近,于是很快成为了密友。陈亮写过一首《赠刘改之》的诗:"刘郎饮酒如渴虹,一饮涧壑俱成空。胸中垒块浇不下,时吐劲气嘘青红。刘郎吟诗如饮酒,淋漓醉墨龙蛇走。笑鞭列缺起丰隆,变化风雷一挥手。……"

此诗很长,我仅节取了前面几句。由此可见,二人在一起喝酒谈天,很是投机。绍熙四年四月,陈亮考取了状元,刘过依然下第,然而转年陈亮就病逝了。好友的离世让刘过十分难过,再加上落第的不快,刘过把自己的才情都用在了写诗填词上,而这方面的创作,又让他得以结识了辛弃疾。

宋嘉泰二年,辛弃疾再次被启用,时任绍兴府知府兼浙江安抚使。此前辛弃疾听说过刘过有抗金之志,所以他在嘉泰三年给刘过写了封信,邀请刘过到绍兴来见面商谈。这件事记载于岳珂的《桯史》中:"嘉泰癸亥岁,改之在中都。时辛稼轩弃疾帅越,闻其名,遣介招之。适以事不及行,作书归辂者,因效辛体《沁园春》一词,并缄往,下笔便逼真。"

按说刘过接到了辛弃疾的信应当立即赶往绍兴去见面,毕竟这是实现他理想的一个重要转机,但不知什么原因,刘过却没有去,只是给辛弃疾写了封回信,同时在信中附了一首自作之词,这首词就是被世后目之为刘过代表作之一的《沁园春》:

斗酒彘肩,风雨渡江,岂不快哉!被香山居士,约林和靖,与坡仙老,驾勒吾回。坡谓西湖,正如西子,浓抹淡妆临镜台。二公者,皆掉头不顾,只管传杯。

白言天竺飞来,图画里、峥嵘楼阁开。爱纵横二涧,东西水绕;两峰南北,高下云堆。逋曰不然,暗香浮动,不若孤山先访梅。须晴去,访稼轩未晚,且此徘徊。

岳珂认为刘过的这首词特别酷似辛词，他在《桯史》中明确地说，刘过的这首《沁园春》就是效仿辛弃疾的词风而作者。然细品该词，除了前一句有着辛词的气魄在，余外的大部分则完全是一段叙事故事：刘过在这里跨越时空，将唐代的白居易和宋代的林和靖、苏东坡召集在一起，他说这三人分别劝自己不要离开杭州前往绍兴，并且三人各以自己的名句来形容杭州之美，比如林和靖说还是先让刘跟着自己到孤山去赏梅，等到晴天之后再前往绍兴去见辛弃疾。

由词中所想象林和靖的这段话可猜测，刘过没有去见辛弃疾，其主要原因是杭州下了一场大雪，但是下雪就能阻止他前去实现自己的抱负，这种解释似乎说明刘过并没有把建功立业看得那么重，然而刘过在此词的小序中则称："风雪中欲诣稼轩，久寓湖上。未能一往，赋此以解。"

看来，在这场暴风雪漫天飞舞之时，刘过仍然有着前去见辛弃疾的想法。但是具体为什么没能成行，刘过在小序中未曾解释，也不清楚刘过是否在给辛弃疾的信中说到了足够的理由，但从《桯史》中的记载来看，辛弃疾未生气："辛得之，大喜，致馈数千百，竟邀之去，馆燕弥月。"

显然，辛很欣赏刘过的这首《沁园春》，这可能是因为他看出了该词是有意效仿自己的词风，这也算是一种较为直接的礼赞吧，于是辛弃疾赠给刘过一大笔钱。后来他还把刘过请到了身边，让他在自己的官邸住了一个月。可见，辛弃疾是位大度之人，他欣赏刘过的才能，并不在意刘过行动上的怠慢。

当然历史从来都是多样的，关于刘过见到辛弃疾的情况，也有着另外的说法。王奕清的《历代词话》中有如下说法：

  辛稼轩帅浙东时，朱晦庵、张南轩为仓宪使。刘改之欲见辛，不纳。二公为之地，云："某日公宴，君可来，门者不纳，但喧争之，必可入。"改之如所教，门下果喧哗。辛问故，门者以告，辛怒甚。二公因言："改之豪杰也，善赋诗，可试纳之。"改之至，长揖。辛问："能诗乎？"曰："能。"时方进羊腰肾羹，遂命赋之。改之曰："甚寒，愿乞卮酒。"酒罢，乞韵。时饮酒手颤，余沥流于怀，因以"流"字为韵。即吟云："拔毫已付管城子，烂首曾封关内侯。死后不知身外物，也随尊酒伴风流。"辛大喜，命共尝此羹，终席而去，厚馈焉。

这段记载颇为详尽，然从描述的经过来看，不是岳珂所言的辛招刘，而是刘过很想见到辛弃疾，但因为那时的刘并没什么名气，辛弃疾拒绝接见他。刘过认识朱熹和张栻，刘向二人讲到了自己欲见辛的愿望，这二人给刘出了个妙招儿，他们让刘过等到辛弃疾宴请宾朋之时不请自来，如果守门人阻挡，刘就跟他们大声争辩，这样吵闹之声必然会被辛听到，而后就有了入内的机会。

果真，刘过在辛弃疾宴请宾客之时来到了门前，与守门者大吵大闹，辛弃疾问是怎么回事，守门者如实相告，如此的无理令辛很是生气，而朱熹和张栻感觉时机来了，立即上前劝慰辛弃疾，介绍说刘过乃是豪杰之士，并且对作诗特别内行，如果不信，可让他进来当面一试。刘过进门之后，辛请他喝酒吃肉，而后让他作诗。果真，刘过出口成章，这让爱才如命的辛弃疾大感惊喜，从此之后，刘过就成了辛府的座上宾。

刘过一生没有什么功名，他靠什么来讨生活呢？这方面的资料我未曾查到。按理来说，刘过没有好的出身，又游走于江湖，似乎并没有置产业，以此推论，他的生活过得十分的困难，这件事可以以吕大中为其所写《宋诗人刘君墓碑》为证："（刘过）家徒壁立，无担石储。此所谓生而穷者；冢芜岩隈，荒草延蔓，此所谓死而穷也。

先生何穷之至是哉！然横用黄金，雄吞酒海，生虽穷而气不穷。诗满天下，身霸骚坛，死虽穷而名不穷。乃知先生之穷异乎常人之穷也。"看来，刘过的一生过得十分的困苦。

吕大中说刘过家徒四壁，然而又说他有钱时挥金如土，如此说来，刘过的穷跟他不会理财有很大的关系。清郭霄凤在《江湖纪闻》中称："刘改之性疏豪好施，辛稼轩客之。稼轩帅淮时，改之以母病告归，橐橐萧然。是夕，稼轩与改之微服登倡楼。适一都吏命乐饮酒，不知为稼轩也，命左右逐之。二公大笑而归，即以为有机密文书，唤某都吏。其夜不至，稼轩欲籍其产而流之。言者数十，皆不能解，遂以五千缗为改之母寿，请言于稼轩。稼轩曰：'未也，令倍之。'都吏如数增作万缗，稼轩为买舟于岸，举万缗于舟中，戒曰：'可即行，无如常日轻用也。'"

刘过没钱，但为人却很大方。有一天听到母亲病重，他想返回家乡，竟然身无分文。刚好这天晚上辛弃疾微服请他至伎家喝酒，可是又遇到被人包场，包场者恰好是辛弃疾的手下，在没有弄清情况时，就打发左右将辛刘二人赶了出去。辛刘被驱赶后笑着回到官署，立即以公事为借口派人去传唤那名手下，让他立即回到衙门，但是手下已经喝多了，不能返回，于是辛弃疾以此为理由，罚没其家产，并且要将他处以流刑。后来这名手下花了很多的银两才摆平此事，而这些银两都被辛弃疾送给了刘过。

由这段记载可知，刘过确实没钱，而辛弃疾却赠给他大把的银两。但是不会理财的人，即便有着大把的银两，也会立即花光，而刘过恰好就是这种人。洪迈在《夷坚志·支丁》卷六中称："刘过字改之，襄阳人，虽为书生，而赀产赡足，得一妾爱之甚。淳熙甲午预秋荐，将赴省试，临发，眷恋不忍行，在道赋《天仙子》一词，每夜饮旅舍，辄使随身小仆歌之。"

洪迈明确地说，刘过虽然只是个书生，但家中却十分的有钱。但刘的钱财哪里来的，洪迈却未曾讲到。洪只是说，刘过买得一妾，十分喜爱，出外考试时都不愿与之分离，并为此填了首《天仙子》赠给此妾，而他在途中经常让仆人吟唱此词来思念该妾，此词的上阕为：

> 别酒醺醺浑易醉，回过头来三十里。马儿不住去如飞，牵一憩，坐一憩，断送煞人山与水。

从各种记载来看，不论刘过有钱或没钱，他都对女人有着特别的眷恋，甚至会重色轻友地夺朋友的爱妓，此事记载于宋周密的《浩然斋词话》中："刘过改之尝游富沙，友人吴仲平饮于吴所欢吴盼儿家，尝赋词赠之。所谓'云一窝，玉一梭。淡淡衫儿薄薄罗。轻颦双黛蛾'，盼遂属意改之。吴愤甚，挟刀刺之，误伤其妓，遂悉系有司。时吴居父为帅，改之以启上之云：'韩擒虎在门，顾丽华而难恋，陶朱公有意，与西子以偕来。'居父遂释之，然自是不复合矣。改之有'春风重到凭阑处，肠断妆楼不忍登'，盖为此耳。"

刘过的朋友吴仲平带他到自己喜欢的妓女吴盼儿家，没想到刘过喜欢上了此妓，给其填了一首词，这首词把盼儿形容的很美，于是她就移情别恋地喜欢上了刘过。这个结果让吴仲平十分地愤怒，于是掏出刀来刺向刘过，没想到误伤到了盼儿，还为此惹了官司。好在判官也雅好文学，刘改之的一番话竟然救了自己。

在宋代，刘过的这些所为被视之为文人的性情所在，并不算什么大事。在今天，人们关注的，仍是他支持抗金恢复中原的豪迈气概。

宋开禧元年七月，韩侂胄出任平章军国事，这个职位高于丞相。当时的金国有着一些内乱，韩认为这是伐金的好机会，于是他部属宋军，不宣而战，迅速攻入金国所占之地，这就是著名的"开禧北伐"。

而那时的刘过依附于韩侂胄,对韩的北伐之举大唱赞歌,在韩生日之时,刘过填了首《西江月》:

> 堂上谋臣尊俎,边头将士干戈,天时地利与人和,"燕可伐欤?"曰:"可"。
>
> 今日楼台鼎鼐,明年带砺山河,大家齐唱《大风歌》,不日四方来贺。

这首词写得十分有气魄,他认定用不了多久就能灭掉金国。可惜的是,南宋军队的作战水平极差。几个月后,形势逆转,宋军节节败退。宋开禧三年,礼部侍郎史弥远与宁宗皇后杨氏,伪造宁宗秘旨,指令殿前司长官夏震将韩侂胄秘密杀死,开禧北伐至此彻底失败。

刘过对韩侂胄寄予了厚望,这个结果当然令他大感沮丧,正在其痛苦彷徨之时,好友潘友文邀请他到昆山定居。明嘉靖《昆山县志》卷十二《人物·流寓》中载:"时故人潘友文宰昆山,延致之。过雅志欲航海,因客其所,遂娶妇而家焉。既死,无子。友文与主簿赵希栎共出家资买地马鞍山东葬之。"

刘过来到了昆山,并且在此娶妻成家,没想到此后不久他就病逝。因为刘过没有儿子,潘友文就和另一位朋友共同出资,把刘埋葬在了当地的马鞍山。刘过去世时是53岁。

关于刘过的词风,后人大多认为他效仿辛弃疾,比如胡适在《词选》中说:"词属辛弃疾一派,直写感情,直抒意旨,虽不雕琢,而很用气力。"但四库馆臣却认为,刘过的词也并非只有这样一面,《四库全书总目提要·龙洲词提要》中说:"黄昇《花庵词选》谓'改之乃稼轩之客,词多壮语,盖学稼轩。'然过词凡赠辛弃疾者,则学其体,如'古岂无人,可以似吾稼轩者谁'等词是也。其余虽跌宕淋漓,实未尝全作辛体。"四库馆臣也承认,刘过的一些词的确是模仿辛弃疾,然而纵观《龙洲词》,也并非全部都是稼轩体。

对于宋代词风的变化,罗振常在《龙洲词序》中首先称:"词自唐历五代以迄北宋之初,均以温婉为宗。自东坡以歌行之笔为词,尽变旧格;稼轩因之,益扩其范围,充其才气。于是温婉之外别成雄杰一派。虽曰变体,然两派并称,言词者莫能废也。"

显然,罗振常的这段叙述所讲,乃是宋词中的豪放派,他将东坡视为豪放派的创始人,之后讲到了辛弃疾,其称豪放派到了辛弃疾这里才扩大了写作范畴。虽然说后世对豪放词多有贬义,但罗振常认为这样的词作并不好写,他在《龙洲词序》中接着写道:"特以作之难工,故数百年来,绝少嗣响。即当时攻此派者亦仅龙洲、后村等数家。后村词多俚语,人亦晚节不终;龙洲则纵横跌宕,浩气屈盘,虽不能方驾苏、辛,而为之骖乘无愧色也。"

罗振常说,辛弃疾后真正致力于豪放词者,仅有刘过和刘克庄等几人。二刘相比,罗认为刘过的成就更大,他觉得刘过所作豪放词的水平不在东坡、稼轩之下。

为什么刘词会有这么高的成就呢?罗振常觉得,这仍然跟刘过的政治志向有较大的关系:"龙洲生当南宋,痛中原之不复,二帝之辱死,又伤光庙不能孝养上皇以治天下,愤积于中,发为歌词,其忠义磊落之气,固无殊于东坡、稼轩,而谓其词之不能副之,无是理也,方今伦纪废绝,节概销亡,苟天下士夫皆能以龙洲之心为心,几何不返叔季为唐虞也!"然而四库馆臣却不这么看,《龙洲集提要》中写到:"当其叩阍上书,请光宗过宫,颇得抗直声。然其时在廷诸臣已交章论奏,非廊庙不言,待于草野言之者,何必屋上架屋,为此哓哓?特巧于博名耳。又屡陈恢复大计,谓中原可不战而取,更不过附和时局,大言以幸功名。北伐之役,后竟何如耶?杨维桢

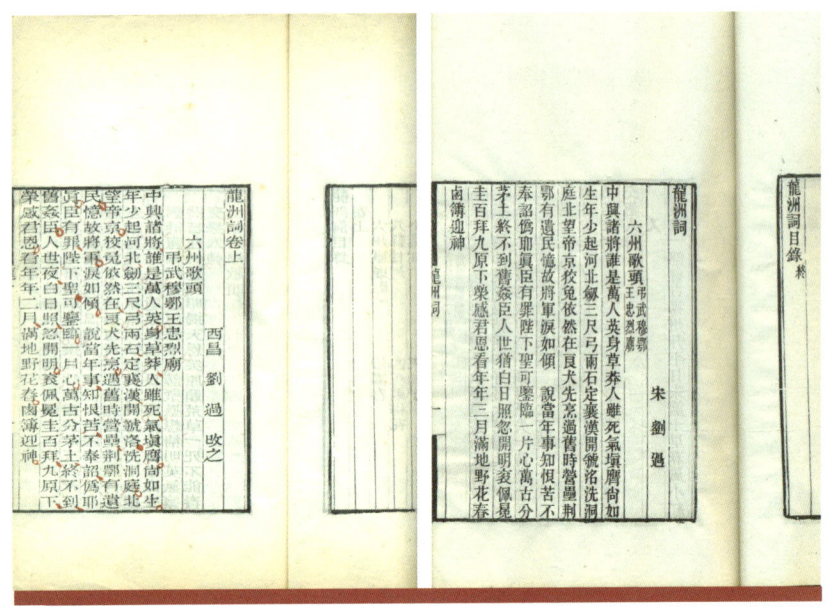

△ 刘过撰《龙洲词》民国十一年归安朱氏刻本，卷首　　△ 刘过撰《龙洲词》清光绪十四年钱塘汪氏振绮堂翻刻汲古阁本，卷首

吊其墓诗云：'读君旧日伏阙疏，唤起开禧无限愁。'文人标榜之词，非笃论也。"

四库馆臣认为，刘过给皇帝上书，请求出兵收复中原，这只不过是沽名钓誉的一种手段罢了，因为刘过并不是一位战略家或者军事家，他的所言没有什么价值，后世对他这方面的夸赞，只不过是文人之间互相标榜而已。从实际情况来看，刘过没有在重要部门任过职，他不太可能看到重要的军事情报，所以他的建议更多的是表现一种文人气概，因此这些建议也不太可能受到皇帝的重视。

虽然如此，他的词作却表明了自己的政治取向，比如他对有着抗金志向的辛弃疾，就填过多首词予以褒奖。如前所提，刘过闻听母病准备返回之时，辛弃疾通过巧妙的办法送给他一大笔钱，而后刘过写了一首《念奴娇》，其题目为"留别辛稼轩"：

知音者少，算乾坤许大，著身无处。直待功成方始退，何日可寻归路？多景楼前，垂虹亭下，一枕眠秋雨。虚名相误，十年枉费辛苦。

不是奏赋明光，献书北阙，无惊人之语。我自匆忙天未许，赢得衣裾尘土。白璧追欢，黄金买笑，付与君为主。莼鲈江上，浩然明日归去。

如前所言，刘过所作之词大多被后世目之为辛派风格，但实际上，他也有着另外的面目在，比如他所作的两首《沁园春》，其中一首是《美人足》，我将此两词抄录如下：

洛浦凌波，为谁微步，轻尘暗生。记踏花芳径，乱红不损，步苔幽砌，嫩绿无痕。衬玉罗悭，销金样窄，载不起、盈盈一段春。嬉游倦，笑教人款捻，微褪些跟。

有时自度歌声。悄不觉、微尖点拍频。忆金莲移换，文鸳得侣，绣茵催衮，舞凤轻分。懊恨深遮，牵情半露，出没风前烟缕裙。知何似，似一钩新月，浅碧笼云。

另一首为《美人指甲》：

销薄春冰，碾轻寒玉，渐长渐弯。见凤鞋泥污，偎人强剔，龙涎香断，拨火轻翻。学抚瑶琴，时时欲翦，更掬水、鱼鳞波底寒。纤柔处，试摘花香满，镂枣成班。

时将粉泪偷弹。记绾玉、曾教柳傅看。算恩情相着，搔便玉体，归期暗数，画遍阑干。每到相思，沈吟静处，斜倚朱唇皓齿间。风流甚，把仙郎暗掐，莫放春闲。

对于刘过的这两首词，后世有着截然相反的评价，叶申芗在《本事词》中说："世皆以龙洲好学稼轩作豪语，似此两阕，亦可谓细腻风光矣。"叶申芗认为，刘过的这两首词正说明了他在词风上有着不同于辛弃疾之处。而江顺诒则夸赞该词的艺术手法绝妙："词之用事亦最难，要体认着题，融化不涩，用事不为事所使。至于咏物尤难，体认稍真，则拘而不畅，模写差远，则晦而不明。须收纵严密，用事合题，一段意思，全在结局。如……刘改之《沁园春》美人指甲、脚等曲。"（唐圭璋编《词话丛编》）

然而从整体上来说，后世对刘过的这两首词以贬斥为多，当然，这些贬斥主要是从词的内容而言者。因为刘过的这两首《沁园春》，一首是描绘美人的脚，第二首则是描绘美人的指甲，都被人们目之为"格调低劣"，比如《总目提要》批评这两首词说："咏美人指甲、美人足二阕，刻画猥亵，颇乖大雅。"而陈廷焯在《词侧·闲情集》卷二中说："《沁园春》二阕，去古已远，丽而淫矣，然风流顽艳如揽嫱施之袪，亦不能尽弃也。此调自刘龙洲作俑，后来瞿宗吉、马浩澜辈，愈得愈多，愈趋愈下矣。"因此，陈廷焯认为刘过的这两首词"为词中最下品"。

但从艺术风格来看，刘过的这两首词也有其独特性在。俞陛云在《唐五代两宋词选释》中说："以龙洲才气雄杰，而为此侧艳之词，亦殊工整。'朱唇皓齿'三句，尤为传神。近人作美人形况词者，皆倚《沁园春》调，以工切为能，此调乃江源滥觞也。"

对于刘过的这两首《沁园春》，张宏生先生有《刘过〈沁园春〉艳体咏物词与南宋词学的发展》进行深入探讨，张宏生在该文中分析了宋代何以对美人足感兴趣的问题，而后他引用了苏轼所作的一首《菩萨蛮·咏足》，以此来说明刘过的这两首《沁园春》也是有所本，更何况东坡开此风气之后，不少宋代词人都有类似的作品，所以刘过的所作也并非是一种心血来潮，故而张宏生在其论文中得出如下结论："刘过创作出《沁园春》二首，无论在诗歌的传统中，还是在词的传统中，都有着非同寻常的意义。因此，也可以这样说，刘过的这一类创作，就诗词各自的发展来说，都有独特的意义，其中，尤以在词的接受传统中，得到后世不断的回应，更具有认识价值。"

虽然后世对刘过的词作有褒有贬，但这些并不妨碍他成为著名的词人，明王世贞在《艺苑卮言》中说："词至辛稼轩而变，其源实自苏长公，至刘改之诸公极矣。"王世贞把刘过视之为豪放词的最重要作家。然而清初的王士禛则对刘过大为贬斥："凡为诗文，贵有节制，即词曲亦然。正调至秦少游、李易安为极致，若柳耆卿则靡矣。变调至东坡为极致，辛稼轩豪于东坡而不免稍过，若刘改之则恶道矣。学此不可以不辨。"（《分甘余话》卷二）正因有着这么多的评价，也从侧面证明了刘过的词作有其独特的面目以及多样性。

刘过在昆山去世后，在朋友的帮助下就葬在了此地，后世的资料多有记载。他的墓到元代就已经被毁坏，后来又被重新修造，殷奎在《复刘改之先生墓事状》中说到："嘉熙二年，上蔡吕大中复为文以表之。而县令、丞常以岁二月祭墓下。今乃鞠为荒墟，坏其遗厉，后生过客，无所瞻敬。至正十二年，州人士秦约帅凡同志请于有司，以复其故。盖其墓在山东尽崇冈之上，负峭壁其后，下瞰横江，山之幽麓奇处也，而缁徒据之，遂以大废。按诸图籍，莫不具知。于是域其地，除其秽，凿其石之陷于上者，然后封以土石，树以华表，辟墓道以达诸衢，立石墓旁，题曰'故宋刘君讳过字改之之墓'。"

刘过的墓虽然有着这样明确的记载，然而却被我忽略了，因此之前来到昆山的几次寻访，均未将其列入计划之中。此程来到昆山，原本是为了寻找徐乾学的遂园，在这个寻找的过程中，竟无意间看到了刘过墓。

刘过墓位于江苏省昆山市马鞍山东路1号亭林园内。徐乾学的遂园被包在了亭林园内，故而来此寻访的目的，一是看顾炎武纪念馆，二者则是为了寻找遂园。而今的亭林园将数个景点包围在了一个很大的范围之内，需要统一买票参观。

进入园中，一路前行，首先找到了亭林纪念馆，可惜大门紧闭，里面正在维修，我准备返回时再想办法进入纪念馆一看。而后沿着纪念馆的右侧道路继续前行，在这里看到了"昆石馆"，"昆石馆"的门前有着两亩地大小的荷塘。因为不是季节，荷塘里面除了"莲叶何田田"，一朵莲花也没有，更不用说旁边标牌写明的"并蒂莲"了。

△ 并蒂莲介绍牌

△ 怎么读都不觉得是匾额

走进"昆石馆"，这里面是一个独立的仿古院落，正堂的匾额写着"昆山有玉，玉在其人"，这几个字怎么读都觉得不像个匾额。走入正堂，前方也是一块匾额——"马鞍一拳毓灵挺秀"，这几个字的落款竟然是"玄烨御笔"，皇帝怎么会在御笔后署上自己的名字？看来，这块匾额也很有创意。

展厅内摆放着许多块昆山石，细看之下，我并未感觉到其中的妙处，于是走出昆石馆。沿着侧旁道路继续前行，无意间在其侧旁看到了一座古墓，而古墓旁的碑石上刻着"刘过墓碑记"，

△ "玄烨御笔"

见此让我大感吃惊，这真可谓"得来全不费工夫"，于是立即围着此墓细细探看。

该墓处在山脚之下，按照资料记载，后面应当就是马鞍山。而今该山被称为"玉山"，当年元代的顾阿瑛建有"玉山胜境"，看来，早在元代，马鞍山就被称为"玉山"。但我不确定，这两处是否为同一地。可是，当年的顾阿瑛的确参与过整修刘过墓，杨维桢在《宋龙洲先生刘公墓表》中载有此事："先生卒，县主簿赵希栎以友文所赠钱三十万缗，买地马鞍山以葬，遂立祠东斋。久而墓与祠俱废。更一百四十余年，为至正十三年，州人顾瑛、秦约、卢熊等闻之州，州下其事。征诸图籍，正其厉域，表大石其上，题曰'宋龙洲先生刘公之墓'。越六年，寺僧立塔其所。"这里所说的"顾瑛"，正是顾阿瑛。

眼前所见的刘过墓，占地面积不大，以我的目测，大约有二百平米左右，墓前有昆山市所立文保牌，后方则以半米高的石墙围成圆弧状，刘过的墓处在此圆弧的正中。墓围用石条砌成了八角形，上面裸露着黄土，墓碑上刻着"宋卢陵处士龙洲刘先生之墓"，显然，这是一块新碑。

站到文保牌的背面，看到了上面的介绍文字，上面写到："50

△ 刘过墓碑记　　　　　　　　　　　　　　△ 老墓碑嵌在了这里

年代曾被公布为江苏省文物保护单位，1966年封土被铲平。"看来刘过墓也未能逃过文革之厄，如今所见之墓则是1983年修复者，但此段介绍中称刘过的墓是"按原墓基修复花岗石八角形墓冢"，由此可知，当年的刘过墓就是处在这里，而墓的外形也是现在的模样。如此的修旧如旧，真令人赞叹。

仔细看墓围上的石条，我感觉到这些石条很有可能是当年的旧物，如果是这样的话，真可谓刘过的幸运，而同样也是我辈的幸运。

为了能够拍到刘过墓所处的环境，我一路向后退，而其侧墙就是我刚刚参观完的"昆石馆"，吕大中在《宋诗人刘君墓碑》中写到："先生之坟即东斋后也，今不立于墓侧，而立于东斋之岭崖者，以僧房多扃钥故耳。庶使江湖诗友知有诗人之墓在焉。"如此推论起来，这个"昆石馆"就是当年的僧舍，再后来这处僧舍就变成了祭奠刘过的祠堂，可惜这个祠堂到如今未能予以恢复。

刘过：斗酒彘肩，风雨渡江，岂不快哉！　　389

△ 刘过墓文保牌

　　而今刘过墓的正前方有一个石亭，我本以为这是为了纪念刘过所建之亭，然而亭上却刻着"琼花园"三个字。琼花园的正前方则是烈士陵园，而刘过墓的右方则围起了挡板，里面有几位工作人员正在施工，我问他们这里是否在建造祠堂，其中两位回答我说他们并不了解，而另一人则称这里正在建变电站。

　　在刘过墓的旁边不足五米之处，建起了变电站，想一想，真是煞风景。而变电站的后方有一个小桥，透过小桥上的玄窗则能看到清澈见底的小溪，在这美景中插入这样的现代建筑，真不明白是怎样的审美情趣，但愿施工人员告诉我的是一个错误信息。

△ 墓碑

刘克庄：男儿西北有神州，莫滴水西桥畔泪

刘克庄曾经因为一首名叫《落梅》的诗而被贬十年，此诗全文如下：

> 一片能教一断肠，可堪平砌更堆墙。
> 飘如迁客来过岭，坠似骚人去赴湘。
> 乱点莓苔多莫数，偶粘衣袖久犹香。
> 东风谬掌花权柄，却忌孤高不主张。

这首诗作于宋嘉定十三年，当时刘克庄赋闲在家，因为他喜欢梅花，所以就写了这么一首普通的咏物诗。

然而恶人却不这么看。宋嘉定末年至宝元初年，史弥远掌朝政，这个人在历史上的名声不是很好，宋宁宗所立的皇太子被他废为了济王，而后矫诏改立宋理宗，接着又逼迫济王自杀。他的这些做法遭到了朝中一些大臣的反对，比如真德秀等人给皇帝上书，替济王鸣冤，同时指斥史弥远擅权废立。这些反对之人后来都遭到贬逐。

为了将这些人赶出朝廷，史弥远的手下到处寻找证据。《齐东野语》卷十六中有这样一段话："宝庆间，李知孝为言官，与曾极景建有隙，每欲寻爨以报之。适极有春诗云：'九十日春晴景少，百千年事乱时多。'刊之《江湖集》中。因复改刘子翚《汴京纪事》

一联为极诗云：'秋雨梧桐皇子宅，春风杨柳相公桥。'初，刘诗云：'夜月池台王傅宅，春风杨柳太师桥。'今所改句，以为指巴陵及史丞相。及刘潜夫《黄巢战场》诗云：'未必朱三能跋扈，都缘郑五欠经纶。'遂皆指为谤讪，押归听读。同时被累者，如敖陶孙、周文璞、赵师秀，及刊诗陈起，皆不得免焉。于是江湖以诗为讳者两年。"

史弥远的这帮手下攻击人的方式，就是从诗词中捕风捉影，将某些词句硬作某解，然后定性为"诽谤"，借此就将这些反对之人赶出了朝廷。

关于这段公案，《瀛奎律髓》卷二十中有如下记载："宝庆初，史弥远废立之际，钱唐书肆陈起宗之能诗，凡江湖诗人皆与之善。宗之刻《江湖集》以售，刘潜夫《南岳稿》与焉。宗之诗有云：'秋雨梧桐王子府，春风杨柳相公桥。'哀济邸而诮弥远，本改刘屏山句也。或嫁为敖臞庵器之作。言者并潜夫《梅诗》论列，劈《江湖集》板。二人皆坐罪，而宗之流配。于是诏禁士夫作诗。如孙花翁季蕃之徒改业为长短句。弥远死，诗禁始开。潜夫为《病后访梅》诗云：'梦得因桃却左迁，长源为柳忤当权。幸然不识桃并柳，也被梅花累十年。'此可备梅花大公案也。"

这段话中提到了陈起，这位陈起真实的身份是位书商，用今天的话来说，他应当算是宋代很有名的大出版商。业务之余，陈起也喜欢作诗，并且跟刘克庄、叶绍翁等诗界名流交往密切，而后他就收集了北宋到南宋间的各种诗作，合在一起刻为了《江湖集》。这部书出版后颇为畅销，于是谏官李知孝就在此书中寻章摘句，硬把一些词语指认为是诽谤宰相史弥远，而后他将在此书中摘出的部分报告给史，史再将此诗拿给皇帝看，并让皇帝下诏禁毁这部书，于是《江湖集》的书板被销毁，陈起也被流放到边地。直到史弥远死后，陈起才被放回来。

《江湖集》所收之诗中的哪些词句被认定是"诽谤"呢？此集中收录了刘克庄所写的《黄巢战场》一诗，诗中有"未必朱山能跋扈，只缘郑五欠经纶"的词句，李知孝认为这句诗就是讽刺史弥远。而刘克庄所作《落梅》一诗中的最后两句，也被李认为是对史的讽刺，于是朝廷下令逮捕刘克庄。那时刘克庄正在建阳县令任上，他的好友郑清之得到了消息，立即在朝中想办法帮他开脱。这位郑清之因为跟史弥远关系较为密切，所以史网开一面，没有将刘克庄治罪，但此后不久，刘就被贬任他地。这一贬就是十年，所以才有了他的"却被梅花累十年"。

确实，这件事给刘克庄造成了很大的心理阴影，他在《杨补之墨梅跋》中说到："予少时有《落梅》诗，为李定、舒亶辈笺注，几陷罪苦。后见梅花辄怕，见画梅花亦怕。"这件事让刘克庄见到梅花就害怕，甚至到了杯弓蛇影程度，因为他不但害怕梅花，甚至看到别人画的梅花也同样害怕，他在《贺新郎·宋庵访梅》一词中也有这样的词句："老子平生无他过，为梅花受取风流罪。"虽然如此，刘克庄却并没有停止对梅花的歌咏，后来他又大量地写咏梅诗，一生中总计写了123首，还有8首咏梅词，所以他被后世称之为写梅花最多的诗人。

刘克庄所作的咏梅词，其中较有名气的一篇，则为《忆秦娥》：

> 梅谢了。塞垣冻解鸿归早。鸿归早。凭伊问讯，大梁遗老。
> 浙河西面边声悄。淮河北去炊烟少。炊烟少。宣和宫殿，冷烟衰草。

这首词咏叹的是梅花凋谢后的情形，虽然表面是写梅，但他在词中所提到的"大梁",指的乃是北宋的都成汴京,而那时汴京已经成了金人的领地,由此可见,他的这首词,表面上是感叹梅花凋谢,实则是怀念故土。难怪整他的那些人会从他的词作中找证据,因为刘克庄确实喜欢以词来抒发议论。

刘克庄还有一首《长相思·惜梅》:

> 寒相催。暖相催。催了开时催谢时。丁宁花放迟。
> 角声吹。笛声吹。吹了南枝吹北枝。明朝成雪飞。

他不仅仅是爱梅,同时还惜梅。寒风对梅花的摧残,让他有了惜爱之心。在惜梅的同时,他仍然充满着忧国忧民之心,词中的"角声吹"依然能够让读者感到,南宋与金人的战争未曾结束,时时横亘在作者心中。

刘克庄对梅有着一种真爱,因为他不仅是自己喜欢,当别人爱梅之时,他也十分感动,比如他所作的一首《满江红·题范尉梅谷》:

> 赤日黄埃,梦不到、清溪翠麓。空健羡、君家别墅,几株幽独。
> 骨冷肌清偏要月,天寒日暮尤宜竹。想主人、杖履绕千回,山南北。
> 宁委涧,嫌金屋。宁映水,羞银烛。叹出群风韵,背时装束,
> 竞爱东邻姬傅粉,谁怜空谷人如玉。笑林逋、何逊漫为诗,无人读。

当时刘克庄任建阳令,他偶然听到当地一位姓范的人酷爱梅花,此人在自己的别墅周围遍种梅树,还将这个去处起名为"梅谷",并且自号"梅谷"。此人对梅花的酷爱让刘克庄引以为知音,于是乎,他就填出了此词。

由以上这些词作可知,刘克庄真是位佞于梅者,为梅而受到了

打击，这恐怕也算是"罪有应得"吧。

刘克庄为什么这么喜欢梅花呢？他在《跋梅谷集》中解释到："夫梅，天下之清物也。在人品中惟伯夷可比，西湖处士亦其亚焉。世人皆欲与梅为友，窃意梅之为性，取友必端，非其人而强纳交，梅将以为浼已也。"刘克庄认为梅花是天下的高洁之物，只有伯夷叔齐这样的高士才可与之堪比，比如他写的《梅花百咏》之一：

> 百卉凋零独凛然，谷风栗烈涧冰坚。
> 看来天地萃精英，占断人间一味清。

刘克庄还有一类诗作也被后世所看重，那就是他的咏史怀古诗，这样的诗他写了二百首，我举一首他写的《达摩》：

> 直以心为佛，西来说最高，
> 始知周孔外，别自有英豪。

刘克庄对这二百首的咏史诗颇为自襟，他在《跋江咨龙注梅百咏》中称："忆使江东时，作五言咏史绝句二百首。游丞相爱之，置书笈中，虽人省以自随，书谓余曰：'每篇虽二十言，实一篇好论，宜令子弟注出处板行。'"而元代的陆文圭在《跋蒋民瞻咏史诗》中，也对刘克庄的这二百首咏史诗推崇备至："……后潜夫自作《十臣》《十佞》等五言百首，句简而括，意深而确，前无此体，视胡曾《咏史》，直可唾去。《选》诗如昭君、秋胡、罗敷等辞，直铺其事而已，未有断以己意者。杜牧《桃花夫人》《赤壁》等绝，则拗峭为工而断以己意矣，然仅一二首而止，不如潜夫之多。"

但当代学者景红录却认为，刘克庄的这一大组诗并没有太多的特色，其在《刘克庄诗歌研究》一书中称："总的来说，刘克庄的咏史诗没能继承传统的借古讽今或以古喻今的特点，而只是单纯排比典故，略加褒贬，缺乏寓意。即使直咏其事，也议论平平，难有卓见，更无激扬蹈厉的气势和委婉动人的情韵。"

刘克庄的诗作有着说理的倾向，这可能是后世对其评价不高的原因，比如他所作的《后村诗话续集》卷三中有这样一个段落：

> 及莽既篡，雄纵不能如许由洗耳、鲁连蹈海，然与龚胜同时，莽使使者以印绶强起胜，胜称病笃卧，以手推去印绶……不食而死。雄亦仕汉者，莽篡不能去，视胜可愧死矣！《美新》之篇，方且盛称"皇帝陛下配五帝，冠三王，开辟以来未闻，宜命贤哲作《帝典》一篇，袭旧二为三，以示罔报。"又自言"有颠眴病，恐先犬马填沟壑，长恨黄泉"，故作此篇以献。余以为宁颠眴病死，此文岂可作哉！朱氏书"莽大夫扬雄卒"，书其罪矣。而昌黎公、荆公、涑水公皆推重，或以配孟子，何也？

扬雄本是汉赋大家，唐代韩愈对扬雄很推崇，把扬列入了道统之中，但刘克庄却十分看不上扬，因为王莽篡权时，扬写出了赞美文章。因此，刘克庄很不满韩愈、王安石以及司马光对扬雄的推崇。

按照这个标准，刘克庄也同样看不上阮籍，其在《赵寺丞和陶诗序》中称："自有诗人以来，惟阮嗣宗、陶渊明自是一家……然嗣宗跌荡，弃礼矜法，傲犯世患，晚为《劝进表》以求容，志行扫地，反累其诗。渊明多引典训，居然名教中人，终其身不践二姓之庭，未尝谐世，而世故不能害。人物高胜，其诗遂独步千古。"刘克庄认为阮籍的诗才虽然很高，但阮同样给篡权者写过《劝进表》，就凭这一点，阮就不能跟陶渊明并称。然刘克庄却极其推崇韩偓："韩

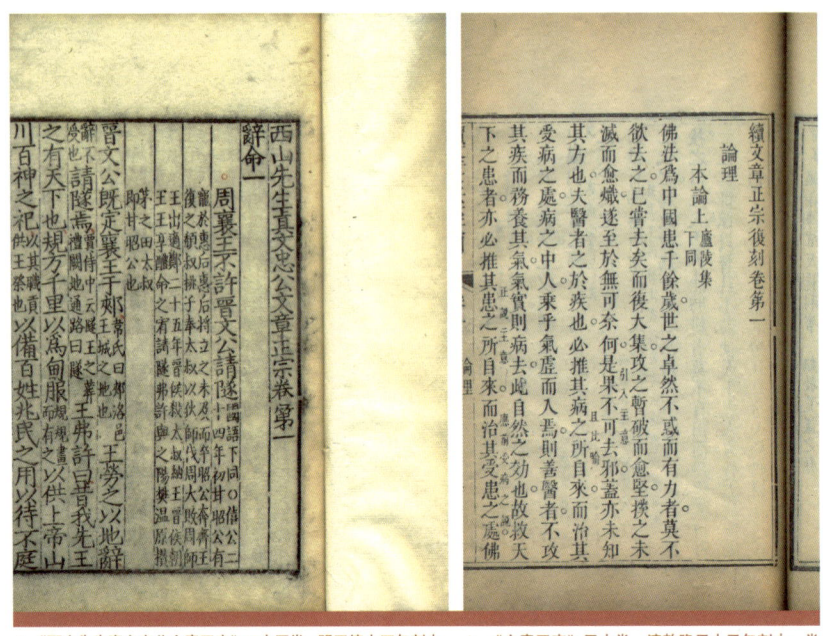

△ 《西山先生真文忠公文章正宗》二十四卷，明正德十五年刻本，卷首　　△ 《文章正宗》三十卷，清乾隆三十三年刻本，卷首

偓与吴融同为词臣，偓忠于唐，为朱三面斥，贬责不悔，如'捋虎须'之句，未尝传诵，似为《香奁》所掩。及朱三篡弑，偓羁旅于闽，时王氏割据，诗文祇称唐朝官职，与渊明称晋甲子异世同符。"刘推崇韩，就是因为韩至死不仕新朝。从这些例子可见，刘克庄评价诗人的好坏，重要的是人品，而并不关注诗作水平的高低。

　　刘克庄为什么有这样的观念呢？很大的原因是受他老师真德秀的影响，《后村诗话》中有这样一个段落："《文章正宗》初萌芽，西山先生以诗歌一门属余编类，且约以世教民彝为主，如仙释、闺情、宫怨之类，皆勿取。余取汉武帝《秋风词》，西山曰：'文中子亦以此词为悔心之萌，岂其然乎？'意不欲收，其严如此。然所谓'携佳人兮不能忘'之语，盖指公卿群臣之扈从者，似非为后宫设。凡余所取而西山去之者大半，又增入陶诗甚多，如三谢之类，多不入。"

真德秀想编一部他认为正统的文章选集,由这部选集的名称——《文章正宗》,就可以看出真德秀的入选标准。真德秀让弟子刘克庄负责诗歌类的编选,并且告诉刘哪些诗不可以选入。于是刘就按照老师定出的标准,选择出了一批诗作。但真德秀看后,却将弟子的所选删掉了一大半。看来,真德秀认为刘克庄所选的这些诗不符合自己所制定的"约以世教民彝"。即此可见,真德秀的选诗是站在理学家的角度,而刘克庄则是以文学角度来选诗,所以大多不能令老师满意。针对此事,清刘熙载在《艺概·词曲概》中称:"刘后村词,旨正而语有致。真西山《文章正宗》,诗歌一门属后村编类,且约以世教民彝为主,知必心重其人也。"

虽然如此,刘克庄也必然有很多观念受到了真德秀的影响,就比如上面他所认定的以人品来看诗品的眼光。刘克庄的诗作还有一点受到了后世的批评,那就是他写诗方法的模式化,景红录在《刘克庄诗歌研究》中称:"刘克庄的创作一般是先搜集好许多典故成语,将之编成精巧的对偶,以备创作时用。然后一旦有了合适的题目,即可现取套用。"

景红录的这句评价出自于钱钟书在《宋诗选注》中对刘克庄的批评:"刘辰翁说:'刘后村仿《初学记》,骈俪为书,左旋右抽,用之不尽,至五、七言名对亦出于此,然终身不敢离尺寸,欲古诗少许自献,如不可得。'我们只知道刘克庄瞧不起《初学记》这种类书,不知道他原来采用了《初学记》的办法,下了比江西派祖师黄庭坚还要碎密的'扩帖'和'饾饤'的工夫,事先把搜集的故典成语分门别类作好了些对偶,题目一到手就马上拼凑成篇。'诗因料少不成联',因此为了对联,非备料不可。这可以解释为什么他的作品给人的印象是滑溜得有点机械,现成得似乎店底的宿货。"

显然,后世的批评并不影响当年刘克庄的自诩,他写过一首《自勉》:

> 海滨荒浅幼无师，前哲藩篱尚未窥。
> 玄咏易流西晋学，苦吟不脱晚唐诗。
> 远僧庵就勤求记，亡友坟成累索碑。
> 天若假余金石寿，所为讵肯止于斯。

这首诗的最后一句说的极其高亢，刘认为若天假以年，他做出的成就要比人们看到的大许多。

关于刘克庄的词风，后世大多把他视之为稼轩一派，比如毛晋在《后村别调跋》中说："所撰《别调》一卷，大率与辛稼轩相类。杨升庵谓其壮语足以立懦，予窃谓其雄力足以排奡。"而在此之前的杨慎，也认为刘克庄的词风本自辛弃疾："刘克庄，字潜夫，号后村。有《后村别调》一卷，大抵直致近俗，效稼轩而不及也。"杨认为，刘克庄是有意效仿辛的词风，可惜达不到辛词的水准。

为什么会这样说呢？清王初桐在《小嫏嬛词话》卷二中做了这样的解释："变调词辛、苏并称，当以稼轩为第一。刘龙洲、刘后村学稼轩者也，皆近乎粗。"

至少王初桐认为，刘克庄没能学到稼轩词的精髓，而只得到了辛词粗豪的一面。

其实这种风格的产生，除了作者本人的偏好，还有一个重要原因，那就是作者所处的特殊的时代环境，比如他作的一首《贺新郎·送陈真州子华》：

> 北望神州路，试平章、这场公事，怎生分付。记得太行兵百万，曾入宗爷驾驭。今把作握蛇骑虎。君去京东豪杰喜，想投戈、下拜真吾父。谈笑里，定齐鲁。

两河萧瑟惟狐兔,问当年、祖生去后,有人来否。多少新亭挥泪客,谁梦中原块土。算事业、须由人做。应笑书生心胆怯,向车中、闭置如新妇。空目送,塞鸿去。

真州就是现在江苏仪征市,此处位于长江北岸,跟著名的瓜州古渡相距不远,而在刘克庄的时代,这里是宋、金对峙的前哨阵地。宋理宗宝庆三年,陈子华被任命为"知真州兼淮南东路提点刑狱",而真州是这样的战略要地,刘克庄送朋友前往此地任职,当然会在词中感慨江山沦落,这样的词恐怕很难写出婉约的味道来。

其实不仅如此,欧阳代发、王兆鹏所编著的《刘克庄词新释辑评》中对该词评价说:"辛派词人好为词论,但此词写法仍属特别,不仅议论,而且是商讨国家大事。"而陈尔夫、刘敬圻所著《南宋词史》一书,则做出了如下的分析:"这首词继承辛弃疾以及辛派词人的爱国传统与豪放词风,把说理、抒情、议论等手法交织在一起。刘克庄不是像姜夔、吴文英、王沂孙、张炎等人那样,以鲜明的形象、绚丽的色彩、婉转的音韵和深邃的意境来打动人心,他往往是以恢宏的议论,慷慨的雄辩和昂扬的激情造成一种气势使读者叹服。这首词就具有上述特点。"

刘克庄还有很多首这种格调的词作,比如他所作的一首《贺新郎》,其小序道出了该词的背景:"实之三和,有忧边之语,走笔答之":

国脉微如缕。问长缨、何时入手,缚将戎主。未必人间无好汉,谁与宽些尺度。试看取、当年韩五。岂有谷城公付授,也不干、曾遇骊山母。谈笑起,两河路。

少年棋栎曾联句。叹而今、登楼揽镜,事机频误。闻说北风吹面急,边上冲梯屡舞。君莫道、投鞭虚语。自古一贤能制难,

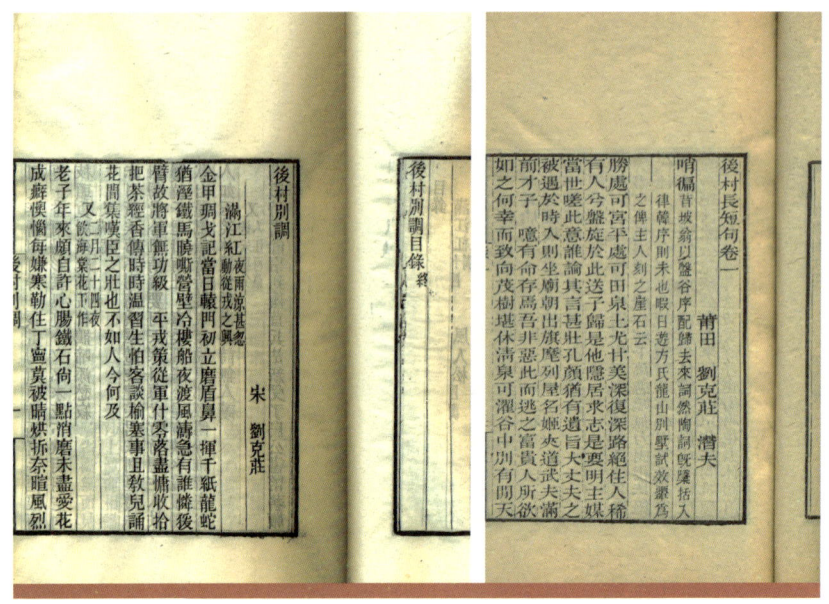

△ 刘克庄撰《后村别调》，清光绪十四年钱塘汪氏振绮堂刻宋六十名家词本，卷首

△ 刘克庄撰《后村长短句》，民国十一年归安朱氏刻《彊村丛书》本，卷首

有金汤、便可无张许。快投笔，莫题柱。

那个时候，南宋与金对峙，金人并不会老老实实地守在边界上，而是时不时有着侵略行为。在这样的环境里，当然会让很多文人为之忧心，而刘克庄正是把这种忧国之情融入了词作内，他在词中感叹"未必人间无好汉"，但可惜的是，由于当权者的心态不同，太多的人虽有报国之心，却壮志难酬。也正是因为这样的词风，使得后人将刘克庄的词作视为"别调"，比如清李调元在《雨村词话》卷三中说："刘后村克庄有《满江红》十二首，悲壮激烈，有敲碎唾壶，旁若无人之意。南渡后诸贤皆不及。升庵称其壮语足以立懦，信然。自名别调，不辜也。"

也正因如此，刘克庄的这种词风被视之为"北调"，清厉鹗在《红螺词序》中说："尝以词譬之画，画家以南宗胜北宗。稼轩、后村诸人，词之北宗也；清真、白石诸人，词之南宗也。"厉鹗在此用绘画来喻词，他说画分南宗和北宗，而词人也可以这么分，辛弃疾、刘克庄等人的词就属于北宗，而周邦彦、姜夔等人的词就属于南宗。

虽然如此，其实刘克庄也羡慕南宗正统周邦彦的词风，李调元在《雨村词话》卷三中说："刘后村克庄词以才气胜，迥非剪红刻翠比。然服膺周清真邦彦不容口，见之于《最高楼》一词云：'周郎后，直数到清真。'"李调元所说的该词，全文如下：

周郎后，直数到清真。君莫是前身。八音相应谐韶乐，一声未了落梁尘。笑而今，轻郢客，重巴人。

只少个、绿珠横玉笛，更少个、雪儿弹锦瑟。欺贺晏，压黄秦。可怜樵唱并菱曲，不逢御手与龙巾。且醉眠，篷底月，瓮间春。

刘克庄的这首词虽然写得也很口语化，读上去有着元代散曲的味道，但他其实知道，只有周邦彦、大小晏、黄庭坚、秦观等人的词作方为正统。既然如此，刘克庄的词作中也会有这种格调的作品，比如他作的一首《清平乐·赠陈参议师文侍儿》：

宫腰束素，只怕能轻举。好筑避风台护取，莫遣惊鸿飞去。
一团香玉温柔，笑颦俱有风流。贪与萧郎眉语，不知舞错《伊州》。

这首词是描绘一位舞女的姿态，刘克庄形容此女身材曼妙，有如汉代的赵飞燕，然而此舞女却未曾因貌美而傲，其在表演时，竟然还跟自己喜爱的一位男子眉来眼去，以至于把舞步都跳错了。该词的最后两句话因为写得传神，而大受后世的夸赞，比如清许昂霄在《词综偶评·宋词》中评点最后两句说"入神"。给出同样评点者，还有清贺裳："写景之工者，如……刘潜夫'贪与萧郎眉语，不知舞错《伊州》。'皆入神之句。"

对于该词的整体评价，俞陛云在《宋词选释》中予以了这样的解析："上阕惜其轻盈，有杜牧诗'向春罗袖薄，谁怜舞台风'之意。下阕窥其衷曲，有李端诗'欲得周郎顾，时时误拂弦'之意。后村词大率与辛稼轩相类，人称其雄力足以排奡，此词独标妩媚，殆如忠简梨涡、欧阳江柳耶？"可见，该词为后村词作中广受后世关注的一篇。

但可惜这种格调的词作不多，故《四库全书总目》在《后村别调》提要中有了这样的惋惜："克庄在宋末以诗名，其所作词，张炎《乐府指迷》讥其直致近俗，效稼轩而不及。今观是集，虽纵横排宕，亦颇自豪，然于此事，究非当家。如赠陈参议家舞姬《清平乐》词'贪与萧郎眉语，不知舞错《伊州》'者，集中不数见也。"

但是，后村词作中的婉约之作也并非这一首，比如他作的一首《贺新郎·席上闻歌有感》：

妾出于微贱。小年时、朱弦弹绝，玉笙吹遍。粗识国风关雎乱，差学流莺百啭。总不涉、闺情春怨。谁向西邻公子说，要珠鞍、迎入梨花院。身未动，意先懒。

主家十二楼连苑。那人人、靓妆按曲，绣帘初卷。道是华堂箫管唱，笑杀街坊拍充。回首望，侯门天远。我有平生离鸾操，颇哀而不慍微而婉。聊一奏，更三叹。

这首词同样是写一位歌女。歌女的出身虽然低贱，但她却有着高格调，因为她只弹唱高雅的曲乐，绝不学俗艳歌曲。她的这种冷艳被住在旁边的富二代看上了眼，于是叫她来自己的豪宅内弹唱，但这位歌女却并未受宠若惊，还未动身就已经觉得没什么意思，可她还是进了豪宅。这位富二代有着美女乐队，此歌女听她们唱那种俗歌，颇觉好笑，等她离开这个富家子时，她一点儿都不觉得哀伤。

刘克庄的这首词，在后世得到了不少的夸赞，胡念贻辑录的《词洁辑评》卷六中，有清光著对该词的评语："真风骚之遗，不当仅作词观也。若情深而句婉，犹其余事。"而清刘熙载则在《艺概·词曲概》中评价说："刘后村词，旨正而语有致。……后村《贺新郎·席上闻歌有感》云：'粗识国风关雎乱，羞学流莺百啭。总不涉、闺情春怨。'又云：'我有平生离鸾操，颇哀而不愠微而婉。'意殆自寓其词品耶？"

后世词家对刘克庄词给予较高评价者，当属况周颐，他在《历代词人考略》卷三十六中说："刘潜夫，文章郢匠，余事填词，真率坦夷，信笔抒写，往往神似稼轩，非刻意效稼轩也。窃尝雒诵竟卷，就所赏会之句缀录如左，其于后村胜处殆犹未逮什一。"况周颐不认为刘克庄是刻意效仿辛弃疾的词风，他在该文中挑选出不少后村词作中的名句，而后他评价说："此等句，非必矜心作意而后出之，亦何庸于稼轩词中求生活耶？"

况周颐所选后村词的名句，其中有一首《摸鱼儿·海棠》：

甚春来、冷烟凄雨，朝朝迟了芳信。暮然作暖晴三日，又觉万姝娇困。霜点鬓，潘令老，年年不带看花分。才情减尽。怅玉局飞仙，石湖绝笔，孤负这风韵。

倾城色，懊恼佳人薄命，墙头岑寂谁问。东风日暮无聊赖，吹得胭脂成粉。君细认，花共酒，古来二事天尤吝。年光去迅。漫绿叶成阴，青苔满地，做得异时恨。

况周颐最欣赏该词中的前三句，他评价这三句说："尤能字字跳脱，婉转关生。"而对于该词，明陈霆云在《渚山堂词话》卷一中评价说："刘后村作《摸鱼儿》，以咏海棠。后阕云：'君细认，花共酒、古来二事天尤吝。年光去迅。漫绿叶成阴，青苔满地，做得异时恨。'旧见瞿山阳（佑）《摸鱼儿》尾云：'怕绿叶成荫，红花结子，留作异时恨。'殆全用后村句格。或者宗吉诵刘词久熟，不觉用为己语耶？"

相比较而言，刘克庄的豪放词风更受后世所首肯，他的这类词作尤以《玉楼春·戏林推》一词的最后两句，最为后世所熟知：

　　年年跃马长安市，客舍似家家似寄。青钱换酒日无何，红烛呼卢宵不寐。
　　易挑锦妇机中字；难得玉人心下事。男儿西北有神州，莫滴水西桥畔泪。

对于刘克庄的这类词作，周在浚于《借荆堂词话》中予以了这样的总评："宋人词调，确自乐府中来。时代既异，声调遂殊，然源流未始不同，亦各就其情之所近取法之耳。周、柳之纤丽，《子夜》《懊侬》之遗也；欧、苏纯正，非《君马黄》《出东门》之类欤？放而为稼轩、后村，悲歌慷慨，旁若无人，则汉帝《大风》之歌，魏武《对酒》之什也。究其所以，何尝不言情，亦各自道其情耳。"

刘克庄墓位于福建省莆田市城厢区城郊乡延寿村马坑山上。这次的莆田之行并不很顺利，因为城乡改造，很多遗迹都已难寻踪影。出租车司机是河南人，知道我是北京来的，他坚称这也算是老乡，因为在岭南，无论河南还是北京，都是北方人。可能正因如此，他

△ 沿着这条小路来到了后山

  对当地的路径并不熟悉，一路上不断地给朋友去电话问路线。他告诉我说，他们村有很多人在本地开车，自己也在此处开车三年多了。他自认为路线已经很熟悉，但我要寻找的地方他一个也没去过，所以不断地跟道熟的朋友去请教。

  按其朋友所指，跑了两个地方，都不是我要寻找的延寿村，我让他把车停在路边，自己下车四处打问。在路口见到有摩的，于是拿单子给他看，他瞥了一眼就说，我知道在哪里，让我上车，我向摩的司机解释，出租车在旁边等我，请他带着车一同前往，他说带路费是十元钱。于是我坐在出租车上，跟着这辆摩的东拐西拐，在一座小山脚下停了下来，摩的司机说，这就是延寿村，村后的小山就是我要寻找的马坑山。

  在村内问了几个人都说不清后面的山的名字，更为奇怪者，竟然没人知道从村中如何登上隔壁的小山。我在村中看到了一个小商

△ 刘克庄墓碑

△ 延寿村村委会

店，于是进里面问店老板。果真，他很熟悉，告诉我说，从商店的侧边有个很窄的小道可以穿过去。按其所说果真走到了山上，山不高，是丘陵状的缓坡，然而上面到处是墓穴，看过了几十个，都不是刘克庄的墓。如此找下去很是辛苦，在不远处看到一位上山的老人，走上前向他请教，老人说问的巧，因为他了解刘克庄墓的一些情形。他告诉我此墓原在山坡上，文革中被砸烂了，但前些年有人不断来寻找，于是村委会就派人在山上找到了刘克庄墓的残碑，现在这块残碑就保存在村委会内。

刘克庄：男儿西北有神州，莫滴水西桥畔泪　407

△ 刘克庄墓碑就在墙角

　　这个消息对我很重要，我谢过老人原道下山。延寿村很大，从山坡找到村委会至少走了两公里，村委会就在村子的中间位置，是二层楼式的小建筑，门口挂着一堆的牌子，表明了该村的所属关系：莆田市城厢区龙桥街道延寿村。看来我以前查到的延寿村归荔城区管辖是不确切的。

　　进入院内，在院当中有一群干部模样的人正围桌打牌，我走入院中没人搭理，于是只好打扰他们的清兴，问刘克庄碑在哪里。其中一位眼睛紧盯着自己手中的牌，听到我的问话，眼皮都没抬的往院墙角处一指，我按他指的方向望去，看到墙角处有个白色的大蛇皮袋，似乎是盛垃圾用的。旁边一位老人跑过去把那个蛇皮袋上压着的砖拿了下来，把袋子挪开，我才看到垃圾袋后面矗在墙角的刘克庄墓碑。

　　墓碑是横式，从断裂处可以看出，仅残存右半部分，上面用楷书刻着四行字：宋工部尚书/赠少师/谥文定/后村刘公墓。果真是刘克庄的墓碑，虽然是残件，竟然能够找到，这让我喜出望外，我向那位拉开垃圾袋的老人请教刘克庄墓的旧址，老人说过去几十年了，早已没有了痕迹。

村委会的隔壁是一间小庙式的建筑，门楣上写着"建福社"，旁边的院落墙上钉着的门牌写着延寿村下大路30号，由此可知村委会所在的路名为下大路。

元好问：问世间，情为何物？

元好问是金代文学家中名气最大的一位，即使把元代也算进去，元好问依然排在首位。他的大名在当世就已名扬海内，元房祺在《河汾诸老后诗集后序》中称："近代诗人，遗山元先生为之冠。"元郝经在《遗山先生墓铭》中称："独以诗上薄风雅，中规李、杜，粹然一出于正，直配苏、黄氏。"这句评语足够高大，郝经认为元好问的水平已经接近了李、杜，并且跟苏轼、黄庭坚也不相上下。

郝经的这句评语到了清代的李调元那里依然有效，李在《雨村诗话》中说："元遗山诗精深老健，魄力沉雄，直接李、杜，能并驾者寥寥。"而元代的余谦在《遗山先生文集序》中，对元好问给予了这样的评价："金人元好问，字裕之，别号遗山。髫而能诗，下笔辄惊其长老。年甫冠，登进士。其诗文出入于汉、魏、晋、唐之间，自成一家，名振海内。金源氏自大定后，颇尚艺文，优礼贤士，而崔立之变，骈首死难者不可胜纪，遗山岿然独存。金亡，晦道林莽，日课一诗，寒暑不易。至本朝，才名益甚，四方学者执羔雁无虚日。"

以上所言均是夸赞元好问在诗文方面的成就，其实，他在词史上也同样有着不可忽视的价值，比如清张文虎在《遗山先生新乐府序》中称："元遗山诗，为金源巨擘，评者拟之尤、杨、范、陆，海内几家有其集。乃其词疏快名隽，上者逼苏、辛，次亦在西樵、放翁间，玉田则谓风流蕴藉，不减周、秦，其推挹于矣。"张文虎认为元好问的诗当然是金代第一大家,他的词作水平高者接近东坡、稼轩,次一些的也在杨炎正和陆游之间,而大词人张炎则夸赞元遗山的词不亚于周邦彦和秦观,如此的推崇令张文虎为之赞叹。

相比较而言,陈廷焯的说法更为直接:"元遗山词,为金人之冠。疏中有密,极风骚之趣,穷高迈之致,自不在玉田下。"(《词坛丛话》)陈认为,元好问的词是金代最高水平,而其风致则与张炎在伯仲间,但有意思的是,陈廷焯又在《白雨斋诗话》卷二中说出了另外的意思:"金词于彦高外,不得不推遗山。遗山词刻意争奇好胜,亦有可观。然纵横超逸,既不能为苏、辛;骚雅、清虚,复不能为姜、史。于此道可称别调,非正声也。"陈廷焯在这里又说金代词人水平最高者乃是吴激,而后才是元好问。

陈廷焯的这句断语应当是本自元好问在《中州集》中夸赞吴激之语:"国朝第一作手。"陈廷焯说,元好问的词也有可观者,但他却认为元词的水平从豪迈角度而言,超不过苏轼、辛弃疾,从风雅角度来说,也比不上姜夔、史达祖,所以他认为元遗山的词虽然看上去漂亮,却不是词学上的正宗。

看来陈廷焯对遗山词既有夸赞,也有批评,而他的批评则是认为遗山词不是正宗。但是清代的章耒在《元遗山先生新乐府序》中有着另外的的解读:"好问之诗,金源诗人之巨擘也,词亦如其诗。或谓好问词能刚不能柔,故多筋角之音,律以梁汾《弹指词》,似不知词者。耒应之曰:《弹指词》之足传于后者,曲耳,真耳。好问词境真,意真,其曲处虽不逮贞观,而词法则以苏、辛之法为法,弔古伤今,于世道人心,颇有关系,且无夭阏抑塞之病,岂石帚、玉田浅斟低唱所能仿佛万一哉!"

在清代,有人将元好问的词跟顾贞观的《弹指词》作比较,认为元好问的词能刚不能柔,章耒的这段话就是针对这种批评,他认

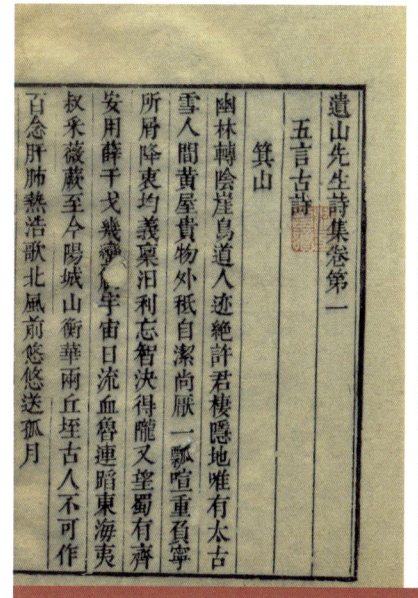

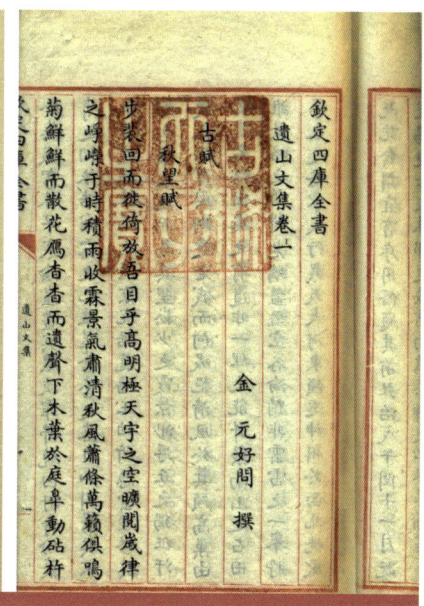

元好问撰《遗山先生诗集》二十卷,明崇祯十一年汲古阁刊元人集十种本,卷首

元好问撰《遗山文集》十七卷,清乾隆五十一年文澜阁四库全书卷首

为《弹指词》能够受到后世夸赞,一是因为符合词律,二是融进了自己的真情,但元好问所作之词也同样真情实意,虽然从词韵上来说,遗山词比不了《弹指词》,但他在写法上也有本源,这个本源可以追溯到东坡和稼轩,更何况天地之间的词总不能只有浅斟低唱这一种,豪迈之词也同样重要。

对遗山词的夸赞当以张声㲄在《遗山先生新乐府跋》中所言最为高大:"遗山于金源时,为中州大家,其诗豪迈,与东坡相近,词亦卓绝千古。"张认为元好问的诗当然是金代第一,他的诗风豪迈,接近于东坡,而他的词也同样可以视之为千古绝唱。

关于元好问生平中的重要经历,这里要谈到余谦序中所提到的"崔立之变",因为这关乎元好问一生的声誉。崔立出身贫寒,年轻时因为家中贫穷,就给寺庙里的僧人背负钹和鼓,以此换口饭吃,而后趁着社会动乱,渐渐发达,成为了京城西面元帅。后来蒙古人包围了京城开封,这场包围战进行了将近一年,城中已经弹尽粮绝,到了人吃人的地步,于是崔立杀掉丞相,开门纳降,一转身就成为了蒙古大将。

崔立觉得他救全城百姓有功,所以让朝中的文士给他立功德碑。此事的经过记载于元脱脱所编的《金史·王若虚传》中:"天兴元年,哀宗走归德。明年春,崔立变,群小附和,请为立建功德碑。翟奕以尚书省命召若虚为文。时奕辈恃势作威,人或少忤,则谗搆,立见屠灭。若虚自分必死,私谓左右司员外郎元好问曰:'今召我作碑,不从则死,作之则名节扫地,不若死之为愈。虽然,我姑以理谕之。'乃谓奕辈曰:'丞相功德碑,当指何事为言?'奕辈怒曰:'丞相以京城降,活生灵百万非功德乎?'曰:'学士代王言,功德碑谓之代王言,可乎?且丞相既以城降,则朝官皆出其门,自古岂有门下人为主帅诵功德,而可信乎后世哉!'奕辈不能夺。乃召太学生刘祁、麻革辈赴省。好问、张信之喻以立碑事,曰:'众议属二君,且已白郑王矣,二君其无让!'祁等固辞而别。数日,促迫不已,祁即为草定,以付好问,好问意未惬,乃自为之。既成,以示若虚,乃共删定数字,然止直叙其事而已。"

这段话记载得很详细,上面说:天兴元年,金哀宗突围逃出京城,第二年春天,崔立开城纳降,他身边的人认为崔挽救百姓,有很大的功德,所以提出要给崔树碑立传。当时翟奕找到了朝中的文士王若虚。这位翟奕因为跟崔立关系好,故而在朝中飞扬跋扈。王若虚觉得如果自己不听翟的安排,肯定是死路一条,于是他私下跟元说,翟让我来写功德碑,如果不答应,肯定是死路一条,但如果答应下来,又肯定会名声扫地,王觉得即使因为此事而死,也没什么可怕的。于是王就去问翟,崔立有什么功德可以立碑?翟闻言果真很愤怒,他说,城中上百万的百姓能够活下来,不就是最大的功德吗?

王闻此言马上说，我也是丞相崔立的手下，如果我替他来写功德碑，那后世肯定认为我的所言不可信。翟闻此言，也觉得有道理，于是转而从太学找来了两个学生，他们是刘祁和麻革。而元好问也对这两人进行了劝说，开始刘祁并不愿意写，而后在他人的催促下，终于写了出来，之后拿给元好问看，元略做修改，即此而成。

以上就是著名的"崔立碑事"。后来曹居一和杨叔能开始向元好问发难，他们认为元不应该给崔立这样的恶棍立功德碑。而后郝经写了篇《辨磨甘露碑》：

> 国贼反城自为功，万段不足仍推崇。
> 勒文颂德召学士，滹南先生付一死。
> 林希更不顾名节，兄为起草弟亲刻。
> 省用便磨《甘露碑》，书丹即用宰相血。
> 百年涵养一涂地，父老来看暗流涕。
> 数樽黄封几斛米，卖却家声都不计。
> 盗据中国责金源，吠尧极口无靦颜。
> 作诗为告曹听翁，且莫独罪元遗山。

郝经在这首诗中替元好问进行了辩护，同时简述了整个事情的过程。郝认为像崔立这样的人，就应当碎尸万段。诗中"滹南先生"指的是王若虚，"林希"则是位刻碑人。他兄弟两人负责将刘祁所写的歌功颂德之文刻成碑，但为了省事，就将《甘露碑》上的文字磨去，而后刻上了功德文，重新书丹所用的颜料竟是崔立所杀丞相的血。接下来郝经大骂崔立是卖国贼，而他本首诗的诗眼就是最后两句，郝的意思是说，这件事情事出有因，大家不要都去责怪元好问。郝经的这几句话表面是替元好问辩解，而实际上等于承认了元修改功德文一事。

各方的议论让当事人刘祁坐不住了，于是他就写了篇《录崔立碑事》，对此予以了辩解，此文的起首一段为："崔立既变，以南京降，自负其有救一城生灵功，谓左司员外郎元裕之曰：'汝等何时立一石书吾反状耶？'时立国柄入手，生杀在一言。省庭日流血，上下震悚，诸在位者畏之，于是乎有立碑颂功德议。"

刘祁的这段说法跟《金史》上所记有差异，《金史》中称是翟奕找到了王若虚，但被王机智婉拒，而刘祁却说是崔立直接跟元好问所言的。接下来，刘祁详细叙述了元好问找到自己的过程以及自己的再三推辞，刘又在文中称："余于是阴悟诸公，自以仕金显达，欲避其名，以嫁诸布衣，又念平生为文，今而遇此患难，以是知扬子云《剧秦美新》，其亦出于不得已耶！因逊让而别。连延数日，又被督促，知不能辞，即略为草定付裕之。"

刘觉得自己终于明白了王若虚和元好问的心态：因为他们二人都是金朝的高官，不想因为一个反贼而影响自己的名声，所以就让我这个没有身份的布衣来操刀，刘觉得自己不应当替他人背黑锅，于是就坚决推辞。刘拖延了数日后，受不了别人的催促，这才起草了此文，然后拿给了元好问。

这等于说，刘祁还是承认这篇谀文为其所写，只是后来经过了元好问的修改。接下来，刘祁用大段的话来解释自己的所为，最终他的结论是："嗟乎，诸公本畏立祸，不敢不成其言，已而又欲避其名，以卖布衣之士。余辈不幸有虚名，一旦为人之所劫，欲以死拒之，则发诸公嫁名之机，诸公必怒，怒而达崔立，祸不可测，则吾二亲何以自存？吾之死，所谓自经于沟渎而莫之知，且轻杀吾身以忧吾亲，为大不孝矣。况身未禄仕，权义之轻重，亲莫重焉。"

刘祁感叹元好问等人，怕死又好名，所以才把自己推到了前台。

那刘祁为什么不以死抗争呢？按他自己的说法，是因为父母都在，如果他为此而死，就是一种大不孝，更何况他也没有当上金朝的官，这么比较起来，还是亲情更重要，所以他才写了这篇文。后来刘祁把自己的这篇辩解之文收在了《归潜志》卷十二中，也正因如此，本来是几百年前的一件旧事，到了清代却引起了广泛的争论。对于元好问的所为，分成为左、中、右三派，我们先说赞同派。

我所谓的赞同派，就是认定元好问做了这件事并由此而有亏大节，比如《四库全书总目》认为元好问和刘祁在这件事上做得都不对："共以碑谄附逆贼"，而清施国祁在其撰《元遗山年谱》中感叹到："呜乎，先生此时俯仰随人，不能奋身一决，遂至污伪职、纳降款、剃发改巾，甚而碑序功德……尚何言哉！"施也认为元好问做出这样的事的确有亏大节。而日本学者小栗英一在其主编的《元好问》一书中的说明部分也称："好问召来当时的太学生刘祁与麻革……让刘祁与麻革写了铭词，自己草了序文。"

清姚范在《援鹑堂笔记》中称："遗山为崔立作功德碑文，见《王若虚传》。郝经《陵川集》有为遗山《辨甘露碑诗》。又，《金诗纪事》亦有为遗山辨者。然遗山之由省掾为左右司郎中，实崔立所署，则碑文亦不得云未经于目，而出于刘祁、麻革之徒嫁名造谤也。"姚认为前人替元好问的辩解都没用，因为他毕竟看了那篇文章也做了相应的修改。这潜台词就是说：你元好问同意给崔立立功德碑。

我们再说折中派。明朱鹤龄在《书元裕之集后》一文中称："人臣身仕两姓，犹女子再醮，当从后夫节制，于先夫之事，悯默不言可也。有妇于此，亦既奉槃匜侍巾栉于他人之室矣，后悔其非所也，肆加之以诟詈，而喋喋于先夫之淑且美焉，则国人之贱之也滋甚。吾读裕之集，而深有感也。裕之举兴定中进士，历官左司员外郎，陷汴京围城中，痛愤作诗，指斥蒙古，不啻杜子美之于禄山、思明也。

及金亡，遂不仕，隐居秀容之系舟山，时往来严实万户所，诗文无一语指斥者。裕之于元，不可谓再醮女，然既足践其土，口茹其毛，即无诟詈之理，非独免咎，亦谊当然也。"

朱认为，作为人臣身仕两朝，就如同女子再婚，这是有失大节的事情，但是金朝灭亡之后，元好问并没有到元朝去任职，站在这个角度上讲，他并无有愧大节之事，然而他毕竟生活在了元朝的领土上。这样的辩解，至少让我读来感觉没什么意义。

学者缪钺在《元遗山年谱汇纂》中称："若谓此事与先生毫无关涉，似亦未得其平……盖先生及刘祁为名所累，被迫撰文，皆出于至不得已。后人惟应谅其心，矜其遇，不必深加苛责，亦不必巧为辩护。"缪钺本想替元好问辩护，但语气又不那么肯定，因为元毕竟与此事有关，替元辩解干净，似乎也有违事实。

而清全祖望则在《读归潜志》一文中称："予平情考之，溹南与裕之实不欲撰碑，而又不敢抗拒，故强付之京叔与麻信民。京叔二人亦不能抗，而卒挽裕之以共谤，文人遭此，亦可悲也。"全祖望说凭心而论，当年王、元二人确实不愿撰此碑，但又不能不做，故而只好强迫刘祁和麻革来操刀，而这两人也不敢抗争，所以才受到了后世的指责。全认为这正是文人的可悲之处，其结论是："则遗山之不能无罪，亦可见矣，特不应使独受过耳。"

持折中态度者，还有清代的赵翼，赵在《元遗山诗》一文中详细回顾了功德碑一事的本末，而后他得出的结论是："而祁作《归潜志》，又力辩非己作，而委之遗山。想见当时共以此碑为谄附逆贼，故各讳言耳。然遗山于此事，终有干涉。"赵翼的态度是：事出有因，但可原谅，毕竟元好问还是参与了此事。

对于元好问参与谀碑一事，还有一派则坚决反对这个说法。清翁方纲作有《元遗山先生年谱》，翁在年谱中有大段大段替元遗山辩解之文，其中一段称："……《大金国志》亦谓若虚外为逊辞，实欲以死守之，时议称焉。而此传又谓'好问自为碑既成，以示若虚，乃共删定数字'。言共删定，则若虚亦在其中，而何以谓时议称之哉。然则此事史所载，已参错难晓，而郝诗云'且莫独罪'，尚是浑沦之词耳。"翁认为刘祁的辩解有自相矛盾之处，简直就是胡言。翁经过一番论证，认为历史记录有问题。

持此观点者还有清凌廷堪，凌也作有《元遗山先生年谱》，他在谱中首先认为："崔立功德碑事，为先生生平一大疑案，今反复详考，知其为刘京叔所撰无疑也。他不具论，《归潜志》乃京叔所自著之书，载撰文始末甚详，其语皆游移无定，盖有愧于中，而不觉其词之遁也。"凌觉得这是个疑案，他经过反复考证，认定那个碑文就是刘祁所作，而后刘所作的辩解之文，都是闪烁其辞，故而凌的结论是："既以碑序诬先生矣，而曰'铭辞存余旧数言'，则天良盖不容尽泯焉。既以起草属先生矣，而曰'书某名在诸公后'，则真情或有时一露焉。其曰'并无褒称崔立之言'，夫谀词非出己手，何烦代为芟灭乎。"凌认为，说元好问修改了碑文，这是一种诬蔑，其实这件事完完全全都是刘祁所为，他为了洗清自己才把元好问拉了进来。

领袖说：三个人就分左、中、右。对于这件事，我属于哪派呢？细想之下，自己似乎哪派都算不上，因为我觉得以上的三派都是将元好问是否做过这事作为争论的焦点，其实都没有站在人性的角度来还原现场。在那紧要的关头，元好问当时就说：死是很容易的事，但全城百姓都跟着死是否值得？按照蒙古人的规矩，如果围攻某城不投降，一旦破城则会屠城。蒙古人攻打下北京之后，金人迁都于开封，当时大批百姓逃入了京城，在城内聚集了一百多万人，这在那个时代是一个极大的数字，而元好问不想让这么多人陪葬，他还给耶律楚材写过信，信中列明了需要保护的读书种子，最终在耶律楚材的劝说下，蒙古人占领开封后，确实没有大开杀戒。

在那样的生死关头，能活命就成为了第一追求，元好问为了这么多人的生命，无论他是否修改过碑文，又有什么可指责的呢？难道他为崔立或者蒙古人所杀，才是大家想要看到的结果？就算从民族气节来说，进入元朝之后，元好问并未出来做官，也就是说他当年如果真有那样的举措，也并不是为了自己考虑，更何况他在入元之后所做的事就是修《金史》，站在这个角度而言，这不正是司马迁受宫刑后，忍辱负重来撰《史记》的心态吗？故而把元好问修改崔立碑文作为其人生的一大污点，无论此事有无，我都觉得没什么意义。

我们还是说说元好问在诗学上的贡献吧。他在这方面做的最有名的一件事，就是写出了《论诗三十首》，此组诗在中国文学批评史上极具名气，因为元好问用这些诗概括了他对诗史的看法。但因为是诗而非文，故而诗中所指容易发生歧意，比如此诗中的第二首：

曹刘坐啸虎生风，四海谁能角两雄？
可惜并州刘越石，不教横槊建安中。

起首的"曹刘"二字，究竟指的是哪两位，历史上就有了不同的解读。陈沆在《诗比兴笺》中说："元遗山论诗绝句'曹刘坐啸虎生风'，谓刘桢浅狭阒寂之作，未能以敌三曹，惟越石气盖一世，始与曹公苍茫相敌也。"针对陈沆的这个说法，李正民在《元好问研究论略》一书中认为陈沆误会了元好问的意思，他认为陈说刘浅狭"殊违遗山诗意"。李认为元好问的《论诗三十首》受钟嵘影响很深，《诗品》中把曹操放在了下品，而把刘桢放在了上品，文中又引用了郭绍虞主编的《中国历代文论选》中的评语:"此以曹为曹操,扬琨抑桢,非元氏论诗本意。"

《论诗三十首》中的第二十八首为:

> 古雅难将子美亲,精纯全失义山真。
> 论诗宁下涪翁拜,未作江西社里人。

李正民在文中重点分析了第三句,因为这第三句:"究竟是'宁愿向黄庭坚下拜',还是'难道能向黄庭坚下拜么?'"对于这两种意见,文中首先引用了查慎行《初白庵诗评》中的说法:"涪翁生拗锤炼,自成一家,值得下拜。江西派中原无第二手也。"而宗廷辅则认为查说的不对:"此读宁为宁可之宁,故为调停,非先生(指遗山)意。'宁下'者;岂下也。"

元好问作过《饮酒五首》,虽然是饮酒之诗,他却依然能在诗中大发议论,我录其第二首如下:

> 去古日已远,百伪无一真。
> 独余醉乡地,中有羲皇淳。
> 圣教难为功,乃见酒力神。
> 谁能酿沧海,尽醉区中民。

对于他的五言诗,翁方纲在《石洲诗话》中的评价是:"五言诗,自苏、黄而后,放翁已不能脚踏实地,居此后者,欲复以平正自然,上追古人,其谁信之。"

如前所言,元好问是金代最有名的词人,他的词作中,后世最有名的当属《摸鱼儿·雁丘词》,这首词的起首一句"问世间,情为何物？"成为了千古名句。十余年前，这句词响彻大江南北，是得益于电视剧《梅花三弄》中的插曲。其实，读此词前元好问所写的序言就知这首词是个令人伤心的故事："泰和五年乙丑岁，赴试并州，道逢捕雁者云；'今旦获一雁，杀之矣。其脱网者悲鸣不能去，竟自投于地而死。'予因买得之，葬之汾水之上，累石为识，号曰雁丘。时同行者多为赋诗，予亦有《雁丘词》。旧所作无宫商，今改定之。"

元好问在前往太原参加考试的途中遇到了一位打猎者，此人跟元说：他今天射杀了一只大雁，而逃脱的那一只看到此况竟然不离去，在空中悲鸣一番，自投于地，摔死了。元闻此很是哀伤，于是把两只雁一并埋葬在了汾河边，而后就写下了这首词：

问世间，情是何物，直教生死相许？天南地北双飞客，老翅几回寒暑。欢乐趣，离别苦，就中更有痴儿女。君应有语，渺万里层云，千山暮雪，只影向谁去？

横汾路，寂寞当年箫鼓，荒烟依旧平楚。招魂楚些何嗟及，山鬼暗啼风雨。天也妒，未信与，莺儿燕子俱黄土。千秋万古，为留待骚人，狂歌痛饮，来访雁丘处。

此为元好问流传至今的创作时间最早的一首词，当时是金泰和五年，元好问仅十六岁，正在进京赶考的路上。该词的故事十分哀婉，故流传甚广，受到后世广泛赞誉，以至于他埋葬大雁之处，其地名直接改为"雁丘"。陈霆在《渚山堂词话》中说："此篇既出，其地遂名'雁丘'。"也正因为如此，该词有了许多的唱和之作，其中最有名气者当是元李治所填的那一首：

雁双双，正飞汾水，回头生死殊路。天长地久相思债，何似眼前俱去！摧劲羽，倘万一。幽冥却有重逢处。诗翁感遇。把江北江南，风嚎月唳，并付一丘土。

仍为汝。小草幽兰丽句。声声字字酸楚。拍江秋影今何在，宰木欲迷堤树。霜魂苦，算犹胜、王嫱有冢贞娘墓。凭谁说兴。叹鸟道长空，龙艘古渡。马耳泪如雨。

对于李治所和之词，至少况周颐认为超过了原作，其在《蕙风词话》卷三中说："（李治）和元遗山《赋雁丘》过拍云：'诗翁感遇，把江北江南，风嚎月唳，并付一丘土'，托旨甚大。遗山原唱殆未曾有。"蕙风的这段评语从内容上予以了更深层的解读，但就社会影响力而言，李治的这首唱和之作却远不如原作。

关于元好问的词作，除了以上这首，另外受到后世广泛夸赞的还有《满江红·嵩山中作》：

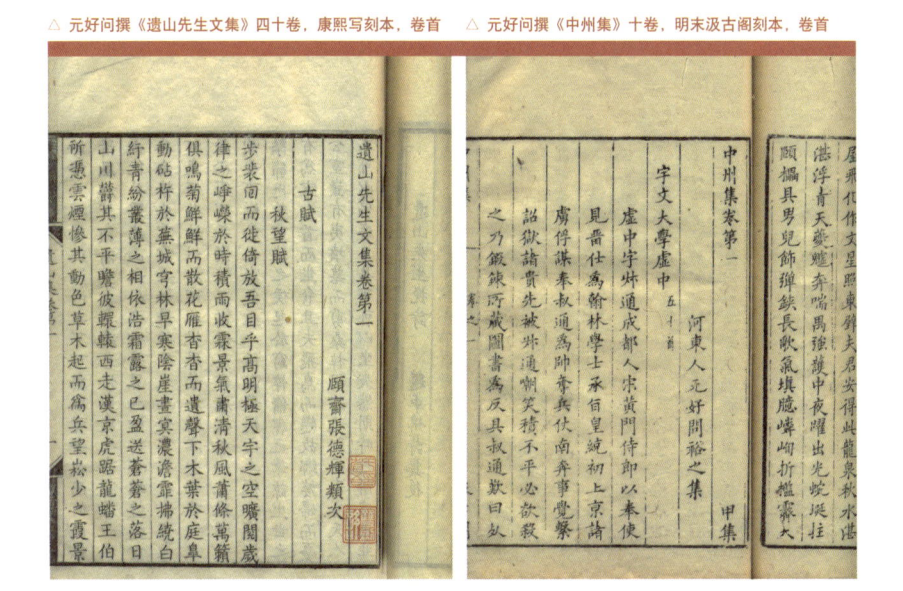

△ 元好问撰《遗山先生文集》四十卷，康熙写刻本，卷首　　△ 元好问撰《中州集》十卷，明末汲古阁刻本，卷首

天上飞鸟，问谁遣、东生西没。明镜里、朝看青鬓，暮为华发。弱水蓬莱三万里，梦魂不到金银阙。更几人、能有谢家山，飞仙骨。

山鸟啼，林花发。玉杯冷，秋云滑。彭殇共一醉，不争毫末。鞭石何年沧海过，三山只是尊中物。暂放教、老子据胡床，邀明月。

对于这首词，沈际飞在《草堂诗余四集·别集》中夸赞道："爽籁。遗山极称辛稼轩词，及观遗山，深于用事，精于炼句，风流蕴藉，媲却周、秦，初无稼轩豪迈之气。"沈在这里用"爽籁"二字来概括整体风格，其又称就整体而言，元好问之词颇肖辛弃疾的词风，因为其能容纳很多的掌故于词中，同时在字句上同样下工夫锤炼。而徐士俊则从该词的用句上进行比较，其在《古今词统》卷十二中说："起语痴甚。朱希真词：'插天翠柳，被谁人、推上一轮明月？'问日、问月，都本《天问》。"徐认为元的这首《满江红》起首一句跟朱敦儒的名句有得一比，这两人的设问都是本自屈原的《天问》，就整体风格而言，徐士俊也认为"遗山极称辛词，宜其拟之。"

关于写景的词作，元好问有一首《水调歌头》，是这方面的著名作品：

空濛玉华晓，潇洒石淙秋。嵩高大有佳处，元在玉溪头。翠壁丹崖千丈，古木寒藤两岸，村落带林丘。今日好风色，可以放吾舟。

百年来，算唯有，此翁游。山川邂逅佳客，猿鸟亦相留。父老鸡豚乡社，儿女蓝舆竹几，来往亦风流。万事已华发，吾道会沧洲。

这首词作于金宣宗兴定二年，此时元好问迁居河南登封，在这里生活了九年，这首词就是他某次登嵩山时而作。整首词描绘了他眼前所看到的美景，对于该词陈廷焯在《云韶集》中评价说："笔致飘逸。如读摩诘之诗。乡景绝妙。结得高。"

受后世看重之作，元好问还有一首《迈陂塘》：

> 问莲根、有丝多少，莲心知为谁苦？双花脉脉娇相向，只是旧家儿女。天已许。甚不教、白头生死鸳鸯浦？夕阳无语。算谢客烟中，湘妃江上，未是断肠处。
>
> 香奁梦，好在灵芝瑞露。人间俯仰今古。海枯石烂情缘在，幽恨不埋黄土。相思树，流年度，无端又被西风误。兰舟少住。怕载酒重来，红衣半落，狼藉卧风雨。

对于该词的本事，元好问用一段小序予以了说明：

> 泰和中，大名民家小儿女，有以私情不如意赴水者，官为踪迹之，无见也。其后踏藕者得二尸水中，衣服仍可验，其事乃白。是岁此陂荷花开，无不并蒂者。沁水梁国用，时为录事判官，为李用章内翰言如此。此曲以乐府《双蕖怨》命篇。"咀五色之灵芝，香生九窍；咽三危之瑞露，春动七情"，韩偓《香奁集》中自序语。

这也是一出悲剧。金泰和年中，大名府有一对男女因为感情的事，可能是受到了各种压力，两人投水自杀，巧合的是，他们自杀的这个荷塘，这一年所长出的荷花均为并蒂莲，有感于这个故事，元好问填出此词。该词写得哀婉牵魂，故陈廷焯在《云韶集》中评价说："事更奇，文亦婉曲有致。沉痛。旁面衬笔自可不少。'幽恨'六字从悲郁中发痛快之词，一往凄绝。"

对于遗山词，况周颐还在《蕙风词话》中用了很长一个段落予以评价，其称："元遗山以丝竹中年，遭遇国变，崔立采望，勒授要职，非其意指。卒以抗节不仕，憔悴南冠二十余年。神州陆沉之痛，铜驼荆棘之伤，往往寄托于词。"况蕙风的这段话是从元好问的人生经历来解读词风，对于这种寄托之词，况蕙风在该文中接着说道："《鹧鸪天》三十七阕，泰半晚年手笔。其《赋隆德故宫》及《宫体》八首、《薄命妾辞》诸作，蓄艳其外，醇至其内，极往复低佪、掩抑零乱之致。而其苦衷之万不得已，大都流露于不自知。此等词，宋名家如辛稼轩固尝有之，而犹不能若是其多也。"看来，元好问对《鹧鸪天》这个词牌颇为偏好，竟然作了37首之多，并且均出自其晚年，而况蕙风所说的这首《薄命妾词》其实也是一首《鹧鸪天》：

颜色如花画不成。命如叶薄可怜生。浮萍自合无根蒂，杨柳谁教管送迎。
云聚散，月亏盈。海枯石烂古今情。鸳鸯只影江南岸，肠断枯荷夜雨声。

看来，况蕙风对这一首有着特别的偏爱，而他说的《宫体》八首则同样有《鹧鸪天》，其第一首为：

候馆灯昏雨送凉，小楼人静月侵床。多情却被无情恼，今夜还如昨夜长。
金屋暖，玉炉香。春风都属富家郎。西园何限相思树，辛苦梅花候海棠。

况蕙风对元好问的词作尤其偏爱的，还有一首《木兰花慢》：

渺漳流东下，流不尽，古今情。记海上三山，云中双阙，当日南城。黄星。几年飞去，澹春阴、平野草青青。冰井犹残石甃，露盘已失金茎。

　　风流千古《短歌行》。慷慨缺壶声。想酾酒临江，赋诗鞍马，词气纵横。飘零。旧家王粲，似南飞、乌鹊月三更。笑杀西园赋客，壮怀无复平生。

对于此词，况蕙风在《蕙风词话》中评价道："填词景中有情，此难以言传也。元遗山《木兰花慢》云：'黄星几年飞去，澹春阴、平野草青青。'平野春青，只是幽静芳倩，却有难状之情，令人低徊欲绝。善读者约略身入景中，便知其妙。"

对于元好问词的整体研究，以赵永源先生的《遗山词研究》一书最为专业，赵先生在该书中用一个章节来研究遗山词化用唐人诗句的问题，他首先引用了况周颐在《蕙风词话》卷一中的一段语："两宋人填词，往往用唐人诗句。金元人制曲，往往用宋人词句。"而后，赵永源说道："金元人填词亦往往用唐人诗句，这也是客观事实。而遗山作为金元之际的文坛领袖，他的词在继承宋词传统、借鉴唐人诗料方面更能显露出大家风范，具有兼收并蓄、熔铸出新的特色。"

该书中举出了很多的实例，比如元好问作的《浣溪沙·史院得告归西山》：

　　万顷风烟入酒壶。西山归去一狂夫。皇家结网未曾疏。
　　情性本宜闲处著，文章自忤用时无。醉来聊为鼓咙胡。

该词融汇了杜甫的《秋兴八首》之六中的"万里风烟接素秋"，

杜甫《狂夫》中的"欲填沟壑唯疏放，自笑狂夫老更狂"。而此词的第三句则本自陈陶的《闲居杂兴》："中原莫道无麟凤，自是皇家结网疏"。

元好问的一首《浪淘沙》也同样如此：

云外凤凰箫。天上星桥。相思魂断欲谁招。瘦杀三山亭畔柳，不似宫腰。

长日篆烟消。睡过花朝。红蔷薇架碧芭蕉。雌蝶雄蜂天不管，各自无聊。

该词中化用了李商隐的"章台街里芳菲伴，且问宫腰瘦几枝"，而其下片的"红蔷薇架碧芭蕉"则是完全袭用了韩偓《深院》中的原句。对此赵永源在其专著中作出了如下的统计："遗山300多首词中，有240多首与唐诗有染，"由此可知，元好问对唐诗有着怎样的特殊偏好。

元好问去世后，他的弟子将其埋葬在了忻州，此墓至今仍在，于是乎就有了我的探访。他的具体墓址位于山西省忻州市忻府区韩岩村北。从太原开车北上，导航仪出了问题，竟然错过了下高速的出口，只好从下一站往回绕，驶入忻州市区，沿忻禹路向东南方向行驶。导航仪上没有元好问墓祠，偶在忻禹路上看到大石碑坊，立即让司机掉头回来，再看石碑上的大字，写着"貂蝉陵园"四个大字，这本不在我的寻访计划之内，但既然路过这个天下第一美人的陵墓，感觉还是应该去瞻仰一番。

沿牌坊向北行不足百米，右手即见一广场，虽然仅是黄土地，没有进行铺装硬化，但看这样子也能停下几辆车。广场的正对面即是陵园的外墙，然而大门很是奇特，像两条巨龙护着皇冠，两条龙的身下是腾起的白云，看上去倒有些想象力，但似乎与美人完全不搭界。大门的左右两侧有扇形的冰纹窗，其中右手的一个写着售票处，我上前买票，而玻璃窗口却塞着一个蓝色的套袖，我把套袖拔开，向里张望，见室内仅有一张破烂的单人床，单人床的对面有一台电视机，正处在播放之中，电视节目是几个女人站在台上声嘶力竭的唱歌，电视机的声音开的挺大，盖过了我问"有人吗？"

　　于是只好用力敲击玻璃，未见有应答，转到门口再去用力的扣击门环，还是听不到回答，这才注意到门从外面上着锁，看来看门的人未在园内，只好围着陵园四周转圈。陵园的院墙为波浪状，红墙上盖着灰色的瓦檐，门的正上方还悬挂着忻府区政府颁发的文物保护牌，此牌既不是惯常所见的石制，也不是水泥板，是金光闪闪的一块铜牌，有点像政府单位的形式，门口左右两旁摆着一对石狮子，个头小的跟大门不成比例，门口的空地上满是脏乱的垃圾。转悠了二十分钟，仍然等不回管理者，看来自己真的没有美人缘，连看看

△ 原路返回时终于看到了这个招牌

美人坟墓的运气都没有,只好离去。

出貂蝉陵园继续南行,走到忻禹路的转弯处,看到了韩岩村的牌子,韩岩村牌的旁边还有一个更大的牌子,上面写着"遗山故里欢迎您",这块牌子的底下还写着"摄像王建红",我猜想这可能是专门做游客摄像生意的广告。这两块牌子的后面建了一个微型天安门样式的大殿,到大殿前打问这是不是元好问的墓祠,站在路边的一个妇女告诉我,墓祠在我来的路上。找到了美人墓,却没有找到遗山先生的墓祠,不知道是不是因为自己心底下的好色。

掉头回驶不足20米,看到了另一块牌子,蓝底白字的写着"元墓野史亭",牌子的左侧即看到了遗山墓祠的围墙,这么大的牌子和这么大的字竟然没看见,真是罪过。走到墓园旁仍然是大门紧闭,敲击一番,无人应答,今早从一出门天就下着雨,到此时也未见停歇,好不容易跑这么远,却不能拍到实景,心下实在不甘。沿着围墙来回走,在靠近公路一侧的围墙边种了一排大杨树,其中一株离墙很近,

△ 元好问雕像

△ 墓园的大门

△ 野史亭匾额

△ 野史亭

我看机会来了，两只脚一边蹬着树身，一边踩着围墙终于爬了上去，翻身跳入墙内，脚一落地，顺利地进入了院内，心下大感欢喜。转身回望，却发现墙里的一侧没有那样的大杨树，等会儿出来恐怕是个问题，但既然已经进来了那还是接着办正事。

先转到大门口，在门的正前方立着元好问的雕像，是元好问手拿线装书做沉思状，旁边立着一块碑，仔细一看却写着"德育基地"，雕像的右侧即是祠堂的大门，门口立着元好问的省级文保牌和元墓野史亭的简介。元好问虽然生活在金元之间，但他却是金朝的进士出身，所任的官职也是金朝所封，金朝灭亡后他

△ 雨中的元好问墓文保牌

△ 元好问墓

△ 古碑

未再出仕,因此他应该算是金朝人,但为何标为"元墓"呢,转念一想,也许元墓的"元"字应当指的是元好问的墓。祠堂的门楼上嵌着石匾,上刻"野史亭"三个字,然而落款却已模糊不清。进入园内,在正中立着一个八角亭,传说这就是元好问著书立说的地方,亭内的几面墙壁上嵌着几块石碑,正前方的一块是用线条白描方式刻着元好问的影像。

围着野史亭四处转看,猛然发现,亭子后面站着一个人,她打着伞直瞪瞪地望着我。因为没有心理准备,着实吓了我一大跳,我本以为陵园里没人,才翻墙进入,定眼细看,原来是一老太太。我正想解释自己如何进入园内,她却转身走到后面的房子去了,这让我忐忑不安,但既然已进入园内,心下一横,我怎么也要照完。

野史亭占地面积约有二、三十亩,除了这个亭子外,周围种着柏树,看样子都是近几十年所栽种的。元好问的墓却未能找到,出了野史亭,向陵园的深处走去,果真在西北角又看到了一个园中院,这个院落四周是用土坯所盖的墙,然而门楼却是青砖的,上面刻着"元墓"二字,门楼的侧墙上立着一块断碑,我本以为是块古碑,细看之下,碑额上却刻着"文物古迹保护标志"几个非楷非隶的别扭字。

这个园里的面积要比野史亭大一倍,砖铺的甬道两侧有着石像生,最特殊的是前面一对看上去既像狮子又像猴,也许这是金代人的审美情趣,我未曾考证过。甬道往前30米又是一个小亭,像是休歇亭,亭子的正前方就是元好问的墓了,墓丘占地面积不大,约五、六平米,高不过两米,跟整个园内的面积相比完全不成比例,墓的正中长着一棵粗壮的老槐树,墓的右方立着一块石碑,碑额写着"遗山先生墓铭",墓前的供桌形式有些特别,用石头雕刻成嫩芽破土状,上面似乎摆着几本书。

整个墓园加野史亭,占地面积超过百亩,除了淅淅沥沥的雨声,

△ 文保标志

听不到任何的鸟鸣，安静至极，我一个人在园中边走边找，有着安静而悠长的思绪，不知为何脑子中却默念起了戴望舒的《雨巷》，愁怨的姑娘在这里肯定是遇不到，刚才消失的老太太却让我心有余悸，怎么可能一瞬间就不见了，想到这时，又担忧起自己怎么离开这个院落，虽然是老太太，看来只能再去求助于她了。

再回野史亭，将各个角落看了一圈，却仍然找不到那位老太太的身影，这反而让我这个不信鬼的人心下飘过了一丝紧张，赶紧回到墙根儿，看到旁边的一摞废砖，把这些砖头搬到墙根儿，总算翻到了墙外。脚落地的那一刹那，我深深地出了口长气。

段克己、段成己：堂上客，须空白 都无语，怀畴昔

段克己和段成己是金代著名的文学家，他们本兄弟三人，另外还有一位段修己，但修己资料无存，故以文学名于世者，仅是克己和成己。因为他们是金国绛州稷山县人，故而二人又被称为"稷亭二段"。

段克己24岁时带着弟弟段成己去看当时的文学领袖赵秉文，当时赵任礼部尚书，他见到兄弟二人后，很欣赏他们的才气，故把段氏兄弟称为"二妙"，同时又给他们写了个匾额，上书"双飞"两个大字。

元大德年间，房祺编辑了八位金代遗民的诗作，这八位除了段氏兄弟外，还有麻革、张宇、陈赓、陈庾、房皞、曹之谦，而后房祺给该书起名为《河汾诸老诗集》，此集编成于元大德五年，这八位金代的诗人每人一卷，总计八卷。此书刊行之后，颇流行于市面，故"河汾诸老"一词就成了这八位金代作家的代名词。

段氏兄弟自小就聪颖过人，他们刻苦读书，到了金哀宗正大元年，弟弟成己中了进士，而后当上了宜阳县主簿；七年之后，哥哥克己也考中了进士。兄弟二人都能有这样的成就，故在其当地颇有名气。此后不久，蒙古军队灭掉了金朝，于是克己就返回了故里，隐居在河津龙门山中，而后他的弟弟也返回家乡，共同隐居于此。

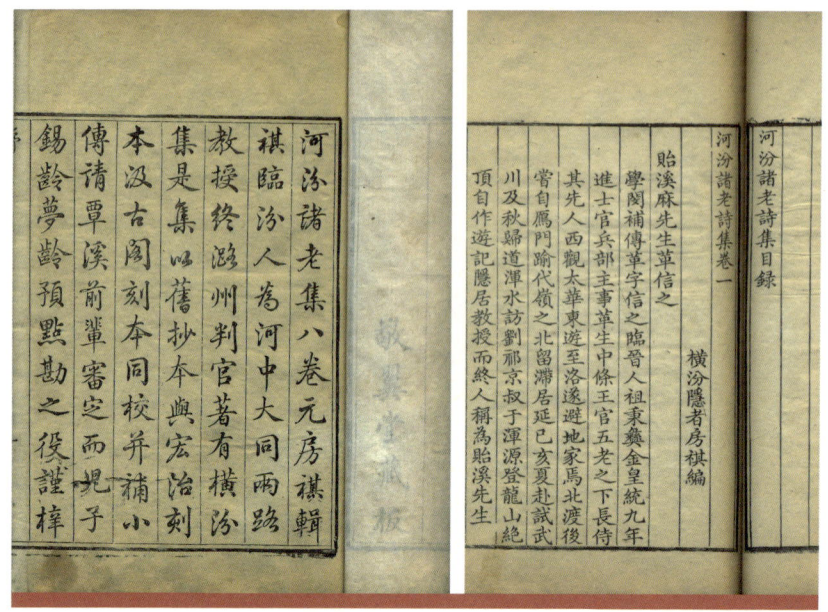

△《河汾诸老诗集》八卷，清乾隆四十三年敬翼堂刻本，序言　　△《河汾诸老诗集》八卷，清乾隆四十三年敬翼堂刻本，卷首

兄弟二人以金朝遗民的姿态，在龙门山中与朋友们进行着诗词唱和。克己去世之后，成己迁徙到了晋宁。元中统元年，忽必烈派人拿着诏书找到了成己，任命他为平阳府儒学提举。成己找托辞不去赴任，以此来表示他对金朝的忠诚。

段氏兄弟既然是金代的诗人，那为什么元好问所编的《中州集》中未曾收录他二人的作品？按照历史资料的记载，"河汾诸老"都跟元好问有着一定的关系，比如蔡美彪说："河东诗人以元好问为宗，形成河汾诗派。"

那这个诗派是不是一个正规的小团体呢？阎凤梧和刘达科所著的《河汾诸老研究》一书对此持否定态度："诚然，河汾诸老生前并没有开宗结社，联盟立派，独树一帜，但他们的确形成了共同的创作倾向和特征，并产生了相当明显的影响。长期以来，文学史家谈论金元诗歌时忽略河汾诸老，实为一大缺憾。"

河汾诸老也确实跟元好问有着交往，比如车玺在《河汾诸老诗集序》中说："与遗山游，从宦寓中，一时雅合，以诗鸣河汾。"

既然如此，那足以说明元好问对段氏兄弟有着一定的了解。原本元好问编辑《中州集》就是为了保留金代的文献，而今该集中未收段氏兄弟的著作，那必有其他的原因。对此《中国大百科全书·文学卷》中谈到段克己时说："段克己为河汾诗派作者，兼擅填词，存世作品中一些诗词，写故国之思，颇有感情。"这里除了提到克己有诗词存世，又称："《中州集》成书之日，段克己尚在世，所以元好问未录其诗词。"

由此可知，元好问在《中州集》中没有收录段氏兄弟的作品是因为二段仍然在世。其实，还应当有一个原因，那就是兄弟二人隐居于山中，他们的作品无法刊刻流传，这使得外界也难以读到他们的诗词。直到他们去世多年后，到了元大德五年，房祺编辑《河汾诸老诗集》，兄弟二人的作品才让后世了解到。

但是《河汾诸老诗集》是八个人的作品，并非段氏兄弟的专辑。元泰定年间，段克己的孙子段辅当上了吏部侍郎。在此之前，段辅搜集了其祖父及从祖父的文章，编为了一部文集，而后他找到了当时的大文人虞集，请虞给他的两位先人写一篇介绍文章，于是虞就写出了《稷山段氏阡表》，此文收录在《元文类》内。

虞集首先说，泰定四年的秋天，段辅找到了他，给他出示了先祖的遗文，虞看后大为感叹："嗟夫！昔宋失中原，文献坠地。盖为金者百数十年，材名文艺之士，相望乎其间。至于明道、正谊之学，则或鲜传者矣。及其亡也，祸乱尤甚，斯民之生存无几，况学者乎？而河东段氏之学，独行乎救死扶伤之际，卓然一出于正，不惑于神怪，不画于浮近，有振俗立教之遗风焉。呜呼！可谓善自托于不泯者哉。"

他认为，从宋到金，经过了那么多的战乱，各种文献损失严重，而金国存世百十余年，这期间的文献失传了很多，段氏兄弟在文学上有那么大的贡献，而今能够编成这样一部集子，这才是斯文不灭。

在这篇《阡表》内，虞集还录下了段辅跟他所讲的段氏一族的简史，虞听完后大为感慨，他在文中写到："段氏十一传，凡二百有余年，而代亦三易矣。文学之懿，前后相属，岂不伟哉！彼以功名富贵，赫奕一时者何可胜数，然不过一传再传，而声迹俱泯，自其子孙，有不能知其世，视此孰为得失哉！"

在元代时，一位叫贾定的人又将段氏兄弟的文集编辑一番，而后起名为《二妙集》，此集流传颇广，后世对段氏兄弟的研究大多从该书中寻找资料。该集的序言是由当时的著名文人吴澄所写，此序的第一个段落为："中州遗老值元兴金亡之会，或身没而名存，或身隐而名显。其诗文传于今者，窃闻一二矣。有如河东二段先生者，则未之见也。心广而识超，气盛而才雄。其蕴诸中者，参众德之妙；其发诸外者，综群言之美。夫岂徒从事于枝叶以为诗为文者之所能及哉！于时干戈未息，杀气弥漫，贤者辟世。苟得一罅隙地，聊可娱生，则怡然自适，以毕余龄，几若淡然与世相忘者。"

吴澄也在这里感慨，因为金末的战争毁掉了太多的文献，这使得金代的文献流传极少，作为文献大家的吴澄，他说自己在此前都没有听说过段氏兄弟，而后他感慨兄弟二人能在那个战乱的年代依然努力著述，这才有了后世流传的这些作品。

到了清乾隆年间，在编辑《四库全书》时，收录了段氏兄弟的《二妙集》，四库馆臣在《二妙集》提要中有这样一句话："泰定间，克己之孙辅，官吏部侍郎，以示吴澄，始序而传之。"看来，找吴澄写序之人也是段辅。以此推论起来，当时虞集看到的段氏文集恐怕也是这《二妙集》的文稿，而《四库提要》中也提到了吴澄所写的序言，并且认为吴澄在文中的评价很公允。

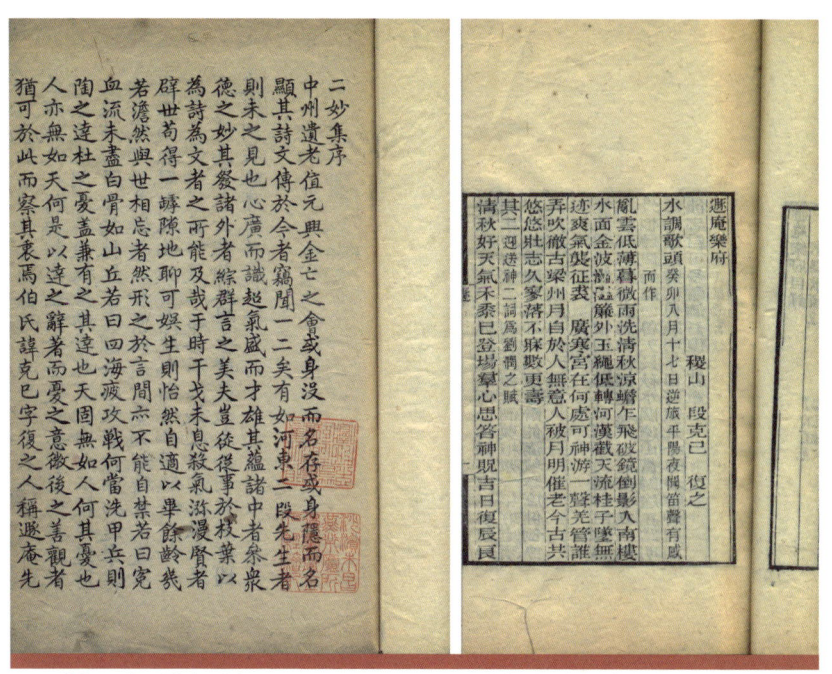

△ 《二妙集》八卷，清抄本，序言　　　　　　　　△ 段克己撰《遁庵乐府》民国十一年归安朱氏刻《彊村丛书》本，卷首

对于元好问的《中州集》为什么没有收录段氏兄弟的作品？《四库提要》中有着这样的解释："房祺编《河汾诸老诗集》八卷，皆金之遗民从元好问游者，克己兄弟与焉。而好问编《中州集》，金源一代作者毕备，乃独无二人之诗。盖好问编《中州集》时，为金哀宗天兴二年癸巳，方遭逢离乱，留滞聊城，《自序》称'据商衡百家诗略及所记忆者录之'，必偶未得二人之作，是以不载。故又称'嗣有所得，当以甲乙次第之'，非削而不录也。"

看来，四库馆臣也好奇于元好问为何没有把段氏兄弟的作品编入《中州集》中。于是馆臣做出了如下的推论，其称元好问编《中州集》时正赶上战乱，滞留于聊城，按照元在自序中的说法，他只能参考很少的书，以及靠他的回忆才编出了《中州集》。

据此，馆臣推论说，有可能是元当时没有想起这兄弟二人，所以集中没有收录他们的作品。但当时元也知道自己的所收并不完备，所以他在序言中也提到了等今后收集到失收的作品时，再接着出续集。据此，四库馆臣认为，《中州集》没有收录并不等于元好问认为段氏兄弟的作品写得不好。

但无论怎样，对段氏兄弟的研究在此后的几百年中，也确实没有详实的文章。直到上世纪三十年代，学人孙德谦才编出了一部《金稷山段氏二妙年谱》，自此之后，对于段氏兄弟的研究才变得多了起来。

该《年谱》的第一个刻本，是由大藏书家刘承幹的嘉业堂所出版者，故此《年谱》有三篇序言。第一篇就是由刘承幹所写，刘序的落款是"乙卯秋七月"，而该年是公元1915年，此时为民国四年。刘承幹也是以清遗老自居，故他的文章落款用的都是干支纪年，而不用民国。

段氏兄弟坚决不到元朝任职，他们的文章落款也是只写干支，以此来表示不承认新朝。从这个角度而言，段氏兄弟的心态跟刘承幹有一脉相通之处，估计这应当是刘承幹愿意刊刻这部《年谱》的原因吧。

刘承幹在序言中夸赞了段氏兄弟不仕新朝的气节，同时还认为："完颜一代，地褊祚短。而亡国之后，遁庵、菊轩联袂高蹈，与夫野史一亭，殚心文献，空山掩泪，笙磬同音。"

刘承幹说，金朝存在的时间较短，并且地域也不广，等其灭亡之后，段氏兄弟隐居山中，吟诗作赋，这跟元好问建野史亭来搜集文献有着同样重要的意义。

而本《年谱》的第二篇序言，则是出自文献大家叶昌炽之手，叶在该序的起头部分称："晋绛土厚水深，其民有先王遗教。君子深思，敦尚气节。开否济屯之交，怀忠履贞之士。自汉以下，闻郭林宗之风而起者，隋唐之际则有河汾之学，金元之际则有稷山段氏之学。处乱世，抱遗经，隐居著书，绝尘不反，其学同，其志同。即其桑海湛冥，龙门辟地，遗佚又未尝不同。"

叶昌炽首先从段氏兄弟家乡的文化风气讲起，他认为那一带从汉朝开始就已经有了好的风气，在隋唐年代就出了河汾之学，而金元时代的段氏兄弟则是继承了这种文化传统。

该书的第三篇序言出自张采田，张的这篇序言是从年谱的角度展开论述，他在序中称："金之立国，百有余年。世所传者，仅《拙轩》《滏水》数集；为之谱者，亦仅翁覃溪、凌次仲《遗山年谱》一家，识者不无遗憾焉。"

张采田说，金朝有一百多年的历史，但可惜的是，仅有翁方纲等人给元好问写了部《年谱》。整个金朝仅有这么一部年谱，张认为这是个遗憾，由此也就凸显出了孙德谦所撰该谱是何等的有价值："吾友孙君益荃少为甲部之学，近更博综九流派别，兼究心金源氏一代之掌固。尝客海上，得无棣侍郎石莲庵所刊稷山段氏《二妙集》，以为谱牒者，史之支与流裔也，于是拾遗补艺，锐意钩稽。未几，遂成《年谱》上下二卷。"

张采田说，他的朋友孙德谦是客居上海时得到了一部吴重憙所刻的《二妙集》，于是他就以此为蓝本，写出了《段氏年谱》二卷。张采田觉得，孙德谦能够编出这样一部年谱，十分的不容易："遗山事迹较详，又有《金史本传》、郝经诸人墓志，故行年无烦细。推二先生卒岁月，《世德碑》所载已隐略矣，而本集又无明文，此榷实之难，一也。遗山得名故国最早，一时推襟送抱多知名之士。二先生肥遁空山，朋酒唱和，大半无专集之可稽，此旁证之难，一也。遗山著述等身，今行于世者尚有数种。二先生遗文在段辅作《跋》时已云'惜多散佚矣'。此摭残之难，又一也。益荃乃力为其难，一一疏通，而证明之。"

前面提到翁方纲和凌廷堪分别编出了元好问的年谱，但是因为元好问名气太大了，并且在金史上有本传，同时还有其他的文献，故而元好问年谱的撰写要相对容易。但段氏兄弟的资料留下来的很少，因为他们躲入空山，少有其他的资料做旁证，更何况，段氏兄弟的著作已大多失散，这就给编年谱造成了很大的困难，而也正因如此，孙德谦的这部《二妙年谱》就变得特别有价值。

对于为何要编这么一部年谱？孙德谦也在该谱的前面写了篇自序，他在序中称："《二妙年谱》者，为金源遗佚、稷山段遁庵、菊轩两先生而作也。两先生世标清德，夙播令闻，抱鲁连蹈海之贞，守黄琼枕山之介。载蔚宗之笔，足谥逸民。记玄晏之书，何惭高士。乃金、元二史不立佳传，将十表待补曹昭，三国私删丁廙乎？文采磨没，无由考见，君子憾焉。"

看来，孙德谦的目的很简单，就是不愿让这两位历史名人从此湮没无闻。从这个角度而言，孙德谦才是段氏兄弟几百年后的知己。

段氏兄弟流传至今的著作，既有诗也有词，我在此仅聊聊他们兄弟二人的词作。

以名气论，段克己所写的一首《满江红》最受后世所关注：

雨后荒园，群卉尽，律残无射。疏篱下，此花能保，英英鲜质。盈把足娱陶令意，夕餐谁似三闾洁？到而今、狼藉委苍苔，无人惜。

堂上客，须空白。都无语，怀畴昔。恨因循过了，重阳佳节。飒飒凉风吹汝急，汝身孤特应难立。谩临风、三嗅绕芳丛，歌还泣。

这首词表现出了他不仕新朝的决心，因为他明确地在词中写明要"怀畴昔"，如果站在后世的角度来看，无论是金朝还是元朝，其实都是外族统治，而段氏兄弟本是汉人，但他们依然忠于金朝，难免有些怪异。但是站在他们的角度却也没错，因为他们两位都是金朝的进士，也都曾食金朝的俸禄，这正是中国传统文人的气节所在，所以不能用后世的观点来论前朝的对错。

当然，兄弟二人隐居在山里，也并非日日都怀着忧国之心，比如段克己所写的两首《渔家傲》也同样有着田园的风趣：

> 不是花开常殢酒，只愁花尽春将暮。把酒酬春无好句。春且住，尊前听我歌金缕。
> 醉眼看花如隔雾，明朝酒醒那堪觑。早是闲愁无着处。云不去，黄昏更下廉纤雨。

> 一片花飞春已暮，那堪万点飘红雨。白发送春情更苦。愁几许？满川烟草和风絮。
> 常记解鞍沽酒处，而今绿暗旗亭路。怪底春归留不住。莺作驭，朝来引过西园去。

段克己的那首《满江红》受到了弟弟的喜爱，故段成己与之唱和了一首：

> 料峭东风，吹醉面向人如旧。凝伫立，野禽声里，无言搔首。庭下梅花开尽也，春痕已到江边柳。待人间事了觅清欢，身名朽。
> 菟裘计，何时有？林下约，床头酒。怕流年不觉，鬓边还透。往事不堪重记省，旧愁未断新愁又。把春光分付少年场，从今后。

对于这首词，清陈廷焯在《云韶集》卷十一中评价到："自是脱胎晁君，而情致亦复不浅。悲郁感叹如此。倒装句法亦佳。"那么，段氏兄弟相比，谁的词才更高呢？陈廷焯又说过这样的话："成之词不减复之，高者出其右。"至少陈廷焯认为，在有些词作上，弟弟超过了哥哥。

清朱彝尊所编的《词综》一书中，收有段克己三首词，其中读来让人感觉最悲凉的一首，当为《水调歌头》，段克己在该词的小序中说："癸卯八月十七日，逆旅平阳，夜闻笛声，有感而作。"看来，他住在外地的旅店中，夜里听到了笛声，于是有了故国之思，而后写出了这首词：

乱云低薄暮，微雨洗清秋。凉蟾乍飞破镜，倒影入南楼。水面金波滟滟，帘外玉绳低转，河汉截天流。桂子堕无迹，爽气袭征裘。

广寒宫，在何处？可神游！一声羌管谁弄？吹彻古《梁州》！月自与人无意，人被月明催老，今古共悠悠。壮志久寥落，不寐数更筹。

段克己还有一首受到后世夸赞的词，乃是《鹧鸪天》：

点检笙歌上小楼，西风帘幕卷清秋。绿醅轻泛红英好，黄菊羞簪白髪稠。

今古恨，去悠悠，无情汾水自西流。澹烟衰草斜阳外，并作登临一段愁。

这首词受后世关注的原因，是下阕的前三句——"今古恨，去悠悠，无情汾水自西流"，这句话道出了他心中的无限惆怅。

房祺所编的《河汾诸老诗集》，其中的"河汾"二字，其实指的就是山西南部的黄河和汾水之间，所以段克己的这首词中才谈到了流淌不尽的汾水。

对于金代词作的总体评价，况周颐在《蕙风词话》中有过这样一段概述："或谓《中州乐府》选政操之遗山，皆取其近己者。然如王拙轩、李庄靖、段氏遁庵、菊轩，其词不入元选，而其格调气息，以视元选诸词，亦复如骖之靳，则又何说？南宋佳词能浑，至金源佳词近刚方。宋词深致能入骨，如清真、梦窗是。金词清劲能树骨，如萧闲、遁庵是。南人得江山之秀，北人以冰霜为清。南或失之绮靡，近于雕文刻镂之技。北或失之荒率，无解深袭大马之讥。善读者抉择其精华，能知其并皆佳妙。而其佳妙之所以然，不难于合勘，而难于分观。往往能知之而难于明言之。然而宋金之词之不同，固显而易见者也。"看来，段氏兄弟二人在词史上的成就也同样受到了后世专家的关注。

段克己、段成己的墓祠位于山西省运城市稷山县稷峰镇平陇村。从 G5 高速下道穿过稷山县县城，在县城西侧行驶不到十公里即进入平陇村，本想在村口询问路径，原地站了几分钟却没能遇到村民，看到某家的大铁门敞开着，于是走入院内，高声询问，听到的是两条狗的狂吠，从声音可以听出，这是两条烈性犬。以我的经验，在这种情况下，唯一的自保方式，就是站在原地一动不动。

但狗的叫声还是把主人呼唤了出来，我看到从侧房出来一位年轻人，我向他询问段克己墓的具体位置，他说自己不知道，转身走入正房内。我本以为他不愿意回答我的问题，于是冲着他的背影喊了一句："请你先把狗拉住。"但此人没有回答。

正在我不知所措时，这位年轻人从里面请出一位中老年妇女，此妇女问明情况，而后她顺手接过我手中的寻访单。我向她示意单

△ 段氏墓冢遗址

子上要寻访的两个地点,她看后回答说:"墓和祠堂都已被损坏了。"听到"损坏"二字,我觉得这位妇女曾读过书,因为山西方言中我还未听到过用这个词的。但转念一想,看来墓和祠仍然存在,因为她用的是"损坏",而不是没有了痕迹。于是我马上问她原址在哪里,她告诉我在山坡上,但没有标志。

我开始琢磨如何找到她所说的那些旧址,而此时这位妇女直视着我,她反问我来此寻找段墓的原因,我向她做了简要的汇报。看来,我的回答取得了高分,妇女主动说:"走,我带你去。"

△ 段氏墓前的望柱

于是请她上车,掉头出村,向村外的山坡上开去。出村不到一公里,开上了一个很陡的土坡。幸亏我带来的车是高底盘的真正越野车，否则的话，根本不可能开得上如此陡的坡度。我向妇女请教，其他人是如何把车开上这个大坡的？她说没人往塬上开车，看来这里的叫法跟陕西相似，因为在陕西当地也会把高地上的平地称为塬。

果真，开上大坡之后，眼前见到了一马平川的一个巨大的平顶，我感觉这个平顶面积至少在上百亩以上。而今塬上种满了细细的枣树，在塬的中心位置，远远的看到立着两块高大的石碑，塬上的土地很是松软，所以不能开到近前，停在土路边，妇女指着石碑说："那就是段家两兄弟的墓。"

既然找到了目的地，我就不用再请她带我走到近前，于是我请老人家坐在车内等候，自己从田地中穿行，向那个墓碑走去。不久前村民给枣林浇过水，松软的土地上很是泥泞，我仔细地选择着能够下脚之处，跳跃着向墓碑的方向前行，心中庆幸没有请妇女同来，否则她在这泥泞的地上摔一跤可不是个小事。但转念思之，她长年在这里劳作，走这样的地很可能比我在行多了，我真是杞人忧天。

走到最大的那块碑前，碑额上写着"金防御段公碑"。这块碑高在三米以上，圆头螭首，碑座为赑屃，已半埋在土中，碑后是平整的土地，完全没有墓丘，在其左后方二十米处，还有一块形制相同的碑，我估计就是老太太所说的段克己弟弟的墓。走近这块墓碑，上面的文字已完全不能辨识，赑屃的头也被砸掉了一半，在这块碑的不远处，有一条深挖的沟，沟宽三、四米，长约二十余米，深度在一米五左右，在这条沟的边上还横卧着一块碑，碑的形制跟前两块相同，只是碑身短了一半，旁边还斜处着一块石条，可能是墓石。我跳入沟内，从侧面看到了一些破碎的青砖，应当是段氏的墓室所在，在这块碑的正前方近百米处，还立着一根两米多高的望柱，走近细看，上面同样没有文字，估计这是段家墓地的神道走向。

△ 段克己墓碑碑额

在段氏墓区内拍照完毕后，回到车上，向妇女请教：自己看到的情形为何如此之差？她告诉我："当时段家的墓特别大，也特别的好看，有很多的石人石马，我每次上塬上，路过这个墓地都很害怕，但这片墓的附近是我们社的地，害怕也得去干活，但在十几年前的一天，突然间这些石刻都不见了，听说是被人雇来吊车都偷走了。"看来，还是有人能把车开上这高高的塬。但是，把吊车开上来应该很不容易，看来盗墓贼的本事比我想象得大得多。

我问老人，为什么段氏墓地上仅有碑没有坟？老人说段家兄弟的墓已经被盗过很多回了，所以后来这个墓就

△ 段克己墓碑全貌

段克己、段成己：堂上客，须空白。都无语，怀畴昔　　449

△ 段成己墓碑

△ 梁上的图案

△ 祠堂内景

△ 祠堂的侧墙已倒

被平掉了，但前些年县里在墓地立了文物保护牌，虽然立了牌，但没有人管。我说自己在墓前没有看到文保牌，她说："牌子太小，你可能没看见。"老人说自己不是段家的后人，今年60岁，40年前嫁到了本村，所以对段墓的事情很了解。

驱车回村，在老人的带领下，找到了段氏祠堂。祠堂在村的中心位置，整个院落已经塌了一半。在进村前，我看见村外对面的高地上有个小庙，问老太太那是不是段家祠堂，她告诉我那是个娘娘庙，是去年新盖的。老太太说以前那个庙就在，日本人来时给拆了，去年又重新盖了起来，她认真地告诉我："你要想生儿子，一定要去拜一拜，很灵的。"我告诉老太太，自己不想生儿子了，她看了我一眼，说你这个人真怪。

祠堂的院门紧闭着，四围的土墙已塌了一半，于是从侧边很容易地走入了院内，里面杂草丛生，高已过人，坍塌的房屋裸露着木制的梁柱，几间房内空无一物，门窗全无，破败的情形称得上惨不忍睹。进入正房，我注意到两道横梁上绘满了云纹，透出当年的精美，余外看不到任何能证明是段氏祠堂的文字。

严蕊：不是爱风尘，似被前缘误

严蕊是宋代的一位官妓，可能是这个原因，对于她的生平，历史记录甚少。然而这位严蕊间接跟宋代理学大名家朱熹发生过一段故事，这使得她的经历得以记载于许多笔记之中，比如《齐东野语》卷二十、《夷坚志》卷十、《雪舟脞语》、《彤管遗编》别集卷十九、《青泥莲花记》卷三、《尧山堂外纪》卷六十、《古今女史》卷十二、《词苑丛谈》卷六、《宋稗类钞》卷四、《词林纪事》卷十九和《金华征献略》卷四等等。

以上的记录从内容而言大同小异，正是因为有了这些记录，才使得严蕊所作的三首词流传了下来，从这些词作以及相关记载来看，严蕊的确是色艺俱佳。可惜的是，因为她的特殊出身，以及她后来的遭遇，使得她所作的其他的词未能流传下来，但仅凭这三首词，也足以把她列入宋代词人的大家庭中。以下我则以《齐东野语》的记录为准，讲述她的遭遇以及她的这三首词。

  天台营妓严蕊，字幼芳，善琴弈歌舞，丝竹书画，色艺冠一时。间作诗词，有新语，颇通古今，善逢迎。四方闻其名，有不远千里而登门者。

此段话简述了严蕊的出身以及全面的才能，同时这段话也夸赞了严蕊除了能填词,同时也擅作诗,而南宋著名文人周密在他所作的《齐东野语》中,竟然还夸赞严蕊所作诗词"有新语,颇通古今",这可是不低的评价。周密同时又说,严蕊在交际方面颇为擅长,再加上她那美丽的长相与特殊的才艺,这几者加在一起,难怪有千里之外的好色之徒前来登门拜访。

而此时,严蕊所在的天台正是唐仲友任台州知州,这位唐仲友倒也是不凡的人物,按照清康熙时所修的《金华府志》卷十六所载,唐仲友颇有政绩:"唐仲友字与政,父尧封,为侍御史,以直言称,仕直龙图阁、朝散大夫。仲友博涉群书,登绍兴进士,复中博学宏词科。累官判建康府。论时政,上纳其言,再转知台州。兴利除害,政声哗然。俄为同官高文虎所忌,谮于提兴刑狱,劾罢。主管建宁武夷山冲道观,开席授徒,学者云集。仲友史学精绝,尤邃于诸经,下至天文地理、王霸兵农、礼乐刑政、阴阳度数、郊庙学校、井野畿疆,莫不穷探力索而会通其故,精粗本末,兼该并举。与吕子同居于婺,而独尚经制之学。然天性廉直,与物多忤,仕未通显,托之于论述而终。"

△ 唐仲友撰《金华唐氏遗书》,清道光十一年翠薇山房木活字本,书牌

唐仲友的父亲本就是朝中高官,而他本人成为进士之后,在政绩方面也有许多可称道的,此人在学问上也是才兼多项,但他性格直率,在处理人事方面水平很差,虽然如此,他的情商倒并不低,《齐东野语》中称:

唐与正守台日,酒边尝命(严蕊)赋红白桃花,即成《如梦令》云:

"道是梨花不是,道是杏花不是。白白与红红,别是东风情味。曾记,曾记,人在武陵微醉。"与正赏之双缣。又,七夕郡斋开宴,坐有谢元卿者,豪士也,夙闻其名,因命之赋词,以己姓为韵。酒方行,而已成《鹊桥仙》云:"碧梧初坠,桂香才吐,池上水花微谢。穿针人在合欢楼,正月露、玉盘高泻。蛛忙鹊懒,耕慵织倦,空做古今佳话。人间刚道隔年期,天上方才隔夜。"元卿为之心醉。留其家半载,尽客囊馈赠之而归。

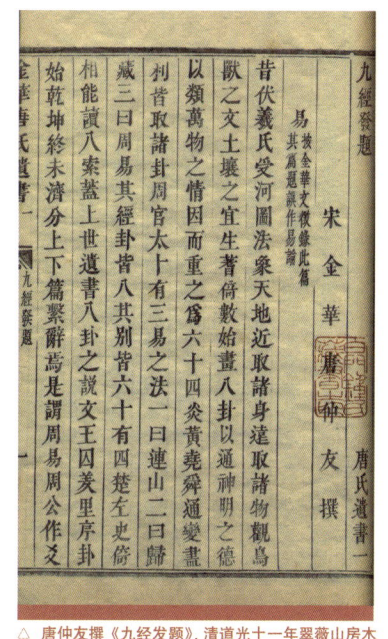

△ 唐仲友撰《九经发题》,清道光十一年翠薇山房木活字《金华唐氏遗书》本,卷首

看来,唐仲友对严蕊颇为宠爱,某天两人在一起喝酒赏花,唐仲友命严蕊根据桃花写一首词,于是严蕊就写出了这首《如梦令》。严的这首词受到了唐仲友的赏识,于是他当场就赏给严两匹双丝的细绢,当然这种赏赐也是文人间的雅趣,因为这种细绢仅是作书画用的上等文房之物。

这段话中还提到了严蕊作的另一首词,这首词的来由颇不风雅。《齐东野语》等书上记载,原来是一位叫谢元卿的土豪闻听严蕊之名,特地前来相见,这位土豪倒也风雅,他命严蕊以自己的姓来作韵脚,让严蕊写了一首词,于是就有了那首《鹊桥仙》。

严蕊的这首词大得谢元卿之欢心,以至于《齐东野语》上以"心醉"二字来形容。于是他就将严蕊包下,在其家一住就是半年,以至于把身上的钱财花光才离去。

《齐东野语》等书上接着写道:

> 其后朱晦庵以使节行部至台,欲摭与正之罪,遂指其曾与蕊为滥,系狱月余。蕊虽备受箠楚,而一语不及唐;然犹不免受杖,移籍绍兴,且复就越置狱,鞫之,久不得其情。狱吏因好言诱之曰:"汝何不早认?亦不过杖罪。况已经断,罪不重科,何为受此辛苦耶?"蕊答云:"身为贱妓,纵是与太守有滥,科亦不至死罪。然是非真伪,岂可妄言以污士大夫!虽死不可诬也。"其辞既坚,于是复痛杖之,仍系于狱。两月之间,一再受杖,委顿几死,然声价愈腾,至彻阜陵之听。

这段话就讲到了大儒朱熹,那个时候朱熹任提举浙东常平茶盐公事,而后到台州去巡查。他来到台州之后,就开始收集唐仲友的罪证,准备将其治罪。朱熹收集到的罪证之一,就是唐仲友跟严蕊之间的关系。其实严蕊本就是营妓,唐仲友与之有男女之情也算不上什么罪状,但朱熹却以此来指责唐仲友为官期间做这种有伤风化的事情,且不管这种指责是否有道理,总之,朱熹把严蕊关进了大狱,达一个多月之久。

严蕊在狱中受到了酷刑的折磨,显然狱卒是想逼迫她说出跟唐仲友之间究竟有哪些细节,严蕊虽然只是个营妓,如前所言,她也跟许多男人有着男女关系,但在大是大非面前,她却能够挺得住,无论动用怎样的酷刑,她一个字也不提到跟唐仲友之间的事情。狱卒们审不出个所以然来,只好把严蕊放出,严蕊为了避开此事,于是就把自己的妓籍移到了绍兴。

即使如此,朱熹这一方仍不罢休,再次把严蕊逮捕入狱,但严蕊依然不说，于是狱卒就采取了诱供，劝解严蕊说：你要早日能张口，也不用受这些痛苦。而严芯却回答说：我虽然只是个妓女，但即便与太守有过关系，那么按照法律条文，也不至于犯什么死罪，因此说，我用不着为此强辩，所以我不能够诬蔑唐仲友。她的这种严拒使得自己受到了更多的棍棒，在狱中又住了两个多月，受到了多次酷刑，这样的折磨几乎让她死去，但是她的坚强不屈传了出来，甚至传到了宋孝宗的耳朵中《齐东野语》接着说：

> 未几，朱公改除，而岳霖商卿为宪。因贺朔之际，怜其病瘁，命之作词自陈。蕊略不构思，即口占《卜算子》云：
> 不是爱风尘，似被前缘误。花落花开自有时，总赖东君主。
> 去也终须去，住也如何住。若得山花插满头，莫问奴归处。
> 即日判令从良。既而宗室近属，纳为小妇以终身焉。

可能是因为宋孝宗听到了这个事件，而后做出了一些指示，很快朱熹就调往他地任职，接着岳飞的三儿子岳霖任御史，前来检查此事。岳霖让严蕊写一首词，为自己辩解，严蕊虽然受了那么多的酷刑，却没有损伤到她的才思，她听到岳霖的所言，当场就填出了一首《卜算子》。岳霖听到这首词后，立即感受到严蕊入狱定有冤情，于是当天就将其释放，同时让她脱离了妓籍。经历了这场大的风波，严蕊的名声让更多的人得以听闻，于是竟然有一位皇亲国戚把严蕊纳为小妾，这也算是一场善终吧。

从以上的叙述也可以得出这样的一个结论：朱熹为了整倒唐仲友，于是从严蕊下手，可能朱熹觉得严蕊是位妓女，从她那里挖出口供应该不难，他没想到的是，经过了几个月的折腾，竟然没能从严蕊那里抓到唐仲友丝毫的把柄。

那么，朱熹为什么一定要扳倒唐仲友呢？或者说，他想扳倒唐仲友，为什么要从严蕊那里找突破口呢？这样的疑问，相应的历史记载当然有着不同的说法，比如《林下偶谈》卷三中有着这样的说法："金华唐仲友，字与正，博学工文，熟于度数。居与陈同甫为邻，同甫虽工文，而以强辩侠气自负，度数非其所长。唐意轻之，与忌其名盛。一日，为太学公试官，故出《礼记》度数题以困之。同甫技穷，见黜。既揭榜，唐取同甫卷示诸考官，咸笑其空疏。同甫深恨。唐知台州，大修学，又修贡院，建中津桥，政颇有声，而私于官妓。其子又颇通贿赂。同甫访唐于台州，知其事，具以告晦翁。时高炳如为台州倅，才不如唐，唐亦颇轻之。晦翁时为浙东提举，按行至台，炳如于前途迓而诉之。晦翁至，即先索州印，逮吏旁午，或至夜半未已，州人颇骇。唐与时相王季海为乡人，先密申于朝，嫌省避晦翁按章。及后季海为改唐江西宪，而晦翁力请去职。"

△ 《荀子》二十卷，清光绪十年遵义黎氏刻古逸丛书之七单行本，唐仲友序一　　△ 《荀子》二十卷，清光绪十年遵义黎氏刻古逸丛书之七单行本，唐仲友序二

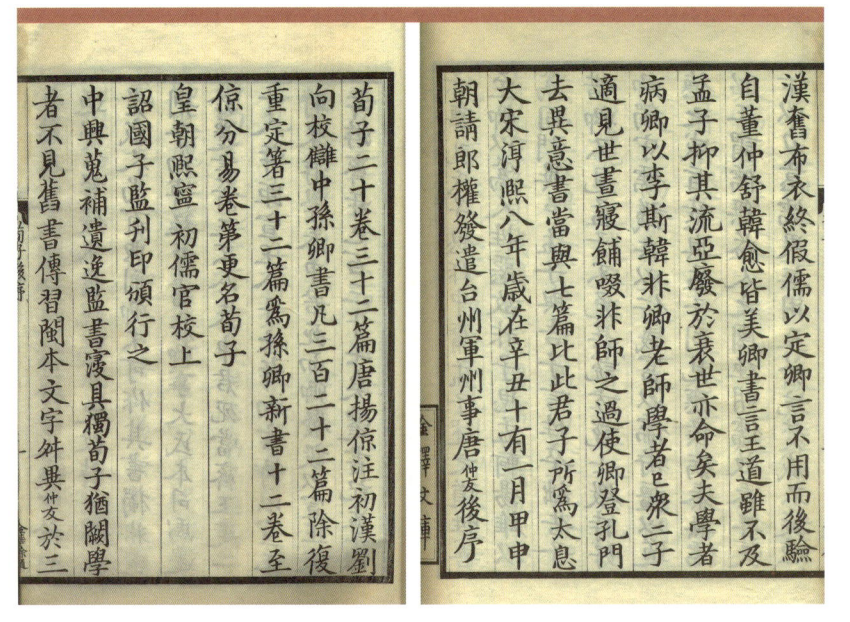

此处也说唐仲友很博学,并且对度数也很熟悉,此处的"度数"指的是《礼记》中有关天文的专门学问。他有一度跟著名文人陈亮比邻而居,陈亮的文采也很高,但却不懂度数,为此唐仲友看不上他。某天,唐仲友为太学出题时,其题目就是跟《礼记》度数有关,陈亮参加了这个考试,因为对此不熟悉,故答卷写得较差,而唐仲友竟然故意挑出陈亮的试卷给众考官们看,让这些人共同取笑陈亮。

陈亮当然明白这是唐仲友故意让他难看,于是深恨此人。后来唐仲友在台州知府任上修桥建路,开办学校,工作上做得有声有色,而此时他跟严蕊之间的关系,也变得颇为密切。唐仲友虽然做事廉洁,他的儿子却很会搞贿赂,陈亮听到这些传闻之后,告诉了朱熹,而此时高炳如在台州任唐仲友的副手,此人才能不大,而以唐的性格,也同样看不起高。

当时朱熹任浙东提举,他到台州巡查之时,高炳如立即前去相见,其目的只有一个,那就是要告倒唐仲友。之前有陈亮的举报,而今又有高炳如的证词,于是朱熹来到台州,立即查办唐仲友,当时事情搞得很大。然而唐仲友也并非等闲之辈,此时的宰相是王淮,而唐仲友的弟媳正是王淮的胞妹,朱熹完全清楚这层关系,更何况朱熹的浙东常平茶盐公事之职,也是因为王淮的推荐才得以升任。虽然如此,朱熹还是决定秉公办事,要查出唐仲友的问题,竟然连续给朝廷上了六道弹劾书。

唐仲友当然也不会坐以待毙,他立即派人将此事向王淮汇报,于是王淮将前几次的奏章压了下来,期间唐仲友还得到提拔,面对此况,朱熹十分生气,于是他提出了辞职。

关于这个故事的起因,《青泥莲花记》卷三、《宋稗类钞》卷四等另有说法:

朱晦庵按唐仲友事，或云吕伯恭与仲友同书，会有隙，朱主吕，故抑唐，是不然也。盖唐平时恃才轻晦庵，而陈同父颇为朱所进，与唐每不相下。同父游台，尝狎籍妓，嘱唐为脱籍，许之。偶郡集，唐语妓云："汝果欲从陈官人耶？"妓谢。唐曰："汝须能忍饿受冻乃可。"妓闻，大恚。自是陈至妓家，无复前之奉承矣。陈知为唐所卖，亟往见朱，朱问："近见小唐云何？"答曰："唐谓公尚不识字，如何作监司？"朱衔之，遂以部内有冤狱，乞再巡按。既之台，适唐出迎少稽，朱益以陈言为信，立索郡符，付其次官，乃擿唐罪具奏，而唐亦作奏驰上。时唐乡相王淮当国，上问王，王奏："此秀才争闲气耳！"遂两平其事。

此处称，有人说该事的起因是因为吕祖谦跟唐仲友之间的矛盾，因为吕是朱熹的密友，所以朱熹想借机给朋友出气，以此来查办唐，而《青泥莲花记》中却称，其实不是这么回事。此记又讲出了另外一个故事，因为唐仲友在平时就看不起朱熹，而朱熹又颇为推举陈亮，当年陈亮在天台时，跟某位妓女关系密切，于是陈亮就找到了唐仲友，请他帮忙让这位妓女脱籍，唐答应了此事。某天唐仲友见到这位妓女时，问她，你是想脱籍后嫁给陈亮吗？此妓承认了此事，唐仲友跟此妓说，你要想到忍饥受冻的后果。此女一听，马上害怕起来，此自之后，陈亮再见到这位妓女时，该妓就对他没有那么热情了，而后陈亮打听到原来是唐仲友出卖了他。

唐仲友为什么这么做，史料上未曾记载，显然他的做法种下了祸根，因为陈亮立即去见朱熹，而后跟朱熹说："唐仲友说你不识字，如何能任监司之职。"唐是否真的说过这样的话，不得而知，但陈亮的这句话果真让朱熹大以为恨，于是他就以部属有冤狱之名，要求巡查。他来到了天台县，立即查办唐仲友，而唐也马上找人将此事报告给宰相王淮。该事还是被皇帝知道了，皇帝向王淮了解其中的细节，于是王就轻描淡写地说了一句，这只是文人之间斗闲气，于是该事就平息了下来。

以朱熹的大才，陈亮在他面前说几句唐仲友的坏话，似乎不足以激起朱熹那么大的仇恨，他坚决要查办唐究竟是为什么呢？《金华征献略》卷四则有如下说法："唐仲友开席授徒，学者云集。时婺中儒者吕祖谦与朱熹、张栻论性理之学，陈亮论经济，唐仲友论经史。各持门户，不相上下。仲友自恃博学，累侮朱子。守台日，陈亮至治所，仲友窃论曰：'晦庵尚不识字，如何作监司？'亮与朱子学虽不同，而交谊甚笃，泄言于朱子。而同官高文虎适诬以奸脏事，朱子遂以部内有冤狱，乞再巡按。既至台，仲友出迎少稽，朱子益以亮言为信，立索郡符付次官，乃撼仲友罪具奏。章凡六上，而以污染严蕊为首。"

当时大家都广招门徒，但所授之学有异，吕祖谦跟朱熹、张栻研讨理学，陈亮则在研究经世治用之学，唐仲友教学的重点则是关于经、史，三家各立门户，互有影响。显然这些人中，唐仲友的涵养最差，因为他总仗着自己的博学来侮辱朱熹。某天陈亮在天台县见到了唐仲友，唐果真跟陈说，朱熹不识字，还做什么监司。虽然陈亮的学术观跟朱熹不同，但两人私交却很好，于是他就将唐的所言告诉了朱，而后又有了高文虎举报唐仲友犯有奸赃之事，于是朱熹借此查办唐。朱熹给皇帝所上的六封弹劾奏章中，其中就提到了严蕊。

从以上的这些叙述可知，朱熹坚决弹劾唐仲友其实是涉及到了学术之争，关于理学在朝中的地位，这个话题已经在《觅理记》一书中谈及，在此不赘述。其实从朱熹弹劾唐仲友的情况看，严蕊只是个小问题而已,虽然按照宋代的法律规定,任职官员不能包养妓女,但这种事其实颇为普遍,所以朱熹以此来弹劾唐,在同时代的人看来,也同样是小题大做。而他弹劾唐的真实情况是怎样的呢?清代大藏书家叶德辉在《书林清话》卷十中,专有一节的题目为《宋朱子劾唐仲友刻书公案》。

叶德辉在此文中首先用很长的一个段落引用了宋陈骙在《中兴馆阁续录》中的说法,此段话中讲述了宋代官员都会用公款来刻书,这样的书被称之为"公使库本",接下来,该书中称:"淳熙八年,唐仲友守台州,领公使库钱刻《荀子》《扬子》二书,为朱子所弹劾。"于是乎,后世多有论述,都会说,朱熹弹劾唐仲友,其实一个问题就是唐拿公家的钱来刻《荀子》和《扬子》两书,而这种说法的出处,则是朱熹弹劾唐仲友的第六状。《中兴馆阁续录》详细录出了朱熹所写第六状的内容,细读朱熹的此状,他可能是为了能够描绘出其

△《补宋潜溪唐仲友补传》,清道光十一年翠薇山房木活字《金华唐氏遗书》本,书牌

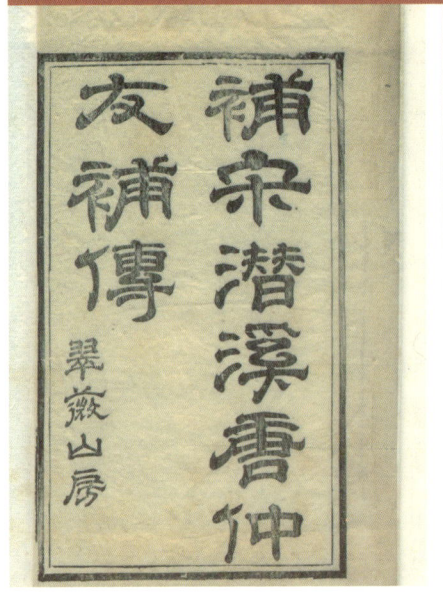

△《补宋潜溪唐仲友补传》,清道光十一年翠薇山房木活字《金华唐氏遗书》本,卷首

中的细节,一改行文的严谨,全部使用了一问一答的方式写出此状。

叶德辉读完此状之后,在《书林清话》中得出了这样的一个结论:"此按状中贴黄之一,可见仲友被劾,伪造会子亦其一节,非专因刻书也。"可见,朱熹弹劾唐仲友不仅仅是因为他拿公款刻书,而更为重要者,是这位刻书人其实在用高超雕刻技能伪造纸币。

叶德辉的这个说法,倒的确是少有人留意,然而叶在书中的所言,仅是几句断语,并未展开仔细论证,对于这位事的来龙去脉,予以认真研读者,则是著名目录版本学家李致忠先生。对于这段历史公案,李先生写过两篇论文,其一是《历史上朱熹弹劾唐仲友公案》,李先生在此文中将朱熹弹劾唐仲友的六道状文详细列出,细读朱熹的这些弹劾之文,则能够看出事情发展的来龙去脉。而李先生的《唐仲友刻〈荀子〉遭劾真相》一文,则进一步揭示出了这种说法的真相。

其实,朱熹所上六道劾状,除了第三道专论伪造纸币雕版一事外,其在第三状和第四状中也谈到了刻书之事,其中第三状中称:"仲友自到任以来,关集刊字工匠,在小厅侧雕小字赋集,每集二千道。刊板既成,般运归本家书坊货卖。其第一次所刊赋板印卖将漫,今又关集工匠,又刊一番。凡材料、口食、纸墨之类,并是支破官钱。又乘势雕造花板,印染班缬之属,凡数十片,发归本家彩帛铺,充染帛用。"

而第四状中,则点明了唐仲友用罪犯蒋辉给其刻书之事:"奏为续根究知台州唐仲友不法事迹及藏匿伪造官会蒋辉实迹,乞付外照勘,伏候圣旨。仲友所印《四子》,曾送一本与臣,不合收受,已行估计价值,还纳本州军资库讫。但其所印几是一千来本,不知将作何用。伏乞圣察。奏状内第十四项,系藏匿伪作官会人蒋辉诈妄行移首尾情节,伏乞圣慈,详赐省览。此项系仲友舍匿死罪亡命奸人蒋辉,诈妄行移首尾情节,乞赐详览,即知仲友所犯非独赃私小过而已，伏乞圣照。"

对于朱熹的这些举状，李致忠先生举出来了两个历史背景：一个是唐仲友在婺州老家开有书籍铺；一个是宋代各地、各级政府公使库刻书司空见惯。由此可知，唐仲友去刻书本并非值得指责，那朱熹何以还以此来弹劾他呢？李先生在文中论述道："唐仲友在台州任上因刻书而遭朱熹弹劾，本质上不是因为用了犯人为其开版，也不是因为动用了公使库官银付梓。蒋辉虽然是犯人，但发配到台州以后，本来就是要'每日开书籍供养'，唐仲友若是出以公心，宏扬文化，传播学术；或为本州公使库创收赢利，恐怕构不成什么罪过。问题是他用犯人，又用公款，而刻书之后却中饱私囊，这才是事物的本质。"

由此可知，唐仲友所犯之事，似乎也没有太大的问题，那朱熹为什么连续的上这么多奏章，坚决要将他扳倒，也只能由任后人解读吧。

然而，作为颇具才气的一代名妓严蕊，却未承想，在无意间卷入了一场特殊的争斗，而她险些成为这场争斗中的牺牲品。好在有这样一个故事流传下来，同时也使得她所作的三首词传于后世。如果在历史上未曾发生过朱熹坚决弹劾唐仲友之事，那么作为官妓的严蕊，她的名声以及词作，定然会消失在历史的尘埃之中。幸也，非也，事情的两面性永远如同投硬币，难知道哪一面代表着好和坏。

虽然是妓女，但严蕊不如薛涛、苏小小和柳如是等人幸运，因为后者都有遗迹留存至今，而严蕊的墓我却查不到任何的信息，只好寻找与她有关的其他历史遗迹。当年唐仲友任职的天台衙署还有遗迹可探访，而严蕊曾经在此府上跟唐仲友一起赏花填词，仅凭这一点，可以说明天台府衙也算是严蕊的作词之地，于是这里就成为了我的探访之处。

天台县我是第一次来到，此县的地理环境应属大山中的一块盆地，这里名山众多，尤其以天台山最具名气，它是中国佛教本土建立的第一个宗派——天台宗的祖庭及其发源地，而这里还是宋代著名奸臣贾似道的故乡，看来好风水并不能辨忠奸。

昨天下午乘大巴车来到了天台县，当晚做一下休整，细查了本地的寻访目标，同时在吃饭的间歇查看了四周的地理环境，今天一早租上一辆出租车就直奔天台县衙。而今天台县衙遗址也成为了文保单位，我在这一带首先看到了一块文保牌，上面写着"天台县府大堂"，然而这块文保牌上用括号写着"民国"二字，看来作为天台县文物保护单位的县府大堂只是一处民国建筑。

这个结果当然不能令我满意，好在当我转到文保牌的背面时，看到上面所写，才让我失落的心情转忧为喜："现存县府大堂、后堂、厢房，为民国二十一年（1932）重建。自宋代有明确记载以来，一直设衙于此，是天台历代的政治中心，且是浙江省现存古代衙署建筑的孤例，具有极高的历史价值。"

由这段话可知，从宋代以来，衙署一直设于此处，而在其他地方，县衙几经搬迁，早已难

△ 天台县衙从宋代以来直到民国二十一年，没有换过地方

△ 文保牌上标明这里就是当年的县衙大堂

寻旧址,没想到这里却有着近千年不移址的好习惯。

可惜这个好习惯到今天有了转变,因为我在这处老建筑的门前看到了三块招牌,虽然有着脚手架和扬灰带的遮挡,但我依然能够从上面的字迹得出结论,当地的政府已经迁址他处。但不管怎么说,当年严蕊的填词之处,就是在这块土地之上,仅凭此点,已然令我大感欣慰。

这处民国建筑从外观看,建造得颇为典雅,虽然地处山区,其建筑风格却一点都不落伍,从外观原有的装饰看,门券上的纹饰有着那个时代最为时髦的欧式图案,而更为难得的是,这些石雕件直到今日都没有太多的破损痕迹,不知道它何以能够逃脱"破四旧"风暴。

有意思的是,这块刻意保留下来的民国建筑,却在其门前修建起了颇具现代意味的商业街区,这条街区的建造风格跟全国各地兴

△ 欧式风格的装饰条依然完好

△ 天台县衙今况

起的商业步行街大同小异，只是没有大城市的规模与长度，而同样在这里也没有看到像上海南京路步行街的那种熙熙攘攘，可能是我来的不是时候，而今这条街道有着难得的清静。

　　这种古今的结合也颇有趣味，因为在这条颇具商业味的现代街区尽头就是保留下来的历史遗迹。这两者之间没有过渡带，形成视觉上的巨大反差。这也让我更改了一种观念：风格的冲突也是一种美，不知道美学家们是否赞同我的这个谬论。但我觉得，当今流行的穿越概念，放到这里却足以能够满足人们部分实施的欲望。当然，我来到这里不是为了穿越，而是为了寻找严蕊的遗迹。

　　不巧的是，这处老建筑正处在维修的施工过程中，故而未对外开放。这样的结果是寻访过程中最不愿意看到的现实，然而不远千里的来到这大山之中，总不能因为维修就轻言放弃，于是就围着这处老建筑四处寻找突破口。果真在一个侧面看到了一个入口处。

这个入口应该是老县衙的侧门，如今成了施工人员的出入口，这个出入口上安装了一扇大铁门，幸运的是这个铁门敞开着，并且我没有看到门卫，而在侧门旁则挂着两块牌子，一是县地方志办公室，二是劳动路建设指挥部，这块牌子应该指的就是商业街的规划处吧。如此看来，商业街的建造方式以及老县衙的保护是作为一个整体布局予以考量着，这又让我想到了视觉冲突，不知道这算不算是吾道不孤，至少说明该工程的总设计师是有意制造这种视觉上的反差。

我小心地从这里走入院内，看到里面也同样是满布脚手架，并且有几位施工人员正在作业，他们看到我见怪不怪的继续着自己手中的操作，这种淡定让我胆子大了起来，于是在里面的回廊内来回走动，寻找着可拍摄之处。其实我心中依然在寻找着跟严蕊有关的各类遗迹，依我的想象，严蕊虽然是妓女，但某种程度上因为她才使得那么多文人津津乐道于这样一段史实。我想，近千年来的掌县衙者，必然会熟知这个故事，他们总会在某场风雅会上填词作赋来歌咏吧，说不定哪位好事者还会将此刻为碑石而流传至今呢！

△ 可惜这块碑跟严蕊无关

果真没让我失望，我真的看到了一块碑刻，我料定这跟严蕊有关，于是立即上前细看碑文。该碑名为"去思碑"，碑文的落款竟然是"民国三十年"，但我还是

希望文中能够提到严蕊。细读之下,原来与严蕊毫无关系,我的失落可想而知,于是继续在院内寻找,竟然未曾找到任何与之有关的文字,我真恨不得效仿中国游客到全世界都会刻划"某某到此一游"的恶习,在某个墙上刻上一句"严蕊到此一游",可惜这个伟大的设想我未敢实施。

陈子龙：只是你年年芳草，依旧江山如许

严迪昌所撰《清词史》，其第一编第一章为《云间词派及其余韵流响》，即此可知，云间词派为清代词史中极其重要的派别。对于云间词派的地位和价值，历史上有两种不同的看法，清吴衡照在《莲子居词话》中说："论词于明并不逮元金，遑言两宋哉？盖明词无专门名家，一二才人如杨用修、王元美、汤义仍辈，皆以传奇手为之，宜乎词之不振也。其患在好尽，而字面往往混入曲子，去两宋蕴藉之旨远矣。"

吴衡照的这句话代表一派的观点，他认为明词没有名家，因为明代的词人往往区别不出词和曲。这里虽然说的是明词，但由于云间派实为明末清初的文学派别，故而不仅论述明词时会提到这个派别，而谈论清词时仍然会涉及之，云间词派应该算是明词的最后一个派别，同时又是清词的第一个派别。因此，吴衡照在论述明词时会提到云间词派，但他对该派的评价很低。而台湾学者郑骞在《论词衰于明曲衰于清》一文中甚至直率地称："明词差不多就不能成为文学史上的名词。"

虽然如此，但云间词派作为明末的最后一个词派，还是受到了后世很多学者的关注，刘勇刚在其专著《云间派文学研究》一书中说："明末左右词坛风气的流派当首推云间词派"、"云间词派作为明清易代之际的最大流派，在词人群体、词学思想上都有其整体的建构"。

对于该派的主要成员，刘勇刚在该专著中又称："云间词派以陈子龙为首，宋徵璧、李雯、宋徵舆等均为干将，薪火相传，羽翼甚多。"

由此可知，云间词派的领军人物就是陈子龙。虽然后世学者对云间学派评价不一，然对陈子龙本人在词作上的水准却基本持肯定的态度，比如王士禛、邹祗谟所选《倚声初集》的评语中有这样一段话："词至云间《幽兰》《湘真》诸集，言内意外，已无遗意。柴虎臣所云华亭肠断，宋玉销魂。"

这段评语中的"湘真"二字，指的就是陈子龙晚年的词集《湘真歌词》。对于陈子龙词作的单独评价，王士禛在《花草蒙拾》中又称："大樽诸词，神韵天然，风味不尽，如瑶台仙子独立。而《湘真》一刻，晚年所作，寄意更绵邈凄恻。"这段话中所说的"大樽"，指的就是陈子龙。

而对于陈子龙的词作，评价最高的一句话，则是出自谭献的《复堂日记》："有明以来，词家断推《湘真》第一，《饮水》次之……蒋京少选《瑶华集》，兼及'云间三子'。周稚圭有言：成容若、欧晏之流，未足以当李重光。然则重光后身唯卧子足以当之……词自南宋之季几成绝响。元之张仲举，稍存比兴。明则卧子直接唐人，为天才。"

谭献说，明清的词作普遍

△ 陈子龙、李雯辑《皇明诗选》十三卷，明崇祯十六年刻本，卷首

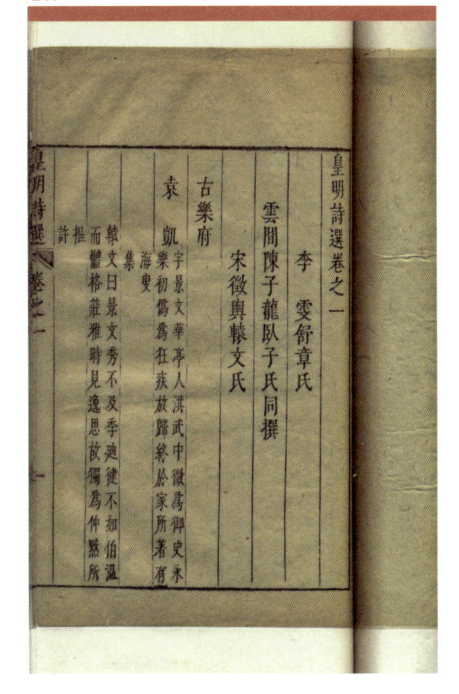

公认为陈子龙的水平最高,而名气极大的纳兰性德,在陈子龙面前也只能屈居第二。而后谭献又在文中引用了清代词人周稚圭的说法,周把纳兰性德比喻成宋代词人欧阳修和晏殊,并同时称,南宋李煜之后只有陈子龙能够接续得上,故其认为,陈子龙的词作风格可以直接跨越过两宋接续南唐。

周稚圭的这个说法准确地概括了云间词派所追求的词风,而作为该派代表人物的陈子龙,也曾在文中做过明确的表示,陈子龙在《幽兰草·题词》中有过一段对词史的重要评价,我选摘其中一段如下:"晚唐语多俊巧而意鲜深至,比之于诗,犹齐梁对偶之开律也。自金陵二主以至靖康,代有作者,或秾纤婉丽,极哀艳之情;或流畅淡逸,穷盼倩之趣。然皆境由情生,辞随意启,天机偶发,元音自成,繁促之中尚存高浑,斯为最盛也。南渡以还,此声遂渺。寄慨者亢率而近于伧武,谐俗者鄙浅而入于优伶,以视周、李诸君,即有彼都人士之叹。元滥填词,兹无论焉。明兴以来,才人辈出,文宗两汉,诗俪开元,独斯小道,有惭宋辙。"

陈子龙在这里夸赞了南唐二主李璟和李煜的词作,他认为,到了北宋,虽然词风有了微妙的变化但依然可观,然而到了南宋,词作的水准就衰落了下来。而后,陈子龙又谈到了元词和明词,他认为元代的诗还不错,但词就比两宋差得远。虽然他认为词只是"小道",但也觉得应当担起重任,来重新振起在明代衰落的词风。他的这段论述被严迪昌称为:"这是云间词派具有纲领性的一篇词学论文,也是词学理论史上很可珍贵的文献之一。"

但云间词派否定两宋,尤其是北宋的词风,这跟正统的词学观念有了较大的差异。一般认为,词到了南宋才达到顶峰,而云间词派的眼光却跨越了这个高峰,直奔南唐,比如云间派词人宋徵璧在《倡和词余序》中说:"吾于宋词得七人焉,曰永叔秀逸,子瞻放诞,少游清华,子野娟洁,方回鲜清,小山聪俊,易安妍婉。……词至南宋而繁,亦至南宋而敝。"

宋在这里认为,宋代词人仅有七位可观者,而后他给这七位大词人每人一句评价。接下来他又说,词到了南宋,无论是词家还是作品,最为丰富,但词作水平也由此时开始衰落。宋徵璧所点出的七位宋代词人均为北宋,而南宋词人,一位也未纳入他的视野之内,而这也正是云间词派的普遍观念。

这种观念到了陈子龙的再传弟子沈亿年那里,依然坚持着本派的宗旨,沈在《支机集·凡例》中说:"五季尤有唐风,入宋便开元曲,故专意小令,冀复古音,屏去宋调,庶防流失。"

沈认为,读词只能是唐之前,入宋之后就变成了曲,所以要恢复词的真正面目,就必须抛弃宋词的风格。在他这里,将南宋、北宋之词一并否定,这样的做法遭到了王士禛的反驳,王在《花草蒙拾》中说:"仆谓此论虽高,殊属孟浪。废宋词而宗唐,废唐诗而宗汉魏,废唐宋大家之文而宗秦汉,然则古今文章,一画足矣,不必三坟八索,至六经三史,不几几赘疣乎?"

王认为,这种评价只是唱高调,但完全不适用,因为按照这种思路,历史的经典便变得虚无。也正因如此,王国维对云间词派评价不高,他在《人间词话》中说:"唐五代北宋之词,可谓生香真色。若云间诸公,则彩花耳。湘真且然,况其次也者乎?"

然而我却得到了一册王国维亲手抄录的《湘真阁词》,他抄录该词,一是因为《湘真阁词》的刻本流传极其稀见;二者,陈子龙的词作也算明词中的上品,如果把陈子龙的词作水平跟两宋南唐相比,显然有着较大的差距,但放在明清两代,《湘真阁词》其实有着足够高的水准。如此推论起来,王国维的这段不高的评语应当是针对谭献等人对陈子龙的过高夸赞吧。

△ 陈子龙、李雯辑《皇明诗选》十三卷，明崇祯十六年刻本，陈子龙序二

陈子龙是明末清初的著名人物，除了他在诗词上的贡献，更为重要者，他被视为明代英烈。陈子龙在明崇祯二年与多位文人共同组成了"几社"，此社的宗旨是复兴古学，以此来改变社会上普遍流传的浮夸文风。他在崇祯十年考中了进士，甲申之变后，他到南明任职，等到弘光政权被灭后，他继续着抗清的事业。在清顺治四年，陈子龙被清人逮捕，而后在押运途中，他投河自杀。

陈子龙有着强烈的民族气节，但他同时又是位缠绵悱恻的词人，而这个特点也正是他的词风所在，尤其他跟柳如是之间的爱情故事最受后世所称道。

明崇祯五年，陈子龙结识了名妓柳如是。也有的文献说，他们是崇祯六年相识的，而那时柳如是仅 15 岁。二人一见钟情，但此时陈子龙虽然年纪在 25 岁左右，但已经有了一妻三妾，故其妻不能再容纳柳如是，其理由主要是柳的妓女出身。他们之间的曲折故事，

陈寅恪在《柳如是别传》中有着详细的叙述。总之，因为陈妻的哭闹以及当时某官员的干涉，使得二人最终分手。几年之后，柳如是嫁给了钱谦益。

据说柳如是一直怀念着陈子龙，而陈也对这份感情无法忘怀，并为此写了不少的诗词。而陈、柳在同居阶段，二人也多有词作进行唱和，用刘勇刚的说法则是："两人以词为媒，互通款曲。"例如陈子龙写过一首《少年游·春情》：

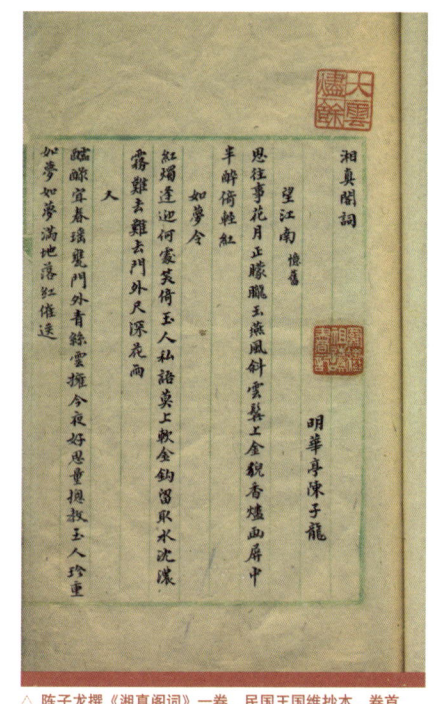

△ 陈子龙撰《湘真阁词》一卷，民国王国维抄本，卷首

满庭清露浸花明，携手月中行。玉枕寒深，冰绡香浅，无计与多情。

奈他先滴离时泪，禁得梦难成。半饷欢娱，几分憔悴，重叠到三更。

这首词把两人的情感写得十分得细腻，刘勇刚认为该词大约作于崇祯八年春前后。对于这首词，邹祗谟评价说："词不极情者，未能臻妙如此，朦胧宕折，应称独绝。"（龙榆生《近三百年名家词选》引）而刘勇刚的评价则更为形象："月下携手——床上欢爱——别后相思，像一篇微型恋爱小说。"

对于陈、柳二人的唱和之词，刘勇刚在《云间派文学研究》中做了如下的引用，比如《浣溪纱·五更》：

陈子龙：

半枕寒轻泪暗流，愁时如梦梦时愁。角声初到小红楼。

风动残灯摇绣幕，花笼微月淡帘钩。陡然旧恨上心头。

柳如是：

金猊春守帘儿暗，一点旧魂飞不起。几分影梦难飘断。

醒时恼见小红楼，朦胧更怕青青岸。薇风涨满花阶院。

而另一组所引则为《踏莎行·寄书》：

陈子龙：

无限心苗，鸾笺半截。写成亲衬胸前折。临行简点泪痕多，重题小字三声咽。

两地魂销，一分难说。也须暗里思清切。归来认取断肠人，开缄应见红文灭。

柳如是：

花痕月片，愁头恨尾。临书已是无多泪。写成忽被巧风吹，巧风吹碎人儿意。

半帘灯焰，还如梦水。销魂照个人来矣。开时须索十分思，缘他小梦难寻视。

而柳如是也写过不少怀念陈子龙的词，最著名的一组则是《梦江南·怀人》，这组联章体的诗总计有二十首之多，我引用前三首如下：

其一：

人去也，人去凤城西。细雨湿将红袖意，新芜深与翠眉低。蝴蝶最迷离。

其二：

人去也，人去鹭鹚洲。菡萏结为翡翠恨，柳丝飞上钿筝愁。罗幕早惊秋。

其三：

人去也，人去画楼中。不是尾涎人散漫，何须红粉玉玲珑。端有夜来风。

这二十首联章体之作，均是她与陈子龙分手后所写，这里面写到了她对陈子龙的依恋、分手的痛苦以及分别后的思念等等。同样，陈子龙也思念着柳如是。二人分手后，陈子龙写了多首怀念的词作，比如《桃源忆故人·南楼雨暮》：

小楼极望连平楚。帘卷一帆南浦。试问晚风吹去。狼籍春何处。相思此路无从数。毕竟天涯几许。莫听娇莺私语。怨尽梨花雨。

陈子龙早期的词集名为《幽兰草》，该集所收为明亡以前的作品，计有五十五首。严迪昌认为《幽兰草》的总体词风为："词的妍丽婉委风格倾向是鲜明的。词题大抵不出'春雨'、'春风'、'春晓'、'春绣'或'画眉'、'游丝'、'杨花'以至'闺怨'、'美人'等。"但同时，严迪昌也指出陈子龙写的这类风花雪月之词"不等于全属情意绮靡纤仄之作，其中有颇具寄托的"，而后举出了陈所作的《菩萨蛮·春雨》：

廉纤暗锁金塘曲,声声滴碎平芜绿。无语欲摧红,断肠芳草中。

几分消梦影,数点胭脂冷。何处望春归?空林莺暮啼。

明亡之后,陈子龙全身心地投入到了抗清的斗争之中,他的词风也大为转变,比如他所作的一首《浪淘沙·感旧》:

清浅木兰舟。春思悠悠。暮云凝碧旧妆楼。当日华堂红蜡下,戏与藏钩。

何处问重游?好景难留。谁家花月惹人愁?总有笙歌如梦也,别样风流。

对于此词,清顾璟芳在《兰皋明词汇选》中评价说:"《湘真词》,皆申酉以后作。故令人如读《长门》篇,幽房为之掩涕。"对于该词是否作于明亡之后,余意在其专著《明代词史》中表示了疑问:"至于是否属于申酉以后作,则值得商榷。"然确定为陈子龙晚年所作者,则有如下两首,并且王沄在《续年谱》中说以下两词是先生绝笔,第一首为《唐多令·寒食》:

碧草带芳林,寒塘涨水深。五更风雨断遥岑。雨下飞花花上泪,吹不去,两难禁。

双缕绣盘金,平沙油壁侵。宫人斜外柳阴阴。回首西陵松柏路,肠断也,结同心。

而另一首则为《二郎神·清明感旧》:

韶光有几？催遍莺歌燕舞。酝酿一番春，秾李夭桃娇妒。东君无主。多少红颜天上落，总添了数抔黄土。最恨是年年芳草，不管江山如许。

何处？当年此日，柳堤花墅。内家妆，搴帷生一笑，驰宝马汉家陵墓。玉雁金鱼谁借问？空令我伤今吊古。叹绣岭宫前，野老吞声，漫天风雨。

对于这两首词，严迪昌在《清词史》中评价说："较之国变前的词，这些作品凄怨激楚之韵固已大异婉妍柔绵格调，而主人公的情貌也显豁得多，并非全隐蔽于比兴物象之后了。赋的手法的辅翼比兴，词风正渐见变异。惜乎广陵散绝，云间一脉经时代陶铸而成就的真正宗风，从此后继乏人矣。"

以上是陈子龙词作的早期与后期分别，其实他还有一些兼具两种风格为一体的词作，例如《诉衷情·春游》：

小桃枝下试罗裳，蝶粉斗遗香。玉轮碾平芳草，半面恼红妆。风乍暖，日初长，袅垂杨。一双舞燕，万点飞花，满地斜阳。

对于这首词，清王士禛在引用明王世贞评语的同时，也做出了自己的断语："弇州谓：'清真能作景语，不能作情语。'至大樽而情景相生，令人有后来之叹。"

对于陈子龙的词作，龙榆生给了较高的评价，他在《跋抄本湘真阁诗余》中称："卧子英年殉国，大节凛然，而所作词婉丽绵密，韵格在淮海、漱玉词，尤为当行出色，此亦事之难解者。诗人比兴之义，固不以叫嚣怒骂为能表壮节，而感染之深，原别有所在也。"

龙榆生首先点出了陈子龙在壮年为国殉节的凛然正气，同时又夸赞陈词的格调在宋代的秦观和李清照之间。龙榆生为什么对陈子龙的词作给予了如此高的评价呢？他在《近三百年名家词选后序》中道出了本意："明清易代之际，江山文藻，不无故国之思，虽音节间有未谐，而意境特胜。明季陈子龙、王夫之、屈大均诸氏，而极其致于晚清诸老，余波至于今日，犹未全绝。"

看来，龙榆生也认为陈子龙的词其实并不那么完美。然而在那特殊的风云变幻年代，这些词人能够写出特殊时代的风貌就已经难能可贵，所以并不能完全用词律来要求。而更为重要的，则是陈子龙开一代风气之先，他的词学观念影响了一些清词大家，比如谢章铤在《赌棋山庄词话》续编卷三中说："昔陈大樽以温李为宗，自吴梅村以逮王阮亭翕然从之。"

至少谢章铤认为陈子龙的词风效仿了温庭筠和李煜，而在陈子龙之后，吴梅村和王渔洋都学陈，遵奉唐五代词为正统。而龙榆生在《近三百年名家词选·陈子龙小传》中，又把陈在词史上的地位予以了这样的肯定："词学衰于明代，至子龙出，宗风大振，遂开三百年来词学中兴之盛，故持其冠斯编。"

陈子龙墓位于上海市松江区佘山镇广富林村。本程的寻访是先到上海，在上海市内访到了几处名人故居，而后在朱旗先生的安排下，由他的司机载我前往上海远郊的几个区县去探访。上G15沈海高速，行40余公里，在松江区下道，前往佘山镇广富林村。

刚出高速口，就见路边几个人举着大牌子，以为是挣带路钱者，走近才看清牌子上写着"临湖独栋降一千万"，这个降价幅度够吸引人眼球的，但转念一想，如果一栋别墅原价1亿多元，降一千万连10%都不到，倒也没有多大的优惠幅度。近两年政府强力打压房地产，想让飞涨的价格掉头向下，似乎一直收效不大，但现在卖房的广告都举到了高速口，由此说来，房产公司还是感到了阵阵凉意。

驶上莘砖公路，穿过洞泾镇，看到路边的牌子写着"洞泾"二字，马上让我想起洞泾草堂。清乾隆年间，著名的史学家王鸣盛刊刻出了他的代表作《十七史商榷》，该书的第一个刻本就是洞泾草堂刻本。我不确定他的这个堂号是否就是由此地名而得来的，如若真如我所料，倒是可以仔细查证一番，至少多一个重要的寻访目标。

前行3公里转向嘉松南路，行3公里右转驶上广富林路，前行2公里路过东华大学，再前行1公里在路的右手看到一片仿古建筑，旁边的广告牌写着"广富林文化社区"，沿此驶入，看到路边有几百人在水田中工作，下车前往打问，结果没问出来，反而得到了禁止驶入的劝告，这倒是我事先未曾料到的。来到了附近而不得入，这我哪能甘心，于是向这位阻拦之人了解原因，他告诉我说：在这里搞建筑时发现了地下文物，故现在围起来，由文物部门进行考古发掘，故而禁止外人进入。

原来如此，显然，这样的决定也有道理，毕竟是怕文物流失，

△ 考古现场分割成了许多方块

但对我而言，这倒是个优势，正巧我身上带着相关的证件，向此人出示后，终于走进了围挡之内。走近这个区域，我果真看到工地旁边竖着牌子，上书"考古现场，闲人莫进"。

展眼望去，整个现场占地几十亩，全部画成了井格式的地块，有几百人用筐挑担，一担担地往外挑泥，这是典型的考古发掘方式，面对此况，让我担忧起来：难道广富林村全部被整体迁移了？于是向几位挑泥的工作人员打问，却一问三不知，众人都说自己是从别处来的。既然如此，我决定到里面去做进一步的了解，于是沿着现场一直向内走去。

刚走出不远，迎面来一骑电动三轮者，拦下向其打问，他告诉我广富林村仍在此处的西面，并详细地告诉我走法。看来此年轻人对该村很熟悉，于是我进一步问他广富林村有古墓否，他反问我："你是来找陈子龙墓的吧？"接着一挥手："看！就在你身后的围墙里。"回头一看，果真在旁边有一圆形的白色围墙。真是遇到了明白人，

△ 陈子龙墓园

陈子龙：只是你年年芳草，依旧江山如许　　481

△ 陈子龙墓文保牌

他在我的道谢声中，又骑上那个电三轮扬尘而去。

立即前往视之，石条做的门楣上果真刻着"明陈子龙墓"五字，这么容易就找到了，这跟我的心理预期有较大的反差，总之觉得不过瘾。

陈子龙墓园的大门很是独特，两根立柱的形式很像天安门广场上的华表，大门是木栅栏式的，上着锁不能进入，门旁立着上海市文物保护的铭牌，四周的围墙每过十米还有镂空的花窗，从栅栏上挂着铁锁的锈色看，应该有不短的时间未开过院

△ 两根门柱看上去像华表

△ 墓亭

门，院门旁挂着一个说明牌，上面写着"如果前来祭拜，请打联系电话……"，下面写着电话号码。

我本想拨打这个号码，转念一想，上面明明写着是来祭拜才会给开门，而我却未带任何香烛及祭品，开门者若看到是这种情形，我岂不是找骂。思之再三，还是放弃了打电话的念头。好在木栅栏和花窗都能将照相机镜头穿过去拍照，虽然效果差强人意，但比寻访王昶故居的结果也算是好了许多。

纳兰性德：好知他、年来苦乐，与谁相倚

满人占领北京之后，经过一个时段的调整，到了康熙初年，社会渐渐安定下来，兴盛的江南文化渐渐传到了北京，作词的风气也在京城兴盛起来。当时有一位叫纳兰性德的满人，他以自己独特的性情、特殊的身份以及绝顶的聪明，自然而然地就成为了京城词坛领袖。严迪昌先生在《清词史》中评价他说："纳兰性德在清初洵是别具一副手笔，诚无愧为满洲第一大词人之称号。"

纳兰性德原名纳兰成德，后来因为回避东宫太子的名讳，改成了性德。性德的始祖本是蒙古人，原姓土默特，后来土默特消灭了纳兰部，占领了纳兰的领地，于是就以纳兰为姓。再后来，纳兰部又迁到了叶赫河岸，于是改号为叶赫国。后来该国被努尔哈赤灭掉，所以他们又统一归属了后金，而那时，纳兰的高祖金台什也成了后金的臣虏。

不久金台什家发生了转机，因为他的妹妹成为了努尔哈赤的妃子，而此妃生了个儿子就是皇太极。再后来，努尔哈赤去世后，皇太极即位，他就是后世所称的清太宗。而金台什的儿子尼亚哈，也在后金的军队中任佐领，后来尼亚哈跟随大军入关有功，被升为骑都尉。

清顺治三年，尼亚哈去世后，他的长子郑库袭此职，而郑库的第四个儿子就是明珠。明珠极其聪明，他一路升迁，到了康熙五年，做到了武英殿大学士，曾担任过刑部、兵部、吏部尚书，而后成为

了清廷中实力极大的权相,而纳兰性德正是明珠的儿子。

纳兰性德出生在这样显赫的家庭,然而却从小刻苦用功,据说他自幼读书敏异、过目不忘,并且还喜欢骑马射箭,他对诗和词也很内行,尤其对词最有偏好,10岁时就写过一首《一斛珠·元夜月蚀》。虽然如此,他还是希望通过科举来证明自己的才学。

性德在18岁时就成为了举人,转年他参加了会试,然而正准备殿试时得了寒疾,故而直到他22岁时才第二次参加会试,考取了二甲第七名,于是他成为康熙皇帝的三等侍卫,而后又逐渐晋升为一等。其实,侍卫之职跟今天首长的警卫员不太是一回事,在他那个时代,这个职务十分的荣耀,在某种程度来说,侍卫一职的权力可以跟十分重要的军机处并行。

如此显赫的家庭背景,再加上个人正统的出身,以及那十分重要的工作,这等于给性德铺就了一条仕途的青云大道。可是,不知

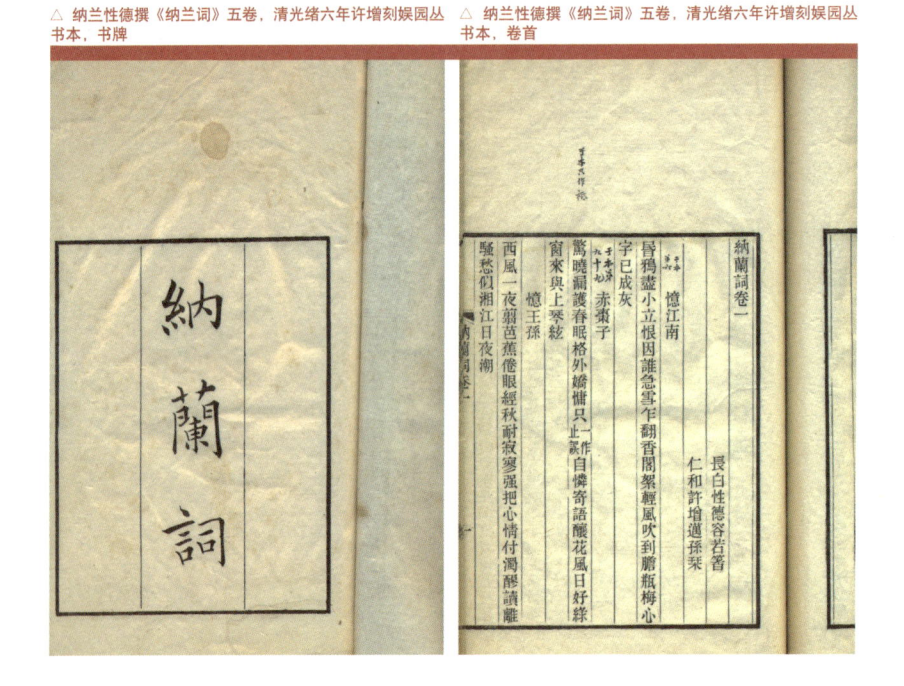

△ 纳兰性德撰《纳兰词》五卷,清光绪六年许增刻娱园丛书本,书牌

△ 纳兰性德撰《纳兰词》五卷,清光绪六年许增刻娱园丛书本,卷首

因为什么,性德对此似乎没有一丁点儿的兴趣。性德在工作期间,时常陪伴在皇帝身边,跟随着皇帝出外巡视,外人看来如此威风的事,在性德那里却以此为苦,他最喜欢做的事就是跟一帮文人们吟诗作赋。

他的这个爱好引起了后世广泛的猜测,因为那时满人刚夺得了天下,所以他们对汉人一直有着戒备,这就是所说的满汉之防。然而性德却完全没有这个概念,他跟许多的汉人名士有交往,比如顾贞观、姜宸英、严绳孙、陈维崧等等,后来他在顾贞观那里听说了吴兆骞被流放东北,还伸出援手动用各种关系,终于把吴兆骞放了回来。他的这些作为获得了清初文人广泛的赞誉。

作为正统的满人,又有着这样的家庭背景,他却如此的帮助汉人,性德的作为自然引起了很多人的揣度。有人猜测说,因为纳兰家族的部落被后金所灭,所以他不忘故国,从心底仇恨着当时的当权者。其实这样的猜测想一想都不能成立,因为他的父亲明珠已经做到了一人之下万人之上的权相,他们的家族实实在在的是满人统治的既得利益者。

还有一种猜测,有人认为纳兰性德跟汉人之间有着密切交往,其实是受到了皇帝的秘密指令,让他笼络这些著名的文人,以便监视这些人的各种行动。这样的猜测近似于阴谋论。因为满人是靠武力攻打天下,这些写诗填词的文人,根本不会对清朝的政权构成威胁。

前面提到,纳兰自小喜欢读书,而他能考中进士,也足可说明他对汉文化极其了解,而这种了解又使他的观念中融进了正统的儒学观。他参加进士考试的座师,就是著名的文人徐乾学,而徐乾学又是大儒顾炎武的外甥,也正是通过这层关系,使得他结识了顾贞观,而顾贞观又介绍他认识了不少的汉人文士。所以,纳兰跟汉人的交往,除了性格上的亲近,更多的是跟徐乾学有较大的关系。

关于纳兰性德对填词的偏好，如前所言，这是他自小的爱好之一，因为他在10岁时就开始填词，后来结识了这些文人，而他们之间大多有着填词之好，这样就渐渐形成了一个以性德为中心的文人团体，而他们相互之间的唱和也让性德在填词方面更上一层楼。清杨芳灿在《纳兰词·原序》中说："倚声之学，唯国朝为盛，文人才子，磊落间起。词坛月旦，咸推朱、陈二家为最。同时能与之角立

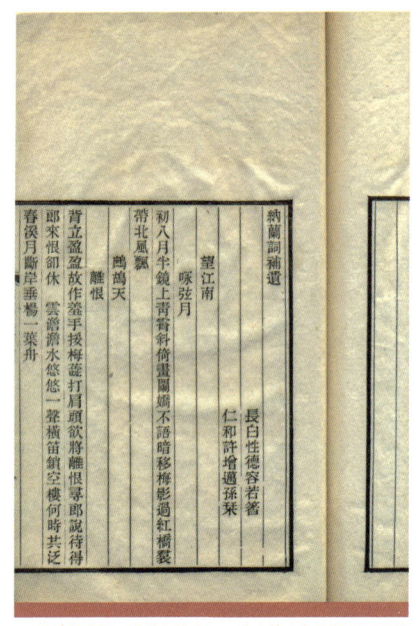

△ 纳兰性德撰《纳兰词补遗》，清光绪六年许增刻娱园丛书本，卷首

者，其惟成容若先生乎？"

看来杨芳灿认为，清初词坛最重要的词家就是朱彝尊和陈维崧，而能与这两位有一拼者，就是纳兰性德。对于性德所作之词，杨芳灿在此序中又称："今其词具在，骚情古调，侠肠俊骨，隐隐奕奕，流露于毫楮间，斯岂他人所能摹拟乎？且先生所与交游，皆词场名宿，刻羽调商，人人有集，亦正少此一种笔墨也。"

关于纳兰性德所填之词的风格，陈维崧觉得本自于李璟和李煜，"得南唐二主之遗"，而性德自己在文中也表露过他对南唐二主的推崇，其在《渌水亭杂识》中说："花间之词，如古玉器，贵重而不适用；宋词适用而少贵重。李后主兼有其美，更绕烟水迷离之致。"

性德认为《花间词》就如同一件古玉器，东西很贵重，但并不实用；而宋词则与之相反，虽然很实用，但缺乏一种贵重感。他认为，只有李煜能够两者兼之，既实用，又有贵重气。而这也正是他喜爱李

煜词作的原因，所以他的词也是尽量贴近于这类风格。

如果性德能够长寿，那他将在中国词史上做出不可估量的贡献，可惜的是，他在31岁时就突然病逝了。康熙二十四年五月下旬，性德召集梁佩兰、顾贞观、姜宸英等到他的府地聚会，七天之后，性德就突然病逝了。姜宸英在给他写的祭文中说到："夜合之花，分咏同裁。诗墨未干，花犹烂开。七日之间，至于兰摧。"

关于纳兰性德是得了怎样的疾病而身亡，史料未见记载，一种说法是他得了天花，而在那个时代，这是很严重的一种传染病。据说他去世的第二天，康熙皇帝就带着一些皇亲国戚躲到了外边。

纳兰性德确实是个天才，虽然他仅活了31岁，却刊刻出了卷数浩繁的《通志堂经解》。有人说，这部大书其实是徐乾学所编，而徐为了巴结纳兰的父亲明珠，故而把编纂者改为了纳兰性德。也有人说，这种猜测没有依据。关于这件事的真伪，在这里不展开讨论，纳兰所作之词虽然留存至今者，仅有350多首，但其中许多名篇却有着广泛的传唱，而在清代词人中，他又跟顾太清并称——"男有成容若，女有顾太清"。

△ 纳兰性德辑《通志堂经解》，一百四十种一千八百卷，清康熙十九年通志堂刻本

纳兰所作之词最受后世所关注者，是他所作的悼亡词。严迪昌在《清词史》中说："现存《饮水词》中题目明标'悼亡'的有七阕，此外，虽未标题而词情实是追思亡妇、忆念旧情的尚有三、四十篇，占纳兰性德词创作的总体的比重相当大，也是历来词人悼亡之作最多的。"

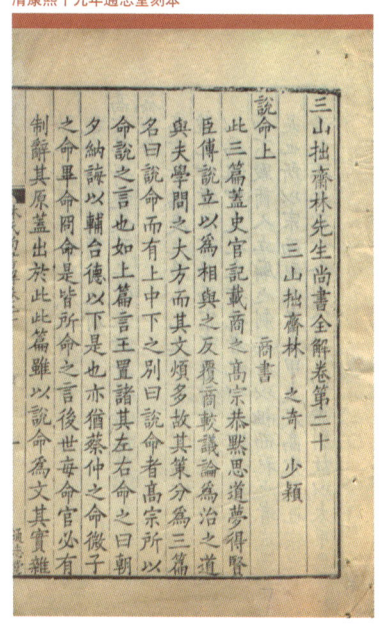

这是个有意思的总结，纳兰仅活了31岁，应该别人给他写很多悼亡词才对，然而从他留下来的词作来看，他竟然成了写悼亡词最多的一位，而这其中的原因跟他的夫人早亡有很大的关系。

康熙十六年，跟纳兰结婚三年的卢氏去世，这件事让多愁善感的纳兰受到了较大的精神打击，于是他写了多篇怀念亡妻之作，比如有一首《青衫湿遍》：

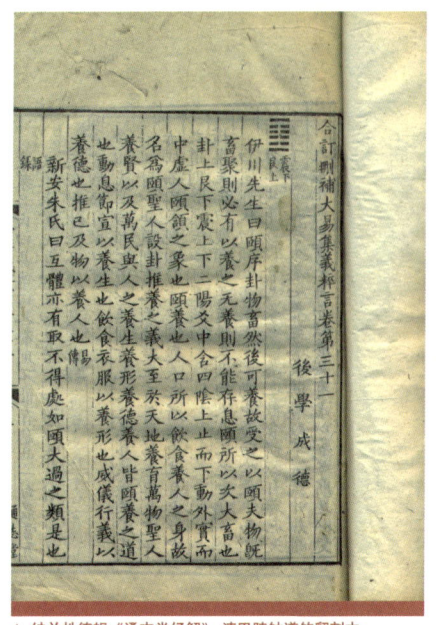

△ 纳兰性德辑《通志堂经解》，清巴陵钟谦钧翻刻本

> 青衫湿遍，凭伊慰我，忍便相忘。半月前头扶病，剪刀声、犹在银缸。忆生来、小胆怯空房。到而今、独伴梨花影，冷冥冥、尽意凄凉。愿指魂兮识路，教寻梦也回廊。
>
> 咫尺玉钩斜路，一般消受，蔓草残阳。判把长眠滴醒，和清泪、搅入椒浆。怕幽泉、还为我神伤。道书生薄命宜将息，再休耽、怨粉愁香。料得重圆密誓，难禁寸裂柔肠。

这首词的意境十分哀婉，读来如见作者正在跟他的夫人深情地对话，并且能够感受到，他对亡妻的感情并没有因时间的推延而渐淡。

康熙十九年，卢氏去世三周年时，纳兰又作了首《金缕曲·亡妇忌日有感》：

此恨何时已？滴空阶、寒更雨歇，葬花天气。三载悠悠魂梦杳，是梦久应醒矣。料也觉、人间无味。不及夜台尘土隔，冷清清、一片埋愁地。钗钿约，竟抛弃！

重泉若有双鱼寄，好知他、年来苦乐，与谁相倚？我自终宵成转侧，忍听湘弦重理？待结个、他生知己。还怕两人俱薄命，再缘悭、剩月零风里。清泪尽，纸灰起。

纳兰说，在这三年时间里，他时时在梦中看见前妻，以至于醒来时觉得人生是何等的无聊，他真盼望能够写信给身在黄泉的妻子，同时也希望妻子能在那里给他回封信，以便让他了解这三年来她在黄泉过得是苦还是乐，有没有人相伴。而每当他想起前妻，都会令自己泪流满面。

这样的词读来足以让人感受到纳兰的深情，故而他的好友顾贞观评价《纳兰词》说："容若词一种凄惋处，令人不能卒读。"

为什么对前妻有如此深情的怀念？这当然是后世研究的话题。前妻卢氏也是出身官宦之家，她的父亲卢兴祖曾任两广总督、兵部右侍郎等，这也是名门望族之女，故而纳兰与卢氏在婚前不太可能有密切的交往。然而从纳兰早年所作之词中，可看出早在婚前他就与一名少女有着密切的交往，比如纳兰所作的一首《如梦令》：

正是辘轳金井，满砌落花红冷。蓦地一相逢，心事眼波难定。谁省？谁省？从此簟纹灯影。

看来，在某个地方不经意间的偶遇，让他二人都心神不定。而纳兰作的一首《减字木兰花》，则更能说明两人已经有了幽会：

相逢不语，一朵芙蓉著秋雨。小晕红潮，斜溜鬟心只凤翘。待将低唤，直为凝情恐人见。欲诉幽怀，转过回廊叩玉钗。

纳兰还作过一首《调笑令》：

明月，明月，曾照个人离别。玉壶红泪相偎，还似当年夜来。来夜，来夜，肯把清辉重借？！

显然，这首词写的是两人在某个晚上相见之后不愿分离。

跟纳兰幽会的这位少女，基本上不可能是他的亡妻卢氏，那这会是谁呢？后世当然有了一系列的猜测，刘德鸿在《官氏与沈宛》一文中做了细致的推论，他说纳兰性德除了卢氏之外，另外还有几个女人，一是续弦官氏，二是侧室颜氏，另外还有一位被刘德鸿称为"婚外恋人"的沈宛。

沈宛本是吴兴人，也喜欢写词，她有词集名《选梦词》。而沈宛一直在江南，纳兰却在北京，他二人怎样相识的呢？说法之一，是纳兰曾跟康熙皇帝南巡，而正是在江南时，纳兰结识了沈宛。

因为纳兰去世得早，所以他仅伴随康熙帝去过一次江南，但刘德鸿分析，他们二人的相识不是在这唯一的一次南巡过程中。从纳兰所作词上来看，这两者在时间上不符。刘德鸿在文中首先查证了《康熙起居注》上的记载，玄烨是在康熙二十三年九月二十八日离京，在十月下旬到达了江南，而此时已经是深秋入冬的季节，可是纳兰所作的一首《梦江南》却写的是春天的景色：

江南好，怀古意谁传？燕子矶头红蓼月，乌衣巷口绿杨烟。风景忆当年。

词中说到的"燕子矶"处在南京东北方向的长江边，所以这首词写的确实是江南。而这里还写到了他在燕子矶旁看到月光下盛开的水蓼。刘德鸿说，这个季节没有蓼花。而有这样矛盾的诗还有一首《忆江南》：

春去也，人在画楼东。芳草绿黏天一角，落花红沁水三弓。好景谁与共？

首句即说"春去也"，春去之后，当然就是夏天，所以刘德鸿做出的小结是："结论只能是纳兰性德除扈驾南巡外，还有江南之行，时令是夏天。"

然而相关的资料记载，纳兰性德一生中仅去过一次江南，并且已是深秋入冬的季节，那么，他的这些描写江南夏天的词是怎么写出来的呢？刘德鸿认为只有一种可能，那就是纳兰还偷偷摸摸地自己跑到过江南，而前去的目的，就是为了见沈宛。

既然纳兰喜欢沈宛，将其纳妾就可以了，为什么还要如此的偷偷摸摸？这当然跟清初的政策有很大的关系。按照那时的规定，满汉不可以通婚，而沈宛是汉人，纳兰作为皇帝身边的近臣，他当然不敢违反这样的规定，于是他只能偷着前往江南去见沈宛，而他二人之间的牵线人就是顾贞观。

如此一说，这就有了问题，因为前面提到了纳兰对亡妻卢氏一往情深，既然如此，为什么还发生这样的事情呢？显然，这就是人性的复杂。但他为什么喜欢沈宛呢？刘德鸿在文中做了这样的推论："性德久闻沈宛才名，被她情致独具、细腻委婉的词作所吸引，而今见她姿容秀美，仪态万方，更加产生好感。沈宛早就听说性德锦心绣口，妙笔生花，为情深意长、词香语艳的《饮水词》所陶醉，如今看到'楞伽山人貌姣好',言谈举止温文尔雅,更是动情。他们一见如故,两心相悦,两人都有一种前世已相遇、今生又重逢的感觉,很快就堕入情网,海誓山盟,并且在江南同居了。"

而这种推理的证据之一则是纳兰所作的一首《菩萨蛮》:

> 惜春春去惊新燠,粉融轻汗红绵扑。妆罢只思眠,江南四月天。
> 绿阴帘半揭,此景清幽绝。竹度竹林风,单衫杏子红。

在这首词的后面,刘文写到:"笔者以为这是纳兰性德在江南与沈宛相会的写照。时间是四月,地点是江南,在绿树成荫、竹林度风的清静幽雅环境中,性德见到了沈宛。"

以上都是用纳兰的词来做推论,那沈宛是怎样的心态呢?刘文中接着说:"而沈宛后来写的'忆旧'词,则说明他们已经同居。"

文中举出的例子就是沈宛所写的一首《菩萨蛮·忆旧》:

> 雁书蝶梦皆成杳,月户云窗人悄悄。记得画楼东,归骢系月中。
> 醒来灯未灭,心事和谁说。只有旧罗裳,偷沾泪两行。

然而这对情人一北一南,见面当然不容易,故而纳兰就曾以沈宛的口吻写了一首《木兰花令·拟古决绝词》:

> 人生若只如初见,何事秋风悲画扇?等闲变却故人心,却道故人心易变!
> 骊山语罢清宵半,泪雨零铃终不怨。何如薄幸锦衣郎,比翼连枝当日愿。

这首词所表达的是，沈宛责怪纳兰变了心，以此来证二人相见的不容易。

对于刘德鸿在该文上的推论，冯统一先生认为不太可能，冯在《管窥蠡测说纳兰》一文中称："纳兰性德是八旗子弟。清制满洲八旗一直保持军事驻防制度，旗籍人除在外做官或驻防和奉派外，不得擅离驻地。此一制度一直延续到清末。即使闲散旗人，出京也必须拿出理由向旗主求假，何况身为内廷侍卫的纳兰性德更多一重职司上的束缚。不奉诏命而私行江南纳妾，事实上是不可能的。"

这种推论也有些道理，纳兰既然是皇帝的贴身侍卫，他偷偷摸摸地跑江南一趟，这恐怕不太现实，毕竟那时既无飞机也无高铁，往返一趟，最快也要几十天。他去一趟江南，也不可能见一面就往回跑。如此说来，他的一趟往返会占更长的时间。这样的话，皇帝问起来，如何交待呢？

△ 《增修东莱书说》三十五卷首一卷，清康熙十九年通志堂刻通志堂经解本，纳兰性德序一

△ 《增修东莱书说》三十五卷首一卷，清康熙十九年通志堂刻通志堂经解本，纳兰性德尾题

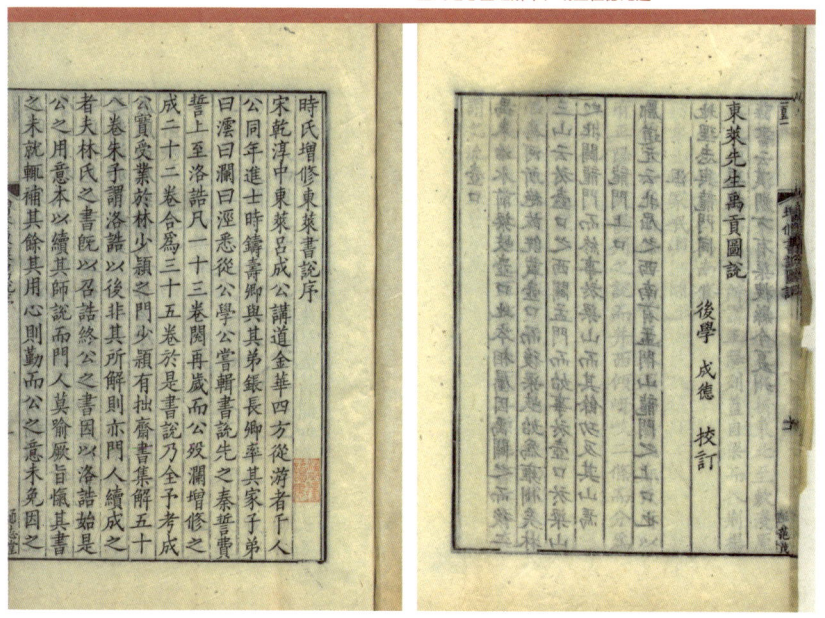

但是，纳兰也确实有沈宛这么一个女人，比如徐树敏、钱岳编的《众香词》中说："沈宛，字御蝉，乌程人，适长白进士容若，甫一年有子，得母教《选梦词》。"

此话说得十分明白，沈宛不但跟了纳兰，同时还给纳兰生了个儿子，而该书的编者徐树敏正是纳兰的座师徐乾学之子，他很可能是从父亲那里听到的这个消息。而徐树敏的哥哥徐树岩，本就是纳兰的好友，纳兰曾写过了首《雨中花·送徐艺初归昆山》，此词就是送给徐树岩的。如此推论起来，徐树敏所说的以上那句话，应该是比较可靠。

既然如此，纳兰又不能娶沈宛，同时又没有空到江南去跟沈幽会，那他们怎么交往呢？按照赵秀亭先生的考证，二人的相识确实是顾贞观所介绍，只是地点不在江南，而是在北京。这样的说法就将以上的矛盾迎刃而解了。

纳兰除了沈宛之外，还有没有其他女人呢？《海沤闲话》中载有这样一段话："纳兰眷一女，绝色也，有婚姻之约。旋此女入宫，顿成陌路。容若愁思郁结，誓必一见，了此宿因。会遭国丧，喇嘛每日应入宫嗥经，容若贿通喇嘛，披袈裟，居然入宫，果得一见彼妹，而宫禁森严，竟如汉武帝重见李夫人故事，始终无由通一词，怅然而去。"

纳兰喜欢着一位绝色美女，但因故他不能娶此女，后来该女入宫，这就断了纳兰的念想，但纳兰仍然思念此女，希望能再次见面。后来赶上国丧，喇嘛每天要入宫念经，于是纳兰就买通喇嘛，而后他也披上袈裟化妆成喇嘛混进宫内，果真在里面见到了这位美女。可惜的是，宫内管理得很严格，他只能看看，连说话的机会都没有。

这段话读来，也就是个单相思，毕竟企图未果，但也足证纳兰情感丰富，这也正是他能够写出那么多美词的原因。也正因如此，他被传说为《红楼梦》里的贾宝玉，而这种说法也并非空穴来风，清赵烈文在《能静居笔记》中说："谒宋于庭丈翔凤于葑溪精舍，于翁言：'曹雪芹《红楼梦》，高庙末年，和珅以呈上，然不知所指。高庙阅而然之，曰：此盖为明珠家作也。'"

赵烈文说他某天见到了宋翔凤，正是宋告诉他，在乾隆皇帝晚年，和珅把《红楼梦》呈给皇帝看，乾隆看后说《红楼梦》里的故事其实讲的都是明珠家的事。既然乾隆说《红楼梦》讲的是明珠家的故事，想来也并非是捕风捉影。

如此推论起来，明珠应该是《红楼梦》中的贾政，他的儿子纳兰性德也只能是宝玉了。更何况，纳兰性德跟曹雪芹的祖父曹寅，原本就在宫中的同一个部门任职，二人关系当然很熟。这样说来，把纳兰性德比喻成贾宝玉的原型，倒也是颇为贴切。

可惜这样一位才气冲天的词人居然早逝，这个结果让很多人都很感叹，顾贞观在《答秋田书》中说到："吾友容若，其门地才华直越晏小山而上之，欲尽招海内词人，毕出其奇，远方骎骎，渐有应者。而天夺之年，未几辄风流云散。"

看来，纳兰希望能把天下有名的词人都召集在一起，而后在词作上做出新的开拓。可惜的是，上天没有给他这个机会，他的去世使得清初这个重要的文人团体，迅速地就烟消云散了。然而，他的词作却让他的名声广泛地传唱于后世，比如日本学者中田勇次郎在《论词人纳兰性德》一文中总结到："之所以说他的词是词人的词，是素描的词，是如南唐二主血泪的词，以至包涵极大的忧愁和深沉的情爱，都因为他生来具有纯真的性情，才表现出这样率直真切之情来。正因为如此，他才成为清初许多词人中最杰出的词人。他虽然是一位薄命的词人，但是，他那种真切的词必将永远感染着许多词人的心，他的《饮水词》直到今天仍然并且将永久具有不朽的生

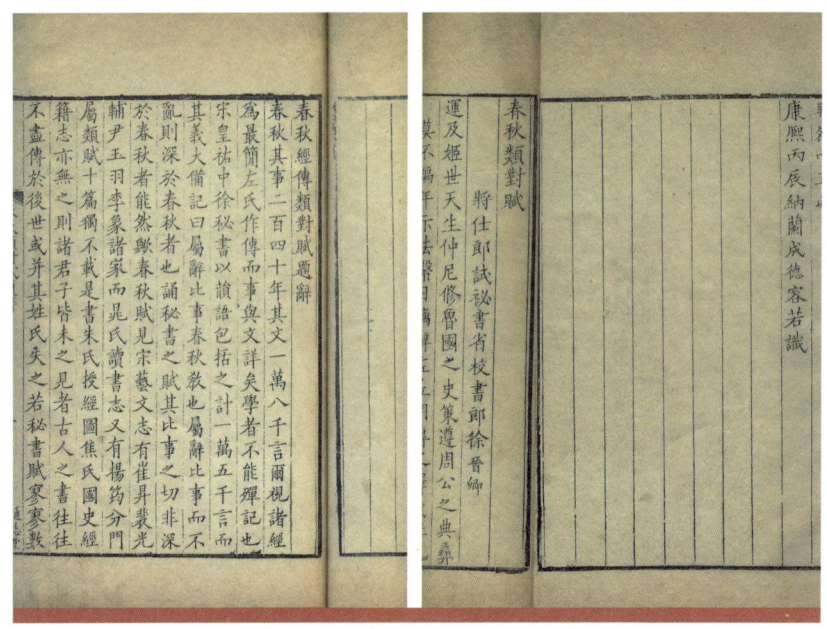

△ 《春秋类对赋》一卷，清康熙十九年刻通志堂经解本，纳兰性德序一

△ 《春秋类对赋》一卷，清康熙十九年刻通志堂经解本，纳兰性德序二

命力！"

纳兰性德去世后葬在了其家族墓地中。纳兰家族墓地在北京市海淀区上庄镇皂家屯村，实际地点在海淀区的最北端，距北五环约二十余公里。驱车前往寻找，到皂家屯村打问纳兰性德墓，问过几位均称不知此事。在桥边见一老者，问纳兰家族墓地所在，老人闻听我找纳兰墓，张口就笑了："你算问着人了，这两座墓早就平毁了，当时我还参与平坟的事儿呢。"

我向其询问是何时平掉的纳兰家族墓地，又是什么原因，老人说是七十年代中期的事情，因为这片墓地在文革中实际已经砸毁成了一片荒地，当年平坟是为了把这片荒地改成耕地，所以今天已看不到纳兰家族墓地的任何踪影。这个结果听来让人失望，但我觉得即便如此，我也要找到纳兰墓的遗址。

于是，我请老人上车，请他把我带到纳兰家族墓的旧址。老人同意了我的请求，他在车上向我讲解着当年清除墓地变耕地的详细过程。开行不到十分钟，在皂家屯村的西北角，老人指着一大片的庄稼地说："就在这一片"。展眼望去，只见望不到边际的麦地，不见任何的隆起痕迹，老人说："不把坟地整理成这个样子，如何耕种呢？"想一想，倒也是这么回事儿。

老人向我讲解着原来墓地的范围，以及他在墓地没有被砸前所看到的情形。我仔细听着老人的讲解，猛然想起来：搜寻信息时，有一个贴子说纳兰性德墓的旧址旁改成了一片饭馆，可是眼前所见却完全没有任何建筑的痕迹。我向老人提到了这个情况，他不屑地说："那是新建的。"

虽然如此，我还是希望老人能把我带到那片饭馆前，但不知什么原因，老人坚决不愿意去，我猜测那个开饭馆者可能跟老人有什么过节，于是我不再勉强，请他指给我前行的方向，独自开车前往。

前行之路的侧旁有一条50多米宽的河道，而道路就是沿着河边蜿蜒伸展向远方，我沿着这条路一直向前开，大概开出了五、六公里，但越走越感觉不对头，于是停车向河边的垂钓者请教，一打问，竟然走过了，于是掉头再向回开，在上庄镇翠湖水乡旅游度假区内找到了传说中的饭馆，其实这里的正式名称叫纳兰园。

找到了具体位置，方得知纳兰园就是纳兰性德纪念馆，门楣上的铭牌写着上庄村659号。门口有较大的停车场，估摸着能停百辆车，然而今日却仅有我的唯一一辆。停车场很大，但大门却像个小户人家，门额上写着"纳兰园"三个隶书大字，左读，没有书者落款，门砌成了大红色，门口放着两把藤椅，应该是守门人的专座。

站在大门口寻找工作人员，却看不到人影，于是我大声喊叫着，问售票员在哪里，没有人回应，我只好径直向院内走去。刚走进门房，就看到右手边的门房里面坐着三个人，他们正热烈地讨论着什么事情，看我站在门口，瞥了两眼，没有说话的意思。既然如此，那我就大胆地往前走。

进院所见，是一个进深很长的过道，沿着过道一路前行，两侧的建筑全是仿清式的古建，而这些仿古建筑虽然是一色的青砖青瓦，但从断碴处可看出这些青砖实际是红砖染的色，等于红心披着灰马甲。院墙的两侧悬挂着一些影印的手书词句，浏览一遍，基本都是节选的纳兰词中名句。院中的绿化倒搞得不错，只是未见丝毫的古意，院子是窄长的一条，除了墙上的诗句，看不出这个院落跟纳兰性德有什么关系。

退回到门口，径直向里面的人请教这个问题，其中有位女士，

△ 纳兰园正门

△ 院内绿化搞得不错

举止坐相应该是经理,人很热情,告诉我这个园子建了近二十年,她一直在这里负责,希望把这里搞成有名的景点。我问她这里有没有跟纳兰性德有关系的物件,她说:"当然有。旁院的纳兰性德史迹陈列馆里就有好几件,但是这个馆正在闭馆维修,你这次来了看不了,等两个月你再来一趟,这里会变得更加漂亮。"她那自豪的神态,可看得出她对这个院子真是倾注了太多的精力和情感。

△ 据说是汉代的神兽

△ 史迹陈列馆关门整修

　　陈列馆的正门对面,摆放着一个石制神兽,女经理接着称,这件石兽就是从纳兰性德家族墓搬来的:"搬的时候可费劲了,因为有好几千斤沉。"我向她献疑说这个石兽应该不是清代的制式,从体量和造型上看,至少是千年前的旧物。女经理眼前一亮:"看来你眼力不错,这可能是汉代的东西,当年也是纳兰家族从别处搬来的,你有这么好的眼力,我愿交个朋友,今后纳兰园要扩大很多倍,也希望多听到你的意见。"

郑板桥：难道天公，还钳恨口，不许长吁一两声？

郑板桥是清中期著名的书画家，同时在诗词方面也颇有造诣，对于板桥词的研究，以严迪昌先生最为深入，其在《清词史》中给郑板桥单立一节，同时把这一节放在了该专著的第二编第二章"阳羡词派的派外流响与界内新变"。在这一章中，严迪昌首先讲述了阳羡派的衰落，而后称："至此，当年陈迦陵与史惟圆、任绳隗、徐喈凤等开倡的一代雄风，在铜峰画水的阳羡风流云散，继替无人。倒是阳羡邑外，流韵余响还不时振起，如兴化的郑燮、江西铅山的蒋士铨、武进的黄景仁、娄县姚椿等，都是迦陵词风的心仪和私淑者，故称之为派外流响。"

如此说来，郑板桥不属于阳羡派词人，严先生仅称他是"派外流响"，郑板桥虽然有词作，却无法归入某一个词派。然而这并不等于板桥词不高妙，严先生在该专著中说："'扬州八怪'中的郑燮以书画名震天下，其实他的诗文词也妙绝一时；词尤'独胜'，咸以为'好于诗'。"

郑板桥的填词行为并非是一时兴起，他在《词钞自序》中说："燮作词四十年，屡改屡蹶者，不可胜数，今兹刻本，颇多仍旧，而此中之酸甜苦辣备尝而有获者亦多矣。"他的填词史竟达四十年之久，虽然这个过程也是断断续续，但有如此长的历史，也足可以说郑板桥对填词这件事是真的喜欢。那么，他的词风偏重于哪位大词人呢？郑板桥在《词钞自序》中有过这样的自我评价："少年游冶学秦柳，中年感慨学苏辛,老年淡忘学刘蒋,皆与时推移而不自知者。人亦何能逃气数也!"

看来他的四十年填词史大致可分为三个阶段:在其年轻时,喜好模仿秦观、柳永的词风;到了中年,因为心中之气不平,转而学习东坡和稼轩;到其晚年,人间世事阅尽,心态也转变为平和,故在宋人的词作中,郑板桥开始偏好刘、蒋。对于刘、蒋究竟为何人,相关注释有着不同的说法,蒋为蒋捷,这一点没有异议,而对于刘,则有刘辰翁、刘过、刘克庄不同说法,而郑板桥指的是谁,也只能让后人去猜测了。但郑觉得,人的一生,随着阅历的增加,其欣赏品味也会有着相应的变化,他认为这有如人的运数,是无法逃避的。

郑板桥固然绝顶聪明,但他填词之好也有着他人的影响。严迪昌认为板桥在作词方面的启蒙师乃是陆震。这位陆震本是一位乡塾,然其性格却有着特立独行的一面,吴宏谟在《陆仲元先生词稿序》中说:"负才气,举目皆莫能当其意。傲睨佯狂,脱略苛节,发口无匿情。"有才气而无功名之人,大多心中有不平之气,陆震也是如此,因为他所知及所识之人难有入其眼者,并且此人言谈直率,从不怕得罪他人。他在年轻时曾经补博士弟子员,但后来因为讨厌科举,故绝意仕途,虽然如此,名声却颇受当地大员所推崇,宋荦做江南巡抚时,就颇为看重陆震。

这样的性格当然会穷苦一生,陆震到晚年确实也是因贫病而逝。陆震去世后,遗稿就是靠郑板桥等弟子整理而出,由刘蔚园帮其刊刻而成。从陆震的个性来看,他的弟子郑板桥颇与之相肖,想来陆震的词风也对板桥有着较深的影响。比如陆震有一首《虞美人·郑克柔述梦》:

> 寻思百二河山壮,更陟莲峰上。那能牖下死句留,恨杀尘缘欲脱、苦无由。

故人一觉荒唐甚，娓娓殊堪听。君还有梦到秦中，我并灞桥驴背、梦俱空。

郑克柔就是郑板桥，看来在某个时刻，郑板桥跟老师讲述了自己的一个梦境，陆震对此有感，于是填了这首词。这首词写得颇为凄婉，严迪昌评价该词说："借郑燮述梦境而自吐凄凉心境，语似轻松，情实郁闷。"

相比较而言，陆震的长调颇具阳羡词风，比如他所作的一首《贺新郎·梅花岭拜明史阁部葬衣冠处》：

孤冢狐穿罅，倚西风、招魂何处，浇羹奠鲊。野老为言当日事，夜火城边相射，看肉薄、乘城都下。十万横磨刀似雪，尽狐臣、一死他何怕？气堪作，长虹挂。

至今恨泪如铅泻，此道中、衣冠犹在，音容难画。欹侧路傍松与柏，日日行人系马，况又被、樵苏尽打。只有残碑留汉字，细摩挲、不识谁题者。一半是，青苔藉。

虽然有着生活上的不如意，但陆震还是能够细心的体味生活中的点点滴滴，尤其他写的一些小令，颇受后世夸赞。比如他作的《初夏九咏》，其中之一为：

生虽贱，人号女儿红。桃靥初酣春昼睡，杏腮刚晕酒时容。还恐不如侬。

这首词乍读来难知其具体所言，而严迪昌认为此诗所咏乃是"小而圆的红萝卜"。咏叹红萝卜的词确实少见，所以严先生认为陆震的这类词"不无寄寓情意"。由此可知，陆震的词大致可分为沉郁及明快两类，而其弟子板桥也受其影响，因此严迪昌把郑板桥的词也分为两个方面："《板桥词》的'别有意趣'，大致可从两方面把握：一是锋锐辛辣，亦庄亦谐；二是快笔放言，语浅情深。"

《清词史》中举出的第一首板桥词乃是《沁园春·书怀》：

> 花亦无知，月亦无聊，酒亦无灵。把夭桃斫断，煞他风景；鹦哥煮熟，佐我杯羹。焚砚烧书，椎琴裂画，毁尽文章抹尽名。荥阳郑，有慕歌家世，乞食风情。
>
> 单寒骨相难更。笑席帽青衫太瘦生。看蓬门秋草，年年破巷；疏窗细雨，夜夜孤灯。难道天公、还钳恨口，不许长叹一两声？颠狂甚，取乌丝百幅，细写凄清。

对于板桥的词风，陈廷焯在《云韶集》卷十九中有如下评价："板桥词摆去羁缚，独树一帜，其源亦出苏、辛、刘、蒋，而更加以一百二十分恣肆，真词坛霹雳手也！"陈认为板桥词有着独特的面目，并且重复了板桥曾经的夫子自道，称其词风出于苏辛刘蒋，但又不受这些词人的约束，由此而展现出词风上的独特个性。但这样的词显然不能被雅人目为正宗，而陈廷焯也承认这一点，他在文中接着说道："板桥词，讥之者多谓不合雅正之音，此论亦是。然与其晦，毋宁显；与其低唱浅斟、不如击碎唾壶。余多读板桥词者，一以药平庸之病，一以正纤冶之失，非有私于板桥也。"

虽然陈廷焯认为板桥词不雅正，但他却以赞赏的口吻来说板桥词能够打破条条框框，这正是不平庸之处。那么板桥词的总体词风应当如何概括呢？陈廷焯用了一个"快"字："板桥词是马浩澜、施浪仙辈一剂虎狼药……板桥词，粗粗莽莽，有旋转乾坤、飞沙走石手段,在倚声中当一个'快'字。"

板桥的这首《沁园春·书怀》题目原作《恨》,其在《刘柳村册子》一文中称:"南通州李瞻云,吾年家子也。曾于成都摩诃池上听人诵予《恨》字词,至'蓬门秋草,年年破巷;疏窗细雨,夜夜孤灯',皆有赍咨涕洟之渶意。"对于该词,叶柏村在《郑板桥词浅测》中有着这样的评价:"这首词显然是未遇时的牢骚之作,它夹叙夹议,亦歌亦哭,慷慨苍凉,把自己的(其实在旧社会所有怀才不遇的知识分子)满怀怨愤毫无保留地喷薄而出。"

一个人的词风跟其个性有着较大的关联,而个性的形成又与境遇有着较为直接的关系。郑板桥的仕途并不顺利,直到五十岁才当上范县县令,个人的才能得不到抒发,当然会把不平表现在作品里面,比如他写过一首《止足》诗:"年过五十,得免孩埋。情怡虑淡,岁月方来。弹丸小邑,称是非才。日高犹卧,夜户长开。"由此可

△ 郑板桥撰《板桥词钞》,民国十四年扫叶山房石印本,书牌

△ 郑板桥撰《板桥词钞》,民国十四年扫叶山房石印本,卷首

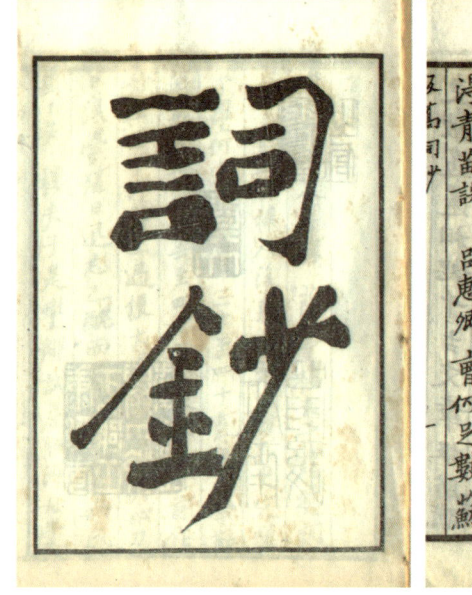

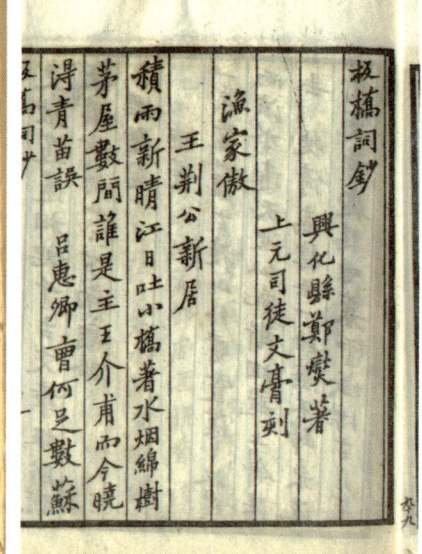

以看出他有着怎样的心态。他的这种心态当然也会表现在词作方面，例如他的一首《青玉案·宦况》：

> 十年盖破黄绸被。尽历遍、官滋味。雨过槐厅天似水，正宜泼茗，正宜开酿，又是文书累。
>
> 坐曹一片吆呼碎，衙子催人妆魂儡，束吏平情然也未？酒阑烛跋，漏寒风起，多少雄心退！

对于这首词，翟墨在《郑板桥怪在哪里》一文中予以了引用，而后又引用了曾衍东《小豆棚》卷十六中的一段评价："如板桥者，使之班清华，选玉堂，摛词绘藻，相与鼓吹休明，岂不甚善？奈何加以民社之任，颠倒于簿书鞅掌中哉！呜呼！造物生才不偶，有才者不能见用，用矣又违其才，均可惜也！"

郑板桥的不平之气有很多都发泄在了词作里面，比如他作了七首《瑞鹤仙》，其中第七首为《帝王家》：

> 山河同敞屣，羡废子传贤，陶唐妙理。禹汤无算计，把乾坤重担，儿孙挑起。千祀万祀，淘多少英雄闲气。到如今故纸纷纷，何限秦头楚尾。
>
> 休倚，几家宦寺，几遍藩王，几回戚里。东扶西倒，偏重处，成乖戾。待他年一片宫墙瓦砾，荷叶乱翻秋水。剩野人破舫斜阳，闲收菰米。

严迪昌将这首词誉之为"词史上的奇作"，而叶柏村先生则在《郑板桥词浅测》中作出了这样的具体分析："这首词，论思想，倒也并不新鲜，元代邓牧的《君道》、清初黄宗羲的《原君》，早已表述过这种思想,而且论点更鲜明,内容更丰富,语言更锐利。值得一提的是,板桥能用篇幅短小、格律精严的词的形式来概括这种似乎只有散文才能表述的深刻的思想,却是难能可贵的,因此,它还是会给人一定程度的新鲜感的。再说,结拍'剩野人破舫斜阳,闲收菰米',创造了一种引人遐想的苍茫意境,也不失词家本色。"

感慨个人境遇之作,郑板桥还写过一首《唐多令·思归》:

绝塞雁行天,东吴鸭嘴船,走词场三十余年。少不如人今老矣,双白鬓,有谁怜?

官舍冷无烟,江南薄有田,买青山不用青钱。茅屋数间犹好在,秋水外,夕阳边。

在这里郑板桥道出了自己不被重用的愤懑,同时也有了不如归

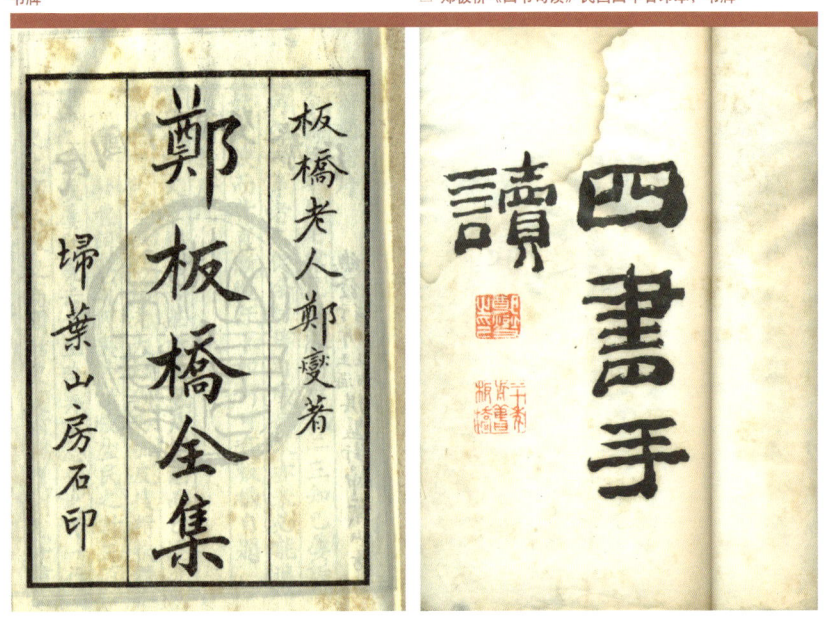

△ 郑板桥撰《郑板桥全集》,民国十四年扫叶山房石印本,书牌

△ 郑板桥《四书句读》民国四年石印本,书牌

去的心境，他的乐土是哪里呢？板桥是兴化人，而兴化属于扬州，这自然也有着扬州梦吧，这样的心态，可由《满江红·思家》而窥得：

　　我梦扬州，便想到扬州梦我。第一是隋堤绿柳，不堪烟锁。潮打三更瓜步月，雨荒十里红桥火。更红鲜冷淡不成园，樱桃颗。
　　何日向，江村躲；何日上，江楼卧。有诗人某某，酒人个个。花径不无新点缀，沙鸥颇有闲功课。将白头供作折腰人，将毋左！

　　板桥此类风格的词作颇有元曲的味道，又能直露地表达出自己不平的心境，如此的填词方式很能表现性情，却不类正宗，谢章铤在《赌棋山庄词话》中说："扬州郑板桥燮大令，书画步武青藤山人，自称其书为'六分半'。又有'徐文长门下走狗郑燮'私印。诗文琐亵不入格，词独胜。"

　　谢认为，板桥的诗和文写得都很差，但唯有词作得好，不知道这是他对板桥词的整体评价，还是对某类词的偏爱。以谢氏的品味来看，似乎他更欣赏郑板桥的雅词，比如《浪淘沙·平沙落雁》：

　　秋水漾平沙，天末澄霞。雁行栖定又喧哗。怕见洲边灯火焰，怕近芦花。
　　是处网罗赊，何苦天涯？劝伊早早北还家！江上风光留不得，请问飞鸦。

　　这首词已然是板桥词中的别格，虽然如此，严迪昌还认为该词是"较合乎'雅'的含蓄之篇"，但这句评语之后，严先生接着说："尽管他的含蓄仍有其辛辣处。"看来，板桥即使想表现雅的一面，但他那特有的胸襟却依然是握拳透爪，难怪《清史稿》中给他下了这样的断语:"诗词皆别调,而有挚语。"

更为独特的是,郑板桥会把他的诗文观以词的形式来表达,这让严迪昌先生有了如此的感叹:"从形式上讲,此前只有论词的诗,尚未见论诗的词。"看来,以词论诗也是郑板桥的一大发明。而他这方面的作品乃是两首《贺新郎》:

诗法谁为准,统千秋、姬公手笔,尼山定本。八斗才华曹子建,还让老瞒苍劲。更五柳先生澹永。圣哲奸雄兼旷逸,总自裁本色留深分。一快读,分伦等。

唐家李杜双峰并,笑纷纷、诗奴诗丐,诗魔诗鸩。王孟高标清彻骨,未免规方略近,似顾步、骅骝未骋。怪杀《韩碑》扬巨斧,学昌黎、险语排生硬,便突过,昌黎顶。

经世文章要,陋诸家、裁云镂月,标花宠草。纵使风流夸一世,不过闲中自了。那识得周情孔调?《七月》《东山》千古在,恁描摹琐细民情妙,画不出,《豳风》稿。

文关国运犹其小,剖鸿濛清宁厚薄,直通奥窔。寒暑阴阳多珍怂,笔底回旋不少。莫认作、书生谈笑。回首少年游冶习,采碧云红豆相思料。深愧杀,杜陵老。

由这两首词可以看到郑板桥的诗观,然而无论他感慨身世之词,还是这种学问之词,显然都不是人们所津津乐道者。虽然郑板桥的许多作品都充满着不平之气,可是生活也不仅仅是痛苦,板桥词中也能体现出他作为凡人而温馨的一面,比如他的一首《踏莎行》:

中表姻亲,诗文情愫,十年幼小娇相护。不须燕子引人行,画堂到得重重户。

　　颠倒思量，朦胧劫数，藕丝不断莲心苦。分明一见怕销魂，却愁不到销魂处。

徐有富先生在《郑板桥艳词初探》一文中，认为该词"直率地表现了同表妹两小无猜、情投意合、过从亲密的生活。"相比较而言，郑板桥的另一首《贺新郎·赠王一姐》更加引起后世对板桥情感生活的别样猜测。

　　竹马相过日，还记汝、云鬟覆颈，胭脂点额。阿母扶携翁负背，幻作儿郎妆饰。小则小、寸心怜惜。放学归来犹未晚，向红楼、存问春消息，问我索，画眉笔。
　　廿年湖海长为客，都付与、风吹梦杳，雨荒云隔。今日重逢深院里，一种温存犹昔，添多少、周旋行迹！回首当年娇小态，但片言微忤容颜赤，只此意，最难得。

有的学者认为，这位王一姐就是板桥的表妹，但这种说法未能得到业界的普遍认可。雍正九年，板桥的徐夫人去世了，六年之后，板桥有了艳遇，此事记载于1983年第二期《文物天地》，该刊发表了上海博物馆所藏《郑板桥扬州杂记卷》，该卷据称是郑板桥的亲笔所书，写于乾隆十二年，此卷记录了这样一个有趣的故事，该故事的前半段为：

　　扬州二月，花时也。板桥居士晨起，由傍花村过虹桥，直抵雷塘，问玉勾斜遗迹，去城盖十里许矣。树木丛茂，居民渐少，遥望文杏一株，在围墙竹树之间。叩门迳入，徘徊花下。有一老媪，捧茶一瓯，延茅亭小坐。其壁间所贴，即板桥词也。问曰："识此人乎？"答曰："闻名，不识其人。"告曰："板桥，即我也。"媪大喜，走相呼曰："女儿子起来，女儿子起来，郑板桥先生在此也。"是刻已是日上三竿矣，腹馁甚，媪具食。食罢，其女艳妆出，再拜而谢曰："久闻公名，读公词，甚爱慕，闻有《道情》十首，能为妾一书乎？"板桥许诺，即取淞江蜜色花笺，湖颖笔，紫端石砚，纤手磨墨，索板桥书。书毕，复题《西江月》一阕赠之，其词曰："微雨晓风初歇，纱窗旭日才温。绣帏香梦半朦腾，窗外鹦哥未醒。蟹眼茶声静悄，虾须帘影轻明。梅花老去杏花匀，夜夜胭脂怯冷。"母女皆笑领词意。

这段记载可谓声色并茂，简直像一篇蒲松龄的小说。板桥在扬州附近访古，进入了一个小院，院中一位老太太请他坐下喝茶，而板桥在无意间看到墙壁上书有他的词作，于是问老太太认不认识该词作者，老人说不认识，于是板桥自报家门："板桥就是我"。老太太闻言大喜，立即叫女儿出来相见，同时给板桥备上了丰富的午餐，此女打扮一番出来后，跟板桥说，久闻其名，同时希望板桥赐墨宝。美女相邀，当然无法拒绝，于是板桥当场书写了十首诗，而后觉得不过瘾，又添加了一首《西江月》。

这首词显然有试探的意思，母女二人马上明白了板桥的心意，接下来当然就转入了正题：

问其姓，姓饶，问其年，十七岁矣。有五女，其四皆嫁，惟留此女为养老计，名五姑娘。又曰："闻君失偶，何不纳此妇为箕帚妾，亦不恶，且慕君。"板桥曰："仆寒士，何能得此丽人？"媪曰："不求多金，但足养老妇人者可矣。"板桥许诺曰:"今年乙卯,来年丙辰计偕,后年丁巳,若成进士,必后年乃得归,能待我乎?"媪与女皆曰:"能。"即以赠词为订。

原来此女姓饶,因为排行老五,所以名为五姑娘。当然这五姑娘乃是实指,不是今人所附会之意。此事却是个大团圆,因为这位五姑娘真的嫁给了郑板桥,而成亲之时板桥45岁,五姑娘19岁。对于这个故事的真伪,学界有不同的看法,有肯定也有否定,而卞孝萱先生却认为实有其事,他在《郑板桥丛考·生平考》中说:"这个自述是真实的。既与《昭阳郑氏谱》板桥'娶徐氏、郭氏,侧饶氏'以及板桥《家书》内容吻合,也与《板桥诗钞·怀程羽宸》小序'奉千金为寿,一洗穷愁'吻合。"

且不管这件事情的真伪,但由此至少可以看出板桥也是位有血有肉的多情人。既然是才子,他也少不了跟妓女的交往,比如他所作的一首《贺新郎·有赠》,就被视为赠给妓女之词:

旧作吴陵客,镇日向、小西湖上,临流弄石。雨洗梨花风欲软,已逗蝶蜂消息,却又被、春寒微勒。闻道可人家不远,转画桥西去萝门碧,时听见,高楼笛。

缘悭觌面还相失,谁知向、海云深处,殷勤款惜。一夜尊前知己泪,背着短檠偷滴,又互把罗衫扱湿。相约明年春事早,嚼花心红蕊相思汁,共染得,肝肠赤。

对于此词,陈廷焯在《词则·闲情篇》中评价道:"题前设色,迤逦写来,宛如画稿。情深似海,血泪淋漓,不谓艳词有如许笔力,真正神勇。"陈廷焯的评价可谓有趣,他首先说这是艳词,同时又说,这首词写得很神勇。把艳情跟神勇合二为一,估计除了郑板桥,他人难以做到。

板桥写给妓女之词，还有一首《贺新郎·落花》：

> 小立梅花下，问今年、暖风未破，如何开也？不是花开偏怨早，总为早开先谢。被断雨零烟飘洒。粉蝶游蜂谁念旧，背残枝飞过秋千架，只落得，蛛丝挂。
>
> 江南二月花抬价，有多少、游童陌上，春衫细马。十里香车红袖小，婉转翠眉如画。佯不解、傍人觑咱。忽见柳花飞乱絮，念海棠春老谁能嫁？泪暗湿，香罗帕。

对于这首词，徐有富在《郑板桥艳词初探》一文中认为："从'粉蝶游蜂谁念旧'一句来看，此词所塑造的也是一位妓女形象。"徐先生在该文中认为板桥的艳词写得很成功，然而为什么会有这样的成功呢？徐先生认为这跟板桥的创作主张有关，而后举出了板桥的《与江昱、江恂书》：

> 词与诗不同，以婉丽为正格，以豪宕为变格。燮窃以剧场论之，东坡为大净，稼轩外脚，永叔、邦卿正旦，秦淮海、柳七则小旦也。

△ 郑板桥故居

看来，郑板桥也认为诗跟词有着很大的区别，他也承认婉约才是词的正宗，豪迈则为变调，同时他又用戏曲中的角色来对苏轼、辛弃疾、欧阳修等

郑板桥：难道天公，还钳恨口，不许长吁一两声？ 513

人做了形象的比喻，因此，徐有富先生认为："郑板桥的艳词，当是他青年时代学习秦观、柳永词的结果。"

郑板桥故居位于江苏省兴化市板桥东路51号。此程寻访的第一站

△ "郑板桥故居"五字出自赵朴初的手笔

是扬州市，而后在扬州包下一辆出租车沿着不同方向前往寻找。今天的目标主要是兴化市，沿 S231 省道北行 50 公里到达兴化市，第一站去看郑板桥故居，因为名气的原因，郑板桥的故居很好找，司机没有进行过多的打问，直接就开到了故居的门前。

故居前方是一个面积较大的停车场，约能停十几辆汽车。将容

△ 院内仅有一进

△ 后园

△ 正堂的布置

郑板桥：难道天公，还钳恨口，不许长吁一两声？ 515

△ 卧室

得十几辆车的停车场称之为"大"，当然是比较而言者，因为一眼望去，郑板桥故居整体面积尽收眼底。从外观看，这处故居是重新翻盖的仿古建筑，从细节上可以看出在制作上颇为精细。

故居门前的匾额上写着"郑板桥故居"几个大字，远远望去感觉出自赵朴初先生之手。赵先生是佛教协会的领导人，各大寺庙的匾额有不少出自他的手笔，而板桥似乎跟佛教没有太多直接的关系，走近细看，果真印证了我的判断，该匾额确为赵朴初所书。

△ 内侧的题款

买票入院，里面的面积依然很小，在门楼的内侧，有刘海粟所题"郑燮

△ 兴化市博物馆门口挂着郑板桥纪念馆的匾额

故居"匾额，可惜此匾乃是左书。走入院内，最令我欣喜的，是看到墙角上种着的几十杆细竹。流传至今的板桥画作，其题材基本是细竹，而今在这复建的旧居之内种上竹子，倒是颇为贴合当年的景况，料想郑板桥画竹如此有名，应该跟他的细致观察有一定的关联吧。

在院子中，看到了故居简介，上面写着："此宅'东邻文峰古塔，西近才子花洲'，郑板桥为官前多半生活于此。门前左行，即古板桥之旧址。故居初系茅舍，后改瓦木结构，四邻称之为'郑家大堂屋'。"院子仅一进，正堂也不高大。里面挂着几幅郑板桥书画作品的仿作，同时还象征性的摆放着一些硬木家具，除此之外，没有看到郑板桥曾经使用过的生活用品，以及其他的真迹。

故居的旁边有一个独立的院落，上面写着"拥绿园"，由介绍牌可知这里是郑板桥晚年的寓所，并且此园是由故居迁来此地的。如此说来，刚才参观的故居确系板桥旧居原址，而拥绿园也曾是板桥居住过的地方，只是原址不在这里，而由他处迁来的。

参观完板桥故居又前去看兴化市博物馆。博物馆的左右墙分别挂着"郑板桥纪念馆"和"施耐庵纪念馆"的两块竖牌子，将两位名人的纪念馆合二为一，这倒是一种省钱便利的方式，我猜测在这里面应当藏有跟郑板桥有关的原物，然而，在里面看了一圈，我却仅仅看到了一尊郑板桥的全身雕像，没有找到其他跟郑板桥有关之物，也许是放在库房内，未曾拿出来展示吧。

刘熙载：此趣浑难说，歌向碧云天

刘熙载在词史上的最大贡献，就是首先提出了词品这个概念。谢桃坊在《中国词学史》中说："刘熙载的词论是在新的文化条件下力图纠正浙西词派与常州词派理论的缺陷与失误，提出了新的论词标准——词品说。"他的代表作名为《艺概》，该书总计分为六个部分，其中之一是《词曲概》。对于这部书的价值，袁津琥在《艺概注稿》一书的前言中给出了这样的评价："对当时社会生活中所存在的七种重要的文艺形式，一一进行了论述，其涉及领域之全面和深刻，在中国古代文艺理论批评史上，不仅是空前的，甚至也是绝后的。可以说，刘熙载是中国古代传统文艺理论研究的一个集大成者。"这句评语可谓极其高大上。

从刘熙载的个人经历来看，似乎很难找到一条线索来印证他是出于什么原因，才致力于文艺理论的总结。刘熙载的父亲刘松龄是一位监生，从现有的资料中，未见刘松龄对此有兴趣的记载，况且刘熙载10岁时父亲就去世了，几年之后，他又赶上丧母，所以他在16岁时为了生活前往粮行打工。但是因为他太喜欢读书，所以时常在工作时偷偷地看书，这样的行为当然令老板不满意，于是就将他辞退。

刘熙载回家后，决定做私塾的老师，以此来糊口，同时他也努力地学习。道光二十四年，当时刘熙载32岁，正是这一年他考中了进士。由于他的文章和书法都很出色，于是他成为了翰林院庶吉士，这在封建社会属于最正统的科举出身。而更为难得的是，他在咸丰三年又值入上书房，成为了皇帝身边的工作人员。

如此说来，他的仕途可谓光明。可是不知什么原因，他却不愿意在朝中为官，而后他就请假离职，前往山东开馆授徒，继续从事教学活动。再后来，胡林翼听到他的名声，把他聘到了武昌江汉书院去做主讲，后因太平天国战争而未能实任此职。

到了同治三年，刘熙载又任国子监司业。当年的秋天，他当上了广东学政。能够成为学政，这也是极其荣耀的工作。可是依然不知什么原因，他在三年任期还未满时，就请长假返回了故里。从此之后，他就脱离了官场。

从同治六年到光绪六年，这14年的时段，刘熙载主讲于上海龙门书院，到光绪七年他返回了故乡兴化，不久就逝世了，所以他晚年最重要的业绩，就是在上海龙门书院任山长。在这个阶段，他培养出了不少的名人，比如胡适的父亲胡铁花就是毕业于该校。《胡适口述自传》的第二章为《我的父亲·考试和书院教育》，胡适在该文中说了这样一句话："该院山长（院长）刘熙载先生是当时扬州有名的经师。"

由这句话可知，当时刘熙载在社会上的名声主要是一位经学家，既然如此，那他的学术观属于经学中的哪一派呢？刘熙载在晚年写了篇《寤崖子传》，这是他所作的一篇自传，刘在此传中称："其为学与教人，以迁善改过为归，而不斤斤为先儒争辨门户。"由这句话可知，他属于经学中的调和派。

刘熙载对教育有着特殊的偏好。《胡适口述自传》中有这样一段描述："父亲对这位了不起的刘山长的教学方式也有所记载。他说所有在书院中受课的学生每人每日都得写有一份'日程'和一份'日记'。前者记载为学的进度；后者是记学者的心得和疑虑。为这种'日程'和'日记'的记述，该院都有特别的印好的格式，按规格来加以记录。……其中有趣而值得一提的，便是这印刷品的卷端都印有红字的宋儒朱熹和张载等人的语录。其中一份张载的语录便是：'为学要不疑处有疑，才是进步！'这是个完全中国文明传统之内的书院精神。"

由这段话可知，刘熙载的经学观念既不分古文经学和今文经学，同时也不分汉学与宋学，但总体看，他的观念还是偏重于宋学。而正是在龙门书院任山长期间，刘熙载写出了这极其有名的《艺概》。

前面提到袁津琥说《艺概》这部书在中国古代文艺理论批评史中，不仅空前，而且绝后。关于"空前"这个断语，其实是从研究的广度而言，清末沈曾植在《菌阁琐谈》中说："止庵而后，论词精当，

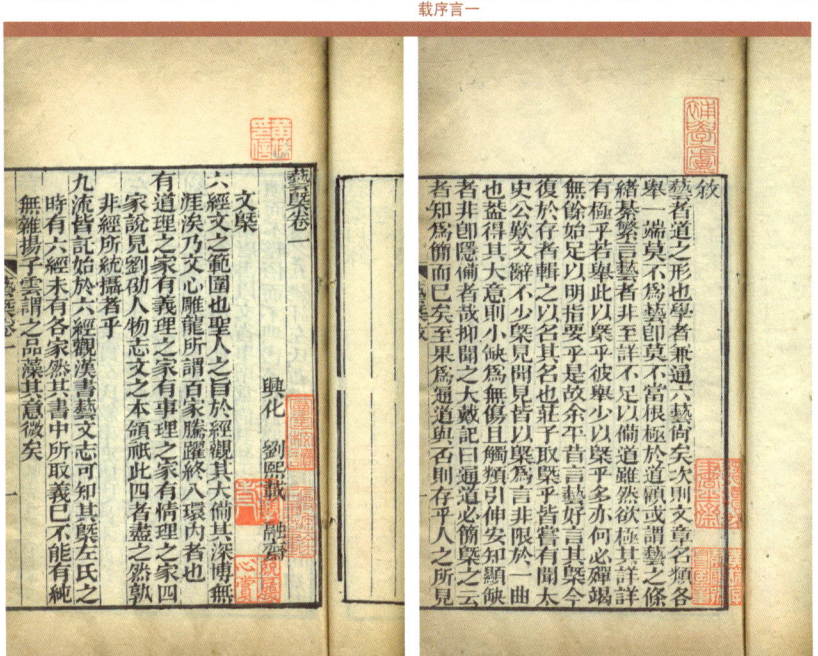

△ 刘熙载撰《艺概》六卷，清同治十二年序刻本，卷首　　△ 刘熙载撰《艺概》六卷，清同治十二年序刻本，刘熙载序言一

莫若融斋。涉览既多，会心特远，非情深意超者，固不能契其渊旨。而得宋人词心处，融斋较止庵真际尤多。"看来，在刘熙载之前，周济有过在词学理论方面的专著，这应当指的是《词辨》。

沈曾植说，周济之后在词理论研究方面，说得最准确的就是刘熙载。同时他说，刘熙载涉猎的面很宽，从这个角度来说，刘超过了周。如果从这个角度来论，《艺概》倒是能够荣膺"空前"这个称号，但是否能够"绝后"，至少到今天，还没有一个人在词学理论方面能够写出一部比《艺概》更全面更深入的论述。

袁津琥在《艺概注稿》前言中也提到了此后的学者王国维和钱钟书，但袁认为这两位大师级的人物："并在某一文艺领域的研究深度或广度上有所拓展，对当时的学界产生了更为深远的影响，但在他们的著作中，已经更多地体现出了西方文艺理论的影响，属于'旧瓶装新酒'，不像刘氏那么植根于传统文化的土壤，原汁原味了。"

由这段话可知，"绝后"一词也同样能够成立，而这也正是《艺概》一书的价值所在，故清末学者谭献在《复堂日记》中写到："两日温《艺概》，刘先生言一字一珠，不独四方导师，亦千载导师也。"

《艺概》有着怎样的学术高度？袁津琥在序言中举出了一个实例，此例是引用了施蛰存在《词学名词释义》一书中的一大段话。这段话的意思是说，在中国唐代时，日本有个和尚，法名遍照金刚，他做了一部《文镜秘府论》，该书中有"论调声"一章，其中提到了诗作上的"换头"这种修辞手法，于是施蛰存说："据此可知'换头'这个名词，起于唐人诗律，大概是相对于'八病'中的'平头'而言的。"

既然搞清了词意和来源，那么，这跟刘熙载的《艺概》有什么关系呢？施蛰存接着说："遍照金刚这部著作，过去没有流传于中国，唐宋人诗话中，亦从来没有提到过'换头'。所以无人知道'换

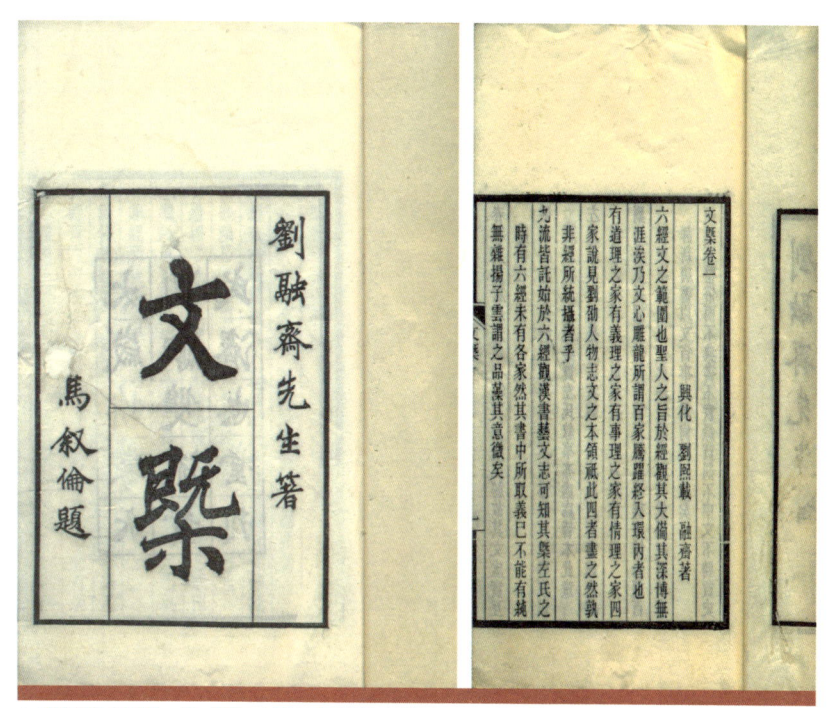

△ 刘熙载撰《文概》一卷，民国二十四年双流黄氏济忠堂刻本，书牌　　△ 刘熙载撰《文概》一卷，民国二十四年双流黄氏济忠堂刻本，卷首

头'这个名词的来历。清末刘熙载在他的《艺概》中说：'词有过变，隐本于诗。《宋书·谢灵运传论》云：前有浮声，则后须切响。盖言诗当前后变化也。而双调换头之消息，即此已寓。'刘熙载没有见过《文镜秘府论》，已想到词的换头源于诗律。刘氏词学之深，极可佩服。"

仅由这段话即可证，刘熙载在文艺理论方面确实做了深入的探讨，他在没有读到前人的相关著述时，竟然不谋而合地发现了同一个问题，所以，施蛰存才认为刘在词学上的研究深度让他"极可佩服"。

《艺概》总计分为六卷，而本文只谈他的《词曲概》。如前所言，刘熙载最重要的理论贡献就是创造了词品说，这个贡献为什么这等重要呢？高方在《读词通识》中评价到："刘熙载之前有钟嵘《诗品》，《诗品》在序言中阐明相关诗学观念后，对五言诗作家进行品评，将其分为若干等级。刘熙载虽同样看重品评，却没有如《诗品》一般操作将词家分为若干品，而是从理论高度阐述品评词人的一些基本原理，重在品评的标准与过程，以既定原则去鉴赏、评论词人词作，把阐述理论和品评作品结合起来，由此形成自己的词论创见。"据此，高方又给刘熙载戴上了这样一顶桂冠："《艺概》是中国近代一部重要的文学批评论著，同时是一部古典美学的经典之作，刘熙载也因此被称为中国最后一位古典美学家。"

既然讲到了词品，那刘熙载是怎样的分品呢？其实他也是借鉴古人的观念，他在《词曲概》中有这样一段话："'没些儿媻姗勃窣，也不是峥嵘突兀，管做彻元分人物'，此陈同甫《三部乐》词也。余欲借其语以断词品。词以'元分人物'为最上，'峥嵘突兀'犹不失为奇杰，'媻姗勃窣'则沦于侧媚矣。"

刘熙载引用了宋陈亮所说的三句话，他说自己就借这三句话把词分为了三品，其中"元分人物"为最上品。那么，这句话是什么意思呢？詹安泰在《刘熙载论词品及苏辛词》一文中说，元分人物大概就是"天际真人"的意思。殷大云在《刘熙载〈艺概·词曲概〉初探》一文中，称赞詹安泰的这种判断"无疑是精当之见"。

而刘熙载认为词品中的中品是"峥嵘突兀"，这句话倒不用做过多的解释。按照詹安泰的看法，"媻姗勃窣"相当于词史上所说的婉约派，而"峥嵘突兀"则相当于豪放派。这样的分法当然首先要弄清"媻姗勃窣"一词的出处。

该语最早出自司马相如的《子虚赋》："媻姗勃窣，上呼金堤"，颜师古在注《汉书》时称这个词"谓行于丛薄之间也"，这句注释的意思是说，就如同一位女子慢慢地走在丛树之中。显然，这个意思比较婉约，而刘熙载把"媻姗勃窣"列为了词中的最下品，可见他对传统的观念是何等的不认可。

按照明代张綖的说法，婉约才是词的正宗，而豪放则为词的别格。张綖还说婉约是正体，而苏东坡、辛弃疾等人的豪放词则是变体。到了清代，浙西词派、常州词派等都把婉约视为正宗，而刘熙载将这个观念颠倒了过来，并在婉约和豪放之上加了一个"元分人物"，他认为这才是词的极品。但"元分人物"显然不是从词的风格来区分，而是按人品来取舍。

由此可知，刘熙载认为，只有上品的人才能作出上品的词，故而谢桃坊在《中国词学史》中评价到："在词学史上，刘熙载第一个将作者的品格与创作相联起来进行文学评价。这显然是受了古代儒家'知人论世'方法和钟嵘诗分三品的影响，但刘熙载的'词品'又有其新的理论特色。"刘熙载在《词曲概》中举出了卢仝和孟郊的例子："昌黎自信其行己不敢有愧于道，余谓其取友亦然。观其《寄卢仝》云：'先生事业不可量，惟用法律自绳已。'《荐孟郊》云：'行身践规矩，甘辱耻媚灶。'以卢、孟之诗名，而韩所盛推乃在人品，真千古论诗之极则也哉！"

在这段话里，刘熙载用到了韩愈对卢仝和孟郊诗作的分别评价，由此，他得出结论是：韩愈论诗，首重人品。而后刘熙载夸赞说：这才是千古以来论诗的最高准则。对于刘熙载的这种夸赞，谢桃坊给予了这样的评价："可见这不是在论作品本身，而是通过作品来论人品。刘熙载以为这是文学批评的最高标准了，因此决定作品的价值是依据所表现的人品。"

其实不仅如此，刘熙载在《诗概》中也坚持了他的这个观点："诗品出于人品。人品悃款朴忠者为上，超然高举、诛茅力耕者次之，送往劳来、从俗富贵者无讥焉。"这句话说得十分明白，诗品的高低由人品来决定。这样的论述方式强调的是人的思想性，而由思想性来决定艺术性，这种做法显然忽视了作者思想的复杂性，因为每个人的一生都很难用一句话来概括，在这个世界上，完美无瑕的好人不知是否存在，但可以说，绝大多数人都处在好坏之间，如果从人品的纯洁度来论词品，恐怕也是一种极端。

但每个人都有自己的观念，而这种观念正是刘熙载的特色所在，他在《词曲概》中也是以这样的观念来作为评判标准，比如他说："词品喻诸诗，东坡、稼轩，李、杜也。耆卿，香山也。梦窗，义山也。白石、玉田，大历十子也。其有似韦苏州者，张子野当之。"

刘熙载说，诗中的最高品是李白和杜甫，而词中的苏轼和辛弃疾也有着这样的地位。他又说柳永相当于白居易，吴文英相当于李商隐，而姜夔和张炎相当于唐代的大历十才子，张先则相当于韦应物。在这些比喻中，刘熙载把苏东坡和辛弃疾排在了最前面，认为他们的词就如李、杜的诗一样，会光芒万丈长。这一点也说明了，刘熙载把豪放派看作是词中的上品。对此，刘熙载在《词曲概》中进一步地解释到："东坡词颇似老杜诗，以其无意不可入，无事不可言也。若其豪放之致，则时与太白为近。太白《忆秦娥》声情悲壮，晚唐、五代惟趋婉丽，至东坡始能复古。后世论词者，或转以东坡为变调，不知晚唐、五代乃变调也。"

这正表现了刘熙载对东坡词的偏好，他认为东坡的词怎么看都好，既像杜甫又像李白，同时他举出了李白所写的最早的一首词。刘熙载认为，东坡的词风就相当于李白的词作。

由此展开来谈，刘熙载认为，李白的词风才是词的正统，而到了晚唐五代时，词风变得越来越柔美，等到东坡出现在词坛时，才改变了这种普遍的社会风气，于是刘熙载的结论则为：后代把以东坡为代表的豪放词视为变调，这是错误的，因为东坡的词风才是正统，而晚唐一代的那些婉约词才是变调。他的这种观念确实做到了反传统。

刘熙载在文中把辛弃疾跟东坡并提，显然他认为辛词也是词中的上品，他在《词曲概》中对辛弃疾所作之词有着如下的高评价：

"辛稼轩风节建竖，卓绝一时，惜每有成功，辄为议者所沮。观其《踏莎行·和赵兴国》有云：'吾道悠悠，忧心悄悄。'其志与遇概可知矣。"

"稼轩词龙腾虎掷，任古书中理语、廋语，一经运用，便得风流，天姿是何琼异！"

"白石才子之词，稼轩豪杰之词。"

在刘熙载眼中，姜夔的词可以称为才子佳人的词，而辛弃疾的词才是真正的豪杰之词，为此，他的词学理论也大多是以苏辛的作品做出相应的分析。比如他强调填词要"不犯本位"，而后举出了下面这个例子："词以不犯本位为高。东坡《满庭芳》：'老去君恩未报，空回首弹铗悲歌。'语诚慷慨，然不若《水调歌头》'我欲乘风归去，又恐琼楼玉宇，高处不胜寒'，尤觉空灵蕴藉。"

其实，"不犯本位"就是不可以在词中直点主题，他在这段话中先举了东坡《满庭芳》中的一句，他说这句词写得确实慷慨激昂，但却写得太直白了，因为东坡直接表露出他怀念君恩壮志未酬的心态，这样的写法就是犯了本位。而不犯本位的词，刘举出了东坡《水调歌头》中的那三句名句，他认为这三句才是写得真正的好，因为东坡在这里也是怀念君恩，但却没有一个字写到了君恩，这就正如司空图所说的"不著一字，尽得风流"，而这就叫"不犯本位"。

对于事物的具体形象，刘熙载也认为不能太贴题，他强调"离形得似"，因为太贴题就不能做到他所强调的"空灵蕴藉"，他举的例子仍然是东坡的词作："东坡《水龙吟》起云：'似花还似非花。'此句可作全词评语，盖不离不即也。时有举史梅溪《双双燕》咏燕、姜白石《齐天乐》赋蟋蟀令作评语者，亦曰'似花还似非花'。"

看来，像与不像之间所形成的朦胧，才是刘熙载所强调的空灵蕴藉。他认为，把事物描写得太具体，则是词中的下品。用他的话来说："描头画角，是词之低品。"

从以上的这个例子可知，刘熙载虽然把人品跟词品挂钩，但他也会对同一个人的不同作品做出不同的品评，虽然他强调东坡的豪放词是他所认定的上品，可他还是将东坡的词句排列出了上下，那也就等于说，即使上品的人，他的词也有着高低。

刘熙载认定的上品是什么呢？他在《词曲概》中举出了这样一个例子："黄鲁直跋东坡《卜算子》（缺月挂疏桐）一阕云：'语意高妙，似非吃烟火食人语，非胸中有万卷书，笔下无一点尘俗气，孰能至此！'余案：词之大要，不外厚而清。厚，包诸所有；清，空诸所有也。"

这里说到了黄庭坚对一首东坡词的评价，对于这句评价，刘熙载得出了结论，他认为词中最重要的，可以用两个字来形容，那就是"厚"和"清"。其实，刘熙载提出这两个字，是针对浙西词派和常州词派而来的，杨伯岭在《刘熙载"厚而清"艺术理论的评介》一文中说："刘熙载本着'迁善改过'，既汲取了浙西词派的格'清'、常州词派的意'厚'等词学主张，也改正了浙派的意'薄'、常派的格'俗'等方面的过失，从整合浙、常词派论词旨趣的角度，提出了'厚而清'的词说。"

余外，刘熙载在《词曲概》中还评价了多位词人，在此不一一述及。总之一点，他首要看重人品，而后再谈艺术性。他认为，有些人虽然艺术价值很高，但是人品差，所以他也不能给出上品的评价，他在《艺概·文概》中，将文章分为君子之文和小人之文："君子之文无欲，小人之文多欲。多欲者美胜信，无欲者信胜美。"他的这种评判方式究竟是否中肯，那只能让专家们继续争论下去了。

以上都是刘熙载所做的理论研究，而他在实践中也有自己的词作和曲作，比如他作的一首《采桑子·悟世》：

问春何在，春应道，也在桃花，也在梨花。谁是多些谁少些？
桃梨漫自争同异，一似仙家，一似禅家。只怕东风笑两差！

这首词读来倒也通俗易懂，但话中却包含着禅机，刘立人在《刘熙载略论》一文中，把这首词称为"理趣"词。而与之相对者，则是闲逸之词，刘立人在该文中举出的例子则是刘熙载所作的《水调歌头·渔父》：

潮落午风后，打桨破秋烟。但看素练千顷，随意下鱼筌。欲把鲜鳞换酒，恰好水前山后，村市一帘悬。得酒洒然去，归路苇花边。
唤邻翁，忘主客，尽流连。醉余挥手，犹复对影自鸣舷。身外何事业？只为一江明月，夜半不曾眠。此趣浑难说，歌向碧云天。

刘熙载做出了这么多的理论评价，那他怎样看待自己的词作呢？他在《昨非集自序》中说："词要有家数，尤要得未经人道语。前人论词往往不出此意。然语之曾经人道与否，岂己之所能尽知？亦各道己语可也。余词不工，却间有自道语。至家数，自不患无之。何也？工是家数，不工亦是家数也。然而余当以不工者自为家数，又安能沾沾求工至转失自道语哉？"

刘熙载在这里谦虚了几句，他说自己的词作得并不好，但即便

△ 刘熙载故居大门

如此,这也是自己的本来面目,所以他觉得能够说出自己的话最重要,至于写得漂亮不漂亮反而是其次。他的这段话也正印证了他所作《艺概·词曲概》的整体观念。

△ 插屏上的刘熙载像

刘熙载故居位于江苏省泰州兴化市博物馆旁边。本程来到兴化市,我首先去寻找了郑板桥的故居,而后去找任大椿故居,第三个寻访点就是刘熙载故居。

他的故居很好找,因为已经建成了一个独立的院落,而寻找的标志点则是兴化市

△ 紧凑的小院

博物馆,因为此故居就位于博物馆后方不足百米处。

　　刘熙载故居从外观看,倒是原汁原味的旧物,这里免费参观。走进院内,我先向工作人员询问此故居的地址如何描述,因为在入院前,我先围着院子转了一圈,但未找到门牌号,我本以为是这里的门牌号脱落了,但这位工作人员却告诉我:此地无门牌号。

　　这种回答太过意外,如此完整的独门独院竟然没有门牌,既然是里面的工作人员所说,那一定也是实情,看来这也是本地的特色之一。尽管没有门牌号,但这并不妨碍我来这里参观。

△ 正堂内景

△ 古桐书屋

　　整个故居不大，却紧凑地建为两进院落，正堂木匾上写着"性静情逸"，落款是咸丰御笔，以此显现出刘熙载曾在皇帝身边工作的荣耀，但这也正是让我奇怪之处：他如此显赫的身份，为什么不愿意发展仕途，而坚决要在教育事业上做贡献？以他那亮丽的履历，为什么在这里仅住这么一个小院落？以我的猜测，眼前的所见不太可能是刘熙载故居的全貌，也许随着历史的变迁，仅余下了这样一个小角落。

　　故居内的陈设颇为简单，吸引我目光的，乃是八仙桌上摆着的插屏，插屏的石板上刻着刘熙载像，如此制作画像的方式倒是很独特。参观完正堂，接着向后走，第二进院落牌匾上写着"古桐书屋"，这正是刘熙载的工作、写作之处，可惜他从上海龙门书院辞职回家后，当年就病逝于此了，也不知他是否使用过这个书屋。

蒋春霖：茫茫此恨，碧海青天，唯有秋知

蒋春霖是清晚期著名的词人，后世学者专家对其在词史上的贡献大多评价很高，比如刘毓盘在《词史》中说："其言情之作，皆感事之篇。唐宋名家，合为一手。词至蒋氏，集大成矣。"而陈廷焯则在《白雨斋词话》中称其为："深得南宋之妙，于诸家尤近乐笑翁。"

相比较而言，谭献和吴梅把蒋春霖在词史上的地位看得更高，谭献在《箧中词》卷五中说："婉约深至，时造虚浑，要为第一流矣。"而吴梅则在《词学通论》中做出了这样的结论："词有律有文，律不细非词，文不工亦非词。有律有文矣，而不从沉郁顿挫上着力，或以一二聪明语见长，如《忆云词》类，尤非绝尘之技也。鹿潭律度之细，既无与伦，文笔之胜，更为出类，而又雍容大雅，无搔头弄笔之态，有清一代，以《水云》为冠，亦无愧色焉。"

也正因如此，自蒋春霖去世后直到当今，一直有相关的专家对蒋的各个方面进行研究，以我眼界所及，以黄嫣梨所著《蒋春霖评传》最为详实，故而该篇小文中对于蒋春霖历史资料的征引，大多出自该书。

蒋春霖本是江苏江阴人，寄籍于现今北京的大兴区，《江阴县续志》上说："蒋春霖，字鹿潭，寄籍大兴。"然其是出生在江阴还是大兴，未见相关资料记载，可是，蒋春霖的去世却成为了后世

广泛研究和争论的问题。关于蒋春霖的去世，严迪昌在《清诗史》中仅有一句提及："同治七年，猝死于吴江垂虹桥舟中。"而《清史稿·文苑传》中的《蒋春霖传》，也仅说了一句话："困于卑官，孤介忤时，益侘傺，舟经吴江，一夕暴卒。"

以上均说蒋春霖是猝死或者暴卒，但具体是怎么回事，文中却未曾提及。

相比较而言，蒋春霖的朋友宗源瀚在同治十二年所写的《水云楼词续序》中的说法，较为详细："鹿潭晚岁困甚，益复无聊，倒心回肠，博青眸之一顾。词中所谓黄婉君者，聚散离合，恩极怨生，鹿潭卒为婉君而死，婉君亦以死殉鹿潭。濒死，向陈百生再拜乞佳传，从容就绝。论者谓此可以慰鹿潭，而鹿潭愈足伤矣。"

宗源瀚说，蒋春霖晚年十分的穷困，并且把自己的情感寄托在了红颜知己的身上。而这里所说的红颜知己，则指的是黄婉君。但是，蒋与黄之间的感情也有着波澜。蒋春霖的死就是为了黄婉君，而黄也同样为蒋自杀，她在死前向陈百生要求其为自己写一篇好的传记，在陈答应后，就从容不迫地自杀了。这件事流传开来，很多人觉得如果蒋地下有知，他的红颜知己能够做出这样的举措，也足让蒋得以宽慰。

对于宗源瀚的这段记载，黄嫣梨认为颇可信：一者因为蒋春霖就是死在前往拜访宗源瀚的途中；二者则是宗作此序时，据蒋去世仅有五年的时间。但即使如此，黄嫣梨也认为宗源瀚的这段记载"简略而隐晦，似有所讳言"。既然宗称黄婉君死前请陈百生为她写篇传记，于是黄嫣梨就翻阅了陈的《文集》和《遗集》，然而黄却没能找到这篇传记，仅在陈的《遗集》中找到了四首《哭蒋鹿潭诗》。

那么，陈百生到底写没写过传记呢？这件事看来值得仔细探讨。虽然从今日已知的史料中，没能查到陈百生所写的这篇传记，但对于这个故事，倒是多有引述，比如冒鹤亭在《小三吾亭词话》中说："鹿翁尝有所昵曰黄婉君者，聚散离合，恩极生怨，鹿翁卒为婉君而死，婉君亦以死殉鹿翁。濒死，向陈百生再拜，乞佳传，从容就绝，论者谓此足可慰鹿翁矣。"

这段话基本本自宗源翰的那篇序文，没能提供出更多的信息。然而比冒鹤亭时代略早的金武祥，却在《蒋君春霖传》中说："同治戊辰冬，将访上元宗兵备源瀚于衢州，道吴江，艤舟垂虹桥，一夕而卒，年五十一。姬人黄婉君殉焉。"

金武祥的这段话也没说出蒋春霖是怎样的死法，但他却首次点出蒋春霖死时年51岁，而蒋的妾黄婉君为其身殉，同时此处写出蒋春霖乘船前往衢州去见宗源翰，路过吴江的垂虹桥的当晚去世了。

那么，蒋春霖为什么要去衢州见宗源翰？并且蒋为什么又死在了垂虹桥？这里却未曾提及。关于这两个疑问，《江阴县续志》卷十五的《文苑传》中，却讲述了其中的一些缘由："（鹿潭）罢官后，困苦益甚，故人嘉兴杜文澜开藩苏州，诣之门，弗欲通。欲往浙，舟过吴江东门外垂虹桥，上有鲈乡亭，为白石填词地，春霖抑郁侘傺，暴卒舟中。"

《续志》中称，蒋春霖离职之后，生活十分困难，他听说过去的朋友杜文澜在苏州当官，于是他就前往相见，但没想到，不知出于什么原因，这位杜文澜没能满足他的期望，于是蒋春霖就准备前往浙江去投奔另外一位朋友宗源翰。蒋路过吴江的垂虹桥时，看到了桥上的鲈乡亭，而这个小亭子曾经是宋代大词人姜夔的填词之地，蒋见此后，心情郁闷，于是就突然死在了船上。

蒋春霖也是以填词名天下，所以他看到宋代大词人的遗迹，当然有所感触，但即便如此，《续志》上的记载也不能将此跟蒋春霖的死联系在一起，那蒋究竟是什么原因去世的呢？张尔田在《近代词人逸事·蒋鹿潭遗事》中说出了真实的情况："鹿潭素不善治生，歌楼酒馆，随手散尽，晚年与女子黄婉君结不解之缘，迎之归于泰州。又以贫故，不安于室，鹿潭则大愤，走苏州，谒小舫，小舫方署臬使，不时见鹿潭。既失望，归舟泊垂虹桥，夜书冤词，怀之，仰药死。小舫为经纪其丧。婉君闻之，亦以死殉，余从嫂黄亦家泰州，亲见婉君死状，言之甚悉。是亦词人之一厄也。"

蒋春霖有很浓的文人气质，又不擅理财，只要有钱，就随手花在酒馆与妓院。到其晚年，他得到了一位红颜知己，此女就是黄婉君，而后他正式纳黄为妾，但是两个人在一起的生活过得实在太苦，于是黄婉君又有了红杏出墙之处，这件事让蒋得知后十分生气，于是离家出走，前往苏州去见杜文澜。但杜对这位穷朋友有些冷淡，令蒋大感失望，他乘船返回之时，泊舟于垂虹桥，当日夜里，他把该事的本末书写了下来，而后喝下了毒药。杜文澜闻听此事后，帮他处理了丧事。而黄婉君知道竟然是这个结果，她也自杀了。

可能是为了证实这种说法的确切性，张尔田在此文之后解释称，他的从嫂家在泰州，而当时蒋春霖和黄婉君也住此地，因此从嫂曾经亲眼看到黄婉君死时的情形，所以他才能了解这么多的细节。其实还有一层原因，那就是张尔田的父亲张上龢，曾经就跟蒋春霖学过填词，这一点张尔田也曾提及："鹿潭，先君子学词之师也。"凭这两点就足可证张尔田所言确有依据，由此可知，蒋春霖的死是喝毒药而身亡。蒋能做出这样的举动有两个原因，一是自己的妾在外面有了人，二是蒋投奔朋友受到了冷淡。

但张尔田又称，蒋春霖自杀后，给蒋营葬之人竟然就是促使他自杀的那位名叫杜文澜的朋友，看来此时的杜文澜终于良心发现，所以才做出了这样的补救措施，以此来减轻自己的歉疚之心。可是，冯其庸先生在《水云楼诗词辑校》的《后记》中，却有着另外的说法："我旧藏本《水云楼词》上有未署名的批语云：'徐积余云：先生遗梓厝江阴萧寺中，数十年未葬。予与缪君筱珊议合资买一丘土以宁其魂，会筱珊下世，不果行。'这一情况，当然是后来的事，因缪荃孙、徐乃昌都是清末民初的人，缪荃孙也是江阴人，与鹿潭是同乡，故上述这一情节也是可信的。"

冯其庸所藏的那部《水云楼词》，上面有一段佚名批语，该批语转述了藏书家徐乃昌的一段话，其称蒋春霖去世后，他的棺木就暂存在江阴的一个寺院内，这一放就是几十年，后来徐乃昌就跟缪荃孙商议，二人准备合资买下一块坟地，以便把蒋春霖安葬于此，但可惜此后不久，缪荃孙就去世了，所以这个计划未能实施。

对于这段记载，冯先生称无论是徐乃昌还是缪荃孙，他们都是清末民初诗人，更何况缪是蒋春霖的同乡，也是江阴人，所以冯先生认为以上的这段记载颇为可靠。如果是这样的话，则可说明杜文澜虽然帮助处理蒋的后事，但他的帮助极其有限，说不定仅是买了一副棺木，而后请人运到了寺内，所以黄嫣梨认为杜对于蒋的丧事"极其草率，未有刻意妥善的安排"。为了佐证这个断语，黄嫣梨在文中又引用了吴眉孙说的一段话："观于灵榇寄厝于江阴萧寺中。历数十年，无人为之举葬，则当时小舫所谓经纪其丧，其薄可想。"（《与龙榆生言蒋鹿潭遗事》）

蒋春霖的死因基本说清楚了，那么，他的妾黄婉君以死来殉夫，究竟是自愿还是被迫的呢？前面已经提到，蒋春霖的死跟黄婉君有关，如此推论起来，黄的殉夫恐怕难称自愿。而张尔田在《与龙榆生书》中，也讲到了这种情况："鹿潭临死时所书冤词中，实疑婉君有不贞事。杜小舫得之大怒，主严办。百生辈遂据以恫吓曰：'若不死，且讼之官。'婉君畏罪，乃殉焉。"

看来，蒋春霖在自杀前所写的遗书中，提到了黄婉君的不贞，这封遗书后来被杜文澜看到了，杜看后大怒，准备严厉地处罚黄婉君，而陈百生等人就拿杜的这个说法来恐吓黄婉君：如果你不自杀，就会把你关进监狱。面对此况，黄只能自杀。

看来黄婉君红杏出墙确有其事。那她的出墙对象是何人呢？周梦庄在《水云楼词话未刊稿》中有着一段详细的记载："余昔尝闻之友人海陵高寿徵谈：鹿潭自妇亡后，纳黄婉君为妾。黄染烟癖，而鹿潭失官后，僦居东台，仅依赖几家盐商，念过去任地方盐官之故，供给生活之资，其时穷困益甚，已无婢仆供奔走，而盐商逐月所供，本人碍于场面，均由黄婉君往取。日久相熟，与一家司帐者发生暧昧，鹿潭友好闻之，颇为扼腕。鹿潭觉后，急离东台，往投杜小舫于苏州。司阍人勿与通报。一说杜不愿见，遂转赴浙江，拟投宗湘文。船过东江，婉君瘾发，无资购取，所谓聚散离合，恩极则怨生矣。鹿潭赴水而死。死后由金眉生草率代葬。"

周梦庄称，这段故事他是从朋友高寿徵那里听来的。高说，蒋春霖的妻子去世后，蒋就纳黄婉君为妾，但是黄有吸大烟的癖好，而此时的蒋失去了官位，生活上没有了来源，但因为他做过十年的盐官，在任上时帮助过一些盐商，有几位受过帮助的盐商就在生活上给蒋予以资助。那时的蒋家因为穷困，已经没有了任何婢女佣人，盐商每个月给蒋提供生活费，但蒋本人不好意思去拿，于是就让黄去盐商那里取钱，时间长了后，黄就跟一家盐商的会计发生了暧昧。

此事被蒋春霖的朋友听到了，可能正是这位朋友把该事告诉了蒋，于是蒋就前往苏州去见杜文澜，可是杜的门房却不去通报，也有人说是杜不愿意见蒋，无奈之下，蒋转头去投奔宗源翰。船过吴江时，黄婉君犯了大烟瘾，而他们又没钱去买鸦片，想来，在这种景况下，黄对蒋的态度也不会好。在内外交困的情形下，蒋春霖投水自杀了。对于蒋春霖的死，此时又多了一个说法：由喝毒药转为了投水。

　　由这段记载可知,蒋春霖得知黄婉君偷人之事,虽然很生气,但他还是带着黄一同出行,如此论起来,蒋的自杀倒不是因为黄偷人之事,否则他负气离家出走,怎么可能还带着黄呢?我对此颇不能理解,但我觉得蒋的死是投水而非喝药,更容易解释得通,因为人在想不开时,投水应该更为简单,若是喝药的话,则需解释他从哪里来的毒药。蒋的出行本是去向朋友求援,并非刻意划船到外地去自杀,所以他的船上不太可能备有毒药,更何况,如果是黄婉君伴在他的身边,想喝药自杀的话,黄赶快呼救或者救治,也不至于令蒋就此而死。

　　如果这段记载无误的话,那么蒋自杀后,黄有着怎样的举措和结局呢?周梦庄在该文中接着说:"而婉君仍返东台,除续欢于某司帐外,拟重张艳帜。事为鹿潭好友陈百生所知,乃往阻之,并勒令服毒自尽。婉君哀求不许,所谓濒死向陈百生再拜乞佳传,乃要求建坊旌表,从夫死节。当时百生许诺,始从容就绝。"

　　此时的黄婉君返回了东台,为了生活,她又去找那个会计,显然,这位会计不能完全满足黄的所求,而黄又准备再做妓女,这件事被蒋春霖的朋友陈百生听到了,陈可能觉得黄的这个做法太有损朋友的名声,于是他勒令黄婉君服毒自杀,黄哀求陈百生放她一马,但陈坚决不答应,无奈,黄只好说:她可以自杀,但条件是陈百生要给她写篇传记,并且在传记中必须将她写成贞妇,同时要求在她死后,陈要给她建一个贞节牌坊,以此来表彰她的殉夫之节。陈答应了黄的要求,于是黄就自杀了。

　　既然如此,为什么陈百生的《文集》中没有黄婉君的传记呢?周梦庄在文中做了这样的解释:"百生著有《小迦陵馆文集》,集中并无婉君小传。及同治十年辛未,百生成进士,确为之请旌,但妾殉夫，格于例，不许。"

同治十年，陈百生成了进士，他也确实替黄婉君申请了节妇表彰，但按照当时的法律规定，以妾身来殉夫不能立贞节牌坊，所以该事只能作罢。可能是这个原因，陈百生最终未给黄婉君写传记。还有一种说法，则是陈百生在《辛未日录》中的所言："九月初五日，在上海会见江都陈逸耘，逸耘作《黄烈妇传》，乃请友人所作，惜乎篇帙沦荡矣。"原来，陈在上海看到别人给黄婉君写的一篇传记，不知他是否因此而决定不写了。

但对于黄婉君被逼而死，还是有人替其打抱不平，比如谢孝苹在《读蒋鹿潭〈水云楼词〉札记》中提到了陈百生为什么要做这么一件事："陈百生是江苏东台人，杜小舫署东台分司时二人相识。百生于同治六年登贤书，其社会地位已由一个普通士子跻于乡绅之列。蒋鹿潭之死，杜小舫自然要受公众舆论的谴责。杜小舫处于不能自拔的困境中，正值鹿潭遗书有疑及黄婉君不安于室的内容，这使陷于不义的杜小舫，获得保全令誉的办法。杜小舫借题发挥，以一弱女子的生命为自己洗刷。黄婉君成为替罪的羔羊。逼婉君一死，等于宣告杀蒋鹿潭的凶手是黄婉君而非杜小舫，陈百生深得杜小舫之心，不惜以其乡绅身份，充当杜小舫的帮凶。"

蒋春霖晚年生活上的困苦，除了性格上的原因，还有一个原因就是太平天国之乱，而他的词作中受后世最为看重的部分，就是他用词记录了那个特殊年代的一些史实，故而刘勇刚在《水云楼诗词笺注》的前言中说："《水云楼词》最大的价值就是描写战乱，堪称'词史'。从艺术渊源来看，它于'清商变征之声'中实有阳羡词派之意脉。"而周梦庄在《水云楼词疏证》前言中也说："蒋鹿潭把战争题材写到词中去，甚至又使用了高度夸张的笔法来表现战争题材，人们看到，蒋鹿潭为词的中兴，在开辟新的道路。这在词学发展史上的意义是不可低估的。"

蒋春霖的词作中,以描写太平天国战乱的词最受后世所关注,例如他所写的一首《踏莎行·癸丑三月赋》:

叠砌苔深,遮窗松密。无人小院纤尘隔。斜阳双燕欲归来,卷帘错放杨花入。

蝶怨香迟,莺嫌语涩。老红吹尽春无力。东风一夜转平芜,可怜愁满江南北。

癸丑乃是清咸丰三年,正是这一年,太平军攻陷南京,宣布以南京为首都,并将南京改称为天京,而蒋春霖的这首词正是记录的这段史实。

南京陷落之时,他的朋友金丽生突围而出,并向他讲述了突围的过程,而后他写了篇《台城路》:

惊飞燕子魂无定,荒洲坠如残叶。树影疑人,鸦声幻鬼,欹侧春冰途滑。颓云万叠。又雨击寒沙,乱鸣金铁。似引宵程,隔溪磷火乍明灭。

江间奔浪怒涌,断笳时隐隐,相和呜咽。野渡舟危,空村草湿,一饭芦中凄绝。孤城雾结。剩罥网离鸿,怨啼昏月。险梦愁题,杜鹃枝上血。

对于该词的本末,蒋春霖在小序中说:"金丽生自金陵围城出,为述沙洲避雨光景,感成此解。时画角咽秋,灯焰惨绿,如有鬼声在纸上也。"

由小序可知,战争给社会带来的悲苦让人不忍卒闻。金丽生逃出城的过程十分艰险，同时还赶上大雨，但最终还是脱离了险境，这个过程让蒋春霖感到庆幸不已。对于该词描写过程之逼真，陈廷焯在《白雨斋词话》中评价说"状景逼真，有声有色"，而黄嫣梨则直称该词"所谓词史矣！"对于该词，严迪昌在《清诗史》中，从艺术角度予以了如下的概括性总结："蒋春霖的艺术表现力极高强，词中不作议论感慨，全写感受，从视觉、听觉、触觉、味觉等各种感觉予以深细刻划，整体氛围浓郁烘托而出。结尾处的比兴手法把议论、感慨尽从不言中揭出，极妥贴浑润。"

对于太平军占领南京后的情形，蒋春霖有一首《木兰花慢》：

> 破惊涛一叶，看千里、阵图开。正铁锁横江，长旗树垒，半壁尘埃。秦淮几星磷火，错惊疑、灯影旧楼台。落日征帆黯黯，沉江戍鼓哀哀。
>
> 安排，多少清才。弓挂树，字磨崖。甚绕鹊寒枝，闻鸡晓色，岁月无涯。云埋蒋山自碧，打空城，只有夜潮来。谁倚莫愁艇子，一川烟雨徘徊。

蒋在该词的小序中说："甲寅四月，客有自金陵来者，感赋此阕"，看来，蒋春霖遇到了另一位也从城中逃出来的朋友，那个朋友向他讲述了自己逃出南京城时的艰难，以及城中的乱象，蒋春霖将该友人的叙述融进了词中，并且以用典的方式来描绘城中的情形。因此黄嫣梨评价该词称："全词事典，句句写金陵，虽不正言战事，但太平军入南京后，昔日之繁华，一去不复，其惨重可知。"

对于太平军占领南京时的情形，蒋春霖作的《木兰花慢·江行晚过北固山》最受后世所夸赞：

泊秦淮雨霁，又灯火，送归船。正树拥云昏，星垂野阔，暝色浮天。芦边。夜潮骤起，晕波心，月影荡江圆。梦醒谁歌楚些，泠泠霜激哀弦。

婵娟。不语对愁眠。往事恨难捐。看莽莽南徐，苍苍北固，如此山川。钩连。更无铁锁，任排空，樯橹自回旋。寂寞鱼龙睡稳，伤心付与秋烟。

陈廷焯在《白雨斋词话》卷五中，赞誉该词称："'芦边，夜潮骤起，晕波心，月影荡江圆'，'看莽莽南徐'以下，精警雄秀，造句之妙，不减乐笑翁。"而谭献则把该词看得更高，其在《箧中词》卷五中夸赞道："子山、子美，把臂入林。"

虽然说，蒋春霖对其妾黄婉君出墙之事颇为生气，但他对自己另找异性却并不介意；不过在那个时代，男人无论在家中还是在外面有许多女人，倒是普遍之事。从蒋春霖所作的词中看，他也有不少红颜知己，比如他写的一首《月下笛》：

浅树留云，疏花倚石，小亭秋聚。风泉暗语。夜深琴韵愁谱。芭蕉叶碎桐阴减，料不碍、空阶细雨。奈笺纹叠雪，筝床横玉，旧情无数。

休赋。归来句。待采遍芙蓉，隔江烟雾。吹箫俊侣。跨鸾今在何许。相思泪滴珊瑚枕，尚梦到、穿针院宇。只后夜酒醒时，满地鸣虫自苦。

而该词的小序则为："院落乍秋，乱蛩絮壁，赋寄眉月楼。"对此，周梦庄做了细致的考证，其认为这眉月楼乃是某个妓院的堂号。

蒋春霖还有一位女友名叫曹素云，蒋称她为阿素，二人关系甚好，黄嫣梨认为阿素也是一位风尘女子，此女去世后，蒋颇为哀伤，填了一首《西河》来悼念曹素云：

芳信断。莺帘恨事谁管。笼鹦生小忒聪明，妒春命短。玉奴狂约嫁东风，钗头栖凤先散。

记深夜，温翠琖。药窗花影零乱。丝丝红冷唾壶冰，镜眉未展。怨鸿还说不伤心，龙绡都衬香汗。

只今泪点凝素练，挽春魂难画娇面。除梦应差重见。奈梨云瘦尽，罗屏熏换。残月相思和天远。

这首词写得情真意切，阿素的死让蒋春霖十分的哀伤，他说自己对阿素的相思之情并没有因为其去世而消减。

虽然如此，蒋春霖跟其正妻的关系也很好，其妻去世四个月后，蒋春霖填了一首《庆春宫》：

蚓曲依墙，鱼更隔岸，短廊阴亚蔷薇。露幕闲阶，微凉自警，无人泥问添衣，并禽栖遍，趁星影、孤鸿夜飞。绳河低转，梦冷孀娥，香雾霏霏。

当时曲槛花围。却月疏帘，玉臂清辉。纨扇抛残，空怜锦瑟，西风怨入金徽。返魂烧尽，甚环珮、宵深怕归。茫茫此恨，碧海青天，惟有秋知。

由此词可以显见，在某个秋天的晚上，蒋春霖坐在那里怀念着亡妻曾经给他带来的温暖。

关于蒋春霖的词风，按照《清史稿》上的说法："徬徨沉郁，高者直逼姜夔。"对于这种评价，黄嫣梨认为所言不差，但同时又觉得蒋春霖的词,更多的是得自张炎。而后黄嫣梨在《蒋春霖评传》中,将张炎和蒋春霖所作的同词牌的《甘州》进行了对比,张炎的所作为:

辛卯岁,沈尧道同余北归,各处杭、越逾岁,尧道来问寂寞,语笑数日,又复别去。赋此曲,并寄赵学舟。

记玉关、踏雪事清游,寒气脆貂裘。傍枯林古道,长河饮马,此意悠悠。短梦依然江表,老泪洒西州。一字无题处,落叶都愁。

载取白云归去,问谁留楚佩,弄影中洲?折芦花赠远,零落一身秋。向寻常、野桥流水,待招来、不是旧沙鸥。空怀感,有斜阳处,却怕登楼。

而蒋春霖的《甘州》则是:

玉午桥,常山人,词笔清丽似吴梦窗。渡滹沱时相见。庚午,复遇于南中,云自越绝返都门也,歌而送之。

记疏林,霜堕蓟门秋,高谈四筵惊。击珊瑚欲碎,长歌裂石,分取狂名。短梦依依同话,风雨客窗灯。一醉江湖老,人似春星。

蓦上长安旧路,怅春来王粲,还赋离亭。唤天涯绿遍,今夜子规声。待攀取、垂杨寄远,怕杨花、比客更飘零。凄凉调,向琵琶里,唱彻幽并。

而后黄嫣梨评价说:"这两首《甘州》词,从小序到全篇的结构,用字使意等等,几乎同一机杼。"

对于蒋春霖的词作,虽然叫好声一片,但也有人对此有着微词,比如朱祖谋就认为蒋的词"气格驳而不纯"(《手批〈箧中词〉》),但严迪昌不认可朱祖谋的这句批评,其在《清诗史》中说:"蒋春

△ 垂虹桥遗址公园

霖的词不作一味的内敛型的骚雅之求，也不平和到无火气。其实他也没有多少火气，只有一股凛冽的寒苦气，并稍有横放味，这在某些词学家看来就'不纯'了。"而王易在《中国词曲史》中则对《水云楼词》给予了颇高的夸赞："气韵既高，声律复密；不专寄托，而情景自尔交融；不费推敲，而吐属自然深稳；觉前之标主旨立门户者犹未观其通也。"

△ 垂虹桥遗址公园大门

如前所言，蒋春霖自尽于垂虹桥，该桥位于今日的江苏省苏州市吴江区松陵镇东门外。本程的寻访得到了卜若愚先生的大力协助，一同前往吴江者还有卜先生的朋友叶剑青，以及

蒋春霖：茫茫此恨，碧海青天，唯有秋知　　545

△ 遗址公园内的碑廊

苏扇博物馆对当地颇有研究的张琦女史。

　　因为叶先生开车又稳又快，没费多少时间就来到了吴江，在城中心位置看到了一处仿古公园。走入公园内，眼前的景色构建得颇为精巧，卜兄跑上前向一位正在钓鱼的妇女打问垂虹桥在哪里。女人对于钓鱼似乎少有偏好者，而今见到一位，我等几人都感到颇为新鲜。可能是太过投入，卜兄的问语吓了此女一跳，她听闻卜兄的话后，称自己不知有此桥，我等几人只好继续在公园内寻找。可是刚走出不远，该女又大声地告诉我等，沿着公园左侧的路一直前行就是垂虹桥。

△ 终于看到了垂虹桥

　　按其所言，沿着公

园左侧之路边走边拍,走到顶头的位置是一处仿古建筑,而沿墙的一面则是碑廊。这些刻石乃是新近刊刻的,我一一细看,想从上面找到跟蒋春霖有关的词句,可惜未果。正在此时,遇到了一位中年人站在水边吸烟,于是我向他请教垂虹桥在哪里,此人顺手向前一指。顺其所指看过去,在眼前的湖水中,有一座联拱石桥残存在那里。

△ 来到了垂虹桥

显然,这座垂虹桥仅剩了一个残段,我之前在资料上看到有说,此桥乃是江南地区第一长桥,而今残存的部分跟这个"第一"差距很远。我的这句话引起了指路者的不满,他说:原本该桥比这个残段长十倍,只是几十年前被拆掉了,湖的另一侧还有一个残段,由这两段再加上中间被拆掉的部分,这当然是中国古代最长的桥了。

看来这位中年人对家乡有着本能的热爱之情,我对自己的失言表示了歉意,而后问他如何能走到桥边。他告诉我,可以绕进左手的仿古院落抄近路。此人在前边带路,把我等带进了一个小院,这个小院有可能是公园的管理处。而今各个房间都锁着门,不知里面有着怎样的情形。但院落的侧门则通向我等停车不

△ 文保牌

蒋春霖：茫茫此恨，碧海青天，唯有秋知　　547

远的大马路，而路的右手则是垂虹桥的起头部分，看来我们从停车到找到此桥，也是绕了一个大大的 U 字形。

在此桥的桥头位置，立着江苏省级文保牌，称此为垂虹桥遗址。而今这一段残桥看不到护栏，走上残桥，看到桥的两侧没有安装过护栏的遗迹，看来当年就是这个模样。如此的长桥却完全没有护栏，不知当初为什么有这样的设计，不知当年的蒋春霖是不是就是站在这座桥上跳下去的。

我转到了桥的侧边，细细地看这座古桥的建筑方式，感觉其建造手法不同于河北的赵州桥，但其长度却比赵州桥有了很大的进步，按照文保牌背面的说法："垂虹桥，本名利往桥，俗称长桥。始建于宋庆历八年（1048），时为石墩木桥，元泰定二年（1325）改建为联拱石桥，62 孔；后经明清两朝屡次修建，增至 72 孔。原桥中建'垂虹'亭，桥两端分别立'汇泽'、'坻定'亭，并镇以石狮两对。昔日，垂虹桥环如半月，长若垂虹，三起三伏，蜿蜒如龙，被誉为'江

△ 小岛上没有姜夔的鲈乡亭

南第一长桥'。"由此可知，该桥原有72孔。这么多孔确实很少见。

在石桥的入口位置有两个大的凹槽，以我的猜测，这里应当立着两根高高的石柱，也算是该桥入口的标志吧。登上桥面，能够看

△ 垂虹桥局部

△ 这应该是当年的石础

蒋春霖：茫茫此恨，碧海青天，唯有秋知　　549

△ 不同时代修补的桥面

到铺装的石材有着不同的颜色，这也是历代修补后的痕迹。而桥的最前方有一座小岛，那个小岛应该就是《江阴县续志》上所说的鲈乡亭，可惜上面已经看不到小亭，而在右侧的公园内，则建起了一座高高的仿古塔。我真盼望着鲈乡亭能够恢复起来，毕竟那是跟宋代大词人姜夔有着关联之地，更希望这座长桥也能予以修复，虽然说蒋春霖自杀于此并非是值得夸耀的一件事，但毕竟这座桥也曾经是江南之最。

△ 两侧没有安装过护栏的痕迹

王鹏运：兴亡事，醒醉里，恨悠悠

词学到了晚清，最著名的团体当为临桂词派，该派的主要人物有王鹏运、郑文焯、朱祖谋、况周颐等人，而这几位人物又被称之为"晚清四大词人"。最早提出这种说法者乃是龙榆生，1931年出版的《暨南大学文学院集刊》第一集上发表了他所作的《清季四大词人》一文。

然而，龙榆生在此文中所提到的四大词人，并非就是上面提到的那四位，这里面不包括朱祖谋，但却有文廷式。他的这种做法倒并不是说朱祖谋的水平比不上另几位，其主要原因是因为他写此文时朱祖谋还在世，因此本着"生不立传"的成规，没有把朱祖谋列入。虽然说文廷式的词在其当世也很有名气，然而他的词风却跟另三位相差较大，故后人把文廷式从四大词人中撤了出来，而补上了朱祖谋。

自此之后，"清季四大词人"成为了专用名词，而这"四大"也就是我前面提到的那四位。但朱德慈认为，这样的概括并不准确，他觉得应当将文廷式加入，并称为"清季五大词人"，其理由是"文廷式的词作成就不比临桂派四大词人弱"，看来临桂派成为了清代词学中的重要派别。

关于"临桂词派"这种称呼，最早的出处是叶恭绰的一句话，叶在《广箧中词》卷二中说："幼遐先生于词学独探本原，兼穷蕴奥，转移风会，领袖时流，吾常戏称为'桂派'先河，非过论也。彊村翁学词，实受先生引导。文道希丈之词，受先生攻错处亦正不少。"看来"桂派"只是叶恭绰的一句玩笑，而他的这句玩笑也并没有说是"临桂词派"，他仅说是"桂派"。但是，他的这句玩笑却受到了后来研究者的重视，比如蔡嵩云在《柯亭词论》中说："第三期词派，创自王半塘，叶遐庵戏呼为桂派，予亦姑以桂派名之。和之者有郑叔问、况蕙风、朱彊村等，本张皋文意内言外之旨，参以凌次仲、戈顺卿审音持律之说，而益发挥光大之。此派最晚出，以立意为体，故词格颇高；以守律为用，故词法颇严。今世词学正宗，惟有此派，余皆少所树立，不能成派。"

蔡嵩云在这里直言，"桂派"之说是本自叶恭绰，而后他点出了这四大词人之名，由此可见，晚清四大词人其实就是桂派词人。对于这派的词旨，蔡嵩云也有所论述，他把桂派视之为晚清唯一的词学正宗，虽然其他词人也有，但都不能单独立派。

其实，这四大词人仅有王鹏运和况周颐是广西临桂人，但因为王鹏运实际上是该派中最重要的人物，故而这一派被称之为临桂词派。但也有人不这么称呼，比如钱仲联则认为该派的核心人物是朱祖谋，他在《清词三百首》前言中说："这派的中心领袖是朱祖谋，影响从清末直到民国二十年以至朱的身后，彊村是朱氏因家乡湖州祖居埭溪镇位于上彊山麓而取名。这派的领导人物和成员，朱氏外包括王鹏运、郑文焯、况周颐、张尔田、陈锐等，他们并不是湖州人，王鹏运、况周颐是临桂人，早期同官京师，切磋词学，时人有'临桂派'之称。但王、况词风并不相近，二人说不上派。"

在这里，钱仲联直接点题，讲出了朱祖谋在晚清词学上的重大影响，同时又称他跟王鹏运和况周颐在词风上有着一定的区别，因此他的结论是："朱氏之所以成为该派的领袖，一则他先在京师时与王鹏运共同探讨词学，趋向基本一致，再则朱氏晚年卜居苏州，郑、张、陈诸人都聚集于吴下，形成风气……这许多词家，围绕在朱氏周围，成了'彊村派'的群体。"

因此，钱仲联认为不应当把这一派称为"临桂派"，而要关注该派的领袖朱祖谋，而朱祖谋号彊村，故他认为应当将"临桂派"改名为"彊村派"。但是从历史衍变来看，王鹏运填词的时间要比朱祖谋早得多。光绪二十二年，朱祖谋在北京加入了王鹏运的咫村词社，从此之后才开始学习填词，而况周颐的弟子赵尊岳在《填词丛话》中也称"清末彊村、蕙风并师半塘"，而"半塘"乃王鹏运之号，即此可知，王鹏运乃是朱祖谋之师。

对于钱仲联的这个说法，巨传友在其专著《清代临桂词派研究》一书中，进行了较为详尽的分析，而后认定："王鹏运才是这一词派的开创者和领导者。"既然如此，那巨传友怎么看待钱仲联的这个说法呢？他认为，王鹏运去世之后，朱祖谋迁居到了苏州，随后况周颐、郑文焯等人在江南一带聚集，而这些词人中，以朱祖谋的声望最高，故他成为了临桂词派的领袖，因此巨传友认为，如果把王鹏运的去世作为界线，那么此前的领袖当然是王鹏运，而后期则是朱祖谋，更何况从词派的发展脉络而言，朱祖谋依然是本着临桂词派既有的风格，故而这一派称为临桂词派更为恰当。

对于这种认定，已然成为了学术界的共识，比如严迪昌在《清词流派述要》一文中称："号称'清季四大家'的王鹏运、朱祖谋、郑文焯、况周颐是近代四位影响极大的名词人和词学家。'四大家'中除王鹏运外，其余三人均自光绪、宣统而入民国，以'遗老'身份唱和于沪、吴一带。王鹏运、况周颐均系广西人，朱祖谋先擅于诗，后受王鹏运影响而专力为词，故时人又有'临桂派'之称，其实'桂派'的词学观，渊源仍在'常州词派'，是'常派'的余波一脉。"

在这里，严迪昌认为临桂词派乃是常州词派的余绪，而谢桃坊也是这样认定的，他在《中国词学史》中称："因为鹏运与况周颐都是广西临桂（桂林）人，其论词作词均在词坛独树一帜，故又被称为'临桂派'。然而其词学却渊源于常州词派，实为常州派的绪余。"

虽然这样的认定也有着不同的声音，限于篇幅，在此不再一一展开论述，然有一点可以确认，那就是王鹏运对临桂词派的贡献，因为这一派能够成立，除了他的词作，同时他也是该派的组织者，故而王鹏运可以称为临桂词派中最重要的人物。

王鹏运出生在桂林，10岁之前一直生活在家乡。咸丰九年，王鹏运跟随父亲来到江西的任职地，到了同治九年，他考中了举人，而后他就进京参加进士考试，虽然没有考中，但他却留在了北京。在此期间，他开始填词，关于这方面的影响，应该跟王拯有很大的关系。

这位王拯本是王鹏运的亲戚，他在京期间建起了觅句堂，王拯在觅句堂中经常搞聚会，邀请广西籍的人士来填词。而在此期间，王鹏运结识了端木埰，此人对王鹏运影响较大，他纠正了王鹏运的词作中一些轻佻纤艳之弊。

同治十三年，在王鹏运26岁时被补授为内阁中书，十年之后又升为内阁侍读，再过了十年，他被升职为江西道监察御史，到了这个职务就可以直接给皇帝写奏章了，为此王鹏运特别高兴，于是写了一首《鹧鸪天》：

太液秋澄露半销，天风依约响琅璈。漫将弱质轻蒲柳，得近宫墙也后凋。

移故步，认新巢，凤池回首日轮高。蔚州即墨声华在，珍重新恩赐珥貂。

王鹏运在这首词中描绘了他得授此职的喜悦心情,并且以此来表示他要效忠皇帝,可见他是何等感激这种知遇之恩。他在此任上弹劾过许多著名的大臣,可见王鹏运的性格颇为耿介,为此也得罪了不少人,况周颐在《王鹏运传》中称:"鹏运秉性淳笃……夙不慊于津要,恚之者百计中伤之,卒坎壈于仕途。才识闳通,不获竟其用。"

如此的个性当然会影响到他的仕途。当年慈禧太后要用大笔的钱重修圆明园,王鹏运上奏章坚决阻止此事,搞得慈禧太后大不高兴,为此差点儿惹来了杀身之祸。而后戊戌变法的失败也让王鹏运产生了很大的幻灭感,他曾写过一首《西河·燕台怀古用美成金陵怀古韵》:

游侠地。河山影事还记。苍茫风色淡幽州,暗尘四起。梦华谁与说兴亡,西山浓翠无际。

剑歌壮,空自倚。西飞白日难系。参差烟树隐舳舻,蓟门废垒。断碑漫酹望诸君,青衫铅泪如水。

酒酣击筑访旧市,是荆高歌哭乡里。眼底莫论何世。又芦沟冷月,无言愁对,易水萧萧悲风里。

王鹏运在这首词中表达出了他对国事的失望之情。王鹏运生逢乱世,爱国之情无法得以实施,心中为此而积下来的郁闷就成为了他所填之词的主格调。比如甲午战争时,清军大败,之前的主战派都受到了惩罚,当时的礼部侍郎志锐就曾上书主战,战争失败后,他被贬往乌里雅苏台任参赞大臣。志锐在出京之前,很多朋友给他送行,在送行会上,王鹏运写了首《八声甘州》:

是男儿、万里惯长征,临歧漫凄然。只榆关东去,沙虫猿鹤,莽莽烽烟。试问今谁健者，慷慨着先鞭。且袖平戎策，乘传行边。

老去惊心鼙鼓，叹无多忧乐，换了华颠。尽雄虺琐琐，呵壁问苍天。认参差、神京乔木，愿锋车、归及中兴年。休回首、算中宵月，犹照居延。

甲午战争后，李鸿章等准备把台湾割让给日本，文廷式上奏，认为不应当答应日本人的要求，同时王鹏运也上奏提到：如果满足了日本人的要求，今后将后患无穷。而后文廷式遭到了李鸿章等后党人物的暗算，被迫离京，王鹏运在给文廷式送行时写了首《木兰花慢》：

茫茫尘海里，最神往、是归云。看风雨纵横，江湖溃洞，车骑纷纭。君门，回头万里，料不应长往恋鲈莼。凄绝江天云树，骊歌几度声吞？

轮囷，肝胆共谁论？此别更销魂。叹君去何之？天高难问，吾舌应扪。襟痕，斑斑凝泪，算牵袂何只惜离群。烦向北山传语，而今真愧移文。

对于这首词，严迪昌在《清词史》中评价说："愁怀抑郁，怨情浓重。"面对这样的政局，王鹏运觉得已经难以抒发他的报国之心，于是南下离开了朝廷。在南下途中，他路过了河南开封，而后他特意绕道，前往朱仙镇去拜岳飞祠，他在这里也特意填了一首《满江红》：

风帽尘衫，重拜倒、朱仙祠下。尚仿佛、英灵接处，神游如乍。往事低徊风雨疾，新愁黯谈江河下。更何堪、雪涕读题诗，残碑打。

黄龙指，金牌亚。旌旆影，沧桑话。对苍烟落日，似闻悲咤。

气眘蛟鼍澜欲挽,悲生笳鼓民犹社。抚长松,郁律认南枝,寒涛泻。

王鹏运在这首词中表达了自己壮志难酬的郁闷心情,之后他继续南下,到达了南京。在南京时,他受到了张仲炘等人为他举办的接风宴,在此宴上,他写了一首《水调歌头》:

微风转城曲,凉意乍先秋。不知今夕烟月,何事为人留?欲访齐梁陈迹,但见珠歌翠舞,灯火夜光浮。孤啸倚舷立,酾酒酹沙鸥。

兴亡事,醒醉里,恨悠悠。微茫空外云气,直北是神州。为问青溪舴艋,来往撇波双桨,载得几多愁?漫洒新亭泪,吟思渺沧洲。

这首词表明王鹏运虽然对政局失望,但他依然有着忧国之心。

对于王鹏运的词风,郑逸梅在《艺苑琐闻》中称:"王半塘坚苍,郑叔问工隽,朱古微和雅。"这里用"坚苍"二字来概括王鹏运词作的总体风格,但其说法似乎不如陈锐在《褒碧斋词话》中说得明确:"王幼遐词,如黄河之水,泥沙俱下,以气胜者也。"看来,陈锐认为王鹏运词作的最大特点是气势庞大。而王伯沆则在《清词四家录》中评价王词时说:"半塘词初从南宋入,至晚年始有北宋意致,海内几无与抗手矣。余前见半塘未刻稿,昨得自订者,熟诵至二年,录其幽涩之作。惜老人已逝,无从证明。后有作家,必不以余言为异趣也。"

由此可知,王鹏运早年是学南宋词,而到其晚年,则上追到北宋,已经达到了他那个时代最高的作词水准。

严迪昌在《清词史》中录有王鹏运所作的两首《沁园春》,王在此词的小题中称："岛佛祭诗，艳传千古。八百年来，未有为词修祀事者。今年辛峰来京度岁，倡酬之乐，雅擅一时。因于除夕，陈词以祭。谱此迎神，而以送神之曲属吾弟焉。"对于这段小题，严迪昌解释道："所谓祭词，是向'词神'陈述一己的'词心'，以及表呈所追求的'词境'，而从别种意义上说则也是对词的功能、价值的一次总结。"

王鹏运的这两首词，上首为问，下首为答，共同组成了他对词心的表述：

词汝来前！酹汝一杯，汝敬听之！念百年歌哭，谁知我者？千秋沉濩，若有人兮。芒角撑肠，清寒入骨，底事穷人独坐诗？空中语，问绮情忏否？几度然疑？

玉梅冷缀苔枝，似笑我吟魂荡不支。叹春江花月，竟传宫体；楚山风云，枉托微辞。画虎文章，屠龙事业，凄绝商歌入破时。长安陌，听喧阗箫鼓，良夜何其？

词告主人，酹君一觞，君言滑稽。叹壮夫有志，雕虫岂屑；小言无用，刍狗同嗤。捣麝尘香，赠兰服媚，烟月文章格本低。平生意，便俳优帝畜，臣职奚辞？

无端惊听还疑，道词亦穷人大类诗。笑声偷花外，无关著作；情移笛里，聊寄相思。谁遣方心？自成杏舌，翻讶金荃不入时。今而后，倘相从未已，论少卑之。

王鹏运是想用这两首《沁园春》来告诉人们，不能仅仅把词视之为小道，因为词也同样是价值观念的表现。

而对于王鹏运整体的词风，严迪昌在《清词史》中给予了这样

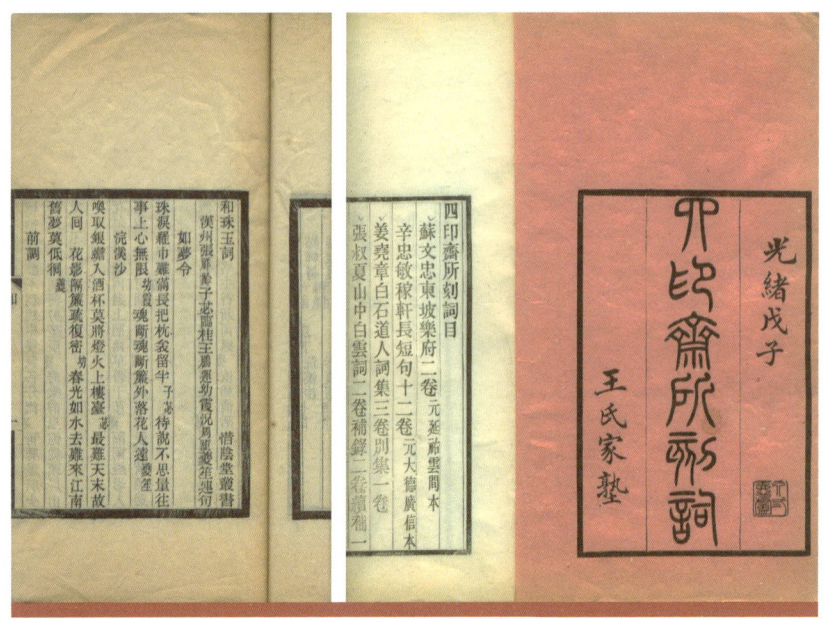

△ 王鹏运等撰《和珠玉词》一卷，民国二十年刻惜阴堂丛书本，卷首

△ 王鹏运辑《四印斋所刻词》，清光绪十四年临桂王氏家塾刻本，书牌

的总评："在'清季四家'中，王鹏运词密而不涩，较为健朗，格调在王沂孙和辛弃疾之间。学问语比朱孝臧少，所以显得透灵些；又不如郑文焯的精心于声律，于是也就避免了辞不称意的弊端。"

到了晚清，因为临桂词派的出现，给中国词史增添了一段没落中的辉煌，能够有这样的辉煌，起到决定性作用的人物，就是王鹏运。从前人的回忆文字中，就能感受到王鹏运为了壮大词在社会上的影响，他不断地拉人入伙，比如前面提到的朱祖谋就说过这样的话："予素不解倚声。岁丙申，重至京师，半塘翁时举词社，强邀同作。翁喜奖借后进，于予则绳检不少贷。"

朱祖谋说自己完全不懂填词，就是因为被王鹏运强行拉入了词社，才有了在词作上的成就。类似的情况还有夏孙桐，他在《悔龛词序》中说："丁酉、戊戌间在京师时，从王半塘、朱古微游，强拉入社，所作甚少，稿亦多佚。"

夏孙桐也是说自己是被王鹏运强行拉入了词社，由此可知，王鹏运为了壮大填词队伍，不惜用各种手段拉有潜质的人入社。他能做到这一点，当然跟其在社会上的影响力有关系，否则那些重要人物们也不会任他强拉入社。

即便如此，组织词社也是一笔不小的开支，那王鹏运如何解决经费问题呢？关于这一点，夏承焘在《天风阁学词日记》中有所表述，他在1939年3月23日的日记中写到："半塘行五。其仲兄名维翰，字仲培，同治甲戌进士，户部主事，官河南粮道，宦囊甚裕。半塘寓京，自奉极丰。车马居室，无不华丽。以云南乌金为烟具，值数百金。其挥霍刻词所费，皆取之仲兄，年需万金。"

王鹏运有个叫王维翰的哥哥，这位哥哥是个有钱人，再加上鹏运本人在朝中任职，收入也不低，于是他就拿这些钱来搞聚会与刊刻词集。

就这个角度而言，主持词社也同样是王鹏运对中国词史的一大贡献。严迪昌在《清词史》中说："词家有校勘之学，始自王鹏运。"龙榆生在《清季四大词人》中，更加肯定了王鹏运在这方面所做出的成就："自鹏运以大词人从事于此，而后词家有校勘之学，而后词集有可读之本。至彊村先生，益务恢宏，以成词学史上最伟大之《彊村丛书》。'鹜翁造其端，彊村竟其事'。伟哉盛业！匪鹏运孰能开风气之先欤？"而刘毓盘在《词史》中也称："光绪中，王鹏运刻宋金元人词，一时仿之者甚众，零星孤本，萃于一编，尤非列入丛书者所及焉。"可见，王鹏运在词史的校勘方面做出了特别突出的贡献。

其实，清代的校勘学应该说是历代最为发达的，王鹏运校勘词籍也应当是受这种风气的影响。然王鹏运认为词籍校勘不能等同于正经正史的校勘，他在《梦窗甲乙丙丁稿跋》中说："词最晚出，其托体也卑，又句有定字，字有定声，不难按图而索。但得孤证，即可据依，此其易也。然其为文也，精微要眇，往往片辞悬解，相饷在语言文字之外，其非寻行数墨所能得其端倪者，此其难也。"

也正因如此，王鹏运在校勘词籍方面下了很大功夫，而今他所刊刻的这些词集完全地保留了下来，为此也引起了词集收藏的热潮，这种余续至今未曾歇息。

王鹏运故居位于桂林市秀峰区榕杉湖景区西园燕怀堂，这是我从资料上查到的地点，到桂林的前两天，我就把这个地址发给了徐俊霞老师。在桂林见面时，她告诉我已经问过多人，均未听说在景区内有西园燕怀堂。在桂林的第三天，除了徐老师，另有广西师大出版社的鲁朝阳和马艳超两位老师共同带我寻访，他二人也未听说过有这么个地点，于是决定到榕杉湖景区内实地寻找。

中午吃饭的地点就是在榕湖边的榕湖饭店内，这个饭店我颇为熟悉，因为前两次来桂林都是住在了这里，但我却不知道旁边有一个颇具当地特色的餐饮之地，吃完饭后就开始在院内寻找。虽然这里景色依旧，但我还是有着特别的新鲜感，因为庭院内摆放着许多景观石，而这些石面上均为刊刻的印章，以印章作为主题来装饰庭院，这倒是一种新奇的做法，我在这里看到了齐白石、徐悲鸿等大名家，当然，我来这里不是为了朝拜他们。

在榕湖饭店的侧门看到了榕湖美术馆，这是我以往未曾留意过的地方，马艳超走进馆内打问，而后他称有人说这个西园可能就是旁边的白崇禧故居。这个故居上次我就来过，却未曾想跟王鹏运有什么关系，于是径直向内走去。

故居入口的左侧是一座独立的小楼，鲁朝阳说这就是故居管理用房，但此时是中午，大门上着锁，于是我等径直进入了院内。而

王鹏运：兴亡事，醒醉里，恨悠悠　561

△ 白崇禧故居大门

今院内建造成了一个雅致的饭店，走进大堂向前台的工作人员请教这个饭店遗址是否跟王鹏运有关，年轻的服务员不知道王鹏运是谁，然而她却热情地从后面请来了一位年长者，此人仔细看了我的寻访目录，而后认真地告诉我，他在这里工作多年，却从未听说过王鹏运这个名字。

既然如此，也只能就此死了心，三位朋友安慰我不要着急，此后他们还会通过其他的朋友了解细节，说不定我下次再到桂林时就能够得到确

△ 榕湖饭店内的印章石

切的结果。想一想,昨天徐俊霞已经带我找到了王鹏运的墓,至少在桂林已经找到了他的痕迹,于是也就放下心来。

王鹏运的墓位于桂林市七星区育才小学院内。徐俊霞说,王鹏运的墓园虽然在这个小学里面,但因为归属权的问题,校方不愿意让外人进校区看此墓,为此她已经托了几层的关系,直到昨天上午才得到校方的同意。想一想,有朋友的好处正在这里。以我的经验,进小学内寻访遗址是十分困难的一件事,既然得到了同意,那就趁热打铁,马上前去探访。

穿过一个长长的采石厂,来到了七星路二巷,可能是赶上了放学的时间,门口有许多家长接送孩子,徐俊霞给校内的一位老师打了电话,我二人在校门口等候。我注意到门口的坡地上竟然是一些刻在水泥上的古篆字,这些篆字用朱漆填色,看上去颇为亮丽,看来这所学校希望孩子们在走路时都要有学习的意识。而侧墙上的门牌号则写明本校为"育才路16号"。

△ 育才小学大门

王鹏运：兴亡事，醒醉里，恨悠悠　　563

△ 王鹏运墓园被围在了墙内

　　几分钟后，学校内走出一位干练的男老师，徐俊霞跟他打招呼后介绍给我认识，眼前的这位是育才小学的陈明华老师，陈老师带我二人走进校园，边走边介绍着情况。陈老师说话颇为直率，他说本小学所处之地原来是大片的乱坟岗，为了拓展校区，学校曾发通告，让人们迁坟，这些坟大多被清走了，唯有王鹏运的墓因为是文化名人，故难以迁走，而后几经交涉，最终把这个墓用围墙圈了起来。

　　穿过教学楼，后面是一个操场，而操场的右侧果真有一个围墙，围墙上绘满了彩图，而里面的植物看上去也颇为郁郁葱葱。穿过操场，眼前又是一座教学楼。陈老师说，这一带就是

△ 墓园的名字为"行知园"

△ 文保牌写为"王半塘墓"

那些乱坟岗，迁走之后才建起了这样一座大楼。而在大楼的侧面则是王鹏运墓园的入口。

入口处是封闭的大铁门，陈老师用钥匙开门之时，我注意到门的上方有拱形的匾额，上面写着"予知园"。徐俊霞问我此为何意，其实我也猜不出这三个字跟王鹏运有何关系，因为我知道王的堂号是"四印斋"，难道他回到桂林后就改成了这个名字？然转念思之，这是他的墓园，而非故居遗址，说不定这三个字另有讲法，于是向陈老师请教。他瞥了一眼后笑了一下，而后说这里叫"行知园"，只是第一个字的"彳"掉了。闻其所言，我跟徐俊霞笑了起来，我庆幸自己没有强作解人。

敞开大门直接就是向上的石台阶，台阶的上方是一块平地，而平地的前方又是一圈围墙，看来那里面才是王鹏运墓园的范围。登上台阶，首先看到的是文保牌，上面写着"王半塘墓"。一般而言，文保牌都会直接标明墓主的姓名，少有用字号者，这里的用法倒是颇为少见。陈老师先带着我二人在墓园内转了半圈，他说这里面原本是学生们课外劳动的实践场地。果真在侧旁看到了几块耕种过的小田地，但现在那里却荒芜着。陈老师解释说，因

△ 内墙上还有一块文保牌

△ 王鹏运墓园　　　　　　　　　△ 王鹏运墓

△ 王鹏运夫人墓　　　　　　　　△ 两墓并列

为在这里发现了蛇，校领导担心学生发生危险，所以这里面就不再耕种。

他的这句话让我跟徐俊霞警惕了起来，这一带荒草蔓地，如果一脚踏在了蛇的身上，恐怕真的要出大事了。但转念一想，此时已经入冬，即使有蛇，也应当钻入了地下的洞穴内，但我不确定南方的蛇是否也有冬眠的习惯。

走进墓园，这里的地面都已经做了硬化。陈老师介绍说，这里的整修都是学校来出钱，而相关的部门并没有拨付费用。他又称，王鹏运后人每年都会来祭拜，他们在此放鞭炮，而离开之后却并不清理，学校担心失火，所以每次在他们祭拜之后都会对这里仔细地打扫。

墓园的后方有两座墓。从外观看，两座墓完全相同，只是大小略有差异。这两座墓都有一米高的石条裙，墓顶裸露，上面长着一些荒草。陈老师说这两座墓可能都是衣冠冢，但我觉得既然有文保部门的认定，至少说明其跟王鹏运有着密切的关系。

右侧的这座墓为王鹏运，因为墓碑上刻着他的官衔，落款为"光绪三十二年"，左侧则是他的夫人墓。然而王鹏运墓顶上有一棵被伐掉的树，我向陈老师请教：为何要砍掉这棵树？他说，墓上的树越长越大，会把墓上的石条撑裂。转到此墓的后方，果真如其所言。陈老师告诉我，学校请工人伐掉此树，当时那个工人要求必须多加五百块钱，因为一般人都不愿意砍伐墓上的树。看来这也是一种习俗。

拍完王鹏运墓园，在走出校园的路上，我看到操场上学生们在愉快地运动，我向陈老师请教：本校的学生是否都知道王鹏运是位大词人？他说，学校有这方面的教育，学生们都了解。想到这一层，倒也很欣慰：如果有这样一位大名人的遗迹处在学校之内，这给学

△ 仿古文化街上的爱莲书院

△ 仿古街上的浮雕　　　　　　　　　　　　△ 街名在这里

生们增添了多少的话题呀，说不定某位学生为此而立志——要成为一位大词人呢！

　　进入校园之前，我就注意到学校右旁的一条小路有不少的仿古建筑，徐俊霞告诉我这是本地建的一条古文化街，走出校园后，我还惦记着这条街，果真在这里看到了许多雕像，而墙上的高浮雕则是跟当地有关的历史故事，沿此一一看过去，真可谓桂林一地整体历史风貌的展示，我在这里还看到了陈宏谋。一路看过去，这条街竟然有几百米的长度。在路的顶头遇到了一个水果摊，那里的一大捆甘蔗吸引了我，于是买上一根，一口啃下去，嘴里充满了甜蜜，徐俊霞站在那里直瞪瞪地看着我，可能这之间画面的转换太快，让她一时没能调过频道来吧。

文廷式：高唱大江东，惊起鱼龙

晚清有"四大词人"之说，而文廷式与此四人并之为五，龙榆生在《晚近词风之转变》一文中称："晚近词人，除王、朱二氏之外，其卓然能自树立者，则有萍乡文芸阁、铁岭郑大鹤、临桂况夔笙三家。"虽然这里提到了文廷式，但却说成了"2+3"的组合。而唐圭璋在《词学论丛》中将这五大家直接并列："近世海内词家，推临桂王半塘、萍乡文芸阁、归安朱古微、高密郑叔问、临桂况夔笙五家。"严迪昌则在《近代词潮》中列为了"4+1"的形式："文廷式虽名不列'四大家'，按其成就，绝不亚于四家。"

以上这些叙述都表明了文廷式在近代词史上有着怎样的重要地位，但也有些相关的论述只提"四大家"而不及文廷式，比如徐珂在《近词丛话》中说："光宣间倚声大家，则推临桂王鹏运、况周颐、归安朱祖谋、汉军郑文焯。"而蔡嵩云在《柯亭词论》中则直称："王半塘、郑叔问、况蕙风、朱彊村为清末四大家。"

既然文廷式所作之词有着如此高的艺术水准，那为什么这两家只称"清末词坛四大家"而不是"五大家"呢？对于其中的缘由，陆有富在其专著《文廷式诗词研究》一书中予以了如下的分析："就词论、词籍校勘成就而言，文氏则不及王、郑、况、朱四家；从另一个角度来看，王、郑、况、朱四家承常州余绪，其词学源出常派而有新变，而徐、蔡二人亦受常派影响较大，所以推王、郑、况、朱为清末常州词派四大词人,而文廷式却不以门户为限,拔帜宗外,卓然自立,同时对常州词派有所批评,所以不被列入,自在情理之中。"

文廷式在社会上的名声,更多的是跟戊戌变法有着紧密的联系,因为他支持变法,成为了"帝党"重要成员,他有着如此的政治主见,这应该跟他的出身及个人经历有着较大的关系。

文廷式是江西萍乡人,按照文氏族谱的记载,江西文氏的祖先乃是汉代著名人物文翁之后。这位文翁在汉初任蜀郡守,正是在他的努力下,四川一地才有了系统的文化传承。虽然是两千年前的人物,他的遗迹至今仍有留存,我曾到成都去寻找过文翁的遗迹。

在后唐时代,文翁后裔中有一位叫文时者,因为在江西做官,故其家族在此繁衍起来,而后文氏出了一位著名的人物,那就是文天祥。到明正德年间,文必达来到了萍乡,这一支就在当地生根发芽,而文必达就是文廷式的十世祖。

文廷式的祖父文晟是清嘉庆二十四年的举人,曾任惠州知府,咸丰九年在跟太平军作战时,力战而亡,他的儿子文星瑞听到这个消息后向总督请兵,收复了被太平军攻占的嘉应州。太平天国之战平息之后,文星瑞就留在了广东任职,而他众多子女之一的文廷式也就出生于广东。

广东一地虽然经历了战乱,但文脉并未断绝,当地的学海堂培养出了许多著名的人物。岭南大儒陈澧曾任学海堂山长,文廷式17岁时入学海堂学习,成为了陈澧著名的弟子,他在那里不但学习到了正统的经学,同时也受到陈澧喜欢作词的影响,故而文廷式喜好作词跟陈澧有较大的关系。

学海堂的这段经历对文廷式很重要,因为这个过程中他结识了很多名流,比如叶衍兰、李文田、陈三立、黄遵宪等人,他们相互之间的交往都会影响彼此的观念。

清光绪十六年，文廷式在科考中取得了一甲第二名的好成绩。四年之后，朝廷又进行大考，光绪帝把他拔为一等第一名，也正因如此，文廷式成为了光绪帝身边特别忠心的人物，而"帝党"人物首领翁同龢也两度成为了文廷式的座师。文廷式在朝中任职期间，跟翁同龢相互呼应，故而成为了"后党"一派痛恨的人。

光绪二十四年，戊戌变法失败，慈禧太后密旨缉拿文廷式，文躲藏到了湘潭，然后在陈宝箴等人的保护下，离开湘潭躲到了汉口。两年之后，文廷式应日本同文会之邀，离开上海前往日本，在日本停留五十余天后又返回了上海，之后参加了唐才常组织的爱国会。而后自立军起义失败，唐才常被秘密杀害。面对此况，文廷式以武装救国的想法彻底破灭，而后他把自己的精力用在了写作之上。光绪三十年八月，他去世于萍乡家中，时年49岁。

前面提到文廷式喜欢作词跟其老师陈澧有一定的关系，陈澧不仅是经学中大师级的人物，在作词方面也颇有成就，张尔田在《吴眉孙词集序》中说："余亦尚论一代之词，于我清声家外，独右陈兰甫。"而陈乃乾在《陈澧小传》中也称："（陈兰甫）存词无多，迥异凡响。"看来，陈澧的词作虽然不多，但却有着自己的独立面目。而陈澧的这种作词态度当然也会影响到文廷式。

文廷式在京任职期间，因为爱好写词，所以他结识了不少在京的重要词人，并且跟这些人共同组织了宣南词社，王易在《词曲史》中说："清末词人，聚于都下者，有宣南词社之集。名流唱和，盛极一时。而国事日非，朝政日紊，往往形诸咏叹。宛然《小雅》怨诽之音。其有集著于世者，如盛昱、文廷式、陈锐、王鹏运、郑文焯、况周颐、朱祖谋，皆社中人也。"

文廷式所处的政局是中国历史上的一个巨变期，他的词作中当然会体现出社会的风云变幻，比如他写过一首《八声甘州》：

响惊飙、越甲动边声,烽火彻甘泉。有六韬奇策,七擒将略,欲画凌烟。一枕䔲腾短梦,梦醒却欣然。万里安西道,坐啸清边。

策马冻云阴里,谱胡笳一曲,凄断哀弦。看居庸关外,依旧草连天。更回首、淡烟乔木,问神州、今日是何年。还堪慰、男儿四十,不算华颠。

这首词前还有一段小序:"送志伯愚侍郎赴乌里雅苏台参赞大臣之任,同盛伯羲祭酒、王幼霞御史、沈子培刑部作。"由小序可知,该词是文廷式给志锐送行时所写。

中日甲午战争失败后,翁同龢、志锐等人联合起来支持光绪皇帝进行维新变法,在慈禧太后等人的阻挠下,时任礼部侍郎的志锐被谪任乌里雅苏台参赞大臣,文廷式在给志锐送行时写出了此词。文廷式在词内感慨了时局,明显地表达出了他心中的不平之气。

文廷式跟志锐算是多年的朋友。清光绪三年,文廷式22岁时,入广州将军长善幕,志锐正是长善的儿子,故而二人有了密切的关系。十几年之后,到了光绪十四年,文廷式又来到了志锐在北京的家,文在这里做长善两个侄女的家庭教师。长善为此两女的伯父,而此两女后来就成为了光绪帝著名的嫔妃——珍妃和瑾妃。

但是,光绪帝的这两位嫔妃却跟慈禧太后的关系处得很不好。光绪二十六年八月初,八国联军集结兵力进攻北京,慈禧太后挟持光绪帝逃往西安。临行之前,慈禧命太监将幽禁于北三所寿药房中的珍妃带出来,而后将其推入慈宁宫后贞顺门附近的井中。当时,珍妃年仅24岁。

由以上的这些记载可知,文廷式的角色始终是站在慈禧太后的对立面,因此文廷式所作的一首《贺新郎》也就有了别样的内涵:

别拟西洲曲。有佳人高楼窈窕,靓妆幽独。楼上春云千万叠,楼底春波如縠。梳洗罢,卷帘游目。采采芙蓉愁日暮,又天涯芳草江南绿。看对对、文鸳浴。

侍儿料理裙腰幅。道带围、近日宽尽,眉峰常蹙。欲解明珰聊寄远,将解又还重束。须不羡、陈娇金屋。一霎长门辞翠辇,怨君王已失苕华玉。为此意,更踯躅。

对于这首词所写的内容,汪精卫在《手批广箧中词》中说:"杨铁崖诗:'六郎酣战明空笑,对对鸳鸯浴锦波。'此斥叶赫那拉后也。《竹书纪年》:'癸命扁伐山民,山民进女于桀二人,曰琬曰琰。后爱二女。斲其名于苕华之玉,苕是琬,华是琰。'以此指珍瑾二妃,使事之工,蔑以加矣。"

当时有这种认定者,不仅汪精卫一位,夏敬观在《学山诗话》中说:"《贺新郎》词云'别拟西洲曲……'此词自喻,亦为珍瑾二妃被谪谴作也。"而朱庸斋在《分春馆词话》也称:"廷式《贺新郎》(别拟西洲曲)一阕,则确为珍妃而作,惜未见王瀣批本《云起轩词》。叶遐庵于此词仅批为'何减东坡乳燕飞华屋',未及指出意义所在。"但陆有富却认为这种说法没有依据,他根据文廷式所撰的《湘行日记》中所做的记载,认为这首《贺新郎》作于光绪十四年戊子正月,而此时珍妃和瑾妃还没有受封,按照《续文献通考》上的记录,封此二妃是光绪十五年的事,而二妃遭到慈禧太后的贬斥则是在光绪二十年,由此可知,该词确实跟二妃没什么关系。

既然文廷式是珍妃的老师,那珍妃之死不可能对其没有触动。当时慈禧杀珍妃之事在社会上广为流传,比如黄濬在《花随人圣庵撼忆》中记有这样一段话:"那拉后之杀珍妃,其时联军已入城,四野传烽,九衢喋血,而于烟尘霾蔽、万众仓皇中,龙楼凤陛,乃有老妇豺心,权珰助虐,至今想来,晦冥号厉,宛转蛾眉之状,真帝王家末路孽冤。若播之管弦,固亦一惊心惨剧也。"

对于珍妃之事以及个人的艰危处境,文廷式写出了著名的《忆旧游·秋雁》:

怅霜飞榆塞,月冷枫江,万里凄清。无限凭高意,便数声长笛,难写深情。望极云罗缥渺,孤影几回惊。见龙虎台荒,凤凰楼迥,还感飘零。

梳翎。自来去,叹市朝易改,风雨多经。天远无消息,问谁裁尺帛,寄与青冥。遥想横汾箫鼓,兰菊尚芳馨。又日落天寒,平沙列幕边马鸣。

对于此词,叶恭绰评价说:"此纯为庚子西狩而作。"(龙榆生《云起轩词评校补编》)相比较而言,朱庸斋在《分春馆词话》中说得更为明了:"文廷式《忆旧游·秋雁》词,写庚子事件,于比兴中有赋体,音节亢亮,格韵颇高。词云'怅霜飞榆塞……'一起融情入景,写八国联军入侵,国家残破。接叙个人苍凉感受。"

就词风而言,文廷式更多的是偏重苏、辛一派的豪放词。虽然如此,他的词作中也有效仿花间词的特征,比如他所作的两首《菩萨蛮》:

帘波轻漾屏山悄,锦衾梦断闻啼鸟。此际觉春寒,绣罗衣怎单。
幽兰凝露重,江远蘋花共。愁极夜如年,静看垆上烟。
情深不惜明珰解,泪珠还沁鲛绡在。云袅翠翘低,沉沉蕙思迷。

> 画桥秋色浅,落叶重门掩。别久倍思量,锦衾初夜长。

对于此词,王鹏运的评价是"秾缛似唐人"(龙榆生《重校集评云起轩词》)。但总体而言,文廷式还是喜欢东坡的词风,夏敬观在《映庵手批东坡词》中说:"惟文道希学士,差能学苏。"对于这首词,陈宝箴也给予了较高的评价:"胸襟甚大,非普通词人语。"(龙榆生《云起轩词评校补编》)

关于仿东坡的词作,文廷式最得意的一篇则是《浪淘沙·赤壁怀古》:

> 高唱大江东,惊起鱼龙。何人横槊太匆匆。未锁二乔铜雀上,那算英雄。
> 杯酒酹长空,我尚飘蓬。披襟聊快大王风。长剑几时天外倚,直上崆峒。

在豪放派中,苏、辛并称,文廷式既然喜欢东坡的豪放词风,其当然也会偏好稼轩,他所作的一首《祝英台近》,就属于仿辛之作:

> 翦鲛绡,传燕语,黯黯碧云暮。愁望春归,春到更无绪。园林红紫千千,放教狼藉,休但怨连番风雨。
> 谢桥路,十载重约钿车,惊心旧游误。玉佩尘生,此恨奈何许。倚楼极目天涯,天涯尽处,算只有濛濛飞絮。

对于该词,文廷式的弟子叶恭绰评价说:"与稼轩《宝钗分》,同为感时之作。"叶恭绰所说的《宝钗分》,实为辛弃疾所作《祝英台近·晚春》一词的首句,我将该词抄录于此,可让喜爱的朋友与文廷式的仿作进行比较:

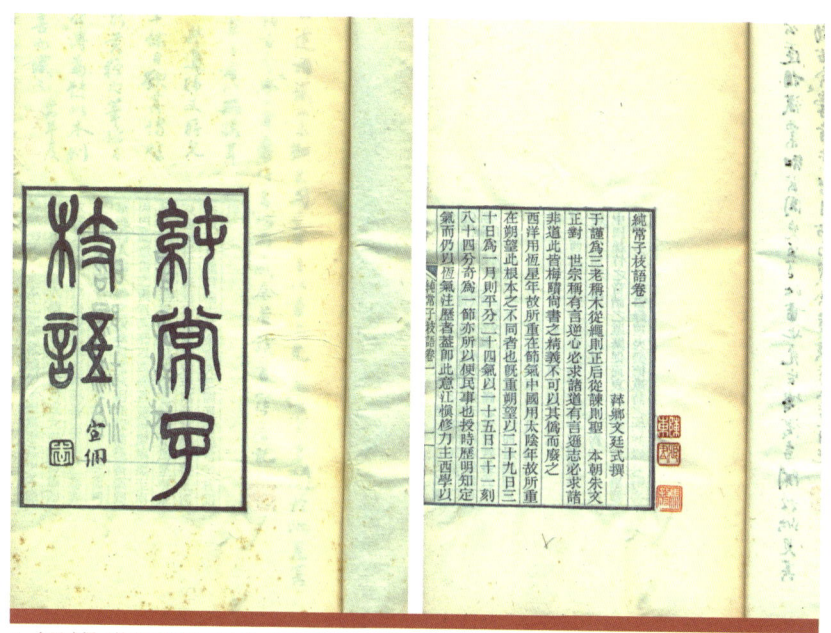

文廷式：高唱大江东，惊起鱼龙　　575

△ 文廷式撰《纯常子枝语》四十卷，民国三十二年序刻蓝印本，书牌

△ 文廷式撰《纯常子枝语》四十卷，民国三十二年序刻蓝印本，卷首

宝钗分，桃叶渡，烟柳暗南浦。怕上层楼，十日九风雨。断肠片片飞红，都无人管，更谁劝、流莺声住。

鬓边觑，试把花卜归期，才簪又重数。罗帐灯昏，哽咽梦中语：是他春带愁来，春归何处？却不解、带将愁去。

其实，辛弃疾的词并不容易效仿，陈廷焯在《白雨斋词话》中说："稼轩一体，后人不易学步。无稼轩才力，无稼轩胸襟，又不处稼轩境地，欲于粗莽中见沉郁，其可得乎？"

陈认为辛弃疾的才力和胸襟都不是一般人能够达到的，而文廷式敢效此词，即可知其有着何等的才气。汪辟疆在《近代词人小传》中评价说："道希以文章气节负一时清望，长短句得苏辛之遗，诗则知者甚稀，实则力追浣花，有《诸将》《咏古》之遗意。"那个时期词坛上的主流是视婉约为正宗，文廷式虽然跟这些词人多有交往，但他却没有受到这些人的影响，也正因如此，他的词作才有着自己的面目。钱仲联在《梦苕庵诗话》中说："萍乡文芸阁廷式，以词名一代，其词气王神流，得稼轩之髓。于晚清王半塘、郑叔问、朱古微、况蕙风四家之外，别树一帜。"

虽然如此，文廷式的视野也并不局限于苏、辛，他甚至还模仿过婉约派秦观的作品，如《满庭芳·拟秦少游》：

> 蘸水兰红，黏天草碧，征帆初过潇湘。别时不觉，别后转凄凉。前路烟波浩渺，行行远，触绪堪伤。云间雁，月明孤影，愁绝楚天长。
>
> 思量，他日事，心期暗卜，灯穗成双。但千万叮咛，莫损年芳。牢系同心结子，五湖约，头白何妨？风兼雨，梦魂难度，倚枕听寒江。

而更有意思的，文廷式还用《楚辞》的语言来填词，他甚至把《楚辞》的原句用入词中，比如他所作的《沁园春·檃括楚辞山鬼篇意以招隐士》：

> 若有人兮，在彼山阿，淡然忘归。想云端独立，带萝披荔，松阴含睇，乘豹从狸。且挽灵修，长怀公子，薄暮飘风偃桂旗。难行路，向石茸扣葛，山秀搴芝。
>
> 最怜雨晦风凄，更猿狖宵鸣声正悲。怅幽篁久处，天高难问，芳蘅空折，岁晏谁贻。子或慕予，君宁思我，欲问山人转自疑。归来好，有华堂广燕，慰尔离思。

对于这首词，莫立民在《近代词史》中称："这不是一首成功的词。先不说音节的涩滞，意境的暗晦，情思的枯寂，单就用词的生冷，就令读者望而却步。但它溶楚辞原句入词的写法，却令人耳目一新，为一种崭新的笔法，也为词的一种崭新的风格。"

上海起义失败后，文廷式的心绪大受影响，他把主要的精力都用在了整理自己的文章方面，恰如严迪昌在《清词史》中说："于学尤长于史部，一生学问积萃成《纯常子枝语》。"余外，文廷式依然喜欢填词，他所作的一首《南乡子·病中戏笔》被严迪昌评价为"是词人病故前不久的作品，名曰'戏笔'，实是大哀无泪，短歌当哭"：

一室病维摩，且喜闲庭掩雀罗。煮药翻书浑有味，呵呵，老子无愁世则那？

莽莽旧山河，谁向新亭泪点多？惟有鹧鸪声解道：哥哥！行不得时可奈何？

对于文廷式的整体词作风格，朱庸斋在《分春馆词话》中给予了这样的评价："朱庸斋曰：'清中叶以后，词家多谈姜张，而少及苏、辛。至文廷式出，以其俊逸、豪宕之笔，始为苏、辛一派吐气。文氏学苏、辛，不似阳羡诸公，无一毫叫嚣浮滑陋习。盖从骨骼处学苏、沉痛处学辛也。"而《续修四库全书提要》中在评价文廷式的《云起轩词》时，也有着这样的定论："今观其词，思力果锐，音调苍凉，虽时露锋芒，不足为病。其清丽妩媚之作，亦如燕赵佳人，外柔而内刚也。其与王鹏运、沈曾植、易顺鼎诸人相往还，可征其切磋之功矣。"

文廷式墓位于江西省萍乡市上栗县杨岐村杨岐寺北的后山上。从查得的资料知道文廷式墓在杨岐寺后面的山上，转到寺的后侧，

看到了两株巨大的柏树，底下的铭牌写明叫"唐柏"，又名"到栽柏"，这个介绍铭牌上写着：

> 传说此柏树是第一个和尚到此栽活，因此叫"到栽柏"。因和尚栽树时施了法，故虽经千年风霜雨雪，依然苍劲挺拔，枝繁叶茂，生机盎然，树高31米、树围7米、直径2.33米。2000年6月，经中科院植物研究所专家对唐柏进行研究考证，树龄已达1750余年。

△ 杨岐寺后的两棵唐柏

　　两棵柏树依然茂盛苍翠，它们站在这儿将近1800年，无数人曾经像我一样站在这里，欣赏着它们的身姿，我感叹着人生的短暂，想起电视连续剧《康熙大帝》中的那首主题曲"我真的还想再活五百年"。如果把这首歌唱给这两棵唐柏，我想这两棵树肯定笑了：五百年算什么，不过是我的婴儿期。

　　资料上说，文廷式的墓距杨岐寺约50米的距离。在两株唐柏的后面，有个很窄的小门洞，上面却没有门，从这个门洞穿过就是上山的石台阶，沿着石台阶走出几十米远，远远的看到向一个石柱一样的物体，我想这就是文廷式墓了，走到跟前才看清楚，原来这是寺庙里建的水塔。沿着水

△ 唐柏介绍牌

文廷式：高唱大江东，惊起鱼龙　579

△ 此前有人前来祭拜文廷式

　　塔左转仍然是上山的石阶，再前行二十余米，看到石阶旁的侧墙上嵌着江西省政府颁发的文廷式墓文保牌，我想这回是真到了，然而走到跟前看到的除了这个文保牌，一无所有，于是继续向山上走去。

　　又在上山台阶上走出一百多米，由于台阶太过陡峭，短短的一段路程，却累得两腿发软，并且到这两腿发软的地步时却看到了岔路。这是在山上寻访过程中最怕遇到的情形，幸亏司机好奇，他跟着我也登了上来，于是我两人分头走，各走一个方向，又艰难地登了五分钟后，就听到了他的叫喊声，原来是他找对了，我掉头下来重新回到岔口走上了正确的路，在半山腰的平台上终于看

△ 文廷式墓文保牌

△ 墓碑的形式颇为别致

△ 后面的墓碑

到了文廷式墓。

十几年前到澳洲去看一个朋友,当时澳洲的地产很是兴旺,朋友说他也买到了一块地,但我却从他的表情中看不出一丝得宝的感觉。我恭喜他之后又问他何以是如此表情,他苦笑着说没什么可高兴的,然后给我讲了一个距离误差的故事:他说自己前一段是在乘飞机时认识了邻座的一位地产商,俩人聊的话题当然是土地的飞涨,那位地产商说自己手头恰有一块很便宜的地,正想脱手,并且指着飞机下面飞跃而过的大地说:就在这个下面。二十多分钟后飞机落地了,朋友从直觉上认为这块地离市区很近,马上就跟着地产商到他的公司签约买了下来。过了一段,他有空时,才兴冲冲地开车要去看看自己的战利品,没想到开了七个多小时的汽车才来到了目的地,这才知道这里没有直通的路,需要绕来绕去才能到达。

我突然觉得文廷式墓的记载者跟朋友的这个故事有一比:也许记载者说的是寺到墓之间的空中直线距离,而实际要找到这个墓却要在山中做"之"字形的盘旋上升,我又不是松鼠,怎么可能将山中的一切障碍视若无物,上山的路绕来绕去,又没有任何

文廷式：高唱大江东，惊起鱼龙　　581

△ 墓顶上的宝珠

△ 望柱上的文字

△ 简介

指示牌，所以明明知道在后山，能够找到也是不易的一件事。

文廷式墓在后山的山腰上，占地约二百多平米，地面以及山体的裙墙全部硬化，墓丘的方式有些特别，墓前有一块石碑高不过一米，然而上面没有文字，中间却是镂空的，镂空处上面呈折扇扇面状，而下面的一个镂空孔却是圆头石碑状，我想这种制式肯定有它的寓意，可惜我不懂行。我感兴趣的是这个坟丘的顶部，有一个石制的顶戴花翎状的珊瑚珠，上面刻着"大学士墓"的字样。旁边还有杨岐山风景名胜区管委会立的"文廷式墓"的介绍牌，上面写明文廷式墓的介绍及他的著作，但既然做得这么细，那为什么不将岔路口的路牌挂上几块呢。墓的正前方还有两根近三米高的望柱，从石头的风化程度看，的确是墓上的原物，墓的周围翠竹满山，没有其它的杂物，的确是幽静至极。

郑文焯：竹响露寒，花凝云淡，凄凉今夜如此

郑文焯为晚清四大词人之一，但马大勇先生认为："四家之中，郑氏名气较小。"（《晚清民国词史稿》）当然，这是相比较而言者，从郑氏的词学成就来看，其实他不输于另三位，应该说这跟他的学术功底有一定的关系。

有意思的是，郑文焯在年轻时，喜诗、喜文、喜考据，唯独不喜欢作八股文章，而深为厌恶者，则是填词，他在《郑大鹤先生论词手简·四》中自称："余少日最不喜为帖括，为文专拟六朝，诗则学东川，取径虽高，才力苦弱。迨南游获交高君碧湄、张君啸山、强君虞廷、李君眉生，始稍稍务博，而所造不克精进。略别文章源流，间得奇可，虽契古人，辄惊呼狂喜。然每有所作，未尝不叹学之远道也。及晤王壬老，闻其余绪，而文一变。世士尝谓训诂考据之学有妨词章，余治经小学，及墨家言二十余年，攻许学则著有《说文引群说故》二十七卷，《六书转注旧艺》四卷，自谓发前人之未发。研经余日，未尝废文，独于词学，深鄙夷之。"

年轻的郑文焯，心气很高，他的文章喜好跨越隋唐直达六朝，然而他也承认自己的学问功底不够，后来结交了几位不错的朋友，才让他在作文方面有了较大的长进。再后来，他结识了王闿运，才真正懂得为文之道。接下来，他的主要精力用在研究经部和子部方面，尤其对经学中的《小学》下了很大功夫，但不知什么原因，他却对

填词一丁点儿兴趣都没有。

但是,到他30岁时,也有人说是31岁,他突然喜欢上了填词:"为词实自丙戌岁始,入手即爱白石骚雅,勤学十年,乃悟清真之高妙,进求《花间》,据宋刻制令曲,往往似张舍人,其哀艳不数小晏风流也。"(《郑大鹤先生论词手简·四》)

丙戌乃是光绪十二年,此时已逾30岁的郑文焯,喜欢上了填词,他一入手就学姜夔,而后在这方面下了十年的功夫,终于体味到了周邦彦的高妙之处,之后他又上追到花间词派,而对于小令的创作,他多是模仿张先,而哀艳之词颇像晏几道。

看来,郑文焯天生就是位词人。虽然他入道时间不早,但因其天分高,所以很快就成为了这方面的行家里手,然而从他的生平资料来看,似乎早在30岁之前,他就已经开始学习填词,比如他的表哥郑文烺在《瘦碧词序》中说:"予从弟小坡,少工侧艳之词,而不尽协律,……咸弃之。"

郑文烺说,他的表弟郑文焯在少年之时就喜欢填词,因为初学没有经验,当时所填之词,有时并不合词韵。可能是这个原因,后来郑文焯将其全部毁弃了。看来郑文焯不喜欢自己年轻时所填之词,所以他把那段历史做了删除。但是,他所作的《瘦碧词》中有一首《齐天乐》,该词的下面作者自注"癸未始秋作",即使从这时算起,也比他自称的"光绪十二年"早了三年,因此,朱德慈在《常州词派通论》中说:"我们不妨认定其词龄始自光绪九年癸未。"同时,该专著中又举出了另一个证据,那就是郑文焯的女婿戴正诚在《郑叔问先生年谱》的一段记录:"光绪八年壬午鄂人李复天精于琴律,得浦城祝凤喈秘传。先生从之讨论古音,大悟四上竞气之旨,于乐纪多所发明。先生工词而又工律,自此始。"

光绪八年,郑文焯跟着李复天学习琴律,同时在一起探讨古音,于是他终于明白了韵律的奥妙,此后他就开始填词。如此说来,郑文焯在光绪八年到九年之间,就已经开始了第二次的填词历程,然而他本人却称是从"光绪十二年",不知这一年有着怎样的特别意义。以他的自道来看,他在这一年开始酷爱姜白石的词作,而且这个偏好几乎伴其此后的一生。看来,郑文焯是以爱上姜白石的词作时间,作为自己填词生涯的发端。

我的这个判断可以以他的自言为证,《郑大鹤先生论词手简·一》中称:"玉田崇四家词,黜柳以进史,盖以梅溪声韵铿訇,幽约可讽,独于律未精细。屯田则宋专家,其高浑处不减清真,长调尤能以沉雄之魄,清劲之气,写奇丽之情,作挥绰之声,犹唐之诗家,有盛晚之别。今学者骤语以此境,诚未易谙其细趣,不若细绎白石歌曲,得其雅淡疏宕之致,一洗金钗钿合之尘,取其全词,日和一章,以验孤进。"

郑文焯在这里讲到了张炎、柳永、史达祖和周邦彦,他说这些人的词作确实是高妙,但初学者不容易达到他们的境界,所以他建议还是从姜夔入手。他认为每天细研姜白石的词作,而后模仿填词,渐渐就会体味到其中的高妙,这段话也应该是他的经验之谈吧。

郑文焯对于姜白石的喜爱,并不单纯是词风的偏好,而另外的原因则是他倾慕姜夔的做人姿态,郑文焯在《瘦碧词自序》中说:"余生平慕尧章之为人,疏古冲澹,有晋宋间风,又能深于礼乐,以敷文博古自娱……白石一布衣,才不为时求,心不与物竞,独以歌曲声江湖,幸免于庆元伪学之党籍,可不谓之知几者乎?知几故言能见道,吾是以有取焉。"

郑文焯认为,姜白石有着魏晋人的古风,同时又因其深懂乐理,再加上白石一生只是个平民,所以没有卷入当时的党争,因此他的心思都用在了填词方面。

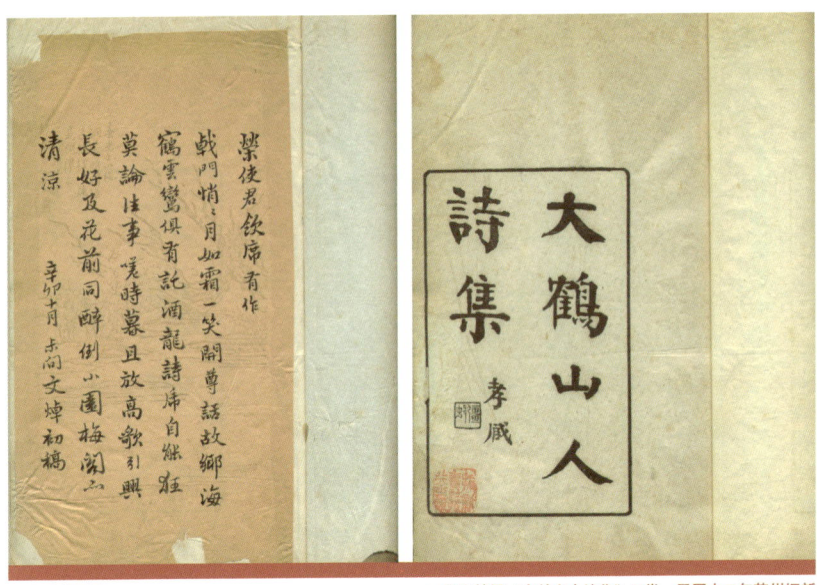

△ 郑文焯手迹

△ 郑文焯撰《大鹤山人诗集》二卷，民国十二年苏州振新书社刻本，书牌

如此的经历让郑文焯心有戚戚焉，所以马大勇在总结郑文焯的词风时，说其有"白石情结"，并且在其专著中引用了龙榆生在《清季四大词人》中所录张尔田的一段话："文焯以承平故家，贵游年少，而淡于名利，牢落不偶，旅食吴门，尝往来于灵岩、光福、邓尉间。既被服儒雅，尊彝笔砚，事事精洁，有南宋江湖诗人风趣。"看来，郑文焯因为酷爱南宋的姜白石，以至于他个人的行为举止，也有着南宋江湖派诗人的古风。

郑文焯是光绪元年的举人，后来参加了多次的科考，但均未能考中进士。光绪六年，江苏巡抚吴元炳招其入幕，于是郑文焯就定居在了苏州。光绪十三年，张祥龄、蒋文鸿、易顺鼎及其弟易顺豫，因为各种原因均来到了苏州，巧合的是，这几个人也都喜欢填词，于是他们就跟郑文焯有了密切的交往，为此郑提出创建词社。

这些人在大半年的时间里，相互填词唱和，而后结为词集，并给词集起名为《吴波鸥语》，该书中有易顺鼎所写之《叙》："余于清真嗜之不深，嗜白石过清真远甚。……今年春，与大鹤、子芯、叔由举词社于吴，次湘自金陵至。四子皆嗜白石深于余，探幽洞微，穷极幼眇。藩使署有西楼三楹，城堞缺处，可望灵岩上方诸山，视城外沙鸟风帆，皆自眉睫间过。大鹤所居小园，名之以壶，才可数弓。然有石，有池，有桥，有篱，有栏，有梅、竹、桃、柳、棕、桐、木槿、芙蓉、芳树、杂花、有鱼，有鹤。数人者，非啸于楼，即歌于园，蝶晚蝉初，花万叶初，星晚露初，云晚月初，宾主杂坐，竹肉相娱。当是时，辄和白石词以为乐。……事起四月，讫八月，而和词竟。……至于刌律寻声，晨钞冥写，则大鹤之功为多。"

易顺鼎自称对周邦彦没有那么深的偏好，因为他爱白石词的程度远超过清真。这年的春天，郑文焯会集几位词友在苏州组织了词社，而词社中的其他四位成员爱好姜夔的程度都超过了他。当时举办词会的地点，除了郑文焯的办公室，有时也在郑的私宅内举行。易顺鼎说，郑文焯的小院虽然面积不大，但里面却布置得十分紧凑，不但有花木、池鱼，同时还养着鹤。他们这些人聚在一起，经常拿姜白石的词作为范本唱和，从4月开始直到当年的8月，他们把唱和之词汇在了一起，而后主要是由郑文焯整理并完成者。

由以上这些叙述可知，郑文焯不但酷爱姜白石，他还能拉上一帮同样爱白石的词人在一起雅聚填词，即此可知，他对白石之爱到了何种的程度。光绪二十四年时，郑文焯又组织了一个"鸥隐词社"，加入该词社的著名词人有况周颐、夏敬观等等，而这时的活动地点设在了苏州城的艺圃内。艺圃完整地保留到了当今，我到那里寻访时，却没能找到跟郑文焯有关的遗迹和记录。

光绪二十四年春，郑文焯最后一次进京应会试，那时王鹏运正在主持"咫社"，而朱祖谋邀请郑文焯加入了此社。这一年的考试仍是铩羽而归，从此之后，郑文焯彻底断绝科举之念。

进入民国之后,郑文焯的生活渐趋艰难。民国六年冬,北大校长蔡元培聘请他为北大金石学教科主任兼校医。郑文焯有着遗民心态,同时又想解决生活的困难,于是就前往上海去见康有为,他问康有为,自己应不应该前去应聘。康是保皇党,当然不愿意遗老们转投新朝,但面对郑文焯生活的困境,他又不好断然否决,于是就说了句模棱两可的话:"兹非吾所能及也。如人饮水,冷暖自知。兹非吾所能及也。"(《清词人郑叔问先生墓表》)

郑文焯闻听此言后,明白了康有为的态度,于是他就拒绝了应聘,返回了苏州。几个月后,到了转年的初春,他就因为贫病而逝。

郑文焯的遗老情结,应该跟他的出身有较大的关联,因为他是满洲正黄旗汉军籍。

郑文焯本为奉天铁岭人,还籍之后,他自称是山东高密人,并且是汉代经学大家郑玄之后,这也正是他曾有一度专攻经学的原因吧。晚清处于社会的动荡期,故而变革中的重大事件必然能反应到郑的词作之中,比如他所作的三首《谒金门》:

> 行不得,飐地衰杨愁折。霜裂马声寒特特,雁飞关月黑。
> 目断浮云西北,不忍思君颜色。昨日主人今日客,青山非故国。

> 留不得,肠断故宫秋色。瑶殿琼楼波影直,夕阳人独立。
> 见说长安如奕,不忍问君踪迹。水驿山邮都未识,梦回何处觅?

> 归不得,一夜林乌头白。落月关山何处笛,马嘶还向北。
> 鱼雁沉沉江国,不忍闻君消息。恨不奋飞生六翼,乱云愁似幂。

对于这三首词,黄濬在《花随人圣庵摭忆》中说:"叔问于庚子之变，有《贺新郎·秋恨》二首，《谒金门》三首，最为沉痛。又《汉宫春·庚子闰中秋》一首，亦甚悲。戴亮集年谱中所谓《谒金门》三解，每阕以'行不得'、'留不得'、'归不得'三字发端，沉郁苍凉，如《伊州》之曲是也。"

黄濬认为，这三首《谒金门》是郑文焯写于光绪二十六年的"庚子之乱"，所以这三首词为郑词中最为沉痛者之一。莫立民在《近代词史》中评价该词称："词分'行不得'、'留不得'、'归不得'三个层次，写庚子之乱八国联军侵占北京，帝、后蒙尘，西狩西安的史实，同时抒发词人国破山河在的伤感。"

对于郑文焯词作的特色，朱德慈在《常州词派通论》中将其总结为"凄异劲峭，声采超卓"，而后书中引用了多位词家的论述以证此总结，其一是龙榆生在《清季四大词人》中的一句话："文焯之词，尝与其性情境地，相挟俱变。其踪迹由放浪江湖而飘零落拓；其心境由风流潇洒，而怆恻悲凉；其词格由白石历梦窗，以窥清真、东坡，而终与南宋诸贤为近。"看来，郑文焯随着境遇的不同而改变心境，随着心境的变化又改变词风。

虽然郑文焯偏好姜夔，但他同时也喜好吴文英，接下来他又上追到周邦彦和苏轼，经过了这样一场历程，最终转归到南宋的几位大词人。而李德则从题材和词调的角度，来解读郑文焯词作的特点："'论世词'慷慨悲壮；'自况词'凄异深婉；'山水词'清旷秀逸；'爱情词'蕴藉婉丽。"（《现实主义词人郑文焯略论》）

虽然有着各种的变化，但朱德慈却认为，无论怎样变，郑文焯都会有一个基调在，而这个基调就是"凄异"。对于这个词，其实郑文焯自己就多次使用，比如他在《过秦楼序》中说："遭时乱离，游情匪昔，感时属景，不自知其词之凄异也。"而他在《与夏映庵书》中也称："'水边篱落，忽见横枝。病起寻春，感时凄异。'（《石州慢序》）昨归卧空园，夜雨。枕上率尔得小令一解，都无雕饰，录以赏音，定为悄然同一凄异也。"

那"凄异"二字当作何解呢？朱德慈认为："或解释为凄凉怪异，非也。凄异者，哀凄特异，一倍逾于常人也，亦即词人于另一处自评所谓的'凄绝'。"看来，"凄异"就是凄绝。郑文焯在一首《鹧鸪天》的小序中说："余与半塘老人有西崦卜邻之约，人事好乖，高言在昔，款然良对，感述前游，时复凄绝。"

那"凄绝"又是什么意思呢？朱德慈举出了郑文焯早期所作的一首《玉楼春》：

梅花过了仍风雨，著意伤春天不许。西园词酒去年同，别是一番惆怅处。

一枝照水浑无语，日见花飞随水去。断红还逐晚潮回，相映枝头红更苦。

对于这首词，朱德慈予以了这样的解读："伤春意绪与落花情结融合为一，杂入人事之变迁，托物寄情，写意传神。歇拍二句以已落之花与枝头未落之花相映衬，替枝头未落之花平添更多苦痛。这种对活着比死了还痛苦的感悟，隐寓了词人对前途的失望，标志着词人非同寻常的凄凉心态。"

虽然"凄异"和"凄绝"是郑文焯词作的主色彩，但也并非全部如此，比如"庚子之乱"时郑文焯作的两首《贺新郎·秋恨》，就被朱德慈称之为"横眉怒目、披襟长啸的劲峭之作"：

其一：

> 暗雨凄邻笛。感秋魂、吟边憔悴，过江词客。非雾非烟神州渺，愁入一天冤碧。梦不到、青芜旧国。休洒西风新亭泪，障狂澜、犹有东南壁。空掩袂，望云北。
>
> 雕阑玉砌都陈迹。黯重扃、夷歌野哭，晦冥朝夕。十万横磨今安在？赢得胡尘千尺。问天地、榛荆谁辟？夜半有人持山去，蓦崩舟、坠壑蛟龙泣。还念此，断肠直。

其二：

> 日落羌笳咽。认一行、高鸿尽处，五云城阙。满目惊尘还乡梦，重见昆池灰劫。更马上、琵琶催发。露冷横门移盘去，甚金仙、也怨关山别。愁寄与，汉家月。
>
> 故人抗议多风烈。漫销魂、题诗陇树，谁旌奇节？易水空成填恨海，西北终忧天缺。但目尽、平烟区脱。不信天心浑如醉，

好江山、换了啼鹃血。长剑倚，向谁说。

前面提到，郑文焯曾经专研律度，故许宗元在《中国词史》中称："他以律度精研著称清词坛。他对音律有深湛的研究，在燕乐考原方面与凌廷堪为双璧。"对此，郑文焯也颇为自负，他在《瘦碧词自序》中说："世有解音善歌如尧章者，齐以抗坠，取余词而声之，倘亦乐府之一线哉？"

郑文焯严格讲求音律的词，可以举《湘春夜月》为例：

最销魂，画楼西畔黄昏。可奈送了斜阳，新月又当门。自见海棠初谢，算几番醒醉，立尽花阴。念隔帘半面，香酬影答，都是离痕。

哀筝自语，残灯在水，轻梦如云。凤帐笼寒，空夜夜、报君红泪，销黯罗襟。蓬山咫尺，更为谁，青鸟殷勤？怕后约，误东风一信，香桃瘦损，还忆而今。

朱德慈评价该词说："全词多用平声字，造成哀宕激怨之势，不押韵句多用入声收尾，形成促迫凄咽之态，音节谐婉，凄异悲凉。"

其实，郑文焯填词不仅仅是苛求音律，同时他还讲究炼字炼句，冒广生在《小三吾亭词话》中说："所著《瘦碧》《冷红》诸词，规抚石帚，即制一题，下一字亦不率意。"

除此之外，郑文焯填词还有一个特点，那就是喜欢效仿姜白石，给自己的词作写一篇不短的小序，比如他所作的一首《玲珑四犯》：

竹响露寒，花凝云淡，凄凉今夜如此。五湖人不见，故国空文绮。歌残月明满地。拍危栏、寸心千里。一点秋檠，两行新雁，知我倚楼意。

　　参差玉生凉吹。想霓裳谱遍，天上清异。镜波宫殿影，桂老西风里。携挈夜出长门冷，渐销尽、铜仙铅泪。愁梦寄。花阴见、低鬟拜起。

这篇词作也是郑文焯讲究韵律的著名作品，而在此前他写了颇长的一段小序，我将其节选如下："壬辰中秋，玩月西园。中夕再起，引侍儿阿怜露坐池栏，歌白石道人玲珑双调曲，度铁洞箫，绕廊长吟，鸣鹤相应。夜色空寒，花叶照地，顾影凄独，依依殆不能去。遂仿姜词旧谱制此。明日示子苾，以为有新亭之悲也。……近世词人乐工，莫达斯旨矣。"

壬辰年的中秋，郑文焯在家中赏月，他带着一个侍儿坐在庭院内，歌唱姜白石的曲词，而他吹响洞箫时，他养的仙鹤也与之长鸣相和，整首词作弥漫着凄清之色。

从郑文焯的家庭出身及个人经历来看，其实他不是出自贫困家庭，张尔田在《近代词人逸事》中称："文小坡为瑛兰坡中丞子。一门鼎盛，兄弟十八，裘马丽都。惟小坡被服儒雅，少登乙科，官内阁中书，不乐仕进。旅食江苏，为巡抚幕客四十余年。善诙谐，工尺牍，故所历贤主人，无不善遇之。然其中落落，恒有不自得者。"看来，郑家也曾是肥马轻裘、一门鼎盛。他们兄弟18人，仅有郑文焯不喜欢那种富二代的生活姿态。

郑文焯个人的偏好除了填词，更喜欢俊美的山水。郑文焯去世后葬在了他所酷爱的邓尉山中，这也算情有所归吧。虽然他年轻时对填词没有好感，可是他在后世的名声却因此而传，朱祖谋在《苕雅余集序》中说："嗟乎！君何不幸，而以词传，不佞更何忍以词传君？顾甘余年同调之雅，自半塘翁下世，惟君能感音于微。世变靡常，金玉永閟，思有以稍稍慰君生平，而抚卷低回，所得于风雨鸡鸣者，亦如是而已。"由这句话可知，郑文焯虽然有着多方面才能，但后世依然把他视之为晚清的一位著名词人。

郑文焯故居位于江苏省苏州市沧浪区马医科27号和29号。因为余觉沈寿夫妇曾将此买下，此园现名为"绣园"。十余年前，我到苏州访藏书楼，黄舰先生曾带我来过此园，那时的绣园正在改造，故无人阻拦，很容易地就走入了院内。当时的印象，这个小园虽然占地面积不大，却设计得十分紧凑，可惜的是，那次所拍的照片到如今无论如何也无法找到了，故而此程来到苏州进行二次探访。

来苏州的前两天，百合让我把寻访名单先发给她，以便她先做一下功课。其收到名单后，马上告诉我，绣园恐怕看不了了，因为几个月之前，这个院落进行了重新的拍卖，大概是以6500多万元被他人买去，而今这里成了私宅，已经无法入内。

此程苏州第一站的寻访，除了百合女史，另有我的老朋友马骥先生，以及马骥带来的年轻人宣晔先生。因为这几处的寻访地点都处在苏州的老城区内，并且相距不远，马骥建议步行前往。他在路上告诉我，其实今年8月，他就把此园的拍卖信息发给了我，因为那时我没有使用微信，他只能将此发给北京的另外一个朋友，但那个朋友得到后，依然无法给我转发。

马骥说，绣园在此之前有过一次拍卖，当时是以3000多万元流拍，而二次上拍时，则在上次的流拍价上打了八折，马骥认为物超所值，很想劝我将其拍下，而后苏州的爱书人就有了固定的活动地点。但是最终的成交价如此之高，则是众人都未想到的，看来我跟苏州的缘分还未到，而这个断语当我等走到绣园时又再次得到了印证。

绣园有两个门，其中的马医科29号至今还贴着苏州市姑苏区法院的封条，而27号门今日却敞开着。原本在前来的路上，几人都担

郑文焯：竹响露寒，花凝云淡，凄凉今夜如此

△ 绣园内景

心是否能进入院内，一路探讨着如果大门紧闭如何敲开门，然后有着怎样的说辞。毕竟该园新的买主已经成了这里的新主人，而这处园林也就变成了私宅。一般而言，到私宅内拍照确实是不容易，但既然来到了苏州，并且郑文焯在词史上的地位又如此的重要，我觉得哪怕碰钉子，也要前往一试。

令人欣喜的是，绣园的另一个大门敞开了一半，在门口还堆了一堆装修的物料，于是我等坦然地走入。在里面看到的是还未完工的装修工地，有一位施工人员阻止我等入内，马兄向他耐心地做了解释，告其我们只是来访古，并不涉及其他的问题。

△ 绣园大门上贴着法院的封条

△ 这一带均叫"马医科"

△ 绣园外观

此人闻言后，转身上了楼，我等把此人的动作视之为默许。

但是，走进室内方知，通往后园的门上着锁，但好在这个链子锁能够推开门缝，于是伸进镜头拍些后园的景色。隔着门缝望过去，我又看到了熟悉的情景，能够感觉到里面的整体格局比我十年前的所见，基本没有变化。从月亮门望过去，能够看到里面的亭台，而更多的景色则难以拍到。

正在此时，从楼上下来一位大汉，他一脸的怒气喝斥我等为何冲进私宅，众人的解释他完全不听，勒令我等立即出去，我觉得他就差说一个"滚"字了。但几位朋友为我而挨这样的训斥，当然令我不安，于是我马上劝此人，不要再怒吼，我等立即离去。

这样的结果当然令几人都感到了不愉快，于是我努力地劝三位朋友不要为此生气，因为这种场景在我这几年的寻访过程中遇到过不少回，已然让自己的神经变得颇为粗壮，脸皮自然也厚了不少。出门之后，我看到正门的前方还有一丛细竹，于是我见竹而喜，并不顾旁边摆放的几个垃圾桶所飘出的异味，拍着绣园的外观。那个工头依然一脸怒气地看着我等的举措，我回身冲他一笑："看外观，不算违法吧？"这人闻我所言，转身回了屋。

今日的遭遇还是让马骥先生心有不平，他可能是觉得没让我的此程寻访得以圆满。我安慰他说：虽然郑文焯的故居没能拍到更多的细节，但毕竟还有些能够说明问题的照片，更何况我的此程寻访目标之一还有郑文焯的墓。马兄闻听此言，立即说他一定要把寻墓的事情安排好。

接下来的两天，每天见到马骥时，他都会告诉我寻找郑文焯墓的进展，他通过多方了解得知，郑文焯墓早在几十年前已经荡然无存。但即便如此，我还是觉得能够找到郑文焯墓的旧址，也算是一个结果，于是拜托马兄，请他想办法找到知情的人了解到郑墓原址的位置。

三天之后，马兄告诉我有了结果，因为他通过行里的一位领导，找到了吴中区的一位干部，那个干部说他已经跟光福镇的有关部门打了招呼，但对方一直推托墓址难寻，并且想确切地知道为什么要寻找郑文焯墓。拖了两天之后，马兄告诉他，自己的朋友只是为了寻找名人遗迹，并没有其他的目的。到此时，对方才说出推推挡挡的原因。

原来，郑文焯的墓在六十年代被光福镇的有关部门铲平了，而近几年，郑文焯老家的亲人几次来到光福镇进行交涉，要求恢复郑文焯墓，可是在郑墓的原址上已经盖起了楼房，故难以恢复，为此郑家后人提出了赔偿要求，而该事仍然在交涉之中，所以光福镇的有关部门一听到有人又来寻找郑墓遗址，他们就跟之前的事情联想在了一起，以为又是郑家后人来拍摄证据。

这场误会解释通后，马兄让那位吴中区的领导干部带我等前往。这一天的寻访除了郑文焯墓，我还有另外几个地点，而陪我前往者是苏州市古籍书店经理卜若愚先生。卜兄的朋友叶剑青认为卜兄开车技术一般，故特意抽时间由其来掌方向盘，一同前来者还有苏扇博物馆的张琦女史。于是，我等四人乘卜兄的车，跟在吴中区那位领导的车后面，直奔光福镇邓尉山而去。

在光福镇的一个大十字路口上，带路的车停了下来，而后在路边见到了等候的三人。这位干部介绍称，其中的一位儒雅之士乃是当地越溪中学的杨向前校长，而旁边的一位女士则是杨校长的夫人。杨校长说话特别客气，他向我简要地说明了情况，而后介绍等在旁边的另一位先生，其称此人名黄钰明，乃是原本镇文化站的站长。因为杨校长的哥哥与黄站长相熟，所以他特地找来此人帮我指认现场。

经过了这么多人，托了这么多层关系，才找到一位知情者，我对马兄的感激又增加了一层。黄站长向我解释着郑文焯墓的原本情况，其称在六十年代该坟已平，郑文焯墓被平的原因之一，是他不是当地人，因此本镇的《地方志》没有把他列入，也正因如此，所以对他的重视度不够。

介绍完情况后，黄站长带着我沿着大路向前走去。这条路以我的感觉乃是镇与乡村的分界线，因为路左全是一片片的楼房，而路右则是山脚下的半荒地。郑文焯埋葬在这里，也算是长眠在了邓尉山脚下，从他的词作就能感受到他对邓尉山有着特别的偏爱，比如他所作的两首《鹧鸪天》有着如下一段小序："余往来邓尉山中廿余年矣，独爱青芝一坞，林嶂秀岨，人迹罕交，有终焉之志，未逮也。还泊西崦，因赋是解。"

从苏州开到光福镇的邓尉山脚下，至少也有半小时的车程，我不知道住在苏州城内的郑文焯前往邓尉山时，是乘着怎样的交通工具，而今我走的高速路在他那个时代肯定没有，他是否乘过汽车，这一点我不确定，如果他是乘马车来到这里的话，恐怕要走一天的时间，然而他在小序中却说，他往返苏州与邓尉山，竟然有二十多年的时间,他喜爱这里的山山水水,并且明确地说想终老于此,只是可能因为没有那么多的钱而无法在这里建起别墅,然而这并不妨碍他的喜欢,于是他把邓尉山之美写入了词中:

△ 远眺邓尉山

树隐湖光望转明。岩深晚桂尚飘馨。十年秋鬓输山绿,依旧看山梦里行。

△ 这条路应该是城与乡的界线

烟淡宕,月空冥。下崦濛雨上崦晴。眠云无地青芝老,虚被樵渔识姓名。

由此可知,郑文焯葬在邓尉山脚下极其自然,因为这就是他的人生梦想之一。可惜随着城区的扩建,而今不知他已经魂归何处了。黄站长带着我等走到了路边的一排楼房的侧面,而后指着这栋楼房告诉我,这个下面就是郑文焯墓的旧址。

展眼望向这长长的一排楼房,一楼均为门面,上面则是住户,而其侧旁则为青石桥路。沿着此路走到了楼房的另一面,这一面也同样是水泥硬化地面,已然看不到任何的原有痕迹。这个结果虽然有心理准备,但还是让众人感叹一番。

我转到了楼房的正面,远远地看到马路对面有一块文保牌,于

△ 郑文焯墓址之上盖起的楼房　　　　　　△ 站牌及村名

△ 以为是文保牌　　　　　　△ 可惜上面没有郑文焯墓

是立即跑过去细看，结果上面却写着"军民同心录"。而这个貌似文保牌的旁边就是公交站，公交站牌上面写着"652 光福新村"，看来这是本村的名称。这条大路的侧旁有着颇为正式的指示牌，上面写着"吴中太湖游览区"，接下来列出了四个游览点，其中最有名的则是"香雪海"，我曾到此地寻找过惠栋的墓，故看到此名顿生亲切之感，但这种感受不足以冲淡我没能找到郑文焯墓的遗憾。

显然，我的遗憾掩饰得不错，因为杨校长热情地邀请我等前去共进午餐，我感谢了他的美意，告其我们还有下一站的行程，同时感谢了这一层层的关系，谢谢众人为了我的寻访而提供的帮助。

朱祖谋：画栏更凭。莽乱烟，残照无情。

朱祖谋是晚清四大词人之一，对于他的词作水平，张尔田在《彊村遗书序》中说："跨常迈浙，凌厉跞朱"，这句话是说，朱祖谋的词作水平超越了常州词派和浙西词派。

以上说的是词派，就词家而言，他的词作水平也不在厉鹗和朱彝尊之下。而对于他的词风，唐圭璋则在《朱祖谋治词经历及其影响》一文中评价到："蕴清高复，含味醇厚，藻采芬溢，铸字造辞，莫不有来历。体涩而不滞，语深而不晦。"

但这样的评价显然有些笼统，叶恭绰的评语则比此具象得多，他在《广箧中词》中说："彊村翁词，集清季词学之大成。"这句评语足够高大。然而许宗元却认为："他在词的艺术上亦无何创新。"词的创作发展到清末，能够有很好的继承，已然不易，这等成熟的艺术再能有所创新，则恐怕是一种过高的要求了吧。

朱祖谋学词较晚，他在40岁时才跟王鹏运学习填词，他在《彊村词自序》中明确地说："予素不解倚声。岁丙申，重至京师，半塘翁时举词社，强邀同作。翁喜奖借后进，于予则绳检不少贷。"这句话中所说的"丙申"乃是光绪二十二年，这个阶段的朱祖谋官运畅通，他做到了侍讲学士、内阁学士，想来，这样的经历会让他所填之词，有着春风得意般的舒扬。

而后不久的"庚子事变"对朱祖谋的词风有着重大的影响，王鹏运在《彊村词序》中说："公词庚、辛之际是一大界限。自辛丑夏与公别后，词境日趋于浑，气息亦益静，而格调之高简，风度之矜庄，不惟他人不能及，即视彊村己亥以前词，亦颇有天机人事之别。"看来，社会环境的转变必然会影响到词人的心理，也同样会改变作品的风格。

光绪二十六年庚子八月，八国联军攻陷北京，慈禧太后带着光绪皇帝逃到了西安，王鹏运、朱祖谋和刘福姚三人身陷京城，于是这三位词人就都躲到王鹏运家里填词。到了当年的十一月，三人共作出581首词，而后加上宋育仁的39首词，总共620首，他们将此结集为《庚子秋词》。

对于这个词集，王鹏运写了篇"记"，此"记"的前半段为：

> 光绪庚子七月二十一日，大驾西幸，独身陷危城中。于时归安朱古微学士、同县刘伯崇修撰先后移榻就余四印斋。古今之变既极，生死之路皆穷。偶于架上得丛残诗牌二百许叶，犹是亡弟辛峰自淮南制赠者。叶颠倒书平侧声字各一，系以韵目，约五百许言。秋夜渐长，哀蛩四泣，深巷犬声如豹，狞恶骇人。商音怒号，砭心刺骨，泪涔涔下矣。乃约夕拈一二调以为程课，选调以六十字为限，选字选韵，以牌所有字为限。虽不逮诗牌旧例之严，庶以束缚其心思，不致纵笔所之，靡有纪极。

原来在这生死危亡时刻，王鹏运偶然在书架上得到了二百多页的词牌，于是他们就以此来填词。而其填词的原因，一是为了压抑战争所带来的恐惧，二是要记录下那个特定时代的社会环境及心情感受。因此说，《庚子秋词》不仅仅是词人的艺术之作，更为重要者，这些词记录下了一段重要的历史，故而马大勇先生在《晚清民国词史稿》中给予了这样的评价："《庚子秋词》是近代词史上第一本集中反映特定时事的词集,素邀'词史'之誉。"

为什么将其称之为"词史"呢?马大勇在该专著中做出了三点总结:一、关于"西狩",二、关于珍妃堕井事,三、关于列强肆虐事。但即便如此,这《庚子秋词》算不算词史,马先生也在专著中做出了自己的论断:

> 事实上,从《庚子秋词记》中我们也看到,半塘对词、史间的不协调、不匹配并非没有感觉。他说:"然久之亦不能无所假借,十月后作,尤泛滥不可收拾。盖兴之所至,亦势有必然也。"何谓"兴之所至,亦势有必然"?这不正从反向说明了"束缚心思"从根本上就是一个错误的选择么?只可惜,他的"泛滥不可收拾"、"兴之所至,亦势有必然"之判断本身就带有批评性质,且也并没有令我们看到多少那种"足以抑扬时局"的长短句之作。遍检《庚子秋词》,大约只有朱祖谋一首《凤衔杯》是旨的明确、无大遮掩的:
>
> 斡难河北阵云寒,咽西风、邻笛凄然。说着旧恩、新怨总无端,谁与问、九重泉。
>
> 悲顾景,悔投笺,断魂招、哀迸朱弦。料得有人、收骨夜江边,鹦鹉赋谁怜。

为什么会有这样的判断呢?马大勇的专著中又引用了郭则沄在《十朝诗乘》卷二十四中对该词的本事记载:"庚子拳乱,矫旨行各将军督抚,悉戮外侨。寿山方镇黑龙江,亦祖拳,将奉行之。山阴王黼臣郎中客其幕,力谏不听,拂衣去。或诬王通敌,去且不利于帅。寿惑之,急骑追归,王以为有悔心。既至,乃缚而杀之。初,寿居京师颇困，王与交厚，尝饷濡之，至是反颜不顾，君子于此叹交道焉。朱沤尹侍郎为《凤衔杯》词哀之，一时传诵……后寿山获谴，未闻有为王雪冤者。"

这真是令人哀伤的一个故事。当时有人假传圣旨，要求各地官员屠杀外国人，而王龢臣劝阻自己的领导寿山不要这样做，可寿山不听，王拂袖而去。有人上谗言称，王的离去恐怕会投敌，于是寿山马上派人把王追回来。王以为寿山回心转意了，于是跟人返回，没想到回去后，他就被斩了。

朱祖谋跟王龢臣是很好的朋友，王的死让朱很是哀伤，于是他就写出了这首《凤衔杯》。也正因如此，马大勇认为："如此篇，庶几可称词、史互证的佳作。倘若一部《庚子秋词》全都是至少大部分是这样的作品，这部词集又当是何种面目、该具有怎样的认识价值呢？"

关于珍妃之事，书中举出了朱祖谋的《莺声绕红楼》以及《遐方怨》，两词分别为：

《莺声绕红楼》
　　一夜风雕翠井梧。梦回见、蟾冷流苏。海山回首泪模糊，还说钿钗无。
　　愁结双条脱，惊魂恋、八九栖乌。碧阴零落凤巢孤，颜色奈罗敷。

《遐方怨》
　　销粉盎，减香筒。屈膝铜铺，为君提携团扇风。泣香残露井边桐，一秋辞辇意，袖罗红。

马大勇认为，这两首词中的"碧血"、"井边桐"等词句"皆影射珍妃事，盖难以明言耳"。而关于列强肆虐，书中则举出了朱祖谋的《摘红英》：

关云黑，边沙白，金仙一去无消息。谁家唱，筝弦响，敕勒声声，月斜毡帐。

狂踪迹，无人识，行歌带索长安陌。高楼上，凭阑望，皂雕没处，飞狐上党。

相对而言，对于珍妃之事，朱祖谋所作之词，最著名的一首当为《声声慢·辛丑十一月十九日味聃赋落叶词见示感和》：

鸣螀颓城，吹蝶空枝，飘蓬人意相怜。一片离魂，斜阳摇梦

△《聊复轩诗存》，民国九年木活字印本，朱祖谋题书签　△《涧于集奏议》，民国七年丰润涧于草堂张氏刊本，朱祖谋跋一

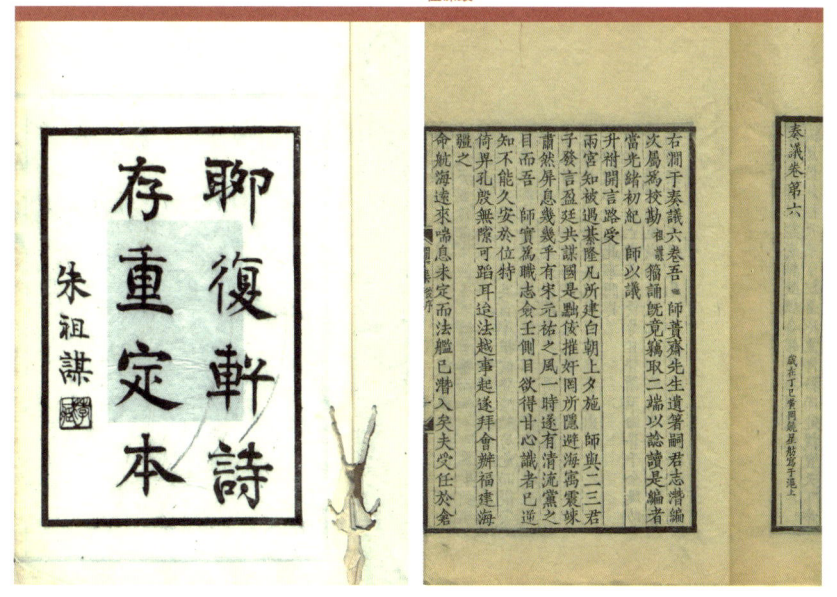

成烟。香沟旧题红处,拚禁花、憔悴年年。寒信急,又神宫凄奏,分付哀蝉。

终古巢鸾无分,正飞霜金井,抛断缠绵。起舞回风,才知恩怨无端。天阴洞庭波阔,夜沉沉,流恨湘弦。摇落事,向空山,休问杜鹃。

对于这首词,龙榆生在《彊村本事词》中说:"此为德宗还宫后恤珍妃作。'金井'二句,谓庚子西幸时,那拉后下令推置珍妃于宫井,致有生离死别之悲也。"从这首词可以看到朱祖谋的词风:他对那段历史有着揪心之痛,然而他却能将这种感情化用到词句中。要读懂这样的词,则需对那段历史特别熟悉,才能品味得到,故而朱德慈在《常州词派通论》中评价该词说:"这首词确为悼念曾因支持光绪变法而被西太后趁乱害死的珍妃而作。词中的鸣蜇頺城、吹蝶空枝、哀蝉、空山、杜鹃,都非眼前实有,而是作者应抒情的需要,凭以往的感性经验,为创造凄凉意境的人为设置。斜阳、香沟、禁花这些现实的物象,又与神宫、湘弦等非现实的物象交织一片,纯由作者神行其中,把它们组织成一个意蕴丰富的有机整体。"

而朱祖谋同类格调的作品,还有《齐天乐·乙丑九日,庸庵招集江楼》:

年年消受新亭泪,江山太无才思。戍火空村,军笳坏堞,多难登临何地?霜飙四起,带惊雁声声,半含兵气。老惯悲秋,一尊相属总无味。

登楼谁分信美。未归湖海客,离合能几?明日黄花,清晨白发,飘渺苍波人事。茱萸旧赐。望西北浮云,梦迷醒醉。并影危阑,不辞轻命倚。

这里说的"乙丑",指的民国十四年,而"庸庵"则为陈夔龙的号,此人在清末时曾做过直隶总督,辛亥之后隐居在上海,正是这个阶段,陈夔龙请朱祖谋前去雅聚,于是朱填出了此词。对于该词,朱德慈评价说:"起拍着想新奇,出语峻峭,表面是责备无生命之江山,实际上是婉转责备那些徒然伤感流泪而不肯奋然作为的人,这其中当然也包括词人自身。"

《庚子秋词》结集之后,王鹏运、朱祖谋等人继续填词,在当年的十二月,唱和的人增加了许多,除了原有的三位,郑文焯、曾习经等十余位也加入了这个行列。到了第二年的三月,共得词159首,众人将此集起名为《春蛰吟》。为何起这样一个名称?王鹏运在该集的题记中说:"春非蛰时,蛰无吟理。蛰于春不容已于蛰也,蛰而吟不容已于吟也。漆室之叹,鲁嫠且然;曲江之悲,杜叟先我。……春雷之启,其有日乎?和声以鸣,敬俟大雅君子,吾侪詹詹有余幸焉。"

由王鹏运的这段解释可知,《春蛰吟》的内容仍然是《庚子秋词》的延续。而该词集中,朱祖谋的一首《尉迟杯》,无论小序还是词作,都颇能表现出他在那个特殊阶段的心境:

> 今年烽火中,促舍弟重叔南归,倚声为别,惨不成章。天寒岁晏,稍得消息,偶忆断句,足成此词。颍滨对床之思,杜陵书到之痛,重叔读之,当亦汍澜之横集也。
>
> 危阑凭,看一点、南去飘鸿影。秋声万叶霜干,天角阴云笼暝。孤衾夜拥,残烛贴、参差客愁醒。又争知,痛哭苍烟,野风独树吹定。
>
> 应念北斗京华,空肠断妖星,战气犹凝。心死寒灰都无着,残泪与、哀笳乱迸。何时送、云帆海角,更偎傍、天涯泣断梗。问何如,杜曲吞声,紫荆吹老山径。

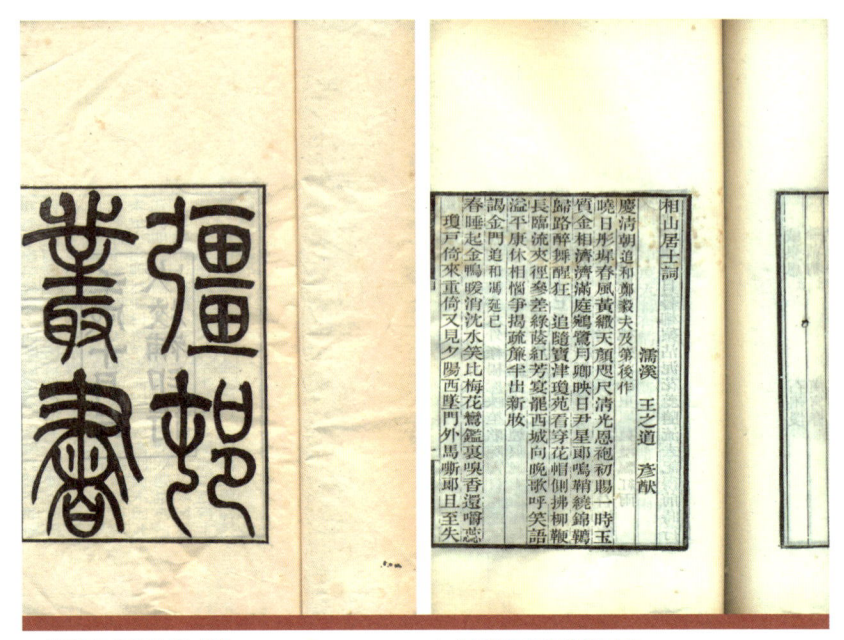

△ 朱祖谋辑《彊村丛书》书牌　　　　　△ 朱祖谋辑《彊村丛书》内页

  朱祖谋也选编过词集，他曾辑有一部《宋词三百首》，对于此选的来由，张尔田在《词林新语》中说："归安朱彊村，词流宗师，方其选三百首宋词时，辄携钞帙，过蕙风簃寒夜啜粥，相与探论。维时风雪甫定，清气盈宇，曼诵之声，直充闾巷。"看来，当年朱祖谋选辑宋词也下了不少的功夫，他经常在半夜里喝着粥跟况周颐商议。此选颇能代表朱祖谋的词学观点，故而陈匪石在《声执》中说："民国十三年，《宋词三百首》始问世。词之总集，以此为最后。……朱氏有作，决不肯蹈袭故常。而以自身所致力者，示人以矩范。且见若干家中，皆有类此之境。或以为在选政中，实为别墨，然不能不认为超迈元著，在宋、清各总集之外，独开生面也。"

  既然如此，这《宋词三百首》体现了朱祖谋怎样的词学偏好呢？况周颐在该书的序言中说："词学极盛于两宋，读宋人词当于体格、神致间求之,而体格尤重于神致。以浑成之一境为学人必赴之程境,更有进于浑成者,要非可躐而至,此关系学力者也……彊村先生尝选《宋词三百首》,为小阮逸馨诵习之资,大要求之体格、神致,以浑成为主旨。"

于是,后来的研究者就把"浑成"视之为朱祖谋的词旨。那怎样才算"浑成"呢?朱德慈在《常州词派通论》中举出了朱祖谋所填的两首《浣溪沙》:

其一
独鸟冲波去意闲。瑰霞如赭水如笺。为谁无尽写江天?
并舫风弦弹月上,当窗山髻挽云还。独经行地未荒寒。

其二
翠阜红厓夹岸迎。阻风滋味暂时生。水窗官烛泪纵横。
禅悦新耽如有会,酒悲突起总无名。长川孤月向谁明?

而这两首词也是王国维最为激赏的,他在《人间词话》附录中说:"彊村词,余最赏其《浣溪沙》'独鸟冲波去意闲'二阕,笔力峭拔,非他词可能过。"

然而王国维却没有夸赞这两首《浣溪沙》浑然天成,于是朱德慈在王国维的这句评语之后补充称:"其实,此二词之胜,不唯峭拔,更在浑成。"

但这两首《浣溪沙》算不算朱祖谋的代表作呢?至少许宗元不这么认为,他在《中国词史》中称《金缕曲》为其代表作:

斗柄危楼揭。望中原、盘雕没处,青山一发。连海西风掀尘黭,卷入关榆悴叶，尚遮定、浮云明灭。烽火十三屏前路，照巫闾、知是谁家月？辽鹤语，正呜咽。

微闻殿角春雷发，总难醒，十洲浓梦，桑田坐阅。衔石冤禽寒不起，满眼秋鲸鳞甲。莫道是，昆池初劫。负壑藏舟寻常事，怕苍黄、柱触共工折。天外倚，剑花裂。

以上所举，均为朱祖谋的长调，其实他所作的小令也同样受到后世的夸赞，比如他在民国十五年所作的《定风波》与民国十八年所作的《南乡子》：

《定风波》

过眼黄花七十场，无诗负汝只倾觞。老去悲秋成定分，才信，便无风雨也凄凉。

已自上楼筋力减，多感，雁音兵气极沧江。摇落万方同一概，谁在，阑干闲处恋斜阳。

《南乡子》

病枕不成眠，百计湛冥梦小安。际晓东窗鹍鸠唤，无端，一度残春一惘然。

歌底与尊前，岁岁花枝解放颠。一去不回成永忆，看看，惟有承平与少年。

对于这几首词，马大勇评价说："诸如'才信'、'多感'、'谁在'、'无端'、'看看'，这些顿挫的二字句夹杂在七字长句中间，吞吞吐吐，苍凉味足，纯以毕生感喟酿就，无意于'学'而自与苏轼契合。故朱庸斋论彊村此期词云'由深入真，深意浅传，语澹而情苦,每有动人之处……气韵沉雄,耐人寻味。"

相比较而言,我更多还是喜欢朱祖谋的长调,比如他所作的一首《霜花腴·九日哈氏园》:

> 异乡异客,问几人、尊前忘了飘零?鸿响天寥,菊迟秋倦,池台乱倚霜晴。坐无老兵。负旧狂、休泣新亭。镇填胸、块垒须浇,酽愁不与酒波平。
>
> 多难万方一概,便知非吾土,已忍伶俜。金谷吟商,玉山扶醉,消磨半日浮生。画栏更凭。莽乱烟、残照无情。要明年、健把茱萸,晚香寻旧盟。

对于朱祖谋的长调,蔡嵩云在《柯亭词论》中有着这样的评语:"彊村慢词,融合东坡、梦窗之长,而运以精思果力。学东坡,取其雄而去其放;学梦窗,取其密而去其晦。遂面目一变,自成一种风格。"

蔡嵩云认为,朱祖谋的长调融合了苏东坡和吴文英的特色,并且他能仅取两位大家的优点,而避其缺点,于是形成了自己独特的风格。而程千帆也赞同这样的评价:"比及近世,上彊村民合苏、吴为一手,乃大开异境,此固深可法也。"(《吴白匋先生诗词集序》)但胡先骕却欣赏朱祖谋的另外两首词:"彊村词最知名者,为《摸鱼子·梅州送春》、《烛影摇红·人境庐话旧》诸词,盖敛稼轩之豪情,就梦窗之规范,遂兼二家之长,而别开一境界,不独为梦窗,直成其为彊村矣。"(《评朱古微彊村乐府》)

胡先骕所说的后一首,其全称为《烛影摇红·晚春过黄公度人境庐话旧》:

> 春暝钩帘,柳条西北轻云蔽。博劳千啭不成晴,烟约游丝坠。

狼藉繁樱划地，傍楼阴、东风又起。千红沉损，鹈鴂声中，残阳谁系。

容易。消凝楚兰，多少伤心事。等闲寻到酒边来，滴滴沧洲泪。袖手危阑独倚。翠蓬翻、冥冥海气。鱼龙风恶，半折芳馨，愁心难寄。

胡先骕认为，朱祖谋的这首词兼有了辛弃疾的豪情和吴文英的规范，而这也正是朱词的特色所在。胡先骕在这里把苏轼换成了辛弃疾，当然他是站在夸赞角度而言，因为胡在该文中把朱祖谋的词视之为清人词中的最高水准："骨高韵远，复异乎寻常词人，微论国初诸公未能视其项背，即以有清一代论，舍成容若、项莲生、蒋鹿潭三数词人外，殆难与之颉颃……尝不揣谬妄，许为有清一代之冠。"且不管这种评价是否有偏私之嫌，但朱祖谋在清词史中的地位，确实是很重要。

朱祖谋故居位于江苏省苏州市沧浪区韩家巷4号鹤园。十余年前，苏州书友黄舰先生曾带我来此探访，那时这里已经被当地有关部门占用，在其门口被收发室的管理人员断然拒绝。而今再次来此探访，一同前来者，有马骥先生、百合女史以及年轻的书法家宣晔先生。

宣晔乃是马骥的朋友。今早见面之时，马兄介绍称，我所住的平江华府酒店里面所悬挂的"百宋一廛赋"，其书写者就是宣晔。马兄的这句话顿时拉近了我跟宣晔的距离，我此次的苏州寻访，特意住在这家酒店，就源于该店是建在黄丕烈故居的旧址之上，而酒店也不忘这位大藏书家，在每个房间内都摆放着"百宋一廛赋"及其藏书楼的线描图。

在酒店的房间内，能看见这么多跟藏书家有关的东西，我的亲切之情难以形容，而今又见到了这些物品的始作俑者，当然话题就多了起来。宣晔说，他为了书写此赋，核对了不少版本，以便能更加准确地忠实原文。这份认真也同样让我喜欢。

上午的寻访就是在这三位爱书人的陪伴下，一路走了下来，虽然书友在一起有着别样的亲切，但这种亲切并不能感染他人，因为在鹤园的门口，我又受到了十余年前同样的待遇。但马骥和宣晔显然比我更有耐性，他们向门卫解释着我等前来此园寻访的伟大意义，显然，这个门卫见多识广，这些伟大意义不足以令他网开一面。宣晔从容地拿起电话，前去找朋友求援。几分钟后，从院内走出了一位领导，"熟人是一宝"这句俗语，在这一刻得到了充分的诠释，我等顺利

△ 朱祖谋故居大门

△ 门厅

△ 文保牌也包上了玻璃

△ 影壁墙

地走进了院内。

在门口等候阶段，因为有墙壁的隔挡，我并不能看清院中的情形，一步入院，顿时感到另有一番开阔的天地，这也正是苏州园林的绝妙之处吧。

在院中边拍照边寻找着跟朱祖谋有关的遗迹，显然，这种寻找颇为困难。虽然我知道他在此处居住了不短的一段时间，并且在这里他请来了许多人做填词之事，钱仲联在《清词三百首》前言中就说过这样一段话："朱氏之所以成为该派的中心领袖，一则他先在京师时与王鹏运共同探讨词学，趋向基本一致，再则朱氏晚年居苏州，郑、张、陈诸人都聚集于吴下，形成风气……许多词家围绕在朱氏周围，成了彊村派的群体，陈曾寿、夏敬观也是声气相应求……朱氏门弟子众多，宣传标榜，其声势超过常州派。"

由此可知钱仲联对朱祖谋的高度夸赞，难怪钱先生在《近百年词坛点将录》中，把朱祖谋推举为"天魁星呼保义宋江"。虽然朱祖谋在近代词史上有着如此重要的地位，并且他在鹤园之时也有那么多的朋友来此雅聚，但他的日子过得并不那么舒心，陈左高在《晚清词宗朱彊村》一文中说："彊村之妻性强悍，引为一生憾事。客沪时，辄于至友前，詈之曰'狮子'……易箦前，妻居苏州，视若吴越。"

朱祖谋：画栏更凭。莽乱烟，残照无情。

看来，朱祖谋的夫人是一位悍妇。他们在苏州鹤园居住时，夫妻之间竟然界线分明地不来往，如此想来，他的家庭生活过得并不开心。但即便如此，鹤园却修建得十分雅静，看

△ 四面厅内景

来朱祖谋把生活中的遗憾，转移在了填词和修护园林上面。

鹤园中，我印象最深刻的乃是一棵古藤，这棵古藤的粗壮程度远超以往所见，可不知什么原因，古藤的一些枝干被砍下来，扔在了地上，但此藤所表现出的虬龙之状，依然有着别样的力量。园林的中心还有一个小的池塘，池塘的阳面建起了水榭，门口的牌子上写着此屋名"四面厅"，不知这是不是当年的名称。此屋确实四面

△ 前方的碑廊

△ 鹤巢

△ 携鹤草堂内景

朱祖谋：画栏更凭。莽乱烟，残照无情。 617

△ 这里终于提到了朱祖谋

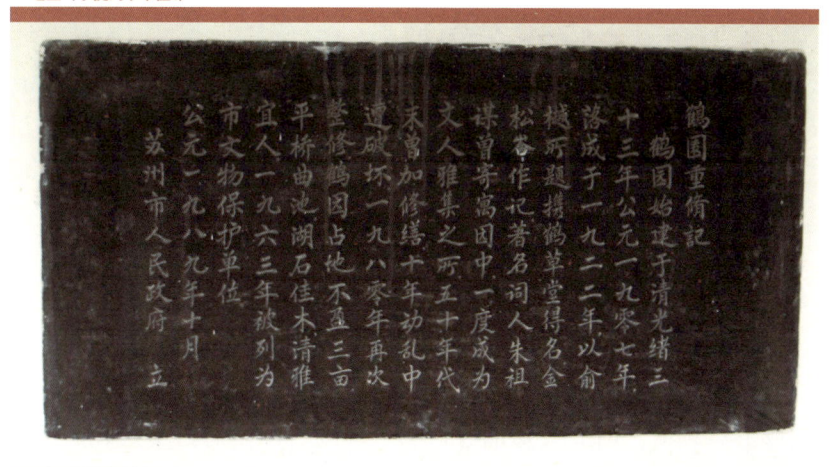

△ 鹤园记

是窗，然而起这样的名称，似乎缺少了一些雅味。以朱祖谋在填词上的讲究，我猜测这个名称恐怕非其所起，而今里面布置成了会议室的模样，可惜桌上摆着的一溜塑料水瓶与四围雅致的环境有些冲突。

我在某个月亮门的上方，看到了"鹤巢"的字样，不知这是不是当年朱祖谋的居住之处。而旁边的一间大屋里悬挂的匾额则为"携鹤草堂"，不知有着怎样的出典。在鹤园的侧墙上建有碑廊，其中我最感兴趣的一块，则是《鹤园重修记》，我在此记中终于找到了

△ 回廊

朱祖谋的名字。

能够找到跟朱祖谋有关的遗迹当然很高兴，但马骥兄却不满足，他说自己多年前曾来过此园，并且在此园内发现了一块刻石，上面的文字跟朱祖谋有关。然而在院中连问了几位工作人员，均无人知道有这么一块刻石，但马骥不死心，他在院中继续寻访，当我们沿着另一侧又转回到了入口不远的那棵古藤旁时，马骥突然喊到："找到了！"

顺其所指，在一个花坛的侧身看到了上面嵌着的一块刻石，上面用小篆写着"沤尹词人手植丁香"。这是一块汉白玉，每行两个

△ 古藤

朱祖谋：画栏更凭。莽乱烟，残照无情。

△ "沤尹词人手植丁香"

大字，后面还有楷书的小注，可惜这块刻石上沾满了污渍，我等身上没有带着任何的清理工作，马骥兄干脆直接用手开始擦拭此石。众人担心他把手划伤，纷纷劝说其想办法找个工具来清理，不要伤着手，而马兄看到此石后颇为激动，完全不听众人之劝，以手将此石涂抹了一遍。虽然大字清楚了许多，然而小字所刻颇浅，还是未能看清楚最终的落款，我仅仅看清楚一个"邓"字，不确定此石的书写者是不是大藏书家邓邦述，如果真是如此，这里定然又隐藏着一段佳话。

△ 朱祖谋手植丁香

花坛的外观呈六边形，直径不足两米，高度在一

米左右,而今里面仅有一根碗口粗的干枝,但丁香到了冬天也确实是这个模样,只是不知到春天之时,是否还能枝繁叶茂,而带我等参观的那位朋友则称,到了夏天,此枝依然能够发芽。闻听此言,我又动了小心思:看来有必要再来一次苏州,而后通过宣晔的朋友将此丁香压下一个枝条,待其成活后,移栽到我的小园中,这也算我从朱祖谋这里分得了一瓣香,说不定我也能沾点他的才气,填出几首不那么丑陋的词作来。

况周颐：愁入阵云天末，费商音、无端凄戾

况周颐为晚清四大词人之一。以年龄论，他是四大词人中最年轻的一位，然而他开始填词的年龄却是最早。朱德慈在《常州词派通论》中说："况周颐在四大词人中年纪最轻，然就存世词作而论，却以他的词纪年最早。他十九岁以前所作的《存悔词》，不仅先于朱祖谋十数年，而且也先于郑文焯的第一部词集《瘦碧词》、王鹏运的第一部词集《袖墨词》（1886—1889）数年。"

况周颐在 19 岁就有了自己的词集，而从文献记录来看，他从 12 岁就开始填词，这个爱好一直延续了五十余年，仅凭这一点，就可说明他是四大词人中填词历史最长的一位。

从个人生平看，况周颐属于早慧。同治七年时，他仅 8 岁，就补博士弟子员；到了光绪二年，他成为了优贡生；19 岁时，就考中了举人；而后过了几年，他成为了朝中的内阁中书；再后来，他前往南京，入两江总督张之洞幕；之后又到书院讲学；光绪三十二年时，再回金陵，入端方幕。

虽然说他自小爱好填词，然而把很大的热情投注于此，这应当是受了王鹏运的感染，他在《餐樱词自序》中说："余自壬申、癸酉间即学填词，所作多性灵语，有今日万不能道者，而尖艳之讥，在所不免。己丑，薄游京师，与半塘共晨夕。半塘于词夙尚体格，于余词多所规诫，又以所刻宋、元人词，属为斠雠，余自是得阅词

学门径。所谓重、拙、大，所谓自然从追逐中出，积心领神会之，而体格为之一变。"

况周颐也承认，他从小喜欢填词，但只有来到北京之后，整天伴在王鹏运身边，才有所长进。这段经历对他十分重要，因为王的很多词学观念影响到了他：此前，况周颐所填之词，只是基本上讲求平仄，并不能在词意上做到特别的精准，而王鹏运对他多有规劝。当时王正在刻宋元人的词集，王命况周颐做校对，这个过程使得况领会到了填词的门径，这个门径就是王鹏运所主张的重、拙、大，自此之后，况周颐的填词水平有了很大程度的提高，并且词风也为之一变。

由以上可知，况周颐早期词风与其晚年有较大的变化，而马兴荣在《试论况周颐及其词》一文中，把况填词的时期分为四个阶段，况在每个阶段都有着不同的变化。对于他的第一次变化，况周颐在《存悔词自序》中说得很明白："余性嗜倚声，是词为己卯以前作，固陋。无师友切磋，不自揣度，谬祸梨枣。戊子入都后，获睹古今名作，复就正子畴、鹤巢、幼遐三前辈，寝馈其间者五年始决。"

况周颐说他早年所填之词水平较差，其主要原因是得不到他人的指点以及同好之间的相互切磋，自从来到了北京，才看到了大量古代和今人的词集，由此眼界大开，后来又得到了几位前辈的指点，用了五年的时间，他才觉得自己所填之词有了崭新的面目。

况周颐所处的晚清正是中国社会的巨变期，时代的风云必然会反映到他的词作中，比如甲午年中日海战以中国的北洋舰队覆灭为结局，那时况周颐正在北京，听到这个消息后，他十分地愤慨，于是写了首《水龙吟·二月二十八日大雪中作》：

雪中过了花朝，凭谁问讯春来未。斜阳敛尽，层阴惨结，暮笳声里。九十韶光，无端轻付，玉龙游戏。问危栏独立，㣲袍冰透，休道是，伤春泪。

闻说东皇瘦损，算春人、也应憔悴。冻云休卷，晚来怕见，櫹枪东指。嘶骑还骄，栖鸦难稳，白茫茫地。正酒香羔熟，玉关消息，说将军醉。

况周颐在这首词中，讲到了北洋水师官兵们作战的勇猛以及战争的惨烈。类似的作品，况周颐在此前的光绪十五年还作有一首《苏武慢·寒夜闻角》：

愁入云遥，寒禁霜重，红烛泪深人倦。情高转抑，思往难回，凄咽不成清变。风际断时，迢递天涯，但闻更点。枉教人回首，少年丝竹，玉容歌管。

凭作出、百绪凄凉，凄凉惟有，花冷月闲庭院。珠帘绣幕，可有人听？听也可曾肠断？除却塞鸿，遮莫城乌，替人惊惯。料南枝明月，应减红香一半。

他对自己的这首词颇为自得，自称："当时笔力千钧，百炼钢化为绕指柔，极词家明转之说，与早岁所作，又不相侔矣。"

为何能填出如此的妙词，其弟子赵尊岳在《蕙风词史》中予以了这样的解读："盖先生袱被去都，依违江湖间，身世之感，已流露于吟事。此亦后来词境入于白石之所由。天之生人，困其境以成其学者，乃至于此！"看来，词人也如同诗人，越在困惑之时，就越能填出美词。

六年之后，也就是甲午战争后的一年，况周颐又写了一首《水龙吟》，他在这首词的小序中称："己丑秋夜赋角声《苏武慢》一阕，为半塘所击赏。乙未四月移寓校场五条胡同，地偏宵警，呜呜达曙，凄彻心脾，漫拈此解，颇不逮前作而词愈悲，亦天时人事为之也。"

看来，六年前他所作的那首《苏武慢》受到了王鹏运的赞赏。后来，况周颐搬到了北京的另一条胡同居住，那时他常常听到整夜的警报之声，这种紧张气氛当然会影响到他的心境，于是他就将这个时段的心情融入了该首词中：

声声只在街南，夜深不管人憔悴。凄凉和并，更长漏短，觳人无寐。灯炧花残，香消篆冷，悄然惊起。出帘栊试望，半珪残月，更堪在，烟林外！

愁入阵云天末，费商音、无端凄戾。鬓丝搔短，壮怀空付，龙沙万里。莫漫伤心，家山更在，杜鹃声里。有啼鸟见我，空阶独立，下青衫泪。

关于甲午战争的失败，在况周颐的心里引起了很大的震动，他当时还填了一首《摸鱼儿·咏虫》：

古墙阴、夕阳西下，乱虫萧飒如雨。西风身世前因在，尽意哀吟何苦？谁念汝，向月满花香，底用凄凉语。清商细谱。奈金井空寒，红楼自远，不入玉筝柱。

闲庭院，清绝却无尘土。料量长共秋住。也知玉砌雕栏好，无奈心期先误。愁谩诉。只落叶空阶，未是消魂处。寒催堠鼓。料马邑龙堆，黄沙白草，听汝更酸楚。

对于这首词的创作背景，赵尊岳在《蕙风词史》中称："甲午事呓，主和、主战者两不相能，驯至败绩。其于和战纷呶之际，先生咏虫以喻之，作《摸鱼儿》。其结拍云……则其指战事之必败可知。"

前面提到况周颐的词可分为三到四个时期，对于他早期的词作，因为那个时段除了年轻阅历少，同时也是作者最为春风得意的一个阶段，因此格调轻松，比如他当时写的一首《临江仙》：

> 浅笑轻颦情约略，嫩惊撩乱花天。倦红亭榭碧阴圆。未能通一语，春趣饱眉弯。
> 已是而今惆怅处，也休还忆当年。登楼无奈看云山。好春千里意，杨柳可胜绵。

对于这首词中所隐含的内容，朱德慈在《常州词派通论》中解释了赵尊岳在《蕙风词史》中的说法："据说这是蕙风尚在粤西时，有显宦杨姓者，赏识其文才，欲以孙女许之，且数招其入署。蕙风与杨氏千金亦已微波初通，后杨某他迁，事遂寝。此词即因追忆该事而作。"

这样的词应属陆游所说的"少年不识愁滋味，爱上层楼。爱上层楼，为赋新词强说愁"。

况周颐在入京之后，词风产生了较大的变化，比如他所作的一首《南浦·六月二十八日苇湾观荷同幼遐前辈》：

> 幽路入花天，闹红深、恰共中仙乘兴。花外小红亭，无人到、亭外午阴千顷。疏烟淡日，木兰愁绝余香凝。惜起青黄憔悴叶，曾共袅婷窥影。
> 无边香色年年，算鸳鸯惯识，枝交蒂并。年少冶游心，飘零后、禁得万蝉凄哽。欢娱谩省，碧云日暮颇黎冷。十二回阑肠断处，依约凌波来凭。

到其晚年，况周颐的词风又有了较大的变化，在饱经风霜之后，他对很多问题有了新的看法与认识，比如他所作的一首《定风波》：

> 未问兰因已惘然。垂杨西北有情天。水月镜花终幻迹，赢得。半生魂梦与缠绵。
>
> 户网游丝浑是罥。被池方锦岂无缘？为有相思能驻景，消领。逢春惆怅似当年。

对于况周颐的词风，严迪昌在《清词史》中称："况周颐以词为专业，致力五十年，铸意遣情，工力很深。他能锤炼而不失自然，流美中时见聪慧语、通脱语，萧瑟衰颓味也少。"而后该专著中引用了况周颐所作的一首《鹧鸪天》：

> 如梦如烟忆旧游，听风听雨卧沧洲。烛消香炧沉沉夜，春也须归何况秋。
>
> 书咄咄，索休休，霜天容易白人头。秋归尚有黄花在，未必清尊石破愁！

严迪昌认为这首词："从平常语勾牵出奇句来，有跌宕转折的意味。"在此之前，叶恭绰在《广箧中词》卷二中对况周颐的词作进行了这样的整体评价："夔笙先生与幼遐翁崛起天南，各树旗鼓。半塘气势宏阔，笼罩一切，蔚为词宗；蕙风则寄兴渊微，沉思独往，足称巨匠。各有真价，固无庸为之轩轾也。"

在这里，叶恭绰拿况周颐跟王鹏运进行了比较，虽然说从辈分而言，况应该是王的弟子辈，但叶恭绰却认为他二人就词作的贡献而言，可谓旗鼓相当，然而二人在风格上还是有所区别：王鹏运气势宏大，况周颐寄托细腻。叶认为，他二人都可以称为词坛巨匠，每个人都有自己的风格在，无法分出第一、第二。

在词作内容上有所寄托，这本是"常州词派"的整体概念，而后世学者大多把"临桂词派"视之为"常州词派"的余绪，故而临桂派词人也讲究寄托。虽然如此，但况周颐觉得词的高妙，除了寄托，还有另外的成分在，比如他在《蕙风词话》卷五中称："词贵有寄托。所贵者流露于不自知，触发于弗克自已。身世之感，通于性灵。即性灵，即寄托，非二物相比附也。横亘一寄托于搦管之先，此物此志，千首一律，则是门面语耳，略无变化之陈言耳。于无变化中求变化，而其所谓寄托，乃益非真。昔贤论灵均书辞，或流于跌宕怪神，怨怼激发，而不可以为训。为非求变化者之变化矣。夫词如唐之《金荃》、宋之《珠玉》，何尝有寄托，何尝不卓绝千古，何庸为是非真之寄托耶。"

在这里况周颐坚持"常州词派"讲求寄托的主体思想，但他却强调要讲求"何为寄托"以及"如何来寄托"等问题，他觉得"寄托"是词人本身性灵所在，而不能为寄托而强作。

既然如此，那应当怎样来填词呢？况在《蕙风词话》卷一中，予以了这样的说明："词学程序，先求妥帖、停匀，再求和雅、深（此深字只是不浅之谓）秀，乃至精稳、沉著。精稳则能品矣。沉著更进于能品矣。精稳之稳，与妥帖迥乎不同。沉著尤难于精稳。平昔求词词外，于性情得所养，于书卷观其通。优而游之，餍而饫之，积而流焉。所谓满心而发，肆口而成，掷地作金石声矣。情真理足，笔力能包举之。纯任自然，不假锤炼，则沉著二字之诠释也。"

况周颐认为，学词要先从基本框架学起，先要做到符合规范，而后再进一步要求文字上的雅致与格调上的沉稳。他认为，能够填出好词的必要条件，就是平时要多读书，有了内在的涵养，才能写出妙词。他认为妙词不是靠雕琢出来的，更多的是发自内心的直抒胸臆。对于

这种观念,况周颐在《蕙风词话》卷一中做了进一步的解释:

> 初学作词,只能道第一义,后渐深入。意不晦,语不琢,始称合作。至不求深而自深,信手拈来,令人神味俱厚。规模两宋,庶乎近焉。

> 两宋人词宜多读、多看,潜心体会。某家某某等处,或当学,或不当学,默识吾心目中。尤必印证于良师友,庶收取精用闳之益。洎乎功力既深,渐近成就,自视所作于宋词近谁氏,取其全帙研贯而折衷之,如临镜然。一肌一容、宜淡宜浓,一经俫色揣称,灼然于彼之所长、吾之所短安在,因而知变化之所当亟。

他依然强调填词的最高境界是信手拈来,而要想达到这种境界,

△ 况周颐撰《蕙风词话》,民国十四年刻惜荫堂丛书本　△《织余琐述》二卷,民国八年木活字本,况周颐序一书牌

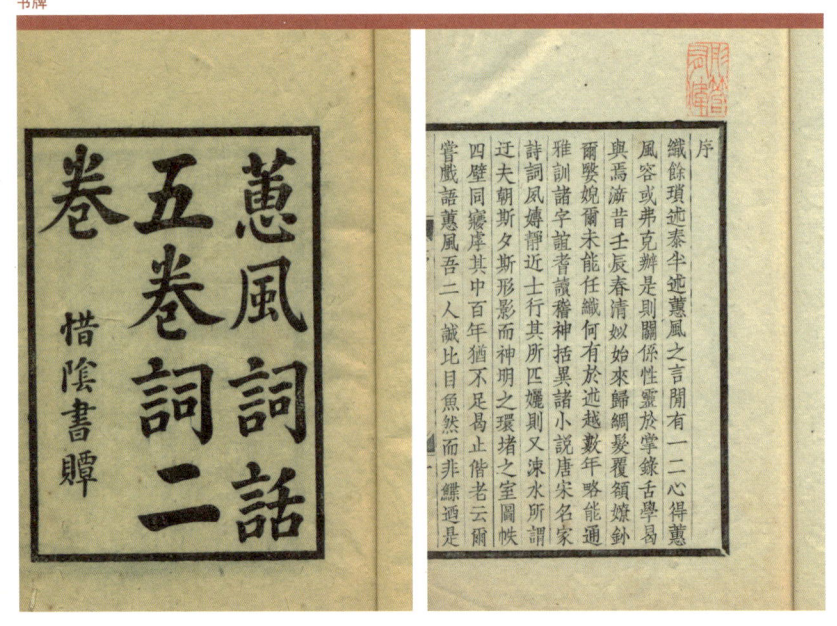

就应当多看两宋时人的词作，看多了之后，就能心领神会，同时自己的作品也要多找朋友们求证，这样才能使自己得到较快的长进，时间久了之后，就会渐渐有了感觉，而后就可以拿自己的词跟宋词进行比较，看看自己的词作在风格上跟哪位宋代词人相近，接下来就要通读这位宋代词人的所有作品，从此渐渐地就具备了自己的风格。

由以上的论述可知，况周颐在词史上的贡献，不仅仅是写出了一些词作，而更为重要的，是他能通过自身的经验总结出一套填词理论，他的理论是从实践中得来者，这对爱好词的人于创作方面，有着很好的启迪作用。既然如此，他个人的词作是否有了自己所强调的这些规律呢？王国维在《人间词话》附录中称："蕙风词小令似叔原，长调亦在清真、梅溪间，而沉痛过之……天以百凶成就一词人，果何为哉？"

王国维认为，况周颐所作的小令，在风格上颇像晏几道；而他作的慢词则有着周邦彦和史达祖的风格在；但就格调的沉重而言，况周颐的词风甚至超过了周和史。这其中的原因，当然是国家的沉痛时局对况周颐心理上的影响。相比较而言，蔡桢对况周颐的评价更高，其在《柯亭词论》中称："才情藻丽，思致渊深……吐属隽妙，为晚清诸家所仅有。"

虽然如此，况周颐并未固守于传统，他同样也受到西风的影响，比如他曾填有一首《醉翁操》，其在该词的小序中称："外国银钱，有肖像绝娟倩者，或曰自由神，亦有其国女王真像。"

他在这里谈到了外国银币，他说这些银币上的肖像做得十分漂亮，有人告诉他那是自由女神像，而有的钱币上也有着女王的肖像，这一切在况周颐看来，十分的新鲜神奇，因为中国的钱币基本上是天圆地方的形式，上面没有什么图案，更不可能出现女子的形象。以中国人固有的概念，大家闺秀应当是大门不出、二门不迈，更不可能会把女人的头像铸造在钱币上。

况周颐的观念虽然很传统，但他却能填出一首咏叹外国银币的词，这说明他依然能接受新鲜事物。因此他的这首词用着古老的格调来歌咏新鲜事物，读来有着别样的味道：

婵媛。苕颜。蓬仙。渺何天。何年。如明镜中惊鸿翩。月娥妆映蟾圆。凝佩环。典到故衫寒。得楚腰掌擎几番。

泛槎怕到，博望愁边。玉容借问，风引神山梦断。冠整花而端妍。鬘䰂云而连蜷。东来兰絮缘。西方榛苓篇。此豸秀娟娟。倩谁扶上轻影钱。

△ 桂林碑林博物馆

△ 这里也是国家级的文保单位

同王鹏运一样，况周颐也是桂林人，然而他在桂林的遗迹却难以寻得，幸亏得到了徐俊霞老师的帮助，这才使得我找到了况周颐故居遗址。前往桂林之前的几天，我把自己的寻访目录发给了徐老师，而后她帮我一一落实，当我们见面时，她拿给了我几份打印出的资料，其中一页就是"况周颐故居遗址——老桂林说缘由"。

这份资料是以问答的形式成文，其问者简称为

"主"，我想这是主持人的意思；而答者则为"姚"。徐老师告诉我，"姚"指的是姚古老先生，她说老先生已经上了年纪，之前她本欲通过人向老先生了解进一步的细节，后因姚古先生已经听不清别人的问话，于是只好做罢。在这份访谈录中，有如下的一段问答：

主：听讲古时候有个大文人就住在天柱石下的啵。

姚：对啊，那个大文人就是晚清四大词人之一的况周颐嘞嘛。他的故居就在天柱石旁边，他们那一大家子尽是文人来的，祖父况祥麟、祖母朱镇、老盖况澄、伯父况澍，个个就是诗人学者，著作等身。所以评论讲"地因人宏，山自人显"呢。况周颐常年在北京、上海活动，他写诗填词最喜欢用的一枚小印章就是"天柱峰下人家"。

姚古在此明确地称，况周颐的故居就在天柱石的旁边，并且以况周颐喜欢铃的印章为证，看来这位老先生果真了解细节。我向徐俊霞请教这份访谈资料来由，她在手机上给我做了展示，由此得知，这个访谈刊发在 2012 年 2 月 7 日的"桂林生活网"上。既然如此，此地就成为了我探访况周颐遗迹的唯一目标。

△ 无脑之兽

△ 靖江王府墓前的石仲翁

△ 曲水流觞

此程桂林寻访的第三天,在汤文辉总编的安排下,由鲁朝阳和马艳超两位编辑协同徐俊霞老师,一并带我寻访。徐老师告诉我,天柱石处在七星公园内,但她同时又称,在七星公园的另一侧是桂林碑林博物馆,这里面有一块碑跟我的另一个寻访点有关系,她建议由碑林进入,而后穿到七星公园内。马艳超称碑林内有他的朋友,于是他给朋友打电话,对方称正在忙着拓碑,但会安排他人来接应。

来到博物馆门前,看到侧旁的刻石上写着"桂海碑林"四个大字,在门口见到了等候在那里的一位女士,她把我等带入了检票处,之后我们就在这一带参观。看惯了北方的碑林,也习惯了北方刻石的风格,在这里见到的果真有着南方的特色,我看到其中一个神兽像完全无脑的样子,不知当年本地的古人为何有着这样的审美偏好。

可能是近期多雨的原因,这里的地面颇为湿滑,虽然早已进入了冬季,但地面上仍有一层薄薄的青苔,我小心地在上面行走,但依然时不时地能够感觉到脚步不稳。鲁朝阳对这里颇为熟悉,他向

△ 悬崖之下

　　我讲解着此处的一些名刻。我在这里看到了一些石仲翁,鲁朝阳说：这些是从靖江王陵上搬来的。在这里还有一个小亭,里面摆放着的是体量不小的"曲水流觞",鲁朝阳说：这是某次城市改造中,无意间挖出来的。桂林当年虽然是偏邑,但文雅之风却颇为盛行,竟然能有这样大型的石刻得以留存。

　　穿过这片区域就来到了山底。虽然桂林来过多次,但我并未在此做过游山玩水的举措,此次因为寻访,方看到这里的美丽之处乃是在城区之内,时不时地有一座平地拔地的山峰,这真是上帝的惠赐。而公园内的这座山峰有一个大洞,洞内的墙壁上刊刻了不少历代的题咏。

　　看到这些刻石,徐俊霞马上想起,来此本是要让我看一块特别的石刻,于是调头回返,又来到了山下的一个大洞之前。此处的崖壁上刊刻了更多的古代刻石,这种情形让人一望就喜欢,其中一块刻石上写着"龙隐岩",这应当是此处的名称。

△ 此处名"龙隐岩"

△ 刻石最集中的地方

△ 半山腰看到的建筑

　　在这里我依然惦记着况周颐故居遗址之事。三位老师告诉我，这个故居遗址在公园的另一侧，而前往此侧，则需要绕过眼前的这座山，具体怎样绕行，仍然需要打问。巧合的是，刚才带我等四人进入碑林的那位工作人员，又从旁边路过，我等马上上前问她，如何能穿越到天柱石下。此人称，还是翻山最近，因为15分钟就可走到，若从下面绕行，则至少需要一个小时以上。

　　这么大的差异，我当然还是觉得翻山比较节约时间，而此时天空时断时续地下着小雨，三位老师担心我翻山会有问题，建议还是从下面绕行。但我觉得雨量不大，更何况登山有台阶，于是坚持由此翻过去。

　　在我的坚持下，我等一行四人开始沿着台阶向上攀登。走出没

636　觅词记

△ 天柱石

△ 石下为河道

△ 月牙楼

多远，我就感觉到了腿软。其实医生一直建议我要多锻炼，但我以每日写文章为借口，很少会有这样强度的锻炼，念及这一层，我倒觉得这样的寻访倒是我借机锻炼身体的好机会。

看来心情很重要，果真，在这种心态之下，没费多大事就登到了山麓的最高处，而往下走时，就体味到了"上山容易，下山难"。虽然下山也有石阶，但在雨的作用下，使得带有青苔的石阶变得更加湿滑。而马艳超不但帮我打着伞，同时他还用力地攥着我的胳膊，防止我不小心滑倒。

虽然如此，我等没有放慢步伐，果真没用多长时间就下到了山底，到此时，我才感到双腿的酸胀与疲软，好在接下来的路是平地，前行不远，就来到了天柱石下。

这个迷你型的小山峰，立在一块平地上，虽然不高，但因为四围平坦如砥，尤其它的侧方是一条河道，这更加显得山峰挺拔秀丽。

我围着这座小山峰四处探看,寻找着此峰上的刻字,然后看到了"芙蓉石"三个字。徐俊霞告诉我,这是后来起的名称,此峰确实是天柱石无疑。而后我又转到了另一侧,上面却刻着"毛泽东思想万岁"几个大字,这显然是特殊时代的产物。我围着这块突兀而起的巨石,四处寻找着可拍摄之处,而后在附近探看,基本看不到有什么历史建筑的痕迹了。

猛然间我想起在网上查得的资料,上面称况周颐的故居遗址还有一处,在七星公园内月牙楼绿漪堂前,于是问三位老师月牙楼在哪里。众人告诉我,此处在公园的另一个方向。我决定前往探看。鲁朝阳称,我等看完之后,恐怕再没力气按原道翻山返回,所以他建议由另外两人陪我到月牙楼拍照,而他本人原道返回去取车,然后把车开到公园的另一个出口。如此说来,这依然需要他翻山而过,难道不是同样的辛苦吗?很显然,我已经没有力气逞英雄的原道返回,只好同意他的建议,由他一人辛苦返回去开车。

△ 田汉故居完全没有了痕迹

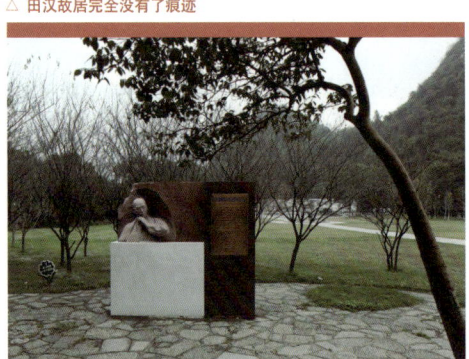

△ 站在廊桥之上眺望自己曾经的脚步

月牙楼处在公园的一个广场后方,从外观看,这个楼是近年建起的仿古建筑,旁边的说明牌上介绍说,郭沫若曾在月牙楼内就餐,并且在此赋诗一首,可惜没有提到况周颐跟此楼的关系，说不定这月牙楼就是在况周颐故居遗址之上翻建而成的。

月牙楼的前方是大片的草地，我无意间注意到这草地上有一座雕像，于是立即走近观看，原来雕造的人物乃是戏曲家田汉，旁边的说明牌则写着"抗战时期田汉桂林住所旧址"。展眼望去，眼前除了一片树林，没有任何建筑物。抗战时期距今没有多少年，他的故居已经荡然了无痕迹，更何况，况周颐所处时代要在田汉之前，如此推论起来，在公园内找不到况周颐故居遗址，倒也没什么可奇怪的了。

我多少还是不死心，又转到了月牙楼的侧边，其右侧有上山的台阶，这一带也有一些建筑物，但没有一座是老建筑。到这种地步，我也只能承认，况周颐的故居确实是找不到什么痕迹了，于是拍照过后，跟随另外两位老师，穿入了一段长长的廊桥。站在廊桥之内避雨等车时，仰望着刚才翻越过的山峰，看来，只要能够咬牙坚持，有些事情到如今依然能够办得到。

梁启超：镇日飘零何处也，依旧天涯

梁启超是近代中国最著名人物之一，他跟康有为一起对中国社会体制的变革做出了很大的贡献。虽然他是康有为的弟子，然而社会上却将康、梁并称，可见他在某些方面所做出的成就，不在其师之下。

1898年，康有为联合一些有识之士，总计一百余人，联名上书要求废止八股取士制度。他们所写奏章先交给了都察院，但都察院拒绝代奏，于是他们又将奏折送到了总理衙门，但那里也不接受。虽然如此，他们所写奏章的内容却流传开来，此奏章中称："为国事危急，由于科举乏才，请特下明诏，……停止八股试帖，推行经济六科，以育人才而御外侮。"

这种要求在社会上引起了巨大的反响，有人赞同，有人反对。科举考试对于中国古代文人，几乎是唯一的出人头地之路，而今那些苦读之人听闻到要废止这种科举制度，其愤怒可想而知。梁启超在《戊戌政变记》第二篇《政变前记》中说："闻启超等此举，嫉之如不共戴天，遍播谣言，几被殴击。"梁启超等人的建议让有些人恨到一见就想殴打他们。

但最终，他们的建议还是有了结果。百日维新期间，皇帝在五月初五和五月十二日，两次下令废除八股取士制度，这件事对中国社会的影响十分巨大，因为其彻底改变了读书人的学习目的，而最终促成此事者，乃是康有为。梁启超在《与碎佛书》中讲述了促成此事的经过："新政来源真可谓令出我辈，大约南海先生所进《大彼得变政记》《日本变政记》两书，日日浏览，因摩出电力，遂于前月二十间有催总署议覆先生条陈制度局之议。仆等于彼时，乃代杨侍御、徐学士各草一奏，言当定国是，辨守旧开新之宗旨，不得骑墙模棱，遂有二十三日之上谕。南海、菊生召见，力言科举事，既退出，即飞告仆，令作请废八股折，宋侍御言之，是日即得旨送往园中，至初五乃发耳。大率有上开新折者，则无不应，盖上下之电力热力，皆以相摩而成也。"

然而仅仅两个多月的时间，当时所实行的一些新政几乎都被废止。八月初六凌晨，在慈禧太后的安排下，光绪帝被囚禁于中南海的瀛台；八月十三日，维新派的著名人物谭嗣同等六人被杀。而后维新派官员基本全部被罢免，此期间所颁布的新政，除了京师大学堂之外，其他的全部被废除。

这倒是一个奇怪的安排，因为八股考试制度在几个月前已经被废除，此时又重新恢复。既然如此，那为什么还要保留京师大学堂呢？但这个保留却给后来的思想革命留下了火种，因此几年之后，到了1905年，八股考试制度再次被废除，自此之后，已经实行了一千多年的科举取士制度彻底被停止了，因此，这件事可以被称为康、梁等人在中国教育界的革命。

在顽固派发动政变的当天晚上，梁启超逃进了日本公使馆，化妆之后又逃到了天津，而后登上了停泊在塘沽的日本军舰，之后流亡日本，从此他在海外流亡达十四年之久。

在这个期间，梁启超并没有停止各类活动，他随同康有为所参与的政治活动暂且不提，即使在文化界，梁启超也有着许多的重大举措，名气最大者，就是他倡导的"诗界革命"和"小说界革命"。

其实早在变法之前,他就跟谭嗣同等人提出了"诗界革命"的主张,他们不仅是口号上的提倡,同时也身体力行地以新词汇来创造诗词,比如当时谭嗣同就写了首《金陵听说法》:

> 而为上首普观察,承佛威神说偈言。一任法田卖人子,独从性海救灵魂。纲伦惨以喀斯德,法会盛于巴力门。大地山河今领取,庵摩罗果掌中论。

诗中的"喀斯德"等词,陈其泰在《梁启超评传》一书的小注中,做了如下的解释:"喀斯德,Caste 的译音,指印度历史上的社会等级制度;巴力门,Parliament 的译音,指英国议院。"

梁启超流亡日本后,继续推行这种"诗界革命",其称:"欲为诗界之哥仑布、玛赛郎,不可不备三长:第一要新意境,第二要新语句,而又须以古人之风格入之,然后成其为诗。"(《夏威夷游记》)

看来,谭嗣同把一些译音词用入诗中,应当就是梁启超所强调的"第二要"。用这种词来写诗,到底好不好,梁启超又有如下的解释:"革命者,当革其精神,非革其形式。吾党近好言诗界革命,虽然,若以堆积满纸新名词为革命,是又满洲政府变法维新之类也。能以旧风格含新意境,斯可以举革命之实矣。"(《饮冰室诗话》)

看来,他也觉得这种写法只是一种形式,但他认为这种形式也有其必要性。为什么要强调这一点呢?梁启超称:"欲新道德,必新小说;欲新宗教,必新小说;欲新政治,必新小说;欲新学艺,必新小说;乃至欲新人心,欲新人格,必新小说。"

在这里,他强调小说的价值是如此之大,他认为小说所宣扬的观念很快会深入人心,他甚至称,古代的《七略》将增加"小说"

一项而变为"八略",同样,目录版本界所强调的"四部分类法",也定然把"小说"分出,单为一部,从此变为"五部分类法"。由此可知,他的观念是何等的先进。可惜的是,他的这个预言至今已经超过了一百年,小说虽然已经风靡天下,但至今在传统的目录版本界,也依然没有把"小说"与其他四部等量齐观。但梁启超的呼吁在社会上也很有影响,曾几何时,出版界销售量最大的门类就是小说。

除此之外,梁启超还强调"新史学",为此他写了一系列的著作。何为"新史学"?梁启超做过这样的解释:"前者史家,不过记载事实;近世史家,必说明其事实之关系,与其原因结果。前者史家,不过记述人间一二有权力者兴亡隆替之事,虽名为史,实不过一人一家之谱牒;近世史家,必探察人间全体之运动进步,即国民全部之经历,及其相互之关系。"看来,他认为中国传统的正史,只是记录的一家之言,这是一种偏颇,他要对这种观念进行彻底的改变。

传统的历史学家中,梁启超仅首肯其中六人,这就是司马迁、杜佑、司马光、郑樵、袁枢和黄宗羲。为什么是这样的一个名单呢?梁启超解释道:"《史记》以后,而二十一部,皆刻画《史记》,《通典》以后,而八部皆摹仿《通典》,何其奴隶性至于此甚耶!若琴瑟之专壹,谁能听之?以故每一读而惟恐卧,而思想所以不进也。"看来,他准备彻底地变革中国人的史学观念。

由以上这些叙述可知,在梁启超的观念中,无论是文学界还是史学界,都受封建思想的约束,他想打破这千年来的枷锁,要在文史界开创出一种新面目。

虽然如此,梁启超依然按照传统的方式来写作诗和词,按照汪松涛先生的统计,梁启超所作之诗留存至今者有424首,而词有64首,这两项加起来,数量不算少。梁启超曾说:"余虽不能诗,然尝好论诗。

以为诗之境界,被千余年来鹦鹉名士(余尝戏名辞章家为'鹦鹉名士',自觉过于尖刻)占尽矣,虽有佳章佳句,一读之,似在某集中曾相见者,是最可恨也。故今日不作诗则已,若作诗,必为诗界之哥伦布、玛赛郎然后可。"(《夏威夷游记》)

不知这算不算他的谦称,他说自己对写诗不在行。但他同时又说,不做则矣,一做就要出新意。对梁启超而言,作诗是否也会像他写文章那样信手拈来呢?按照他自己的说法,显然不是这样,梁在《饮冰室诗话》中称:"余向不能为诗,自戊戌东徂以来,始强学耳。然作之甚艰辛,往往为近体律绝一二章,所费时日,与撰《新民丛报》数千言论说相等。"看来,他写一首律诗或绝句,跟他为报社写的几千字言论,所耗时间基本相等。

细读梁启超的诗作,果真有一种磅礴的气势,比如他所写的一首《举国皆我敌》:

举国皆我敌,吾能勿悲?吾虽悲而不改吾度兮,吾有所自信而不辞。世非混浊兮,不必改革。众安混浊而我独否兮,是我先与众敌。阐哲理指为非圣道兮,倡民权曰畔道。积千年旧脑之习惯兮,岂旦暮而可易。先知有责,觉后是任。后者终必觉,但其觉匪今。十年以前之大敌,十年以后皆知音。君不见,苏格拉底瘐死兮,基督钉架,牺牲一身觉天下。以此发心度众生,得大无畏兮自在游行。眇躯独立世界上,挑战四万万群盲。一役罢战复他役,文明无尽兮,竞争无时停。百年四面楚歌里,寸心炯炯何所撄?

此诗作于光绪二十七年四月在日本期间,这首诗表达出了一个文人志士的社会责任感,读起来极有气势。

然而不知什么原因，梁启超所作之词却有着与他的诗完全相反的风格，梁鉴江在给汪松涛所著《梁启超诗词全注》一书的序言中称："梁启超存词仅六十四首，多写儿女情长、伤春伤别，就总体而言，内容、形式均未能冲破北宋婉约词人的樊篱，尚未形成自己的风格特色。"

由这段叙述可知，梁启超虽然搞过颇有影响力的"诗界革命"，而他自己也身体力行地写了那么多豪迈的诗作，可是他的词却一本传统，基本上是婉约派的风格。梁鉴江甚至说，梁启超的词还未形成自己的独特面目。这是什么原因，我却未曾看到相应的研究成果，难怪梁启超没有搞过"词界革命"。

对于这个有趣的现象，莫立民在《近代词史》中做了这样的比较："梁启超的诗虽不乏沉郁苍凉之作，然亦多议论纵横、回肠荡气之笔，有一种大开大合、雄浑苍莽的特质。陈衍评之曰：'天骨开张，精力弥满。'（《石遗室诗话》）不过，其词主流风貌则是在沉郁苍凉的激荡中抒发他的既伤时、又悯己的心潮。如果说梁启超的诗歌、散文展露了他生活中慷壮昂扬的一侧，那么他的词则显示出他性情中低徊温柔的一角。"而后莫先生在其专著中，举出了梁启超所作的《金缕曲·丁未五月归国，旋复东渡，却寄沪上诸子》：

瀚海飘流燕，乍归来、依依难认，旧家庭院。惟有年时芳俦在，一例差池双剪。相对向、斜阳凄怨。欲诉奇愁无可诉，算兴亡、已惯司空见。忍抛得，泪如线。

故巢似与人留恋，最多情、欲粘还坠，落泥片片。我自殷勤衔来补，珍重断红犹软。又生恐、重帘不卷。十二曲阑春寂寂，隔蓬山、何处窥人面？休更问，恨深浅。

根据小序可知，这首词作于光绪三十三年。戊戌变法失败后，梁启超流亡日本，当时是光绪二十四年，至此时已经有了近十年的时间。梁启超在此词中表达出了自己漂泊异乡的孤独感。从该词的风格上来说，虽然内容也关涉时局，然而文中却完全没有他在诗中所表现出的那种豪迈气概。

其实，梁启超早期的词作也有一些有着激昂的慷慨气度，比如光绪二十年，梁启超带着家眷入京，当年赶上中日战争爆发，面对时局，让梁启超十分地愤慨，于是他又让妻子返回南方，并用一首《水调歌头》来表现自己的不平心态：

拍碎双玉斗，慷慨一何多！满腔都是血泪，无处着悲歌。三百年来王气，满目山河依旧，人事竟如何？百户尚牛酒，四塞已干戈。

千金剑，万言策，两蹉跎。醉中呵壁自语，醒后一滂沱。不恨年华去也，只恐少年心事，强半为销磨。愿替众生病，稽首礼维摩。

这首词的风格跟他其余的词作颇不相类，但这样风格的词作，在梁启超这里并非孤例。

在甲午战争期间，梁启超还写过一首《满江红》：

如此江山，送多少、英雄去了。又尔我、蹋尘《独漉》，睨天长啸。炯炯一空余子目，便便不合时宜肚。向人间、一笑醉相逢，两年少。

使不尽，灌夫酒。屠不了，要离狗。有酒边独哭，花前狂笑。剑外惟余肝胆在，镜中应诧头颅好。问饱黄、阁外一畦蔬，能同否？

读这样的词能够真切地感觉到，在国难当头之时，梁启超报国无门，这让他胸中积满的悲愤无法释放，只好将这种情绪灌注在词作中。

跟时局有关的词作，梁启超还作过一首《浪淘沙》：

> 燕子旧人家，怅触年华。锦城春尽又飞花。不是浔阳江上客，休听琵琶。
> 轻梦怕愁遮，云影窗纱。一天浓絮太亏他。镇日飘零何处也，依旧天涯。

对于这首词作的背景，汪松涛在其专著中做了如下的解读："本词作于光绪二十一年（1895）春夏之交。康有为自订年谱云：'二月十二日，偕卓如……入京，时内廷预备车辆五百，以备迁都，朝士纷纷，多虑国亡出京师者。时旅顺已失，朝廷震动……命大学士李鸿章求和，议定割辽台，并偿款二万万两。三月二十一日电到北京，吾先知消息，即令卓如鼓动各省……公车……上折拒和议。'另本年会试放榜为四月初九日，据《曼殊室戊辰笔记》载：'是岁春闱，乃顺德李若农典试，误于伯兄之试卷为南海之作，故抑而不录，批曰：'还君明珠双泪垂，惜哉！惜哉！'盖当日之南海，为众人所不喜也。'二事可为本词注脚。"

关于婉约风格的词作，梁启超有一首《金缕曲》：

> 一例西风里，谁信汝，此番行色，凄凉如此。彻骨寒生孤枕梦，蓦地鹊桥波起。也太觉、一年容易。昨日洗车明日泪，问人生、

哀乐谁能主？木叶落，君行矣。

念君无限伤心事，料难忘、密缝珍重，寒衣曾寄。薄命儿郎更消得，多少春魂秋气。只添我、天涯滋味。日日长亭折杨柳，送行人、却恨归无计。歌金缕，忘变徵。

对于这首词，梁启勋做了如下的注释："此一首乃己巳五月四日陈简墀之子景素录自其家藏伯兄所书之横幅。词后附一短跋曰：'简庵有安仁之戚，匆匆南下，悽怆万端，欲为达语解之，无益也。索为凄曼之声以送其行，俾竭其哀，待自解也。'此词之本事，吾能道之。甲乙之间，伯兄与陈简墀同客京园，均未携眷。乙未秋，陈得其夫人自家乡寄来新衣一袭，正欢喜，遍告其俦。乃不数日，续得一缄，则报其夫人已病故矣，即词中所写'密缝珍重'者是也。"

对于梁启勋所说的"陈简墀"为何人，汪松涛在小注中称"未考"，但梁启勋的这段跋语倒是颇有故事性。当年陈简墀和梁启超一同客居北京，二人都未带来家眷，男人长期在外，没有家人的照顾，想来生活上也有诸多的不便。而在某年的秋天，陈得到了他夫人从家乡寄来的一件新冬衣，这让陈很是高兴，他不断地向朋友们炫耀，可是没过几天，他又得到了家乡的一封来信，信中称他的夫人已经病逝了。这样的大喜大悲，显然让陈简墀难以承受，于是梁启超就作了这首《金缕曲》安慰朋友。

梁启超的词作中，婉约味较浓者，还有一首《六丑》：

听彻宵残雨，正帘外，晓寒衣薄。莫道春归，便浓春池阁，已自萧索。问岁华深浅，愔愔桃叶，在旧时栏角。繁红斗尽无人觉，待解寻芳，东风已恶。欢期未分零落，尚曲墙扶绕，频动春酌。

情怀如昨，只休休莫莫。似水流年，底成飘泊？故枝犹缀残萼，又蜂衔燕蹴，乍欺怯弱。
愁对汝、自扃深阁。却不奈、
一阵轻飙无赖，送敲垂幕。
感啼鸟、未抛前约，向花间、
道不如归去，怕人瘦削。

对于这首词，梁启超在小序中称："伤春，学清真体柬刚父。庭院碧桃，开三日落尽矣。借寓所伤。后之读者，可以哀其志也。"梁启超说他的这首词，就是学周邦彦的"清真体"。周的词以强调音律著称，梁启超的这首词是否也能符合严格的词律，这个不好说，但至少说明他并不想搞"词界革命"，在这方面，他是一本传统。

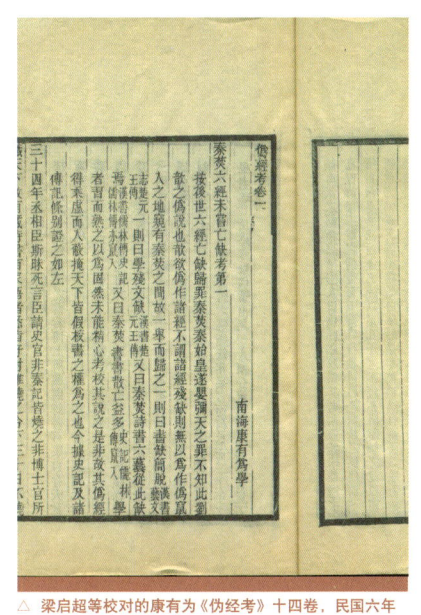

△ 梁启超等校对的康有为《伪经考》十四卷，民国六年至七年万木草堂丛书本，卷首

其实不仅如此，梁启超也步古人之韵来填词，而这种做法同样是传统词家所喜好的填词方式，比如他作的一首《三姝媚》：

△《秋蟪吟馆诗钞》七卷，民国五年刻本，梁启超序一

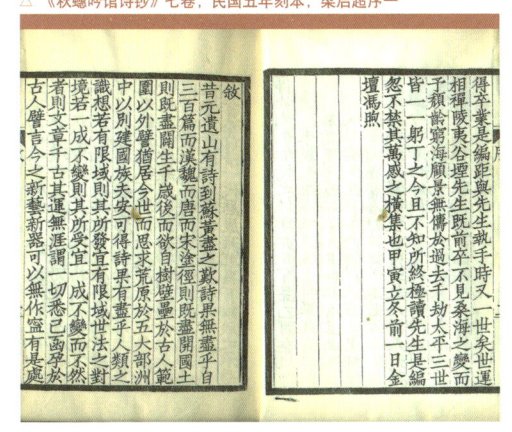

愁苗和泪绽，况
客里还逢，故乡回
雁。苦忆俊游，叹春
随人老，相看依黯。
数遍花风，谁信道、
便成秋苑。赢得年
时，偷卜佳期，带围
销减。

怅望银河清浅，正指冷笙寒，梦长天远。今夜河桥，怕晓风杨柳，做成凄婉。倘遇冥鸿，为说我、高歌青眼。更问鱼龙醒未，沧江晼晚。

梁在此词的小序中称："送陈大归国，用草窗送碧山还越韵"，他竟然用周密送王沂孙还越之词的同韵，可见梁启超不但对宋词十分熟悉，并且也有着相应的模仿之作。

其实不但如此，梁启超对古代的词人也同样有着追念，比如他在民国十四年作的一首《鹊桥仙》：

冷瓢《饮水》，蹇驴《侧帽》，绝调更无人和。为谁夜夜梦红楼？却不道当时真错。

寄愁天上，和天也瘦，廿纪年光迅过。"断肠声里忆平生"，寄不去的愁有么？

梁启超在该词的小注中说："成容若卒于康熙乙丑五月十六日，今年今日其二百四十年周忌也。深夜坐月讽纳兰词，怅触成咏。"某天，正赶上清康熙时著名词人纳兰性德逝世二百四十周年的祭日，在这一天，梁启超到了半夜还在读纳兰词，而后他把自己的心情写成了这样一首词作，由此可知，梁启超对传统的词人有着特殊的感情在。既然如此，这也足可说明他不但反传统，要搞这样那样的革命，但他同时也对传统中的精华有着本能地尊重和推举，可惜的是，少有人通过他的词作来分析梁启超思想的另一面。

梁启超墓园位于北京市海淀区植物园内。植物园在此前也来过多次，但却始终没能想起来在这个巨大的公园内去寻找梁启超之墓，尽管我一向对他有着尊重之情，尤其他所写的《中国近三百年学术史》。在二十余年前，他的这部专著可以说是我了解清学的门径之书。不知什么原因，我在有些问题上始终不能做到融会贯通，比如寻访这件事，其实有许多地方我都曾前往游览

△ 梁启超墓园入口

过，但我却始终不能把游览与寻访合二为一，也正因如此，对于梁启超墓的拜访，我是选了某天的下午，特地跑到西山去办这样一件事。

植物园内的游览路线对我而言，轻车熟路，但因为植物园内的面积太大，我从未到过梁启超墓这一带，好在园林的标识还算清晰明了，于是边走边留意着岔路口的标牌。沿着植物园的右侧大路一路上行，见第一个向东的岔口右拐，前行50米左手的树林内即是梁

△ 文保牌

△ 墓园介绍

启超墓园。

墓园的门口左侧并列着两块文保单位铭牌，一个北京市级、一个海淀区级，墓园的四围是用不规则的石块砌起的石墙，约两米多高，入口处的石墙上挂着一块金属牌，说此墓园建于1931年，是由梁启超之子梁思成设计的，占地约八千八百平米，入园直行有近百米长的神道，神道的中段两旁立着两块高大的石碑，下面的赑屃和上面的双龙碑额均完好无缺，是典型的清代帝王碑的制式。

梁启超逝世于1929年，不可能有皇帝再御赐石碑，我猜想可能是别处的碑移在此处，当然，我指的是赑屃和碑额。然而转念细想，

△ 梁启超夫妇合葬墓

△ 墓园中有两块无字碑　　　　　　　　△ 梁启超墓背影

△ 无字碑　　　　　　　　　　　　　　△ 地上的说明牌

　　他的儿子梁思成本就是著名的建筑设计专家，如果按照古代的制式来制作这样一套石碑，对梁思成而言，应该不算什么难事。

　　走上前想看清楚碑上面的文字，然奇怪的是，碑的正面未见任何字迹，两块碑均如此，我怀疑是不是碑文剥落不见了痕迹，用手摸索一番，碑面平滑，肯定未曾刊刻过。我站在侧面细看，因为在古代有时也会把古人的石碑铲掉字迹磨平后再利用，不知这两块石碑是不是这种情况。

　　可是我又想，难道是立了两块无字碑？真若如此，这比武则天还要牛，虽然说，武则天的那通无字碑要比眼前的这两座高大许多，但从数量上来论，武则天也仅是一块，而梁启超却是两块。为什么会这样呢？我站在那里胡乱猜测一番，没得到答案。

△ 梁思乾墓

△ 墓园内的小亭

神道的尽头是一块一亩见方的台地，有七、八个台阶，台地的中央即是梁启超夫妇墓。整个墓的设计风格具有现代化意味，看上去像英雄纪念碑，台阶下面的右手砖地上有两块40厘米见方的石头，一块写着"梁思乾之墓"，另一块写着"父梁启雄 母赵聘贤 之墓"，台阶的左边也有几处墓葬，均为梁姓，其中有梁思庄，这个碑座的形式较为特殊，像一排竖放的精装本的书，再到背面看介绍文字，更印证了我的想法：肯定是书，因为上面写着"图书馆专家，梁启超次女，前燕京大学及北京大学图书馆副馆长。"

墓园的西侧还有一个八角形的石亭，围着石亭里外看一圈，没有见到任何的说明文字，然石亭内墙之四壁似乎都有挖掉的痕迹，我估计上面原来石壁是嵌着石板，也许是石板上的图案和文字不合时宜被撬掉了。

王国维：厚薄但观妾命，浅深莫问君恩

王国维是中国近代著名的国学大师，在多个领域多个学科都有自己的创见，比如他是近代新史学的开山人，他在哲学方面引进了西方的体系，他在古文字学、音韵学、目录学、校勘学、金石学以及文学方面，都有着自己的创见，而在词学方面，因为他所作的《人间词话》，被学界称为中国近代重要的词学家之一。

他对词和曲的创作研究，主要集中在光绪三十二年至宣统三年之间，当时他的年龄是29岁至34岁。宣统三十二年四月，王国维在《教育世界》上发表了自己的词作，这组词总计60首，总名为《人间词甲稿》。到了转年的十月，他又在《教育世界》第161号上发表了《人间词乙稿》，数量为43首。到了民国三十二年，王国维编出了他的个人文集——《观堂集林》，他将甲、乙稿所发表之词收录其中，同时分别改名为《苕华词》和《观堂长短句》，然而这两集所收的词作在数量上跟甲稿与乙稿有了区别，按照莫立民在《近代词史》上的统计："《苕华词》凡九十二阕，《观堂长短句》有二十三首，共一百一十五阕。"

以上的这些词作，大多是王国维在光绪三十二年至三十三年之间所填，他在30岁之后填词的数量变得很少，因为他把填词的兴趣转到对词史的研究方面。从光绪三十四年开始，王国维在《国粹学报》上连载他所作的《人间词话》，总计刊载了三期，共发表词话64则。

但按照《人间词话》的原稿，他总计写出词话的数量是113则，而在发表之时，他删除了其中的49则。

《人间词话》的发表对词学研究产生了重大的影响，此后的几十年中，有很多学者都对该作做出了各种研究和解读，故而《人间词话》的发表标志着王国维成为了中国词学史上重要的词学家。对于该作的价值，莫立民在《近代词史》中给予了这样的评价："王国维《人间词话》甄综中西文艺学、美学等理论传统，且融一己之体验，常发常人之未发，言常人之未言，为中国古代词史上特具创立性的词学理论著作。"

除了《人间词话》，王国维对词学的研究还做出了多方面的努力，比如他在宣统元年编辑了《唐五代二十一家词》；在宣统三年，他又在《国学丛刊》上发表了自己对宋代词人周邦彦的研究长文——《清真先生遗事》；到1916年时，他还写了一篇《彊村校词图序》，在此序中，他表彰了晚清四大词人之一的朱祖谋在词学方面所做出的贡献。

由以上可知，虽然在王国维的整体研究中，词学只是一个分支，但他却有那么几年将主要精力集中在词学的创作、研究以及理论框架构建等方面，并做出了很大的成绩，而最受瞩目的，当然就是《人间词话》。

其实《人间词话》体量不大，即使是未删稿的113则，加在一起也仅1万多字，删余后的64则定稿，仅几千字而已，以现在的视角来看，这个数字仅仅是一篇不长的文章，可是王国维却能在这么短的篇幅内，对中国词史总结出一套评价体系。该书的第一则，王国维开篇就讨论了词的境界："词以境界为最上。有境界则自成高格，自有名句。五代北宋之词所以独绝者在此。"

王国维认为，上品的词作就是以境界取胜，而他认为这些词作

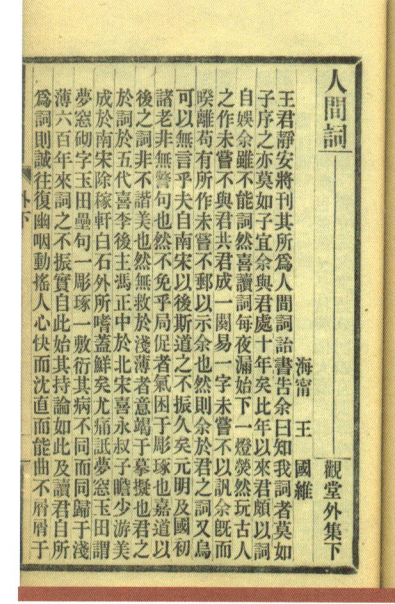

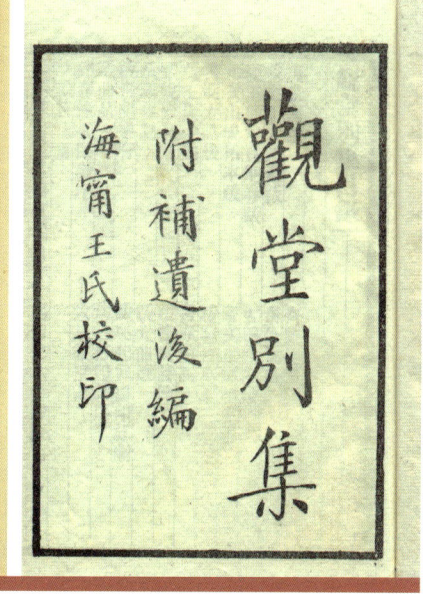

△ 王国维撰《人间词》，民国十六年跋排印《观堂外集》本　　△ 王国维撰《观堂别集》，民国四年排印《王忠悫公遗书初集》本，书牌

主要产生在五代和北宋时期。由此可见，他对南宋词不是很首肯。但"境界"二字作何解，王国维并未做出严格的定义，这也就引起了后世各种不同的解读，比如郭绍虞在《中国历代文论选》中说："盖所谓境界，不仅是指真实地反映客观现实的图景，也包括了作家主观的情感，它是以主客观统一的概念出现的。"

其实，王国维在《人间词乙稿序》中也讲到了"境"字："文学之事，其内足以摅己而外足以感人者，意与境二者而已。上焉者意与境浑，其次或以境胜，或以意胜。苟缺其一，不足以言文学。"他的这篇序言托名为樊志厚，王国维以樊的口来评价自己的词作，同时对一些观念予以澄清。而以上这段引文讲到的仅是"境"字，并没有讲到"境"与"境界"的关系，因此，陈永正在《王国维诗词全编校注》中说："这个'意境'说正是'境界'说的前身。"

既然强调"境"字，那么"境"字又包含了哪些内容呢？《人间词话》

第三则就解答了这个问题：

"有有我之境，有无我之境。'泪眼问花花不语，乱红飞过秋千去。''可堪孤馆闭春寒，杜鹃声里斜阳暮。'有我之境也。'采菊东篱下，悠然见南山。''寒波澹澹起，白鸟悠悠下。'无我之境也。有我之境，以我观物，故物皆著我之色彩。无我之境，以物观物，故不知何者为我，何者为物。古人为词，写有我之境者为多，然未始不能写无我之境，此在豪杰之士能自树立耳。"

对于本则，陈永正在《全编校注》中予以了这样的解释："所谓有我之境，是指客观景物与主观感情强烈交流时产生的境界。移情于景，融景于情，作品中的情与景互相作用，互相影响，故在客观事物的描写中带有浓厚的主观色彩。所谓无我之境，是指作者采取'万物静观'的态度，进行'不动心'的描写，以达到'物我相忘'的境界。"陈先生的这段解释可以用《人间词话》第四则为证："无我之境，人惟于静中得之；有我之境，于由动之静时得之。故一优美一宏壮也。"

对于"境界"在词史上的重要性，王国维在《人间词话》第九则中做了进一步的解读：

"《严沧浪诗话》谓：'盛唐诸公，唯在兴趣。羚羊挂角，无迹可求。故其妙处，透彻玲珑，不可凑泊。如空中之音、相中之色、水中之影、镜中之象，言有尽而意无穷。'余谓：北宋以前之词，亦复如是。然沧浪所谓兴趣，阮亭所谓神韵，犹不过道其面目，不若鄙人拈出"境界"二字，为探其本也。"

看来，王国维对自己的这个发明颇为自得。他认为严羽的兴趣说、王渔洋的神韵说都不如他的境界说。

既然王国维如此地强调境界，那他的词作中，是否也把这一理论用于实践呢？显然，王国维觉得自己做到了这一点，于是他借樊志厚之名，在《人间词乙稿》序言中说了这样一段话：

> 原夫文学之所以有意境者，以其能观也。出于观我者，意余于境；而出于观物者，境多于意。然非物无以见我，而自有我在。故二者常互相错综，能有所偏重，而不能有所偏废也。文学之工不工，亦视其意境之有无与其深浅而已。

这段话仍然是解释意境的价值所在，他认为词作写得是否完美，跟意境的有无和深浅有很大的关系。既然如此，那他自己的词达到了这种意境吗？序言中接着说："静安之为词，真能以意境胜。"看来，王国维认定自己的词作达到了他所强调的词的最高水准，那就是意境很高。他的词到达了怎样的高度呢？《乙稿序》中又说："静安之词大抵意深于欧，而境次于秦。"

这的确是一流的高度，王国维认为自己的词作在"意"方面超过了欧阳修，在"境"方面比秦观略差。然而，在《人间词话》原稿中，王国维又说了这样一句话："凿空而道，开词家未有之境。余自谓才不若古人，但于力争第一义处，古人亦不如我用意耳。"他认定自己的境界说是前无古人，在此他还是谦虚地称，自己的才能比不过古人，但有些方面，古人也比不过他。他所称的比不过之处，正是对于词学境界的探讨。

从理论研究角度来说，王国维的《人间词话》的确有着重大的价值，而这种价值莫立民在《近代词史》中给出了这样的总结："一曰立论视野别出心裁。我国古代诗话、词话、或记诗人、词人轶事，或点评诗作、词作的艺术风韵、思想特质，或载诗作、词作之本事，一般不作理论阐述，不注意理论的发掘、探索。《人间词话》则突破了这一凝固的模式与僵化的藩篱，它不载词人轶事，也不提词的本事，而是将重点放在对词的本质、词的表现方式、词的气质情韵等词学范畴的理论阐释上，同时又以大量笔墨评说古代名词人、名词作的艺术情韵与精神气质。"

在词作方面，王国维虽然有词集传世，但少有人能够吟诵出他所写出的名句。而王国维不这么看，他的确把自己的词作水平看得很高，比如他在《静安文集续编·自序二》中说："近年嗜好之移于文学，亦有由焉，则填词之成功是也。余之于词，虽所作尚不及百阕，然自南宋以后，除一二人之外，尚未有能及余者。则平日之所自信也，虽比之五代、北宋之大词人，余愧有所不如，然此等词人，亦未始无不及余之处。因词之成功，而有志于戏曲，此亦近日之奢愿也。"

王国维说，他近年对文学有着偏好，这其中的原因，正是他在填词方面的成功。王称自己所作之词虽然不到百首，但南宋之后，除了一、二人之外，还没有人能够赶上他的水平，他称自己特别自信，说自己的词虽然赶不上五代和北宋的大词人，但这些词人的某些词作也有赶不上自己的地方。作词的成功增加了王国维的自信心，所以他想拓展自己在文学方面的成就，故而又准备开始研究戏曲。

王国维对自己的词作水平看得如此之高，莫立民解读他的这几句话时称："言下之意，他的词是南宋以来最好的词。"而王国维又说自己虽然佩服五代和北宋的词家，但他觉得自己跟那些大词人也是互有长短。对于王国维的这种自评，莫立民认为："王国维所说未必符合实际，显系自视太高之言，但其词也确有其独成之处。"

由以上可知，王国维确实对南宋词有着偏见，因为他言必称五代词和北宋词。对于这一点，他托名樊志厚所作的《观堂长短句》序言中也有所点明："君之于词，于五代喜李后主、冯中正。于北宋喜永叔、子瞻、少游、美成。于南宋除稼轩、白石外，所嗜盖鲜矣。尤痛诋梦窗、玉田，谓梦窗砌字，玉田垒句，一雕琢，一敷衍，其病不同，而同归于浅薄。六百年来，词之不振，实自此始。"

这段话中讲到了王国维的偏好，他喜欢李煜、欧阳修等人的词，而对于南宋，除了辛弃疾和姜夔，其他的人他都兴趣不大。而对于南宋的人词家，比如吴文英、张炎的词作，王国维特别痛恨，他说这两人的词基本上就是堆砌，而内容很浅薄，南宋之后词学衰落，就是因为后人提倡他们两人的词作之故。

显然，王国维的这种评价是一种个人偏好，因为南宋流行慢词，而王国维则更喜欢小令，他流传下来的115首词，仅有9首长调，并且他在《人间词话》中也明确地说自己"填词不喜作长调"。为

△ 王国维撰《观堂外集三种》三卷，民国十六年跋排印本，书牌　　△ 王国维撰《观堂遗墨》二卷，民国十九年石印本，书牌

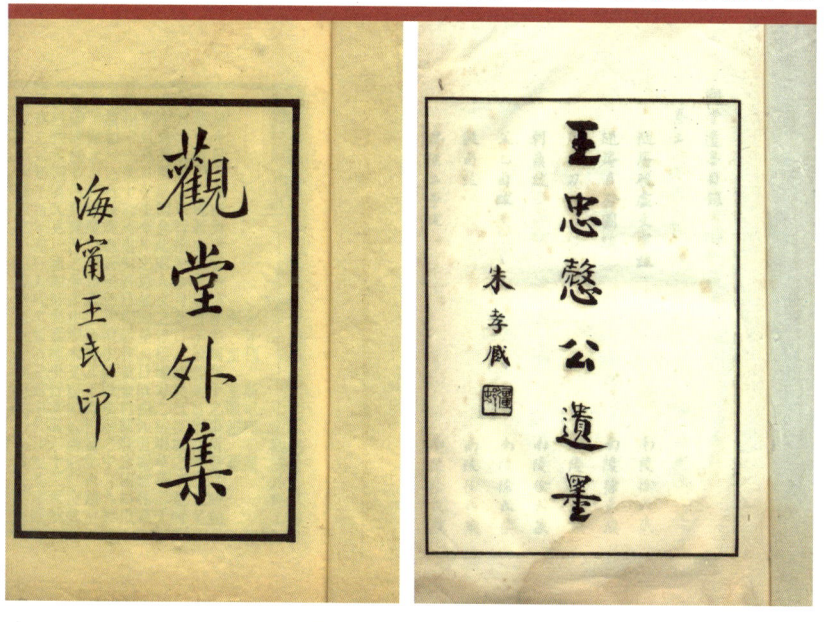

什么会这样呢？王国维在《人间词话》中做了如此的解释："近体诗体制，以五、七言绝句为最尊……词中小令如绝句。"

他认为近体诗中以五言和七言绝句地位最尊，同时他又说词中的小令就如同诗中的绝句，那言外之意，就是小令是词中地位最尊者。王国维为何要如此地提高小令的地位呢？这跟他喜好五代、北宋词有很大的关系，因为长调是到了南宋之后才广泛地流行起来。

《人间词甲稿》排在最前面的一首词为《如梦令》：

点滴空阶疏雨。迢递严城更鼓。睡浅梦初成，又被东风吹去。无据。无据。斜汉垂垂欲曙。

此为王国维现存最早的词作，陈永正确定该词作于光绪三十年春，而那时王国维正在南通通州师范学校任教，因过度劳累而患病，于病中写出此词来怀念久别的亲人。这就是一首典型的小令，但陈永正认为该词作得："淡语情深，一似秦观佳作。"

《西河》：

垂柳里。兰舟当日曾系。千帆过尽，只伊人、不随书至。怪渠道着我侬心，一般思妇游子。

昨宵梦，分明记。几回飞度烟水。西风吹断，伴灯花、摇摇欲坠。宵深待到凤凰山，声声啼鴂催起。

锦书宛在怀袖底。人迢迢、紫塞千里。算是不曾相忆，倘有情、早合归来，休寄一纸无聊相思字。

这是一首王国维所作的长调。前面提到过，王国维不喜长调，他在《人间词话》中说词的长调近似于排律，并且说排律这种题材"于寄兴言情,两无所当,殆有均之骈体文耳。"

王国维认为,排律无论是情与境,两头都不讨好,所以他还是喜欢小令。既然他作了九首长调,那他的长调应该怎样来评价呢?陈永正在《王国维诗词全编校注》中对该词评价不高:"静安每以小令之法作长调,语势萎弱,意浅易尽,匪独未窥两宋之堂奥,即清初诸子亦未到也。光绪三十年(1904),秋暮,静安赴苏州,执教于江苏师范学堂。此词当为别后思家之作。然写相思之情,迹近元、明散曲,语滑而味薄。"

虽然如此,王国维的长调中也有佳作,比如他作的一首《摸鱼儿·秋柳》:

> 问断肠、江南江北。年时如许春色。碧栏干外无边柳,舞落迟迟红日。长堤直。又道是、连朝寒雨送行客。烟笼数驿。剩今日天涯,衰条折尽,月落晓风急。
>
> 金城路,多少人间行役。当年风度曾识。北征司马今头白,唯有攀条沾臆。都狼藉。君不见、舞衣寸寸填沟洫。细腰谁惜?算只有多情,昏鸦点点,攒向断枝立。

对于这首词,陈永正评价说:"静安长调中,以此词为最佳,令人想起渔洋诸作。景中见情。咏物而能扑入身世之感,便得风人深致。"

王国维偶尔也会唱和古人的词作,比如《水龙吟·杨花用章质夫苏子瞻唱和韵》:

> 开时不与人看,如何一霎濛濛坠。日长无绪,回廊小立,迷离情思。细雨池塘,斜阳院落,重门深闭。正参差欲住,轻衫掠处,

又特地、因风起。

　　花事阑珊到汝。更休寻、满枝琼缀。算来只合，人间哀乐，者般零碎。一样飘零，宁为尘土，勿随流水。怕盈盈，一片春江，都贮得、离人泪。

苏轼与章楶所作的《水龙吟·杨花》唱和故事太过有名，后世的词人多有唱和此词者，看来王国维也忍不住作了这样一首。对于此词，他在《人间词话》原稿第二十四则中说："余填词不喜作长调，尤不喜用人韵。偶尔游戏，作《水龙吟》咏杨花用质夫、东坡倡韵，作《齐天乐》咏蟋蟀用白石韵，皆有与晋代兴之意。余之所长殊不在是，世之君子宁以他词称我。"

王国维仍然强调自己填词不喜欢作长调，而尤为不喜欢者就是和韵。虽然如此，他也称自己偶尔会以此来作为游戏。

△ 王国维撰《壬癸集》一卷，日本大正二年（民国二年）圣华房木活字本，目录

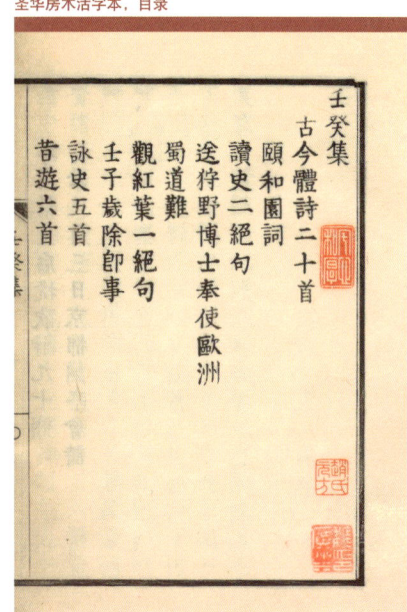

王国维在《人间词话》中提到了"隔"与"不隔"的理论，对于这个观念，莫立民在《近代词史》中给予了很高的评价："王国维的《人间词话》，发扬光大我国传统词论'境界'说，他在综甄前人已有成果的基础上，又融进西方近代文艺学、心理学诸理论，使古老的'境界'说焕发出新的生机。他在《人间词话》拈出的'隔'与'不隔'，'有我之境'与'无我之境'诸说，精思入神，深透明彻，由此《人

间词话》遂成为灵光四射、卓越一代的词话名著。"

而《人间词话》中谈到"隔"的问题时,王国维点评了姜夔的《点绛唇》词"数峰清苦,商略黄昏雨",王称此词"虽格韵高绝,然如雾里看花,终隔一层"。然而王国维所作的一首《点绛唇》竟然也化用了姜夔该调中的意境和字句:

> 高峡流云,人随飞鸟穿云去。数峰着雨。相对青无语。
> 岭上金光,岭下苍烟沍。人间曙。疏林平楚。历历来时路。

王国维所作的一首《浣溪沙》颇受后世夸赞:

> 山寺微茫背夕曛,鸟飞不到半山昏。上方孤磬定行云。
> 试上高峰窥浩月,偶开天眼觑红尘。可怜身是眼中人。

叶嘉莹《说静安词〈浣溪沙〉一首》指的就是该首词,叶称该词:"近代西洋文艺有所谓象征主义者,静安先生之作殆近之焉。"而佛雏在《王国维的诗学研究》中又称:"此词应属于作为词的最高格的'无我之境'。"

对于该词最后的三个字——"眼中人"指的是谁,学者有着不同的看法,而叶嘉莹认为:"彼'眼中人'者何?固此尘世大欲中扰扰攘攘忧患劳苦之众生也。夫彼众生虽忧患劳苦,而彼辈春梦方酣,固不暇自哀。"然陈永正则将这三个字解读为作者本人:"末语为全篇主旨。以山寺之清幽绝尘反衬世间之劳碌纷扰。己身为红尘中的一分子,若非登上高峰则未能知劳生之渺小虚幻。在悲天悯人中亦有自伤之意。"

王国维的另一首《浣溪沙》则是作者本人颇为看重者:

  天末同云黯四垂，失行孤雁逆风飞，江湖寥落尔安归？
  陌上金丸看落羽，闺中素手试调醯。今宵欢宴胜平时。

  《人间词话》原稿第二十六则中有如下的评价："樊抗夫谓余词如《浣溪沙》之'天末同云'……等阕，凿空而道，开词家未有之境。"王国维的所评则是指樊志厚在《人间词乙稿》序言中的那段著名评价，而这段话也专门点出了该首词"静安之词，大抵意深于欧，而境次于秦。至其合作，如《甲稿》《浣溪沙》之'天末同云'……等阕，皆意境两忘，物我一体。"

  王国维的一首《蝶恋花》也是他颇为看重的作品：

  百尺朱楼临大道。楼外轻雷，不间昏和晓。独倚阑干人窈窕。闲中数尽行人小。
  一霎车尘生树杪。陌上楼头，都向尘中老。薄晚西风吹雨到。明朝又是伤流潦。

  《人间词乙稿》序言中称赞该词说"意境两忘，物我一体，高蹈乎八荒之表，而抗心于千秋之间。"而夏承焘、张璋在《金元明清词选》中评价说："此词似写离情。上片是写会见以前的情景，她独倚阑干，等待着情人的到来。下片写会合以后的分离。"
  相比较而言，王国维不像其他词人那样，会把个人的经历融入词中，虽然王的词作中也会偶涉政局，但他写得十分得朦胧，而他所作的一首《清平乐》就有着这样的意味：

  斜行淡墨，袖得伊书迹。满纸相思容易说，只爱年年离别。

罗衾独拥黄昏，春来几点啼痕。厚薄但观妾命，浅深莫问君恩。

夏承焘、张璋在《金元明清词选》中有这样的认定："此词托意恋情；从结语看，当还含有政治内容。"

由以上可知，王国维在某个时段特别喜欢填词，后来因为转做其他的研究，这个爱好又渐渐淡了下来，此后虽然少有填词，可是他跟一些著名的词家却有着密切的交往，比如他跟晚清四大词人中的朱祖谋、况周颐等都有着唱和之词。1919年，朱祖谋过生日，请人绘了一幅《霜腴图》，这个名称是取自吴文英的"霜饱花腴"之意，而后邀众人以此来填词，于是王国维就作了一首《霜花腴·用梦窗韵补寿彊邨侍郎》：

海滣倦客。是赤明延康，旧日衣冠。坡老黎邨，冬郎闽峤，中年陶写应难。醉乡尽宽。更紫英、黄菊尊前。剩沧江、梦绕觚棱，斗边槎外恨高寒。

回首凤城花事，便玉河烟柳，总带栖蝉。写艳霜边，疏芳篱下，消磨十样蛮笺。载将画船。荡素波、凉月娟娟。倩郦泉、与驻秋容，重来扶醉看。

对于王国维在词史上的贡献，莫立民在《近代词史》中予以了这样的总结："说清季民初才人词，应该首先大书一笔的是王国维，因为，他是这一'群'词人中成就特别秀拔者。"当然，这句话的所指，应当是王国维在词学史上所做出的贡献，而对于他的词作，莫立民又称："王国维所填的词集《苕华词》和《观堂长短句》虽失之于题材单薄，气局柔弱。但其中多真情的流露，能展示词人的胸襟与抱负。"

王国维墓位于北京市石景山区福田公墓西五环内侧路边上。从2012年开始全国的高速路在十一期间免费，今年的十一连上了中秋节，总计休八天，由于河北的大多数寻访之点一直未成行，故决定十一期间第一次自驾寻访。但路径毕竟不熟，于是跑到汽配市场去买导航仪，然此物品种众多，试用数个，仍不得要领。去电翁连溪兄问之，其称自己女儿有一个很好用，晚上到翁家取之。今日决定试用一下，于是第一站跑到了福田公墓，里面长眠着数位欲寻之先贤。

按导航仪所设路径，我开车先穿越西五环再绕回五环内，这种走法颇感别扭，看来机器的思路跟人还是有差异，但毕竟能顺利找到。实际上福田公墓就在西五环内侧路边上，大门口停着三四辆车，其中一辆还是专门卖鲜切白菊花者，车停在大门口，无人收费，径自入园。

先到接待处，里面空无一人，喊两声，出一妇女，其问过我的来由，然后再看我递上的名单，告知其仅知王国维墓所在，看来其他的先贤只能自行寻找。接待处的正前方是一片大空地，正中央还挂着国旗，看上去像个王爷的墓园，却不能体验出庄严肃穆。广场的西头绿地中摆着两座雕像，东边的一个是钱三强，另一座则是王国维。然而在雕像后却没能找到王国维之墓。只好在一排排的墓碑中辨识着每位墓主的名姓，偶然间看到了顾学颉的墓碑，然王国维却遍寻不得。

转到北边看到一个大墓，乃是陈叔通与其夫人之合葬墓。此墓形制有些特别：在一小平台上同时列着五座墓，中间为陈叔通，两边各排列着两个小墓碑，可能是陈叔通的子女。墓穴所占位置都不大，应当是骨灰墓，这五座墓的四周有万年青，围成"U"字形，墓前种着三棵一人合抱粗的垂柳。在整个福田公墓内所种植物大多是杏树和桃树，唯有此墓前面种的是柳树，看上去很是特别。

没办法，只能继续在这些墓群中一排排地找下去。偶遇到工作

△ 王国维墓

人员，向其打问王国维墓所在，此人把我带到一个指示牌前，上面列明每座名人墓的大致方位，总共列出五十人的名单，在这几千人的墓园中，寻找这五十位真的不容易，然而这五十位名单中我想寻找的对象仅七八位而已。

按照示意图的指示，在桃树林中穿行，然而这些桃树林种植得太过茂密，墓穴之间几乎无路可穿行，只好弯着腰近似半爬行状前行，有的树枝进行了修剪，看着锋利的锯口很是让自己心惊肉跳。几年前，我到桂林开会，就是因为不小心被路边修剪过的枝条断口伤到了眼角，连夜赶到医院缝了针，好在没有伤到眼睛。这个经历可谓刻骨铭心，而今再见此况就变得很是小心，故而让我的寻找速度变得更为缓慢。

终于在北二区找到了王先生的墓，此墓在这片墓穴中是较大的一座，墓碑上书"海宁王国维先生之墓"，题字者为沙孟海，落款

△ 处在桃林之中

△ 就是这棵桃树伤到了我

时间为"一九八五年"。墓的形制是两级台阶状，上盖为覆斗形，是西洋墓的制式。观看四周的情形，我感觉到周围的几座墓应该是骨灰墓，而此墓为棺墓，因为从外观看上去，王国维的墓比附近的墓大了许多。

因其墓较长，而周围局促，故拍照很是困难，我只好趴在墓对面的桃树下拍照，拍完欲起身时却忘了自己在树下，身后一根修剪后的树枝像利刃将我的后脊刮伤，顿时间感到钻心的疼痛。用手摸了下后背，衬衣刮了个口子，还摸出了血迹，这让我疼痛难忍，只好走出墓区，在旁边的甬道上歇息片刻。出门时未想到还会有这种情况，故而未带创可贴，只好用面巾纸贴在背上，坐在台阶上二十分钟，感觉疼痛稍有缓解。

这个过程中，我思索着自己这个小小的受伤经历，之前是伤了眼角，而今又伤了背后，看来做事不应当只是向前看，同时还要时时留意背后的危险。做人真是不容易，像王国维这样的大师，他的词学理论受到了那么多人的夸赞，而他的词作却无法用自己的理论来指导实践，经验这个东西到底有没有用，看来也值得细思量。

夏承焘：化鹤归迟，拜鹃泪尽，关塞旧梦难寻

△ △ △

夏承焘被誉之为"民国四大词人"之一，这种说法的出处最早本自施议对，他在《真传与门径：民国四大词人》一文中称："在寻求词学音理方面，民国以来，吴梅为之开先，四大词人夏承焘、唐圭璋、龙榆生、詹安泰，承接其余绪，并且进一步加以发扬光大。"也有人对此提出了不同的看法，比如刘梦芙在《"五四"以来词坛点将录》中也列出了民国四大词人，此次则为夏承焘、钱仲联、饶宗颐和龙榆生，这里面没有了唐圭璋和詹安泰。刘梦芙把唐圭璋退到了扑天雕李应的位置，而詹安泰成为了霹雳火秦明，但无论怎样，这两种排列方式都是把夏承焘放在了第一位。

刘梦芙在《"五四"以来词坛点将录》中，把夏承焘排列在"天魁星呼保义宋江"的位置，他在该篇中称："'五四'以来词坛，公推夏翁瞿禅为一代词宗。"可见刘梦芙认为在民国词坛中，夏承焘当坐第一把交椅。而这"一代词宗"的来由，据说是胡乔木多次对夏承焘的赞誉，于是这句话成为了后世在夸赞夏承焘时，时常引用的词语。

既然如此，那他跟另外几位词人相比，是怎样的情形呢？刘梦芙在该篇中接着说："同辈中唐圭璋、龙榆生与夏翁并称二十世纪词学三大宗师，龙长于理论批评，唐功在编纂文献，而于创作，皆未足与瞿禅齐驱并驾。龙氏卒于'文革'初，词作虽丰，有驳杂不

纯处，学彊村融入东坡，尚未到浑化之境；唐于1949年后倚声绝少，偶为小令，应酬世事，平实无奇；夏则精进不止，老而弥健。《天风阁词前后编》存词四百五十余阕，渊深海阔，霞蔚云蒸，具稼轩之雄奇无其粗率，白石之清峭无其生硬，碧山之沈郁无其衰飒，复间有秦郎之婉秀，东城、于湖之超逸，集诸家之美以臻大成。"

由此可知，无论是施议对，还是刘梦芙，怎样排列四大词人，这其中都有夏承焘的位置，并且都把他视之为首位。只是刘梦芙把唐圭璋和詹安泰排在了后面，而换上了钱仲联和饶宗颐。这样的换法是否合理，马大勇在《晚清民国词史稿》中作出了这样的评判："两家相较，我更倾向于刘先生以创作为评价本位的思路，然而见仁见智，单纯从创作角度着眼，窃以为饶宗颐词体之美较欠，龙榆生才情未至高境，两家成就皆不能足四大之数。钱仲联之词极佳，而一生心血，绝多在诗，词作数量极少，称之大词人，难免欺人，故终究难夺'施版'中詹安泰之席位。"

由这段话可知，马大勇更倾向于施议对的排列。且不管专家们怎么争论，但他们都看重夏承焘词学史上的成就，比如施议对在《真传与门径》一文中，评价夏承焘说："夏氏被尊称一代词宗，亦一代词的综合。而唐、龙、詹三氏，于中国词学文献学、中国词学乃至中国词学文化学，各有开创之功，对于声学研究，亦在所当行。读书阅人，开拓智域。夏、唐、龙、詹四家，既已为声学树立典范，后昆追步，目标明确，必将事半而功倍。"

夏承焘喜欢填词，这件事跟林鹍翔有很大关系。林鹍翔是浙江吴兴人，晚清于朝中任职，进入民国后曾任驻日学生处监督，而他喜欢填词，也是受同事的影响。林鹍翔在这方面下了很大功夫，对于他的词作，叶公绰夸赞说："铁尊词深得彊村翁神髓，短调尤胜，可谓升堂入室。"（《文箧中词》）

叶公绰的如此夸赞，跟林鹍翔的经历有较大的关系。当年林曾经给朱祖谋和况周颐写信，向他们请教作词的方法。而夏敬观在《忍古楼词话》中称："香山杨铁夫玉衔，吴兴林铁铮鹍翔，皆沤尹侍郎之弟子。铁夫著有《抱香室词》，铁铮著有《半樱词》，造诣皆极精深，力避凡近。"可见林当年已经拜朱祖谋为师。1920年，因为日本留学生经费问题无法得到解决，林提出辞职，转而代理浙江瓯海道尹，正是这个阶段，他拜朱祖谋和况周颐为师。

一年之后，也就是到了1921年，林在温州创立了名为"瓯社"的词社，该社当时的成员有十几位，其中就有夏承焘，而这些人共同的奉林鹍翔为师。再后来，林又参与了如社和午社的发起，所以他被称之为民国词坛的著名活动家。

虽然林鹍翔拜朱祖谋为师，但他与朱在词风上并不相同，比如施议对在《当代词综》中说林昆翔的词"学于朱祖谋而旨趣稍异"。他们之间有着怎样的差异呢？马大勇认为："大抵旨林氏词较明爽，不走梦窗、彊村密晦一路"。而夏承焘在评价其师林鹍翔时，也说："师之于词，固取径周吴而亲炙彊翁者。今诵其伤乱哀时诸什，取诸肺肝而出以宫徵，真气元音，已非周吴之所能囿。"（《半樱词续序》）

而后，马大勇在其专著中引用了三首林鹍翔的词作，其中被后世较为夸赞的一首是《南浦·丙寅仲春，津京战事正剧，间道入都，和冯息庐韵》：

层楼吊月，夜沉沉，烟语隔纹纱。风雨无端凄戾，门闭万人家。听到杜鹃啼彻，又依然、断梦瞒天涯。被晓钟催起，玉栏干外，还剩两三花。

赠策故人情重，问垂柳、何处系征槎。锦瑟昨宵欹醉，弦柱惜年华。钿约镜盟如旧，几新妆、再见鬓边鸦。算飘零谁最，替弹别泪与琵琶。

由以上可知,林鹍翔为朱祖谋的弟子,而夏承焘又是林鹍翔的弟子,因此夏承焘可以称之为朱祖谋的再传弟子。其实,在瓯社时期,林鹍翔就把夏承焘的作品寄给朱祖谋和况周颐看,请他们予以指点,再后来,经过龙榆生的介绍,夏承焘先是跟朱祖谋进行通信,而后他又亲自拜见彊村。对于这样的交往,夏承焘在《自述:我的治学道路》中称:"那期间,直到彊村老人病逝为止,我们通了八九回信,见了三四次面。每次求教,老人都十分诚恳地给予开导。老人博大、虚心,态度和霭,这对于培养年青人做学问的影响极大。"

可见,夏承焘的词学观,虽说是受林鹍翔影响,但也从朱祖谋那里得到了一些传承。可是,从他的《天风阁学词日记》中,却能读到他对朱祖谋的词风也有不认可的地方,比如他在1929年6月17日的日记中写道:"阅《彊村语业》,小令少性灵语,长调坚炼,未忘涂饰,梦窗派固如是也。"夏承焘读了朱祖谋的词学专著后,认为朱的小令缺乏性灵之语。

其实,晚清四大词人所组成的"临桂词派"本来就被后世称为"梦窗派"余绪,而该派的风格确实是本自吴文英。对于夏承焘本人,他也曾经尊奉朱祖谋的词学观,认真学习吴文英的词作,并且他还写过一篇《吴梦窗系年》,到了1932年时,夏承焘还写完一部《梦窗词集后笺》,而该书正是为补朱祖谋的《梦窗词集小笺》而作。站在这个角度来说,夏承焘不但不反对梦窗词风,而且在这方面还下过很大的功夫,可能也正因为如此吧,他更能了解梦窗词派的弊端所在。然而他对朱祖谋的小令不以为然,比如他在1929年6月18日的日记中写道:"阅彊村词,偶有触发,成一小词,其茂密处终不能到,然小令亦非其所长也。"

既然夏承焘是这样看待朱祖谋,那么他怎么看待自己的词作呢?1942年时,他曾写过一篇自序,到了1984年出版《天风阁词集》时,以前言的形式发表了出来,我将其引用如下:

> 予年十四、五,始解为诗。偶于学侣处见《白香词谱》,假归过录。试填小令,张震轩师尝垂赏《调笑令》结句:"鹦鹉鹦鹉,知否梦中言语"二句,以朱笔加圈。一九二〇年,林铁尊师宦游瓯海,与同里诸子结瓯社,时相唱和。是时,得读常州张惠言、周济诸家书,略知词之源流正变。林师尝以瓯社诸子所作,请质于况蕙风、朱彊村先生。其年秋,出游冀、陕。在陕五年,治宋明儒学,颇事博览。二十五岁归里,僦居邻籀园图书馆。其后,客授严州,乃重理词学。并时学人,方重乾嘉考据。予既稍涉群书,遂亦稍稍摭拾词家遗掌。三十左右,居杭州之江十年。讲诵之暇,成词人年谱数种,而词则不常作。抗战以后,违难上海,怅触时事,辄借长短句为之发抒。林师与映庵、鹤亭、眉孙诸老结午社,予亦预座末。拈题选调,虽不耐为,而颇得诸老切磋之益。昔沈寐叟自谓"诗学深,诗功浅",予于寐叟无能为役,自忖为词,则正同此。故涉猎虽广,而作者甘苦,心获殊少。早年妄意合稼轩、白石、遗山、碧山为一家,终仅差近蒋竹山而已。

这一段话近似于夏承焘的词学自传,他称自己在十四、五岁时才懂得作诗,后来他从同学处看到了《白香词谱》,他将此书借回来后过录,由此开始练习着填词,最初学习的是小令。某天,他的老师在讲述朱庆余《宫词》中的"含情欲说宫中事,鹦鹉前头不敢言"一首时,让夏承焘有所感触,于是他就作了一首《调笑令》,其最末两句受到了老师的大为夸赞。

1920年林鹍翔在温州组建瓯社，正是这个阶段，他读到了常州词派等人的作品，由此渐渐了解了词风的流变，再后来，林鹍翔把瓯社诸弟子的作品呈给况周颐和朱祖谋进行批改。有一段时间夏承焘来到了北方任职，之后他又返回了故里，这个过程中他阅读了不少与词史相关的著作，再后来林鹍翔又跟冒鹤亭等人组建午社，夏承焘也参与其中，这些经历都使得他在词史方面有了越来越深的认识。而夏也自称，他在早年志向如天高，想把辛弃疾、姜夔、元好问及王沂孙的词风优点都摘取出来，汇在自己身上，那他将成为天下第一大词人，可惜的是，经过多年的锤炼，夏承焘认识到自己完全无法实现这个理想，因为他认为自己的词风最终也不过就是与蒋捷相近而已。

其实蒋捷也是位不错的词人，但夏承焘用"而已"来概括，仍然可见他的志向是何等的高远，而自视又是何等的不凡，难怪他看不上朱祖谋的作品，因为他的眼光已经跨越过这个时代，直追两宋。

对于午社，袁志成在其所著的《晚清民国词人结社与词风演变》一书中予以了专节叙述，由是可知，午社成立于1939年的上海，而其结束于1942年。该社成员中有不少都是著名的词人，除了林鹍翔和夏承焘，另外还有冒广生、夏敬观、吴湖帆、吕贞白、林葆恒和龙榆生等人。关于此社的活动，夏承焘的《天风阁学词日记》中记载有几十处之多，比如他在1939年6月11日写道："午过榆生，同赴夏映翁招宴，座客十二人，馔甚丰。映翁约每月举词社一次。是日年最长者廖忏庵，七十五岁。金篯孙亦七十余。"袁志成由此得出结论，即午社的成立时间是1939年6月，而此前施议对在《百年词通论》中称："午社成立于1930年，至1941年社集出版时仍隔月集会"。于是袁志成认为施议对的说法不正确，然细读夏承焘的这则日记，其仅称夏敬观每月举词社一次，但并未明确地说就是午社，究竟为如何，则难知其详。

夏承焘的词集名为《天风阁词集》，该集中最早的词作乃是写于1921年的《清平乐·鸿门道中》：

> 吟鞭西指，满眼兴亡事。一派商声笳外起，阵阵关河兵气。
> 马头十丈尘沙，江南无数风花。塞雁得无离恨，年年队队天涯。

对于这首词，马大勇在《晚清民国词史稿》中给予了很高的夸赞："这首《清平乐》不仅写出自江南飘泊塞外的'离恨'，且将鸿门'满眼兴亡'的历史感与'关河兵气'的现实感打叠一处而出之，尺幅间有千里之势。即此开笔之作已不在张炎之下，厚重感更有陈维崧、朱彝尊两家风味。置之卷首，良有以也。"

夏承焘早期词作最受人夸赞的，乃是一首《浪淘沙·过七里泷》：

△ 林鹍翔撰《半樱词续》二卷，民国二十七年序排印本，卷首　　△ 林鹍翔撰《半樱词续》二卷，民国二十七年序排印本，夏承焘序一

> 万象挂空明，短篷摇梦过江城。可惜层楼无铁笛，负我诗成。
> 杯酒劝长庚，高咏谁听。当头河汉任纵横。一雁不飞钟未动，只有滩声。

马大勇认为这是他的早期杰作，同时又是"瞿禅振动词坛的成名作"，当年朱祖谋也夸赞该词写得"高朗"。

夏承焘中期的词作，马大勇在其专著中首先捻出了《贺新凉·闻马占山将军嫩江捷报》：

> 沉陆今何说。看神州、衣冠夷甫，应时辈出。一夜三江鹅鸭乱，坚垒如云虚设。这奇耻、定须人雪。空半谁翻双岭旆，比伏波、铜柱尤奇绝。还一击，敌魂夺。
> 边声陇水同呜咽。念龙沙、头颅余几，阵云四合。梦踏长城听战鼓，万里瓦飞沙立。正作作、天狼吐舌。绝域孤军何能久，恐国殇、歌里归难得。望北塞。剑花裂。

这显然是跟时事颇为贴近的一首词作。1931年马占山向日本人开战，夏承焘闻听此事后，热血沸腾地写出了这首词，以此来歌颂马占山勇于抗战的精神。夏承焘虽然是一介书生，一生都是从事教学活动，并没有参与到真正的抗战活动之中，然而在抗战的紧要关头，他却能以填词的方式，表达自己的立场。

他曾作过一首《贺新郎》：

> 办个蒲团地。好同君、僧房分领，十年清睡。钟鼎箪瓢都无梦，但乞松风两耳。便无事、须人料理。倦矣平生津梁兴，念兵尘、

藕孔今何世。滩响外,夜如此。

　　昨宵梦跨双鸾逝。俯下界、云生云灭,洞箫声里。唤起山灵听高咏,山亦阅人多矣。问磊落、英奇谁是?突兀一峰云外堕,更破空、飞下天河水。山月落,晓钟起。

对于这首词,施议对予以了如下的解读:"瞿禅先生尽管不谈禅,谓一谈就不是禅了,但其于夜坐时,置身云天之外,却与天地万物,融合为一。因而,由此所达至精神上的提升,又令其回复天籁;其所造空灵之境,如布目前。"(《一代词宗与一代词的结合》)

马大勇也对此词给出了很高的赞语:"词篇中闪动的壮丽而清越、奇幻而新异的音响是我们在东坡、稼轩、白石词中都未曾看到的,而又能熔铸数家于一手,确乎能接奏千年词史璀璨之华章。"

从二十世纪五十年代至八十年代,这个阶段被视之为夏承焘词作的后期,比如他在1961年时,曾经去瞻仰辛弃疾墓,而后写了首《水龙吟·谒辛稼轩墓》:

　　坟头万马回旋,一筇来领群山拜。长星落处,夜深犹见,金门光怪。化鹤何归,来孙难问,长城谁坏。料放翁同甫,相逢气短,平戎业,论成败!

　　莫恨沂蒙事去,恨平生驰驱江介。词源倒峡,何心更恋,长湖似带?试听新吟,烟花万叠,山河两戒。待明年来仰,祁连高冢,兀云峰外。

沈轶刘在《繁霜榭词札》中夸赞该词称:"无论格局、气魄、辞藻、内涵,皆逼肖辛,极辛全貌,而且直契其神。起辛于九地之下而视之,亦当不思龙洲。"

除了拜访词人之墓，夏承焘还有一个偏爱，那就是寻访词人的故居，比如他在1935年写了首《一萼红》：

> 短垣间。黯题门墨泪，斜日散朋簪。棋劫湖山，酒悲身世，到眼灯炮歌沉。讶何处、吴娘碎语，是叶底、相唤旧青禽。邀笛帘空，吹花径合，听角愁临。
>
> 便道一闲天放，问娃乡鬓雪，送老何心？化鹤归迟，拜鹃泪尽，关塞旧梦难寻。吊残霸、当门悴柳，几番看、丝眼变衰金。辛苦啼鸟，夜来树树霜深。

夏在这首词的小序中称："鹤望翁导游大鹤山人故居，水石未荒，已数易主矣。大鹤尝以白石此调赋园居，邀鹤望同赋。"

在朋友的带领下，夏承焘所看到的郑文焯故居已经残破不堪，在此前也已被多人卖来卖去，面对惨况，夏承焘十分感慨，于是写就了此词。而我也一直有着寻访前贤墓与故居的爱好，十几年来，在全国各地到处探访，至今找得者已逾千处，其中的甘苦难以详尽述诸笔端，也正因为如此，我特别能够理解夏承焘面对前贤故居的残破，会是怎样的一种复杂心态。站在这个角度而言，我也算是步其后尘，将这寻访之事努力的坚持下去。

如前所言，夏承焘谦称自己的词作"差近蒋竹山"，而他作的一首《贺新郎》则被马大勇称为："是为其所自称'差近蒋竹山'之力证。"

> 余气归应诧。旧门庭、雀罗今夕，鹤轩前夜。依旧梅梢团圆月，来照翠屏幽榭。却不见、淡蛾如画。三十功名空自负，负灵山、吩咐些儿话。屋山雀，叹飘瓦。

△ 夏承焘故居

东邻客祭栾公社。听夜夜、羽声慷慨，徵声哀咤。同洒车前三步血，或落沟渠飘泻。或化作、飞霜盛夏。最苦西家翁如鹳，过街头蒙面愁无帕。君莫问，翁欲哑。

那么，夏承焘的这首词是否真的接近了蒋捷的词作水准，马大勇在《晚清民国词史稿》中不但引用了这首《贺新郎》，同时在该词的小注中又录出了蒋捷的同调之作：

深阁帘垂绣。记家人、软语灯边，笑涡红透。万叠城头哀怨角，吹落霜花满袖。影厮伴、东奔西走。望断乡关知何处？羡寒鸦、到着黄昏后。一点点，归杨柳。

相看只有山如旧。叹浮云、本是无心，也成苍狗。明日枯荷包冷饭，又过前头小阜。趁未发、且尝村酒。醉探枵囊毛锥在，问邻翁、要写《牛经》否。翁不应,但摇手。

现在两者摆在了一起,究竟孰优孰劣,请读者们自辨吧。总之,马大勇认为夏承焘不负"一代词宗"之号,其在专著中对夏承焘作出了这样的总评:"夏承焘之所以为'一代词宗',从创作着眼,那是因为他能综融东坡、稼轩、白石、碧山等诸前贤大师之高境界为一手,铸就了清虚刚健两极其美的独特品格与风标,因'综博'而成其'阔大',进而跃入千年词史的前席。第其成就,于宋词史当仅在东坡、稼轩之亚,而能与清之一代宗师迦陵、竹垞相揖让,至于自谓'终差近蒋竹山',则自谦语尔。如马叙伦所言:'瞿禅之所自期者,已骎骎而欲履其阈矣!'"

夏承焘一生致力于词,那么他在词学史上有着怎样的贡献呢?程千帆在《论瞿翁词学——卧疾致编者书》总结出了三点,我将其引用如下:"窃谓此老之于词学有不可及者三:用力专且久,自少

△ 安静的生活

△ 夏承焘旧居内的小院

至老，数十年如一日。平生旁搜博考，悉资以治词，比之陈兰甫之偶考声律，王观堂之少作词话而毕生精力初不在此者大相径庭，一也。以清儒治群经子史之法治词，举凡校勘、目录、版本、笺注、考证之术，无不采用，以视半塘、大鹤、彊村所为，远为精确。前修未密，后出转精，当世学林，殆无与抗手者，二也。精于词学者，或不工于作词；工词者又往往不以词学之研究为意，故考订词章，每难兼擅，而翁独能兼之，三也。"

夏承焘故居位于浙江省温州市鹿城区五马街道鼓楼社区登选坊66号。温州的此程寻访，我首先是

△ 夏承焘旧居说明

△ 电表数量表明了院中居住的户数

登上了瓯江上的江心岛，在登船过程中，遇到了一位前往岛上抄写对联的老人，与之一番聊天，也算成了朋友。我与这位老先生互相帮助，他请我辨识对联上不认识的字，而我则请他带我去探看寻访的目标，结果让我两人都感到很满意，感觉到这才是"强强联合"。

在江心岛上寻找完毕后，我向老人郑重道别，而后登船回到对岸的马路边，乘上一辆出租车。出租司机是一位女士，她可能觉得拉我一个人不划算，站在路边不断地吆喝其他下船的人上车，很不幸没有找到跟我同方向的，司机很不情愿地开出，才走出两分钟，她突然又原地掉头，跟我解释说自己的手套掉在了上车处。我本以为她只是个借口，以便返回码头再多拉几位乘客，想一想，今日的寻访以夏承焘故居为最后一站，此时距太阳落山还有不少的时间，于是任由她再一次兜圈子。然而当她回到登船处时，果真远远地看到了一只白手套仍然躺在原地，司机高兴地捡起这只手套说："今天的运气好坏各一半"。我不确认这一半的好运气是不是我给她带来的，但总之，她接下来把我送往夏承焘故居的途中，心情好了很多。

登选坊处在温州市中心的步行街，司机说她只能把我送到街口，因为前面不能进车，我愉快地向她道别，同时祝贺她捡回了自己的白手套，还忍不住的自夸了一句：这个好运气是我给你带来的吧？她听到后冲我一笑："如果不是你，那个手套也许不会丢呢？"想想这倒也是。福祸相生，难说孰好孰坏，接受上天所带来的一切，才是顺势而为。

我沿着步行街一直向内走去，很容易的在小巷中看到了夏承焘故居的文保牌，文保牌同样是两块，另一块名字叫"夏承焘旧居说明"，上面写着夏承焘的生平简介以及主要著作，下面一段则写着："旧居坐北朝南，建于晚清。系二进七间合院式木构建筑，通面阔20米，进深29米。夏氏少年居住处为一进西首正间、边间、厢房。"

院内有点像北方的四合院格局，中庭中晾晒着一些衣物，正房下有几位妇女在聊天，我向她请问可否拍照，几人很客气地点头称可以。如此客气的房客，在我的寻访途中所见不多，哪怕是一个笑脸，这也会让我心生感动，只可惜那位出租女司机就吝啬一句好听话，以至于让我过了很长时间还在思索，她运气好坏各一半所指为何物。

整个四合院均是平房，仅是在东北角上部分砌为二层阁楼，院子中摆放着一些盆栽花草，一位老人在水泥台上锯着一块木料，看着他不紧不慢的动作，暖暖的阳光照到他身上，真是一幅升平景象。

图书在版编目（CIP）数据

觅词记/韦力著.-上海：上海文艺出版社.2017
（韦力·传统文化遗迹寻踪系列）
ISBN 978-7-5321-6525-4
Ⅰ.①觅… Ⅱ.①韦… Ⅲ.①随笔－作品集－中国－当代
Ⅳ.①I267.1
中国版本图书馆CIP数据核字(2017) 第292880号

发 行 人：陈　征
策 划 人：刘晶晶　肖海鸥
责任编辑：乔　亮
封面设计：周伟伟
版面设计：钱　祯
助理美编：胡伊莎　陈　妍

书　　名：觅词记
作　　者：韦　力
出　　版：上海世纪出版集团　上海文艺出版社
地　　址：上海绍兴路7号　200020
发　　行：上海文艺出版社发行中心发行
　　　　　上海市绍兴路50号　200020　www.ewen.co
印　　刷：苏州市越洋印刷有限公司印刷
开　　本：650×958　1/16
印　　张：43
插　　页：10
字　　数：591,000
印　　次：2018年1月第1版　2018年1月第1次印刷
I S B N：978-7-5321-6525-4/G·0196
定　　价：258.00元（全二册）
告　读　者：如发现本书有质量问题请与印刷厂质量科联系　T:0512-68180628